清宫述闻

（初续编合编本）

上

章乃炜等 编

故宫出版社
The Forbidden City Publishing House

图书在版编目（CIP）数据

清宫述闻：正续编合编本/章乃炜等编 . —北京：故宫出版社，2009.12（2012.2 重印）
ISBN 978－7－80047－907－6

Ⅰ. 清… Ⅱ. 章… Ⅲ. 中国－古代史－史料－清代
Ⅳ. K249.06

中国版本图书馆 CIP 数据核字（2009）第 228933 号

清宫述闻（正续编合编本）

著　　者：章乃炜　王蔼人
责任编辑：陈晓东
封扉设计：李　猛
出版发行：故宫出版社
　　　　　地址：北京东城区景山前街 4 号　邮编：100009
　　　　　电话：010－85007816　010－85007817　传真：010－65129479
　　　　　网址：www.culturefc.cn　邮箱：ggcb@culturefc.cn
制版印刷：保定市中画美凯印刷有限公司
开　　本：787×1092 毫米　1/16
印　　张：52
字　　数：830 千字
版　　次：2009 年 12 月第 1 版
　　　　　2012 年 2 月第 2 次印刷
印　　数：3001～6000 册
书　　号：ISBN 978－7－80047－907－6
定　　价：80.00 元

目　　录

出版说明 …………………………………………………………（1）
序 ………………………………………………………………（3）
序二 ……………………………………………………………（5）
《清宫述闻》凡例 ……………………………………………（8）

总说 ……………………………………………………………（10）

一　述禁垣：皇城内紫禁城

紫禁城 ………………………………………………………（3）
护城河 ………………………………………………………（21）
附：皇城三大中门　太庙　社稷坛　皇史宬 ……………（21）

二　述外朝（一）：午门迄保和殿

午门 …………………………………………………………（31）
午门内东庑各处 ……………………………………………（59）
　稽察钦奉上谕事件处 ……………………………………（59）
　内阁诰敕房　协和门 ……………………………………（60）
内阁 …………………………………………………………（61）
午门内西庑各处 ……………………………………………（81）
　翻书房　起居注馆　熙和门　膳房库 …………………（81）
太和门　昭德门　贞度门 …………………………………（88）
　太和门 ……………………………………………………（89）
　昭德门　贞度门 …………………………………………（94）

体仁阁等处 …………………………………………… (94)
　体仁阁 ………………………………………………… (95)
　缎库　武备院四库　左翼门 ………………………… (101)
弘义阁等处 …………………………………………… (104)
　弘义阁 ………………………………………………… (104)
　银库　皮库　瓷库　衣库　茶库 …………………… (104)
　右翼门 ………………………………………………… (115)
太和殿　中左右门 …………………………………… (115)
　太和殿 ………………………………………………… (116)
　中左门　中右门 ……………………………………… (170)
　内库 …………………………………………………… (171)
中和殿 ………………………………………………… (172)
　中和殿后东西庑 ……………………………………… (176)
保和殿 ………………………………………………… (177)
　后左门　后右门 ……………………………………… (198)

三　述外朝（二）：午门左　东华门内

东华门 ………………………………………………… (201)
文华殿各处 …………………………………………… (207)
　文华门　文华殿 ……………………………………… (207)
　本仁殿　集义殿　主敬殿 …………………………… (217)
传心殿　大庖井 ……………………………………… (218)
文渊阁及阁后等处 …………………………………… (219)
　文渊阁 ………………………………………………… (219)
　上驷院　御马厩　箭亭 ……………………………… (231)
撷芳殿等处 …………………………………………… (237)
　撷芳殿 ………………………………………………… (237)
　会典馆　太医院　御药库　御茶膳房　蒙古朝房 ………… (241)
国史馆等处 …………………………………………… (245)
　国史馆 ………………………………………………… (245)
　内阁大库　銮仪卫内銮驾库 ………………………… (249)

四　述外朝（三）：午门右 西华门内

西华门 ·· （255）
武英殿各处 ·· （261）
　　武英门　武英殿 ·· （261）
　　凝道殿　焕章殿　恒寿斋　浴德堂 ··················· （270）
方略馆等处 ·· （273）
　　方略馆 ·· （273）
　　回子学　缅子学 ·· （275）
内务府公署等处 ·· （275）
　　内务府公署 ·· （276）
　　果房　冰窖 ·· （293）
　　造办处 ·· （295）
咸安宫等处 ·· （303）
　　咸安宫门　咸安宫 ··· （303）
　　尚衣监　三通馆　实录馆　文颖馆　器皿库 ········ （304）
　　咸安宫官学　蒙古官学 ··································· （311）
外瓷器库等处 ··· （313）
　　外瓷器库 ··· （313）
　　南薰殿　御书处 ·· （313）

五　述内廷（一）：乾清门迄顺贞门

乾清门前各处 ··· （323）
　　乾清门 ·· （323）
　　内左门　内右门　景运门　隆宗门　外奏事处 ····· （346）
　　军机处 ·· （354）
乾清门内南庑各处 ··· （376）
　　上书房 ·· （376）
　　南书房 ·· （390）
　　宫殿监办事处（敬事房） ································ （414）
乾清门内东庑各处 ··· （421）
　　祀孔处　御药房　自鸣钟处　端凝殿　御茶房 ····· （421）
乾清门内西庑各处 ··· （427）

内奏事处　尚乘轿　批本处 …………………………… (428)
　　懋勤殿 ……………………………………………………… (433)
乾清宫　昭仁殿　弘德殿 ………………………………………… (445)
　　乾清宫 ……………………………………………………… (445)
　　昭仁殿　弘德殿 …………………………………………… (501)
交泰殿 ……………………………………………………………… (509)
坤宁宫等处 ………………………………………………………… (521)
　　坤宁宫 ……………………………………………………… (521)
　　坤宁门　太医直房 ………………………………………… (539)
御花园各处 ………………………………………………………… (540)
　　御花园 ……………………………………………………… (541)
　　天一门　钦安殿 …………………………………………… (542)
　　堆秀山　摘藻堂　浮碧亭　凝香亭　万春亭　绛雪轩 … (545)
　　延晖阁　四神祠　位育斋　澄瑞亭　千秋亭　养性斋 … (548)
　　顺贞门 ……………………………………………………… (550)

六　述内廷（二）：东西六宫等处

东六宫 ……………………………………………………………… (555)
　　钟粹宫　承乾宫　景仁宫 ………………………………… (555)
　　景阳宫　永和宫　延禧宫 ………………………………… (566)
天穹宝殿　内库南果房 …………………………………………… (572)
乾东五所 …………………………………………………………… (574)
　　敬事房　四执库　古董房　寿药房　如意馆 …………… (576)
斋宫及毓庆宫等处 ………………………………………………… (582)
　　斋宫 ………………………………………………………… (582)
　　毓庆宫 ……………………………………………………… (587)
　　惇本殿　继德堂 …………………………………………… (592)
　　味余书室　知不足斋　宛委别藏　前星门 ……………… (593)
西六宫 ……………………………………………………………… (594)
　　储秀宫　翊坤宫　永寿宫 ………………………………… (595)
　　咸福宫　长春宫　太极殿（启祥宫）…………………… (602)
延庆殿　抚辰殿　建福宫 ………………………………………… (611)

附：静怡轩　延春阁旧迹 …………………………………… (614)
　重华宫各处 ……………………………………………………… (614)
　　重华宫 …………………………………………………………… (615)
　　崇敬殿　葆中殿　浴德殿　翠云馆　漱芳斋 ……………… (624)
　养心殿各处 ……………………………………………………… (627)
　　遵义门　养心门 ………………………………………………… (628)
　　养心殿 …………………………………………………………… (630)
　　随安室　明窗　三希堂　无倦斋　长春书屋 ……………… (652)
　　体顺堂　燕喜堂 ………………………………………………… (653)
　御膳房 …………………………………………………………… (655)

七　述内廷（三）：景运门东

　奉先殿等处 ……………………………………………………… (661)
　　诚肃门 …………………………………………………………… (661)
　　奉先殿　苍震门 ………………………………………………… (661)
　宁寿全宫 ………………………………………………………… (670)
　　锡庆门 …………………………………………………………… (686)
　　附：兆祥所旧迹 ………………………………………………… (687)
　　皇极殿 …………………………………………………………… (687)
　　宁寿宫 …………………………………………………………… (694)
　养性殿各处 ……………………………………………………… (695)
　　养性殿　明窗　墨云室　香雪堂 ……………………………… (696)
　乐寿堂 …………………………………………………………… (698)
　颐和轩　景棋阁 ………………………………………………… (703)
　　颐和轩 …………………………………………………………… (703)
　　景棋阁 …………………………………………………………… (703)
　阅是楼　畅音阁等处 …………………………………………… (704)
　　阅是楼　寻沿书屋　庆寿堂 …………………………………… (704)
　　畅音阁 …………………………………………………………… (706)
　景福宫等处 ……………………………………………………… (708)
　　景福宫　梵华楼　佛日楼 ……………………………………… (708)

宁寿宫花园各处 …………………………………………………… (710)
　　古华轩　遂初堂　萃赏楼　养和精舍　符望阁　倦勤斋 …… (710)

八　述内廷（四）：隆宗门西

慈宁宫各处 ……………………………………………………… (715)
　　永康左门　慈宁门 ……………………………………………… (715)
　　慈宁宫 …………………………………………………………… (716)
慈宁宫花园各处 ………………………………………………… (738)
　　慈宁宫花园　长信门 …………………………………………… (738)
寿康宫 …………………………………………………………… (740)
寿安宫 …………………………………………………………… (748)
附：寿安宫中庭三层崇台旧迹 ………………………………… (750)
英华殿及殿西等处 ……………………………………………… (750)
　　英华殿　酒醋房 ………………………………………………… (751)
　　城隍庙　祀马神所 ……………………………………………… (753)
雨花阁等处 ……………………………………………………… (754)
　　雨华阁　梵宗楼　宝华殿 ……………………………………… (754)
附：香云亭　中正殿旧迹 ……………………………………… (756)

九　述内廷（五）：神武门

神武门 …………………………………………………………… (761)
附：景山　大高玄殿　西苑 …………………………………… (766)

《清宫述闻初编》征引书目 ……………………………………… (777)
《清宫述闻续编》征引书目 ……………………………………… (792)
校订后记 ………………………………………………………… (803)

出版说明

一、本书为《清宫述闻》初编与续编合编本。初编共三册，曾于一九四一年五月由故宫博物院印行三百部。续编于北平解放前编竣，手稿存于故宫博物院图书馆。本社曾于一九九〇年出版此书，本版为在其基础上的修订本。

二、为便于读者阅读，本书将初编与续编正文中的相同章节按原顺序辑在一起，初编排在前边，各章文字开头标一"初"字，续编排在后边，各章文字开头标一"续"字。初、续编目录也按原来顺序略加调整，编在一起。

三、本书初编编者为章乃炜（字唐容）先生及王蔼人先生，续编编者为章乃炜先生。

四、初编印行本所载已故著名史学家孟森先生撰写的序言及原载《清宫述闻凡例》，仍在本书刊出，排在新序之后，全书正文之前。

五、一九九〇年出版时，为便于读者了解本书早年编写过程、内容梗概、史料来源、印行情况，特请故宫博物院顾问单士元先生为本书撰写新序，本书予以保留。

六、初编印行本为繁体字竖排，正文用四号字，按语用六号字。本书改用简体字横排，正文为五号宋体字，按语为五号仿宋体字。为求版面美观、读者使用方便，按语与正文之间不空行，不悬垂缩进字符。

七、初编印行本及续编各章节引用正文之前，原编者多在各宫殿标题之前撰写一段概括的说明文字。这次重排，将这类说明文字移在标题之后。按语中重述各条引文下的书名、档案名时，均用简称，不再补全。

八、初编印行本及续编各分六卷，卷一为述紫垣，卷二为述外朝一，卷三为述外朝二、三，卷四为述内廷一，卷五为述内廷二，卷六为述内廷三、四、五。本版取消原有卷次，按原书顺序依次改为：一、述紫垣，二、述外朝（一），三、述外朝（二），四、述外朝（三），五、述内廷（一），六、述内廷（二），七、述内廷（三），八、述内廷（四），九、述内廷（五）。

九、初编印行本中刊有《清宫述闻征引书目》，排在目录之前，本书移排于全书最后。续编所列征引书目，排在初编征引书目之后。对于文中征引书目而后文未列者，增列于同类之后。

十、本社一九九〇出版时，初编各章由刘潞、黄海涛点校，续编各章由王淑芳、陈广禄、李国强点校。

十一、此次修订出版，由陈晓东复核原文、查对史料，主要对原稿及一九九〇版中错别字、句读错误、出处错误及史实错误等进行了修订。可径改者直接于文中修改，余者做脚注以标识。

紫禁城出版社

二〇〇九年十二月十二日

序

孟 森

北平为自古以来宅京最久之地,一坊一巷一邱一壑,皆系人思仰。其荟为记述者亦多,无待汲汲造述。惟禁城以内,旧与外人隔绝,阁部诸达官奉常朝者,始多行走之便,而温树不言,古以为美,故非朝士所敢轻易抒写也。钦定官修之书,乃有详其典制,勒为成书者。然体过庄重,所载事无隽闻,语无韵致。今既士庶纵游,比于刍荛雉兔之皆往,千门万户,不复为阱于国中,欲得一赅雅之指南,可谓人有同盼矣。章君唐容,四十年来旧同学也,官京曹垂三十年,近且奉职故宫,亦三年矣。深以故都游览之向导,内外城以至四郊,皆可得详其名胜,惟禁城独少私家之载笔。恃典重矞皇之官书,时代不同,只觉索然寡味。因与王君蔼人商订体例,博采宫内秘籍,并搜剔前贤集记,缁流语录、外国使臣纪录,择其亲切可征信者,一以官书为纲,随文附入,使人增怀旧之蓄念,发思古之幽情。而于从前之大典礼、大职制,亦提纲挈领,而无不具焉。此为禁城以内初成指导之书,余读而善之。因检一事,以举其例:如武英殿之西,有浴德堂,规制成一浴室,俗传为香妃浴处,比之华清池。此说之谬,无论清高宗荒诞不至此,任何昏愦之君,断无于外朝严肃之地,为此种布置者也。顾事不足信,并不足辨。而俚俗不经之说,仍无辟除之法。及读君书,则引《日下旧闻考》,说明其为故物,即制不始于清乾隆年间,何得以香妃浴室为说。不辨之辨,无一字附会好奇、误人误己之失,此书之声价,即此可定矣。余窃就其说而引伸之,浴堂之建,盖起于上古。古称廊宇,必自堂室寝庙,下至庖湢皆具。王者之居,古必俭隘,茅茨土阶,以为至德。后渐轮奂,必稍存元始规模。近世之外朝,上世必以为宫殿之全量。苟有侈心,则虽有近世之内廷，清之季世，已视为陈列之宗器。所以颐养威福，亲理万几者，尚别有便安之所。苟无侈心，则仅仅外朝，亦岂尚是茅茨土阶之旧。以庖湢系属殿廷，正是告朔饩羊之意。列代相承，莫知其所以然而犹必为之。观于文华殿之东有大庖井，恰与武英殿之西有浴德堂，两两相对，其取义可思也。世之读章君此书者，观其征引之博，采择之严，而深会其引而不发之旨，所得必且无量，则又岂第作士女游观，人手一编之用而已耶？然即此游观时之循序接引，固已不可少此一编矣！二十六年一月，同学弟孟森谨序。

序二

单士元

章乃炜先生字唐容，浙江吴兴人，为书香世家。青年时代，读书于上海南洋公学师范学院。南洋公学是清王朝末年讲求维新时之产物。唐容先生在校时，学校督办为当日大实业家盛宣怀，其下有总理校务的四人，为何嗣源、沈曾植、汪凤藻、刘树屏等，亦皆为当时较开明之士。与先生同学者有众多民国时知名人士，如国民党元老吴敬恒、历史学家孟森教授等。在当时社会条件下，入南洋公学学习者，大都是追求教育救国之前辈先生。辛亥革命后，旧民国成立，章先生供职京曹近卅年，一九三四年转入北平故宫博物院工作。当日余为北京大学研究生，兼在故宫工作，孟森教授为余导师。一日孟师告余曰："章唐容先生来故宫矣。先生为余同窗旧友，学问渊博，可师事之，必受益。"余初见先生时，见其容貌清瘦，蓄微须，风度文雅，平易近人，恂恂儒者也。相识日久，知先生文史造诣极深，可称学富五车，在学术研究上具有卓识。

旧故宫业务机构，原分三馆：曰古物馆，宫中旧藏青铜器、瓷器，历代书画、工艺等文物属之；曰图书馆，宫中旧藏宋元善本、殿本、殿版、写本、文渊阁《四库全书》、铜活字图书集成，以及其他宫廷特有藏书属之；曰文献馆，主管宫廷历史文物，包罗极富，如乐器、戏衣、仪仗、帝后生活用具，种类繁多，此外则为大批历史档案和有关宫廷的典籍属之。

唐容先生初在古物馆，后转文献馆。在先生未来文献馆之前，余在文献馆任编辑之事，曾编印历史档案若干册。大抵皆零星撷拾、挂一漏万之册，只是饾饤钞胥之学而已。先生到馆后，在浩如烟海历史档案中尽窥宫廷之秘，更从院中馆中丰富有关藏书加以考订，以卓识之长，在王蔼人先生助理下，爬罗剔抉，排比成《清宫述闻》若干卷。所取材料，大都为第一手历史档案原件，不加损益，实录书中。同时还参考宫廷秘籍，为之佐证。此书虽仅属于宫中述闻，非一代之史，而所采录文献材料，其科学性非一般笔记之书所能比拟，即使清代官修典册，若《国朝宫史》、《国朝宫史续编》、《宫中现行则例》以及《日下旧闻》、《日下旧闻考》各书，所括材料虽亦以历史档案为主，但未有采撷如此之广并附以大量佐证者，与《清宫述闻》无损益之笔亦有所不同。至于从达官年谱日记中所补充故事，增读者之兴趣，亦其所长也。孟森教授为之序言有曰："官修之书，体过庄重，事无隽闻，语无韵致。"章先生之作则具备于书中矣。

一九二五年余初进故宫南三所文献馆工作时，馆长沈兼士教授亦为余导师之一，曾命余考文献馆址南三所之沿革。受命之后，撅拾一篇，题为《故宫南三所考》，全无隽闻韵致之语，视章先生所述，瞠乎后矣，只在所引档案一通，证实南三所建立之年，可补《清宫述闻》之未采者。在《清宫述闻》中所录道光皇帝居住南三所吃烧饼事之隽闻，余所考固未及也。章先生在三四年间曾见示掌故二则，并亲写一函致余曰：

据《内务府现行则例》卷一载：每年承做乾清门内外大铜、铁缸盖、屉各二百二十二个，似缸之数为二百二十二。据醇王奕谖《竹窗笔记》载：宣宗曾云在阿哥所时，与后大阿哥买吃烧饼事。似道光结婚后，仍住南三所。前承垂询，兹复两条，即请察鉴，并颂单先生撰祉。

炜顿首

唐容先生所示补余文之阙，记道光买烧饼事实一隽闻，惜当日拙稿忘庋藏于何处，因之未能补入，愧对先生之教矣。近岁偶检书箧中旧稿，始获得《故宫南三所考》原稿，积六十年矣，其与《清宫述闻》初续编合编本出版有因缘乎？

《清宫述闻》初编，一九四一年初印时只有三百部，流传于世。续编未印，稿藏故宫博物院中。现在紫禁城出版社将初、续两编裒成全集刊行，既利于研究清代宫廷历史者有所资，亦彰唐容先生辛勤著述之功，诚盛事也。全书整理编排由出版社编审刘北汜同志任之，在溽暑汗流浃背中，精勘细校，随时正草稿讹夺之疵，其辛勤之所得，即读者之效益，功亦不可没也。回忆孟森教授为《清宫述闻》制序之后，是年岁末即归道山。后闻唐容先生谢政京华，隐居青岛，通信无由，音讯遂杳。今余已耄龄之年，先生若健在，当为百岁以上老人矣。拙著《故宫南三所考》由于考订有阙，从未问世，而拙文亦出于南三所文献馆，与《清宫述闻》同出一地，今借《清宫述闻》合编本出版之时，不再藏拙，已交《故宫博物院院刊》一九八八年第三期发表，供出版社重新整理本书时参考。

《清宫述闻》凡例

一、是编专述清禁垣内宫殿旧制遗事。

一、是编以禁垣为范围，分三大纲叙述。首禁垣，凡涉及紫禁城之事，录其大略。次外朝，自午门迄保和殿并东西华门以内，均属之。又次内廷，自乾清门迄顺贞门，并景运门东、隆宗门西、神武门南均属之。

一、全编叙述次第，即就路径相属，参酌《宫史》、《日下旧闻考》为之。纂记体例，则略仿朱竹垞《日下旧闻考》、法时帆《槐厅载笔》二书。

一、叙述条目，首总述，次分述。总述依据清宫史所载宫殿门宇制度，录其大略，并取沿革有可考见者，胪举述之。分述则搜采各种册籍所载宫殿掌故，列举分隶，并注明原书。其无故事可稽者，总述载其名，分述则略之。至明代宫殿掌故足资考见因革者，附注分述条下。又某地今改为某馆、某室、某所，则附注分述末条下。

一、隶事次第，以事之大小分先后，其同属一类者，则以类相从。

一、分述条下征引故实，亦注明原书，其得诸闻见者，则分别附入。

一、事无专条，或在宫廷范围以外，而足资参考者，则就本编分述专条，可连类而及者附载于下。

一、地属毗连而不能隶属，或崇构已毁，而遗迹可考者，则缀附录以存之。

一、禁垣以内，旁宇杂舍甚多，其为《宫史》未载者，概从略。

一、宫廷事秘禁不外传，故琐细之事，有载籍可稽者，亦采入，以见一斑。

一、宫殿典礼规制，具载官书。兹编所列，仅略举其大者。

一、各宫殿旧藏珍品，在清季已屡经迁移，民国后更多移动，本院另有专册。兹编所列，不过依据旧籍，略述一二。

一、旧闻遗事征信为尚，故是编所载，专取清代官家史志、谕旨、奏疏、起居注、实录、御制诗文、内府图籍、档册及出入内廷王公师傅、南斋词臣与久居枢密清切地者所记，考校采择而录之。其余私家记载，仅采取一二，以备参览。

一、例行之事，略举一二，以概其余。其例行而隶有别项事实者，则博采广录，存其事实。但载籍浩繁，见闻有限，漏万之讥，仍恐难免。

总　　说

　　北平之有宫阙自辽始。辽宫址在皇城西南隅，殿之著者曰洪武（辽正殿）。继辽者曰金。金宫址在广宁右安门外，殿之著者曰大安（金正殿），曰仁政，曰寿康。继金者曰元。元宫址在西苑及旁近大高玄殿、光明殿诸处，殿之著者曰大明（元正殿），曰拿头。宫之著者曰延春，曰清寒，曰长春。大率规模简陋，体制未备。至明永乐，仿金陵宫制，于元旧宫迤东建造宫阙，汰秦汉隋唐之侈，革辽金元之陋，雄伟阔大，巍巍乎莫之与。京李闯之乱，颇遭焚毁。清人关修葺而居，沿袭而用，宫史私乘，金称沿明之旧，然一为衡校，则有异同。明极其侈，清顺治、康熙矫之以俭，仅择明宫殿门宇缮饰而处，苟美苟完，不事炫耀。其间稍有改弦更张，亦复费祛其奢，而料取其朴。迨乾隆朝，四海晏然，土木丹青，穷极闳丽矣。嘉道以降，鲜有兴筑，甚有空闭不用，毁圮不修者。此沿袭宫殿之制，而有所损益者也。又考朝制，明代画乾清门为界，以奉天殿（嘉靖四十一年改为皇极殿，清曰太和殿）为外朝，登极之典举行于此。以文华殿为内朝，武英殿亦为临御地。其御门即在奉天门（嘉靖四十一年改为皇极门，清曰太和门）。清则以乾清门以外为外朝，乾清门以内为内廷。大典则御太和殿，御门则在乾清门。常日召见臣工，披阅章奏，则在乾清宫或养心殿。此沿袭临御之地而有所因革者也。至宫廷仪注，参用满俗，内供偶像，颇涉奇诡。宫中岁费则省于明代者以数十万计。内监、宫女额则减于明代者以数千计。其旧闻遗事，帝王所纪暨臣工笔之于书者尚可考见，其涉及隐秘者，当时禁忌綦严，人人守口，不言温树之旨，后世欲求其事迹，难矣。然而私家记载有亲见亲闻者，虽不敢昌言，而一鳞一爪中，往往微露其意，寻绎推求，或可得其崖略云。

一 述禁垣：皇城内紫禁城

紫禁城

【初】紫禁城周六里，广袤一千六十八丈三尺二寸，南北长二百三十六丈二尺，东西长三百有二丈九尺五寸。高三丈，堞高四尺五寸五分，下广二丈五尺，上广二丈一尺二寸五分。其门凡四：南曰午门，北曰神武门，东曰东华门，西曰西华门。墙四角矗有重楼，墙外环以护城河。

紫禁城沿袭明旧城，四门惟北门清改玄武曰神武。

九重殿阙，大内规模皆仍胜朝之旧，惟因阅年既久，时加葺治而已，从未尝展拓周垣，别有兴作也。（清嘉庆《养心殿联句》注）

按：乾清、坤宁、交泰三宫殿俱为正朝，虽制崇朴斫，悉仍明代旧基。开国以来，频加葺治。见《嘉庆国朝宫史续编联句》注。

紫禁城内工程，小修、大修、建造，由内务府会工部、大内缮完，由内监匠人自理；宫殿苑囿春季疏浚沟渠，夏月支搭凉棚，秋季禁垣城墙芟除草棘，冬季扫除积雪，由内务府移咨工部及各处随时举行。（《大清会典》）

按：《郎潜纪闻》：康熙二十九年，大内发出前明宫殿楼亭门名折子王大臣等覆奏：查明故宫殿楼亭门名共七百八十六座，今以本朝宫殿数目较之，不及前明十分之三。至故明各宫殿九层基址、墙垣，俱用临清砖，木料俱用楠木。今禁中修造房屋，出于断不可已，凡一切基址、墙垣，俱用寻常砖料，木植皆用松木而已。《皇朝掌故汇编》：凡修建宫殿，所需物材、攻石、炼灰皆于京西山麓，柏木采于福建、湖南、四川、广东，杉木采于江南、江西、浙江、湖北，金砖取备于江苏，城砖取备于临清，琉璃砖甓取备于京窑，五金之用，采色之需，悉取给于户部。《大清会典》：琉璃窑设于正阳门外之西，以陶琉璃器具，质用澄泥，色有青、黄、翡、翠、紫、绿、黑。砖甓异名，各按模式。吻有大小，垂脊之饰，各有等差，以供大工之用。临清窑设于山东临清州，以水土之良，作砖坚腻，工部颁式于山东巡抚，给帑制造，用则征解。部辨坚脆，而差其直。苏州窑设于江南苏州府，制造金砖，大者方二尺二寸，次二尺，次尺有七寸，每正砖备副砖三，由江苏巡抚给帑，委员监造输部，部选收其精良者以备用。《倚晴阁杂钞》：琉璃厂烧殿瓦有黄、碧二种，厂中炼制，大约本月氏人遗法。《钦定总管内务府现行则例·营造司》卷：每年紫禁城上，于三伏内拔草，十月内拔草，春季淘修宫内并寿康宫、宁寿宫以及紫禁城沟渠，秋季宫内等处岁修工程，俱由钦天监择定吉期。又宫内各处搭盖凉棚所需席箔、竹杆、绳斤，照例买办应用，俱用新料，旧者留作外项各处搭盖罩棚遮阳之用。其禁城收什渣土，打扫地面，俱用苏拉。宫内遇有大项工程，则传用民匠。又该则例《掌关防管理内管领事处》卷：每年糊饰窗棂，宫内由宫内总管会同内务府大臣督率办理，三大殿等处及紫禁城内各门看守房屋，由工部办理。乾清门前积雪，内管领等带领苏拉扫除，太和门内三大殿积雪，营造司员查看，各佐领下披甲人扫除。午门以内各处积雪，工部派员查看，步军扫除。其扫除地面，紫禁城内各处，俱派正身苏拉进内扫除。每日苏拉二百名承应，至紫禁城内一应地方，由值年内务府大臣查看洁净整齐，并由该大臣负责。《宫中现行则例》：每年冬季，宫内等处换铺红白毡及择吉换窗纸、掸尘，俱奏闻办理。夏季寿康宫、养心殿择吉支搭凉棚，亦奏闻办理。《清稗类钞》：十一月初一日，宫中始烧暖炕、设围炉，旧谓之开炉节。《国朝宫史》：乾清宫等处三年一次修葺，每年三月宫内等处淘沟。《会考府题奏档册》：康熙六十年，分用过钱粮奏销案开除项下，列有修理文华殿配殿及保和殿等工程（会考府专司稽察一应奏销钱粮事项，雍正元年设，三年裁）。清乾隆十六年，谕旨：紫禁城内各处俱当洁净整齐，如有应修之处，亦当即行补修，岂可致令不洁不整？今朕经过地方，竟有不洁不整之处。《钦定总管内务府现行则例》：营造司承办宫内及各等处岁修工程，所需银两每年约用三万。又，总理工程处专司修理内庭殿宇房间，估销各处工程等事。道光二十三年裁撤。清乾隆《养心殿斋居》诗注：宫殿于立夏后纸窗内上纱棂，俗名替窗。又《对雨》诗注：宫中庭院皆铺砖，上承石砌，即小雨亦难渗易积。而屋瓦琉璃质性滑泽，雨辄垂溜。是日沾甫二寸，已觉檐牙注流，地面浮水。

又按：宫阙用琉璃瓦，金代已如此，详《揽辔录》。清季相传，士民欲瞻大内宫殿者，服夫役衣，随役而进，明代实开其端。据《野获编》：大内每雪后，即于京营内拨三千名入内庭扫雪，轮番出入，每岁俱然。亦有游闲年少代充其役，以观禁掖宫殿者。清代妃嫔深居禁掖，禁人窥见，但仍有溷入禁中，得瞻颜色者。据《南亭笔记》：成容若为太傅明珠之子，有中表咸备宫闱之选，无从会晤，适某后崩，乃扮作喇嘛僧得窥一面，卒以不能通言而罢。清大内除溷未悉其详，可考见者，宫中尚存有便器而已。明大内出粪则以车。据《戒庵漫笔》：宫人多用粪车，每月初四、十四、二十四日，以空车拥入一换。

嗣后，紫禁城内盖造小房，著俱用筒瓦。（清雍正八年谕旨）

宫殿丹雘以岁久色旧，特发帑饰新之。自外朝至大内，阅三年而周，今适告蒇。金碧诸采，悉官为购用，专员司之，并简大臣董其事。工皆核实，焕丽倍增于前，其匠役并按日给值。（清乾隆己丑《冬令还宫》诗注）

按：此项修饰工程开始于乾隆丁亥，迨己丑毕工，为雍正庚戌以后宫殿大修工程，盖前后相距已四十年矣。见乾隆《戊子春仲经筵》诗注。宫中栋宇，例用藻绩。见乾隆《题静怡轩》诗注。乾隆时有会昆郎世宁者，意大里亚国人，恒在内庭彩饰宫殿，甚惬上意，令其弃西艺而习中国意趣，所绘画轴，动值千金。见《燕京开教略》。

上念廷玉等内直时多，命内务府总管于紫禁城内筑室数楹，为直宿之所，逾月告成。别有院落，轩窗静洁，器具毕备。（《澄怀主人张廷玉自订年谱》）

按：上，清乾隆帝也。时帝初践位，张廷玉常侍左右。廷玉直宿之所今不可考。

紫禁城骑马之制，准骑者由东华门入，至箭亭下马；由西华门入，至内务府总管衙门前下马。（《茶余客话》）

按：内务府总管衙门即内务府公署。

又按：《啸亭续录》：明制，诸朝臣皆自左右长安门步行至午门，从无赐紫禁城骑马者。故阁臣沈鲤扶病入掖垣，屡至颠仆。国朝定制：王公、贝勒、贝子，皆乘马入禁门，至景运门下马。《香祖笔记》：明代阁臣入直，呵殿至闻禁中，今则至棋盘街左右即止。

嗣后惟紫禁城内赏马之大臣等，准在堆子门内乘马而过。其紫禁城未经赏马者，即头、二品大员，亦必与侍卫官员等一体在堆子门外下马

牵过。（清嘉庆七年谕旨）

按：此系向例，嘉庆时特申禁耳。

紫禁城骑马，谓之赏朝马。每岁军机处将一、二品大臣年六十以上者，开单请旨，大抵一品合例者，皆得邀恩；侍郎以下，则或赐或否；内廷行走之员，往往特蒙恩礼，不复问年；至亲王以下至贝子，则皆准在紫禁城骑马。（《养吉斋丛录》）

康熙二十一年，命南书房翰林于禁中骑马。（《养吉斋丛录》）

按：康熙朝朱彝尊以翰林直南书房，蒙赐紫禁城骑马，数与内廷宴，被文绮、时果之赉，赐纻、赐御衣帽、赐藕、赐鲥鱼，皆纪以诗。

赵泰安相国国麟，蒙恩于紫禁城内乘车，时人目为车丞相。后西林鄂文端、桐城张文和已奉旨骑马，又欲援例乘车，旋奉旨于紫禁城内乘轿。（《中书典故汇纪》）

按：乾隆四年，赵国麟有足疾，奉命乘车至内阁办事。八年，鄂尔泰、张廷玉年老不能乘马，奉命紫禁城乘轿。

乾隆五十五年，上谕曰：内外文武大臣特恩赏在紫禁城骑马，用资代步。但年老足疾之人，上马尚觉艰难，嗣后已经赏马之大臣，因有疾艰于步履者，仍加恩准令乘坐椅，旁缚短木，用二人舁行入直。（《郎潜纪闻》）

嘉庆十年，命紫禁城骑马大臣年七十以上者，准以两人舁小椅乘坐。二十四年，命满大臣年六十五以上、汉大臣六十以上曾赏马者，准肩舆入直，至应下马处下舆。王文端杰予告后，以谢赐寿恩入京，年已八十，许坐暖轿入紫禁城，扶杖入朝。二十五年，命亲王以下至贝子年至六十五岁，准坐椅轿。（《养吉斋丛录》）

按：两人舁抬进内之小椅奉准者，例许自制。见《知足斋文集》。

道光八年，谕：朕伯仪亲王年已八旬有三，向来入朝，虽得于禁御乘坐二人椅轿，惟露夜不免冲寒，究非高年所宜，着加恩在紫禁城内乘轿行走。（《王氏东华续录》）

按：仪亲王名永璇。同年谕：免朝贺大典行礼。后又谕：元旦及宗亲筵宴均免入宴，届期颁给果品菜肴一席。

道光十四年元旦，奉旨：长龄（年七十七）、曹振镛（年八十）、富俊（年八十六）在紫禁城坐暖轿。二十三年，潘文恭世恩以年近八旬，许坐暖轿入紫禁城。至如道光初年，仪邸、成邸以尊属且年老，许坐轿

入隆宗门，至内右门始下。（《养吉斋丛录》）

咸丰壬子初冬，赐陶梁紫禁城骑马。（《红豆树馆诗集》）

按：陶凫乡纪此事诗注：同日，不在内廷行走，蒙恩得赐骑马者，惟余与副都统西君耳。

同治元年，懿旨：恭亲王以议政大臣在军机处办理一切政务，勤劳懋著，著加恩在紫禁城内坐四人轿，以示优异。（《王氏东华续录》）

按：恭亲王名奕䜣。清季，紫禁城骑马、乘轿而外，又有所谓赏坐拖床者。据《燕京岁时记》：近日王大臣之有恩命者，亦准于西苑门内坐拖床，床甚华美。又据《帝京岁时纪胜笺补稿本》：昔年颐和园、南北海之冰上拖床，太后、皇帝、皇后、妃嫔乘坐，令太监拉之。王公大臣非特旨赏坐拖床，不得擅坐。其赏坐拖床与赏坐二人肩舆及紫禁城骑马，同称殊荣。

诸王等遇斋戒日期，俱在紫禁城内住宿。（清乾隆三十四年谕旨）

按：《钦定总管内务府现行则例》：每逢祭祀大典，皇帝出入禁门，各衙门派官员在禁门外迎送。

紫禁城内住班王大臣，例应于辰刻进内接班。其出班之人，应俟接班者进内面行交替，始准散归。（《王氏东华续录》）

八旗都统、副都统派在紫禁城内更番入直。（清康熙二十六年谕旨）

嘉庆十九年，添派上驷院卿、武备院卿、奉宸苑卿轮流在紫禁城值班。总管内务府大臣出差时，由该三卿轮流代班。（《钦定总管内务府现行则例·武备院》卷）。

按：《震庵诗钞》：《元日值宿紫垣》诗"御厨将晓颁天膳"句注：是夕，上赐玉盘克食（时阿震庵代内务府大臣值班）。

凡御前朝夕侍侧者，名御前侍卫。其次曰乾清门侍卫。无论王公、武大臣、侍卫等皆充之。其六班值宿者，统名领侍卫府侍卫。乾清门内之侍卫，归御前大臣统辖。（《啸亭续录》）

按：清初镶黄、正黄、正白三旗，天子自将，选其子弟曰侍卫。

紫禁城门，前锋护军统领率前锋护军参领、前锋护军分班入直。宫门，领侍卫内大臣率侍卫分班入直。三旗司钥长一人于景运门，五旗司钥长一人于阙左门直宿，掌各门锁钥，有旷职及擅纵人出入者，各论如法。紫禁四门内磴道、栅阑，各护军校二人、护军八人。防范火班护军校一人、护军七人。午门护军参领一人。左门阅门籍护军二人。左、右门各护军校三人、护军十有二人。东华门、西华门、神武门各护军参领一人、护军校四人、阅门籍护军二人、护军十有六人。(《大清会典》)

按：会典并载：禁城内后左门、后右门、左翼门、右翼门、中左门、中右门、昭德门、贞度门、太和门、协和门、熙和门、苍震门、启祥门、吉祥门、凝华门，亦各派护军宿卫。每夕，景运直宿司钥长自后左、后右、中左、中右、左翼、右翼、太和、昭德、贞度各门以次验视扃镝。午门以隆宗门护军参领，东华门以苍震门护军参领，西华门以启祥门护军参领，神武门以吉祥门护军参领。分视扃镝毕，各遣护军校纳钥于司钥，司钥长授验诸门钥汇贮于箧，复加扃镝。诘朝，各门校以次领钥启门。

又按：嘉庆六年，太监、护军乘任在禁城赌博。

百官、执事人出入紫禁城门，皆凭门籍。籍内备书爵秩、姓名，于经由之门各置一通。(《大清会典》)

按：皇帝乘舆出入各门均启中门。

各衙门官员出入景运、隆宗、后左、后右各门，年底造具花名木牌，移送景运门稽核查。乾隆六十年，奏准定制：景运门、隆宗门应走各等处：领侍卫内大臣、散秩大臣、三旗侍卫、侍卫处主事、笔帖式、军机处章京、内阁六部、步军统领衙门、理藩院、内务府三院、銮仪卫、上虞备用处、茶膳房；后左门应走各等处：宗人府王公、司员、八旗、都察院科道、翰林院、詹事府等衙门侍卫处主事、笔帖式，鹰狗处、各部院衙门值日引见人员等；后右门应走各等处：内务府各库官员、上虞备用处、侍卫处主事、笔帖式、内务府各项苏拉匠役。(《钦定总管内务府现行则例》)

紫禁城安挂器械八十一处，额设弓箭，每月轮换一次。城内各门堆额设梅针箭一万六千八百四十支。(《钦定总管内务府现行则例》)

禁中前后设门军，司启闭、严巡警者，凡七十余处。(《沧洲近诗·春雪晓直》"投签七十司门侯"句注)

紫禁城内各门、各堆铺及午门、东华门、西华门、神武门外班房内，陈列橐鞬、弓矢、长枪之属。(《大清会典》)

紫禁四门均设有鸟枪。(《朱氏东华续录》)

紫禁城门禁令：每门设红杖二，以护军二人更番轮执，坐门下。亲王以下经行皆不起立，有不报名擅入者挞之。(《国朝宫史续编》)

按：《铁笛亭琐记》：李三顺，阉人也，年十五六。时孝钦太后命将物事赐醇邸七福晋，行及午门，为护军所止，检视盒中何物，三顺不听检，遂哄阅。久之，三顺置盒于地，奔奏太后，言守门护军不听出。孝钦适病，大怒而哭。慈安来省，问状，孝钦曰："吾病未死，而护军目中已无我矣。"慈安曰："我必杀此护军。"于是降旨尽取护军下狱。刑曹据祖制上陈，言门禁云尔，不宜杀。慈安曰："何名祖宗，我死后非尔祖宗邪？必杀！"于是谏垣争上疏言："皇帝孝，故治护军严，太后慈，应格外加恩，以广皇仁，以彰圣孝"云云。疏留中三日，始以懿旨赦护军，杖三顺四十。

又按：太妃、母妃、皇后各守分例，不得将宫中所有移给本家，其家中之物亦不许向内传送。详乾隆六年谕旨。

传筹之制：紫禁城内五筹递传，每夕自景运门发筹，西行过乾清门，出隆宗门循而北，过启祥门，迤而西过凝华门，迤而北过中正殿后门，迤北至西北隅，迤而东过顺贞门、吉祥门至东北隅，迤而南过苍震门，至东南隅迤而西，仍至景运门，凡十二汛为一周。（《国朝宫史续编》）

按：《都门汇纂》：明制，内皇城周围共四十铺，每铺旗军十名，昼夜看守。铜铃二十有八，每夜起更时分，从右阙门第一铺发铃，军提一铃摇至第二铺，相续传递，至左阙门第一铺止。次日将铃仍送右阙门第一铺收存。今制，传筹亦从右至左，不复提铃矣。

又按：紫禁城内及外围各堆拨，每夜由王大臣等巡察所属，并时派进班之御前侍卫、乾清门侍卫暗中巡察。详《国朝宫史续编》。

紫禁城内禁饬火烛。乾清宫等处机桶（防火器，亦名激桶）七十架，东华门内东北筒闲房内四架，西华门内筒子河朱旗房三间内四架。倘有传用机桶之事，距各库切近者，各库官员司库报明管门大臣，投递职名进内，在本处看守防范。（《钦定总管内务府现行则例》）

合符之制：涂金为之，镌阳文圣旨字，外匣并钥，均藏大内。于景运、隆宗、东华、西华、神武门豫颁阴文合符一扇存贮。如遇夜有奉旨饬遣及紧急军务，应即时启门者，俟大内持出阳文合符，直班护军统领、参领取阴文合符比验，乃启门。如由苍震门、启祥门等处直班，护军统领、参领比验启放如之。值皇上车驾行幸，阳文合符交留京办事大臣，轮班交替看守，俟皇上回跸、还宫，即恭缴交入大内。皇上回跸驻

圆明园，径送御园宫门缴进。（《国朝宫史续编》）

【续】师入北京时，宫阙灰烬，百度废弛。公收集诸曹册籍，布文告，给军需。（《政学录》）

按：师，清师也。公，范文肃公文程也，盛京奉天人。顺治帝甚倚重之，曾遣画工就第图其像，藏之内府。《政学录》并载：明季赋额屡增，籍皆毁于寇，惟万历时故籍尚存。或欲于直省求新册，公不可，曰：即此为额，犹恐病民，岂可更求哉。自是天下田赋，悉照万历年间则例征收。除天启、崇祯时加派，民获苏息。

又按：《石渠余纪》：顺治元年，谕户部曰："我朝定都燕京，期于久远。凡近京各州县无主荒田，尔部清厘，分给东来诸王、勋臣、兵丁人等。盖非利其土地，以无处安置，故不得已而取之。可令满汉分居，各理疆界，以杜争端。"《清世祖实录》：顺治七年正月癸酉，更定满洲王、贝勒以下官员支给俸米数目。和硕亲王六千石，亲王以下次递减。

又按：《游梦倦谈》：伪宫（南京洪秀全故宫）已毁，存者十不及一。顾黄墙一带犹兀然高峙，墙外东西两亭，盖琉璃瓦，四柱盘五色龙。由亭折而北为正门，门已毁。历甬道数十步，中树木牌坊，上大书曰：忠义门，朱地金字，旁雕云龙狮象之属，彩色辉煌。过坊又走数十步，为伪殿。四壁画禽鱼、花鸟，柱础朱漆绘龙。后殿左右两池，池中俱置石船。逾池而西，有旁屋十余间，每间置大缸十余只，缸与缸接，无一线之隙，不知何用。旁屋以东，皆焦土颓垣，上犹悬一木牌云："此系奏机密之地，不得擅入，违者立斩"。由此，又踏瓦砾数重，为伪花园，假山中结小屋，横铺木板六七层，莫解其故。

顺治七年七月，摄政王谕："京城建都年久，地污水咸，春秋冬三季，犹可居止，夏日溽暑难堪。但念京城乃历代都会之地，营建匪易，不可迁移。"（《清世祖实录》）

按：摄政王，多尔衮也。王谕中并云：辽、金、元曾于边外上都等城为夏日避暑之地。今拟建小城一座，以便往来避暑。造城新增钱粮，加派于直隶、山西、山东、浙江、江南、河南、湖广、江西、陕西九省，共二百四十余万两。此外，官民人等情愿捐助者，酌量恩叙。实录又载：顺治七年正月，摄政王以玉册、玉宝追封其妃博尔济锦氏为敬孝忠恭正宫元妃。壬午，摄政王遣官选女子于朝鲜国。五月癸酉，摄政王率诸王大臣，亲迎朝鲜国送来福金（福金为满洲王配偶之称，乾隆时改定曰福晋）于连山，是日成婚。

又按：《堪隐斋札记》载：顺治罢摄政王庙享诏云：其仪仗、音乐、侍卫之人，俱与皇上同。盖造府第，亦与皇上官殿无异。府库之财任意糜费，织造缎匹、库贮银两、珍宝，不与皇上，伊擅自用。又云：一切政事及批票本章，不用皇上之旨，概用皇父摄政王旨。又悖理入生母于太庙。又将伊妻自行追封。又云：私造帝服，藏匿御用珠宝。

顺治八年正月，户部尚书觉罗巴哈纳等，入奏事毕，上问曰："外间钱粮，有无益之费否？"巴哈纳等奏曰："有，京师营建用砖，因临清土质坚细，遣官一员烧造，分派漕船装载抵通，又由五闸拨运至京，给与脚价。"上曰："营造宫殿，京师烧砖尽可应用。临清烧造城砖，著永行停止，原差官撤回。"（《清世祖实录》）

顺治十年，以雨涝异常，谕："停止宫殿及各项工程，赶办赈济，凡祭祀饮食，概宜从俭"。十一月，又谕："特发库贮银十六万两，皇太后发宫中节省银四万两，朕发御前节省银四万两，遣满汉大臣办理地方赈济"。（《清世祖章皇帝圣训》）

康熙十二年三月，上谕学士傅达礼曰：朕以修葺宫殿，明日移驻瀛台，暂留数日。（《清圣祖仁皇帝圣训》）

康熙三十九年九月，工部题销算杂项修理钱粮。上曰："一月内杂项修理即用银至三四万两，殊觉浮多。明季宫中一日用万金有余。今朕交内务府总管，凡一应所用之银，一月止五六百两，并合一应赏赐诸物亦不过千金。从前光禄寺一年所用银两，亦甚浮多，朕节减大半。工部情弊甚多，自后凡有修理之处，将司官笔帖式俱奏请派出。每月支用钱粮，分析细数造册具奏。"（《清圣祖实录》）

按：《石渠余纪》载：圣祖常论本朝自入关以来，外廷军国之费，与明代略相仿佛。至宫中服用，则以各宫计之，尚不及当时妃嫔一宫之数。三十六年之间，尚不及当时一年所用之数。康熙二十九年，圣祖以前明宫殿楼亭门名，并慈宁宫、宁寿宫、乾清宫及老媪数目，宣示外廷。乾隆五十六年，高宗谕谓：宫中嫔御，以及给使女子，合之皇子、皇孙乳媪、使婢，约计不过二百人。又载：我朝无均输和买之政。凡官府所需，一出时价采办，而不以累民，又时罢不急之物。

紫禁城内砌地砖横竖七层，一切工作俱派民间。今则器用朴素，工役皆现钱雇觅。（清康熙四十年十一月谕旨）

按：谕旨所称紫禁城内砌地砖横竖七层，系指明代工程。

又按：与紫禁城午门直对之皇城第一门，旧为大清门。据孟心史森《香妃考实附记》：旧大清门额为青金石质，民国初元思落取而反面书中华门额。既下其额视之，反面乃大明门字。盖清初已仍明之旧额矣。

内务府设内管领、副内管领各三十人，以承应中宫差务。统以掌关防处郎中，以时葺治宫室。又设三大殿及各宫殿司员，掌陈设、洒扫之事。以稽直殿监之勤惰。（《石渠余纪》）

按：《养吉斋余录》：魏经国，正白旗人，少时供役大内，善啖，常苦食不足。请于管工大人，愿夜以继日，米亦倍支。一日夜漏下，圣祖（康熙帝）偶出禁中，闻力作声，问知其故。因命以米数升作饭赐食，经国跪食尽之。知为异材，擢用守备，累官江南提督。

雍正九年九月，皇后病笃，移驻畅春园，旋即崩逝。以紫禁城宫殿尚未缮完，梓宫暂停畅春园九经三事殿。然后移往田村芦殿安奉。（《清世宗实录》）

按：皇后，雍正后，孝敬皇后也。于雍正九年九月二十九日崩逝。

乾隆二十二年十一月，谕："三殿工程，业经特派大臣管理。但工程事务，究系工部专司，该堂官会同原派大臣妥协经理。"（《清高宗实录》）

乾隆四十八年四月，谕："内廷宫殿易换琉璃瓦工料等事，著派福隆安、和珅、胡季堂、刘墉、金简、德成督办。"（《清高宗实录》）

按：清乾隆《御制日下旧闻考题词》注：余临御四十余年，凡京师坛庙、宫殿、城郭、河渠、苑囿、衙署莫不修整，皆物给价，工给值。然究以频兴工作，引为己过。

乾隆五十二年十一月，本府奏准，营造司承办宫内岁修及各等处咨修工程，所需银两每年约用二三万之多。（《钦定总管内务府现行则例》）

按：本府，内务府也。

又按：《内务府奏销档》：乾隆五十九年七月，金简奏："禁城中一路换下砂砖，业经抵用，未曾奏明。遽行换墁金砖，自请赔缴银一千四百四十余两。"

查勘宫内各处工程，无论王、大臣，均不准随带跟役家人。（清嘉庆十三年六月谕旨）

嘉庆六年七月，拨内帑挑浚紫禁城内外、大城以内河道及圆明园引

河。(《清仁宗实录》)

同治八年，修理乾清宫内水沟十三道，凑长四百二十九丈；寿康宫内水沟七道，凑长一百四十九丈五尺；紫禁城内水沟三十一道，凑长一千一百三十六丈五尺。(《内务府档》)

紫禁城内河道，由神武门西地沟引护城河水流入，沿西一带经武英殿前至太和门前内金水桥下，复流经文渊阁前至三座门，从銮驾库巽方绕出，共长六百五十丈五尺。凡内廷暗沟出水，皆汇此河。现在河身节节壅塞，沟水不通，实由于此。就目前情形而论，自以挑挖暗沟，宣畅河身为最要。所有应修各工，按照现查段落，照例核算。计运出淤土至紫禁城外，以及修整泊岸、沟盖、河墙、木桥等项，统计需银三万九千九百八十七两八分八厘。(《紫禁城内河道工程处奏案档·光绪十一年五月乌拉喜崇阿等折》)

按：此项工程，需用六样黄色琉璃筒瓦二千一百四十八件，系行取工部。其修理暗沟河道，计长春宫南墙外往西至长庚门外西河桶止，暗沟一道；苍震门外往北，暗沟一道；神武门内，东西暗沟一道；神武门内，西城墙下进水闸起至出水闸，止河桶。并拟补修西河沿木板桥十五座。见此折附单。银两照估，需数月由户部支领。见同年六月总管内务府折。

禁城内挑挖河道续出各工，应需续估钱粮，核实估银二万五千九百二十六两二钱二分八厘。宫内应行挑挖沟渠，应需钱粮因段落繁多，需款较巨。屡经驳饬核减，实估银三万四千九百二十七两八分四厘。以上各工所需钱粮，请仍照案，由户部支领实银，以济要工。(《紫禁城内河道工程处奏案档·光绪十二年五月总管内务府折》)

按：禁城内挑挖河道续出各工，其段落计：神武门迤西进水闸一段；文渊阁内鱼池迤南涵洞一段；出水闸起往外引河一道，河桶两面砖石泊岸十一段；涵洞一座、桥座泊上白石栏板抱鼓柱子；河桶两面宇墙、院墙、掐墙并改砌包山墙五十七段；银匠房门楼一座；神武门内迤西暗沟一段；长庚门内暗沟八段。宫内应行挑挖沟渠其明暗各沟计：乾清门内及御花园东西各宫院等处明沟三十六段，暗沟二百十段；景运门、隆宗门、苍震门、永康右门以外往南俱汇至河桶，通内暗沟四道。见此折附单。

养心殿等处地沟，续经查出情形，因恐耽延时日，饬令一面勘估，一面归入原工随时修理，以期迅速蒇事。今延春阁等处修改水道，既经奏明，亦应归入续估工程内一并兴修。（《紫禁城内河道工程处奏案档·光绪十二年八月总管内务府折》）

  按：养心殿等处地沟修竣各工，计：养心殿西关防院南北，石暗沟一段。长春宫后院井亭下，砖暗沟一段。太极殿东西配殿后，砖暗沟二段。同道堂西配殿南掐院，砖暗沟一段。御花园内由北大墙至九间殿（即九间房）北山，砖暗沟一段。永寿宫后院井亭往南拐东，砖暗沟一段。又东配殿后，砖暗沟一段。建福宫前台基至抚辰殿后台基，石暗沟一段。又拐西，石暗沟一段。又丹陛迤东，石暗沟一段。又游廊下，石暗沟一段。又游廊后檐至建福门内，石暗沟一段。又通东小院，石暗沟一段。又东后院，南北石暗沟一段。惠风亭东至建福宫后台基，石暗沟一段。性存门内东西，自游廊后檐往南至惠风亭下，石暗沟二段。敬胜斋院内，南北石暗沟二段。碧琳馆前，南北石暗沟一段。延春阁后，东游廊前檐至西大墙夹道，石暗沟一段。又东掐院内，石暗沟一段。慧曜楼前，石暗沟一段。漱芳斋工字殿、西配房前檐至后铁门西墙下，石暗沟一段。又戏台后，东西石暗沟一段。又戏台东山往南拐西至掐子门，石暗沟一段。咸福宫西配殿后，石暗沟一段。又东配殿后，石暗沟一段。南大库门外往南，砖暗沟一段。又后院夹道内东起，砖暗沟一段。又往西至大墙，砖暗沟二段。西厂子院内东西，砖暗沟二段。西小长街西面往北至百子门，砖暗沟一段。延庆门外院南墙内东西，砖暗沟一段。又往北至阔墙，砖暗沟一段。近光门内，砖暗沟一段。又往南，砖暗沟一段。遵义门外迤南，砖暗沟一段。咸和右门，南北砖暗沟一段。又门内，砖暗沟一段。纯佑门外，往东至咸和右门内南面阔墙，砖暗沟一段。长康右门外，砖暗沟一段。广生右门外往南至偏吉房北山，砖暗沟一段。百子门外迤西，由惠风亭起至御花园，砖暗沟一段。螽斯门内往北至崇禧门，石暗沟一段。寿安宫院内除房座分位，砖暗沟间段。奉先殿南墙外，往南拐西至茶膳房墙角门，石暗沟三段。景运门外往南，砖暗沟一段。漱芳斋工字殿东小院，砖暗沟一段。惠风亭下至英华殿夹道，石暗沟一段。连同慈宁宫、长春宫等处墁砖等项，需工料银三万八千二百九十三两二钱。延春阁等处修改水道完竣各工，计：延春阁后东西暗沟改道，添砌石料荷叶暗沟一段。漱芳斋后戏台两扮戏房下暗沟改道，添砌砖暗沟一段。积翠亭山石下暗沟二段，改由山石东西添砌砖暗沟二段。惠风亭北，东西暗沟改道，各添砌拐角曲尺砖暗沟二段。堆秀山前，由北大墙里皮往南拐东，砖暗沟一段。又接拐北往东，由浮碧亭后踏跺至南北大沟，砖暗沟一段。连同摛藻堂前、堆秀山前墁砖等项，需工料银一万二千七百五十六两八钱八分五厘。见此档光绪十三年七月总管内务府折后附单。

此次各项续估工程，修建沟帮，应需工料银四万一千三百二十五两六钱三分六厘。拆砌沟身，补修殿基门墙，应需工料银二万九百三十三两一钱。御花园内修补各项工程，应需工料钱八千十六两九分四厘。各工一律完竣，查照前案，请旨由部库发给实银饬交该商祗领。所需琉璃瓦料，由工部核销，沟撑叶铁由颜料库支领。（《紫禁城内河道工程处奏案档·光绪十三年七月总管内务府折》）

按：修建沟帮，系修建内左门等处砖石各沟帮底。计：内左门内至长康左门，石暗沟一段。绛雪轩后往北至北大墙外神武门内，石暗沟一段。东小长街由麟趾门至千婴门两边，石暗沟二段。玄穹宝殿西夹道南北，石暗沟一段。殿后往西至御花园，石暗沟一段。咸和左门内，东西砖暗沟一段。景仁宫院内，砖暗沟六段。承乾宫院内，砖暗沟六段。钟粹宫院内，砖暗沟四段。延禧宫北值房前，砖暗沟一段。永和宫院内，砖暗沟七段。景阳宫院内，砖暗沟三段。斋宫内东西，砖暗沟二段。往南拐西南茶房院内东西，石暗沟二段。斋宫门内，砖暗沟二段。门外南墙下由沟漏起往南通乾清门东西，砖暗沟二段。慈宁宫两边，南围房后院沟漏起往东，砖暗沟一段。又往西至八字墙下肩，砖暗沟一段。西院内，砖暗沟一段。围墙后东西北三面，砖暗沟一段。永康左门内，南北石暗沟一段。大佛堂后三官三所院内，砖暗沟十六段。寿康宫东北角门外，南北砖暗沟一段。工字殿阔墙西角门外，往南至墙下，砖暗沟一段。由墙下拐西，砖暗沟一段。接连往南至大墙下，砖暗沟一段。寿药房后院，砖暗沟一段。慈宁宫花园西墙外，往南拐西至西河桶，石暗沟一段。缎库院内大门两边，由沟漏起，砖暗沟二段。祭神房院内神库北头，砖暗沟一段。井亭下，砖暗沟一段。靠大墙拐南，石暗沟一段。南果房院内，砖暗沟一段。西配殿前檐往南，砖暗沟一段。大门外两边，沟漏起往南至墙外，砖暗沟二段。玄穹门外东墙下，沟漏起往南，砖暗沟二段。接连南面东西，砖暗沟一段。南院值房，砖暗沟二段。千婴门外三所东院内，东山净房内，添砌净坑一个，往南砖暗沟一段。照殿前檐往西至御花园，石暗沟一段。下司房后院内，东西砖暗沟一段。井亭院内至大门外，砖暗沟七段。四执库院内照殿前檐，东西砖暗沟一段。照殿前东山掐院，砖暗沟一段。西配殿后檐沟漏起往南，砖暗沟一段。大门内两边沟漏起，砖暗沟二段。古董房后院，东西砖暗沟一段。井亭下往东拐南至前院大墙，砖暗沟一段。鸟枪三处院内往东拐南至门外，砖暗沟一段。门外东值房后院，往南拐西，砖暗沟一段。三所大门外西南角，净坑一个。斋宫东西角门外，拆修连面五级踏跺四座。毓庆宫两山沟漏起往南，砖暗沟二段。东北转角围房后院，砖暗沟一段。前星门内东掐院，砖暗沟一段。御花园内东井亭下往西，砖暗沟一段。九间殿前往南，砖暗沟一段。延晖阁前，由钦安殿西北起往南拐北，砖暗沟一段。又拐南至西井亭，砖暗沟一段。观象台前，拆砌灰城砖渗坑一个。养性斋前南，砖暗沟一段。长康右门东西，砖暗沟一段。千秋亭、万春亭渗坑各一个。绛雪轩渗坑二个。万春亭西门外，南北砖暗沟一段。并零星工程，需工料银四万一千三百二十五两六钱三分六厘。拆砌沟身，补修殿基门墙，系指永寿宫等处。计：永寿宫西墙下肩并上身一段。建福宫合基下，石暗沟一段。纯佑门外台基下，南北砖暗沟一段。静怡轩殿座台基下，东西砖暗沟一段。慈宁宫后大墙北面下肩一段。春华门西掐门往西，至长庚门南面大墙下，石暗沟一段。南面大墙一段。近光左门内东掐墙下肩二段。西小长街木板房往北，至永庆门东面墙下一段。东小长街东沟帮上面，随墙下肩二段。钟粹宫西配殿后随墙下肩一段。慈宁门外两边大墙下，石暗沟二段。玄穹门外东南角大墙下，砖暗沟一段。寿安宫东配殿后北小院南北连墙下，石暗沟一段。西配殿后西进身墙里皮，石暗沟一段。拐西由墙下至西河沿，石暗沟一段。萱寿堂穿堂屋内，砖暗沟一段。建福宫东院大殿东西掐门起往南至阔墙下，砖明沟二段。西配殿砖暗沟一段。咸福宫南面阔墙外，砖明沟二段。寿康宫照殿后院北墙下，砖明沟东西二段。工字殿东西院内，由北台基下往南至阔墙，砖明沟二段。英华殿宫门外东掐子门，由寿安宫后大墙起往北至神武门内，东西大沟口止，石暗沟一段。宫门内，东西石暗沟一段。接往西，由大墙里皮至西河沿沟口止，石暗沟一段。西面由南大墙里皮至英华门西掐墙止，南北砖暗沟一段。东西掐门内，砖暗沟四段。大殿后东山，石暗沟一段。并零星工程，需工料银二万九百三十三两一钱。御花园内修补各项工程，计：四神祠一座，前抱厦一间。万春亭一座，四面各显三间。延晖阁一座三间。九间殿（即九间房）一座七间。福佑无疆门两边，养鱼河二道。浮碧亭鱼池拆安东面池帮，并附修活，计需工料银八千十六两九分四厘。见此折附单。

康熙三十五年二月，上以亲征噶尔丹，遣官告祭天地、宗庙、社稷。谕大学士等："此次各部院衙门本章，停其驰奏，凡事俱著皇太子听理。若重大紧要事，著诸大臣会同议定，启奏皇太子。"又谕："大学士阿兰泰，尚书马齐、佛伦，朕启行后，尔等偕各部院大臣分为三班，值宿禁城内。"（《清圣祖实录》）

按：皇太子，名胤礽，后被废。

乾隆五十四年八月，命礼部尚书常青、纪昀，兵部尚书孙士毅，左都御史李绶，在紫禁城内骑马。（《清高宗实录》）

向来，朕出入西华门时，随从之御前大臣、御前额驸，应在紫禁城内骑马者，皆于西牌楼门阶下，上马下马。若出入东华门，则上马下马俱在门外。体制未为划一。嗣后，朕出入东华门，应骑马随侍者，若经由文华门前，则著在东牌楼门阶下，上马下马。若经由三座门夹道行走，俱著在夹道门外井边，上马下马。（《清仁宗睿皇帝圣训》）

札萨克多罗郡王索特纳穆多尔济，嘉庆元年赐紫禁城骑马。（《耆献类征·外藩初续传》）

按：蒙回王公，据《类征·外藩初续传》：嘉道两朝，赐紫禁城骑马者，不过数人。命乾清门行走，赏花翎、黄马褂、紫缰、黄缰者，多至不可胜计。

嘉庆甲子冬，和以侍郎，恩赐紫禁城骑马，时年三十四。（《恩福堂笔记》）

按：嘉庆甲子，嘉庆九年也。和，英煦斋名也。笔记并载：嘉庆庚辰，和年五十。次子奎耀，每遇奏事之期，即蒙召对。屡询以汝父今年五十岁，记是四月十四日生辰。至四月朔赐对，谕曰："前问奎耀，知汝今年五十岁，欲赐汝以诗，汝当预备迎接使臣。"对曰："今臣子赴阙，祗领足矣。为儒臣荣矣。"当蒙俞允。届期率两子，至香山静宜园宫门恭候。内使领出宸章匾额，并寿佛、玉玩陈设、绸缎各九件。命两子率鼓乐导引至舍，设香案叩头供奉。

道光十九年十一月，谕内阁："哲布尊丹巴呼图克图，自率领喀尔喀四部落人等投诚以来，广建功勋，推阐黄教，本年来京瞻觐，实属可

嘉。俟该呼图克图到京之后，著加恩赏在紫禁城内乘坐黄围车轿外，并于一切念经处所赏用貂皮坐褥。"（《清宣宗实录》）

咸丰三年，惠亲王绵愉，凡遇内廷召对，特免叩拜。紫禁城内赏坐四人轿。（《清穆宗毅皇帝圣训》）

按：惠亲王绵愉，嘉庆帝第五子，咸丰帝叔父也。

又按：王薨于同治三年，同治帝亲临赐奠。见《清穆宗实录》。

咸丰八年十月，上谕：科尔沁亲王僧格林沁，加恩在紫禁城内乘坐二人椅轿。（《清文宗显皇帝圣训》）

按：王于同治四年战殁，忠骸抵京，同治帝亲临赐奠，并命配享太庙。见《清穆宗实录》。

同治十一年九月，懿旨：大婚礼成，惇亲王等，加恩在紫禁城坐四人轿。（《军机处档·大婚成案单》）

按：懿旨，太后旨也。大婚礼成，同治帝大婚礼成也。惇亲王名奕誴，道光帝第五子，同治帝叔父也。

又按：《清穆宗实录》：同治六年二月，上奉慈安皇太后、慈禧皇太后幸惇亲王第，侍午膳。

同治十三年二月，命宁夏将军穆图善在紫禁城骑马。（《清穆宗实录》）

光绪二十九年四月，命湖广总督张之洞在紫禁城内骑马。（《清德宗实录》）

按：实录并载：光绪二十七年八月，赏大学士荣禄、王文韶用紫缰。

光绪三十一年十二月，命土观呼图克图，在紫禁城内骑马、乘坐绿围车、用黄缰。（《清德宗实录》）

按：实录并载：土观呼图克图，请驻京当差。得旨照准。加恩赏给静修禅师名号，给予副札萨克达喇嘛职衔，并赏印敕。

夜间遇有开城门事件，令尔等传旨者，若无勘验实据，看门人等难以凭信。著造办处制合符四件，一交乾清门该班内大臣，一交左翼，一交右翼，其一尔等收贮。凡夜间开门，将符合对，以为凭据。（清雍正四年八月谕旨）

雍正四年，作阳文符三，藏大内。阴文符三，一交步军统领，一正阳门，一西直门。（《癸巳存稿》）

内务府立三营，曰骁骑营，长以参领，率官兵以宿卫禁城；曰护军营，长以统领，选三旗兵之精者为护军，率以守宫门，行则扈从，皆以时训练，而稽其军实；曰前锋营，长以委署参领，掌习解马。（《石渠余纪》）

雍正五年十二月，定亲王以下，宗室、公以上，如进内禁门，带护卫一员。部院大臣等，带笔帖式一人。旗下大臣等，带印房笔帖式或领催一人。又乾清门侍卫人等，出入景运门、隆宗门、后右门，俱照例投职名查验。在内行走之王等，亦得在隆宗门出入，其余俱令在后左门出入。（《清世宗实录》）

乾隆二十三年六月，正白旗护军统领奏：紫禁城四门，请添设官员看守。得旨：罗察留保，著补授午门章京；乌金太阿年保，著补授东华门章京；舒通阿瑚图礼，著补授西华门章京；黑英拉木扎，著补授神武门章京。（《清高宗实录》）

凡王、贝勒、贝子、公，在紫禁城内值班住宿，无论接班者何人，均应于每日辰刻，面见交替。（《钦定宗人府则例》）

向来紫禁城内派有六大班，诸王、文武大臣及前锋统领、护军统领等轮流值宿，严密稽察。乃日久渐涉疏懈。又，总管内务府大臣等，从前均轮班上夜，后亦废弛。以致太监及护军人等，竟敢乘夜赌博，无所畏忌。禁地森严，岂可不加意整肃。（清嘉庆六年十一月谕旨）

大内门禁关防，实为紧要。是以朕谆谆降旨教导，原恐不法之人滋生事端。今再严传等处，他他内雇觅苏拉、厨役，如有酗酒不法无籍之徒，即行逐出，不可容留在内。佣工，嗣后如有雇觅人等，俱要知来历，有保人，方许留用。再，向例随侍等处当差之太监，俱系进宫年久之人，近来有新进太监，尔等即补随侍等处当差。至茶膳房，系办理御用口味之地，尤关紧要，新进太监尤不可补给当差。嗣后如有新进太监，补给外围各门当差，俟过三年后，看其老实勤慎，再拨给随侍等处、茶膳房、各宫内庭下当差，以后为例。（清嘉庆八年闰二月谕旨）

按：他他，即他坦，内监住屋也。道光时，有他坦旧服役人，取南池子烧饼铺及东华门外六合斋麻花等项饽饽，背进紫禁城零卖。见清道光二十二年十二月敬征折。咸丰时将紫禁城内六宫他坦，向有成衣之人尽行驱逐。见《清文宗显皇帝圣训》。同治时紫禁城四门以内，竟有货卖食物人等私行往来。见清同治九年十一月御史彝昌折。

谕顾太监：近日朕愈加喜悦，宫中不必挂念。惟嘱咐尔等，时近冬至，阳气初生，多风多燥之际，必小心火烛。凡紫禁城内，都皆传知。（《宫中档·清圣祖寄宫内谕旨》）

按：顾太监，名问行，敬事房总管。

宫中火烛，最要小心。如日精门、月华门、西南一带围房后，俱有做饭值房，虽尔等素知小心，凡事不可不豫为之防。可将围房后檐，改为风火檐。即十二宫中大房，有相近做饭房之处，看其应改风火檐者，亦行更改。（清雍正五年十一月谕旨）

乾隆四十二年十二月，福隆安、和珅面奉谕旨："从前圆明园等处房屋，恐有蝎虎、蝎子等物，曾交内务府届时派员捕捉。各坛庙以及各宫殿，亦恐有蝎虎、蝎子、蜘蛛等物，自宜一体打扫，搜捕洁净。嗣后各宫殿，著交内务府大臣届时派员认真捕捉。其各坛庙，亦著交内务府大臣会同太常寺堂官，届时各派妥员，认真捉捕，务使净尽。"（《军机处和图利档》）

辛酉六月，京城水灾，闻宫殿皆漏，以毡裹之。昆明水闸，撤去二板矣。上自园入内，各部司堂，无立足地。（《榆巢杂识》）

按：辛酉，嘉庆六年也。

每年冬季，特派王大臣将紫禁城内外该班护军校、护军等，考验给赏。（清道光七年十一月谕旨）

大内及御园各处，每逢雪后，命步兵及苑户扫取培壅树根。因即行赏，岁以为例。（《榆巢杂识》）

向例，每逢祭祀大典，朕出入禁城，各衙门派有官员迎送。近日，迎送之员甚属寥寥，殊非敬慎之道。（清嘉庆十九年八月谕旨）

同治十一年十一月间，经直年司员，查得端门楼库存腰刀失去九十三把，撒袋失去八分。十二月，该司员等前往该处查验箭枝，复见库房东北间，有撬开窗槅等处情形。（《清穆宗实录》）

紫禁城外，守门洋兵，一律撤退。即于初五日起，会同三院卿轮班值宿。并派护军营、骁骑营官兵，于各门座朱车安班守卫。（清光绪二十七年八月总管内务府大臣世续等折）

每年立秋后，太和殿、中和殿、保和殿上，照例拔除青草，由钦天监择吉。乾清宫各殿座，及钟鼓楼上青草，照例同日一体拔除。（清咸丰元年七月总管内务府折）

明代，禁城内皆有路灯。自魏阉专权后尽废之，以便亵夜出入。此制至国朝，遂不改。禁城以内，除朝房及各门外，绝无灯火。戊夜趋朝，皆暗行而入。惟亲王及堂上官有灯引至景运、隆宗二门，军机大臣，以角灯入内右门。乾清门内，则有路灯。（《天咫偶闻》）

护城河

【初】皇城内河流四面环绕，由地安门外西步梁桥入者，经景山西门引入，环紫禁城，是为护城河。护城西面之水，自紫禁城西南隅，经流天安门外金水桥东南，注御河，是为外金水河。又西阙门下有地道引城河水，经午门前至东阙门外，循太庙右垣，南流折向东，注太庙戟门外筒子河，东南合御河。其由地安门东步梁桥入者，经东安门内望恩桥，注御河。其入紫禁城者，由神武门西地道引护城河水流入沿西一带，经武英殿、太和门前，是为内金水河，复流经文渊阁前，至三座门从銮驾库巽方出紫禁城。（《国朝宫史续编》）

康熙十六年，奏准：紫禁城护城河栽种莲藕，每年除进用，余剩者鬻卖，所得银两存奉宸苑，作为办买零星物件之项。乾隆九年，奏增地亩租银。嘉庆十九年，奏准：紫禁城护城河荷花地二顷八十八亩七分，每年征租银一百二十九两九钱一分五厘。（《钦定总管内务府现行则例·奉宸苑》卷）

附：皇城三大中门　太庙　社稷坛　皇史宬

皇城三大中门

【初】大清门在都城正阳门内，为皇城第一门，面南，正中三阙，上为飞檐崇脊。门前地方广数百步，为天街，俗名棋盘街，周以石阑（乾隆四十年修葺）。左右石狮、下马石牌各一。门内千步廊，东西向朝房各百有十楹。又折而北向，各三十四楹，皆联檐通脊。凡吏、兵二部月选官掣签，礼部乡、会试磨勘，刑部秋审，俱集于此。朝房外东为户部米仓，西为工部木仓。其北天街横亘，东出为长安左门，西出为长安右门，门各三阙，东西向，门外下马石牌各一，趋朝者由此出入。

其北正中南向者为天安门（初仍明旧曰承天门，顺治八年重建始改名），五阙，上覆重楼，九楹，彤扉三十有六，前临御河，跨石梁七，为外金水桥。桥南北石狮各二，其南华表对峙，国家大庆、覃恩、宣诏书于门楼上，由堞口正中，承以朵云，设金凤衔而下焉。是为皇城正门。

其北相值为端门，制与天安门同，南立华表二，东、西两庑各二十六楹。端门内东朝房五楹，为礼科公署；西朝房五楹，为工科公署。其北东为太庙右门，西为社稷左门。迤北两庑各四十二楹，均联檐通脊，内东二十三楹，西二十楹，为部、院、府、寺、监朝房；余吏科公署七楹，户科公署九楹，在东；中书科直房六楹，兵部公署七楹，刑科公署七楹，在西。其吏科迤北三楹，恭勒圣祖仁皇帝御制台省箴清汉碑文各一通。朝房北东出者为阙左门，西出者为阙右门，门外下马石牌各一。凡九卿会议、拣选人员、验看月官俱集阙左门下，八旗都统会议俱集阙右门下。门北东西庑各三楹，为王公朝集之所。甬道左设嘉量亭，量四周恭镌高宗纯皇帝圣制嘉量铭，右设日景晷度。正中南向为午门。

按：午门南为端门，端门南为天安门，天安门南为大清门，是皇城三大中门也。大清门除太后慈驾、皇帝乘舆外，皇后惟大婚日由此门入，文武状元传胪后由此门出，此外无得出入者。门前棋盘街，查嗣瑮曾纪以诗云："棋盘街阔净无尘，百货初收百戏陈。向夜月明真似海，参差宫殿涌金银。"今大清门改曰中华门，门外棋盘街已非昔时景象，门内左右则拆尽旧屋，遍植花木。天安门、端门两旁旧宇今尚存。天安门、端门之间，其东庑中门外为太庙，规模如旧，今附设故宫博物院图书馆分馆。西庑中门外为社稷坛，今改为中央公园，一名稷园。

太庙

【初】太庙街门在端门东庑正中，门内为太庙，南向，朱门丹壁，覆以黄琉璃瓦，卫以崇垣。周二百九十一丈六尺，琉璃砖门三，左右门各一，戟门五，崇基、石阑。中三门，前后俱三出陛，中九级，左右各七级，门内外列戟百有二十。左右门各三，均一出陛，各五级。前殿十有一楹，重檐垂脊，承沉香柱。正中三楹，饰金梁栋，阶三成，缭以石阑。正南及左右凡五出陛，一成四级，二成五级，三成中十有一级，左右九级。中殿九楹，同堂异室，内奉列圣、列后神龛，均南向，后界朱垣。中三门，左右各一门，为后殿，制如中殿。奉祧庙神龛，均南向。

前殿两庑各十有五楹，阶均八级，东庑为配飨功王位，西庑为配飨功臣位。东庑前、西庑南燎炉各一。中殿、后殿两庑各五楹，藏祭器。后殿东庑南燎炉一。戟门外石梁五，桥北井亭二，六角，闲以朱棂。桥南东为神库，西为神厨，各五楹。庙门外之西南奉祀署一楹，东向。左右房各三楹，垣一，重门一，北向。东南宰牲亭三楹，前治牲房五楹，均西向。垣一，重门一，西向。井亭一，六角，闲以朱棂。西南即太庙街门，五楹。西北为太庙右门，三楹，均西向。

按：乾隆辛巳孟夏有《事太庙礼成》诗注：先是，太庙沿明旧制，戟门外惟沟桥而无水。兹命引金水桥之水流经桥下成河。乾隆三十六年，大学士等奏折：圣寿周甲，恳请节劳。奉谕旨，量为定议：自宫中御礼舆至太和门阶下降舆，御辇入西北门，至太庙北门外，御礼舆入左门，循东垣行至戟门外，东阶下降舆，步入左门，至幄次。迨礼成，由戟门左门出，升舆如仪。乾隆孟冬时享，适重刻五庙册宝告成。《恭奉尊藏太庙》诗注：册宝随时敬造，玉色长短，率未能相符，兹选和阗良玉，一律造成册宝，恭奉入庙，撤出旧有册宝，即送至盛京太庙尊藏。

【续】顺治五年六月，太庙工成，奉安神位于正殿。（《清世祖实录》）

按：太庙，建于明永乐十八年，为供奉列圣、功臣之所。清袭其遗。所云工成者，修建工成也。

太庙时飨，每岁，孟春正月上旬日，孟夏、孟秋、孟冬以朔日。孟春时飨，如遇祈谷、斋戒之期，皇帝诣太庙出入，导迎乐设而不作。岁除前太庙祫祭，月大建，以二十九日行礼，小建，以二十八日行礼。庙制，中殿供奉太祖高皇帝、太宗文皇帝、世祖章皇帝、圣祖仁皇帝、世宗宪皇帝、高宗纯皇帝列圣后神位。祭日，恭请奉安前殿，礼成，恭送至中殿，供奉如初。后殿，供奉肇祖原皇帝、兴祖直皇帝、景祖翼皇帝、显祖宣皇帝列圣列后神位。大祫日，恭请奉安前殿，礼成，恭送至后殿供奉。其四孟时飨，遣亲王诣后殿行礼。间遇夏雩、秋狝，遣亲王代执俘馘至，例献于太庙街门。乾隆三十六年，谕旨：自宫中御礼舆，至太和门阶下降舆。御辇，入西北门，至太庙北门外。御礼舆，入左门，循东垣至戟门外东阶下降舆，步入左门至幄次。迨礼成，由戟门左门出，升舆如仪。至每祭，特派皇子亲王，随诣列祖位前上香，遴近支宗室，分献帛爵。（《国朝宫史续编》）

按：嘉庆迄光绪，帝后神位皆在中殿供奉。

龙驭上宾，遗命与庄亲王、果亲王、大学士鄂尔泰总理事务。且诏，他日以公配享太庙。本朝未有汉文臣与配享者，非常之典，公独当之。（《松泉文集》）

按：龙驭上宾，雍正帝崩也。庄亲王，名允禄。果亲王，名允礼。皆雍正帝弟也。公，张文和廷玉也。文集并载：方公之致仕也，召见时奏及配享事，上（乾隆帝）特赐诗为券。

康熙二十四年孟春，诣太庙致祭毕。谕："嗣后宣读祝版，至朕名，俱高声朗诵，无庸顾忌。"（《清圣祖仁皇帝圣训》）

雍正三年二月，上谕直省督抚等曰："今诸臣据二十月即吉之文，合辞公请，祫祭释服。朕以礼制情，勉允所请。于雍正三年二月十二日，祫祭太庙，释服即吉。"（《清世宗宪皇帝圣训》）

乾隆四年九月，太庙工程告竣，上亲诣敬瞻。（《清高宗实录》）

道光元年四月，上诣太庙东砖门外彩幄，恭阅仁宗睿皇帝、孝淑睿皇后玉册、玉宝，入太庙前殿行礼，亲奉藏于后殿。（《清宣宗实录》）

按：实录并载：道光二年九月二十七日，太庙外围墙东运料门被火。

同治七年九月，上诣太庙彩幄前，恭阅仁宗后，宣宗帝、后，文宗帝、后尊藏盛京之册宝，并行礼。（《清穆宗实录》）

同治三年十二月，上亲诣太庙行礼毕，朝鲜、琉球使臣瞻觐。（《清穆宗实录》）

光绪二十六年十月，太常寺卿王培佑等奏，洋兵退出，会同祗谒太庙，敬谨查看，觚棱未改，法物多存。又奏：祭器阙失，物品未具，孟冬时享典礼，请暂缓举行。二十七年六月，谕旨：太庙祭器，择要制补。（《清德宗实录》）

社稷坛

【初】社稷坛门在端门西虎正中，门内为社稷坛，北向。坛制方，二成，高四尺。上成广五丈，次成广五丈三尺四。出陛各四级，白石。上成筑五色土，中央黄。立社主以石，方广尺有六寸，半入土中，筑方坎藏之。祭毕，覆以木盖。阶下鼎炉二。内墙方七十六丈四尺，高四尺，厚二尺，甃四色琉璃砖，各随方色，覆瓦如之。四面门各一，门外柱各二，楣阈皆白石，扉皆朱棂。壝北门外鼎炉二，西北隅瘗坎二。北为拜殿，又北为戟门，各五楹，列戟七十有二，均上覆黄琉璃瓦。崇基前后各三出陛。壝外西南为神库、神厨，各五楹。井一。坛垣周二百六十八丈四尺。内外丹艧，覆黄琉璃瓦。北三门，东西南各一门。循垣东北隅东向正门一，左右门各一相对。阙右门为乘舆亲祭出入之所。坛西门外宰牲亭一，三楹，东向。井一，垣一，重门一，北向。西南奉祀署，东西各三楹，垣一，重门一，东向。东遣官房，一楹，南向。东南为社稷街门，五楹。东北为社稷左门，三楹，均东向。（《国朝宫史续编》）

按：《养吉斋丛录》：社稷坛祭器用玉，自乾隆间始。乾隆丙午《题春耦斋》诗注：祭社稷坛归，至西苑春耦斋，换祭服兼传膳办事。《篛石斋诗集》：乾隆乙卯五月，上御雨缨冠，素服，步诣社稷坛祈雨。

【续】祭社稷之礼，岁春祈秋报，皆以仲月上，戊日祭大社、大稷之神。以后土勾龙氏、后稷氏配大社位右、大稷位左，均北向。后土勾龙氏，东位西向。后稷氏，西位东向。祭日，春戊常亲祀。秋值巡狝，遣诸王恭代。祷雨泽，则有特祭。执献俘馘，于社稷街门，如太庙。乾隆三十六年，高宗纯皇帝谕旨：饬所司，预设幄次于拜殿内。俟御辇由阙右门入东北门，至坛北门外。御礼舆入左门，循戟门东行，至拜殿东阶下降舆，至幄次。迨礼成，由幄次至东阶下升舆如仪。又嘉庆六年夏六月，皇上特举祈晴之典。创始躬行，时旸立应，实为右坛崇贶，休征备集云。（《国朝宫史续编》）

乾隆二十二年五月，上谕内阁："此次亲诣社稷坛，祈求雨泽。……祭之日，朕戴雨缨冠，素服，出右门，御常轿，由右一路行至金水桥，应御辇处，即步行至坛行礼，以申虔祷。"（《清高宗纯皇帝圣训》）

社稷坛，坛上五色土，由涿、霸二州豫办。祭时，坛下司竿二人，以防飞鸟。盖其地树木丛郁也。（《养吉斋丛录》）

皇史宬

【续】皇史宬，在内南城南，太庙之东南，为明代藏宝训、实录处。本朝仍之，尊藏列圣实录暨玉牒。有御制诸碑。（《宸垣识略》）

按：皇史宬，建于明嘉靖十三年。

皇史宬，在东华门外之南。仿古石室之制，梁柱门窗，皆用石与铁。向南门三，东西牖各一。中有石台，座上陈设金匮，即五朝实录也。旁有大橱，尊藏玉牒，大将军印亦贮焉。石室前有两厢，贮雍正以后部通副本。设守尉三，以八旗废员充之，守吏十六，亦以八旗废员充之，皆属于典籍厅。春秋晒晾实录，满本堂司之。送交副本，汉票签司之。典籍，但司启闭封识而已。（《中书典故汇纪》）

按：《清仁宗睿皇帝圣训》：皇史宬，嘉庆十二年重修，所藏玉牒，即于是年移贮景山寿皇殿之东西室。《郎潜纪闻》：嘉庆十二年，《高宗纯皇帝实录》、《圣训》告成，卷帙宏富，视旧增倍。仁宗特命所司，将皇史宬重加修葺，金匮分列石台，诹吉尊藏，并谕阁臣云：嗣后，石室充盈，即于两配殿，仿照石室规制，建造分贮。奕叶遵循，永远无替。此旨交内阁存记。

又按：部通副本，据《嘉庆续修会典本》：凡各省将军、督抚、提镇、学政、监政，顺天、奉天府尹，盛京五部本章，俱赍至通政司，由通政司送阁为通本。六部本章，及各院府、寺监、衙门本章（附六部后），统为部本（所称本章俱指题本言）。又据《茶余客话》：内阁副本，每届年终，派汉本堂中书查对，送贮皇史宬内。辛巳（乾隆二十六年）之冬，祝宜诚前辈维诰应斯役，予偕往观，百数十年之章疏，积若崇山。（嘉庆时以题疏副本，宬内两厢已不能容，改在协和门南旧会典馆之地贮之，名曰副本库。）

《会典》：凡实录告成，例应恭缮四分。锦衣牙签，其饰如一。行款花样，每部各殊。皇史宬尊藏之黄绫本，向用蝴蝶裱式。壬午春，总裁奏请启匮，查看旧式。得旨：著曹振镛选带翰林官二员，亲往查阅。遂率麟庆及沈鼎甫学士，同诣皇史宬。由𩰚历右门入，焚香九叩首，恭启金匮，展阅尊藏各本。谨按：宬与盛同义。《庄子》：以匡宬天。《说文》：宬，屋所容受也。然殿宇命名，于斯仅见。至𩰚字，古书无考。惟《字汇》补音龙，皆明嘉靖帝（皇史宬建于明嘉靖十三年）所手书。（《鸿雪因缘图记》）

按：皇史宬，清嘉庆十二年重修时，于宬中改砌大石台。金匮系木制，外有镀金钑云龙纹叶包镶。匮盖刻朝代，匮内用黄绫糊饰，每匮具杉木屉三，实录即贮于此。书用泾县榜纸，画朱丝栏，蝶装。书皮及外套，均用金黄色云凤绫装裱，锦带、牙签，裹以黄色，织金龙缎袱。间有用紫纹绫装裱，及黄布袱者，则光绪二十六年后所补。以上云云，乃本院文献馆整理皇史宬实录时所考见者。

皇史宬，旧藏《永乐大典》及经、史诸书。今宬中只藏列圣实录。其《永乐大典》，据乾、嘉诸老考证，与翰林院所藏者，别是一部，不知后移何处。（《匏庐诗存》注）

皇史宬，收贮大将军印四十颗，并贮将军印四十八颗，又一十九颗。所造年月，系顺、康、雍三朝。（《中书典故汇纪·附载皇史宬收贮印目》）

国初，王师入关，太宗以大将军印，亲授睿邸（多尔衮），遂定中原。印藏于皇史宬，岁久不轻用也。捻寇炽，惠邸（绵愉）衔命督师，僧忠亲王（僧格林沁）为参赞，统京旗及蒙古兵出征，文宗（咸丰帝）命取是印，亲授惠邸。迨寇平，逆酋林凤祥、李开芳生致阙下，行献俘礼。仍归印于皇史宬。惠邸曾作受印图纪之。

按：皇史宬为尊藏累朝实录之所。康熙朝，高槎客尝奉命入宬检书，因作《检书行》，有云："舍人手启鱼钥箧，禁军伏地语喁喁。爥如云帆转曲岸，洞门双扇开碻磜。宬制穹顶竹半筒，旁牖冶铁涂以铜。峨峨石室相对立，长磴连亘巨璞攻。安置金匮二十六，签牌天矫拏虬龙。"略见史宬规制。黄唐堂跋称：《西河集》载：皇史宬垣壁皆石甃，置金龙蟠匮其中。用章京四，披甲二十典守，皆选年老者，槎客诗所谓禁军也。近年《德宗实录》告竣，犹遵故事尊藏于皇史宬。见《十朝诗乘》。

康熙二十五年十月，监修总裁、副总裁、纂修等官，恭送《太祖实录》、《圣训》至皇史宬尊藏。（《清圣祖实录》）

咸丰七年四月初二日，谕内阁："本月十三日，朕亲诣皇史宬行礼，著先于皇史宬殿内设香案一、香炉一、香盒一，亲自拈香行礼，毋庸派人递香。御前大臣、御前侍卫随入殿门内，乾清门侍卫俱在殿门外。至实录馆总裁及礼部各员，均毋庸随往。"（《清文宗实录》）

按：咸丰帝诣皇史宬行礼，为尊藏《清宣宗（道光帝）实录》、《圣训》于皇史宬也。

又按：《清穆宗实录》：同治六年四月，上诣皇史宬《清文宗显皇帝（咸丰帝）实录》、《圣训》前行礼。

齐次风先生召南未遇时，梦于忠肃曰："景泰帝易储事，吾尝具疏力谏，不从。后人不知，遂妄加疑议。今皇史宬中，吾疏具在，公他日当检出示人，以雪吾冤。"先生修《明史纲目》，亲至皇史宬，遍觅忠肃奏疏，卒不得。后余姚邵进士晋涵与分纂之任，亲到皇史宬，求忠肃疏亦不得。但检得明时《通政使进本档册》，载景泰某年某月日，于某一本，为太子事。此即忠肃具疏力谏之明证。（《碧溪诗话》）

皇史宬有大蜥蜴，长约四五尺。风清月朗之夕，常出游，足迹大如饭碗，故宬中无鼠患。（《水曹清暇录》）

皇史宬，尊藏列圣实录，金匮庄严，数年前见有尘土堆积之处。（清咸丰五年四月何绍基折）

光绪二十七年七月，全权大臣大学士李鸿章奏，查皇史宬尊藏实录、圣训，暨金匮内外物件遗失大概情形。得旨：著即派员敬谨清查，将应用各物，制备齐全。（《清德宗实录》）

按：此系光绪庚子拳匪乱后事。实录并载：同年，大学士荣禄等奏，查明皇史宬遗失书数，并派员修补。又载：光绪二十九年八月，补修皇史宬圣训竣事。

又按：庚子拳匪之乱，宬遗失书籍，钦天监仪器书籍，亦遭遗失。据《清德宗实录》：光绪二十七年七月，钦天监监正恩禄等奏，上年洋兵入城，衙署房屋多被拆毁，观象台仪器、板片、书籍遗失无存。三十年七月，法国使臣古班，交还观象台仪器，如数点收。

二 述外朝（一）：午门迄保和殿

午门

【初】午门，紫禁城之南门也。门三阙，上覆重楼五。南北彤扉各三十有六。中楼左右有钟鼓亭，翼以两观，杰阁四耸。左右各一阙，西向者曰左掖，东向者曰右掖。午门楼亦名五凤楼。

午门，清顺治四年重建，嘉庆六年修。

午门外松棚，本朝悉裁去。(《钦定日下旧闻考》)

按：明代午门外左右盖有松叶棚，为朝臣避风雪之所。

午门为门三，文武官出入皆由左，其右门惟宗室王公得由之。两观间掖门左右相对，门中各折而北入，不常启，惟大朝升殿，百官各以东西班次由掖门入。殿试文武进士，鸿胪寺按中式名次引入，一名由左，二名由右。余仿此。(《国朝宫史》)

中楼左右有钟鼓亭。皇帝御大朝，则鸣钟鼓以为节。亲祀坛庙出午门，则以钟；祭太庙，则以鼓。午门之前，凡颁朔、宣旨及百官常朝，俱集于此。(《国朝宫史》)

按：《清吟堂集》注：五鼓候于五凤楼前，驾出祭堂子迎送毕，后行朝贺。《沧洲近诗·丁酉元旦》首二句云："禁钟初定午门开，庙祀方虔法驾回。"

又按：午门楼，明代亦称五凤楼。见《松溪集》。清代颁历在午门，明则在皇极门，即清太和门也。明倪元璐有《皇极门颁历》诗。

凡颁朔之礼，岁以孟冬一日颁来岁十有二月之朔。钦天监官设黄案于午门外正中，又设二案于御道左右，奉恭进皇帝时宪书于中案，奉颁给王公百官时宪书于左右案。陈设毕，举中案由午门中门入，监正、监副从至太和门，陈于左右阶，监正等于丹墀左行三跪九叩礼毕，授内务府掌仪司官，奉至乾清门恭进。是日，王、贝勒、贝子、公以下文武百官，咸朝服集阙下，鸿胪寺鸣赞赞排班。王、贝勒、贝子、公序立御道上，文武百官序立御道左右，皆北面，东班西上，西班东上。赞：有

制。众咸跪。宣读,西面。宣制讫,众行三跪九叩礼。王公百官皆以次跪领,遂颁布于畿甸,以前民用。(《大清会典》)

按:明代颁历之日,比于大朝会,一切士民拜于廷者,例俱得赐。见《野获编》。

又按:《清稗类钞》:钦天监进呈御用历书,有上位历、七政历、月令历,又上吉日十二纸,每月粘一纸于宫门。《春冰室野乘》:内廷进御之时宪书与外间颁行者,其款式绝不相同,用白宣纸,印朱丝阑,楷书缮写,一页仅十日,积三页乃成一月。每日所有宜忌各事,皆属国家大政、庆赏、刑威、朝会、游幸之属。《国朝宫史续编》:我朝中外版章,咸禀正朔。自朝鲜、蒙古以迄准部、回域诸属国,俱经测量晷度,考定岁时节气,刊在宪书。乾隆四十一年,两金川平。五十五年,安南来王,悉按舆图增书其地节候。乾隆归政后,时宪书照康熙六十一年式,并存乾隆年号,限一百帙,备赐官府。而颁行天下者,通用嘉庆纪年。《渐西邨人初集》:嘉庆己未,官中时宪书犹称乾隆六十四年,惟内廷臣工乃预颁赐。《钦定总管内务府现行则例·武英殿修书处》卷:康熙六十一年定,时宪书照钦天监批写式样批写,装潢四本,于除夕日进呈。乾隆三十年定,年例进呈时宪书二本,又交懋勤殿四本。五十九年改定,于除夕前进。批写红字所用朱砂,由本殿后库收存者应用。其界画书式,并校对字样,钦天监承办。批写红字,本处外雇写宋字人计工缮写。又,该则例《掌仪司》卷:内务府大臣每员领清字时宪书一本。《大清一统志》:时宪书局在宣武门内天主堂东。本朝令西洋人居此经理时宪书。据《钦定日下旧闻考》:钦天监监正、监副两职俱有西洋人。

颁诏,设云盘、黄案于太和殿丹陛下,设龙亭、引仗于午门外。诏至,三成阶下承以云盘,张黄盖出午门,载以龙亭,校尉舁亭,引仗前导,至天安门宣读毕,金凤衔下,仍设龙亭,由大清门出,送至礼部。(《大清会典》)

按:会典并载:诏书用黄纸表里二层,衔诏金凤高二尺一寸五分,承以朵云,广三尺四寸,铜制涂金,均工部制备。《中书典故汇纪》:国家大庆典,颁发诏书用黄裱白鹿纸墨书,奏请用宝,颁于天下。

又按:明代颁诏例,置诏于楼,系以绳,自承天门(清顺治八年改建此门曰天安门)缒下。见《国史唯疑》

皇帝大祀圜丘,陈大驾卤簿于午门外,玉辇于太和门阶下。大祭方

二　述外朝（一）：午门迄保和殿　33

泽，陈法驾卤簿于午门外，金辇于太和门阶下。届时均由太常卿诣乾清门，奏请皇帝御龙袍衮服，乘礼舆出宫。宫内大臣、侍卫前引后扈如常仪。至太和门阶下降舆，乘辇，驾发，警跸，午门鸣钟，大驾卤簿前导。（《大清会典》）

　　按：会典并载：皇帝卤簿凡四：曰大驾卤簿，大祀圜丘用之；曰法驾卤簿，大祭方泽、朝会、御殿、御楼受俘用之；曰銮驾卤簿，巡幸皇城内用之；曰骑驾卤簿，时巡省方，恭遇大阅用之。大驾卤簿玉辇：穹顶，高二尺，方六尺二寸，饰天青色，前后左右各嵌团花苍玉一，上安金顶青绮，为重幨，绣金云龙。屋高五尺三寸，方五尺。柱绘金龙。门高四尺八寸，广二尺三寸五分。中设饰金云龙宝座，毡帏青色，夏易朱帘。辇座高二尺四寸，上方七尺六寸，下方七尺七寸，朱髹绘金。四周朱阑四。中辕二，长三丈八尺五寸，外辕二，长二丈九尺，朱髹，前后饰金龙，首尾舁以三十六人，合法驾、銮驾、骑驾卤簿全设。法驾卤簿金辇：顶饰泥金嵌金版，四幨，帏均黄色。屋高五尺，方四尺九寸。中二辕，长二丈八尺一寸，外二辕，长二丈六尺一寸，舁以二十八人。余如玉辇。玉辂：穹顶，形圆，高三尺一分，饰天青色，四面嵌苍玉各一，上安涂金顶，高一尺二寸九分，下环镂金云龙版百六十有二，叠为三成。幨绮如顶色（后各辂同）。屋四方，高六尺七寸九分，广八尺二寸五分。柱四，高五尺八寸四分。门高五尺一寸九分，广二尺四寸九分。左右门广二尺二寸五分。内四周饰金斗拱，中设宝座，外绕朱阑三。辂后左右太常旗二，旗各十有二斿，攒竹朱竿，左旗绣日、月、五星、二十八宿，右旗绣升龙。座下朱辕二，各长二丈二尺九寸五分。前设驾象靷环一轮、二轴，一轮各十有八辐，皆朱髹，饰以钑金花文。辂座去地四尺一寸五分。金辂：穹顶，饰黄色，四面嵌金版各一，左右二旗，各绣黄色升龙。余制如玉辂。象辂：穹顶，饰赤色，高二丈六寸五分，四面嵌象牙版各一。屋高六尺四寸九分，广八尺九寸五分。柱高五尺五寸四分。门高五尺九分，广二尺四寸五分。左右门广二尺二寸五分。座上朱阑四。太常旗左绣朱凤，右绣升龙。座下朱辕三，各长二丈五寸九分，驾马八，前设引马游环一，马项系铃，斋戒日则辍。辂座去地三尺四寸五分，余制如玉辂。革辂：穹顶，饰银色，高二尺五寸五分，四面嵌黄色羊皮版各一。屋高五尺五寸九分，广七尺九寸五分。柱高五尺四寸五分。门高五尺，广二尺二寸五分。左右门广二尺一寸九分。左旗绣金虎，右旗绣升龙。下辕二，各长丈九尺五。驾马四。余制如象辂。木辂：穹顶，饰黑色。高二尺六寸一分，四面嵌花梨木版一。屋高六尺五分，广八尺八寸。柱高五尺八寸，门高五尺二寸，广二尺二寸五分。左右门广二尺二寸。阑制如玉辂。左旗绣龟蛇，右旗绣升龙。辕三，各长二丈五寸八。驾马六。余同象辂。礼舆：高五尺八寸五分，广三尺，深四尺，重顶高一尺三寸，上层八角，下层四方，皆髹金，垂绣金龙。黄绮重幨，每角饰金蹲龙，计十有二，上安钑金花。顶嵌珊瑚、青金、绿松等石。内天井饰盘龙一。柱四，高二尺八寸，均绕以刻金盘龙一。门端镂金云龙二，左右涂金龙。阑干均平傅直辕之上。前辕下，左右金蹲龙各一，仰承直辕。饰以黄绮纱毡帏各一，随时施设。中设金盘龙宝座，高一尺七寸，广二尺七寸。直辕二，各长丈七尺六寸五分。大横竿二，各长九尺。小横竿四，各长二尺五寸。肩竿八，各长五尺八寸。撑竿二，各长三尺。皆髹以朱，绘金云龙。两端饰以钑金龙首尾，舁以十六人。负瓶仪象五，纯白仗马十，朱牦拂尘二，两耳三足提炉二，椭圆香合二，洗一，水盂一，赤金质，钑云龙、珠火、瑞草，嵌珊瑚、青金、绿松石。大瓶、小瓶各一。楠木金交椅一，金髹足踏一，楠木髹以金，绘云龙。方几一。纯钢为刃仪刀二十，弓矢、囊鞬各二十。纯钢为首豹尾枪二十，铁质殳四，纯钢为刃戟四。九龙黄绮曲柄黄盖四，绿绮绣孔雀羽翠盖二，紫绮绣芝嵌宝石紫芝盖二，九龙直柄伞二十，直柄花伞十五，红紫方伞八，黄罗绮绣寿扇八，黄双龙团扇八，单龙团扇八，孔雀扇八，雉尾扇八，绯罗鸾凤方扇八，长寿幢四，紫幢四，霓幢四，羽葆幢四，信幡四，绛引幡四，豹尾幡四，龙头幡四，绛绮教孝表节旌、明刑弼教旌、行庆施惠旌、褒功怀远旌、振武旌、敷文旌、纳言旌、进善旌各二，仪锽氅四（锽制如双钺），绛绮黄麾四，骁骑纛二十有四，护军纛八，前锋纛八，五色销金龙纛各四，青素绮仪凤、翔鸾、仙鹤、孔雀、黄鹄、白雉、赤乌、华虫、振鹭、鸣鸢凡禽旗十，黄素绮游麟、彩狮、白泽、甪端、赤熊、黄黑、辟邪、犀牛、天鹿、天马凡兽旗十，素绮青龙、白虎、朱雀、神武旗各一，素绮彩绣四渎旗各一，素绮彩绣五岳旗各一，素绮绣金线五星旗各一，素绮绣二十八宿旗各一，素绮绣甘雨旗四，素绮绣八风旗八，素绮绣五雷、五云旗各五，青素绮绣日、月旗各一，绛素绮绣门旗八，黄素绮绣金鼓旗二，玉色绮绣翠华旗二，销金龙帜二十五，黄素绮绣出警、入跸旗各一，金钺六，卧瓜六，吾仗六，御仗六，引仗六，绛纱红烛笼六，钢鼓四十有八，仗鼓四，拍板四，龙邃十有二，画角二十有四，大小铜角各八，节乐金二，静鞭四。銮驾卤簿：步舆高三尺三寸，广二尺二寸，深一尺八寸。地平广二尺二寸，深三尺，均绿髹。直辕二，长一丈五尺五寸。大横竿二，长七尺六寸。小横竿四，长二尺八寸。肩竿八，长五尺六寸。撑竿二，长尺有八寸，两端铜匜，涂金，舁以十六人。双龙团扇十，黄绮销金直柄龙伞十五，销金龙纛十五，销金龙帜十，金钺星立瓜、卧瓜、吾仗、御仗各四。骑驾卤簿：轻步舆广二尺二寸，深一尺八寸三分，高三尺四寸，金髹。地平广二尺二寸，深二尺九寸。辕二，长丈七尺。大横竿二，长六尺七寸。小横竿四，长二尺有八寸。肩竿八，长六尺。撑竿二，各长一尺有七寸。均朱髹，饰金龙首尾，舁以十有六人。仪刀十，櫜鞬十，豹尾枪十，五色妆花绮直柄伞十，黄罗双龙扇六，绛罗单龙扇六，五色销金龙纛十五，销金龙帜十，金钺星立瓜、卧瓜、吾仗、御仗各六，鼓二，笙二，云璈二，悬铜盏十，管二，铜点二，鼓钹四，邃四，金钲四，大小铜角各八。金二，金口角八，蒙古画角六。卤簿仪仗采绣金绮，均绘图，行江苏织造依式制解。《卤簿名物记》：卤簿之别，有曰大驾者，郊祀用之；曰法驾者，朝会用之；曰銮驾者，岁时出入用之；曰骑驾者，行幸所至用之。大驾最为备，物尊天祖也。法驾稍损其数，文物声明，取足昭德而止。銮与骑又加损焉，事非特典，不敢同于所尊贵也。凡为盖者，五十有四。九龙而曲柄者四，色俱黄，翠华、紫芝两盖承之。九龙而直柄者二十，色亦黄，皆以次序立。花卉而分五色者十九，龙而分五色者亦十，每色各二，其立不以次，而以相间。纯紫与赤而方盖者八，为扇者七十二，寿字者八，黄而双龙者十六，赤而双龙者八，黄与赤单龙者各八，孔雀雉尾及鸾凤文而赤且方者各八。幢之属十有六：信幡也，绛引也，豹尾也，龙首竿也，亦各四：曰教孝表节，曰明刑弼教，曰行庆施惠，曰褒功怀远，曰振武，曰敷文，曰纳言，曰进善，八者各为一偶。凡旌之属，亦十有六，于是有四金节、四仪锽氅、四黄麾，而继之以八旗大纛二十四，羽林大纛、前锋大纛共十六，五色销金龙纛共四十九。凡为纛者八十旗，取诸祥禽者：仪凤、翔鸾、仙鹤、孔雀、黄鹄、白雉、赤乌、华虫、振鹭、鸣鸢，取诸灵兽者：游麟、彩狮、白泽、甪端、赤熊、黄罴、辟邪、犀牛、天马、天鹿，取诸四神者四，取诸四渎五岳者九，取诸五星二十八宿者三十三，取诸甘雨者四，取诸八风者八，取诸五云、五雷者十，取诸日、月者各一。其外有门旗八，金鼓旗二，翠华旗二，五色销金小旗各四，出警、入跸旗各一，旗之数共百有二十。为金钺，为星，为卧瓜，为立瓜，为吾仗，为御仗，各有十六。又六人持仗而前导，曰引仗。自盖至引仗其名一十有七，红镫六。二镫之下鼓二十四，金二，仗鼓四，板四，横笛十二。又二镫之下鼓二十四，金二，仗鼓四，板四，横笛十二。又二镫之下钲四，大小铜角各十六，自红镫至铜角其名一十有六。午门之内有金辇、玉辇焉。午门之外有五辂、宝象焉。天安门之下则又有四朝象焉。朝象虽非朝期，率每晨而一至。引仗以上，在太和门之内。铜角以上，在端门之内。其最近御座者有拂尘，有金炉，有香盒，数各二，沐盆、唾盂、大小金瓶、金椅、金机数各一。执大刀者，执弓矢者，执豹尾枪者，每事各三十人，其立亦不以次，而以相间。荷殳、载者各四人，侍殿前执曲柄黄盖者一人，殿下花盖之间执静鞭者四人，自黄龙以下诸盖之间仗马十，掌骑者十人。殿之下，陛之上，执麾竹者二人。计卤簿所需千八百人。《大驾卤簿图记》：大驾卤簿仪仗、御马分左右行，五辂、金辇、玉辇、曲柄伞、前部大乐导迎乐、礼轿，俱中道行。《大驾卤簿图记》序：更定大驾卤簿为法驾卤簿，行驾卤簿为銮驾卤簿，行幸仪仗为骑驾卤簿，合三者为大驾卤簿，南郊用之。以乾隆十有三年冬至日大祀南郊，乘御伊始，命内苑供奉诸臣图写装潢，各成巨帙，复合绘《南郊大驾卤簿》横卷。《大阅图记》：御马十有二，上驷院执事者骑而驭之。九龙曲柄伞一，武备院执事者一人骑而执，一人骑而引，中道行。前引大臣十人，具礼服佩刀，骑而前导。上御万吉骠，按辔以行，后护大臣二人、御前大臣、侍卫皆骑而从。领侍卫内大臣二人，率侍卫执豹尾枪者十人，佩大刀者十人，属櫜鞬者十人，成列分翼为护。《啸亭续录》：皇帝朝衣，于腰阑下前后绣龙团各四，燕服，冠红绒结顶冠。皇子服金黄蟒袍，领侍卫内大臣、前引十大臣、护军统领、侍卫班领皆服黄马褂，巡幸扈从銮舆。

又按：清代立仗及卤簿用象沿明之旧。明人笔记所载《露书》则曰：午门立仗及乘舆卤簿皆用象，每朝则立午门之左右，驾未出时纵游吃草。及钟鸣鞭响，则肃然鹄侍。俟百官入毕，则以鼻相交而立，无一人敢越而进矣。朝毕则复如常。《两京求旧录》则曰：象立仗有疾，则诣他象求替。入朝迟误，则伏而受棰。有罪贬降，则退立所贬之位，不敢复居故班。

　　国家有所征讨凯旋献俘，皇帝御午门受献俘礼。（《国朝宫史》）

　　皇帝亲征，銮仪卫陈骑驾卤簿于午门外，礼部堂官诣乾清门，奏吉时，皇帝御征衣佩刀出宫乘骑，前引后扈如常仪，驾发警跸，午门鸣钟。骑驾卤簿前导至长安桥，八旗鸣角，军鸣角，护军吹螺。驾入堂子街门降骑，由内门、中门入，就圜殿外拜位行礼毕，就御营黄龙大纛前，率从征将士及群臣行礼，螺角齐鸣。礼成，皇帝属櫜鞬乘骑导迎，乐作，奏佑平之章，内大臣侍卫率亲军举黄龙大纛随行。驾由都门出，八旗官军分翼陈列郊外，王公百官咸采服于郊外跪送。六军凯旋，銮仪卫陈法驾卤簿，自郊外五里设至堂子街门外，王公以下咸采服出郭五里，跪迎于道右，绅士军民各悬采设香案跪迎。皇帝由都门入，前引后扈如仪，法驾卤簿前导，导迎鼓吹皆作。驾诣堂子，率从征、不从征之王公、一品官于圜殿行礼毕，回銮。百官于午门外按翼跪迎。王公随至内金水桥，候驾还宫皆退。翼日行饮至礼，凡从征将士皆与燕，策勋行赏各有差。择吉，礼部奏请皇帝御太和殿受群臣表贺，如大朝仪。颁诏布告天下，告成，太学勒石纪功，以平定方略宣付史馆。（《大清会典》）

　　按：御营，即驻跸之牙帐，中设帐殿、御幄。详《啸亭续录》。

　　又按：清顺治亲征轶事，陈援庵垣所著《汤若望与木陈忞》篇云：德人魏特所著《汤若望传》，述汤若望回忆录载：顺治十六年七月，郑成功陷南京，当这个噩耗传至北京，皇帝完全失去镇静态度，颇作逃回关外之想。可是皇太后向他加以斥责，他一听太后底话，反而竟起了狂暴的急怒，拔出他的宝剑，要亲自出征，用剑把一座御座劈成碎块。皇太后枉然地用言词来平复他底暴怒，另派皇帝以前的奶母劝诫皇帝，可是更增加了他的怒气，他恐吓着要把她劈成碎块，因此她就吃了一惊跑开了。（原文下详载汤若望持疏进宫谏罢亲征情形，兹从略。）

　　御楼受俘，陈法驾卤簿，设丹陛卤簿于午门外左右两观下，设丹墀卤簿于阙左右门至端门北，设仗马于两角楼前，设步辇、五辂、宝象于天安门外，设静鞭于两角楼前夹御道左右，设前部大乐于午门下，设金鼓铙歌大乐于卤簿之南。驾出鸣午门钟。（《大清会典》）

　　按：午门献俘仪节：俘至京师，诹吉先献庙社，俘白组系颈，及太庙街外北向立，承祭官朝服至，俘伏仪同。时飨至社稷街亦如之。承祭官入坛致祭，仪同春秋祈报。监俘者以俘出。翼日，帝御午门楼受俘。

正中设御座，檐下张黄盖，卤簿陈阙门南北，仗马次之；辇辂陈金水桥南，驯象次之。王公百官咸集，解俘将校立金鼓外，俘后随班位既序。帝御龙衮、乘舆出宫，至太和门，大乐铙吹，金鼓振作，登楼升座。赞：进俘。丹陛大乐作，奏庆平章。鸿胪寺官引将校入北面立，赞：行礼。俘入匍伏。兵部官奏：平定某地，所获俘囚，谨献阙下，请旨。制曰：所献俘交刑部。刑部长官跪领旨，讫，械系丹陛。大乐作，王公百官行礼如常仪。若恩赦不诛，则宣旨释俘，俘叩首，将校引出。是日赐将校燕，兵部次日赐冠履银币有差。

又按：明代御午门献俘奏事毕，皇帝曰：拿去。廷臣尚未闻声，左右勋戚接者二，递为四，乃有声又为八，为十六，渐震为三十二，最下则大汉将军三百六十人齐声如轰雷矣。见《涌幢小品》。

康熙二十三年八月，大将军裕亲王以诸道兵破厄鲁特于乌兰布通，宣捷午门。(《居易续录》)

按：裕亲王名福全。

又按：雍正二年，讨平青海，御午门楼受俘。

乾隆四十年，献金川俘馘于庙社，上御午门楼受俘。(《蒋氏东华录》)

按：乾隆时版图日廓，二十年剿平准噶尔，获达瓦齐暨青海罗卜藏丹津，先后槛入，一岁中两行斯典。越五年，底定回疆，讨平攒拉促浸，皆递举盛仪，先后六岁，凯歌四奏。

又按：达瓦齐，据《啸亭杂录》：上御午门楼受俘，以达瓦齐慵悫可悯，特赦之，封以亲王，赐第宝禅寺街，择诚隐郡王孙女配之。然不耐中国风俗，日惟向大池驱鹅鸭浴其中以为乐。体极肥，面大于盘，腰腹十围，膻气不可近。上优容之，命为御前侍卫。

洎乾隆丙申，再定两金川功成。时以初夏吉日，上御午门受俘。旋幸西苑，御紫光阁赐凯旋诸将士宴，召将军、参赞、领队、大臣等。手赐卮酒，军机大臣亦与焉。凡宴次，舞技毕集。兹金川俘获番童，并陈番中傩戏、裔乐来同，鸿勋宣鬯。(《国朝宫史续编》)

按：续编并载：紫光阁备列战图、功臣画像，雍正年间始于阁曲宴外藩。乾隆乙卯宴荷兰使臣，亦在此阁。

道光八年，上御午门楼受俘，逆裔张格尔交王大臣刑部严讯。(《王氏东华续录》)

万寿节上幸木兰,时诸王大臣齐集午门外,遥祝万寿。(《啸亭续录》)

按:木兰,《圣武记》释为围场之通称。其行围制度,据《啸亭杂录》:木兰在承德府北四百里。辽中、京临、潢府、兴州旧地也,素属翁牛特。康熙中,藩王进献以为搜猎之所。其地毗连千里,林木葱郁,水草茂盛,故群兽聚以孳畜。仁庙每岁举行秋狝之典,历朝因之。行围时,蒙古喀尔沁等诸藩部落,年例以一千二百五十人为虞卒,谓之围墙,以供合围之役。中设黄纛,为中军,左右两翼,以红白二纛标识之。两翼末,国语谓之乌图哩,各立蓝纛标识之,皆听中军节制。管围大臣皆以王公大臣领之,而蒙古王公台吉等为副。两乌图哩则各以巴图鲁侍卫三人率领驰行。行围之制有二:一、只以数百人分翼入山林,围而不合,谓之阿达密。合围之制,则于五鼓前,管围大臣率领蒙古管围大臣、虞卒并八旗劲旅、虎枪营士卒、各部落射生手齐出营盘,视其围场山川大小、远近,迂道绕出围场之后,或三十里、五十里以及七八十里,齐至看城,则谓之乌图哩阿察密。合围后,自乌图哩处,虞卒脱帽以鞭擎之,高声传呼吗尔噶口号。(按:吗尔噶者,蒙古语帽也。)声传递至中军凡三次,中军知围已合,乃拥纛徐行,左右指挥,以俟上入围,则辰末巳初时矣。合围数十里,渐促渐近,出林薄至冈阜,离驻跸行营约略二三里许。惟视高敞处设黄幄,幄中设毡帐,是之谓看城。比至看城时,虞卒皆马并耳、人并肩,广场不过三里许耳。围墙外自放围处即重设一层,乃虎枪营士卒及诸部落射生手,专射自围内逸出之兽,而围内例不准射也。日出前,上自御营乘骑先至看城,稍憩,俟两翼乌图哩蓝纛到后,乃自看城出,御櫜鞬,诸扈从大臣、侍卫及亲随射生手、虎抢手拥护,由中道直抵中军,在中军前半里许周览围内形势,了如指掌,而行围之疾徐进止,口敕指挥,只二三里间,射飞逐走,左右是宜。诸藩部落蒙古仰瞻圣武,莫不欢跃。或遇有虎,则围,暂不行,俟上看殪虎毕,然后听敕而行。每围场收至看城,上即驻马,观诸王、射生手等驰逐余兽而已。或值场内兽集过多,奉旨特开一面以逸之。仍禁围外诸人,不准逐射。猎罢,上回跸大营,谓之散围。诸部落各按队归营,日甫晡,而一日行围之事奏毕矣。若哨鹿,日制与常日不同,上于五更放围之前出营,侍卫及诸备差人等分为三队,约出营十余里,听旨停第三队,又四五里停第二队,又二三里将至哨鹿处,停第一队，而侍从及扈卫之臣只十余骑而已。渐闻清角声扬，远林呦呦，低昂应和，倏听枪声一发，咸知神威命中矣。群引领听旨，调遣三队以次至上前，其行围所有奏章，皆俟上还营后披览发出，毫无遗滞。或有时引诸文士赓唱终夕焉。

又按：《响泉集·木兰行围歌》："三千铁骑纵围猎，十二天闲当塞盘。此时侍从皆屏息，猛士鹄立何桓桓。上亲发矢殪两虎，群贺万岁山声谨。飞者走者百旋转，万马蹴踏风一团。横稍跨褶逞雄婕，风挟两股摇牌髋。岂夸生致九青兕，未肯轻缚千黄獾。俄顷雷奔电倏烁，仰见豹引回八竿，锵鸣王佩侍天驷，旌旗至止扬旆辇。番王部落尽罗拜，伊昔外国称可汗。掉鞭笑拂两只箭，下马割鲜如虎餐。昨来雪片大于席，御前牵马攀雕鞍。十数行围时赐宴，宠赉币帛多千端"（首尾从略）。《箨石斋诗集·木兰》诗首四句："环山度圆址，黄布为周墙。行殿绕护军，旗门开正镶。"《切问斋集·塞上杂纪》诗"围场六膳先登雉，碧碗调羹奉至尊"句注：进哨始日，例先射雉，谓之野鸡围。又，"十二鸣钟响御鞍"句注：鞍内嵌自鸣钟，响十二点则为午正，例得收围。《国朝院画录·塞宴四事》四卷，分绘御制《诈马》、《什榜》、《相扑》、《教駣》诗图。乾隆庚辰九秋御题《诈马》诗序：诈马为蒙古旧俗，今汉语俗所谓跑等者也。然元人所云诈马，实咱马之误。蒙古语谓掌食之人为咱马，盖呈马戏之后，则治筵以赐食耳。所云只孙，乃马之毛色，即今蒙古语所谓积苏者，是亦属鱼鲁兹札萨克，于进宴时择名马数百，列二十里外，结束鬃尾，去羁鞯，驰用幼童，皆取其轻捷致远，以枪声为节，递施传响，则众骑齐骋，骉駥山谷，腾跃争先，不逾晷刻而达抡。其先至者三十六骑，优赉有差，所以柔远人讲武事也。《什榜》诗序：什榜，蒙古乐名，用以侑食，今俗所谓十番，或因此。杨万里诗有"全番长笛横腰鼓，一曲春风出塞声"之句，盖乐曲名番，本塞外语而传讹耳。其器则筝、管、筝、琵、弦、阮、火不思之类。将进酒，辄于筵前鞠腾胜奏之，鼓喉而歌，和罗赴节，有太古之遗音焉。《相扑》诗序：相扑之戏，蒙古所最重，筵宴时必陈之，国朝亦以是练习健士，谓之布库，蒙古语谓之布克，脱帽短褠，两两相角，以搏蹲仆地决胜负，胜者劳以卮酒。厄鲁特则袒裼而扑，虽蹶不释，必控首屈肩至地，乃为胜彼。嘉其壮，赐之羊臑，则拱臂探掬，顾盼呿吞，声若饮歠。其旧俗如此，因以示惠云。《教駣》诗序：教駣，攻驹。《周礼》虽载，然后世仅知攻驹，而不能教驰。蒙古则熟习其法，谓之骑额尔敏达，驿马三岁以上曰达驿，额尔敏则未施鞍勒者也。每岁札萨克于所部驱生马多群至宴所，散逸原野，诸王公子弟雄杰者，执长竿驰絷之，加以羁辔，始则怒骋骇趡，或狋突人立，嘶啮雷殷，驭者腾趋而上，控掣自如，须臾调良，率得名马。清乾隆辛未《题瑞狍》诗序：秋狝塞上，蒙古台必力滚达赖以此来献，色纯白如雪，目睛如丹砂。《抱朴子》称鹿寿千岁，满五百岁则色白，此殆其类。今圣母皇太后六旬万寿，适灵兽应时而至，爰命曰瑞狍，而纪以诗。

皇太后圣寿、皇后千秋，王公暨中外文武百官恭进表笺，均陈于午门外，俟行礼后送内阁收贮。（《大清会典》）

本朝遇内朝行庆贺礼，则上率东宫拜于两宫之门内，诸王公、贝勒、贝子等从拜于门外，阁臣亦与焉。六部尚书、都察院左都御史已下则拜于午门。（《香祖笔记》）

每年万寿、冬至、元旦朝贡，每次赏朝鲜国王五等貂皮一百张，上用妆缎四匹、缎九匹，来使上用缎一匹、帽缎一匹，彭缎一匹，俱据礼部奏准咨文，交缎、皮二库照数预备，届期送至午门前，与礼部堂官验看颁给。（《钦定总管内务府现行则例》）

殿试：传胪日胪传毕，赞礼官引状元、榜、探趋至殿陛下迎榜。抵陛，状元稍前进，中立陛石上。榜亭出，一甲三人随之出，由午门正中而出，亲王、宰相无此异数也。顺天府尹于东长安门外设彩棚为鼎甲进酒、簪花，备执事送归第。（《养吉斋丛录》）

按：殿陛下，太和殿陛下也。详本编同卷太和殿胪唱条。

又按：《爱日堂集》：元龙蒙恩赐第一甲第二名及第，谢恩礼毕，即随金榜由午门中道而出，顺天府备上马，宴于东长安门外，大京兆亲为簪花披红，具黄盖仪从游街。《八旗通志》：清初殿试，满洲蒙古为一榜，汉军与汉人为一榜。《分甘馀话》：顺治中，满人、汉人分为二榜。壬辰，满状元麻勒吉，汉状元邹忠倚。乙未，满状元图尔宸，汉状元史大成。康熙庚戌科以后，则满、汉人同一榜，皆试汉文矣。《簪云楼杂记》：顺治壬辰，满洲蒙古始放进士五十人，状元麻勒吉授宏文院修撰。《馆选录》：顺治九年壬辰科，十二年乙未科，分满、汉为二榜，至馆选时，汉军庶吉士不归汉班，与满、蒙为一。《庸闲斋笔记》：我朝凡一甲一名及第者，均授职翰林院修撰，故有殿撰之称。然亦有以三甲进士由庶吉士授检讨迁修撰之职者。《居易续录》：本朝新进士胪传后，自鼎甲授翰林院修撰编修外，余皆引见。钦选庶吉士分清、汉书，与鼎甲三人一体教习。顺治间定例，清书者升内阁学士，汉书者升京堂官或径升侍郎。

会试：顺天乡试，考官本不发批本处，于入帝日派乾清门侍卫赍至午门，交大学士拆封，同稽察御史宣旨唱名。是日，凡考差者皆往听宣。（《养吉斋丛录》）

按：各省乡试，考官本由批本处向内奏事领取，交内阁驰送。顺天乡试，考官本则由内奏事径交乾清门侍卫，驰送午门前拆封后，内阁将包封交批本处，恭缴朱笔。文会试、武乡会试考官本同，详《批本处现行事宜册》。纪文达昀以礼部尚书派充会试正总裁，当考官命下，午门开读，文达自宣其名。详《陶文毅全集·壬戌齿录》诗注。

又按：《大清会典》：顺天文乡试，八月初六日，府丞同主考及执事各官听宣旨后，赴顺天府筵宴，入场。揭晓次日，主考及执事各官同中式举人入朝谢恩，赴府筵宴。武乡试照文场例行。《簪云楼杂记》：满洲学校之设，自范文程始。其入庠岁试之法为三等：上第赉绢二匹，次一匹，又次威以夏楚。顺治乙酉始乡试，丙戌始会试、廷对，而满人未之及也。辛卯定制，满人中式者四十人，而蒙古乌金超哈亦如之。乌金超哈者，辽人也，皆与汉合榜。初场经义三篇，俱清书。《白鹤堂集》：雍正丁未试南宫，以春寒，赐天下贡士棉衣、姜茶。试毕，群诣阙谢恩。《楳庵诗钞·春闱典试》诗"九重先为计盘餐"句注：入闱前一日，召见知贡举，问考官供给。《畿辅通志》：定鼎以来，人材悉萃于顺天，而八旗人士并与春秋二试，关以东，明隶山东，今亦试于京兆，计偕之士筑馆，遣官而郊劳之。闱中别给袍衣，遣大臣视食饮。《蚓庵琐语》：康熙元年以前，考取乡会试作八股文章，二年停止，惟于为国为民之策、论、表、判中，出题考试。八年，礼部题定，嗣后仍用八股文章考试。《皇朝通志》：康熙二十四年正月奏准，会试及顺天乡试四书题目，俱乞钦定，其五经及二三场题目，仍命考试官出。三月，定会试三场，毕，主考官等遴选卷十本，缮写进呈，等候钦定。以后顺天乡试同。《国朝贡举考略》：乾隆二十二年丁丑会试，闱中裁去表、判，增用五言八韵一首，永著为令。《庸闲斋笔记》：康熙己未会试，圣祖谓廷臣曰："今科宋德宜主试，鉴衡精当，陈元龙必中式矣"。群臣以"宋系陈妇翁，回避不能赴试"对。上曰："翁婿何避之有？可趣令入试。"时日已亭午，闱中将放饭矣，忽传鼓启门，奉旨特送举人陈元龙一名进场。《藤阴杂记》：乾隆甲子，驾幸贡院赋诗，词臣恭和进册。

御试取定人员，书名牙签，盛以金筒，每届按省分差之期，设黄案于午门外，令书名人员齐集，命大学士同礼部堂官捧金筒置黄案上，掣签唱名，宣读上谕毕，大学士将所掣名签恭请钦定，正副主考遵旨差往。（《科场条例》）

按：此系雍正四年所定。

又按：《湘绮日记》：八月初六日为主考入闱之期，入闱之前一日，监临使人送全束，请赴入帘宴，三请起行，服朝服，由行台乘暖轿至抚署赴宴，然后改乘八人亮轿入闱。既入，至公堂檐前下舆，入室更衣毕，监临献茶叙坐，俄有一委员跪请入内帘，监临等送主考至内帘门外，主考入门，相向各三揖而别。内帘门之内为衡鉴堂，堂之西院内收掌官等居之，东院房官居之，房官所居之东，则内帘监试之所居也。由衡鉴堂再进，为主考所居。初七日，签分房官刻印头场题纸，主考服花衣送题纸至内帘门，以三几分承。门启，主考与监临、提调、监试隔门限三揖，将题纸舁至门限，中间核数，交与外帘，又三揖而别。二场、三场刻送题纸如头场例。十三日至九月初八日，荐卷阅卷及发刻闱艺。初九日写榜、出榜，主考与监临以下各告别。十三日赴鹿鸣宴，至抚署入内，更朝衣，出至大堂，先行谢恩礼，傧者乃赞，新举人行见主考及抚、学、司、道之礼。礼毕，入座开宴，但设清酒一尊，歌鹿鸣，舞奎星而退。鹿鸣宴并未送请束，但临时送杯盘、金花各一匣，遣人持贴，三请而已。《古欢堂集》：河南武乡试录序：一场试马箭，二场试步箭兼试技勇，三场试策论。贵州武乡试录序：三年大比，衡文取士，文事终而武事遂始。文例遣京朝官出典试事，武则抚臣主之。臣之得兼文武试者，荣遇也。《莼乡赘笔》：时上严于试官而宽于举子，南闱覆考，一无黜落。北场情弊显然者，轻者迁尚阳，重者流宁古塔。（上，康熙帝也。）《刘礼部集》：乾隆甲子科，前期上闻士习不端，怀挟拟题之风日甚，思痛惩之，命亲王大臣严立搜检之法，得一人者赐军役一金，士子裼及褒衣，贡院内外枷杻相属。比日晡，受卷入场者寥寥也。钦命题下，曳白者乃至二千余人，下诏切责，并裁减各省中额。《海滨人物钞存》：周人骥，雍正丁未进士，以礼部主事视学四川三年，操守清洁。

先是本部堂官荐一仆，甚勤敏，至是，数请先行，问之曰："某实侍卫某也，特来伺公，公考试好，某先期奏闻"。公归，果蒙褒旨。《沈端恪公遗书·杭世骏端恪沈公神道碑铭》：公丙午主江南试，陛辞之日，御赐诗有"操比寒潭洁，心同秋月明"之句（御赐诗，雍正赐诗也）。《查浦诗钞》：奉使典试粤东，午门宣旨恭纪诗"敢谓九重亲试用，尚烦诸老更廷推"句注：是日命下，复令九卿公核贤否。《晓读书斋杂录》：一甲三人，未散馆皆主文衡，向听未有。惟庚戌科石修撰韫玉、王编修宗诚及亮吉三人，半岁之中皆叠邀恩命。《乐圃闲述》：直隶、浙江学院，例以阁部大臣为之，颜光敩独以编检提督浙江学政。《灵谷闲谈》：戴第元、均元兄弟，先后为江南副考官、安徽学院。《四库全书总目》：雍正壬子、乙卯二科，皆以邻省举人充乡试同考官，故福建壬子科杭世骏以甲辰举人膺是任。《澹余笔记》：顺治乙酉，山东乡试，以法若真五经违式具题，径准会试，得登第，入词林。戊戌，以丁酉江南乡试多弊，上亲行覆试之，三试皆以吴珂鸣为首，遂令同会试中式者一体殿试，得赐出身，入词林。法不登乡试录，吴不登会试录也。《履园丛话》：康熙乙酉科，长洲蒋学海以五经中式。是科进呈题名录，蒋列于解元之前，称五经解元，前此无有也。《秋史笔征》：雍正四年丙午科，各省五经取中副榜，准作举人。两次中副榜者，亦准作举人，并得一体会试，此特恩也，后不为例。《宜泉笔记》：谢启祚年九十八，中乾隆丙午乡试举人，场前戏作"老女嫁"一律："行年九十八，出嫁弗胜羞。照镜花生面，光梳雪满头。自知真处子，人号老风流。寄语青春女，休夸早好逑。"《吾庐笔谈》：定例，诸生应试年履九十，均赏举人。今浔州府学附生莫如瑷，现年一百零二岁，应本年乡试，三场完毕，文艺书法俱佳，出入闱场，步履强健，除循例奏请外，并恩赏加京衔云。《频罗庵遗集》：乾隆十二年奉谕旨：梁同书系原任大学士梁诗正之子，著赏给翰林侍讲学士衔，重赴鹿鸣筵宴。《吾庐笔谈》：江西帅方蔚，道光丙戌第三人及第，同治癸酉，重宴鹿鸣，蒙恩晋秩。《粟香五笔》：翻译举人，光绪五年礼部始奏准，得与重赴鹿鸣恩宴。《随园诗话》：黄莘田《重赴鹿鸣》诗："得染新香本旧栽，桂花重为故人开。月宫不是玄都观，也学刘郎去又来。云阶月地事如何？谁共霓裳咏大罗。未免被他猿鹤怨，小山连日有笙歌。"道光二十年，谕旨：李景曾加恩赏，加头品衔，准其重赴鹰扬宴。《两般秋雨盦随笔》：钱文端公，乾隆庚午典试江西，写榜吏陈巨儒年七十矣，自言手写文武三十二榜，求公书以为荣。公赠诗云："桂籍凭伊腕力传，白头从事地行仙。自言作吏中书省，曾侍朱衣四十年。"至十月，复写武榜，解首唱名，则其孙腾蛟也。掀髯一笑，笔堕于地。中丞大喜，索方伯彭公家屏作诗。时蒋苕生先生在幕府，代作一绝云："榜头题处笑开眉，七十年来鬓若丝。官烛两行人第一，夜阑回忆抱孙时。"

又按：明代设科取士，入试者有光禄寺厨役，有朝鲜、交趾人，为前所无。详《雕丘杂录》。

嗣后，乡、会试停止考官上马宴，其金花、表里、杯盏等件，即于午门前宣赐。（《王氏东华续录》）

按：此系嘉庆二十四年所命。

又按：明代主考辞朝，赐宴于阙东松林。见《春明梦余录》。

王公、将军、六曹人员无政事之责者，于每月五日早集午门前，朝服，坐班午门外。科道官轮班察核，不至者劾之。（《啸亭杂录》）

文武官每日五更入朝，列班午门外，候部院启奏官出，始散归署。（《池北偶谈》）

按：此系顺治壬戌旨。

又按：李检讨乞终养，自赍疏跪午门外三日，奉旨许终养，径归富平，不复出。见《渭仁笔记》。毛奇龄《午门谢恩恭纪》诗前四句："嵯峨闾阖启双镮，帝阙遥看彩仗班。伏地敢违阶咫尺，瞻天只在殿中间。"见《西河诗集》。

铨选官选授后，集于午门外，吏部会同九卿、詹事、科道验看。（《大清会典》）

午门，清代诸臣受申饬于此。（《旧都文物略》）

按：明代臣工受廷杖者，缚赴午门外杖所，备极惨酷。见《明刑法志》、《国朝典汇》等书。明正德十四年，以谏巡幸，跪修撰舒芬百有七人于午门五日，并杖于阙下。见《明史本纪》。

立春日，大兴、宛平县令设案于午门外正中，奉恭进皇帝、皇太后、皇后芒神土牛，配以春山，府县生员舁进，礼部官前导，尚书、侍郎、府尹及丞后随，由午门中门入，至乾清门、慈宁门恭进，内监各接奏，礼毕皆退。府尹乃出土牛环击，以示劝农之意。（《燕京岁时记》）

凡祭坛庙，午门前大臣、侍卫骑马之处，著执羊角灯二十对。（清

雍正四年谕旨）

按：《钦定总管内务府现行则例》：祭坛庙所执马灯，派护军等执掌；所执墙子灯，派库使执掌。又，皇上亲诣坛庙，随往司鞍、司辔等，穿蟒襕缎袍，执豹尾枪。侍卫等春秋二季穿百寿棉蟒袍，夏季穿百寿袷纱蟒袍，冬季穿百寿羊皮蟒袍。

大驾祭毕还宫时，午门内两旁列鼓若干，同时齐鸣，其声如雷。（《养吉斋丛录》）

按：乾隆初，元定陪祀祗候例，祭太庙，俟午门鸣鼓；祭社稷，俟午门鸣钟。十二年诏，郊祀祈谷、大雩祭日，宣誓戒陪祀者集午门行礼。

又按：《燕京杂记》：南北郊及祈谷、雩祭，象驮祭品，驾辂车以出。又祈谷至天坛，御辇高丈余，十六人舁。

世祖皇帝悉闻王阵殁始末，怒师行之辱国，而奏辞之多驳也，诏贝勒以下皆逮问。命议政王、贝勒、大臣会勘于午门，世祖御楼临决焉。（《张文贞公集》）

按：王，敬谨郡王也，战殁于衡州。

康熙己酉三月，复用西洋新法以推时。先是戊申十一月，命大臣传集西洋人与监官质辩，至午门测验正午日景。（《清稗类钞》）

按：类钞并载：世祖定鼎燕京，考验西法最善，即用以推时宪。康熙乙巳废西洋新法，用大统旧法。戊申八月以旧法不密，用回回法。至己酉三月，乃从西洋人南怀仁推算。

康熙丁巳三月，内阁大学士等面承旨，于午门外会议，蠲豁江南苏、松二府浮粮。（《居易续录》）

康熙十七年，傅山以博学鸿词征，时年七十四，固辞不可，又称疾。有司使役夫舁床以行，二孙从焉。既至京三十里，不肯入城。益都相国冯溥先诣之，称疾笃，不具迎送礼。蔚州相国魏裔介乃以老病闻，诏免试，以中书舍人放还山。溥犹强之入谢，舁至外朝，望见午门，溥掖之使下，忽仆于地不能起，乃舁以出。次日遽放归山。（《文献征存录》）

按：《霜红龛集》：以七十四岁老病将死之人，谬充博学之荐，而地方官府即时起解，篮舆就道，累经部验，今幸放免，复卧板舁归。《学余堂文集》：今之耆旧如傅山、杜越，年垂耄耋，病不能舆马，以篮管驰卧国门外。

公之在兵垣也，于五凤楼内数召见。（《魏贞庵裔介年谱》）

康熙时，数月不雨。上触暑步祷，以亢旱为忧，诏求直言。沈文恪荃时官詹事府詹事，进曰："乌喇为穷荒寒苦之所，徙至其地，百无一生，乞降明旨，永止乌喇流人，则上感天和，三日必雨"。遂有罪人免流乌喇之旨，且命沈某第三日至午门候雨。至期，文恪至午门外，植立烈日中，上御乾清门升座，曰："沈某言今日必雨，朕端坐俟之"。日既晡，犹未雨，上不御午膳以待。至未刻，忽有片云从东来，风雷交作，骤雨盈尺。上大喜，谓左右曰："此詹事雨也"。召文恪入，赐食而出。（《西征随笔》）

按：又有所谓"状元雨"者。庄仲淳培因得状头，时天苦旱，传胪前一日，大雨，乾隆帝喜，顾侍臣曰："可谓状元雨矣"。详《虚一斋集》。

乾隆壬辰，设清字经馆于西华门内。初存经板于馆中，后改为实录馆，乃移其板于五凤楼。（《啸亭续录》）

按：清字经馆，以清文翻译佛经馆也。

二十二年（即嘉庆二年）十二月二十九日，皇帝行太庙岁暮祫祭，因礼部知会臣等，等待于午门外。皇帝乘黄屋小轿，侍卫甚简，出自午门，臣等祇迎。黎明，皇帝还宫。良久，自内赐臣等克食及鹿肉、鹿尾，仍令退归。（《朝鲜正宗实录》）

按：太庙祫祭，捧帛、爵，用近支王公。见《啸亭杂录》。

又按：明代有午门赐百官食之举。立春日赐春饼，见《赐闲堂集》。四月八日赐食不落夹，或云是面食，或云是粽子。见《戒庵漫笔》。（顷阅明《光禄寺志》载：英华殿四月八日供不落夹，五月五日供粽子。不落夹与粽子是二物，漫笔所引或云是粽子，误也。）腊八日赐腊八粥，见《少石集》。至清代，遇节日亦赐大臣食品，但不在午门颁赐耳。据《张文襄诗集·纪恩》诗注，立春日赐春饼，中秋节赐月饼、苹果，重九日赐起酥花糕、蒸食花糕、内馔水角，十二月初八日赐腊八粥。

林清之变贼匿五凤楼。（《啸亭杂录》）

按：清嘉庆时事。杂录并载，守午门之策凌闻变，率兵开门首遁，安成巡察至午门，阒无一人。

咸丰二年，土司宣慰司监参生郎多吉等三人及朝鲜国使臣徐有薰等三人，于午门外瞻觐。四年，朝鲜国使臣尹致秀等三人于午门外瞻觐。六年，喀尔喀扎萨克亲王等于午门外瞻觐。（《潘氏东华续录》）

光绪六年，午门值班官兵殴打太监，以致遗失赍送物件。（《朱氏东华续录》）

每岁七月，祭司门之神于午门前西角楼，东向。（《郎潜纪闻》）

按：此系清顺治八年所定之制。

浑河水决，直入正阳、崇文、宣武、齐化诸门，午门浸崩一角。（《客舍偶闻》）

按：时在清康熙七年，京师六月旱甚，七月大雨。

午门楼今为历史博物馆。

【续】顺治四年十一月，五凤楼告成，正楼九间。钟鼓楼二座，每座三间。角楼四座，每座三间。两侧长房各十三间。上门楼五间。城角楼一座，内造长房各十二间。（《清世祖实录》）

按：五凤楼，午门楼也。

又按：《内务府奏销档》：光绪二十八年四月，奉旨，派工部大臣查看午门楼，敬谨修理。

乾隆四十一年四月，行受俘礼，侍郎福康安率押俘将校，以俘酋索诺木、沙罗奔冈、索诺木彭楚克、甲尔瓦沃杂尔、山塔尔萨木坦、布笼普占巴、雅玛明阿库鲁等，并逆酋僧格桑馘函，豫俟于午门外。铙歌大乐，金鼓全作。上龙袍衮服，御午门楼，王公百官朝服侍班。侍郎福康安率押俘将校三跪九叫。押逆酋索诺木等北向跪伏，置僧格桑馘函于地。兵部堂官跪奏平定两金川，生擒逆酋索诺木等，并获逆酋僧格桑首级，谨献阙下。命交刑部。刑部堂官跪领旨，押俘自天安门出。王公百官行庆贺礼。（《清高宗实录》）

按：实录并载：上亲制平定两金川告成太学之碑，命勒石大成殿阼阶前。

又按：清乾隆《御制十全记》载"十全武功"云：平准噶尔为二，定回部为一，扫金川为二，靖台湾为一，降缅甸、安南各一，合二次受廓尔喀降为十。

献俘礼成，上御紫光阁，行饮至礼，亲赐阿桂等卮酒，赐紫缰及四开禊袍，图像紫光阁。（《耆献类征·宰辅·阿桂国史馆本传》）

按：献俘礼成，乾隆四十一年两金川平，午门受献俘礼成也。类征并载：王昶《阿公桂行状》：阿公平两金川班师回京，高宗饬礼、兵二部议行郊劳礼，筑台于良乡之黄新庄。公至良乡，高宗遣诚亲王（允祕）及大学士舒公赫德赐公及将军、参赞、将佐等膳。至黄新庄，驾幸劳台，公等用军服、甲胄、櫜鞬入行抱见礼，如兆公惠自回部凯旋故事。《蒲褐山房诗话》载：公（阿桂）与王箬林、蒋湘驭诸君游，意在文苑，不以韬略为长也。

又按：《德壮果楞泰年谱》：乾隆四十一年四月二十六日，将军阿桂、副将军丰昇额等，振旅凯旋至黄新庄，恭请圣安，赐将军以下至官兵膳于行在所。二十七日，上幸良乡城南，行郊劳礼。正南为坛，坛上左右列纛。上龙袍衮服，骑驾卤簿导行。将至坛，军士鸣螺，铙歌乐作。将军、副将军暨参赞、领队、侍卫、官兵戎服跪迎。上登坛拜天，自将军以下及在京王公大臣皆随行礼。上升座，将军、副将军等率众行礼毕，复趋至御座前跪行抱见礼。上抚劳之，传旨赐座，将军以下坐西幄，在京王公大臣坐东幄。赐茶毕，马上凯歌乐作。二十八日，上御紫光阁，行饮至礼。将军、副将军暨参赞、领队、乾清门侍卫等，及奉旨入宴之王公大臣列坐阁内。从征官员列坐阶下左右幄内。上亲赐阿桂、丰昇额等卮洒，奏凯宴乐，各番人等以次歌舞毕，退。

道光十年逆回平，行献俘礼。有旨，著贺世魁在午门楼上观看绘图。绘御前大臣、太保、大学士、扬威将军、威勇公长龄等五十二功臣像，御题藏之紫光阁。寻又奉勅绘《平定回疆战图》十幅，镂以铜版，颁赐大臣。（《鸿雪因缘图记》）

按：《郎潜纪闻》：乾隆时有缪炳泰者，高宗召入写御容，拜文绮之赐，并命更定紫光阁后五十功臣画像。台湾平，复绘功臣像，皆炳泰笔也。

道光二十年正月朔，不御殿受贺，王大臣于乾清门外，众官及朝鲜使臣等于午门外行礼。（《清宣宗实录》）

按：此系踵行嗣统后故事。

旧例：乡、会试于听宣之日，各赴午门前。先时，内阁拆本传出某某为考官，其得差者咸集朝房，更换朝服，俟宣旨时出，行三跪九叩礼。礼毕，乡试赴顺天府上马宴，会试赴礼部宴。宴毕，各取金花、表里、杯盘等件，再赴贡院。嘉庆□□年，凡听宣者，始有投递职名之例，有不到者，御史指名参奏。二十四年，其本始不发阁，届期，派乾清门侍卫二员，赍至午门前拆封宣读。得差者不用更换朝服，即于宣毕行三跪九叩礼，即行入闱，所有上马宴停止。其应得表里等件，乡试由顺天府、会试由礼部派员赍至午门前，按名给赏。（《竹叶亭杂记》）

按：《宝纶堂稿》：顺治十五年戊戌三月，阅卷事毕。大学士傅以渐、学士李霨等复命，赐茶。是日，天颜怡悦，遍视各官良久。曰："尔等面貌俱比前较瘦，应是看文日久，可早回家去。"遂起谢恩出。

又按：《清圣祖实录》载：康熙三年正月，裁会试中式副榜。《茶余客话》载：乡会试之有副榜，考之前代，名曰：激赏。顺治戊子（顺治五年）科，诏天下廪生中副榜者，贡至吏部谒选其最者，以推官用，次知县，次州佐。增广附学中副榜者，入成均读书，满一年，送吏部历事考用，如廪生例，后不为例。计顺治甲午（顺治十一年）、丁酉（十四年）、庚子（十七年）三科皆举行。至康熙癸卯（康熙二年）、丙午（五年）、己酉（八年）遂不许立副榜名色。至壬子（十一年）科，大司成某复请举行，如甲午例，允行。按：《礼部志稿》：明嘉靖五年题准，会试各房阅卷，凡文字合式，除正卷外，将备卷每房少或五、七卷，多则十余卷，批评次序，一并付礼部查姓名，以次填入副榜，不拘额数。

又按：《榆巢杂识》载：康熙三十九年，谕大学士等："观翰林官及庶吉士，有极贫者，衣服乘骑皆不能备，将此等查出，宜如何施恩，有益供职。其丁忧告假回籍之庶吉士，有无力至京者，著该督抚酌予资助，令其来京。又翰林官员专司文翰，各省学道员缺，应与郎中并差。"经大学士等议，自读讲以下开列职名，请旨点派各省学道，又择其贫者，月给银三两。《十朝诗乘》载：庶常授职，乃得预考差，而一甲进士，以先经授职，往往未散馆即膺典试视学之命，不为异也。《郎潜纪闻》载：国朝承前明旧例，顺天乡试正考官，多以前一科一甲一名充之。又乡试覆试，自道光甲辰科后始为定制。其实始于顺治十四年也。

又按：《耆献类征·袁枚王公掞传》载：圣祖六十万寿开科，部臣惜费。公言："士庶之家，主人寿日，子孙童仆，尚不吝赀财，增荣饰观。况以圣人富有四海，而逢非常大庆乎。"《潜研堂文集》载：本朝万寿开科，自康熙六十万寿始。

又按：《钦定总管内务府现行则例》载：雍正八年三月，奏准，应试举子，各给粗布棉袱被一件，据礼部来文数目成造，考毕缴回。道光二十四年，奏准裁撤，其衖被招商估变。《榆巢杂识》载：乾隆四年己未会试，谕曰："近天气尚觉寒冷，入场士子，除照例赏给棉氅衣及姜汤、茶饼外，著按名给与木炭，许其携带手炉，以温笔砚。"又谕曰："士子入场，定例，给与粥饭。近闻办理草率，冷硬不堪充食，著提调官加意料理。"

又按：乾隆十年二月，谕旨："雍正八年会试，曾蒙皇考特恩，派出大臣监看举子饭食，并于常例外，每场添赏饭一次及饼饵、茶、炭之属。今当三月会场之期，天气正长，应照雍正八年例，添赏饭食等物，俾举子充饱，从容应试。"知贡举即察例办理。

又按：《郎潜纪闻》载：乾隆六十年乙卯，例举乡闱，海内重赴鹿鸣宴者四人，广东冯潜斋太史成修、湖北陈云仲太史中龙、江西李西华侍郎友棠、浙江冯孟亭侍御诰。自来重宴鹿鸣，从未有在一朝纪元之中者，潜斋最长，是年已近百岁矣。《国朝诗别裁集》传载：黄昆圃叔琳，闻人一长，必构扬之使成名，宰相心事也。年十九登第后，庚午、辛未诸举人、进士两诣其第，称后同年会。

又按：《清文宗实录》：咸丰四年，谕旨："故大学士潘世恩孙监生潘祖保，著赏给举人，准其一体会试。"

又按：《茶余客话》载：常熟归少詹（允肃）丙辰下第，居京师，袖诗与渔洋（王士禛）相质，多和平恬淡之音，无愤懑叫号之气。渔洋曰："君必状元及第。"盖知诗者，性情之事，含神雾谓诗者持也。所以持人之性情，使不失坠也。己未，果中状元。《苏州府志·归允肃传》载：允肃少凝重谨厚，康熙己未（康熙十八年）进士第一，授修撰。辛酉（康熙二十年）主顺天乡试，所拔皆真才，一空从前诸弊。刑部尚书魏象枢，昌言于朝，庆其得人。日讲官缺，掌院屡列名上，请未俞允。圣祖忽于袖中出片纸，则允肃名也。进讲《周易》、《毛诗》，进止端详，敷奏明畅。睢州汤斌叹曰："讲筵得正人，天下有赖矣。"

又按：《郎潜纪闻》：介野园少宗伯尝四主会试，四主乡试，其他殿廷衡文，不可枚举。尝有《恩荣宴》诗云："鹦鹉新班宴御园，摧颓老鹤也乘轩。龙津桥上黄金榜，四见门生作状元。"又，令各省乡试官生卷，什九呈荐。其事始于富阳董文恭（诰）公以官生应试。时乾隆庚辰（乾隆二十五年）秋，刘文定（纶）与介野园少宰典京兆试，有同考官某素识文恭名，得一卷呈介公，介公不取。某曰："观其词采富丽，必董公子也"（时文恪公邦达在朝）。介公大怒曰："科场法至严肃，果尔即奏闻。"赖文定力为宽解，乃悉取官卷，付介公去取。自此沿为成例。顺天乡试官生卷遂尽呈主考，而外省亦然矣。又乾隆六十年，礼闱榜发，会元为归安王以铻，其第二人即以铻弟以衔也。一、二名皆浙卷，前此所未有。时总裁窦公（光鼐）谓："论次当以文，不当以省，故力排众议，而甲乙之，亦不意其适为兄弟也。"窦公硕学前辈，平居每诋词后进，人多积愤，欲借是倾公。虽其门下士，亦有下名者，因磨勘停以铻对策四科。又谓："殿试卷过劣，不能遵向例十本之数。"思以此激上怒，及拆封则以衔实为举首。高宗谓读卷诸臣曰："是天也。"于是谤焰遂熄。以铻虽被折，后仍入词馆。以衔官至礼部侍郎。又，桐乡冯少司寇景夏藩江左时，雍正壬子（雍正十年）科秋试，总理场务，见贡院地势卑湿，捐俸三百金，于各号舍加厚板一块，以防雨水灌浸，后遂相沿为例。又，磨勘之例，自乾隆己卯（乾隆二十四年）始严。磨勘官宫太仆焕文、阎侍御循琦、朱侍御丕烈、朱侍御稽，尽心细核，指摘较多，世以为魔王。盖借魔作磨也。

又按：《澄怀园语》载：康熙丙戌（康熙四十五年）分校春闱，有同事以微词探余（张廷玉自称也），余知其意，因作《闱中对月》绝句。有云："帘前月色明如画，莫作人间暮夜看。"其人览之，惭而退。《听松庐诗话》载：雍正癸卯（雍正元年）四月特恩开科，张文和（廷玉）以礼部尚书主试，是年九月会试，又奉命为正考官。有《恭纪》诗云："两番锁院秋兼夏，一室抡才弟与兄。"公弟廷璐亦与分校，琐闱佳话也。

又按：《听松庐文钞》：蒋公攸铦乡试，诗题为《仙露明珠》，刘文清墉阅公卷。诗云："月静珠腾海，天高露洗秋。"击节称赏，谓当作太平宰相。

又按：《洪北江诗话》：罗世材，湖北人，嘉庆四年成进士，距乡试时已十上春官矣。其《题号舍》诗曰："年年弃甲笑于思，依旧青鞋布袜来。三十三回烧画烛，可知蜡泪已成堆。"罗多髯，故以自嘲云。

又按：《竹叶亭杂记》：典京兆试，向来三四人不等。嘉庆戊辰（嘉庆十三年）只二人。英煦斋（和）是年以七月二十八日奉命赴盛京查案，及旋京，睿庙谕云："凡事皆有一定，乡科本拟命尔主试，其时忽忘，令赴沈阳，他无可胜任者，因少一人。"始知是科主试本三人，届时以一人出差，遂缺耳。又，顺天乡试例于九月朔，呈进中式前十卷，道光辛卯（道光十一年），上以解元文甚不佳，移第三，以南元为第一。发卷出，奏事太监曹某奏顺天榜，问以顺天省人为第一，上乃易还之。

又按：《赵遂翁昀自订年谱》：咸丰二年五月，充云南正考官，草榜定，与同人闲话，约猜中卷年齿。余曰："诸卷大约三十内外，惟第一人皤然一翁，叙齿亦必居首。"众未甚信。及拆封，则为阿中立，年六十一，同人各惊笑。生来谒，持所业诗、古文、辞并骈体各种刻本为贽，乃知为五华书院高手，此次伴孙来试，见猎心喜，乃以无意得解。

又按：《十朝诗乘》载：秋闱誊录用朱笔，校对用黄笔，监临及内监试用紫笔，分校用蓝笔，惟试官乃用墨笔。又，京闱分校者，多出词苑，往往于闱中互以便面笺绢乞书。故事，分校限用蓝笔，即濡染靛蓝为之。其善绘者，或随意作兰竹，亦别具幽致。冯玉圃乙卯（咸丰五年）、丙辰（咸丰六年）迭预分校。有《秋闱述事》诗云："秋日杲杲穿疏棂，十有八人共一庭。新知旧友并欢洽，合并何啻风聚萍。书生结习自冷淡，争趋翰墨如膻腥。入闱之始尚多暇，谐笑闲作能忘形。竞出笺缣互相索，蝇头小字罗繁星。或枕乞米帖，或仿笼鹅经，或录吟句传芳馨。集裒缀腋锦合屏，斜行矮格光荧荧。我辈濡毫禁用墨，青泥黯入孤灯青。暂假喻麋一挥洒，恍逢故物腕顿灵。人生良会岂易得，结缘如此天所令。一时艺林亦佳话，不愁匝月长严扃。"嘤鸣之乐，主司所不逮也。《观所尚斋诗存》载：戊戌（光绪二十四年）礼闱，以折篦乞戴青来前辈蓝笔画竹二枝，后补桃花。

又按：《石渠余纪》：拔贡，始顺治二年。优贡，始雍正四年。

又按：《燕京杂记》：进士题名碑，每科立于大成门外，始于明永乐二年。自永乐至万历初年，碑皆有记，记皆有当时之某大学士尚书撰及书。万历后迄于国朝，仅有题名而无记矣。

又按：《清高宗实录》：乾隆二十八年十月，谕：停止进皇太后及皇后会试登科录及乡试录。

又按：《劝戒近录》：某科考试差后，外有宣布前十人诗句姓名者，御史某密以陈奏。上召公（纪文达昀）论其事，公奏曰："臣即漏泄者。"上问其故，对曰："书生习气，见佳作必久吟哦，阅卷时或记诵其句，出而欲访为何人手笔，则不免于漏泄矣。"上含笑，其事亦寝。

又按：《晚清会试廷试故事记》载：礼部制，凡值辰戌、丑未之岁，皆举行会试于京师。庚子之乱，举场废，乃会试于河南。京师举场在崇文门内东偏泡子河吕公祠后，至公堂额，严分宜（嵩）书。三月初六日早朝，命大学士一人为正总裁，命副总裁三人，知贡举一人，及房考官，皆限午前入闱。初八日进头场，十一日进二场，十四日进三场，十六日终场。头场试四书文三篇，首题钦命，出《论语》，间有出《学》、《庸》者，次出《学》、《庸》，三出《孟子》，试帖五言八韵一首。二场试五经文，《易》、《诗》、《书》、《春秋》、《礼记》各一篇。三场试策问五道。《清德宗实录》载：光绪二十七年七月，谕内阁，略云："科举为抡才大典，我朝沿用明旧制，以八股文取士。著自明年为始，嗣后乡会试，头场试中国政治史事论五篇。二场试各国政治艺学策五道。三场试四书义二篇、五经义一篇。生童岁科两考，仍先试经古，一场专试中国政治、史事，及各国政治艺学策论，正场试四书义、五经义各一篇。考试试差、庶吉士、散馆均用论一篇，策一道。进士朝考论疏、殿试策问，仍以中国政治、史事及各国政治、艺学命题。"同月，谕："停止武科，由各省会建立武备学堂。"又载：光绪三十一年八月，谕："废止文乡会试。"

顺治三年九月，武进士传胪，在午门前。十二年，兵部题准武殿试则例：武举人各于天安门就试，试毕，以卷送午门外东直房，读卷官公阁。（《清世祖实录》）

按：实录并载：顺治十年正月，上御午门，令两翼内直侍卫自紫禁城西华门转而疾趋，有十人先至，赏首至者缎七匹，其余以次各赏有差。

乾隆九年十月，上谕内阁："向来乡会试及考试生童，俱在贡院，其余考取中书、笔帖式、誊录、教习及贡监考职，俱在午门等处朝考。自雍正七年以后，陆续改入贡院。"（《清高宗纯皇帝圣训》）

按：《西河集·陆菜神道碑铭》：公兄世楷以开科选贡，廷试于天安门外，除平阳府通判。

乾隆三十四年七月，礼部等部会议，考试教习等项，人数在五十名以内，仍照旧例，在午门内考试，若五十名以外，稽察难周，请于贡院聚奎堂考试。从之。（《清高宗实录》）

此次大挑举人，著在午门内挑选，并添派护军统领一员稽察，所有派出之王大臣，俱著在内阁住宿。（清乾隆五十二年谕旨）

嘉庆己巳，麟庆会试中试贡士。翌晨，诣午门前谢恩。(《鸿雪因缘图记》)

按：嘉庆己巳，嘉庆十四年也。

顺治九年十一月，上御五凤楼，召六部诸臣，谕：以饬躬率下，旌别淑慝，以效忠奉职为务。(《清世祖章皇帝圣训》)

康熙二十一年五月，谕大学士等曰："都察院衙门及科道官员，无逐日启奏本章，著每日黎明齐集午门。如满汉部院官员，有怠惰规避者，即行察参。又，大小各衙门满汉官员，虽该衙门无启奏事宜，亦著每日同启奏官员黎明齐集午门，俟启奏事毕同散。有怠惰规避不于黎明齐集者，亦著都察院及科道官员察出参奏。"(《清圣祖仁皇帝圣训》)

按：圣训并载：同年九月，上谕："九卿、詹事、科道，原系会议官员，仍每日于启奏时齐集午门，如有年力衰迈及偶患疾病，俱向本衙门说明，免其入奏齐集。此外各衙门官员及部院司属官员，俱停其每日齐集，著各赴本衙门办事，每月常朝，仍应照旧行。"

又按：都察院，雍正中满洲副都御史缺出，上命九卿密保。鄂文端尔泰奏：许公希孔忠直可任。上曰："彼汉人，碍于资格。"文端曰："风宪衙门为百僚丰采，臣为朝廷得人计，不暇分满汉也。"上可其言。逾年，始调汉缺。见《郎潜纪闻》。

康熙二十年春，于清端公成龙督理孝昭皇后梓宫，前诣山陵，过阙请陛见。上命侍卫持席于午门中，传谕："巡抚年老不胜步，宜少坐。"公拜谢坐，少顷入见，赐坐，赐茶，问抚剿东山时事，温语移时。(《篷窗随笔》)

按：孝昭皇后，康熙后也。

又按：《郎潜纪闻》：凡王公、大臣召对赐坐故事，蒙谕宣赐，叩头即坐。嘉庆时谢而不坐，至道光朝仍复旧制。

康熙二十八年十二月，谕大学士、九卿、詹事、科道等："京畿遇旱，小民糊口维艰，今当封印之时，慎勿各图逸乐，每日皆齐集午门前，以救灾恤民之道，详悉计议。"(《清圣祖实录》)

康熙甲申二月，朝鲜、安南遣使入贡，颁赐鞍马、金帛，于午门外祗领。(《十朝诗乘》)

按：康熙甲申，康熙四十三年也。

又按：《清文宗实录》：咸丰三年正月，琉球国王世子尚泰遣使表贡方物，赏赉如例。

议政大臣、九卿、詹事、科道等官，会审陈汝弼一案，在午门定稿。（宫藏王鸿绪密缮小折）

按：时在康熙四十四年。会审陈汝弼一案，会审陈汝弼受赃款银二百两一案也。

世宗宪皇帝所录《庭训格言》中，有训曰："尔等惟知朕算术之精，却不知我（朕）学算术之故。朕幼时钦天监汉官与西洋人不睦，互相参劾，几至大辟。杨光先、汤若望于午门外九卿前当面赌测日影，奈九卿中无一知其法者，朕思己不知，焉能断人之是非，因自愤而学焉。今凡八算之法，累辑成书，条分缕析，后之学此者，视此甚易，谁知朕当日苦心研究之难也。"（《敬孚类稿》）

按：世宗宪皇帝，雍正帝也。朕，康熙帝自称也。汤若望，德国人。类稿并略载：康熙三年杨光先叩阍进所著《摘谬论》一篇，摘汤若望新法十谬。又《选择议》一篇，摘汤若望选择荣亲王安葬日期，误用洪范五行，山向年月俱犯忌杀。下议政王等会同确议，经逐款鞫问后，拟钦天监监正汤若望等罪，卒将量历科李祖白、春官正宋可成、秋官正宋发、冬官正朱光显、中官正刘有泰处斩。汤若望免死罢职。后杨充钦天监监正时，为治理历法，南怀仁（比国人）所刻历日差错，革职放归，杨殁。西人以重价购其书，悉为焚毁，欲灭其迹。

又按：《燕京杂记》载：宣武门内之左有修历局，西洋人所居，前明为首善书院。《雪桥诗话》载：宣武门内天主堂即首善书院。有楼为作乐之所。赵耘松《同顾北墅、王漱田观西洋乐器》诗云："郊园散直归，访奇番人宅。中有虬髯叟，出门敬迓客。来从大西洋，官授义和职。年深习汉语，无烦舌人译。引登天主堂，有像绘素壁。靓若姑射仙，科头不冠帻。云是彼周孔，崇奉自古昔。再游观星台，爽垲尚无幂。玻璃千重镜，高指遥天碧。日中可见斗，象纬测晨夕。斯须请奏乐，虚室生静白。初从楼下听，繁响出空隙。噌吰无射钟，嘹亮蕤宾铁。渊渊鼓悲壮，坎坎缶清激。镈于丁且宁，磬折拊复击。瑟希有余铿，琴澹忽作霹。紫玉凤唳箫，烟竹龙吟笛。连挏控楬底，频耝铻语眷。鼗耳柄独摇，笙石炭先炙。吸嘘竽调簧，节簇筑赴拍。簏疑老妪吹，筑岂渐离掷。琵琶铁拨弹，篆筝银甲画。空泉涩箜篌，薄雪飞筚篥。孤唱辄群和，将喧转稍寂。万籁繁会中，缕缕仍贯脉。方疑宫悬

备，定有乐工百。岂知登楼观，一老坐挡擘。一音一铅管，藏机捩关
膈。一管一铜丝，引线通骨骼。其下鞴风橐，呼吸类潮汐。丝从橐鏬
绾，风向管孔迫。众窍乃发响，力透腠理磔。清浊列若眉，大小鸣以
臆。韵仍判宫商，器弗假匏革。虽难继韶濩，亦颇谐皷绎。白翎调漫
雄，朱鹭曲未敌。奇哉创物智，乃出自蛮貊。缅惟华夏初，神圣几更
易。蒉桴肇律吕，短黍度寸尺。嶰谷截绿筠，泗滨采浮石。元声始审
定，万古仰创获。迢迢裨海外，何由来取则。伶伦与后夔，姓名且未
识。音岂师旷传，谱非制氏得。始知天地大，到处有开辟。人巧诚太
纷，世眼休自窄。域中多墟拘，儒外有物格。流连日将暮，莲漏报酉
刻。归将写其声，画肚记枕席。"

今上召见南书房，赐坐、赐茶、赐克什、赐宴、赐御书三十卷、赐
御马鞍辔各一乘，自午门而出。荣宠之贲，皆以公老成练达故也。(《耆
献类征·鄂尔泰杨公永斌墓志铭》)

按：今上，乾隆帝也。克什，即克食。类征并载公国史馆本传：雍
正七年，永斌疏言："律禁铁器出洋，近因废铁可熔制兵械，一体严禁，
惟铁锅尚准洋船货卖。臣查出口船，少者百连，多者千连，每连二十
斤，经熔炼器械，无不可为，请照废铁例禁。"谕曰："此奏，足见留心
地方庶务。"

世祖章皇帝崩，公治大行丧及今上登极礼，日夜办事左掖门。(《耆
献类征·邵长蘅王公崇简诔》)

按：《茶余客话》：王文贞崇简为礼部尚书，年六十三，以老乞休，
尝作《青箱堂记》云："阶前辟露台，方丈余，夏秋日暮，父子兄弟六
七人率坐台上，或庄论诗书，或称述祖德，旁及故旧家世之兴衰，以为
劝戒。"公家辇下，出身寒素，父子同时官九卿，享上寿，乞休于主恩
方渥之时，视其子为宰相，倘佯林下者，十有五年。

辛未六月十四日，在阙右门会议捐纳保举一事，忽大起风波，至二
十一日，始得宽免之旨。(《三鱼堂日记》)

按：辛未，康熙三十年也。据张云锦《陆清献陇其传》，公上疏，
请急止捐纳、保举，以清吏治。得旨，会议、公议云：保举莫重于清
廉，保举可以捐纳，清廉亦可捐纳矣。终格于部议，以迟误军需，拟革
职，谪奉天安插。赖卫京兆既齐力救，得免。

雍正七年七月，护军统领七十疏言：午门外请添盖板房，以资兵丁

宿卫。从之。（《清世宗实录》）

雍正八年三月，上谕内阁："午门外朝房之南，科房之北，有碑亭一所，供奉皇考圣祖仁皇帝御制台省箴碑文。查此地与六科相近，即著六科轮班拨人护守，每日扫除洁净，虔谨启闭。倘官吏人等仍敢擅入，视为憩息之所，著轮班之科衙门即行参奏。"（《清世宗宪皇帝圣训》）

自午门至大清门一带地面，如应大修之时，著照例咨部办理。若系零星修补，即会同值年旗内务府总管等量加修整。（清乾隆二十四年十一月谕旨）

每年皇上亲诣坛庙，派官一员，司库一员，缎、衣、茶三库各派库使二名，按期斋戒，恭捧冠、袍、带、履随往，于派出库使内，派二名于午门前预备随往官员马匹。（《钦定总管内务府现行则例》）

按：《养吉斋丛录》：国初，郊庙祭器，尚沿明制，徒存其名，皆以瓷盘代之。乾隆间，敕廷臣议更古制，戊辰（乾隆十三年）冬至，始用之于南郊，自是而诸祀皆用古礼器矣。

又按：《郎潜纪闻》：康熙四十八年己丑冬十一月，命李光地摄行郊坛大礼。

又按：《国史馆三和传》：三和等奏言："天坛内三座门东西旧墙，明嘉靖年所造。俱三顺一丁成砌。"

外藩贡使，例于午门前迎送。（清乾隆二十二年御制《孟冬时享太庙礼成纪事》诗注）

按：太庙冬尝大典，皇帝躬诣行礼。外藩来朝者及贡使等，均于午门陪百官迎送。

午门为禁城重地，值銮舆出入之期，执事人员例准由该处乘马者，在午门前上马。（清嘉庆二十四年十二月谕旨）

顺治二年八月，靖远大将军、和硕英亲王阿济格率出征诸王、贝勒、贝子、大臣等，及投诚故明宁南侯左梦庚等陛见，行礼毕，赐宴于门内。五年十月，上御太和殿，受厄鲁特部落贡使等朝，赐宴于午门外。（《清世祖实录》）

乾隆二十九年三月耕耤日，哈萨克阿布勒巴木比特使人亨集噶尔等十二人入觐，跪迎圣驾于午门外。上温语慰劳，赐冠服、银币有差。（《清高宗实录》）

嘉庆二十二年十二月，朝鲜国使臣等于午门外瞻观。（《清仁宗实

录》)

按：道光七年十二月朝鲜国使臣等，二十二年十二月暹罗国使臣等，俱于午门外瞻觐。见《清宣宗实录》。咸丰六年十二月喀尔喀扎萨克亲王等，七年四月琉球国使臣，俱于午门外瞻觐。见《清文宗实录》。同治二年十二月朝鲜国使臣等，六年六月琉球国使臣，十年九月越南国使臣，俱于午门外瞻觐。见《清穆宗实录》。同治五年十一月贼犯倭大等，叠次冒充官役，潜进神武门。从西河沿出琉璃门，由咸安宫马道上城，转至午门西南角配亭下，偷窃铜瓦。见《清穆宗实录》。

本月十三日，祭祀礼成，还宫之先，突有众太监骑马争驰，自正阳门起，擅走各门中洞，并厮役等，亦俱骑马由中路跟随冲越仪仗，直至午门外，始行下马，各门官兵并不向前拦阻。（清同治十二年四月御史文明折）

李蒘圊《春明纪事》诗："灯火天街烂似银，名衔递送各逡巡。伊波起促东西掖，星澹觚棱夜向晨。"又云："庙社郊坛驾起行，更筹急递向胧明。龙楼钟响鹓行静，一道灯光御辇平。"又云："五色云旗次第回，鼓声乐节沸为雷。群依嘉量迎銮辂，却御黄绫暖轿来。"（《蠹涛诗钞》）

按：诗钞第一首注：大朝，于午门外递职名、辨色时，鸿胪官促进东西两掖门。伊波者，满语起行之谓。第二首注：上亲祭出午门，百官跪送，以闻钟为度。时天未曙。御辇前以羊角灯为导。第三首注：上亲祭将回，仪仗先列，鼓乐前导，上乘轿不复御辇。午门外石台置嘉量，诸臣跪迎于此。

午门内东庑各处

【初】午门内东庑二十二楹，皆崇基，为稽察钦奉上谕事件处及内阁诰敕房。东庑之中，为协和门，东南隅为内阁。协和门即明之会极门，内阁沿明旧，亦称内阁公署。

稽察钦奉上谕事件处

【初】上谕事件处，雍正八年设于隆宗门外，乾隆元年移昭德门外东廊议政处。（《内阁册》）

按：昭德门外东廊，即午门内东庑。稽察钦奉上谕事件处，旧称稽查各衙门奉行事件处，行文借用内阁典籍厅关防。

雍正八年，稽察钦奉上谕事件处奏准，嗣后各部院大小衙门，凡有钦奉上谕特交事件，到日即速开写，移送本处查核。（《钦定总管内务府现行则例》）

【续】乾隆五十四年，命诰管理稽察上谕事件处。（《耆献类征·宰辅董诰国史馆本传》）

按：本传并载：公薨，仁宗亲临赐奠。

内阁诰敕房

【初】诰敕房在协和门之南。（《嘉庆一统志》）

按：《中书典故汇纪》：诰敕房共五间，在内阁门外旧会典馆之北。

又按：诰敕房隶汉本房兼管。

皇帝之宝（奇南香，方五寸余），颁诏及文武金榜用之。凡皇上行围及驻跸圆明园，皆随驾出，必先一日典籍厅知会交泰殿内监，至本日攒点时，典籍同学士至乾清门，通知内监。内监届期请宝出，在乾清门西一间弓箱上开宝匣请宝，与学士看明，仍安锁匣内。典籍捧出景运门，至诰敕房，学士又开宝匣请宝，与护宝之侍读学士看明，仍安锁匣内，供事用黄布包上，并用黄布带九条周围缚，转满中书背而上马。至圆明园，同学士交与内监。若自圆明园进宫，则学士向内监请宝，仍交护宝背宝官至诰敕房开宝匣请宝，与交宝之学士看明，安锁匣内。供事捧匣，学士、典籍同至后左门，典籍捧之而进，至乾清门西一间弓箱上，通知内监，内监出开宝匣请宝，与内监首领看明，安锁匣内，内监捧之而进。（《中书典故汇纪》）

按：圆明园，清康熙四十八年建，雍正朝大加修葺，建朝臣之署，构听政之殿。乾隆朝，并仿意大利建筑及水戏线画诸法，备极瑰丽。嘉、道、咸三朝，岁有经营。咸丰十年，被英法联军焚毁。同治十二年兴修，旋辍。今仅存遗址而已。据《日下尊闻录》：圆明园距畅春园里许，为世宗藩邸赐园之名，圣祖御书。世宗有《圆明园记》，高宗有后记。《观化精舍消夏录》：英、法、俄联军入京，英火圆明园，文宗幸热河，恭王留守。《清宫词》："纤步金莲上扣墀，四春颜色斗芳时。圆明劫后宫人在，头白谁吟湘绮词。"原注：咸丰间，圆明园各宫有牡丹春、海棠春诸名,谓之四春,皆以居嫔御者。见王壬父《湘绮楼诗集·圆明园词》。《故宫漫载》:钵提记圆明园云:圆明园四春,曰杏花春、武陵春、牡丹春、海棠春。

大学士上任,内阁、翰林院官各具公服,于诰敕房齐集,大学士至此更朝服。(《中书典故汇纪》)

【续】康熙十年题准,一应诰敕,于内阁侍读学士、侍读内酌派一二人专司其事。若有应给诰敕官员,该衙门将职衔开明送阁,令该管官照式发中书科缮写,送阁用御宝,交该衙门给发。(《清雍正续修会典本》)

协和门

【初】协和门门五楹。(《国朝宫史续编》)

乾隆三十九年,大学士等议奏,经筵礼成后,向于协和门筵宴一次,嗣因跟役挤抢物品,议准停止。(《王氏东华续录》)

按:协和门明曰会极门。据忆记,会极门南廊一间,坐东向西,额曰东阁。经筵日讲退,讲官至此,揖光禄寺官,奉茶而别。

林清之变,杀贼于协和门。(《啸亭杂录》)

按:清嘉庆时事。

又按:嘉庆十五年,有蒋姓者由午门潜入协和门内,私放爆竹。详《国朝宫史续编》。

【续】顺治三年十月,协和门工成,门座五间。(《清世祖实录》)

按:协和门,改明会极门为之。

顺治十四年,礼部疏准保和殿经筵毕,众官出至协和门领恩宴。(《清世祖实录》)

内阁

【初】国朝官制设内三院,曰国史,曰秘书,曰弘文,各有学士一员。既设翰林院,以内三院为内阁。(《池北偶谈》)

按:《经略洪承畴奏对笔记》:承畴备问内院,参赞机务。《宰辅拜罢小志》:顺治八年正月,移内三院衙署于紫禁城内。《大清会典》:顺治十五年,改内三院为内阁。十八年,复改内阁为内三院。《宰辅拜罢小志》：康熙九年十月，内院复为内阁。《居易续录》：庶吉士初隶弘文院，既设内阁，遂罢三院不设，而别立翰林院，以学士掌之。《翰林院册》：翰林院，国初并于内三院，词臣皆值宿禁城。后专立院署，署设宝座，临幸时所御也。《钦定词林典故》：顺治十四年七月，洗马王熙升弘文院学士，时熙父崇简任国史院学士。上谕曰：父子同官，古今所少，以尔诚恪，特加此恩。《簪云楼杂记》：状元麻勒吉授弘文院修撰（顺治壬辰）。《澹余笔记》：顺治丙戌状元傅以渐，丁亥状元吕宫，不出十年，俱为内院大学士。《金华诗录》：朱之锡由庶吉士授弘文院编修，世庙时幸馆，见之锡，嘉其勤，给笔札赋诗，命坐，赐茶及袍。《浣初集》：蓝润自庶吉士历春坊及国史、弘文两院，皆侍从清要，廉介朴直，世祖特简江南上江督学使者。《东原文集》：范承谟顺治壬辰进士，擢秘书院侍读学士，迁国史院学士。《种李园诗话》：康熙丁未，授秘书院办事中书舍人共十二人。《啸亭杂录》：国初，每省委内院笔贴式数人，代司清字文书。

又按：《菀乡赘笔》：闯贼官制，内阁曰天佑殿，翰林院曰宏文院。

内阁为大学士直舍，在昭德门东南隅，门西向，阁南向。今于阁东北开正门，与文华殿相对。（《宸垣识略》）

按：明会极门（清协和门）在皇极门（清太和门）之东，凡京官上下接本，俱于此处。南入为内阁辅臣票本地。见《玉光剑气集》。明大学士直舍，所谓内阁也，在午门内东南隅，外门西向，阁南向。见《春明梦余录》。

又按：午门内两庑官舍袭明旧者惟内阁。据《悫书》：皇极门外两庑，东二十间为实录、玉牒、起居诸馆及东阁，会坐公揖在焉。西二十间，上十间为诸王馆，下十间则会典诸馆也。

西为满本房，亦谓满洲堂。东为汉本房，面紫禁城，黄瓦大屋。两堂之中，稍北垂花门，入门黄瓦大屋为大学士堂。此三屋皆南向，楣间俱有禁旨堂，即内三院之院也。（《内阁小志》）

按：满本房、汉本房亦称满本堂、汉本堂，故小志曰：两堂。

内阁满、汉本堂盖黄瓦，票签房及蒙古堂、典籍厅、稽察房皆用常瓦。（《嘉庆一统志》）

内阁堂之东厢面西者，为汉票签房，中一间为侍读拟写草签处，北一间为中书缮写真签处，南一间为收贮本章档案处。堂之西厢面东者为蒙古堂，汉票签房之南面城者为汉本堂，蒙古堂之南面城者为满本堂，上皆覆以黄瓦。又，堂之东为满票签房，堂之西为稽察房，堂之后为中堂，斋宿之所。又东为满票签档子房，又西为典籍厅，满本堂之西为祝版房，缮写大祀祝版之所，上皆覆以缸瓦。（《中书典故汇纪》）

按：汇纪并载：内阁大堂前有垂花门，东西各有耳房。乾隆十一年将两耳门堵塞，至十三年冬始复开东一门。

又按：明成化中，赐内阁两连椅，借之以褥，又赐漆床、锦绮衾褥，以便休息。阁门则夏秋悬朱筠帘，冬春悬紫毡帘。见《琐缀录》。

内阁规制宏敞，较前明所云东阁五间，白昼秉烛，气象迥不同焉。（《钦定日下旧闻考》）

内阁掌敷奏本章，传宣纶綍。皇帝登极，诸王、贝勒、文武各官贺表，内阁撰拟。各部院及直省题疏到内阁，大学士票拟进呈。恭上皇太后尊号、徽号、奏书、册宝，册立皇后、皇太子册宝，由大学士恭阅所司撰拟文篆。尊封皇贵太妃、皇太妃，册封皇贵妃、贵妃、妃嫔，各册宝皆大学士恭阅所司撰拟文篆。命皇太子、皇子、皇孙名，大学士承旨选拟。诸王、公主封号亦如之。封诸王、公主、福晋以下册宝、诰命，由大学士奏定。封外藩王以下及公、侯、伯以下诰命亦如之。覃恩肆赦，大学士承旨拟恩诏。请用御宝，先期知会内务府转行宫殿监，至期，学士率典籍官赴乾清门验用。纂修实录、圣训、会典诸书，皆由内阁题请监修、总裁等官，书成，于皇史宬及内阁各尊藏一部。内阁尊藏列圣实录，以次进呈皇帝恭阅。起居注记载，每岁终送内阁大学士、学士监视加封，入库收藏。坛庙、陵寝神牌由工部送内阁中书，敬书清文。尊谥、册谥，大学士承旨恭拟。封各山川、神祇亦如之。祭告祝文，由翰林院撰拟，大学士恭阅。坛庙祝版，由太常寺送内阁中书缮写，大学士敬书御名。每岁春祀、秋祀先师孔子，命大学士一人行礼。御经筵日，遣大学士一人祗告传心殿。赐祭赐葬，由翰林院撰拟祭文、碑文，大学士阅定。殿试天下贡士，由读卷大臣等奏请制策，以卷进呈，皇帝亲定甲第，下内阁中书书榜传胪。武殿试亦如之。庶吉士散馆，由内阁请期御试。命将征讨、大将军经略、将军敕书，内阁撰拟。勾决京外重囚，刑部以秋朝审情实、姓名册，送内阁，于冬至前六十日次第奏请勾决，皇帝素服，大学士、学士及刑部堂官、起居注官咸常服祗候，召入满学士一人，跪奏囚册，汉大学士一人，秉笔遵旨勾讫，密

封下所司施行。(《大清会典》)

按：会典并载：诏敕均用黄纸。诏书表里二层，敕书三等龙香笺表里四层，画龙笺三层，印龙笺二层，工部制备。殿试金榜与诏书同，亦工部制备。《中书典故汇纪》：敕书用龙边黄裱，白鹿纸墨书，用宝颁给。《池北偶谈》：本朝文移书疏之制：国书则自后而前，汉书则自前而后。《丝纶簿》：乾隆间江浙进献诗赋，考取一等者授内阁中书。《淮海英灵集》：吴绮，字薗次，江都人，顺治九年以拔贡生授中书舍人，奉诏谱杨继盛传奇，称旨，即以杨继盛之官官之。《定盦全集》：为内阁中书时《夜直》诗："天西凉月下宫门，夕拜人来第一番。蜡烛饱看前辈影，屋梁高待后贤扪（累朝朱签及丝纶簿皆庋床顶，须梯而升，皆史官底本也）。沉吟章草听钟漏，迢递湖山赴梦魂。安得上言依汉制，诗成侍史佐评论。"《砚北丛谈》：柯崇朴字寓匏，在中书，日赋"望江南"词十阕，序云：西清苦趣，只是长饥，薇省声华，原居禁近。□□□□□□，人怀厌离之思。所以前辈孙紫静先生为"中书乐"（黄莺儿）十二阕，刻画事情，脍炙人口。余不揣固陋，续为"中书好"（望江南）十词："中书好，官守最清高。躬捧封章趋玉陛，手批天语出层霄。应绝簿书嚣。""中书好，公事更安闲。三日始应班一换，片时已把本全翻。徐步出长安。""中书好，守晚也悠然。政事堂虚堪对奕，丝纶簿写好安眠。归马夕阳边。""中书好，携被直周庐。寂寂绮窗烧桦烛，沉沉宫漏滴铜壶。人与月俱孤。""中书好，退食午门前。四篚足供炎热日，一锅共饭冱寒天。公费尚余钱。""中书好，传往畅春园。走马扬鞭趋上苑，挥毫伸纸代王言。游目遍郊原。""中书好，傲骨习来成。长揖相君称弟子，比肩学士唤先生。何事折腰轻？""中书好，懒性最相宜。无事趋朝勤待漏，有时闭户自吟诗。高卧少人知。""中书好，时务特留神。少下本章因甚事，内批简用是何人？消息最为真。""中书好，荣辱不关心。分乏勤劳蒙上赏，也无参罚得相寻。朝市即山林。"附孙紫静"中书乐"（黄莺儿）上二阕："夜半喜开颜。想中书，真美官。说与世人休轻看。选遍长安，问遍朝班，大小衙门都让咱。趁无眠，略述几件，妙处正堪传。""衙门正四间。琉璃瓦，别有天。抬头便是金銮殿。白石阑干，朱漆门帘，磨砖到处都铺遍。钉铜环，参天槅扇，高丽纸糊颜。""中书在里间，桌儿大，凳子宽，竖柜巍巍门后站，土炕拐弯，火盆滚圆，顽石砚台长尺半，到更阑，还将烛点，粘在半头砖。""宰相是堂

二　述外朝（一）：午门迄保和殿　65

官。受知遇，非等闲，勤劳时把中书赞。查明本单，搭完草签，包好本皮挨次散。偶然间，事出罕见，档子大家翻。""辛勤只半天。注红本，写真签，先生高叫齐忙乱。午后坐班，档子细填，腹饿竟陪学士饭。礼貌咱，张长李短，侧坐且闲谈。""来到午门前。摆牙喇，每次盘，口中者连声唤。内阁哈番，现在票签，放行不用腰牌验。转个弯，新那三院，一直往东边。""三朝才一班。起五更，敢惮烦。宰相尚无班可换。笔在靴边，墨在腰间，火房纸匠听呼唤。牌子传，宿该今晚，公被好安眠。""见多还数咱。通部本，信手翻。天下事情都晓遍。折票改签，启奏上传，皇家规矩谁能见？这其间，新闻无限，不肯向人言。""朝贺免随班。鸂鶒补，何用穿。职名不系鸿胪管。内直几年，堂上垂怜，勒书大字从人便。老积年，西厅一转，典籍便成仙。""名列缙绅编。翰林后，詹事前。印满中间一大段。也入内帘，也把诏颁，试差各省寻常点。出长安，银瓜黄伞，簇拥小京官。""写贴不拘牵。最燥脾，侍生谦。亚卿以上方称晚。辈有后先，揖尚右边，规矩不异翰林院。拜堂官，经年一遍，投个淡红全。""实授要周年。与台中，同一般，逍遥试俸何曾算？职掌既闲，眼界又宽，从容安稳熬升转。这样官，说来希罕，闻者恐垂涎。"《藤阴杂记》：汪厚石孟锅壬午召试中书，初到内阁口号云："陈人久叹积薪余，乍许清班学步趋。猎猎西风敲裘帽，东华门外唤车驱。""静听阁老马蹄声，侍读诸公白事迎。我自田间来几日，慎教轻易上阶行。""六科书吏立如麻，齐下三单卅点加。扫笔纷纷忙注本，日轮眼急下东华。"（遇起銮封印日，则三日本齐下。）"乾清门侧档初交，匣砚看人唤打包。枯坐今朝拼守晚，领归谕折件传抄。"（每入领上谕奏折，日直中例派一人候夜直交代，为守晚。）"御门闻道特除官，朱笔题名敬奉观。别有改签新式样，传宣票拟细寻端。"（御笔亲书为朱签，特旨改标为改签。）"轮班辰入退过申，来是空言两隶人。莫怪此间无洒扫，禁城清绝不生尘。"《典籍厅任事》八首云："六年历俸八年资，又向西厅坐褥移。一转成仙人共笑，遭回不去侍何时。""寂寞茶房淡泊厨，喧然吏役日高初。各堂上任夸谁似，一饱猪羊祭库余。"（典籍到任，例以猪羊祭库。）"画行事细粗能晓，点卯人多猝未详。夜直若非连两夜，军机须去面小堂。"（供事皂隶、纸匠、苏喇，朔望日赴厅唱名，汉典籍无园，直夜直连两夜。）"印单印簿缝钤存，启钥升箱昼继昏。始识相公多摄事，十才一二本衙门。"（中堂有兼管上谕处、国史馆、俄罗斯馆、行部院衙门，俱用厅印，以印单为凭。）"掌印帮班等样官，平明满汉一厅攒。考勤簿子亲书押，要送兼厅侍读看。"（满、汉典籍各二缺，余皆别堂来兼理者，满侍读学士、侍读兼厅，则为厅官之长。）"北厅章奏南厅案，大库文书小库银。承发散班齐了事，瓣香酹酒祭科神。"（厅供事南北各十四人，五月十三日酿钱祀科神，云是萧曹也。）"宝箱例引赴乾清，肃驾年年典据征。接送预行交泰殿，奉盈一念警宵兴。"（旃檀香宝，交泰殿二十五宝之一，驾出，内阁学士、典籍各一员赴乾清宫请宝，驾旋送宝亦如之。）"办事衔名不自由，背推踵接此勾留。莫将五日轻京兆，尚许答人唤皂头。"（吏部选例，中书带办事衔者，题管典籍，撰文则否。）

内阁大学士沿明制，主票拟。然一一皆禀上裁，大学士无权也。雍正四年，设侍读二员，助勘票签。后大学士多入军机者，其事专付侍读，有疑难事则奉以请命，否则大学士署押而已。厥后四方章奏多以折代本，直达军机处，不复由阁。（《养吉斋丛录》）

按：清光绪三十三年七月甲午，改考查政治馆为宪政编查馆，其军机大臣、大学士参预政务大臣会议事，于内阁行之。

又按：《池北偶谈》：国朝六曹章奏悉沿明制，惟紧急事或涉琐细者，则削木牌而绿其首，以满洲字书节略于上，不时入奏取旨，不下内阁票拟，谓之"绿头牌子"。《中书典故汇纪》：各衙门奏折皆用白奏本纸缮写，惟国家庆典一应奏折、表笺以及册文、宝文，皆用黄香笺纸缮写，衬用黄纸或红纸，面用黄绫。奏书表文、笺文，用红裱纸、黄绫面。

定例：臣下谥典，由礼部奏准后，行知内阁撰拟，旧隶典籍厅。咸丰初，卓海帆相国改归汉票签，令两侍读司之，凡奉旨给谥者，侍读遵谕旨褒嘉之语，得谥文者，拟八字，由大学士选四字；不得谥文者，拟十六字，由大学士选八字，恭请钦定。惟文正则不敢拟，悉出特恩。（《皇朝谥法考》）

按：卓海帆相国名秉恬。

文殿试，大学士、学士充读卷官。侍读学士、侍读、典籍、中书充受卷弥封掌卷填榜官。殿试前一日，读卷官大学士、学士拟策问标目九条，奏请钦定其四，然后读卷官挨次串成策问，进呈御览后，中书缮写，读卷官监看刊刻刷印。次日，典籍捧题纸前行，读卷之学士随后进太和殿，学士捧置黄案上，俟诸进士进门，两班排立，学士捧题纸授礼部堂官分给。试毕，读卷官于内阁满本堂阅卷。直堂供事于试卷后贴一白纸，上列读卷官姓。读卷官于各人姓下用圈点评语作记号，公选上卷贴黄签，书拟第一至第十，总封进呈十卷。内凡字画小疵，读卷官夹一白纸片，上书某字讹写某字，第几行某字下落去某字。于传胪前一日未时进呈，上在大内阅毕，召读卷官进，讲官亦随站班。上与读卷官商定甲乙，大学士即于御前小案上用朱笔填一甲三名次序，其余二甲七名亦照钦定名次，至内阁填写。其二甲八名以后及三甲名次，读卷官先已拟定，是时阁学之与读卷者，亦用朱笔填写甲第名次，然后拆卷填榜。办金榜汉中书八员，分四员为小金榜，凡缮写进呈标目策问及题名黄折（名小金榜）、三传黄折（乾隆十六年奉旨只用清字）以上，皆小金榜司之；分四员为大金榜，司写悬挂榜文。武殿试读卷官止四人，进呈标目九条，内钦定只三条，其拟撰进呈，亦同文殿试。惟一甲、二甲及三甲十余名前，皆皇上于紫光阁校阅钦定。其余技勇之未入选者，读卷官始因其策之高下而先后之。文武金榜填毕，清、汉接扣处，五鼓后同学士至乾清门，用皇帝之宝，用毕包以黄绫，与读卷之学士捧出，由保和殿、中和殿至太和殿内东边黄案上陈设。俟皇上升殿，大学士捧至檐下，礼部、兵部堂官跪接，捧至丹墀中云盘内，校尉举以出太和门，俱由御道至长安门悬挂（文东武西）。其小金榜只须学士一员，交奏事处恭进，存大内。（《中书典故汇纪》）

按：汇纪并载：乾隆二年，武殿试命大学士迈文恭公柱等四人读卷，光禄寺例于阅卷日送茶汤于读卷官，三人皆不饮，独文恭饮之，曰："京师讥名不称实者十事，内有光禄寺茶汤、翰林院文章，今翰林院文章既佳，光禄寺茶汤亦美。"《瓶庐诗稿》：光绪壬辰，与汪甹亭奉派武殿试读卷官，同宿内阁直庐。《题甹亭玉照》诗，尾前两句云："今朝微雪点锁厅，上堂对案校武经"（默写孙子九十六字）。《内阁大库档·满本堂事宜册》：文、武殿试大金榜、庆贺大典喜起舞乐章册，中书恭缮。《翁文恭日记》：殿试金榜在内阁大堂写。

文武殿试、庶吉士散馆，一切请题奏派各事宜，喇嘛金册敕书并蒙古部落印模一切收发事宜，由典籍厅承办，册封妃嫔、晋封亲王、郡王、公主封号由典籍厅恭拟。（内阁大库档典籍厅事宜单）

世祖幸阁中，中书盛际斯趋而过，世祖呼使前跪，熟视之，取笔画

一际斯像，面如钱大，须眉毕肖，以示诸臣，咸叹天笔之工。际斯拜伏，乞以赐之。笑而不许，焚之。（《客舍偶闻》）

按：《啸亭杂录》：章庙（顺治帝）喜绘事，曾赐宋商邱冢宰手指螺文画《渡水牛图》，意态生动。王士禛曾纪以诗（据《渔洋诗集》所载，则称图系赐中官，从宋荦得观）。《澹余笔记》：世祖宠礼大臣，命内廷侍诏为金太傅之俊（汉官之得升尚书，自金之俊始。见《息斋集》）等写像，凡数易稿，必极肖而后止。极装潢模写之工，经年始成。复亲临直房颁赐，一时传以为荣，多为歌诗咏之。《清稗类钞》：顺治开科状元为东昌相国傅以渐，相国曾扈驾，骑蹇驴归行帐，世祖在高处眺望，写其形状。戏题云："状元归去驴如飞。"画幅二尺许，设色古茂。

又按：世祖曾画一墨钟馗，赐户部尚书戴明说，神采奕奕，真妙笔也。

又按：世祖天资卓越，绘事而外，雅通词章，其与僧木陈谈古今词赋，有词如楚骚，赋如司马相如，皆所谓开天辟地之文。苏轼"前后《赤壁赋》"，则又独出机杼，自成一调。晋朝无文字，唯陶潜《归去来辞》独佳等语，可谓独具慧跟。详见陈援庵垣所著《汤若望与木陈忞》篇。

中书舍人高士奇，尔在内办事有年，凡密谕及朕所览讲章、诗文等件，纂辑书写甚多，实为可嘉，特赐表里十匹，银百两，以旌尔之勤劳。（清康熙十七年谕旨）

康熙丁未新例，以内阁亲切地，勿用赀郎，特遴进士有才望者充其选。（《毛西河集》）

康熙十七年戊午七月十日，试庶吉士。七月十一日，上幸内阁阅庶常卷。（《佳山堂诗集》）

按：试期前，命内阁日备清茶。

又按：《清康熙御制文集》：康熙三十三年，谕内阁：此番考试庶吉士，观其所学甚劣，较曩时庶吉士迥然不及，此皆傅继祖等教习怠弛，不专心致志之所致也。

康熙戊午，上幸内阁，问"三老五更"之义。（《居易续录》）

按：清乾隆有《三老五更说》，张廷玉有《三老五更议》。

又按：康熙朝待内阁大学士至为优厚，巴泰年迈致仕，则赐御衣、冠带、靴；杜立德卧疾，则遣中使慰问，赐以醴馔。其余于身后或录用其子，或周恤其家，存问之使，无间远近，念旧之诏，出于至诚。具见《康熙御制文集》中。

康熙五十年，谕大学士温达等：内阁翻通本事甚紧要，如不得汉文意思，或一二句言语翻错，于事之轻重大有关系。徐元梦虽系革职之员，现今学翻汉文者，无能过之。将徐元梦补授内阁额外侍读学士，翻改本章。（《清康熙御制文集》）

雍正七年，谕科甲出身官员：朕嗣统以来，元年、二年内阁面奉之旨，书写时动辄讹舛。自张廷玉为大学士，听朕谕旨，悉能记忆缮录，呈览，与朕言相符。盖记载一事，良非易易，毫厘之差，不可不慎。是以诸臣欲记朕谕者，朕皆令缮写进呈之后方许存稿。（《清雍正御制文集》）

乾隆元年冬，高安朱文端公病剧，上亲往视之。时文端虽在危笃之中，仍命二子扶掖立于榻下，上以温旨慰之。时阁臣及部院大臣联名具折谢恩，起草为阁学诸城刘公，即今东阁大学士也。余时为中书，当夜直与缮写之事。迨文端既殁，上复临其第。（《中书典故汇纪》）

按：朱文端名轼，诸城刘公名统勋，余，王峨山自称也。汇纪并载：雍正十一年，故张文端公英入祠贤良，谕祭于本籍，命大学士文和公廷玉给假还乡，举行典礼，赐白金、书籍、安车、名马及冠带、参药之属。陛辞之日，复手赐玉如意一柄，曰："愿尔往来事事如意"。又命中使颁赐酒筵饯送。乾隆六年辛酉九月九日，桐城相国张文和公七秩诞辰，上于行在赐御书匾额，又赐御暖帽及蟒服、数珠等物，并蔬果酒筵，命詹事鄂容安、总管内侍王太平等，率内务府官赍至邸第宣旨，酌以金罍，曰："今日大学士七十生辰，特赐寿酒相庆"。文和公载拜领受。次日，敬悬宸翰，宴同朝诸公于邸第，荜下荣之。十年，大学士鄂文端公尔泰有疾，具疏乞休。上不允所请，赐之以诗，御制序云："大学士鄂尔泰自去冬有手足不仁之疾，入春尚未痊可。昨具疏乞休，既不允其请，诗以慰之"。及薨，上复临其第，赐之以诗。汇纪又载：本朝宰相在阁年久者，马文穆公齐三十一年。大学士三入内阁者，巴文恪公泰。阁臣在位享高寿者，来文端公保，年八十三。弟兄父子同在阁者，桐城张文和公廷玉为大学士时，其弟廷璩自工侍左迁为内阁学士，后其子若霭由詹事升内阁学士。阁臣少年登科，享有高寿，重赴琼林佳宴者，溧阳相国史文靖公，以康熙庚辰庶常，至乾隆庚辰尚居首辅，实为皇朝盛事。上谕："大学士史贻直，康熙庚辰科进士也，今周甲尚在朝，诗以赐之。"

又按：《啸亭杂录》：本朝汉阁臣不以进士进者，惟刘文定公纶一人。清乾隆二十三年谕旨略云：大学士陈世倌致仕，既赋诗一章，以宠其行，著颁赏筵宴于赐第，令部院堂官往饯，赐帑金五千两为路费，驰驿回籍，仍按原品在家食俸，俾资颐养。起程，著在京官员饯送。归途所过地方，其有司在二十里以内者，俱著送迎。旋里之后，巡抚两司时加存问。

乾隆七年，公廷试授编修，旋召至内阁，给笔札，命和《消夏诗》十章，诗成称旨。自是上作诗多命公属和。(《芝庭先生集·沈文悫墓志铭》)

按：公，沈文悫也，名德潜。

乾隆九年，御书"调和元气"额于内阁。(《嘉庆一统志》)

内阁北窗下有楮树一株，陈文贞廷敬爱之，公事毕，移书案坐其下，焚香啜茗，召中翰分札咏诗以为常。复命鸿胪序班禹之鼎绘卷，曰：《楮窗图》。公赋诗，中翰皆和之。(《茶余客话》)

按：明景泰中，内阁赏芍药赋诗，见《翰林记》。明宣宗一日过城上，觑阁老何为？曰："方对奕。"问："何以不闻落子声？"对曰："棋用纸。"上笑曰："何陋也！"明日，赐象牙棋一副，至今藏阁中。见《震泽长语》。内阁二瓷缸，明宪庙所赐种兰者。见《宸垣识略》。

道光三年，内阁遗失金叶表文并朱签。(清道光四年谕旨)

按：乾隆辛卯年，诸城刘文正公统勋为东阁大学士，阁中忽失银印一颗，至第三日，舍人某如厕，于路上似有物碍足，审视之，乃银印柄也。取之，竟如铁铸不可拔。急禀刘公，用畚锸掘地始出，不知何缘入地。见《履园丛话》。某年十二月封篆之期，刘文清公墉坐内阁堂上，座后有一白猫，体态甚伟，当公未至时，固无猫也，此物自何来，人亦不知。堂上中书供事等群见之，而未敢言，及公退，猫亦遂不见。或云是狐。见《归田琐记》。

【续】端阳日莅内院，问翰林各官："何下直太早？"大学士范文程等奏曰："今日端阳，是以下直较早。"次年端阳日，召内大臣、大学士等乘龙舸游西苑，欢宴至暮还宫。平时幸院，或阅通鉴，或问治理。(《清世祖章皇帝圣训》)

按：内院，内三院也。清顺治朝，承关外制度设置。一曰国史院，一曰秘书院，一曰弘文院。《满洲秘档》载：崇德元年三月，上（清太宗）钦定三院之名，分任职掌。谕曰："内国史院，职掌记注诏令，收藏御制文字。凡皇上起居、用兵、行政等事，编纂史书，撰郊天祝文，及升殿宣读庆贺表文，祭祀宗庙祝文，纂修列祖列宗实录，撰拟碑志，编纂一切机密文移，掌记官员升降册文，编纂各官奏章，撰追赠诸贝勒册文，凡六部所办事可入史册者选择记载，撰功臣母妻诰命及印文，一切邻国往来书札，具编为史册。内秘书院，职掌撰与外国往来书札，掌录各衙门奏疏及辩冤词状，撰拟敕谕文武各官敕书，又，遣祭文庙并撰谕各祭官文。内弘文院，职掌注释历代行事善恶，进讲御前，侍讲太子，并教诸亲王，颁布制度。"《浪迹丛谈》载：顺治二年，以翰林官分隶内三院，称内翰林国史院、内翰林秘书院、内翰林宏文院。十五年，改内三院为内阁。十八年，复改内阁为内三院，裁翰林院。康熙九年，仍改内阁，另设翰林院。至今用之。

又按：《清世祖实录》：内阁，满字称为多尔吉衙门。翰林院，满字称笔贴黑衙门。

又按：《清高宗实录》：乾隆十一年二月，谕："今日，因前日保举一事，欲召诸臣等面降谕旨，乃朕办事已毕，诸臣久之不至。在外部院衙门，尚远近不一，至于内阁，则在紫禁城内，可以顷刻赴召，而大学士查郎阿、陈世倌、史贻直竟未入署。独不思今日朕以黎明阅视祝版，而辰巳之间，阁臣尚逍遥私第。可见向来所奏每日入署办事，粉饰之辞耳。"

又按：翰林院，有韩文公祠。《曾文正文集·祭唐昌黎韩文公愈祠》文云：国藩前官翰林院、詹事府，皆有先生祠堂。今承乏礼部，亦祀先生于官署之西北隅，而皆称曰"土地祠"。

内阁在明代设立时，以翰林官入阁，后虽有非翰林者，亦进士出身。清制因之。满缺阁臣，不循此例。汉臣入阁，以曾为翰林者为最多，翰林而以庶吉士散馆者，入阁已较难，若进士而未入翰林者，得之更为优遇。（《养和室随笔》）

按：随笔并载：左宗棠，同治间以举人入阁。谢恩折有乙科并甲科之选，佐理平章云云，尤属仅见。李鸿章与人书，称为破天荒相公。

又按：《耆献类征·宰相王鼎国史馆本传》：道光十八年，授王鼎为东阁大学士,仍管理刑部事务。

又按:《曾文正公大事记》载:十八日(同治七年十二月十八日),至内阁到大学士任。先至诰敕房更衣,在公案一坐。次至满本房公案一坐。次至大堂一坐,横列六案,满东三案,汉西三案,公在西之第一案,一坐画稿两件,侍读中书等数十人来三揖,公答揖。旋至翰林院到任,先在典簿厅更衣。次至大堂一坐。次至圣庙行礼。次至典簿厅更衣。次至昌黎庙(翰林院内韩文公祠)行礼。次至清秘堂一坐,学士编检等以次来三揖,公答揖。《养和室随笔》载:翁同龢,光绪二十三年八月二十日到协办大学士任。其是日日记云:巳刻到任,入协和门,循廊南行至诰敕房(廊下西向三间),待读中书数人候于此。更朝服设公案,侍读等三躬,呈官单。中书二人,导入内阁前门,至满本堂,侍读等复三躬,呈官单。又导上堂,阁读学迎于垂花门外,一揖(二人),上堂坐西边末座,侍读、中书人甚多,皆三躬,呈事宜单,画稿数件。供事皂隶参见毕,即出。乘椅出后门,由东华门至翰林院,在典簿厅易朝冠,在穿堂设坐。书上任稿。三笔政、一走馆侍至圣人庙行礼(九叩)。复至典簿厅易补褂蓝袍,至文公祠(翰林院内韩文公祠)行礼(三叩)。遂诣清秘堂,编检办事诸君迎于阶下,学士迎阶上,入门三揖,分三次答揖如之,坐北床,学士以下陪坐,走馆呈贴,请易诸君名片,寒暄一刻遂散。

又按:《五石瓠》载:明内阁阶下竖红牌,上书凡擅入内阁者斩。盖非与机密职者不得擅入。故朔望公卿诣阁揖,亦不敢登阶,惟在阶下向上作揖,相公亦不降阶,惟出阁门阶上对下还揖。每位相公携仆二人,长随阁中,供解袍、脱靴之呼,不与他事。光禄寺日给各饮食银一钱六分。人称曰某阁下随朝掌家。即路遇公卿,亦直引马勿下,故人咸识之也。阁内中堂侍立磨墨,则属办事内阁中书官,其茶馔属光禄寺办供。相公各有房,首辅与次辅房门相对,在中堂前列,其窗临天空而明。三辅与四辅房门相对,在中堂后,其室多幽暗,日必张灯坐视。冯铨在阁日张四五灯,佣书于其间,盖以私第书札,概携此中裁答也。丁绍轼房与相近,因规讽之曰:"此密勿,非等闲之地,红牌有禁,今张如许灯,非惟观听不雅,亦非所以自爱。老先生年才三十,寿至八十九十时,天下事有得做,慎勿急急乃尔。倘言路闻而指说,一归林下,还有几十年,如何得过。"铨阳诺而阴衔之,遂谋逐轼。《蚓庵琐语》载:

明周延儒再入相，骄恣放纵，每入相，辄舆门客所献四美人入内阁。后为同僚陈演所劾。

雍正十年以后，内廷之项有五：一御前大臣，二军机大臣，三南书房，四上书房，五内务府总管是也。五项何以称内廷，内阁为外廷故也。内阁何以反为外廷？雍正后从内阁分出军机处故也。（《龚定盦全集》）

内阁为丝纶重地。大学士轮日到阁阅看本章，兼核清、汉本签。（《清宣宗实录》）

封章有题、奏之别，凡奏疏，由黄门官经达御前，即次批示。题本，则由内阁票签请旨，每日于召见廷臣宣敕几务之后，司红本者汇齐呈进，率于晚膳后阅发。其有折留者，则于御门理事日，阁臣面取进止，即值巡幸，赍奏者，仍以时径达。阁章每间日或间二日驰递，未尝留滞，盖一洗往代壅蔽之习。（《十朝诗乘》）

按：《光绪续修会典事例》载：雍正三年复准，题奏事件，理应画一，行令各督抚、将军、提镇，嗣后钱粮、刑名、兵丁、马匹、地方民务所关大小公事，皆用题本，用印具题。本身私事，具用奏本，虽有印之官，不准用印。《清德宗实录》载：光绪二十七年八月，谕内阁，题本改为奏本。

又按：《清文宗实录》：向来满洲督抚于地方应奏事件，应书写臣字。凡本人谢恩、请安等事，方书写奴才字样。嘉庆年间奉有谕旨。

内阁早班中书每到军机处领事，回直房上军机处档。少迟，六科笔贴式到内阁领事。（《香东漫笔》）

按：《茶余客话》：明制，六科隶通政司，我朝雍正时始隶都察院。

凡内外衙门启奏本章，并各官条奏，有满文者，大学士、学士公同票拟，进呈请旨。如止有汉文、蒙古文者，发中书翻译（或全译，或止译贴黄）。侍读学士、侍读校正对阅，送大学士等票拟，进呈请旨。（《康熙初纂会典本》）

按：《王氏东华录》载：顺治二年，谕："各衙门奏事，俱缮本章，不许复用木签。"《柳边纪略》载：边外文字，多书于木，往来传递者曰牌子（满文木牌），以削木片若牌故也。存贮年久者曰档案，曰档子。以积累多贯皮条，挂壁若档故也。

凡特降者，曰内阁奉上谕。因所奏请而降者，曰奉旨。其或因所奏

请而即以宣示中外者，亦曰内阁奉上谕。各载其所奉年月于前。述旨发下后，即交内阁传钞，谓之明发。（《枢垣纪略》）

凡红本发科，该科誊录底簿汇成一册，为史书录疏。其原本，年终交典籍厅，收贮大库。史书录疏，交满本堂，收贮大库。（《中书典故汇纪》）

按：本章经内阁票拟进呈，奉旨后交阁，批红本者，谓之红本。发科者，发交吏、户、礼、兵、刑、工六科中之某科也。史书录疏，备纂修国史之用。

内阁蒙古房，侍读学士，蒙古二人，侍读，蒙古二人，掌翻译外藩各部文字。中书，蒙古十有六人，贴写中书，蒙古六人，掌习竹笔字（蒙古字以竹笔书之，其托忒字、回字、唐古特字，皆传该馆人至蒙古房译写），以供译写。（《养和室随笔》）

雍正十二年十一月，尊藏《圣祖仁皇帝实录》、《圣训》于皇史宬。副本敬贮内阁。（《清世宗实录》）

外藩朝贡，进呈金叶、蒲叶表文及各处表笺、方物状，另缮清、汉文合璧一分，与表文一并呈递。发下后，将原表文交典籍厅存贮。（《光绪续修会典本》）

按：《内阁典籍厅登记档》录军机处奏云：查从前安南等国所进金叶表文，自乾隆十八年起至五十一年止，暹罗国共七次，安南国共六次。所进金叶表文，俱交造办处，业经熔化。

皇后金册、金宝铸造工竣，行钦天监选择吉期，恭送内阁政事堂镌字。届期，工部设黄案二于内阁政事堂正中，设册宝亭于造办处门外。内阁、翰林院、礼部、工部堂司官，咸朝服集于政事堂祇俟。届吉时，工部司官捧册，礼部铸印局官捧宝，设于亭内。銮仪卫校尉舁行，册亭在前，宝亭在后，礼部司官导引至内阁门外，亭止。所同豫点香烛于案上，工部官、礼部官捧册宝恭设于各案上，册东宝西，退。内阁部院大臣率属行三跪九叩礼。礼毕，大学士捧册宝，依次授工部、礼部官。工部、礼部官接捧，恭设另案，敬谨镌字。（《光绪大婚典礼红档》）

按：红档并载：嫔位用镀金银册，铸造工竣，亦送内阁镌字。除仅设黄案一、册亭外，其余礼节同。

凡部院衙门及直省督抚等奏销册籍，奉旨留览者，俱于年终自内发出，付典籍厅贮库。（《康熙初纂会典本》）

按：内外臣工缮呈御览之册，统称黄册。付内阁典籍厅贮库者，不仅奏销一类。

国朝六曹章奏，悉沿明制，惟事关紧急，或涉琐细，则削木牌而绿其首，以满洲字书节略于上，不时入奏取旨，不下内阁票拟，谓之绿头牌子，盖古方策遗意也。（《池北偶谈》）

国初曹贞吉为内阁典籍，文渊阁书散失殆尽，贞吉检阅，见宋椠欧阳修《居士集》八部，无一完者。（《古夫于亭杂录》）

按：曹贞吉，康熙六年，由进士到内阁。所称文渊阁书，系指明文渊阁书之存于内阁者。据《有学集·黄氏千顷堂藏书记》：大将军中山王之北伐也，尽收奎章内府图籍辇而之南。北平之鼎既定，则又辇而之北。以二祖之圣学，仁宣之右文，访求遗书，申命史馆，岁积代累，二百有余载，一旦焚如，消沉于闯贼之一炬，内阁之书尽矣。

国家议修《明史》，三十余年尚无成书。顺治二年纂修未竣稿本，必存内阁。康熙二年曾议修，后复中止。及今不容再缓，请敕内阁、翰林院、礼部会议，搜采故明事迹，与实录参订编纂。下部议行。（清康熙十八年正月张鹏翮疏）

会典全书收存内阁。请添派校勘大臣。（清光绪二十七年八月协办大学士礼部尚书徐郙折）

康熙四十一年，少傅王文靖公卒于家。上命直郡王云："前此大臣病逝，闻有命皇子临其丧者，从未施拜奠之礼。大学士王熙，因系世祖章皇帝旧臣，特令王行礼，举哀致奠。"（《郎潜纪闻》）

按：纪闻又载：戴文端公（衢亨）薨于位，嘉庆十六年四月朔日也。翼日，既命荣亲王奠酹矣，越六日，仁宗复亲临丧次，奠爵者三。

大学士张文贞玉书母疾，御书《金刚经》以赐。辛卯，扈跸热河，疾卒。赐梓材、内帑，命大臣一人护其丧以归。（《十朝诗乘》）

按：御书，康熙帝御书也。辛卯，康熙五十年也。

公入阁，丁母忧，遵谕家居丧。次一年葬毕，抑哀复命。至则世宗遣学士何国宗、副都统永福出迎，赐膳。命以素服在内阁、吏部、都察院行走，不补原官，无与朝会、宴享。（《耆献类征·黄永年朱公轼墓志铭》）

按：《类征·鄂尔泰朱公轼墓志铭》：公疾作，上遣使存问，太医奏疾亟。上方斋居，命和亲王往视，赐帑金千两。明日车驾幸赐第，公朝服俯伏卧室门内。上慰问良久，始还宫。乾隆元年九月十六日也。明日，公卒，上复亲临哭奠。

公以未弱冠登甲榜，迄跻大鳌，在外督抚七省，一入内阁。中被薄谴，赐环。首尾居相位垂二十载，名注朝籍总六十有四年，于古大臣未有其比。公之再相也，年已七十，特旨得肩舆入直，恭逢慈宁大庆，列公九老，班诸王下。引退不许，惟诏盛暑、祁寒毋上直。（《绳庵内集》）

按：公，史贻直也。《耆献类征·袁枚史公贻直神道碑》：公每早朝，立宫门树下，诸王、贝勒环听公道三朝旧事、耆臣言行，以至舆服、车骑之仪式，罗缕明畅，如凤鸣九霄，下风倾耳，闻所未闻。

雍正时以新剪园蔬，遍赐大学士、内廷翰林。（《十朝诗乘》）

按：诗乘并载：当时御制《园蔬诗》四韵，蒋文恪溥绘《十蔬图》呈进，并系以诗。

又按：《余尧衢文稿》：瞿公鸿禨承两宫（慈禧太后、光绪帝）眷注，慈禧时赏御容。公向不食肉，一日为上所知，自后赏饭必为特设素席。偶患腰痛，赐药无间。

予告大学士蔡新奏报抵里，上赐诗命和，中二句云："喜卿桑梓堪娱老，怜我旰宵未歇肩。"（《清高宗实录》）

原任大学士尹泰，于本月初九日发引，先期一日，著散秩大臣带领侍卫十员，往奠茶酒。发引之日，著内阁旧日僚属学士以下官员，前往送殡。（清乾隆三十年十月谕旨）

乾隆二十六年四月，上幸大学士蒋溥第视疾，旋临赐奠。（《清高宗实录》）

道光十八年，授王鼎为东阁大学士，仍管理刑部事务。（《耆献类征·宰相王鼎国史馆本传》）

康熙四十三年，命同侍卫拉锡往穷黄河源，绘图复命，擢内阁侍读学士。寻谕大学士、九卿等曰："朕于古今山川名号，虽在边徼遐荒，必详考图籍，广询方言，务得其正。故遣使至昆仑诸处，目击详求，载入舆图。即如黄河之源，出西塞外库尔坤山之东。众泉涣散不可胜数，望之灿如列星。蒙古谓之鄂敦塔拉，西番谓之索黑玛勒，中华谓之星宿海，是为河源。匪为札棱、鄂棱二泽，东南行折北复东行，由归德堡积石关入兰州，其源委可得而缕析也。"（《耆献类征·卿贰舒兰国史馆本传》）

乾隆初，举博学宏词，廷试被黜，四年始举于乡，年六十有六矣。明年成进士，选庶吉士。七年四月廷试，上顾见公年老，询之，知为东南老名士也，授编修。旋召至内阁，给笔札，命和《消夏诗》十章，诗成称旨。自是后，上作诗多命公属和。（《耆献类征·彭启丰沈公德潜墓志铭》）

按：《耆献类征·袁枚沈公德潜神道碑》载：公与枚同试殿上。日未昳，两黄门卷帘，上出，赐诸臣坐。问："谁是沈德潜？"公跪奏："臣是也。""文成乎？"曰："未也。"上笑曰："汝江南老名士，而亦迟迟耶？"《沈归愚德潜自订年谱》载：乾隆十四年，上命大司马梁诗正传旨："沈德潜不必到上书房，许其归里，享林泉之乐。朕与之以诗始，亦以诗终。令其校阅诗稿，校毕起行。"梁公捧御制诗十二本到德潜处，恭阅毕缴进。二十七年，同钱尚书陈群舟行迎驾常州白家桥，召见御舟，赐坐。《退庵随笔》载：乾隆十四年，命大司马梁诗正捧御制诗十二本交沈德潜，令其逐日校阅。嗣阅过四本，先缴进。是日召见，上云："汝所改几处俱依汝，惟《觉生寺大钟歌》中，'道衍俨被荣将命'，汝改'荣将'为'荣国'，自因道衍曾封荣国公也。荣将本黄帝时铸钟人，汝偶然误会耳，然古书读不尽，有我知而汝不知者，亦有汝知而我不知者。余八本且尽心校勘，不必依回。"《灵芬馆诗话》载：归愚尚书（沈德潜）为诸生时，馆于木渎，生徒散后，辄吟哦至夜分。主人有一婢，年及笄矣，所居与尚书比屋，纺车之声，时或申旦。人问之，曰："听沈老相公读诗，令人忘倦，不知其夜深也。"主人母戏谓："若重沈相公，盍嫁之乎？"他日其家将赎归字人，女涕泣不欲往，问之，曰："主人有言，我心诺之，不可更也。"主人奇之，以告尚书。尚书自顾衰老，且力不能量珠以聘，口谢之，而心不能无知己之感也。主人知其意，竟以为赠。逾年举于乡，夫人旋卒。尚书名位日起，引年还里，门生座客时奉觞寿如夫人前。

乾隆十六年辛未，大驾始南巡江浙，大昕进赋一篇，特赐举人，授内阁中书学习行走。（《钱辛楣大昕年谱》）

按：乾隆十六年辛未迄四十九年甲辰，南巡江浙凡六次，辛未是第一次也。

又按：《清高宗纯皇帝圣训》载：乾隆二十年七月，上谕略谓："朕时巡江浙，屡降旨毋事浮靡。如西湖中船只，自皇太后及朕御用一二舟外，其随侍人等，原可各载小艇，毋庸多备船座。再所过城市，居民迎候銮舆，门前香灯悬彩，自可不禁。其行宫陈列玩器，苏扬城郭街衢间张设棚幔，已有旨禁饬。至沿途水次，从前俱设灯船、戏船、台阁俚俗游玩之具，尤当通行严禁。"又载，四十三年，上谕略谓："将巡幸湖州。舟行纤道止须略为修整，沿途更不得稍事点缀。所有古迹名胜，止须量加葺治，断不可丝毫繁费。"又载，四十七年十二月，上谕略谓："浙省上届办理南巡，于杭州西湖等处添设座落点缀甚多，繁费无益。葛岭一处，凿山开道，建盖屋宇，尤属无谓，是以上届未往临幸。"又载，四十九年，上谕略谓："自辛未以后五次南巡，乘坐安福舻。此外尚有翔凤艇，豫备乘坐。"

又按：《十朝诗乘》：纯庙（乾隆帝）南巡，特免江南积欠二百七十万两，又浙江本年正供三十万两。两省京官陈谢，上制诗以赐。沈归愚（德潜）敬和原韵云："江浙天下重，民艰未休息。皇朝百余华，四圣并抚恤。浮赋既屡减，财力稍稍出。积欠犹累累，分别示蠲恤。兹当南巡狩，首春行启跸。慈宁周甲辰，斯祜歌有秩。丹诏下十行，寒谷吹暖律。浙江复歉年，嘉尔民风质。江南除风逋，旱涝遘颠疾。概焉沛仁风，蔀屋归清谧。天泽不受感，皇心行以实。从兹南服民，盈宁庶可必。"

又按：《枝巢清宫词》："南巡听得采莲歌，流入圆明福海波。八阕新词天藻丽，芰荷风里唱宫娥。"注：圆明园有水曰福海，高宗南巡归制《采莲歌》八首。夏日园居，恒命宫人于荷花深处歌之。

又按：乾隆南巡江浙，曾驻跸海宁陈氏安澜园。见《清高宗御制诗集》。又，选扬州九峰园二奇峰石入御苑。见《雪桥诗话》。

汪厚石吏部孟鋗献《龙井闻见录》，得召试，授中书，转典籍。（《十朝诗乘》）

按：诗乘并载：汪初到内阁，口占绝句。有云："御门闻道特除官，朱笔题名敬奉观。别有改签更式样，传宣票拟细寻端。"谓票签之难也。典籍则专司庶务。

陆锡熊，于乾隆二十七年圣驾南巡召试一等，授内阁中书。（《耆献类征·王昶陆公锡熊墓志铭》）

按：墓志铭并载：皇上（乾隆帝）稽古典学，开四库全书馆。取翰林院所奉《永乐大典》，录其未经见者。又求遗书于天下。书至，令仿刘向、曾巩之例，作提要于卷首，而特命陆君锡熊偕纪君昀任之，凡十年书成。《先正事略》载：耳山先生（陆锡熊）尝取《杜氏通典》、《马氏通考》，合以本朝《会典》，诸大政皆审其因革利弊，口讲而手缮之。其后，有钦定《皇朝通典》、《通考》诸书，由先生发其端也。

乾隆十六年，圣驾南巡，督抚学臣录取献诗赋者于行在。浙江取谢墉、陈鸿宝、王又曾三人，江南取蒋雍植、钱大昕、吴烺、褚寅亮、吴志鸿五人，皆特赐举人，授为内阁中书学习行走。（《中书典故汇纪》）

乾隆三十一年，满洲镶黄旗傅森，由监生考取内阁中书。三十五年补缺，四十四年升内阁侍读。（《耆献类征・卿贰傅森国史馆本传》）

乾隆三十三年，蒋曰纶疏请停止考取内阁中书，下部议行。（《耆献类征・卿贰蒋曰纶国史馆本传》）

按：蒋疏略云：中书考试原无定期，各省士子无从按期齐到，临时招考，不过旧寓京城及籍贯附近者，诣部报名，猝难周遍。且查中书一官，外升同知，内升内阁侍读及各部主事，其官阶在主事之下、知县之上，而考试者以一论一诗得之，未免视为捷径，妄生倖心，即夤缘奔竞，亦不能保其必无。查每科新进士，向以庶吉士、主事、知县三项分用。恩即于每科进士引见时，三项分用，外添内阁中书一项，无烦另行考试，遇有缺出，照次铨补。

乾隆四十七年，玛兴阿充考试清字翻译贴写中书副考官。（《耆献类征・卿贰玛兴阿（充）国史馆本传》）

按：内阁职官，有贴写中书。本传并载：公奏，试翻译中书，应照试翻译生员例，添派御史二员，满副都统二员。稽查弹压，下部议行。

考试满、蒙、汉中书，汉题，南书房拟，满题，军机处拟，由内发交内阁学士祗领，送赴贡院。（《军机处档・规矩准绳》）

按：午门内挑选大挑举人，所有派出之王大臣，在内阁住宿。见乾隆五十二年谕旨。

道光二十七年二月，上谕："从前乡会试回避士子，雍正年间曾于内阁另行考试，或将试卷另封进呈，均系出自特恩，并未著为定例。迨乾隆年间，即经先后停止。"（《清宣宗成皇帝圣训》）

庶吉士散馆请题，以及咨取阅卷堂衔，均由内阁典籍厅办理。（《军机处档・规矩准绳》）

俄罗斯学生，向例五年考试一次。即管学之人及大学士等在内阁考

试。（《榆巢杂识》）

按：《竹叶亭杂记》：国学内有俄罗斯学生，康熙年许俄罗斯通中国，始遣其子弟入学，十年一更。

嘉庆二十一年，治河方略馆移内阁，借顺治朝及康熙初红本，备考核。馆不戒于火，红本烬。嗣是内阁求顺治典故难。（《龚定盦全集》）

道光二年，汉票签房直庐不戒于火，册籍率付灰烬。（《龚定盦自珍年谱》）

咸丰十年七月，天津有警，上意将出巡，乃率科道伏阙乞留。八月八日，乘舆巡幸木兰。二十二日，英、法诸国人至海淀。留京王大臣集各部院于内阁，公同定议。九月十一、二日，和约成。（《沈文忠兆霖自订年谱》）

按：年谱并载：咸丰十一年七月十九日，热河报至，文宗显皇帝十七日升遐，随同留京办事王、大臣诣内阁哭。

庚申十月，赐内阁、翰林院官笔五千枝，为阁中票签，院中讲章、记注之用。内阁分其半，余给讲官人各五十枝，写正本者人各五十枝，写副本者人各三十枝。更以五百枝备写档案，存起居注。五百枝备写讲章，存外衙门。笔为丁酉年制，世祖御书房所藏也。（《十朝诗乘》）

按：庚申，康熙十九年也。丁酉，顺治十四年也。

又按：《郎潜纪闻》：茗上笔估多于竹管镌字，考此制始于康熙以后。沈文恪荃家藏法帖，圣祖（康熙帝）御笔书"落笔风云"四字于卷端。诸城刘文清公（墉）亦尝蒙高宗（乾隆帝）宸题"清爱堂"、"天香深处"额。二公感激恩遇。管城镌刻，比之勒鼎铭钟，不意笔估之，摹仿为之也。

又按：《竹叶亭杂记》：御用笔，向皆选取紫毫之最硬者，方得奏进。笔管皆镌"天章云汉"等字。上（道光帝）以其不合用，命英协揆（和）以外间习用者进试之，取羊毫、兼毫二种，命仿此制造。复以管上镌字，每多虚饰，命以后各视其笔，但镌纯羊毫、兼毫而已。

又按：清世祖藏笔甚富，善书画。宫藏字幅一轴，饶有晋人风格。画则据阮元《曹公本荣传》，曾赐本荣御笔，仿巨然画。

国朝大学士向无堂餐。乾隆十四年始拨定银一千两，为大学士、学士堂餐。（《中书典故汇纪》）

按：汇纪并载：雍、乾间，阁臣兼部务者，并两给俸，米亦如之。

内阁翰、詹、科道，吏、礼二部，皆按科分叙前后辈，终其身不异，不以官职年齿为低昂。（《茶余客话》）

按：客话并载：余初入内阁，见陈星斋、曹冰持、钱稼轩诸先生官皆九列，于前辈老中翰致敬尽礼。公宴之日，拂座，奉卮命坐，皆长揖甚恭。

麟庆兼充文渊阁检阅、国史馆分校时，每入直，在典籍厅办事。厅前有芍药一池，与同人作图赋诗。（《鸿雪因缘图记》）

顾梁汾舍人贞观，风神俊朗，大似过江人物。无锡严中允绳孙赠诗曰："瞳瞳晓日凤城开，才是仙郎下直回。绛蜡未消封诏罢，满身清露落宫槐。"（《莲坡诗话》）

赵瓯北《丙子元日轮直内阁》句云："朝罢独趋轮直地，早欣发笔写恩纶。"履端颁诏，每先蠲振，亦故事也。（《十朝诗乘》）

按：赵瓯北，名翼。丙子，乾隆二十一年也。

李菡圃《春明纪事》诗："镂管程能简石渠，千秋编纪订全书。微臣曾与丹铅业，齐捧冰纨拜玉除。"（《蠹涛诗钞》）

按：诗注：有诏命内阁翰（林）院择工书者，录纪事本末全书，时预校对，获赏纱葛。

午门内西庑各处

【初】午门内西庑二十二楹，皆崇基，为翻书房及起居注馆。西庑之中为熙和门，西南隅为膳房库。熙和门明曰归极门，清初改曰雍和门，乾隆元年始改为熙和门。

翻书房

【初】翻书房管理无定员，以满洲军机大臣领之。（《重修枢垣纪略》）

按：翻书房掌翻谕旨、御论、册祝文字。

定鼎后设翻书房于太和门西廊下（即午门内西庑），拣择旗员中谙习清文者充之，无定员。凡《资治通鉴》、《性理精义》、《古文渊鉴》诸书，皆翻译清文以行。（《啸亭续录》）

按：续录又载：崇德四年，文庙患国人不识汉字，命巴克什达文成公海翻译《国语》、四书及《三国志》各一部，颁赐耆旧，以为临政规范。

又按：《圣武记》：太宗崇德四年，命达海译《通鉴》、《六韬》、《孟子》、《三国志》、《大乘经》，未竣而卒。顺治七年，翻译《三国演义》告成，大学士范文程等赏鞍马银币。又闻额勒登保初以侍卫从超勇公海兰察帐下，每战辄陷阵，海公曰："尔将材可造，须略识古兵法"，以翻清文《三国演义》授之。《霞举堂集》：章皇帝初亲大政，一日，有中涓奉二册书至政事堂，命词臣之通国语者翻译以进，乃《玉匣记》。元帝化书也。《粟香二笔》：翻书房某公国书为今时第一，恭、醇二王以折扇命书，次日，写毕进呈。王阅之，起首乃"黑狗"二字，时童薇研总宪同在南书房。王顾童曰："古来文字，从未有'黑狗'二字起首者。"童应声曰："当是《前赤壁赋》耳。"王续阅后文果是。盖国书无"壬戌"字，以黑为水，以戌为狗也。

【续】翰林中，例派能文者司撰文，文成，付翻书房翻译。（《恩福堂笔记》）

按：满洲文字，创自清太祖，承命编制者为额尔得尼。当时粗具形声，应用未足。迨达海增十二字头，又加圈点，始称完备。《清太祖实录》略载：太祖欲以蒙古字编成国语，榜式（《池北偶谈》：国初内三院满洲大学士谓之榜式）额尔得尼等初以为难。太祖曰："写阿字下合一妈字，此非阿妈乎（阿妈，父也）？厄字下合一脉字，此非厄脉乎（厄脉，母也）？吾意决矣，尔等试写可也。"于是，自将蒙古字编成国语，颁行天下。《满洲秘档》略载：十二字头，原无圈点。天聪六年春正月，上谕巴克什（即榜式）达海加圈点。又载：达海九岁读汉书，通晓满汉文义。自太祖以来，凡与明国及朝鲜往来书牍，皆出其手。所译汉书有《万宝全书》、《刑部会典》、《素书》、《三略》，俱成帙。其《通鉴》、《六韬》、《孟子》、《三国志》、《大乘》五种，译未竟而卒（卒时在天聪六年）。初我国未深谙典故，诸事皆以意创行。达海始用汉语译历代史书，颁行国中，人尽通晓。

又按：《癸巳存稿》：顺治七年正月，颁行清字《三国演义》，此如明时文渊阁书有黄氏女书也。黄氏女书为念佛，《三国演义》为关圣，一时人心所向，不以书之真伪论。

又按：《清圣祖仁皇帝圣训》：康熙十二年，奉太皇太后慈谕："命儒臣翻译、刊刻《大学衍义》颁赐诸臣。"并遵慈旨：赉予在事诸臣内帑白金千两。

又按：清咸丰六年七月，谕旨："翻译《孝经》，系雍正年间编辑，为八旗各项考试命题之本。向无清文、汉字合写成书，朕因详加校阅，遵照乾隆年间翻译《五经新语》悉加厘定，著武英殿刊刻清文、汉字合璧成书，颁行中外。"

乾隆二十三年，惠龄充翻书房翻译官。（《长文襄龄自定年谱》）

咸丰九年，御史奏请饬禁旗人演唱票戏，复奏明，访闻翻书房笔帖式袁复堂曾经演唱。（《清文宗实录》）

起居注馆

【初】馆列太和门西，熙和门南。（《篛石斋诗集·起居注馆宿次》诗注）

康熙九年，置起居注馆于太和门西廊（即午门内西庑）。（《钦定词林典故》）

按：明代实录、起居注馆在午门内东庑。见《悫书》。

又按：清起居注馆有不称馆而称公署或直房者。

康熙五十六年停馆，雍正元年复设。（《钦定日下旧闻考》）

按：《养吉斋丛录》：康熙五十七年裁起居注，事归内阁，惟令翰林五员于听政时轮直班行。

起居注馆在午门内之西，与实录馆相对，其官则自掌院学士、詹事以下，史官以上皆得充之。初止八人，后则增至十六。（《池北偶谈》）

按：张英及子廷瓒、廷玉先后充起居注官，桐城传为佳话。英寄廷玉诗云："承恩早岁玉京游，汝正悬弧一岁周。三十二年文陛上，从前两世立螭头。"

记注官以翰林、詹事官充之，均兼日讲官，掌待直、起居、记言、记勋。凡恭逢朝会、御殿、御门听政、有事郊庙、阅祝版、御经筵、耕耤、视学、殿试、读卷、外藩来朝、上元岁除锡燕、大阅、校射、出师命将、凯旋迎劳、受俘及每岁勾决重囚，记注官皆分日侍直。凡谒陵、校猎、驻跸南苑、巡狩方岳，记注官皆扈从。凡侍直，敬聆纶音，退而谨书之，每月成帙，封锸于匮。岁以十二月具疏送内阁收藏。记注官会同内阁学士监视贮库。（《大清会典》）

按：会典并载，岁藏记注，匮高二尺，长二尺五寸，广尺有六寸，松木质，朱髹，工部制备。

又按：《箨石斋诗集·蒙恩复署日讲起居注》诗首二句："螭头职侍立，著纪出则从。"

旧例，起居注于次年之冬具奏，敕令内阁收贮。（《虚一斋集》）

起居注衙门新授讲官，到任仅一至焉，朝廷有大政，令依旧式书之，月为二册。封印时，诸官赍缮定清册，用翰林院印钤缝，以铁匦扁镭封识，至午门具奏，旨下则送内阁，藏之大库。（《养吉斋丛录》）

起居注前序、后跋，两掌院属讲官之能文者撰之。除夕筵宴，派二讲官与宴，即是年撰文者。（《养吉斋丛录》）

上谕馆恭录清汉谕旨，每数月后汇奏一次，交起居注收藏。（《啸亭续录》）

按：上谕馆设主事、笔帖式司其事，简阁臣总其成。亦见续录。

康熙中，每冬赐内阁及学士、日讲起居注官貂裘一袭。自癸丑后，滇黔用兵，辍赐。（《池北偶谈》）

圣祖以御书手卷赐日讲起居注诸臣。（《池北偶谈》）

上召菼至起居注馆作《太极图说》。（《文献征存录》）

按：上，清康熙帝也。菼，韩菼也。

又按：叶方蔼、张英、熊赐履三人，皆召至馆，作《太极图说》。见《红榈书屋文集》。

翰林院奏德公私删起居注，有旨问公知否？会太皇太后升遐，各以尉二人、甲士二十人监守于私室。次年二月下狱，备遭荼毒。（《望溪先生集·纪徐司空元梦逸事》）

按：德公，德格勒也。公，徐元梦也。太皇太后，顺治母后也。此事亦明珠倾陷元梦之一端。《元梦逸事》并载，起居注故事数易稿，然后登籍，德公所删易，乃未登籍之稿。

朕听政之日，记注官入侍，伊等踢蹐无措，岂能备记谕旨，详悉记载耶？惟朕朱书谕旨及批本发科之旨，始为真确耳。其起居注所记，难于凭信也。（清康熙五十六年谕旨）

礼部遣人促诣午门宣典试旨，既宣旨，复入午门，至起居馆记注。（《穆堂别稿》）

按：穆堂时充起居注官。

雍正七年八月，以大学士陈元龙请，令各省题奏本章俱增写揭帖一通，送起居注馆，记注后移交内阁贮之。（《钦定词林典故》）

孟冬朔前一日，上阅视时享祝版，侍班先期斋宿起居注馆。（《松泉诗集》）

按：上，清乾隆帝也。时松泉侍班。

又按：讲官侍班，先齐集起居注馆。

乾隆己未正月十二日，移宿起居注馆。（《芝庭先生集》）

按：彭芝庭移宿时，赋有"清宵直宿又移居"之句。

又按：《篛石斋诗集》亦有《起居注馆宿次》诗，其末二句云："又待星光晓，簪毫上玉除。"

【续】天聪初，命儒臣分直记注朝政，是为起居注之权舆。康熙初元，始置起居注，命满、汉记注官，每月各一人侍直。十八年，谕并记折本启奏诸事。五十七年，敕停起居注，并归内阁。雍正元年，复设日讲起居注官。凡八旗奏事授官及各省题奏本章，俱送起居注，按月编纂。月为二册。册成，扃以铁匦。每封印时，起居注官会同内阁学士赍至午门具奏。俟旨下，则送贮阁库。（《十朝诗乘》）

按：天聪，清太宗年号。《雪桥诗话》载：天聪三年，命儒臣分为两直，记注本朝政事，以昭信史。五年，驾幸文馆（《大清会典》：国初置文馆，后改为内三院），入库尔禅直房，问："所修何书？"对曰："记注。"上（太宗）曰："此史臣之事，朕不宜观。"

又按：《清圣祖实录》：康熙五十七年三月，大学士、九卿等遵旨会议，记注官多年少微员，或有事关重大者，不能全记，以致将谕旨舛错遗漏，又妄行抄写与人。倘伊等所记之旨少有互异，关系甚巨，应将起居注衙门裁去。从之。

又按：《十朝诗乘》：钱晓徵（大昕）尝充起居注官。乾隆二十八年，书成入奏，《恭纪》六首云："时政年年注起居，编成常届岁将除。寻常卷帙休标拟，此是人间第一书。""纪月编年例发凡，卷分廿四秘瑶函。一言一动无虚美，特许儒臣手自缄。""元日千官贺紫宸，岁除曲宴酒三巡。四时典礼从头纪，一统于今百六春。""跋尾千言注后头，轻尘足岳露添流。清班久占惭何分，四度书中姓氏留。""平明启事入乾清，一队仙班蟒服更。中贵向前相指点，玉皇案吏奏书成。""银海光摇六出骈，仙居处处是琼田。呵融雪水濡新翰，更纪明年大有年。"

公撰《圣学颂》并跋，书绫以进，跋尾言，古有起居注，记言记事。而礼科因请设左右史官，得谕旨。此国朝起居注所繇昉也。公首充职。（《耆献类征·储大文李公仙根传》）

雍正七年八月，礼部议复大学士陈元龙条奏，起居注馆记注训旨，而各省题奏本章，讲官不得预行详阅，无从查载。嗣后，请饬各省，遇有题奏本章，俱增写揭帖一通，送起居注馆，俟记注后，将揭帖转送内阁收贮，永著为例，应如所请。从之。（《清世宗实录》）

讲官恭纂记注，例于内阁查上谕、丝纶、外记各档，敬谨编辑。其添叙事由，以所贮六部通政司副本为据，兼查六科存注红本。各部院升补官员，及自行陈奏事件，由各衙门造册送馆。（乾隆二十九年观保奏疏）

起居注馆，每大典，馆臣皆侍直。自读讲、洗马以下，必兼讲官，乃得言事。（《十朝诗乘》）

按：诗乘并载：钱箨石载所谓"门西先夕候，殿右厌明襄"，馆宿时所作也。

起居注每年分十二月，每讲官一人，分修半月之书，每年四月以后，陆续交稿至署，有总办者通加校勘，至冬缮完其二十四分（每半月一分）。讲官不足者，以编检协修。此向例也。（《翁氏家事略记》）

按：略记注：日讲官二十缺，满八缺，汉十二缺，因汉讲官职修起居注书也，满讲官则俟稿定后，专司翻译正本。

长洲韩文懿菼，康熙癸丑科会试、殿试皆第一。撤闱后，上取墨卷览之，称主司得人。是年冬，召至起居注，命将平日窗稿进呈。遂以刻本五十篇进。（《郎潜纪闻》）

按：康熙癸丑，康熙十二年也。窗稿，制艺也。

曩在东海公邸夜饮。公云："今晨直起居注，蒙上询古人言，'使功不如使过'，此语自有出处，当时不能答。"（《潜邱札记》）

按：东海公，徐乾学也。札记并载：予（阎若璩自称）举宋陈良时《使功不如使过论》，篇中有秦伯用孟明事，但不知此语出何书。越十五年，读《唐书·李靖传》。高祖以靖逗留，诏斩之。许绍为请而免。后率兵破开州蛮，帝诏左右曰："使功不如使过，果然。"谓即出此。又越五年读《后汉书·独行传》，索卢放谏更始使者勿斩太守，曰："夫使功者不如使过。"章怀注：若秦穆公赦孟明而用之，霸西戎。乃知全出于此。

康熙二十九年三月，上以康熙二十四、二十五两年内所阅《通鉴》御制论断一百有七则，命赞善励杜讷交起居注馆记注。(《清圣祖实录》)

熙和门

【初】熙和门，门五楹。(《国朝宫史续编》)

按：熙和门明曰归极门，其未改称归极门之前，曰右顺门，门内便殿为百官奏事之所。见《明成宗实录》。

又按：清嘉庆朝，有侍卫那伦者，明珠之后也。少时家巨富，涤面银器，日易其一。晚年贫窭，一冠数十年，人争笑之。林清作乱之日，应值太和门，闻警趋入，有劝共缓行者，那故迁直，曰："国家世臣，当此等事，敢不急赴所守耶？"急趋至熙和门，门已闭。彷徨间适贼蜂至，遂被害。见《啸亭杂录》。

【续】顺治三年十月，雍和门工成，门座五间。(《清世祖实录》)

按：雍和门，改明归极门为之。乾隆元年复改曰熙和门。

膳房库

【初】旧国史馆今为膳房库。(《钦定日下旧闻考》)

按：参看本书国史馆条。

各处进到狍鹿等项，除应备膳品及内庭应用鹿尾、鹿肉食物收存库内，其应备赏鹿尾、鹿肉等项，存在东华门外。(清嘉庆十八年谕旨)

各处岁例进贡膳用品：盛京：鱼肚、炙鱼、鲤鱼、扁花鱼、花鲦鱼、白鱼、腌鱼、獐、狍、鲜鹿、鹿肉、干腌鹿、干鹿筋、各种鹿味、熊、野猪、腊猪、东鹅、东鸭、东鸡、树鸡、野鸡、虾油、山菜、山葱、韭菜子，吉林：鲟鳇鱼、白鱼、鲫鱼、炸鱼、细鹿条、晾鹿肉、鹿尾、野猪、野鸡，黑龙江：赭鲈鱼、细鳞鱼、野猪、野鸡、树鸡、白面，湖北：香莘，山西：银盘蘑，四川：茶菇、笋把，湖南：笋片，广东：南华菇，广西：葛仙米，福建：番薯，河东：小菜，湖广：蛏干、银鱼、干木耳、虾米，安徽：琴笋、青螺、问政笋，杭州：小菜、糟小菜、豆豉、糟鹅蛋、糟鸭蛋、笋尖、冬笋，江西：石耳，江苏：各色小菜，山东：鱼翅、万年青，两淮：风猪肉，五台：台蘑，打牲乌拉：燕窝、鲟鳇鱼、鱼条、炸赭鲈鱼、鳟鱼、茶腿、冬笋、板鸭、小菜等，张

家口外马群总管：乳酒，蒙古王额驸台吉等：乳油、乳酒、熏猪，王多罗树打牲人丁：鹿肉干。（《钦定总管内务府现行则例》）

按：则例并载，五台山清修禅师岁进银盘天花蘑菇。

又按：《归朴龛丛稿·俭德颂序》：道光十四年，筐筐鲜脆之品，由各省贡于内府者，先后裁损，不可殚记。

鲥鱼产扬子江为最美，前明即已入贡。康熙时奉部文安设塘拨，飞递鲥鲜，恭进上御。张能鳞疏请免贡，奉旨永免进供。（《粟香三笔》）

内庭每年所用猪肉、鸡、鸭等项，约需用银二万二千余两，由光禄寺按季向户部支领发给。（《钦定总管内务府现行则例》）

按：则例并载：茶膳房所用姜、蒜、鲜鱼，交掌仪司买办。

又按：《养吉斋丛录》：羊只取之庆丰司。

玉泉山稻田十有五顷九十七亩，供上方玉粒。（《大清会典》）

按：《钦定总管内务府现行则例·静明园》卷：玉泉山静明园南宫门内，挖成稻田十二亩，西门内添种菜园四亩，并桃园果木树株，御河两岸种油菜一千余丈，所得菜蔬果品，择其上好者恭进。

每年内用米七十石，各处所用白米六千石，粗黄米八千石。又内用盐岁十二万斤。（《养吉斋丛录》）

按：《钦定总管内务府现行则例》：每年朝鲜进贡糯米四十石，除盛京三陵祭祀用三石五斗四升，余剩者以备寿皇殿等处供献及内庭应用。奉宸苑种得喇嘛稻、香稻，舂米以备内庭应用，造白酒亦用之。至酒、醋、豆酱、清酱、酱菜，酒醋房造办。做净菜蔬、腌菜，菜库办理。则例并载：御膳房每日柴一千一百斤，内膳房木柴一千二百斤，炭三百二十斤，煤三百五十五斤。

太和门　昭德门　贞度门

【初】午门内东西两庑之北，正中南向者，为太和门。九楹，三门，重檐，崇基，石阑，前后陛各三出，左右各一出。其左右两楹为宿卫番直处。陛间列古铜鼎四，门前列铜狮二，环以金水河，跨石梁五，即内金水桥。太和门之左为昭德门，右为贞度门。太和门即明之皇极门，昭德门即明之弘政门，贞度门即明之宣治门。太和、昭德、贞度三门，清顺治三年、嘉庆七年修，光绪十四年三门灾，十五年重修。

太和门

【初】顺治元年九月，车驾自正阳门入宫，御皇极门颁诏大赦。（《蒋氏东华录》）

按：当时皇极门尚未改称太和门也。

又按：《张文贞公集》：顺治元年四月，师抵燕京，贼首李自成仓皇不知所出，焚前明宫阙，载辎重而西。《莼乡赘笔》：崇祯初年，于芦沟桥建一城，镌四字于扉，右曰"永昌"，左曰"顺治"。不数年，闯贼伪号"永昌"，而我朝长驱破贼，改元"顺治"。是明末所镌四字，竟成预兆。

顺治元年九月，世祖章皇帝车驾发盛京，十月朔，定都燕京，祭告天地社稷，奉太祖、太宗神主入太庙，颁诏中外，大赦，其文臣衣冠暂从明制。上御皇极门，授吴三桂平西王敕印。（《圣武记》）

按：皇极门详上。明代未改称皇极门之前，曰奉天门。奉天门常朝，御座后内官持一小扇，金黄绢包裹之，其名卓影辟邪，永乐间外国所进。见《菽园杂记》。明代常朝旧制，每日御皇极门决事，御座谓之金台。见《西垣笔记》。

又按：《啸亭续录》：国初衣冠饰样，皆孝庄文皇后（清太宗后）侍女苏麻喇姑手制。又，国初服饰尚沿明制，套褂有用红绿组绣者。《清稗类钞》：顺治甲午，湖广提学道狄敬试士日绯衣坐堂上，服色尚沿明制。《两般秋雨盦随笔》：品级补子定于洪武，行于嘉靖，仍用至今。至李闯时，补服以云为品，一品一云，九品九云，伪相牛金星所定。《清宫词》注：乾隆中，尝议复古衣冠制，不果行。

顺治元年十月，上御皇极门，晋多罗豫郡王多铎为和硕豫亲王，旋拜定国大将军，偕多罗承泽郡王硕塞及恭顺王孔有德、怀顺王耿仲明、智顺王尚可喜、续顺公沈志祥等将师下江南。（《张文贞公集》）

按：皇极门详上。

又按：清代异姓王，除开国初有封者外，惟乾隆间福康安赠嘉勇郡王。见《啸亭杂录》。据《清宫词·咏福康安》云："家人燕见重椒房，龙种无端降下方。丹阐几曾封贝子，千秋疑案福文襄。"原注：福康安，孝贤皇后之侄，傅恒之子也。丹阐，满洲语，后族也。异姓王爵，明代皆殁后追赠，清初则及身膺封者，吴三桂、孔有德、尚可喜、耿继茂、孙可望凡五人。见《澹余笔记》。

祭日，皇帝御祭服，乘礼舆出宫，内大臣、侍卫前引后扈如常仪。至太和门阶下降舆，乘辇驾，发警跸，午门严鼓，法驾卤簿前导。（《钦定日下旧闻考》）

按：祭日，祭坛庙之日也。乘辇，乘玉辇也。

冬至祀南郊，夏至祀北郊。先一日，皇帝御龙袍衮服，乘礼舆出宫。至太和门阶下降舆，乘辇入坛，视坛位、视笾豆毕，诣斋宫。（《大清会典》）

按：祀南郊，祭圜丘也。祀北郊，祭方泽也。圜丘在正阳门外，方泽在安定门外。清代俱因明旧而量加展拓，规模益臻美备。凡常雩为百谷祈膏雨，亦祀皇天、上帝于圜丘。

王公、九卿及文武官承旨，恭拟尊谥、庙号，进呈御览，勑所部制玉册宝，诹吉行恭上尊谥礼。至日，设卤簿于殡宫大门外，皇帝素服御太和门。恭阅册宝毕，大学士恭奉册宝降阶陈于黄亭，校尉舁亭，御仗黄盖前导，王以下入八分公以上，齐集协和门外。册宝至，跪候过，随行。（《皇朝掌故汇编》）

按：皇后册谥礼，亦在太和门举行。

又按：《大清会典》：升祔太庙玉册十页，每页高九寸，广四寸五分，厚四分，联以黄纽，中镌清文五页，汉文三页，后二页镂升降行龙，册文填青，庙号填金。玉钱一，径二寸，厚六分，孔方五分，镌"天下太平"四字。清、汉文填以金青二色，工部制备。玉宝台方广五寸，厚一寸九分，镌清汉文交龙纽，泥金，高二寸六分。宝色池金饰，高一寸三分，方六寸一分。宝盝方八寸六分，高尺有六分。外椟方一尺一寸三分，高一尺三寸二分。册函长一尺有七分，广六寸六分，高九寸七分。外椟长一尺三寸九分，广九寸，高尺有三寸三分，均楠木制，朱髹，绘金云龙、云凤。袱垫皆用黄绮。

戊辰五月二十一日，荐孝贤皇后谥号，御太和门阅册宝。（《清乾隆御制诗集》）

按：孝贤皇后，乾隆后也。

又按：道光元年六月，道光帝御太和门，命郑亲王乌尔恭阿、顺承郡王伦柱赍册宝，诣嘉庆孝穆皇后殡宫，行册谥礼。

道光三十年，上素服诣太和门，恭阅大行皇太后尊谥册宝。行礼

毕，更缟素诣大行皇太后几筵前行礼，恭献册宝。(《潘氏东华续录》)

按：上，清咸丰帝也。阅献大行皇帝册宝仪节同。

顺治十年，世祖命内院大学士、学士于太和门内更番入直。(《钦定词林典故》)

顺治十年，御太和门亲试兼翰林衔吏部侍郎成克巩、礼部侍郎张瑞及内三院学士刘正宗、编检以上官六十二员。此御试廷臣之始。十五年御试，除三院学士外，翰林官皆与试。(《养吉斋丛录》)

公之在兵垣也，于天下兵机之事尤为留心。凡战守、攻取、赏罚，知无不言。上于是有大用公之意。上在太和门左东室与诸王坐，令大学士图海传谕引见，俾诸王皆知之。(《魏贞庵裔介年谱》)

按：上，清顺治帝也。

康熙三十年辛未元旦，上御太和门受朝贺，午赐宴，召满、汉内阁大学士、学士、六部尚书、侍郎、都察院都御史、副都御史上殿赐酒。(《居易录》)

康熙三十年三月二十三日，御太和门传胪。(《居易录》)

康熙四十一年，文华殿经筵讲毕，赐宴太和门。(《香祖笔记》)

乾隆五十四年，谕军机大臣等：安南贡使阮光显等于送驾后令其回京，所有颁给敕印，仍交礼部赍捧回京，俟该贡使到京后，著留京办事大臣择日颁发。令该贡使在太和门内丹墀下行礼祗领。阿桂捧印，稽璜捧敕，并派员赞礼。俾得瞻仰阙廷，并睹礼仪整肃。(《王氏东华续录》)

按：续录又载：道光十九年，谕：嗣后越南、琉球、暹罗均著改为四年遣使来贡一次。

上驻跸大内日，王公皆于太和门坐班侍卫，奉旨赐茶始散。(《啸亭续录》)

侍卫宿卫太和门为外班，以领侍卫内大臣一人总统之，内大臣、散秩大臣二人随班入直。(《大清会典》)

光绪十四年十二月，太和门火。明年正月二十六日大婚，不及修建，乃以扎彩为之，高卑广狭无少差。至榱桷之花纹，鸱吻之雕镂，瓦沟之广狭，无不克肖。虽久执事内廷者，不能辨其真伪。而且高逾十丈，栗冽之风不少动摇。(《天咫偶闻》)

按：明代皇极门（清太和门）金柱明梁，用天津至海岸历朝漂没之大楠木。见《见只编》。

光绪二十年六月十五日夜，大雨，雷，烈风拔木。大清门、天安门、端门、午门、太和门门闩齐断，多年大树偃覆纵横，自来无此烈风也。(《天咫偶闻》)

太和门额，康熙间励文恪杜讷书。(《养吉斋丛录》)

按：励杜讷，静海岁贡，年六十，选授州同。会三殿、三门禁匾书未工整，人荐书匾合式，遂授编修。七十二岁开坊，升侍郎，赠尚书，谥文恪。见《藤阴杂记》。

又按：《池北偶谈》：凡宫城榜书，率用清、汉、蒙古三体。

太和门丹墀左之石阙储嘉量，丹墀下之石匮储米谷。值大驾出宫，卤簿中象负宝瓶亦储五谷。(《郎潜纪闻》)

太和门安挂弓箭。(《钦定总管内务府现行则例·武备院》卷)

按：乾清门同。

【续】是日，上御皇极门，颁即位诏于天下。以多尔衮功多，加封为叔父摄政王，赐册宝，并赐嵌十三颗珠顶黑狐帽一、黑狐裘一、金一万两、银十万两、缎一万匹、鞍马十、马九十、骆驼十。仍大宴诸王、文武群臣。(《清世祖实录》)

按：是日，顺治元年十月初十日也。即位，在十月朔。皇极门，袭明之旧，其时尚未改称太和门。同月中旬、下旬，封诸王、贝勒、贝子，亦俱御皇极门。

顺治三年十月，太和门工成，连廊共九间。(《清世祖实录》)

太和门外，东为石亭，西为石匮。一日，上自天坛还宫见之，以问南书房翰林，莫知其名。(《恩福堂笔记》)

按：上，嘉庆帝也。笔记并载：纪文达《阅微草堂笔记》谓：曾闻之督三殿工者，言匮中多朽粟，断为嘉量。后穆鹤舫（彰阿）亲往视，言匮之盖非构架不能启。文达之说亦未确。

旧例，诣天坛斋宫，皆御礼轿，乾隆七年，始定乘辇之制。乘大礼轿出宫，至太和门前，御玉辇启行，午门鸣钟。(《榆巢杂识》)

按：《天咫偶闻》载：天坛在永定门内之左，都城之丙方也。建自明永乐间，周凡十里，前为圜丘，后为皇穹宇，又后为祈年殿，又后为皇乾殿，西为斋宫，西南为神乐署，东南为神库。周以缭垣，上覆椽瓦。垣外为沟。其中古木千章，三伏无暑。我朝列圣谨于事天，凡郊祀靡不亲行，且于前一日出宿斋宫，午夜将事。自定鼎至今如一日。祭前期十日，部臣敬演郊事。正阳门左右列肆，皆悬镫彩，营军巡警，往来不断，游人蚁织。此十日间，各署官吏，亦时往来。上辛常雩皆如是。天坛之殿壝，皆用蓝瓦而朱柱。其坛上陈设帝幄，亦皆蓝色。执事者衣青衣。坛旁有天镫竿三，高十丈，镫高七尺，内可容人，以为夜间骏奔助祭者准望。又载：方泽，在安定门外之东，向北。缭垣周五百四十九丈四尺，是谓北郊。坛壝之制，不及南郊远甚，昭事之礼与南郊同，但不斋宿。缘乾隆中，因斋宿日，有从官暍死于道，遂不复前日出宫矣。

康熙十三年六月，上素服御太和门，遣和硕康亲王杰书，和硕庄亲王博果铎赍册宝，诣巩华城，册谥大行皇后曰孝诚皇后。（《清圣祖实录》）

按：实录并载：大行皇后梓宫，权厝于都城北巩华城。十七年册谥孝昭皇后仪典同。又载：和硕康亲王杰书府失火，上亲临救视。

又按：《清宣宗实录》载：道光元年六月，上御太和门，命郑亲王乌尔恭阿为正使，顺承郡王伦柱为副使，恭赍册宝，诣孝穆皇后暂安陵寝，册谥孝穆皇后。《文宗实录》载：道光三十年三月，上素服诣太和门，恭阅大行皇太后（嘉庆后）尊谥册宝。四月，诣太和门，恭阅大行皇帝（道光帝）尊谥庙号册宝。

康熙二十一年九月，《太宗实录》告成。上御太和门，立视，捧送实录进宫，礼毕赐茶。（《清圣祖实录》）

康熙二十五年六月，上御太和门视朝，文武升转各官谢恩，次荷兰国使臣行礼。七月，太和门视朝，各官谢恩毕，鄂罗斯使臣行礼。（《清圣祖实录》）

按：实录并载：康熙二十一年八月，上御太和门视朝，谕大学士等曰："建太和殿搜采楠木，慎勿生事扰民。"

康熙二十九年七月，上御太和门，遣抚远大将军和硕裕亲王福全，师师出征，赐之敕印。上出东直门，视诸军启行毕，回宫。（《清圣祖实录》）

按：时征噶尔丹。实录并载：三十五年正月，上御太和门，赐出征运米文武大臣、官兵等宴，并蟒袍、缎、绸、布有差。

康熙三十一年九月朔，策试天下贡士于太和门前。初四日，上御太和门传胪，赐殿试贡士蔡升元等进士及第出身有差。（《清圣祖实录》）

按：实录并载：十月策试中式武举及传胪，俱在太和门。又载：二十四年五月，考试汉军官员于太和门。

又按：《茶香室续钞》：国朝王士禛《居易录》云：二十三日御太和门传胪，赐中式举人戴有祺及第第一。初，读卷官拟吴昺第一，有祺第二。既进御览，改有祺第一，昺第二。昺，全椒人，对策仿陆宣公奏议。上以书法，拔有祺状元，而昺次之。按：是榜为康熙三十年辛未科会试。本朝殿试卷书法之美，自此开端。

乾隆五十四年八月，阮光平遣侄光显入觐于避暑山庄行在。是月二十二日，命留京王大臣颁赐敕印于太和门，授光显恭赍回国。（《乾隆八旬万寿盛典册》）

按：阮光平，安南国王名也。

乾隆五十八年，在太和门，颁赏暎咭唎国王正副贡使等物件。（《内务府奏销档》）

昭德门　贞度门

【初】昭德、贞度两门庑为侍卫直宿处。（《钦定日下旧闻考》）

按：光绪《顺天府志》：不称直宿处称为档房，盖领侍卫府无专署，惟设档房。

又按：昭德门，明曰弘政门，为明代考选鸿胪之地。见《芜史》。贞度门，明曰宣治门，明未改称宣治之前曰西角门。洪熙间听政于此。见《明仁宗实录》。

康熙甲戌元旦，上御太和门受朝贺。诸王百官仍诣昭德门，行贺东宫礼。（《居易录》）

【续】顺治三年十月，昭德门工成，连廊共五间。（《清世祖实录》）

顺治三年十月，贞度门工成，连廊共五间。（《清世祖实录》）

体仁阁等处

【初】太和门内东庑三十三楹，各内库在焉。东庑中为体仁阁，阁重楼，九楹。东庑之北为左翼门。体仁阁即明之文昭阁，清乾隆四十八年阁灾。

体仁阁

　　【初】殿阁旧制：首中和，次保和，次文华，次武英，次文渊，次东阁。乾隆十三年，高宗以四殿二阁未画一，且中和殿名近时未有用者，因裁中和，增体仁阁名，并为三殿三阁。(《养吉斋丛录》)

　　按：殿阁旧制，大学士头衔之旧制也。

　　又按：体仁阁，明曰文昭阁。崇祯十五年，御朝毕，登文昭阁。见《三朝野史》。

　　康熙戊午年，上有荐举博学鸿词之诏。次年，上御体仁阁，临轩命题。学士捧黄纸唱给。散讫，命就坐，撤护军，俾吟咏自适。日中，鸿胪引出，跪听上谕。云："诸士皆读书博古，当世贤人，朕隆重有加。"遂命光禄授餐，使知敬礼至意。引上阁，设席，赐椅，四人一席。绣衣捧茶，陈馈十二簋，加四饭。丰腆苾芬，缉御恭肃，诏二品三人陪宴。既毕，叩头谢恩，从容握管，文完者先出，未完者命给烛，至漏二下始罢。吏部收卷，翰林院总封进呈御览，读卷者相国李霨等。取中者授翰林职，令入馆纂修《明史》。(《柳南随笔》)

　　按：《吏垣牍略》：康熙十七年，荐举博学鸿词一百八十六员，赴部验到一百三十一员。《在园杂志》：博学鸿词内外荐举到京者，户部给与食用。《曝书亭集·尤先生侗墓志》：康熙十七年春，仿古制取士，或荐先生于朝，召试体仁阁下。上亲擢五十人，悉除翰林，纂修《明史》。先生最长，以齿序，四十九人皆坐其下，留史局三年。《愚山先生诗集》：康熙己未，同被征诸臣集试体仁阁，上赐食，且宣谕曰："馆选廷试，例不给馔。嘉尔等学行名儒，优以旷典"。是日，治南馔，张椅坐，盖前所未有也。《高澹人文稿》：严藕渔高尚其志，及征山泽遗逸，试于大廷，天子思举而用之，藕渔仅赋一诗以见志。九重嘉其恬退，特命释褐，官翰林，俾修前史。《梁溪诗钞》：藕渔试鸿博时，仅成《省耕》诗一首。《越风》：徐咸清妻女皆闺秀，康熙己未以诸生应鸿博试，召试体仁阁，放归。辇下巨公赠联云："北阙上书，争识西京才子；东轩赐食，携归南国佳人。"《红豆山庄集》：田雯举博学鸿词，一时名士率皆怀刺骑马，日夜诣司访者之门，乞其声誉以进。公独屏居萧寺，不见一大人长者。

　　又按：《吾庐笔谈》载：王渔洋借题《墨菊》嘲鸿博诗云："由来

苦节本难贞，莫向东篱问落英。征士今年满京洛，不知何处著渊明。"又《清稗类钞》载：康熙丁巳、戊午年，入赀得官者甚众，继开博学宏（鸿）词科，隐逸之士争趋辇毂。姜西溟太史有句曰："北阙已成输粟尉，西山犹贡采薇人。"一时以为实录。

康熙己未三月初一日，诸荐举人员命赴体仁阁，设高桌五十张，每张设四高椅，光禄寺设馔十二色，皆大碗高攒，相传给直四百金。先赐茶二通，时果四色，后用馒首、卷子、红绫饼、粉汤各二套，白米饭各一大盂，又赐茶，讫复就试。（《制科杂录》）

按：《西堂全集》：己未三月朔，太和殿御试，赐饭体仁阁下。恭纪诗："圣主垂衣雅好文，征书早染御炉熏。九天龙凤飞千尺，万国鹓鸾集几群。彩笔拟从前席献，铏羹先向大庖分。自怜风雨蓬茅下，白首重瞻五色云。"

又按：《愚山先生诗集》有《召试体仁阁下纪恩》诗。

乾隆二年七月十一、十三两日御试，被荐续到博学鸿词，于体仁阁赐宴。（《钦定词林典故》）

按：乾隆二年廷试博学鸿词，全祖望撰《公车征士小录》八卷。

庶吉士散馆，旧例或在体仁阁，或在保和殿。（《御试恭纪》）

按：康熙甲戌散馆，在畅春苑试毕，赐宴，赐茶。

又按：明故事：自十月朔始赐庶吉士酒，至四月晦日止，岁以为常。见《未轩集》。

凡散馆，清书试翻译，余试诗赋，旧例试于体仁阁，后改在保和殿。（《养吉斋丛录》）

按：庶常馆册庶吉士，散馆试诗赋。

康熙十七年散馆，御试清书于体仁阁下。（《南畇老人彭定求自订年谱》）

我太祖、太宗、世祖三朝，胥有御容，向惟收供体仁阁，无展谒献祭之礼。予小子既重修寿皇殿，奉皇祖、皇考御容，以时瞻拜献祭，因敬于乾隆庚午年元旦，恭奉三朝御容于寿皇殿，一如奉先殿昭穆次序，俱南向，按室悬像，行献祭礼。翼日收奉于殿之左，别为一殿，曰衍庆者，比祧庙之制。自此每年元旦瞻拜如例。（清乾隆壬子元旦《寿皇殿瞻礼纪事》诗序）

按：乾隆御容亦藏寿皇殿。嘉庆有《皇考诞辰率兄弟子侄敬诣神御前瞻拜、述怀》诗。

又按：寿皇殿旧在景山东北，乾隆十四年命移建，南临景山中峰。见《日下尊闻录》。

今体仁阁供奉太宗绣蓝云缎甲胄一分，犹是当年宣威疆场所留贻者也。（清嘉庆《武功良具联句》注）

按：注并载：世祖珊瑚镀金玲珑棉甲一副，东珠金累丝胄一顶；圣祖东珠金刚石金累丝棉甲一副，东珠金累丝胄一顶；世宗珍珠宝石棉甲一副，碧琈玒（晒）宝石胄一顶；皇考东珠金累丝甲胄一分，皆供奉体仁阁，用昭世守。

乾隆二十四年，奉旨：体仁阁楼上供奉盔甲，著武备院卿会同内务府大臣，一年一次查验、抖晾。（《钦定总管内务府现行则例·武备院》卷）

乾隆三十四年，谕：检稽体仁阁尊藏法物，则孝庄文皇后玉册、玉宝具存，皆康熙年间皇祖历次加奉太皇太后徽号所进者，乃知册宝原有刻玉之制。（《王氏东华续录》）

按：孝庄文皇后，太宗后也。

【续】顺治三年十月，体仁阁工成，连廊共九间。（《清世祖实录》）

按：《清高宗实录》载：乾隆四十八年六月初三日亥刻雷雨，体仁阁失火。初四日寅刻，始行救熄。同月谕：现在修建体仁阁，工程关系紧要，上紧兴修，务于本年九月内，妥速完竣（实录载：明阁被灾时，幸未贮有珍重物件）。清乾隆四十八年七月，总管内务府大臣福隆安、金简折载：查照弘义阁面宽、进深、柱高、凳门、搁架式样，详细勘估得补建体仁阁一座，上下二层，按面宽论，共计九间，按凳门做法而论，进深则显三间。上下二层，共计五十四间。估需银四万一千一百七十一两三分六厘。

康熙十七年春，上以天下乂安，民物畅遂，思得俊儒，以备顾问，任著作，诏京外官三品以上，各举博学宏词之士，用征试而选录焉。群臣各有荐文荐上，即诏郡县资赠劝行。是年冬，皆集京师。上以天寒日短，士或不得尽其才，又重久留之。诏户部月给银米。至明春三月朔，乃试。试日，咸集太和殿行礼，领试卷及题，题为《璇玑玉衡赋》、《省耕诗》五言二十韵。次撰文于体仁阁。上特命赐宴，并设高桌椅。殿廷常考所无也。（《瞑庵二识》）

按：二识并载：试列一等者二十人：彭孙遹、张烈、乔莱、李因笃、周清源、倪灿、汪霦、王顼龄、秦松龄、陈维嵩、徐嘉炎、冯勖、汪楫、朱彝尊、汪琬、陆葇、钱中谐、袁佑、汤斌、邱象随；二等者三十人：李来泰、沈珩、朱汉雯、李铠、潘耒、施闰章、黄与坚、徐钪、沈筠、尤侗、崔如岳、方象瑛、吴元龙、周庆曾、范必瑛、张鸿烈、李澄中、庞垲、毛奇龄、吴任臣、曹宜溥、曹禾、高咏、钱金甫、陈鸿绩、毛升芳、黎骞、龙燮、邵吴远、严绳孙，皆以次加官授职，纂修《明史》。二等外授中书者七人：王方毅、申维翰、邓汉仪、孙枝蔚、朱钟仁、王嗣槐、王昊。未与试授中书者二人：傅山、杜越。遭丧及不与试者十六人。先致仕及以疾辞者十四人。试毕，遣归者九十七人。讫计各官所荐，凡一百八十六人。

又按：《十朝诗乘》：鸿博大科（康熙己未）以议修《明史》发端，意在搜罗遗逸。开科之始，登用稍优。阅卷者为宝坻杜文端（立德）、高阳李文勤（蔚）、益都冯文毅（溥）、昆山叶文敏（方蔼）四公。所取凡五十人，当征车萃集，文毅宴之于万柳堂别业，传为盛事。

又按：《西征随笔》略载：康熙十八年，开馆修《明史》，以所取博学鸿儒张烈等五十人，入馆分修。其有书之无可考者，如天启年间实录，冯相国铨取而烧之。复以重价购天启七年中邸报七箱，其中略有关涉时贵人者，又无完纸。又，有事之不足信者，如建文殉社稷自焚死，而野史谓其逊国。诸如此类，聚讼纷纷，为总裁者又无卓见，第以纪传、表志，令诸公阄分之，以此人自为说。其书虽成，先帝（康熙帝）颇以为疑，未刊布，命熊相国赐履重为编定之。熊携归江宁，自比于涑水之开局，然任意以为曲直，性复嗜利，故明臣子孙，有以兼金馈者，则加其祖父之官，增以易名之典。其有与相国不协者，则于其先世之官阶，降黜之事迹诋毁之。且谓明亡于万历年，太祖龙飞而明社遂屋。万历中年以后皆删之。《明史》至万历而止，一时为之不平。相国闻之，遂以词臣所修《明史》付之烈焰。书上，不当先帝意，留中不发。

又按：《龚定盦全集》：本朝博学鸿词科，始发自徐乾学，将以收拾明季遗佚之士。

又按：《寒村五丁诗稿》：告求举博学鸿儒者诗曰："博学鸿儒本是名，寄声词客莫营营。比周休得尤台省，门第还须怨父兄。补牍因何也动心？纷纷求荐竞如林。总然博学虚名色，袖里应持廿四金。"

又按：《通斋诗话》：康熙己未试鸿博，顾亭林（炎武）不肯预试。常熟人吴龙锡诗云："到底不肯书鹤板，江南惟有顾圭年。"亭林，一字圭年。

又按：《茶余客话》：国初己酉（顺治二年），江南解元张湘晓九征（张文贞玉书之父），视学河南，乞归。康熙十七年，岁举博学鸿儒，冢宰郝恭定（惟讷）荐之。《贻友人》诗云："少不如人何况老，身将终隐又焉文。"又《遣怀》云："虚名空好羊公鹤，肥遁深惭梁伯鸾。京雒少年争献赋，伏生接武贾生难。"人以是知公不出山矣。

又按：《余金笔记》：周司空清原，康熙己未，举博学鸿儒科，肄业太学时，诗名藉甚。有《咏白丁香》句云："月明有水皆为影，风静无尘别递香"。一时传诵，上彻宸聪。比官翰林，召见时，犹诵其诗句奖之。

雍正十一年夏四月，诏京外大臣更举博学宏词。其时法饬令行，名实必副。诸臣论荐特慎，岁余荐者仅数人。十三年春，复诏督催。冬十一月，又下诏询促，于是荐者咸集。至乾隆九年秋，始廷试焉，恩礼如康熙时。上临轩策问经史源流外，复命作《五六天地之中合赋》、《山鸡舞镜诗》、《黄钟为万事根本论》。补试策问农事、《儇论及指佞草赋》、《良玉比君子诗》、《复见天心论》。（《暝庵二识》）

按：二识并载：一等者五人：刘纶、潘安礼、于振、杭世骏、诸锦；二等者十人：杨度汪、刘玉麟、夏之蓉、陈世璠、周长发、陈兆崙、沈廷芳、汪士锽、齐召南、程恂。补试一等一人：万松龄；二等三人：朱荃、洪世泽、张汉。已入词馆不与试者四人。遭丧及死不与试者十一人。部驳不与试及不就试者三十九人。试毕遣归者一百九十五人。讫计各官所荐，凡二百六十七人。

康熙己未制科五十人，惟华亭王文恭公顼龄位至宰执。而文定亦以鸿博起家，与刘文正公同在相位。时有南刘、北刘中堂之称。（《鹤征后录》）

按：文定，刘纶也。刘文正名统勋。《炙砚琐谈》载：刘文定举鸿词科，擢第一。廷试《五六天地之中合赋》，诸征士不解所出，多瞪目缩手，公独挥翰如飞。桐城张文和公（廷玉），故睨公卷，对众朗吟，始共得题解。《寄心盦诗话》载：武进刘文定举鸿博第一，官至大学士，而居食皆俭如寒素。《沈文悫德潜自订年谱》载：鸿词科（乾隆元年）阅卷者，为鄂文端尔泰、张文和廷玉二相公、少宰邵基。

三十年辛未元旦，侍宴太和门。翰林散馆故事，试体仁阁下。是年二月，引见乾清宫内。上念天寒，庶吉士身衣单薄，特令设几保和殿上，且撤午膳以赐，公以清书散馆。（《郑寒村梁年谱》）

按：三十年辛未，康熙三十年辛未也。

又按：《寒村玉堂后集》载：辛未元旦，侍宴太和门。臣梁以面薄力懦，不能与旗员角夺，端坐半日，枵腹而还。诗纪其实。诗曰："不思才是柏梁非，也逐千官想脆肥。乐奏彤墀春雨骤，樽开翠幔晓寒微。鹰群攫食侵筵舞，酋长提囊负馈归。眼饱独缘儒荏弱，自虚圣德敢言饥。"又载：《纪散馆》诗曰："教习三年拟授官，春风阁下敢言寒。过蒙圣主慈颜蔼，垂念儒臣弱体单。玉陛上陈钦试座，金盘里赐御筵餐。只将翻译当廷献，报答殊恩自觉难。"又载：《依韵范笔山以清书散馆得部曹自述》诗曰："骨相生来但有清，回翔文苑或前程。岂今馆阁书真秘，是我山林性未明。笔忒一官犹旅舍（翰林院，国语笔忒黑衙门），多罗三载在愁城（国语卷舌习者须打多罗）。也知命合居人后，独愧盈朝叹息声。"

又按：《寒村玉堂集》：五月初九日，《选馆即事》诗曰："晨集长安候晓钟，太和门入保和东。人人鹄立还鱼贯，便服蓝袍一色同。""斜排雁翅立阶傍，一榜班分十五行。上殿有官依次引，十人齐跪面君王。""姓名浪被世人推，谁料深宫也得知。宰相近前才启奏，侍臣扶起站龙墀。""十九春来七赴燕，风尘鬓发已皤然。随班上谒惭英俊，天语从容却问年。""圣明亲择又重裁，名姓才交院长开。三十四人齐出殿，满街传说翰林来。"

乾隆三十六年六月，总管内务府奏：现在体仁阁供奉金册宝十五分，玉册宝六分。（《内务府奏销档》）

按：此奏附单载：金册宝十五分，昭圣太皇太后、仁宪皇太后、慈和皇太后、仁寿皇太后、黑舍里氏皇后、钮祜禄氏皇后、纳拉氏皇后、董氏皇贵妃、佟氏皇贵妃、寿祺皇贵妃、敦肃皇贵妃、慧贤皇贵妃、淑嘉皇贵妃、纯惠皇贵妃、温惠皇贵妃，十五位册宝也。玉册宝六分，昭圣太皇太后一位册宝也。

缎库

【初】缎库在太和殿东，体仁阁及中右门外西配房。(《内务府册》)

按：缎库为内府库藏六大总汇所之一，属内务府广储司。

缎库专司收存龙蟒缎匹、妆闪片金倭缎、宁绸、宫绸、缎纱、绫罗、绸绢、布匹、棉花等项。衣作需用上用龙缎、妆蟒片、金倭缎、缎纱、宁绸、宫绸及官用绸缎，绣作需用粗细白布，俱向缎库领用。内廷阿哥每年做手巾用白绵绸二匹、夏布二匹、高丽布二匹，由缎库给与。(《钦定总管内务府现行则例》)

按：《印雪轩随笔》：内府大缎，皆金陵织造所贡，色鲜润，盖以江豚油涂也。

又按：乾隆十七年，约计一年需用上用妆缎一百余匹，官用妆缎二三十匹，俱由织造承办。三十一年，苏州织造办解布匹二三万匹，山西省潞安府高平、长治二县每年交送各色大潞绸一百匹，小潞绸三百匹，由工部转送缎库。盛京佐领等所属壮丁一千一百六十八名，每年额织细布三千五百零四匹，粗布二千三百三十六匹，交缎库。俱详《钦定总管内务府现行则例·广储司》卷。

【续】按：缎库，内库之一，隶内务府。

康熙二十二年六月，上幸内库，赐大学士等金杯盘各一副、缎各二匹、纱各三匹，学士等缎各二匹、纱各一匹，詹事等缎、纱各一匹，内阁侍读等纱各一匹。(《清圣祖实录》)

按：缎纱贮缎库，金杯盘贮银库。

缎库所贮之高丽布三万匹，奏准交与买卖人马成龙领买。(清雍正十二年十二月总管内务府和硕庄亲王等折)

按：折内并载：领买价银二万二千八百八十余两。

缎库现存龙蟒妆片、闪倭缎、纱、绸、绫等项。除存留贮库颜色鲜明之龙蟒妆片、闪倭缎、纱、绸、绫等项六万四千一百七十七匹以备应用外，其有风渍落色糙旧之龙蟒妆片、闪倭缎、纱、宫绸、宁绸及绸、绫、纺、丝、杭细、葛布、手帕等项二万一百七十二匹件，照乾隆十六年变价之例，令商人估值银六万七千一百九十四两四钱。赏限四年，按照市平交纳广储司银库。(清乾隆三十一年十二月总管内务府折)

按：折后附价单略载：缎最高者上用龙缎，每匹银二十四两；最低者彭缎，每匹银三两。纱最高者龙纱，每匹银十五两；最低者硬纱，每匹银一两五钱。绸最高者官绸，每匹银十五两；最低者绵绸，每匹银七钱。其绫、罗、锦、纺、丝、杭细、葛等，每匹高则银数两，低则银数钱。

又按：《内务府奏销档》：缎库收存今上（同治帝）大婚典礼礼成后各处交回彩绸，其雨渍尤甚者，一万四千五百五十四。于同治十二年七月，经内务府奏准，照成案交崇文门变价。

道光元年十月，内务府检发内库绸缎等项，存者若干件，奏请发交外库备用。上乃命悉数分赐大学士、九卿及翰、詹、科道，于是以官职高卑为差。（《竹叶亭杂记》）

道光九年正月，颁赏朝鲜、琉球国王等缎匹等项，由内库所贮现有者赏给。（《内务府奏销档》）

按：档并载：赏朝鲜国王等妆缎、江绸、纺、丝、帽缎、彭缎、布等若干匹；赏琉球国王等锦、蟒缎、纱、蟒襕、缎纱、罗缎纱、江绸、纺、丝、绢、布等若干匹。

光绪二十年九月，总管内务府奏准，援案咨行豫省，解交绸、绫、布匹以济应用。（《内务府奏销档》）

派苏、杭两织造，各办赏需绸、缎，及年例彩棚架、彩亭所需各色彩绸，限本年九月解京。计：苏、杭各蟒袍二十件，大卷八丝缎三百匹，小卷八丝缎二百件，小卷八丝缎褂料一百件，小卷江绸三百匹，小卷江绸二百件，大卷江绸褂料六十件，小卷江绸褂料一百件，大卷五丝缎一百二十匹，小卷五丝缎一百件，各色彩绸七千五百匹。（清光绪三十一年四月总管内务府折）

武备院四库

【初】紫禁城内武备院四库，曰甲库、曰毡库、曰北鞍库、曰南鞍库，皆系收存上用什物。（《钦定总管内务府现行则例·武备院》卷）

甲库内库在左翼门内体仁阁之南，库房八楹。（《内务府册》）

甲库专司盔甲、枪刀、旗纛、器械等事。所属有穿甲处、亮铁作。皇上阅兵时，上用甲、官用甲，由甲库预备。（《钦定总管内务府现行则例·武备院》卷）

按：该卷并载：道光七年，传旨：著将本院库贮方天戟修理妥协交内。十二年，奉旨将库贮剑铁一把指出，配什件鞘。本院成做得铰金半采地汉文式什件、黄沙鱼皮鞘西洋剑一把呈览。奉旨留内。同年奉旨，著成造奇锐长枪一杆，宝锷剑一把，用库内好枪铁打造。本院将库收册存枪铁改造，得铰金奇锐长枪一杆，铰金半采地汉文式什件黄沙鱼皮鞘宝锷剑一把呈览。奉旨留内安设。又载：亮铁作成造盔甲、枪刀、旗纛、器械，所需物件呈报甲库，咨行各该处领用。

毡库内库在昭德门内，东西房共十一楹。（《内务府册》）

毡库专司弓箭、靴鞋、毡条等事。所属有弓作、箭作、鲍头作、靴皮作、染毡作、沙河毡作。宁古塔额交上用红白靴皮，都虞司交送所属打捕户等每年捕得芝麻雕翅、海鹳翅、鹳筋，饭房交送鹿角、鹿尖、鹿筋、鱼肚，各处交送羊毛，俱交毡库查收。毡库每年于掌关防内管领处领线麻六十斤。（《钦定总管内务府现行则例·武备院》卷）

按：该卷并载，弓、箭、鲍头作，成造弓、箭、鲍头所需物件，呈报毡库，咨行各该处领用。染毡作，染上用、官用毡韂，上用、阿哥用鞍笼作，内帽作，成做上用卷沿毡冠，阿哥卷沿毡帽。沙河毡作，捍造宫殿内廷铺设毡条，上用、官用一切毡片。靴皮作，成造上用缎靴鞋，并阿哥等位缎靴鞋，并皮靴鞋，俱据宫殿太监都领侍等传出成造。

又按：《昌平州册》：昌平之南沙河城内，康熙年间设立毡作局，制造上用、官用毡片。《翁文恭日记》：光绪十四年，贞度门灾，毁武备院毡库五间。

北鞍库内库在左翼门内，迤北房四楹，又南房四楹，体仁阁之南房四楹，又房二楹。（《内务府册》）

北鞍库专司上用鞍韂、伞盖、帐房、凉棚等事。所属有鞍板作、掌伞处、帐房处。上用铰金宋龙饰件豹皮鞴韂鞍十副，嵌珊瑚大玲珑泡子饰件丝线鞴韂銮驾鞍十副，换做俱定有年限。阿哥致祭陵寝，北鞍库预备鞍韂，山海关外庄头等每年额交茜草，交北鞍库收。每年北鞍库于掌关防内管领处领线麻一百斤。（《钦定总管内务府现行则例·武备院》卷）

按：该卷并载：帐房处承应巡幸随围暨各处需用帐房，鞍板作承办上用鞍韂等项，所需物料呈报北鞍库，咨行各该处领用。

南鞍库内库在昭德门南角楼。（《内务府册》）

南鞍库专司官用鞍韂、各项皮张、雨缨、绦带等事。所属有熟皮作。每年锦州、大凌河等处交送马皮、马驹皮，光禄寺交送象皮，庆丰司交送牛犊皮张，盛京佐领处额交花点鹿皮、狍皮，俱交南鞍库查收。南鞍库每年派员采买熏牛皮、香牛皮、马股皮、骡股皮、斜皮、子儿皮、沙鱼皮。南鞍库每年于掌关防内管领处领线麻一百八十斤。(《钦定总管内务府现行则例·武备院》卷)

按：以上四库各设员外郎、库掌、清字笔帖式、库守等职。武备院堂印收存四库库房内，用时领取。详载该卷。

左翼门

【续】顺治三年十月，左翼门工成。门座五间。(《清世祖实录》)

康熙十八年七月，以地震示警，命满汉大学士以下、副都御史以上各官集左翼门。上遣侍卫口传上谕：弭灾六事，令会同详议举行。(《清圣祖实录》)

文职四品，武职三品以下官员、仆从人等，由神武门内东夹道进至左翼门停止。(《军机处藏紫禁城各门图》注)

弘义阁等处

【初】太和门内西庑三十三楹，各内库在焉。西庑中为弘义阁，阁重楼九楹。西庑之北为右翼门。弘义阁即明之武成阁。

弘义阁

【续】顺治三年十月，弘义阁工成，连廊共九间。(《清世祖实录》)

银库

【初】银库在太和殿弘义阁内。(《内务府册》)

银库专司收存金、银、制钱、珠宝、玉器、珊瑚、松石、玛瑙、琥珀、金银器皿等项。打牲乌拉处每年所进东珠，到日银库官员回明总管内务府大臣，会同工部堂官拣选等第，分别贮匣呈览后，由内请领珠匣钥匙归类。凡有动用东珠之处，奏明办理。皇上、皇后筵宴所用金银玉器皿，由银库预备，用毕仍由该库收存。格格遇喜生子，洗三用重五钱小金锞二锭，银锞八锭，九日上摇车，用重十两珐琅银麒麟一件，弥月用嵌珊瑚重八钱金串带一分，银一百两，俱据宫殿监督领侍等传交，银库派员送往内庭。阿哥、格格周岁用小金匙等，由银库交送。(《钦定总管内务府现行则例》)

按：《啸亭杂录》：孙文定嘉淦荐教习某，宪庙不用，公争益坚。上掷笔与之，曰："汝书保状来"。公持笔欲下，大学士某呵之曰："汝敢动用御笔耶"？公方悟，捧笔叩头。上大怒，反缚置狱，拟斩。已而谓大学士曰："孙嘉淦太戇，然不爱钱，可银库上行走。"公出狱，径趋库所。果毅亲王疑公必慊于怀，又闻公沽名，取银有缩无盈，乃出不意，突至库，见方持衡伛偻称量，与吏卒杂坐，均劳苦。问："所收有不足乎？"公曰："某所收别置一所，请复之。"王称兑良久，无丝毫盈绌，大奇之。

【续】按：银库，内库之一，隶内务府。

乾隆四十二年闰五月，清查银库黄册，实存头等金至六成金七项，重一万九千零三十五两一钱六分。不计成色并自成螺形生金二项，重五百八十六两八钱。银一百二十九万八千五百七十三两三钱四厘。匣内头等东珠至五等无光黑东珠等，共五万三千七百九十一颗。大小珍珠，共十三万五千四百十一颗。各色大小碧琊玖（珣），共四万二千三百二十六块。(《内务府奏销档》)

按：内务府银库内金银之来源，可参看内务府公署所载收入金银各条。该档并载：雍正十二年八月，总管内务府奏请陪给多罗格格及五位固山格格朝服、顶帽前金佛、金箍、项圈等嵌用无光珠，共计九十八颗。又载：打牲乌拉交捕送东珠，乾隆四十五年，二千四百余颗，内头等二十一颗。五十一年，二千九百余颗，内头等四十五颗。又载：五十六年，安南国贡银盆、银香炉，奉旨交广储司银库。

查得广储司银库存贮各色金二万一千七百五十二两六分一厘。造办处存贮各色金一万三百十两三钱五分。由宁寿宫领出交广储司银库，二两平各色金一万两，折库平金九千四百两。以上三项，共各色金四万一千四百六十二两四钱一分一厘。经奏，奉旨，现在广储司银库存贮各色金甚多，除拟留备用头等金三千两、八成金一千两、七成金一千两之外，著交两淮盐政征瑞二万两，苏州织造全德一万六千四百六十二两四钱一分一厘。据实变价，可得价银若干两之处，一面先行奏闻，一面将银交广储司银库。(清嘉庆四年七月总管内务府布彦达赉缊布折)

按：《内务府奏销档》：道光二十年，宫内存金二万九千五百四十二两七钱三分五厘八毫，银六十一万八千八百六十九两五钱五厘七毫。

嘉庆十五年二月，谕："广储司库银存贮弘义阁，在紫禁城内，较外库尤重。王书常等冒领次数独多，经手司员漫无觉察，予以褫职遣戍。该堂官等亦分别议罪，实属咎有应得。"（《清仁宗实录》）

按：外库，指户部银库。实录并载：嘉庆十四年五月，谕："银库内每日章京一员，护军校十员，进库值宿。又，护军十名，于库门外巡逻。"

又按：《清高宗实录》：内务府银库，乾隆三十七年，库内失银一千两。旋于弘义阁南边衣库房上，查出布袋元宝。并于衣库、南皮库瓦陇内，得有杉槁，长至丈余。

又按：清道光十八年十一月，谕旨："内务府银库，攸关紧要。中左门、中右门、东大库、西大库四处，除原设更筹三支外，准其于景运门另添更筹三支。俟合门后，由后左门隙传进中左、昭德、贞度、中右以次递传，由后右门隙传出，接续巡查。"

同治元年七月，上谕："弘义阁银库应行修理之处，著内务府查勘核实办理。"（《清穆宗毅皇帝圣训》）

京师十库，余均查过。内库（即紫禁城内库，存款百二十万，备闭城日用，永远不动）、户部三库之外，则有内务府六库。六库中，银库在弘义阁，库藏最贵者为蓝宝石，约两指大，仅三片。金刚钻大如青果核者两口袋。余则金、玉、珠、宝。（《春明梦余录》）

按：余，何平斋刚德自称也。

皮库

【初】皮库在太和殿西南角楼房内及保和殿东配房。（《内务府册》）

皮库专司收存狐皮、貂皮、猞猁狲、海龙、银鼠等皮，哆啰呢、哔叽、缎、氆氇、绒毾、羽缎、羽纱、象牙、犀角、凉席等项。熟皮作需用羊角、羊毛，铜作需用象牙、玳瑁、猫皮、蟒皮、山羊皮，衣作需用貂皮、狐皮、银鼠、灰鼠、天马等皮，氆氇、古绒、哆啰呢、哔叽、缎毾子，俱向皮库领用。内庭阿哥、格格周岁，用犀角小盅等，由皮库交送。江宁、杭州、苏州三处织造，每年各解送竹篾灯一百五十个，收存皮库。（《钦定总管内务府现行则例》）

按：则例并载：右屯卫等处打牲人，每年交送所得黄狐皮、水獭皮、狼皮，由都虞司转送到司，拣选堪用者交皮库。庆丰司每日交送羊皮，围场每年交送各样皮张，俱交皮库。至每年黑龙江解交索伦貂皮，本府会同户部拣选等第，恭备成做上冠黄面桂端罩领袖，并内庭官分应用。

又按：熟皮作需用羊角，系成造羊角天灯、万寿灯、执灯，亦见则例。

【续】按：皮库，内库之一，隶内务府。

所剩无用项皮张久贮库内，徒致变色朽坏。招商确估，共得价银五千一百二十二两七钱六分。赏限一年，令其如数交纳广储司银库。（清乾隆三十一年十月总管内务府折）

按：库内，皮库也。

又按：道光十八年四月，总管内务府折：乌梁海进到各样皮张，并库贮各样皮张、貂尾等项，照例售变，合值价银七千六百十八两一钱五分。请照向年分发之例，仍交两淮等六处（两淮、长芦、浙江、苏州、江宁、淮关），一体售变。其变价银两，照例给限一年，交纳广储司银库。

乾隆三十六年十月，总管内务府奏：遵旨成做皇太后乘用青狐皮辇里帏一分。查得皮库存贮皮张，并无青狐皮，现有次等黑狐皮七十八张，成做辇里帏一分，用黑狐脊七十二张。辇帘用黑狐胈四十条。俟乘用还时，仍收贮库，以备成做褡襆。（《内务府奏销档》）

乾隆四十年闰五月，清查皮库黄册，实存黑狐皮、青狐皮、黄狐皮三项，共二千九百五十八张，四等貂皮、五等貂皮、黄貂皮、白貂皮四项，共一万三百十四张。猞猁狲皮、狼皮、豹皮、白虎皮、白熊皮五项，共二百八张。染貂皮、染海龙皮二项，共五百九十五张。各色多啰呢、羽缎、羽纱、猩猩毡、小呢、大呢、哔叽、毡子八项，共长一百四十六庹三尺九分八厘。（《内务府奏销档》）

嘉庆二十一年，暹罗国贡孔雀尾、犀角，奉旨交皮库。（《内务府奏销档》）

上年乌梁海、黑龙江、吉林等三处进到黄貂皮，并库贮黄貂皮内，除各处领用及赏用外，现存黄貂皮二千七百七十一张，内拣选堪做貂褂之黄貂皮一千六百张，计敷貂褂二十件。拟仍照上年编为等第，赏给在

京大臣、御前侍卫、乾清门侍卫等，交价承领。（清道光十八年四月总管内务府折）

按：承领貂褂，应交价若干，折内并未载明。考貂褂领价，乾嘉间，每件约银二十两。详《内务府奏销档》。

广储司、皮库、茶库，年例恭备各项要差，需用絟斤红飞金、砸朱、洋金、银线等，均须札派粤海关监督购办。每次由该监督报销银七八万两不等。（清光绪三十一年三月总管内务府折）

瓷库

【初】瓷库在中左门外迤西之西配房及武英殿前影壁后。（《内务府册》）

瓷库专司收存金银器皿并古铜珐琅镀金、新旧瓷、铜、锡器等物。银作需用红铜索丝、铜、锡，熟皮作需用铜丝、铜条、铜铃、云口压条、铜镮，铜作需用铜钉、铜丝，衣作需用镀金铜钮，花作需用红铜豆条，俱向瓷库领用。内庭遇喜，分例所用铜、锡、瓷器，不拘数目，据宫殿监督领侍等传交瓷库，照数给与。江西烧造瓷器，烧造赍送呈进拣选留用外，其余交库收贮，以备内庭及各处应用。（《钦定总管内务府现行则例》）

按：则例又载：康熙十九年，派内务府官、工部官各一员，笔帖式各一员，动用江西藩库正项钱粮烧造瓷器，以供内用。二十七年停止烧造。雍正四年，派内务府官一员，照旧例于江西烧造瓷器。嘉庆十一年，著九江关拣选上好精细瓷器呈进。

又按：康、雍、乾三朝，景德镇御窑厂所出瓷器皆极精美，又有所谓珐琅彩瓷器，雍、乾之际，唐英驻厂督造，尤为宝贵。宫殿例用火盆，每年十一月初一日由瓷库交太监安设，次年二月初三日收回库中。

【续】按：瓷库，内库之一，隶内务府。

乾隆四十六年闰五月，清查磁库黄册，实存康熙年款圆器十四万九千二百五十一件、琢器五千七百四十七件，雍正年款圆器九万二千一百二十五件、琢器五千十三件。又清查蓝册，实存乾隆年款圆器十五万一百八十二件、琢器一万二千八百三十三件、珐琅圆琢磁器一百四十八件。（《内务府奏销档》）

按：查档载：乾隆四十四年，磁库存磁数目，尚有旧磁、各色琢器二十二件。此则无旧磁一项，增珐琅磁一项。又查档载：乾隆四十三年，遵旨拨送热河乾隆年款圆器二万件。四十四年，遵旨拨送盛京康熙年款圆、琢器三万五千件，雍正年款圆、琢器二万五千件，乾隆年款圆、琢器四万件。是拨送之数不可谓少，而乾隆四十六年，内库所贮尚如此之多，当时康、雍、乾磁器之富，可想矣。

嘉庆十□年，磁器库以磁器充斥，请发出变价。□□年再发一次。于是旧磁悉出，间有明代者，其式样之工、颜色之鲜、质地之美，往时外人偶得一具，必将珍为古玩，今乃为酒席之用。每一庖人，且备有数十席。（《竹叶亭杂记》）

按：《景德镇陶录·国朝御窑厂恭记》：国朝建厂造陶，始于顺治十一年奉造龙缸，面径三尺五寸，墙厚三寸，底厚五寸，高二尺五寸。经饶守道董显忠、王天眷、王瑛等督造未成。十六年，奉造栏板，阔二尺五寸，高三尺，厚五寸，经守道张思明、工部理事官噶巴、工部郎中王日藻等督造，亦未成。十七年，巡抚张朝璘疏请停止。康熙十年，奉造祭器等项，陶成，始分限解京。十九年九月，始奉烧造御器，差广储司郎中徐廷弼、主事李廷禧来镇，驻厂监督，悉罢向派饶属夫役额征，凡工匠物料，动支正项，销算公帑，俱按工给值。陶成之器，每岁照限解京。二十二年二月，差工部虞衡司郎中臧应选、笔帖式车尔德来厂代督。器日完善，其后渐罢。雍正六年，复奉烧造，遣内务府官驻厂协理，以榷淮关使遥管厂事，政善工勤，陶器盛备。乾隆初，协理仍内务府人员。八年，改属九江关使总管，其内务府协理如故。五十一年，裁去驻厂协理官，命榷九江关使总理，岁巡视，以驻镇饶州同知、景德巡检司共监造督运。今上（嘉庆帝）御极以来，诏崇节俭，每年陶器需用无多，而陶工益裕矣。

又按：《陶成纪事》：厂器陶成每岁秋冬二季，雇觅船只夫役，解送圆、琢器皿六百余桶。岁例，盘、碗、钟、碟等上色圆器，由一二寸口面，以至二三尺口面者，一万六七千件。其选落之次色，尚有六七千件，一并装桶解京，以备赏用。其瓶、罍、樽、彝等上色琢器，由三四寸高，以至三四尺高，大者亦岁例二千余件。尚有选落次色二三千件不等，一并装桶解京，以备赏用。

又按：《钦定总管内务府现行则例》载：嘉庆四年十二月，议覆奏准九江关烧造磁器，每年动支该关盈余项下银一万两，以后每年以五千两为率。十五年十二月，奉旨：九江关十六年分烧造盘、碗、盅、碟，著暂行停止烧造，改造瓷砖等项，酌核工价，不得过二千五百两之数。俟将来需用盘、碗、盅、碟时，再行照例烧造。又载：道光二十七年五月，本府奏准，嗣后每年九江关烧造大运瓷器，除琢器樽、瓶、壶、罐，照旧烧造。其圆器盘、碗、盅、碟，减成烧造，所需工价银两不得过二千两。

又按：《榆巢杂识》：康熙时刑部主事刘伴阮原在内廷供奉时，呈样磁数百种，制式极佳，所谓御窑者是也。龙宝拨墨，多出其手。

又按：《十朝诗乘》：景德镇御窑，历经置员监造，刘伴阮尝以九江关监督兼理。伴阮善绘人物，所制窑器，多自绘者，今其器不传。传者首推郎窑，紫衡中丞廷佐所制也，仿前明宣德、成化，称珍品。山阳许谨斋都谏《郎窑行》云："宣成陶器夸前朝，收藏价比璆琳高。元精融冶三百载，迩来杰出推郎窑。郎窑本以中丞名，中丞嗜古衡鉴精。网罗法物供品藻，三千年内纷纵横。范金合土陶最古，虞夏周秦谁复数。约略哥均定汝柴，零落人间搜出土。中丞嗜古得遗意。班政余闲程艺事。地水火风凝四大，敏手居然称国器。比试宣成欲乱真，乾坤万象归陶甄。雨过天青红琢玉，贡之廊庙光洪钧。"继其后者，以年窑、唐窑并称。雍正初，年希尧奉命治窑务，汉军唐俊公英监榷九江实佐之。查俭堂《年窑墨注歌》云："国朝陶器美无匹，近来年窑称第一。即此墨注如玉壶，下广上弇丰而虚。清光澹澹照砚北，云是雨过天青古时色。神螭躨跜绕其柄，铁足周遭黝如墨。下有小篆曲录文，观者从此辨伪真。"一器之微，其为人矜重如此。俊公在事逾三十年，创画尤多，尝撰《陶冶图说》二十篇进呈。其属绘者孙佑、周鲲、丁观鹏皆画院名手。又刊《陶成纪事碑》，备列窑造名件，自写其象，为陶成图，而希尧赋诗纪之。俊公好风雅，尝重葺九江琵琶亭，置笔砚其上，征过客题诗。其督粤关，子寅保甫成进士，命以庶吉士衔赴粤佐理榷务，以子佐父，曩未有也。尝辑所为诗曰《陶人心语》，其《送吴尧圃之均州》有云："此行陶冶赖成功，钟鼎尊罍关国宝。玫瑰翡翠倘流传，搜物探书询故老。"又曰："陶熔一发天地秘，神功鬼斧惊才雄。文章制度虽各别，以今仿古将毋同。"盖所制兼模古器，仿钧窑者即是时作。后来海盐朱笠亭客章江，复著《陶说》六卷，述制法甚详。又赋《官窑词》多首云："制年纪乾隆，今亦重官窑。仿佛宋吉州，第一书公烧。窑座各分作，安置必帖妥。鉴空许验青，心细能溜火。染采非渲染，采色颣石珠。为问堆与锥，制作又各殊。金玉铜漆木，色色肖象取。不独哥定汝，抟土能仿古。鱼子杂番锦，口足金为戗。不须铜作身，鬼工胜佛郎。方员与觚棱，随缘自能好。酒盏各象生，十锦更弄巧。琱盘盛九种，最爱印色池。安得紫方馆，养砚为相宜。模范既中款，油色亦动目。入古验陶旄，非徒贱薛暴。开窑辨细等，细若析秋毫。譬之人相去，纷如九牛毛。"承平物力方裕，制作必精，盖亦集历代之成。

又按：宫藏雍正五年三月内务府总管管理淮安关务年希尧奉朱批，原折略载：康熙十九年，烧造磁器，至二十五年工竣。烧成磁器共十五万二千余件，动用江省钱粮一万三百余两。马士弘烧造酒圆，俱书写成化年号，已遵旨传唤申饬，其景德镇烧造磁器，俱不许书写明朝宣德、成化年号字款。去岁，即遵将旨意行知江南总督、江西巡抚各衙门遵行。

广储司六库，存贮零星绸缎、衣料及磁器、纸张，有不堪久贮之项，每届数年，照例估价售变。道光五年，奏准磁库售变物件，计乾隆年款、嘉庆年款各色盘碗等共万余件。（《内务府奏销档》）

按：档并详载：估售价目，计：乾隆年款各色盘一千八十七件，每件银四分；各色碗二千七百二十二件，每件银三分；各色酒盅二百件，每件银一分；各色樽十三件、瓶九十一件、壶四十一件，罐一百二十八件，每件银一钱五分；各色靶盅一千件，每件银三分；各色供托六十一件，每件银六分；毛边惊璺粗磁缸六口，每口银一两；毛边惊璺旧磁罐五件，每件银五钱。

余查过内务府六库，六库中磁库库内古磁，如宋、元、明所制者，排列数十架，色色俱备。（《春明梦录》）

按：余，何平斋刚德自称也。

光绪三年六月，广储司磁库被窃，失去磁器一百一件。（《内务府奏销档》）

按：所失磁器，系白磁酒盅、磁花瓶、明磁青花樽、磁瓶、磁樽、磁花樽、青龙缸、磁罐、彩龙盘、磁搬指、青花白地碗等件。详见该档。档又载：光绪三十年十二月，磁库又被窃，失去磁碗、磁盅等件。

磁库东库房、中库房，系存储磁器及铜锡器皿紧要处所，请旨饬交工部勘修。（清光绪二十三年四月总管内务府折）

据江西巡抚咨称,九江关奉札,传造各色磁器,兹造成四万六千余件,经派员解京。(清光绪三十年十一月总管内务府折)

按:奉札传造各色磁器者,奉内务府札,开储秀宫膳房、茶房,传办慈禧太后七旬万寿应用各色磁器也。

衣库

【初】衣库在弘义阁南之西配房。(《内务府册》)

衣库专司收存侍卫处领用青狐、红豹、貂皮、黄狐皮端罩、皮袷、朝服、蟒袍,女官领用蟒袍褂裙、萨满衣,祭祀领用貂褂等项。熟皮作需用纺丝、杭细纱布,衣作做凉帽所用得勒苏草,花作需用绫、绸、绢,针线房需用包裹苫盖,所用粗细布挖单,俱向衣库领用。每年冬至以前,将衣库内所有皮端罩、朝衣等件,请旨颁赐大臣、侍卫等官员。衣库所有碎貂皮做成褂料,面用官用缎,交四执事库备赏用。又每年成造凉帽、荷包色绦以备应用。内庭遇喜,分例凡小阿哥、格格各用素缎小枕二个,纺丝笼套二块,二幅缎夹单一块,纱夹单一块,长五尺纺丝带四条,潞绸挡头一个,布挡头一个,布糠口袋二个,据宫殿监督领侍等传交衣库照数办给。御案、表案桌套,交织造处照依画样绣得,由衣库成造,并由该库收贮备用。绵甲亦贮该库。(《钦定总管内务府现行则例》)

按:则例并载:三旗游牧处蒙古每年共交得勒苏草一百四十七把,交衣库查收。嘉庆十三年,衣库现存棉甲九千三百五十件。又载:凡册立、册封、赞礼、宣册命妇所用礼服等项,照例向衣库领用缴回。

又按:《国朝宫史续编》:衣库额设三旗绣匠一百三十五名,外招募民绣匠四十名。乾隆三十年十一月,总管太监传旨,年例交衣库做绣花大荷包五十对,香色绦二十五对,酱色绦二十五对,玻璃豆向造办处要。

【续】按:衣库,内库之一,隶内务府。

查镀金花钮一项,有三号、四号、五号不等,旧系磁库制成备用,遇衣库成造御服时,按所用之数向磁库领用。而御服所用均系三号、四号,从不用五号。(清乾隆三十一年六月总管内务府折)

按:折附单载:红铜三号钮,每个重三分五厘,镀用金四厘八毫。红铜四号钮,每个重三分,镀用金四厘二毫。红铜五号钮,每个重二分五厘,镀用金三厘六毫。

三十二年以前,衣库积存剪零妆锦、片金、闪缎、字缎、倭缎、纱、缎、绸、绫等项,凑长六千三百五十五庹一尺六寸一分。经内务府奏准,变价银二千八百五十两一钱五分九厘。(清乾隆三十四年十二月总管内务府折)

茶库

【初】茶库在右翼门内西配房,并太和门内西偏南向配房,中左门内东偏配房。(《内务府册》)

按:《国朝宫史续编》:茶库在太和门迤西,隶内务府管理。乾隆十四年移藏历代帝后图像于南薰殿,其历代功臣像仍奔斯库,为轴二十有一,为册三。

茶库专司收存人参、茶叶、香纸、绒线、纩缨、颜料等项。银作需用硼砂、宝砂、盐碱、乌梅、白芨、松香、火硝碱、黑台矾、茶叶、广胶、珐琅料、檀香、牛金叶、纸张、熟皮作需用做灯用颜料及飞金广胶、贴金油纸张、丝线、绒纩、各色琉璃珠、皂角、白矾、鹿茸草、牛金叶、皮硝,铜作需用松香、硼砂、盐壝、石壝、西绿、胆矾、棉线、纸张、花梨木、紫檀木,染作需用各色颜料、黑白矾碱、梅子,衣作需用金线、缨纬、丝绒、棉线,绣作需用金线、绒纩、滚予纵线、衣线、棉线、粉、黑纸张,花作需用纸张、颜料、弦丝绒、练绒所用碱块、染弦所用红花水、做鹰鹞脚绊所用丝线、棉线,俱向茶库领用。茶库收存厚油纸,向系朝鲜国恭进,以备坤宁宫大祭等应用,道光五年始交营造司做制。(《钦定总管内务府现行则例》)

【续】按:茶库,内库之一,隶内务府。

乾隆时,各省例进方物,茶叶一类,两江总督进碧螺春茶一百瓶,银针茶、梅片茶各十瓶,珠兰茶九桶。闽浙总督进莲心茶四箱,花香茶五箱,郑宅芽茶、片茶各一箱。云贵总督进普洱大茶、中茶各一百圆,普洱小茶四百圆,普洱女茶、蕊茶各一千圆,普洱芽茶、蕊茶各一百瓶,普洱茶膏一百匣。四川总督进仙茶、陪茶、菱角湾茶各二银瓶,观音茶二次二十七银瓶,春茗茶二次十八银瓶,名山茶十八瓶,青城芽茶一百瓶,砖茶五百块,锅焙茶十八包。陕甘总督进吉利茶二次十八瓶。湖广总督进砖茶五箱。漕运总督进龙井芽茶一百瓶。河东河道总督进碧螺春茶一百瓶。江苏巡抚进阳羡芽茶、碧螺春茶各一百瓶。安徽巡抚进银针茶、雀舌茶、梅片茶、珠兰茶、松萝茶各二次八箱，涂尖茶四箱。江西巡抚进永新砖茶二箱，庐山茶四箱，安远茶三箱，芥茶四箱，储茶三箱。浙江巡抚进龙井芽茶一百瓶，各种芽茶一百瓶，城头菊五箱。福建巡抚进莲心茶十大瓶，花香茶十二大瓶，郑宅芽茶、片茶各六十小瓶。湖南巡抚进安花芽茶一百瓶，界亭芽茶九十瓶，君山芽茶五十瓶，安花砖茶五匣。湖北巡抚进通山茶五箱。陕西巡抚进吉利茶九瓶，安康芽茶一百瓶。云南巡抚进普洱大茶、中茶各一百圆，普洱小茶二百圆，普洱女茶、蕊茶各一千圆，普洱嫩蕊茶、芽茶各一百瓶，普洱茶膏一百匣。贵州巡抚进五斤重普洱茶一百圆，四两重普洱茶一千圆，一两五钱重普洱茶二千圆，普洱芽茶、蕊茶各五十瓶，普洱茶膏一百匣，龙里、贵定芽茶各五十瓶，湄潭芽茶一百瓶。(《内务府奏销挡》)

查得，向年商人所交票参，及打牲乌拉处应交人参，并宁古塔等处送到拿获私参，每年约共二三千斤不等。此内五等人参留四五百斤以备应用，其余五等人参、泡丁、芦须参、渣末，俱经奏准变卖。今查，库内现存五等人参三百八十一斤一两，泡丁七十八斤一两五钱，芦须三十一斤五两，参渣末十二斤。但五等人参为数不多，只敷存库，以备应用。其余库内所存，并无应用之处，应行变价。请照从前奏准价值，泡丁每斤银五十两，芦须每斤银十六两，参渣末每斤银二十四两变卖。再查，从前因参斤甚多，恐京中一时难于销售，是以将应卖参斤俱经奏明，分给三处织造并三处盐政运署售卖。但现今应卖泡丁、芦须、参渣末为数甚少，不便分给六处变卖。请将此项仍照前价留京，令人承卖，以平市价。(清乾隆九年六月总管内务府折)

按：参贮茶库。

茶库高丽纸一项，现存八十三万二千四百张。该国每年进十三万余张。一年所用约计不过八九万张。自乾隆二十四年变价后，累年所积，现今为数甚多。若徒贮该库，恐致霉变糟旧。今存留十二万张，足敷应用，其余请变价。遵照往例，头号纸每张价银四分，二号纸每张价银三分，三号纸每张价银二分。(清乾隆三十一年六月总管内务府折)

按：档并载：道光五年，奏准茶库售变物件：高丽纸，头号五万张，每张银三分，三号三十万张，每张银一分五厘。六安茶二千五百斤，每斤银二分。

嘉庆二十一年，暹罗国贡龙涎香、沉香、檀香、白胶香、降真香、藤黄、乌木、苏木，奉旨交茶库。（《内务府奏销档》）

按：以上银、皮、瓷、衣、茶五库，为内府库藏六大总汇所之五，属内务府广储司。

又按：则例并载：康熙四年十一月，呈准：大红蟒缎、大红缎、片金拆缨等项，派江宁织造处承办；纺丝绫、杭细等项，派杭州织造处承办；毛青布等项，派苏州织造处承办。其三处织造，每年织造缎纱、绸绫、纺丝、布匹、绒线等项，由缎库官员拟定花样、颜色、数目，派分各该织造处承办解送。凡朝鲜、越南、琉球、暹罗、苏噜等国进贡珍珠、金银、绸缎、布匹、凉席、纸张、香料、铜锡等物，俱由礼部奏明数目，转送交各该库收贮。凡内庭阿哥、格格种喜花送神，所用纸扎、冠袍、带履、香亭、船伞、轿马、宝幡、黄钱阡张、元宝、香烛、纸花及赏赐医官红缎、银两、金花、馒首等物，由堂交各该处预备。凡银库银两，缎库官用缎、生绢、棉花布匹、茶库香料、茶叶、五色纸张、颜料、紫檀木、花梨木、瓷库铜、锡、铅等，如不敷用，由各该库呈明户部领取。凡贡茶，江南省六安州霍山县每年交六安茶四百袋，每袋重一斤十二两，由光禄寺转送茶库。浙江省每年交黄茶十八篓，每篓八百包，由户部转送茶库。盛京佐领等所属壮丁额交棉线，岁七百七十四斤，关内粮庄每年每名应交红花八两，俱交茶库。御膳房年节用堆画牌子六十九个，堆画灯笼六十九个，绢灯笼四百个，俱据膳房首领太监传交茶库照数造给。《粟香五笔》：阳羡贡茶，元明最盛，本朝止岁贡芽茶一百斤。

右翼门

【续】顺治三年十月，右翼门工成，门座五间。（《清世祖实录》）

文职四品、武职三品以下官员、仆从人等，由神武门内西夹道进至右翼门停止。（《军机处藏紫禁城各门图注》）

太和殿　中左右门

【初】太和门北正中南向者曰太和殿，基崇二丈，殿南十一丈，广十一楹，纵五楹，上为重檐，脊四垂，正吻二，旁吻四，前后金扉四十，金锁窗十有六。殿正中设宝座，殿前为丹陛，环以白石阑。龙墀三，重陛五出，下重级二十有三，中上二重级各九，上下露台列鼎十有八，铜龟、铜鹤各二，日晷、嘉量各一。左有门曰中左门，右有门曰中右门，皆南向，与昭德、贞度二门相对。太和殿即明之皇极殿，清顺治二年始改皇极曰太和。康熙八年重建，三十年修，乾隆三十年再修。中左、中右两门袭明旧。

太和殿

【初】太和殿殿九楹，每楹朱漆柱九，中楹柱绘盘龙。殿顶俱五彩隔尘，金碧灿烂，中一室悬镜如星，中悬一轩辕镜，直御座上。御座朱红漆镀金，嵌以绿色。宝座上大椅皆三展，不设几座。四面俱丹陛三道，道各三累，有围阑。殿上俱黄绒地衣，下衬以棕荐篾席，惟御座一间加以五彩蟠龙地衣。殿两旁近南有二朱扉，东西向，不甚高大。有金滴水。东西柱下各一方桌，黄绫四面围，东桌黄绫袱盖一物如方函，西桌金缎袱盖一物如盔，余无所有。（《青珊杂记》）

按：乔莱《直庐集·太和殿赋》云："虽袭故而寡增，已穷妍而极态。"又云："雕栱裂巴江之锦，藻井垂太液之莲。"皆写实语。《钦定总管内务府现行则例》：凡遇皇上升殿之日，宝鼎内燃用松柏枝五斤八两，太和殿宝鼎燃用松柏枝十一斤。

又按：太和殿前丹陛上龟鹤，御殿时亦各炷香。御座清曰宝座，明曰金台。此殿即明之皇极殿，未称皇极之先名曰奉天。据《篷窗日录》：北京奉天殿两壁斗拱间绘真武神像。

太和殿丹墀下为文武官行礼位，范铜为山形，镌正从一品至九品。清汉文东西各二行，行十有八，列于御道两旁。（《大清会典》）

按：《郎潜纪闻》：太和殿丹墀下品级山，皇上升殿，科道官立山旁纠仪，谓之"站山子"。即宋人排班石遗制。

每岁元旦、冬至、万寿三大节及国家有大庆典，则御殿受贺。凡大朝会、燕飨、命将出师、临轩策士及百僚除授谢恩，皆御焉。（《钦定日下旧闻考》）

按：《大清会典》：每遇十年国庆，则有朝会宴飨之礼。圣寿正庆之年，亦豫于元旦举行筵宴。

本朝家法日理万机，引对百官均在内殿，无间时刻。至太和殿为正朝，遇行大典礼及庆节受贺，则御之。凡大小臣工迁调叙用，有应谢恩者，鸿胪寺按例汇集人数，请期御殿。（清嘉庆丁巳《御太和殿》诗注）

登极之礼，先期分遣官祇告天地太庙、社稷，至日五鼓，各执事官入太和殿，设宝案于御座前，正中设诏案、笔砚案、表案，陈卤簿法驾，乐悬，均如仪。内阁学士一人奉诏书，礼部仪制司官奉表，内阁中书奉笔砚，均陈于案。大学士一人率学士诣乾清门，恭奉皇帝之宝至太和殿，奉安宝案正中。质明，皇帝诣几筵前行祇告受命礼。毕，至侧殿更礼服，诣皇太后宫。皇太后更吉服升座，皇帝行三跪九叩礼。至时，礼部堂官二人诣乾清门告时，皇帝由乾清门左旁门出，乘舆导引扈卫如仪。午门鸣钟鼓，皇帝御中和殿内，大臣、侍卫、内阁、礼部、都察院执事各官于殿前行礼，毕，各共职事。礼部尚书一人，进至檐下，跪奏请即皇帝位。皇帝御太和殿升座，鸣鞭，王公百官行三跪九叩礼。毕，大学士诣宝案，恭视学士用宝讫，乃颁诏，布告天下。礼成，鸣鞭，皇帝退朝，至乾清门外降舆，仍由左旁门入，更衣还宫。次，大学士率学士奉宝至乾清门，交贮大内。是日宫悬大乐，皆设而不作，表陈而不宣，余仪均与大朝同。（《大清会典》）

按：清代皇帝登极，顺治御皇极门（太和门），王、贝勒等序立内金水桥北，文武官序立桥南。至康熙缵业，御殿登极，典礼始备。雍正承大统，一如前仪。乾隆以后，储宫嗣立者并同。顺治登极，朝鲜致贺贡方物。康熙、雍正、乾隆、嘉庆、道光、咸丰、同治、光绪登极同。康熙登极，琉球致贺贡方物。雍正、乾隆、嘉庆、道光、同治、光绪登极同。雍正登极，越南致贺贡方物。乾隆、道光、同治登极同。嘉庆登极，暹罗致贺贡方物。道光登极同。嘉庆登极，缅甸致贺贡方物。

又按：《大清会典》：皇帝宝盝高九寸，方八寸五分，宝色池高三寸四分，方六寸四分，均金制。盝镂花草文，外椟高尺有三寸，方尺有二寸，椟架高二尺一寸，方尺有八寸，均楠木制，朱髹。椟绘金云龙，架雕龙文，袱垫均用黄绮。

乾隆六十年十一月十八日，礼部奏进丙辰年正月初一日皇上御太和殿，亲授宝玺。皇帝受宝礼成，御太和殿登极，颁发传位诏书各仪注。丙辰元日，銮仪卫陈卤簿于太和殿前，步辇于太和门外，五辂及驯象、仗马、黄盖、云盘均于午门外。乐部设中和韶乐于太和殿前檐下，丹陛大乐于太和门内，导迎乐及龙亭、香亭均于午门外。銮仪卫于太和殿槛内正中设皇太子拜褥。内阁、礼部、鸿胪寺官于太和殿东楹设诏案，西楹设表案，又设黄案于丹陛正中。内阁学士奉传位诏安于东楹案上，礼部官陈传位贺表于西楹案上。内务府官于御座左右旁设几二，大学士、内阁学士诣乾清门请皇帝之宝，内阁学士恭捧，大学士从，恭设左旁几上。大学士二人分左右立殿檐下，王以下文武百官朝服咸集。朝鲜、安南、暹罗、廓尔喀各国使臣集于班末。钦天监官于乾清门外报时。礼部堂官先诣毓庆宫，请启皇太子朝服祗俟。是时，后护内大臣二员率侍卫二十员于乾清门外，礼部堂官二员于门阶下，前引大臣十员于太和殿后阶下，咸左右序立。礼部堂官奏请皇上礼服乘舆出宫，皇太子随行。礼部堂官前引后护，内大臣从，至中和殿后降舆，皇上御中和殿升座，皇太子在殿内西向立，鸿胪寺官引执事大臣官员，按班不赞，行九叩礼，侍班官先趋出，就外朝班位立。中和韶乐作，奏"元平之章"。皇上御太和殿升座，皇太子在殿内西向立。乐止，銮仪卫官进至中阶右，赞"鸣鞭"，阶下鸣鞭三。鸣赞官赞"排班"，丹陛大乐作，奏"庆平之章"，礼部堂官导引皇太子诣正中拜位后立，鸿胪寺官排班，引王公立丹陛上，文武百官暨外藩各国使臣在丹陛下立。鸣赞官赞"进，跪"，皇太子率王公以下皆跪。赞"宣庆贺传位表"，宣表官由西楹入殿右门，从西楹案上奉至殿檐下正中跪，大学士二人左右跪，展表，乐止。宣讫，仍奉原案上。退，赞"兴"，皇太子仍就立左旁，西向。大学士二人恭导皇太子近御座前，跪左旁，大学士请宝，跪奉，皇上亲授皇太子，皇太子跪受，右旁大学士跪接，奉设御座右几上。大学士导引皇帝仍诣拜位，乐作，赞"跪，叩，兴"，皇帝率王以下行九叩礼。赞"退"，乐止，礼部堂官奏礼成，赞"鸣鞭"如前，中和韶乐作，奏"和平之章"，太上皇帝启座，乘舆还宫。内监豫设乐悬，太上皇帝御内殿，内廷主位、公主、福晋及未受爵之皇孙、皇曾孙、皇元孙行庆贺礼。皇帝于保和殿暖阁更服皇帝礼服。内阁学士豫奉传位诏、皇帝之宝于太和殿正中案上。礼部官豫奉登极贺表于殿东楹案上。其前引后扈俱侍立于保和殿外，如前仪。钦天监官报时，礼部堂官奏请皇帝御中和殿。执事大臣官员按班，不赞，行九叩礼，趋出，就班次如前。皇帝御太和殿登极，中和韶乐作，奏"元平之章"，皇帝升宝座，乐止，赞"鸣鞭"如前。丹陛大乐作，奏"庆平之章"，赞"进，跪"如前。赞"宣庆贺登极表"，宣表官由东楹入殿左门，奉东楹前案上表文。乐止，宣读如前。乐作，赞"叩，兴"，王公以下暨外藩各国使臣行九叩礼，退，复班次立。大学士进殿左门，礼部堂官进至檐下，大学士奉诏由阃东出殿中门，授礼部堂官。礼部堂官跪受，兴。奉至丹陛正中黄案上恭设，行三叩礼，兴，复奉由中阶下至丹墀，陈于云盘内。礼部官一员跪受，兴，由中道出。礼部堂官奏礼成，赞"鸣鞭"如前。中和韶乐作，奏"和平之章"，皇帝启座，乘舆还宫。大学士、内阁学士诣乾清宫送宝，礼部恭镌传位诏书，颁行天下。（《国朝宫史续编》）

按：嘉庆有丙辰元旦《授受礼成纪恩》诗。

又按：乾隆授受礼成，申示撰进颂册诸臣谕：今将诸臣所进各册，遴其措词尤雅者以备观览。自宜酌加奖赉，特将内库藏贮蟒袍、缎匹、荷包等件分别颁赏，以志一时赓飏之盛。《钦定总管内务府现行则例》：乐部设署正、署丞，分掌祭祀、筵宴、乐舞等事。礼部册：乐部公署在景山西门外迤北道西，乾隆七年创建。《清稗类钞》：乐部在京师西安门内，国初沿明制设教坊司，有奉銮，其属左右韶舞司乐四人，协同官十人，俳长无定员。或云，用领乐官妻四名，领女乐二十四名，由各省乐户挑选入京充补。凡东朝行礼筵宴，随钟鼓司进，入宫作乐。顺治辛卯改女乐，乙未复之，己亥又改用太监，遂为定制。雍正己酉改为和声署，礼部、内务府、太常寺、鸿胪寺皆领之。乾隆壬戌始命王大臣总理乐部事。王一人，侍郎一人，皆兼职也。

颁诏之礼，礼部、鸿胪寺官豫设诏案于太和殿内左楹之南及丹陛正中，銮仪卫设黄盖、云盘于丹墀内。届时，内阁学士奉诏至乾清门，恭用御宝毕，奉至太和殿，陈于东案。皇帝御殿，群臣朝贺礼毕，大学士一人入殿左门，诣案奉诏，由中门循左阃出至殿檐下，授礼部尚书。礼部尚书由中阶左降至丹陛正中，陈于案，复奉诏由中阶降置云盘内。礼部仪制司官奉云盘张黄盖，由中道出太和门。（《钦定日下旧闻考》）

顺治八年，上亲政，御太和殿。（《蒋氏东华录》）

按：康熙帝亲政，则在登极之六年，御太和殿受贺，加恩中外，罪非殊死者咸赦之。

光绪十五年二月初三日，上亲政，率百官诣慈宁门行礼，御太和殿受贺，宣诏，颁行天下。（《翁文恭日记》）

按：是时慈禧太后归政，光绪帝始亲政。

又按：同治帝亲政，在同治十三年。参看本书养心殿同治十三年正月二十六日条。

大朝之礼：元旦长至次日万寿圣节，每由部疏请御殿受贺。得旨，先期戒百执事。至日五鼓，銮仪使率官校至太和殿前，陈法驾卤簿，乐部率和声署陈乐悬。仪制司郎中奉在京王公百官贺表入殿内，陈左楹表案，内阁中书奉笔砚陈右楹案上，皆退。质明，王公暨文武一二品官，从皇帝朝于皇太后，三品以下官会午门阙下，均行礼。毕，鸿胪官引王公暨一二品官入右翼门，引三品以下官入左右掖门，东班由昭德门，西班由贞度门，外国使臣从西班，咸入就位立。礼部堂官二人诣乾清门，奏请御殿。午门鸣钟鼓，领侍卫内大臣二人，率豹尾班执枪侍卫十人、佩刀侍卫十人立于乾清门外。礼部堂官二人立于乾清门阶下，前引大臣十人立于太和殿后阶下，祇俟导引。皇帝乘舆出乾清门，后扈内大臣二人及御前乾清门侍卫，从礼部堂官二人恭导，由保和殿御中和殿座，侍班官、导从官于殿前行三跪九叩礼，不赞。礼毕，侍班官趋出，各就班位立。驾兴，礼部堂官二人暨十大臣前导后扈如初。中和韶乐作，皇帝御太和殿，升宝座，导从官各就位立，乐止，銮仪卫官进，至中阶之右，三传鸣鞭，阶下三鸣鞭，退，复位，鸣赞官赞排班，丹陛大乐作，鸿胪官引王公百官各就拜位，班齐，赞进，众进，赞跪，赞宣表，宣表官入殿左门，诣表案前奉表出。大学士二人同至殿檐下，宣表官正中北面跪，大学士二人左右跪，展表，乐暂止。宣表官宣讫，奉表还于案，复位立。乐作，鸣赞官赞叩，兴，王公百官行三跪九叩礼毕，乐止，引退，复位立。次引外国使臣就拜位，乐作，赞跪，叩，兴，各行三跪九叩礼毕，乐止，引退，复位立。赐群臣坐。诸王公由殿右门入，大学士由殿左门入，就位内，大臣等各就本立位，均跪，行一叩礼。坐，赐王公以下，文官三品、武官二品以上暨外国使臣茶，受茶及坐饮毕，皆行一叩礼。銮仪卫官传鸣鞭如初，众皆兴。阶下三鸣鞭，驾兴，中和韶乐作，还宫，乐止。鸿胪官引王公百官各以次退。（《大清会典》）

按：会典并载：在外将军、督抚、提督、副都统、总兵官恭进庆贺表笺，送贮内阁。《皇朝掌故汇编》：凡陈设笔砚，案在殿内右楹之南，东向。华盖在殿门外正中，法驾卤簿陈东西檐下及丹陛东西阶至丹墀以南，静鞭在中阶下，北向。仗马在左右阶下，步辇在太和门外，五辂在午门外，驯象在五辂之南，朝象在天安门外，皆东向。大朝庆贺，设表案于殿内左楹之南，西向。遇颁诏，设案二，一于殿内左楹之北，西向；一于丹陛正中，南向。凡乐悬，中和韶乐在殿檐东西，丹陛大乐在太和门左右，均北向。鼓吹大部在午门外，东西向。中和韶乐，皇帝御座及还宫则奏之乐章。御座，元日奏元平，长至奏遂平，万寿圣节奏乾平，常朝奏隆平；还宫，元日奏和平，长至奏允平，万寿圣节奏太平，常朝奏显平。丹陛大乐，群臣行礼则奏之乐章。王公百官奏庆平，外国使臣奏治平，大朝、常朝同。凡班位，亲王世子、郡王长子、贝勒一班，贝子、入八分镇国公、辅国公一班，在丹陛之上立位。左翼西面，右翼东面，皆北上。拜位亲王一班，世子、郡王一班，长子、贝勒、贝子一班，镇国公、辅国公一班。左翼西上，右翼东上，皆北面。不入八分公以下文武百官在丹墀之内立位，东西各九班，班如其品。满官左翼四旗西面，右翼四旗东面，皆北上。汉官东班，吏部、户部、礼部、宗人府、通政使司、翰林院、詹事府、太常寺、光禄寺、鸿胪寺、国子监、吏科、户科、礼科、内阁中书、钦天监、太医院在左翼之南西班，兵部、刑部、工部、都察院、大理寺、銮仪卫、太仆寺、中书科、兵科、刑科、工科、顺天府京县、五城兵马司、京营将弁在右翼之南，拜位正从，各依品级出序立。东西各十有八班，左翼西上，右翼东上，皆北面。外国使臣在西班末立位，东面北上，拜位北面。大朝、常朝同。凡侍班，大学士、学士、詹事、少詹、读讲学士立于殿东檐第三柱，西面，左都御史、左副都御史立于西檐下第三柱，东面，皆北上。记注官四人立于殿内西三楹，东面。前引大臣十人在宝座前立，东西面。后护内大臣二人在御座旁左右佥立，内大臣率豹尾班侍卫，左右各十人，在座后两旁。大朝、常朝同导驾。大朝，礼部堂官二人立于丹陛螭头下，常朝，鸿胪卿二人立于丹陛上，均东西面，北上。凡执事，乐部典乐一人立于中和乐悬之次，东面，鸿胪寺鸣赞官四人立于东西檐第二柱，引王公，鸿胪寺官二人立于丹陛，引百官，引外国使臣。鸿胪寺官序班，各二人，立于丹墀，皆北上，东西面。銮仪卫传鸣鞭官六人立于丹陛西阶，每阶二人，皆东面。大朝、常朝同。若大朝，庆贺宣表官一人立于东檐第三柱，内阁学士后西面。凡纠仪，御史二人立于西檐第三柱，东面，北上。御史四人、礼部司官四人立于丹陛，御史八人立于丹墀班前，御史四人、礼部司官二人立于班后，皆北上，东西面。御史四人、吏部、礼部司官各二人于班末，东西立，皆北面。大朝、常朝同。清乾隆《冬日视朝》诗注：是日，哈萨克使臣行礼，琉球使臣适亦随班叩阙。

又按：大朝典礼所称外国使臣，指朝鲜、琉球、缅甸、暹罗等诸国使臣而言。至欧洲各国使臣，在康乾朝有俄、葡、英使臣来觐。召见时赐坐、赐茶，待以殊礼。嘉道间各国使臣争觐见，仪节责以拜跪，临觐告病。至同光时，议定仪节，欧美各国及日本使臣始举行正式觐见之礼。和声署初主于礼部，遇正朝庆贺，取市贩鼓吹者流充其数，后审定律吕乃易，以内府承值。设朝旧皆用黄钟宫，后经乐部奏定，十二月各用其律。御殿庆贺，例有赐茶之典。乾隆时命以所得和阗玉碗供御，所赐之茶即奶茶。

皇帝御殿，前引大臣自太和殿后导引，由宝座两旁趋至宝座前，左右东西面立；后扈大臣二人自宫内随出，升至御座左右佥立，豹尾班于宝座后南向立。（《大清会典》）

按：嘉庆二十四年，谕旨：太和殿受贺筵宴及御殿，俱在地平、二层两角安设炭火二盆。

大朝入贺，外国使臣从西班入，就位行礼毕，赐坐，赐茶。（《钦定日下旧闻考》）

按：外国使臣详大朝之礼条注。西班，由贞度门入之官员班位也。朝鲜使臣元旦随班入贺，绿袍、乌纱帽、象筒，拜舞丹墀。

朝贡之国，东曰朝鲜，东南曰琉球、苏禄，南曰安南、暹罗，西南曰西洋、缅甸、南掌，皆遣陪臣为使，奉表纳贡。来朝诸国遇有嗣位者，先遣使请命于朝。朝鲜、安南、琉球钦命正副使，奉敕往封，其他诸国以敕授来使赍回。贡使至京，遇大朝、常朝之期，太和殿随班朝贺；若不遇朝期，召见便殿，服其国朝服，至丹墀西，行三跪九叩礼，赐坐，赐茶，皇帝慰问，礼毕，赐食于朝房。至赐予，由礼部请旨。届期，设案于午门外御道左，户部、工部、内务府司官各陈赐物于案，上驷院陈马于庭（各国惟朝鲜国王及贡使赐马）。贡使暨从官各服其国朝服，至午门外立御道右行礼，受颁赐。（《大清会典》）

按：清崇德二年入朝鲜国都，国王面缚纳质，永为臣仆。顺治三年，琉球闻声，首先请封。九年暹罗、十七年安南相继归附。雍正四年苏禄、七年南掌先后入贡。高宗继统，荡平回疆，兵不血刃，而浩罕、布鲁特、哈萨克、安集延、玛尔噶朗、那木干、塔什干、巴达克山、博罗尔、阿富汗、坎巨提相率款塞通译四万，举踵来王。乾隆中叶，再征缅甸。三十四年，缅恳乞贡。五十七年，复征服廓尔喀，廓稽首称藩。于是环列中土诸邦悉为属国。

又按：《大清会典》：颁朝鲜国王金印，龟纽芝英篆。安南、暹罗、琉球三国王金饰银印，均驼纽尚方大篆。《簪云楼杂记》：顺治乙未，朝鲜献白鹰。《池北偶谈》：昔在礼部，见荷兰、暹罗、琉球诸国表文用金花笺文，义皆如中国，或谓闽粤人代作。俄罗斯国以顺治十四年遣使入贡。康熙十二年，暹罗请封，上以海道窎远，令以敕印，付其使臣带往。《康熙御制文集》：康熙二十五年，谕荷兰国王，并赐王文绮、白金等物。《中西见闻录》：俄文馆翻译俄罗斯国使臣义兹柏阿朗特义迭思聘盟日记略云：康熙三十一年九月到京，休沐三日，恭候引见。第三日，按中国典礼传旨，内廷赐宴，亦似民间洗尘。余敬随诸大臣入朝，见提督内大臣索额图及他大臣四位，一同迎劳。地上悉设花罽，延坐其上。提督倡言曰："吾主大皇帝特赐此筵，无暇自至，君长路辛劳，敬请食之。"即有旨酒、嘉殽，如鸡鹅牛羊之属，干鲜果品杂一桌。桌方式，面各宽二尺，是为劳使臣之席。器皆银制，层累约七十余品，众大臣另席相陪。饭毕，众皆饮茶或吸烟，惟饮余以各色洋酒。提督又曰："愿贵使臣飨此宴，即为我皇恩优渥之据。再候数日，旨下时，须亲奉国书，预备召见。"余起身谢恩，乃回馆。十月初五日，提督派官数员，告以明日亲带国书，伺侯召见。余谨受教。次日八钟，有大员三位来约同行，其补服有团龙、狮、虎、仙鹤各像，皆金线绣制，又马五十匹，为从者乘骑。余按泰西礼，携我大皇帝国书，偕委员整列而进，至禁城外门，有石碑，云是官员下马处。余即遵制，步进入五重门。始至殿，见玉阶，千官蟒衣绣服，光彩夺目。在此待余，略相款接，圣驾已出。余奉国书，按常礼颂扬数语，遂退下。十月初九日，奉旨明日赐宴。余钦遵。次早，随特派官员偕副使等进朝，入六重院落，见众多官员锦衣绣裳，济济跄跄，按品站立。俄传呼上殿，入门，见皇上已出，上坐。左右数人作乐，箫管悠扬，怡心悦耳。又十二人似护驾仪仗，皆执长柄金斧，上悬虎豹各尾。升座，乐止，执斧人亦皆分列左右。御筵上殽果炫陈，器皿悉银，覆以黄色大缎。提督、额驸及二大员近侍，余在座右二丈五六尺外，皇上注视良久，已而，顾提督有言。提督跪起，执余手前进，至离御座一丈一二尺，余之随员又在我后三丈外，上又语提督，至余前敬问我皇上起居，余答礼惟谨。旋命撤筵上黄缎，亦谕我食。余另一席。众大臣二百余人，各依坐位，二人一席，如波斯国礼，皆盘膝坐氍上，余勉强盘膝相从。特撤御筵上烧鹅、烧猪、烧羊赐我。内羊肉异常香美，随又赐果数盘，已又赐茶，此茶奶油和面所作，如西洋之噶霏，余祗领惟谨。上命提督问余通西洋几国语，余对以通俄国、日耳曼、荷兰语，略通意大利国语。即见有官从后退出，带入耶稣会中三人至宝座前，跪行叩礼。上命起。一法国人，名热尔必良，其二为葡萄牙人，一名波玛斯，皆教师。上命热教师问："从汝南京至我北京，行多少月？系乘车骑马，抑或乘船？"余逐一答。上连称"国洼"、"国洼"。又命我前，提督携余手又前，离宝座六步正向一席，命坐于是，余谢坐。又命热教师细询一路情形，并俄国南京去路赤道若干度，离波兰、法郎西、意大利、大西洋、荷兰诸国里数。余亦逐一谨对。语毕，亲执金杯酒，顾提督赉我饮。余饮少许，仍敬还提督。询问通官，云："是马乳所制"。后又命随带俄官至一丈七八尺前，亦以此酒赐之，亦照西洋礼谢恩。提督仍携我退原处坐。刻许光景，宴毕，上顾我点头，下坐，出左边门还宫。禁城式长方，以砖砌，深较宽约倍。宫殿悉覆以琉璃黄瓦，有龙狮各兽形。殿高约六丈四尺，阶十数层，窗与西洋不甚差，而格较小，却不通透，以纸糊故也。东西二门上刻木如王帽形，饰以金，光闪闪射目。内不隔断，顶上不作圆棚，皆金漆彩画各种物形，深约十八丈，宽约六丈，地上按满洲礼铺以绒氍，上织各色草虫。宝座设向东门尽近，后壁宽长皆一丈八尺，前面左右有陛，可循级而上，护以雕栏，镂叶镀金为饰。两旁亦有雕栏，刻各物，或曰金制，或曰银制，然外悉金彩华丽。中如佛龛，有门二扇，内即宝座，高二尺，以貂皮为褥，皇上盘膝而坐，仰瞻御容，非必秀出人寰，然视之令人忠爱之心油然而生。黑睛奕奕有光，隆准，头微向上，须黑而短，颊下颇疏，面多细麻，身适中，衣青缎袍，蓝青色褂，出银鼠风，项挂珊瑚朝珠，垂于胸腹，冠貂冠，红绒结顶，后被孔雀翎数层，发后结一辫，无他金宝之饰，足登元色绒靴。用膳时合殿寂然，惟见各大臣以目下视，皆若忘于言也。次日，皇上特遣官二员带领游历城内景胜，并马五十四，为从人乘骑，余即备马同行。随至一处，似是戏园，房廊高大，内一高台，上多雕彩各画。台上正中有一方孔，周围有楼，楼上有栏，二官照料坐位，款待茶酒，戏之佳不待言。兼有戏法，亦极敏妙。有从空手变出香桃、金橘、葡萄各鲜果，又变飞鸟、螃蟹各生物，其余亦有在西洋曾见者。又一技人，以玻璃圈数枚，大者如人手，叠置木梃梢头，横飞竖舞，无一落地，真绝妙也。已而六人共舁一竹竿，长约数尺，直立地上，一童猱升至顶，匍匐其上，转运如轮，盘旋不已。既而，以一手执竹梢，徐蹑足立于梢上，拍手腾空，飞身而下。此外之技，不可枚举。戏佳甚，闻诸伶人皆供奉内廷，无怪艺之绝耳。戏彩之衣，悉金珠晃漾，所演戏，为一英雄破敌还朝，大似策勋饮至，并有多神下界，神内一人，赤面如朱，云是从前皇帝也。戏之中间，忽出美妇二人，曲眉秀项，丽服炫妆，各立二人肩上，翩跹而舞，应弦合拍，如履平地。又二童子，衣奇异之衣，奏技如果斯提兑。尽日所观，无不入妙。曲终拜谢而回。是日，遵满洲礼，上幸虎园打虎，即日还宫。数日后，上遣官二员传旨，以次日先黎明一时入朝辞行。钦遵。次日，未黎明前一时之半，有三员官来约，并马同行，至下马碑处，步入三重门，进一室坐，仍有如噶霏之茶，云是满礼早晨所食者。见第四院内朱紫纷集，悉满洲衣冠，风雅华丽。俄，黎明，引入第四院，坐百官之中。侍臣皆按品秩，或东或南，两处鹄立。刻许，闻圣驾将出，箫管悠扬，如闻仙乐。此殿又非前日召见处所，内设宝座，铺黄绒，两旁列二大鼓，金彩辉煌，鼓大约十八尺，下有木座。皇上入座后，命一官从内出，至众官次，朗宣数语，惟闻末云"起来叩头"。如是者三。各官即行礼三次。行礼时，钟鼓齐鸣，丝竹外有一器，音极清锐，殊震耳。有二大臣命我进，从二丈八尺外遂进至一丈八尺，立二满王之间，行礼毕，钟鼓大作，声如发炮。箫管备举，接连六次。仍赐坐，复赐如噶霏之茶一盏，余捧而饮。两国公事毕，余起身，三行礼，上起，进西方门还宫。此院内銮仪兵衣红布衣，上印如洋元花，小帽、黄翎，云，黄色惟御前用之。又有腰佩刀、手执长枪、上挂小旗之兵，在院内排立，去兵不远有马八匹，一色纯白，鞍辔悉具，应亦仪仗也。第三院内象四只，内一白象，胥被文绣之衣，髻头等均以金银为饰，背负细木雕刻小亭，内可容八人。又有御用轿辇，皆以黄罩罩之。又许多木椅，木座，为钟鼓及各庙乐器所用。下朝即登象辇，送归第。象奴十人，以大绳系象头，左右牵之以行。项坐一奴，手执铁钩，以为约束指示。象颇驯，驭者走如飞，似加意为之，恐其生事也。《粟香二笔》：鼻烟来自义大利国。义与中国通，在明嘉靖年间。至本朝雍正三年，始贡鼻烟壶及鼻姻。《两般秋雨盦随笔》：苏禄国在重洋外，与吕宋国接。有明以前，从不进贡。

雍正四年，遣其臣阿石丹进表效贡。表文一道，大珠二颗，燕窝一箱，玳瑁一匣，金花支踏一匣，上幼牙一匣，上幼喝茅一匣，藤席二领，番刀一对，白花曲剑一对，番标一对。其表文有二折：一系番文，一系汉文。清军机处存档内安南档礼部定例：安南国向系三年一贡，六年遣使来朝一次。合两贡并进。其例贡系金香炉、花瓶四副，计重二百零九两，折金二十一锭。银盆十二事，计重六百九十一两，折银六十九锭。沉香九百六十两，速香二千三百六十八两。乾隆五十七年，安南国王阮光平殄灭黎维祁，将搜获象只、器物遣使臣赍献。乾隆五十八年直隶总督奏片：瑛咭利国贡天地图、架坐钟、天球全图、地球全图、测定时候天气器具、试探气候架、军器铜炮、西瓜炮等件。乾隆五十九年军机处奏片：荷兰国贡乐钟金表等件。《听雨轩笔记》：乾隆朝，广西镇南关山下有昭德台、左江道、左江镇。总兵至关，先设黄幄于上，标兵列阵布左右。安南贡使抵关外，则武员先禀请钥匙，其长四尺余，大若人股，然后升旗、放炮、鼓乐、开关。彼国通事率领贡使人役鱼贯而入，向昭德台三跪九叩首毕，随即请见各官。道、镇验表文，阅贡物，查其随从人数，量留百余人跟随赴京，余悉犒赏酒筵银币，遣其回国。凡有货物，不计多寡，准其携带，惟军器则禁之。进京朝见，赐宴犒赏毕，辞朝归国，仍自原路回至广西。而太平知府新太协副将送至镇南关口，贡使复向昭德台叩首谢恩，然后出关。其国已预遣人于关外，至是相从归国。嘉庆《职贡图联句》注：每图各绘其男女之状及其部长、属众衣冠之别，凡性情、习俗、服食、好尚，罔不具载焉。图为画院诸臣所绘，其系说则内廷诸臣所纂集也。《粟香三笔》：道光四年，越南贡使陈请为其国王母乞人参，得旨赏给。而谕中有外夷贡道之语，其使臣欲请改为外藩。部中以诏书难更易，刘申受先生逢禄草牒，复之曰："周官职方，王畿之外，分九服，夷服去王国七千里，藩服九千里，是藩远而夷近。《说文》羌、狄、蛮、貊字，皆从物旁，惟夷从大从弓者，东方大人之国，夷俗仁仁者寿，有东方不死之国，故孔子欲居之。且乾隆间上谕申饬四库馆，不得改书籍中夷字作彝、裔字。舜东夷之人，文王西夷之人，我朝六合一家，尽去汉唐以来拘忌嫌疑之陋，使臣毋得以此为疑。"越使遂无辞而退。藩属表章，票拟式样册，暹罗正表，金叶番字，其表有正无副。缅甸同南掌正贡表，销金蒲叶番字，正副共一匣。道光十九年，琉球国递奏书，馈送册封使臣宴金，奉旨不必收受，令来使带回。

道光二十年，谕旨：琉球国陪臣子弟四名，准其随同贡使北上入监读书。《大清会典》：道光二十五年，俄罗斯进图书、仪器。《天咫偶闻》：咸丰以来，滇南久乱，朝班无象者十余年。同治七年，云南底定，缅甸始复贡象七只。《内务府档》：光绪元年，礼部缮呈朝鲜年贡方物单，计棉、绸、夏布、木棉、龙席、花席、獭皮、大小纸、粘米等。七年，越南贡使到京，每人赏给皮袍、棉袄、靴帽等物。

顺治初，天下混一，达赖、班禅及固始汗复各遣使献金佛、念珠，表颂功德。诏赉甲胄、弓矢、皮币，并遣使迓达赖，九年冬至京师。世祖宾之于太和殿，建西黄寺居之。及行，饯之南苑德寿寺，授金册印，封西天大善自在佛，领天下释教普通鄂济达赖喇嘛，命和硕亲王硕塞以八旗兵送之。（《圣武记》）

按：记并载：通西藏之始，在崇德八年。

康熙七年，李子子静、杨子鄂州奉使宣抚安南。五月某日召见太和殿，颇称旨。越某日，复召见太和殿，上霁天颜，谕之曰："安南之事，在兹行矣"。赐一品服色，宴飨，恩礼有加。（《经义斋集》）

按：康熙朝汪楫出使琉球国，赉宸翰以赐其国王。揆叙奉命册封朝鲜国王李焞继室为妃，兼奉御书匾额以赐焞。俱见《益戒堂文钞》。

又按：阿克敦，康熙壬寅以册封世弟奉使朝鲜，雍正甲辰以册封国王奉使朝鲜。见《阿文勤克敦年谱》。阿氏奉使时，于朝鲜礼俗颇有记载。据其所著《德荫堂集》东游诗《途中即事》注：朝鲜春秋祀者，孔子、关帝，路人见使者过，伏地致敬。《行馆即事》注：朝鲜旧以鸿胪主宾客，即大加也，俗名差备，朝夕侍奉左右，以通言语。国俗以蹲踞为常，以趋走为敬，黄革履，折风巾，则仍古制。《即事》注：慕华馆距城十里，国王出城至此，行迎敕礼。《馆舍偶吟》注：别时，国王用素简书名，遣内使至馆馈赆。

命撰敕书，铸吉祥金涂印，于太和殿前颁赐赍回，宣封阮光平为安南国王。（《存悔斋集·安南冠裳集庆颂》注）

按：清乾隆朝事。注语并载：光平恩颁时宪书，本年元正并一体赐万寿恩诏。又，瞻觐时准行抱见礼。又，光平乞遵天朝衣冠，特赐红宝石顶、三眼孔雀翎、黄褂、金黄色蟒袍、四团龙补服。复申命到京朝贺，仍用该国衣冠，以昭体制。又，命班列郡王上。

明年元旦，朕仍御太和殿，受皇帝率领王公大小臣工庆贺。（清嘉

庆二年太上皇帝敕旨）

元旦朝正，恭奉太上皇帝御太和殿，躬率王公大臣官员暨藩部使臣等宣表称贺。（《国朝宫史》）

按：时在嘉庆丁巳、戊午，皇帝贺太上皇帝，拜褥设于太和殿槛内正中。

又按：朝正外藩，康熙三年赐银币、鞍马，雍正四年赉予银币。

嘉庆三年正月初一日诣午门前，伺候皇帝乘黄屋小轿幸堂子。少顷回銮，鸣鞭动乐。太上皇帝御太和殿，皇帝在殿内西向侍坐，文武官循序趋入，臣等随入殿庭，立于班末琉球使臣之右，行三跪九叩礼。太上皇帝旋即还内，又鸣鞭动乐，皇帝御太和殿，文武百官及臣等行礼，一如初仪，礼毕退出。（《朝鲜正宗实录》）

光绪二年正月朔丑刻，上诣奉先殿行礼。辰，慈安皇太后、慈禧皇太后御慈宁宫，上率诸王大臣行礼毕，御中和殿受礼，太和殿受贺。（《朱氏东华续录》）

光绪十八年元旦，上御太和殿受贺。时六花密洒，朝衣璨然，群臣于银海中舞蹈。（《翁文恭日记》）

康熙五十年，谕和硕显亲王等：朕于寿日停止朝贺已二十余年，兹诸王、群臣以今年当五十年升平之会，特请朕御殿行礼，如所请行。（《清康熙御制文集》）

按：康熙五十二年万寿节，是康熙六旬寿，曾敕冷枚等绘《万寿图》二卷。据《万寿图记》记文前识曰：皇上御极五十二年，六旬万寿，京师九门内外，张乐燃灯，建立锦坊、彩亭、层楼、宝榭，云霞瑰丽，金碧焜煌，万状千名，莫能殚述。百官黎庶，各省耆民，捧觞候驾，填街溢巷，琳宇珠宫，钟鼓迭宣，火树银花，笙歌互起，祝嘏之盛，旷古未有。于是依辇路经行之处，绘为图画。自神武门至西直门为上卷，自西直门外至畅春园为下卷，依图之次为记。

又按：康熙六旬寿，宋荦庆祝来京，事毕回乡，康熙帝赋七律，以纪其事。见《康熙御制文集》。彭定求庆祝来京，蒙赐松花石砚一方。见《南畇文稿》。康熙癸未万寿节，九卿皆进古书画为寿。王士禛进家藏宋王晋卿《烟江叠嶂图》长卷，后有米元章书东坡长句。独蒙纳入内府，传旨云：向来进御，概无收者，此卷画后米字甚佳，故特纳之。见《香祖笔记》。

正殿朝会虽旧典，然率不举行。乾隆二十五年，上以平定金川，又值圣寿五旬之庆，故一举行。后十年，西师武成，绥服回部，巴达克山、安集延、哈萨克、布鲁特咸称臣入贡，兼值六旬万寿，仍命在太和殿朝会燕飨。时将军兆惠自叶尔奇木得回部乐，奏送适至，因命于大飨所陈诸部末肆之。天颜大喜，作歌两章，以纪其盛。（《郎潜纪闻》）

按：清乾隆二十五年《御制太和殿朝会歌》注：兆惠所进回部乐，奏其器有大小鼓、箫、管、提琴、洋琴，其伎有倒刺都卢、承碗、转碟。《国子监志》：乾隆三十五年庚寅，原任训导王世芳年一百十二岁，来京恭祝万寿，赏司业职衔，在籍食俸。《梅簃随笔》则载：是年赐世芳百十二岁老人诗。《啸亭杂录》：高宗庚寅岁，举行六十万寿礼。钱文端陈群献竹根如意，上批折云："未颁僧绍之赐，忾致公远之贡，文而有理，把玩良怡。今赐卿木兰所获鹿，服食延年，以俟清晤"。清乾隆三十四年，谕旨：尚书沈德潜寿届期颐，钱陈群亦年迈八十，不宜复以远涉劳筋力，已谆复传谕，令其毋庸亲诣京师叩祝，俾黄发耆臣，领袖江乡父老，携杖呼嵩，为熙朝盛事，不亦美欤。

乾隆五十五年八旬万寿，皇上御太和殿。中和韶乐作，奏"乾平之章"，皇上升座。乐止，銮仪卫官赞"鸣鞭"，阶下鸣鞭三，鸣赞官赞"排班"。丹陛大乐作，奏"庆平之章"，鸿胪寺官引王以下百官暨安南国王、朝鲜、南掌、缅甸使臣等按班排立。鸣赞官赞"进，跪"，赞"宣表"。宣表官从黄案上捧表，至殿檐次正中，大学士二人左右跪，展表，乐止。宣讫，乃奉原案上，退，鸣赞官赞"叩，兴"，王以下百官暨安南国王、朝鲜、南掌、缅甸使臣等行三跪九叩礼。鸣赞官赞退，王以下百官暨安南国王、朝鲜、南掌、缅甸使臣等退复班次。乐止，王以下、入八分公以上，并满汉大学士，进殿列班，行一跪一叩礼，坐。皇上进茶，王公、大学士等，各于坐次行一叩礼，仍就坐。侍卫等进前，分赐王公、大学士等茶，各于坐次行一叩礼。饮讫，复行一叩礼，起立。銮仪卫官赞"鸣鞭"，阶下鸣鞭三，中和韶乐作，奏"太平之章"，皇上启座，乘舆还宫。（《国朝宫史续编》）

按：续编并载：祝釐盛典，必俟圣寿八旬，始允臣民吁请抃举上仪。

又按：乾隆帝元正《太和殿赐宴纪事》诗注：暹罗本年值述贡之期，专遣使臣并赍万寿物品至。朝鲜岁有例贡，今岁因八旬万寿，复增贡一分。《台湾杂事》：乾隆五十五年，纯皇帝八旬万寿，八月十三日御太和殿，台湾生番恭进万寿贺表，行庆贺礼。先是上谕：生番人等到京，照缅甸例交内务府经理。每十人日给羊一，每人日给盐一两五钱，腌菜二两，对菜麦面一两六钱，牛乳四两，每四人茶叶一包，烛四十二枝，均给好米。

乾隆五十有五年，圣寿八旬，塞北天西诸藩臣咸鳞集仰流。而东之朝鲜、东南之琉球、南之安南、西南之巴勒布，亦皆航海梯山，和会于阙下。其朝鲜、安南、琉球三国使臣并献颂祝诗九章。（《纪文达公集》）

按：乾隆五十五年春正月己丑，颁恩诏于朝鲜、安南、琉球、暹罗等国。壬辰，赐安南国王阮光平金黄鞓带。乙巳，朝鲜国王李禄表贺万寿，贡方物。己酉，琉球国王尚穆进表谢恩，贡方物。三月乙巳，缅甸国长孟陨遣使表贺万寿，贡驯象，请封号。命封为缅甸国王。南掌国王召温猛表贺万寿，贡驯象。七月己丑，安南国王阮光平入觐。八月庚戌，暹罗国王郑华表贺万寿，贡方物。辛酉，上八旬万寿节，御太和殿，王、贝勒、贝子、公、文武大臣，蒙古汗王、贝勒、贝子、公、额驸、台吉，回部王公、台吉、伯克、哈萨克，安南国王，朝鲜、缅甸、南掌贡使，各省土司、台湾生番等行庆贺礼。礼成，宁寿宫、乾清宫赐宴如仪。五十六年正月戊戌，朝鲜、暹罗、缅甸均遣使谢恩，贡方物，赏赉筵宴如例。

又按：朝鲜诗大抵律、绝居什之九，古诗歌行略见梗概而已。康熙朝曾赐布衣孙致弥三品服，充朝鲜采诗使，前往采诗。据《梦厂杂著·朝鲜使臣记》：朝鲜使臣洪大荣曾五举于乡，始登进士，今官翰林。盖其国乡会试，以诗、古文、经解分三场，会试不售，仍与秀才同入秋闱，不赴则以诡避论。科目之难，视中国为尤甚焉。使臣李命主著有《陶情集》，冲容和雅，似合开元、天宝之风格。至安南亦颇有能诗者。据《余墨偶谈》：安南贡使阮儒夫、范晦叔过梧，以其国前王第十子仓山公诗册见示，有古体长篇者。又安南陪臣阮思倜能律、绝各体诗。

越南谢恩进贡陪臣黎伯品等，于嘉庆九年初冬至京，诏特许与庆祝万寿之班末，仍命画院臣工写其形状冠服，附于图中。（清嘉庆《职贡图联句》注）

常朝之礼，先期由鸿胪寺奏请御殿，得旨，戒百执事。至日，各入，陈设如仪。鸿胪官引王公由午门左右门入，至太和门，入右门，引百官由午门左右掖门入昭德门、贞度门，各就立位。鸿胪寺卿二人，鸣赞官二人诣乾清门请驾，前导皇帝御太和殿受朝，谢恩官暨见朝、辞朝各官，以次出班，就拜位行礼。外国使臣之以时至者，行礼亦如之。礼毕，皇帝还宫。余仪与大朝同。若常朝日，皇帝不御殿，王公会太和门阶上，百官会阙下左右门之南。若皇帝行幸、驻跸，王公百官均会午门前，王公于阙下，百官于阙门之南，咸朝服，按朝班东西列坐如仪，纠仪用御史二人。吏部礼部司官各二人坐班首，御史二人、吏部礼部司官各二人坐班末。东班西面，西班东面，皆北上。每月左右翼王公单日双日常服列坐，月朔及月之十日、二十日，王公分翼暨八旗武官咸补服列坐，班位均如常朝。元日、万寿圣节均七日，上元节三日。上三旗四品以上官于太和门外，五品以下暨下五旗官于午门外，咸朝服列坐亦如之。（《大清会典》）

按：每月五日为常朝之期，皇帝御太和殿，升座，工偃麾戛敔，乐止，鸣鞭，戏竹交，丹陛乐作，排班行礼。见《国朝宫史续编》。

凡视朝，先于保和殿升座。内阁、都察院、起居注官行礼毕，先自御路趋往太和殿。内阁立殿门外，东西向，都察院立殿门外，西东向，然后驾至升座。诸王分东西班鱼贯而入，敷茵于地而坐。起居注官班诸王后，东向。其诸王谢恩，则拜于台阶之上。毕，然后尚书以下文武官员谢恩，行三跪九叩礼。毕，然后外国陪臣行礼亦如之。（《分甘馀话》）

升殿侍班仪：讲官于五鼓集起居注馆，昧爽至中和殿间道之西，俟上先御中和殿内，大臣、侍卫、内阁、礼部、都察院、翰林、詹事府堂上官及讲官俱先行礼。毕，讲官由太和殿后窗趋至殿西次间窗内，倚前槛东向立。翰、詹堂上官至殿东西向立。俟上升座，诸臣于丹墀下行礼。赐茶时，讲官等亦赐坐，赐茶。驾入宫，乃退。其册封、传胪，讲官侍立处同。（《钦定词林典故》）

大燕之礼：恭遇元日、万寿圣节及大庆典，前期部疏请，得旨，由领侍卫内大臣奏命进酒大臣尚茶、尼茶，尚膳，内管领尼御馔。王以下、入八分公以上进馔席。牲酒有不足者，光禄寺供酒席，两翼税务供羊。是日巳刻，内外王、公、台吉、百官朝服咸集，銮仪卫设卤簿，乐部设乐悬如朝仪。武备院张黄幕于丹陛正中，内务府设反坫于幕下，陈尊、罍、卮、爵于坫上。礼部设青幕于丹墀下，卤簿东西各八，豫陈御筵于宝座上稍南。宝座下左右设内外王公、大臣、台吉席各七行，席各四十有一，均东西相向。宝座左右陛后设后扈大臣席各一，佥南向。宝座前左右设前引大臣席各三，东西相向。宝座后左右豹尾班侍卫席各一，西向。豹尾班之次，起居注日讲官席一，南向。殿门外西檐下，都察院、乐部堂官席一，东向。丹陛上一二品官、侍卫各三行席，各二十有三，东西相向。黄幕东礼部堂官席一，西向。西内务府堂官席一，东向。丹墀青幕下东为镶黄、正白、镶白、正蓝四旗官及内阁、吏部、户部、礼部、宗人府、通政使司、翰林院、詹事府、理藩院、太常寺、光禄寺、吏科、户科、礼科、鸿胪寺、国子监、钦天监、太医院席，西为正黄、正红、镶红、镶蓝四旗官及兵部、刑部、工部、都察院、大理寺、銮仪卫、太仆寺、中书科、兵科、刑科、工科、顺天府、兵马司、外国贡使席，各二十有四，东西向。午刻，鸿胪寺官引内王公百官，理藩院官引外藩王公及王以下、公以上，在丹陛上，百官在丹墀，东西序立。礼部堂官奏请御太和殿，皇帝礼服出宫，前引后扈，午门鸣钟鼓，中和韶乐作，升座，乐止，鸣鞭。记注官入殿右门立，均如朝仪。鸿胪官引王公大臣由殿左右门入，暨百官各就席，行一叩礼，坐。尚膳、内管领、护军参领升，迕御筵降，乃进茶丹陛。清乐奏海宇升平日之章，尚茶正率尚茶、侍卫、执事等举茶案，以次由中道进至檐下进茶，大臣奉茶入殿中门，群臣咸就本位跪。进茶大臣由中陛升至御前跪，进茶，退立于西旁，皇帝饮茶，群臣均行一叩礼。进茶大臣跪受茶碗，由右陛降，出中门，群臣咸坐。侍卫分赐王公大臣茶，内府护军、执事等分赐幕下大臣官员茶，尚茶正等撤茶案，乐止。展席幕，乃进酒。内府掌仪司官二人、奉壶爵一人，奉卮进丹陛，清乐奏玉殿云开之章，群臣起立。掌仪司官于殿左门外，西向，酌酒进酒，大臣出席，释补服入殿中跪，群臣咸于坐次跪。掌仪司官奉爵入，西向，跪授进酒大臣，退。进酒大臣奉爵，兴，由宝座中陛升，由御筵右进至御座侧，进爵，兴，由右陛降至原位，跪，皇帝进酒。进酒大臣行一叩礼，群臣均随行礼，进酒大臣由右陛升，跪受爵，仍由中陛降至原位，跪。掌仪司官入跪，奉爵退。群臣起立。赐进酒大臣酒，掌仪司官酌金卮以入，立授进酒大臣，进酒大臣受一叩，卒饮。掌仪司官立受卮，退。进酒大臣一叩兴，群臣坐，进酒大臣出，加补服入席坐，乃进馔。中和清乐奏万象清宁之章。尚膳承旨，分赐食品于各席遍。乐止，笳吹作奏毕，庆隆舞进，舞扬烈舞。毕，队舞大臣进殿中，舞喜起舞。所司举反坫进至殿陛下，御前侍卫酌卮酒升至御座前，皇帝简召王公大臣赐酒，领侍卫内大臣视侍卫遍赐殿、陛王公大臣酒，光禄寺官分赐左右青幕下百官酒，群臣咸跪受，一叩，卒饮，一叩，坐。队舞退。朝鲜国俳进百技，以次并作，退。尚膳升撤御筵，降。群臣起立，鸿胪官引殿内王公大臣由左右门出，引丹陛各官皆降东西阶。丹墀百官咸出幕，就东西班序立，谢恩，听赞，行一跪三叩礼。丹陛大乐作，礼毕，乐止。鸣鞭。中和韶乐作，皇帝还宫，乐止。所司撤席幕，各退。（《大清会典》）

按：《国朝宫史续编》所载有较详者数条，摘录如下：一、笳吹、队舞、杂技、百戏设于殿外东隅。一、尚膳总领设御筵，于宝座前加黄幕。一、礼部张青幕于丹墀内，光禄寺每幕置尊，陈官馔，具席，皆有幕。一、外藩使臣宴席于西班末。一、礼部堂司官引庆隆舞进于丹陛上，司章歌作，司舞饰面具、乘禺马，进扬烈舞，司弦、司筝、司阮、司节、司拊诸乐人以次奏技。喜起舞，大臣十有八人，朝服，由左门入，循歌声按队起舞。大臣每对舞毕，歌阕退。笳吹进，番部合奏进，内务府官引朝鲜俳、回部、金川番童等陈百戏。

又按：清嘉庆二十四年，谕旨：本年元旦朕御太和殿筵宴，亲见殿内所列桌张，空设者竟有五六十处，成何体制，岂不虑外国使臣所窃笑乎？此非承办衙门豫备过多，即系与宴人员有应入宴而未到者，且是日朕甫经起座，即闻殿内人声嘈杂，大乖体制。著承办各衙门再将筵宴事宜妥议章程具奏。《大清会典》：赐燕，皇子成婚、公主下嫁，赐福晋父母、额驸父母燕，除夕赐下嫁外藩公主、蒙古王公台吉等酒馔，用四等筵。燕朝鲜国及达赖喇嘛贡使，用五等筵。御经筵讲书，衍圣公来朝，安南、琉球、西洋、暹罗、缅甸、苏禄、南掌诸国贡使，朝鲜国押贡官，都纲喇嘛番僧，用六等筵。均满席，由光禄寺备办。各筵燕及安吻上梁需用银花，工部准礼部移文，置造供用。《啸亭续录》：国家肇兴东土，旧有喜起、庆隆二舞。凡大燕飨，选侍卫之便捷者十人，咸一品朝服，舞于庭际。歌者，豹皮褂，貂帽，用国语奏歌，皆敷陈国家忧勤开创之事，乐工击箕以和，谓之喜起舞。又于庭外丹陛间作虎豹异兽形，扮八大人骑禺马，作逐射状，颇沿古人傩礼，谓之庆隆舞。列圣追慕祖德，至今除夕、上元筵宴，皆沿用之。《万寿衢歌乐章》五十八，宴飨，增回部、番部、西藏诸乐。《钦定总管内务府现行则例》：每年万寿圣节，用绢宴花二百枝。大宴桌每张用苹果、秋梨、黄梨、红梨、棠梨、冻接梨、槟子、葡萄、核桃、榛子、栗子、红枣、晒山梨、英俄瓣、圆眼、荔枝、干葡萄、做馅桃仁、黑枣，班桌、内用桌、翟鸟桌大致同。

太和殿筵宴，定例惟宗室、王、公及大臣中指定班次者始入殿，与朝正外藩按序就宴。大学士、尚书均在丹陛列席。乾隆三十四年，始命大学士、尚书依班次列坐殿内。(《养吉斋丛录》)

予年四旬，始于元旦赐宴太和殿。以后每至十年，礼臣稽典，先期奏请。(清乾隆帝《元正太和殿赐宴纪事》诗注)

按：《钦定日下旧闻考》：太和殿元日筵宴之礼，岁不常举。乾隆间俱以遇万寿大庆举行。嘉庆己巳《元旦》诗注：元旦筵宴，常年礼臣循例奏请，率多停止，每届十年始举行一次。

己巳元旦，御太和殿，赐宴赋诗志事。(《清嘉庆御制诗集》)

按：嘉庆帝事事谨守成例，此举特其一端耳。

又按：据《清咸丰御制诗文集》：咸丰帝亦曾御太和殿赐宴赋诗。

光绪十六年正月二十四日，上年二旬，赐王公大臣于太和殿筵宴。一、二品在殿中，三品以下丹陛上下，殿中东西各七列，每列七桌。(《翁文恭日记》)

光绪二十年太和殿筵宴，上亲赐酒。同龢先入，至殿前，升三成阶，敬观御座左右高下之宜。纳陛七级，每级尺许，狭而高，地平又高八九寸，距御座三尺许。(《翁文恭日记》)

按：御赐酒以玉碗盛。

元旦太和殿筵宴，并命递酒爵。(《九思堂诗稿》)

按：醇亲王奕譞蒙宠，命递酒爵。诗注并载，是日进爵礼成，特以金卮酌酒赐之。

命将之礼：皇帝命大将军统率军旅，择吉出师，先期临轩授敕印。是日，銮仪卫陈法驾卤簿，大将军率从征诸将咸采服集午门外，内阁豫陈敕印于太和殿内东旁黄案。皇帝御殿，王公百官咸朝服侍班，鸿胪官引大将军由左阶升至殿檐下，大学士一人奉敕，一人奉印出，授大将军。大将军跪受，转授内阁。跪接毕，行三跪九叩礼，兴。随奉敕、印官降左阶，出太和门中门。皇帝还宫。至日，遣官祇告于奉先殿，所司张黄幄于长安左门外，设御座，皇帝率大将军诣堂子行礼，拜纛，均如仪。礼毕，御黄幄升座，赐大将军卮酒，大将军跪受，饮毕，属櫜鞬乘马。文武大臣承诏饯于郊，设祖帐，礼、兵二部堂官奉茶，大将军率从征将士发。大军凯旋，次于郊，或御驾亲临，或命廷臣迎劳。还京日，皇帝御太和殿，大将军由左阶升，奉上敕、印，礼毕，赐大将军等燕及爵，赏有差，并勒碑太学，命儒臣辑平定方略。（《大清会典》）

按：清代郊劳，据《啸亭杂录》：康熙中，良亲王平耿安，和亲王定两湖，贝子彰泰平滇南，凯旋时，上皆亲幸芦沟桥以劳之。乾隆己巳，傅相公恒平金川归，纯庙特命筑坛于黄新庄，以旌其功。后兆文毅惠、富公德平回部归，阿文成平定两金川归，上亦行是礼云。

又按：兆惠凯旋，乾隆御太和殿受贺。

顺治五年正月平献贼，师还，二月上御太和殿，宴劳之。（《张文贞公集》）

按：献贼，张献忠也。

雍正七年，上御太和殿，命大学士捧敕，印授大将军傅尔丹。出征官员行礼毕，申时，上率大将军等诣堂子行礼，次鸣螺于兵部排设大纛前。行礼毕，随御长安门外黄幄，大将军等佩弓矢跪辞，以次行抱跪礼。上亲视大将军等上马启行。（《蒋氏东华录》）

按：康熙五十七年，命恂勤郡王胤禵为抚远大将军，讨策妄阿喇布坦。十二月师行，帝御太和殿授印，命用正黄旗纛。

乾隆三十四年征缅甸，经略傅恒发京师，上御太和殿授之敕印。（《圣武记》）

按：乾隆三十三年，将军明瑞征缅甸，败绩，授傅恒经略。三十四年傅恒师行，发京师及满蒙兵一万三千六百人从征。上御太和殿，赐敕、赍御用甲胄。

又按：《啸亭杂录》：乾隆二十一年，王师征伊犁，裘文达日修面奏军务机宜。纯庙大悦，赐御衣冠，乘传至巴里坤，传宣圣意。

大婚之礼：由部行钦天监诹吉，翰林院恭拟册文、敕，所司制册宝，备仪物，豫期行纳采礼。所司具仪物，以礼部尚书一人充使，内务府总管一人副之。是日五鼓，鸿胪官设案于太和殿丹陛左右，銮仪卫设采亭于丹墀左右，又设案于皇后邸厅事正中。内务府官奉仪物陈于丹陛各案，陈马于丹墀。质明，正副使朝服入，执事官举仪物案，降自中阶，陈仪物于采亭。前列御仗，由太和门中门出，至皇后邸。后父朝服跪迎于大门外道右，候过随入。采亭止仪门外，执事官奉仪物由中门入，各陈于案，陈马于庭。正副使以次奉仪物授后父。后父北面跪受，兴，率子弟望阙行三跪九叩礼，仍送正副使于门。是日，就皇后邸设纳采燕燕。后父、二品以上官咸与燕燕，后母及内亲属二品以上官命妇与燕亦如之。前期一日，遣官各一人，以大婚祇告天地太庙，乃行纳征礼。所司具大征仪物，以礼部尚书、内务府总管各一人充正副使，各执事官具采亭、设案于太和殿丹陛及皇后邸厅事。正副使朝服将事，至门，后父跪迎入。正副使以次奉仪物授后父，后父跪受仪与纳采同。赐后父母金银、衣服、鞍马暨后之兄弟服物有差。后父率子弟望阙行三跪九叩礼，后母率诸妇行六肃三跪九叩礼毕，正副使出，后父送于门。至日，发册奉迎。以大学士一人充正使，礼部尚书一人副之。内大臣侍卫暨前导后随，二品以上官命妇恭侍，女官、执事、内监均豫期由所司疏名，奏请钦定。是日五鼓，皇帝法驾卤簿、乐悬全设如常仪。銮仪卫设皇后仪驾于皇后邸，设龙亭二于太和门阶下。鸿胪官设册案于左，西向，设宝案于右，东向。又设册宝案于皇后邸厅事，设皇后拜位于案南。礼部堂官、内阁学士奉金册、金宝及册宝文于龙亭，銮仪校舁行，礼部官前导，至太和殿阶下，亭止。执事官奉册宝以次升中阶，入殿内，各陈于案，退。质明，正副使立丹墀之东，西面，内大臣侍卫立丹墀之西，东面，均北上。王公百官咸朝服，各按翼序立。执事、命妇、女官、内监豫诣皇后邸祇候。届时，礼部堂官奏请御殿，皇帝礼服朝于皇太后宫，行礼毕，乘舆出宫。导引、扈卫如常仪。御太和殿，中和韶乐作，升座。乐止，阶下鸣鞭。鸿胪官引正副使就拜位，丹陛乐作，赞如仪，行三跪九叩礼毕，乐止。引正副使由左阶升至丹陛御道左，北面，西上立。大学士奉册授正使，奉宝授副使。正副使跪受，兴，由中阶降，陈册宝于龙亭，銮仪校舁行。前列御仗，自午门外鼓吹乐作。正副使前导，内大臣侍卫随亭后，由太和门、午门、大清门中道出，乃赐王公百官坐，赐茶毕，鸣鞭，中和韶乐作，皇帝还宫。正副使至皇后邸，后父朝服率亲属跪迎于大门外道右，候册宝龙亭过随入。至仪门，亭止。正副使奉册宝授内监，内监奉册宝，以次由中门入。皇后御礼服，引礼女官二人恭导，出迎于庭中道右。后母及诸妇咸朝服，跪候过，随入厅事。皇后东面立，后母及诸妇立皇后后，内监奉册宝、册宝文，陈于东案。引礼女官恭导皇后就拜位，北面立；又女官四人立拜位左右，均东西面；宣读女官二人立东案之南，西面。引礼女官奏跪，皇后跪，赞宣册；宣读女官奉册文宣讫，赞受册；女官一人奉册，自右跪进，皇后祇受授于左，女官一人跪接，兴，陈于西案。次宣宝授宝，仪如之。奏兴，皇后兴，奏行礼，皇后行六肃三跪三拜礼，毕，恭导皇后入内。内监奉册宝出，授正副使，正副使受册宝，各陈于亭。钦天监官报升舆吉时，銮仪校舁册宝亭先行，正副使随行。女官恭导皇后升舆。銮仪卫内监舁舆，仪驾鼓乐列舆前。女官四人前导，七人后随，均乘骑。内大臣侍卫前导后从。后母率诸妇跪送于庭，后父率亲属跪送于大门外。皇后舆由大清门中门入，至午门外仪驾止。皇后舆入午门中门，正副使同内大臣侍卫退，龙亭止。内监奉册宝前导，皇后舆入，自中门至中宫阶下降舆，前导后随女官各退。恭侍女官迎皇后入中宫，内监奉册宝安于皇后宫，退。至午时，皇帝御太和殿，赐后父及亲属燕，王公百官咸与。皇太后御宫，赐后母及亲属燕，公主、福晋、大臣命妇咸与。合卺吉时届，宫中设燕，行合卺礼。翼日，皇帝偕皇后朝于皇太后宫。越三日，皇帝率群臣，皇后率公主、福晋、命妇诣皇太后宫行礼毕，皇帝御太和殿，王公百官上表行庆贺礼。皇后诣皇帝前行礼毕，御中宫，公主、福晋、命妇行庆贺礼。是日，以大婚礼成，颁诏布告天下，仪均与册立同。直省文武官及外藩属国进表，皇太后、皇帝前进笺，皇后前各称贺。（《大清会典》）

按：顺治八年，帝大婚，设节案太和殿，礼物具丹陛上，陈文马其下。清康熙四年大婚典礼旧案，据内务府掌仪司咨：皇后进大清门，走中路，仪仗设立于午门外，册宝随行。皇后至太和殿东阶下降凤舆，由中路进宫。又咨：孕妇、孺妇、续娶之妇应行回避，不准进（近）皇后之前。又咨：拣全耳牛一头、羊八只、奶子酒二瓶、烧黄酒七瓶，预备合卺交祝。礼部咨钦天监，选择得九月初八日辛卯宜用。卯时升舆，面向西南方吉。忌寅、午、戌三相，生人宜避。皇后进中宫降舆，宜面西南方吉。上头、合卺、交祝宜用金、水二命之人，拣派得年命相宜之头等侍卫倭勒多，牛年，二十九岁，系水命；伊妻，龙年，二十六岁，系金命。二等侍卫倭黑，牛年，二十九岁，系水命；伊妻，龙年，二十六岁，系金命。又咨：皇后升舆，作乐太监由总管内务府预备，其太监等所穿驾衣，由工部制造。又咨：册封皇后，恭请册宝，至太和殿阶下，内值班侍卫由彩亭请出，至中和殿内安放。派出侍卫之妻十名，恭请至宫内安放。奉旨：毋庸派侍卫之妻，著太监预备。《翁文恭日记》：同治八年，恭办大婚，奏请应否修理大清门以内各门。旨以库帑支绌，毋庸修饰。九年,南斋拟喜联数十幅,上斋诸公亦到懋勤殿写对。内务府量城搭彩棚。日精、月华两门皆油饰。光绪十三年,醇邸面奉懿旨:大婚典礼著户部先筹画银二百万两,并外省预指(支)二百万两。又一件,著长春宫总管太监连英总司传办一切。十四年懿旨,定明年正月十七日行大婚礼,今年十一月初二日纳采,十二月初四日大征,纳采礼派正副使,赍龙亭十六座前往。大征礼亦派正副使,赍彩亭一百二十座,由东华门出。十五年一月二十四日辰初,皇后妆奁始至,由东华门、协和门入后左门,进乾清中门,黄亭一百座,无鼓乐。明日同。共二百抬。是日,珍嫔、瑾嫔妆奁亦入,由后门。二十六日上升太和殿,阅册宝。大学士捧节,授正使,由丹陛正中下,安于龙亭。册宝同前。数刻,内务府大臣捧龙字金如意出太和门,安于凤舆内。二十七日子刻,皇后受册宝,升凤舆,派出奉迎十大臣及步军统领等乘马随行。寅刻入宫。太和殿宴后父及后族,百僚陪宴。

又按:同治大婚典礼,据宫中旧档,同治八年折旨,系依照康熙四年成例办理。

同治十一年九月,恭逢穆宗毅皇帝大婚典礼,赐太和殿筵宴。(《潘文勤祖荫年谱》)

按:《清宫词》注:同治间大婚典礼,饬九江道于景德镇御窑厂定造宫灯罩,颁发旧样,其质洁白光透,中含花纹,胜于玻璃。厂中无人能造,百计采访,惟一旧工人年八十许,颇知之。家藏一书,备言制造之法,秘不示人,以重金赂之,始出此书。乃按其遗说精制进呈,与康乾间物无异。

光绪十五年,上大婚,先率百官诣慈宁宫行礼,御太和殿受贺,宣诏如仪。(《翁文恭日记》)

太和殿,皇朝之正殿也。恭遇加皇太后徽号,则于殿内视阅册宝。册立皇后亦如之。(《国朝宫史》)

按:尊封皇祖妃嫔、皇考妃嫔,皇帝亦御太和殿阅册宝印。

又按:《篴石斋诗集》:乾隆辛巳,上恭阅加上皇太后徽号金册、金宝于太和殿。

册立皇后之礼:先期敕所司备仪物,制册宝。既诹吉,分遣官祇告天地太庙后殿,命大学士、尚书充正副使。前期一日,皇帝亲诣奉先殿,以册立告。至日五鼓,所司陈法驾卤簿、乐悬,皇后仪驾、乐悬皆如仪。设节案于太和殿正中，南向；设册案于左，西向；设宝案于右，东向。内监设节案于皇后宫正中，前设香案，均南向；设册宝案于两旁，东西向；设皇后拜位于香案之南。礼节堂官诣内阁，偕内阁学士奉节及金册、金宝、册宝文，安于龙亭，銮仪校昇行。礼部堂官前导，至太和殿阶下，亭止。执事官奉节、册、宝，以次升中阶，入殿内，陈于案，退。质明，授节大学士一人，立殿左门外，宣制官一人，立大学士后，均西面；正副使立丹墀之东，西面，北上。届时，礼部堂官奏请御殿，皇帝礼服乘舆出宫，导引扈卫如常仪。御太和殿，中和韶乐作，升座乐止，阶下鸣鞭，鸿胪官引正副使就拜位，丹陛乐作，赞如仪。行三跪九叩礼，乐止，引正副使由左阶升，立丹陛左，北面，西上。宣制官进至殿中门外，东立，西向。赞宣制，正副使跪。宣制官宣制讫，大学士由殿左门入，奉节出殿中门，授正使，正使受，兴，副使随兴，西面立。执事官由殿左门入，举册宝案出殿中门，正使持节前行，副使随案后，均降自中阶，陈册宝于龙亭。銮仪校昇行，由太和门中门出。赐王公百官坐。赐茶毕，鸣鞭，中和韶乐作，皇帝还宫，乐止，群臣各退。正副使至景运门外以节授内监。内监持节，昇册宝亭至皇后宫门外，亭止。以次奉节、册、宝，由中门入。丹陛乐作，皇后御礼服，引礼女官二人恭导，出迎于宫门内道右，候过，随入殿，东面立，内监奉节，陈于中案，册宝、册宝文陈于东案，乐止。女官二人恭导皇后就拜位，北面立；又女官四人立拜位左右，均东西面。宣读女官二人立东案之南，西向；引礼女官奏跪，皇后跪。赞宣册，宣读女官奉册文，宣讫；赞受册，女官一人奉册，自右跪进，皇后祗受授于左，女官一人跪接，兴，陈于西案次。宣宝、受宝仪如之。奏兴，皇后兴；奏行礼，丹陛乐作，皇后行六肃三跪九拜礼毕，乐止。恭导皇后至宫门内道右立，内监奉节出，丹陛乐作，皇后恭送如初迎仪。候过，乐止。皇后还宫。内监至景运门外，以节授正使，正使持节同副使诣后左门复命。翼日，皇帝礼服率群臣诣皇太后行庆贺礼。皇后礼服率妃、嫔、公主、福晋、命妇行礼如仪。皇帝御太和殿，王公百官上表行庆贺礼，颁诏布告天下。皇后礼服，朝于皇帝如仪。皇后还宫，贵妃、妃、嫔礼服，公主、福晋、命妇朝服，诣皇后宫行庆贺礼。王公百官及四夷属国进笺称贺，均与三大节同。（《大清会典》）

按：册封皇贵妃、贵妃册、宝，妃册、印，嫔册，皆制以金，命大学士、尚书、侍郎、学士充正副使，持节往封。届期，鸿胪寺设节案于太和殿正中，设册案于左，宝印案于右。其余册封亲王、郡王、公主礼节又次矣。乾隆二年十二月丁亥，御太和殿，册立嫡妃富察氏为皇后。十三年，后逝世，十四年四月壬午，御太和殿，奉皇太后命册封娴贵妃那拉氏为皇贵妃，摄六宫事。十五年八月，复奉谕旨，册立为皇后。据《清宫词》注：高宗继后那拉氏随侍孝圣皇后南巡，忽自剪发，失其常度，中途送还京师。满洲旧俗，最忌剪发。高宗谕旨谓本应废立，以其继位中宫，故优容之。越数年，薨逝，命以皇贵妃礼治丧，不得祔庙。旋有御史奏请复后位号，高宗朱批著毋庸议，折留中。高宗逝世后，封贮内阁。宣统二年始启视。俗传后在杭州为尼，殁于高宗之后者误也。嘉庆元年御太和殿，奉太上皇帝命册立后妃。

又按：《道光御制诗集》：御太和殿阅视册宝，命大学士长龄、协办大学士英和持节册立皇后。《国朝宫史续编》：册立皇后补行纳采礼，文马十，鞍辔具，币百端，布二百匹，甲胄十。行大征礼：金百两，银万两，金茶器一，银茶器、盥盆各二，币十端，文马二十，鞍辔具，闲马二十，驮马二十。

顺治十年四月，上御太和殿，试兼翰林衔、吏、礼两部侍郎及内三院学士、编检以上官六十二员。（《钦定词林典故》）

顺治间，每遇双月，试庶吉士于太和殿。（《熊孝感集》）

按：《熊学士文集·顺治孝陵碑文》：每科选庶吉士数十人，亲临考课。《传恭堂诗集》：辛酉八月初一日，召见庶吉士于瀛台。午后试于太和殿，授馆职。《秋水斋诗集》：特赐官第为庶吉士肆业之所，月给供膳。

康熙十有七年春，天子法古，制科取士。诏在廷诸臣暨外督抚大吏，各举博学之彦，毋论已仕、未仕，征诣阙，月给太仓禄米。明年三月朔，召试太和殿。廷发赋、诗题各一，学士院散官纸，光禄备席，赐宴体仁阁下。（《曝书亭集》）

按：是科入选诸人，朱彝尊、潘耒、严绳孙、李因笃皆以布衣入选，同修《明史》。尤侗，康熙帝于禁中览其诗篇，目为才子，入选后称之曰老名士。徐釚，工倚声，尝刻《菊庄乐府》，朝鲜贡使兼金购之。陈维崧、朱彝尊合作一稿，名《朱陈村词》，流传禁中。

又按：《二南遗音》：彭公启丰《序李石台集》：国初鸿博，首推关西李氏因笃，而以汤潜庵斌次之。朱竹垞彝尊、毛西河奇龄、汪钝翁琬、施尚白闰章又次之云。

雍正三年，遵旨将翰林及进士出身官员人数查明具奏，召集于太和殿试。以四书题文二篇，钦点王大臣监试。弥封讫，恭呈御览，钦定甲乙，封贮内阁，以备乡试差遣。（《科场条例》）

顺治十四年，礼部奏言：自元年以来，殿试中式举人俱在天安门外，臣等伏思，临轩策士，大典攸关，应于太和殿前丹墀考试。报可。（《史馆缀闻》）

按：臣等，梁上国等也。

又按：顺治丁酉科场大狱，殿试覆试之日，不完卷锒铛下狱。吴汉槎兆骞本知名士，战栗不能握笔，审无清弊，流尚阳堡。张文贞玉书时方十八岁，从容抒写而出。公辅气度，固自不凡。见《石鼓斋杂录》。丁酉科场大狱，复试之日，命题二书、一赋、一诗。监试官罗列侦视，黄铜之夹棍、腰市之刀悉森布焉。见《鹤征录》。清代科场大狱，以咸丰戊午科场舞弊案为最。主考官大学士柏葰同考官浦安皆处斩。

康熙九年三月朔殿试，至太和殿前行礼毕，殿上传策问下，皆跪受，起就位。单东双西，皆立书。（《陆清献陇其年谱》）

按：当日殿试，应试者须立书，比后来之就矮桌蜷坐而书者更难见工。

雍正元年殿试，天苦寒，特恩试于殿内，令銮仪军校代携考具，内赐食物、炉火。策士坐列殿内。（《养吉斋丛录》）

按：雍正元年，谕旨："太和殿廷试，天气寒冷，著总管将大火盆多为预备，俾得称意写作，免致笔砚凝冻。"

又按：明崇祯十三年三月，策试诸贡士于皇极殿（清太和殿）。见《鸿一亭笔记》。

每科会试，各省中式举人于太和殿策试后，钦命读卷大臣八员校阅。传胪前一日辰刻，以前列十本签拟名次，缄封进呈御览。皇帝御养心殿西暖阁，次第披阅毕，召读卷大臣入，亲定甲乙，以卷授读卷大臣，出拆弥封，恭照名次缮写绿头签。读卷大臣率引班官，引前列十人进乾清门，至丹陛西阶下祗侯（记注翰林四人随入）。皇帝御舆，由月华门御乾清宫宝座，御前侍卫等左右侍立，记注官由殿西门阃右进阃侍立，读卷大臣捧绿头签，亦由殿西门阃左趋至宝座前跪呈。引班官引十人至丹陛中，北面跪，以次奏名籍毕，兴，退。皇帝亲定一甲三人，二甲七人，以绿头签授读卷大臣。读卷大臣恭捧，兴，退（侍卫、记注官咸退）。率十人侍立丹陛西阶下，皇帝御舆，由月华门还便殿，引班官引十人先出，读卷大臣捧卷至红本房，用朱笔依次填名次于卷端，仍捧出乾清门，至内阁填写金榜。翌日，皇帝升太和殿传胪。（《国朝宫史》）

按：《郎潜纪闻》：殿试卷，先拟十本进呈，恭候钦定名次。自康熙二十四年乙未会试始。清乾隆三十四年《养心殿即事》诗注：读卷官以拟定殿试前列十卷进呈，细为批阅，原拟第一卷颂语过多，不及第二卷之切实，因对易之。其原拟第三卷意稍薄弱，抑之第四，而擢原拟之第八为第三。就所见评骘，先定甲乙，然后拆名引见，此新定例也。

又按：吴门潘三松先生奕隽殿试后，邀友游西山。先生失去状元，其友失探花。先生笑曰："状元三年一个，失何足惜，游山之兴，一发断不可遏也。"时人以为美谈。后先生之子探花及第，孙入词林，具载齐学裘《见闻随笔》。而据《三松堂集》先生《题侄世恩秋帆归兴画册》诗注则云：己丑殿试，进呈十卷，余名列第七，以得信迟误，引对后期。后直内阁，刘文正公笑语同列曰："是天子呼来不上船者。"方望溪先生，康熙四十五年成进士。届殿试，朝论翕然，推为第一人。而先生闻母疾，遽归。李文贞光地驰使留之不得。见《望溪先生年谱》。

旧制，新进士殿试于太和殿两廊。乾隆五十四年始命于保和殿考试，胪唱日必御太和殿宣名。（清嘉庆《国朝宫史续编联句》注）

胪唱之制：读卷翼日，所司陈卤簿于太和殿前，设中和韶乐于太和殿檐下，丹陛大乐于太和门内，设黄案一于殿内东楹，南北肆，一于丹陛上正中，东西肆。设云盘于丹阶下，设彩亭、御仗、鼓吹于午门外。记注官四人于殿内西楹后班立，王公以下侍班各官朝服序立，陪位如常仪。大学士一人立殿外东檐下，礼部尚书一人立大学士之次。宣制官一人立东乐悬之南，均西面。传胪官立丹陛西阶，每成一人，均东面。内阁官奉黄榜，设殿内东案。读卷官及执事官集东丹墀内。诸贡士公服，会午门外，鸿胪寺引入，按名次奇偶序立东西丹墀之末。届时，礼部堂官诣乾清门奏请，皇帝礼服乘舆出宫，礼部堂官导引，皇帝御太和殿升座。中和韶乐作，奏隆平之章，乐止，阶下鸣鞭三，丹陛大乐作，奏庆平之章。鸣赞官赞进，鸿胪寺官引读卷执事各官就拜位，赞行三跪九叩礼，兴，退，复位，乐止。大学士进殿左门，诣东案前奉黄榜出，授礼部尚书，陈于丹陛案，三叩，兴，避立于左。鸣赞官赞齐班，丹陛大乐作，序班官东西引诸贡士就拜位，重行北面立，赞宣制，诸贡士跪，乐止。宣制曰：某年月日，策试天下贡士。第一甲赐进士及第，第二甲赐进士出身，第三甲赐同进士出身。宣毕，传胪官唱第一甲第一名某，以次接传至丹墀下。序班官引出班次，就御道左跪，第二名就道右稍次，第三名就道左又次，皆胪传者三。次唱第二甲某等若干名，第三甲某等若干名，不引出班。乐作，诸进士听赞，行三跪九叩礼，兴，退，复位，乐止。赞举榜，礼部尚书就榜案前跪奉以兴，降自中阶。礼部承以云盘，十人前引，张黄盖出太和门中门。一甲三名进士随出，诸进士左出昭德门，右出贞度门。阶下鸣鞭三，中和韶乐作，奏显平之章，礼部堂官奏礼成，皇帝启座乘舆还宫。（《国朝宫史续编》）

按：清乾隆帝有《太和殿传胪纪事》诗。

又按：缪彤《康熙丁未胪传纪事》：三月二日殿试，礼部仪制司员外俞有章唱名，名数单者从左掖门入，双者从右掖门入。予三十六名，当在右，由贞度门至太和殿前，行三拜九叩头礼。内院官置黄桌于丹陛，即抬下丹墀。礼部散题纸，诸进士跪受。又行三叩头礼，然后就座。二十一日到礼部领三枝九叶帽顶，宿鸿胪寺。二十二日五鼓入朝，至午门候传胪。是日微雨，皇上升殿。及至太和殿前，与诸进士跪丹墀下。听三唱。第一甲第一名系彤名，每一唱已，必鼓乐良久。是日唱名毕，行三跪九叩礼。彤随礼部堂官，捧黄榜从御道出，跪置龙亭内，鼓乐迎至东长安门张挂。顺天府府尹李天洛，府丞高尔位，迎彤与张玉裁、董讷等三人至府内，簪花，酌酒，用仪，从至顺天府赴宴。先望阙叩头，府尹、府丞率僚属对立，行四拜礼，然后就席。彤坐正席，榜眼、探花左右坐，俱南向，用教坊乐。撤席，望阙谢恩。府尹、府丞亲送至寓，寓中设席款之。二十五日到礼部，与恩荣宴。读卷官自满汉大臣以下，收卷官、掌卷官与翰林科部以下，监试御史及巡缉、供给各官，俱与宴。皇上遣内大臣佟国舅陪宴。彤一席，榜眼、探花一席，诸进士四人一席，用满洲桌、银盘。菜品食物四十余品，皆奇珍异味，极天厨之馔。御赐酒三鼎甲，用金碗，随其量，尽醉无算。官花一枝，小绢牌一面，上有"恩荣宴"三字，状元用银牌。四月初二日赐彤袍帽，水晶金顶凉帽一顶、镶蟒石青朝衣一件、玳瑁银带一条、荷包、牙筒、刀子俱全，马皮鞋一双，当时更易。率诸进士行三跪九叩头礼。榜眼、探花以下俱折钞五两。初六日,著赐袍入朝,亲捧谢恩表,跪丹墀下。内阁收进匣,用黄绫包,用销金龙袱。《籀石斋诗集》:乾隆癸未,恩荣宴上作中四句:"大官光禄铺筵定,小队和声荐乐来。却忆簪花过一纪,还因糊卷预三杯。"《独学庐集》:胪传次日,诸进士礼部赴宴,堂西北悬飞龙画轴,设香案谢恩。《道古堂全集·赴礼部宴恩赐簪花表里恭纪》诗前六句:"金水桥边路,朱衣导引来。阳和回曲宴,迟日上春台。清酒将花艳,宫袍称纻裁。"《郎潜纪闻》:簪花故事,三鼎甲皆簪金花,外有备用一枝,为总理监司所携归。乾隆辛丑,长洲钱棨适占三头,于时总理监事者为漳浦蔡文勤公,新司业则翁覃溪学士方纲也。文勤戏谓:"今科状元是翁公上年所得士,此花应归翁公。"学士因携归椟藏之。镌铭其上,并撰《三元考》。《越缦堂日记》:五更呼车入城,听候小传胪。进长安左门、阙左门下车,由左掖门、昭德门、左翼门入景运门,至乾清门下。久待廊陛间,日加巳,始传出前十本姓名。《履园丛话》:顺治乙未会试,世祖得秦鉽卷,大称赏,朱笔浓圈,击节不置。胪唱日,一甲至二名不及秦,世祖色变,至第三名为秦鉽,世祖乃大悦,拍案曰:"吾意此人必鼎甲也。"赐袍服,特比状元,一时称为异数。乾隆乙丑会试,蒋元益原拟第七名,高宗御笔亲改第一,殿试卷以重写策字不得进呈。高宗每拆一卷,必问:"会元在哪里?"甲午典试浙江,陛辞请训,高宗谓元益曰:"你是状元乎?"元益对曰:"臣是会元。"高宗曰:"你很可做状元。"乾隆辛巳殿试,赵翼原系进呈第一卷,高宗以陕西未曾有状元,以第三卷王杰互易之,并谕诸臣,谓"赵翼文自佳,然江浙多状元,无足异,陕西则本朝尚未有,即与一状元,亦不为过耳"。于是赵翼之名益著。《云川阁集》:康熙壬辰会试,榜发后奉旨搜阅遗卷。三月二十九日命下,特赐一体殿试。四月五日传胪,赐进士出身。十四日钦点庶常(此杜诏自记遭遇事)。《鲒埼亭文集》:姜湛园奉大对,圣祖识其手书,特拔置第三,赐及第,授编修。《读书斋偶存稿》:叶方蔼,传胪日上亲谕:"朕知汝久,特拔汝为一甲进士。"《褒碧斋杂记》:科举时代,拘忌颇多。咸丰壬午恩科,武昌范鸣璵廷试已列十本。传胪时,文宗以其名音近万民穷,用内阁中书。《雨村诗话》:德清蔡公升元,康熙壬戌状元。叔启僔为庚戌状元。有《纪恩》诗云:"入对彤廷策万言,句胪高唱帝临轩。君恩独被臣家渥,十二年间两状元。"《紫垣随笔》:长洲彭定求,南宫第一,殿试大魁天下。孙启丰亦会状联元。《陔余丛考》：苏州钱湘舲棨以己亥解元掇会元、状元。《藤阴杂记》：同胞及第，昆山徐氏。而后惟武进庄存与，乙丑榜眼，弟培因，甲戌状元。《炙砚琐谈》：阳湖庄本淳培因学士，少负才华，不作第二人想。乾隆乙丑，其兄方耕先生存与以第二人及第。学士赋诗，调之落句云："他年令弟魁天下，始信人间有宋祁。"《一楼集》：范公棫士，壬申鼎甲。故例：胪唱毕，诸进士出东安门看榜，鼎甲三人宴于门外，京兆尹主席，时恪靖胡公为公之婿父，观者以为荣。《两般秋雨盦随笔》：嘉庆辛未，天门蒋祥墀为祭酒，受鼎甲拜。时例：戒不得动。一甲一名适为蒋星陔修撰，即祭酒子也。有朝士赠以诗云："回忆庭趋学礼时，国恩家事喜难支。阿翁不敢揪髯笑，怪只郎君起跪迟。"《原蘦诗钞》：沈廷文胪传第一，蒙赐宫花袍帽等。《钝翁续稿》：世祖定鼎以来，临轩策士，凡十有三，而以第一人及第者，吴郡独居其五。《西斋偶得》：本朝状元，自国初迄乾隆辛卯，共五十一科，江苏三十二人。内徐州一人，江宁二人，松江一人，镇江三人，扬州二人，太仓州二人，常州七人，苏州十四人。且太仓初固隶苏州，宜顾宁人先生云："土产状元也"。《泉山堂剩稿》：傅公以渐，以开国首科第一人授官修撰，不十年入政府，受特达之知，大计密议，恒蒙俞允。道光九年，谕旨："潘奕隽加恩赏给四品卿衔，准其重赴恩荣宴。"《昭代名人尺牍续集·小传》：潘世恩以第一人及第，官至武英殿大学士，重赴恩荣。《汤子遗书》：王鸣球与其子曰：温同对策大廷。《梅窗小史》：一榜三鼎甲，马世俊状元，鲍亦祥榜眼，叶方蔼探花，俱江南丁酉科。《尺五堂诗删·甲辰传胪日纪恩》诗云："旭日罘恩霁色开，鸿胪声澈殿头来。香飘御案初承诏，酒赐天厨正举杯。彩仗氤氲喧凤吹，康衢踱躞走龙媒。自惭拜献无长策，敢忘经生旧草莱。"《毅庵诗钞·传胪日纪恩》诗颈联云："忽闻御宴探花客，即是孙山下第人。"时贾国维会试落第，特赐殿试。《归愚诗钞·胪唱恭纪》诗首四句："鸣鞭静候奏箾韶，御幄香浓入绛霄。卤簿叠陈仪仗肃，鸿胪三唱姓名标。"《澹余笔记》：蟒衣之赐，旧惟大臣间有之。顺治乙未科，修撰史大成、编修戴王纶、庶吉士冯源济等俱获赐蟒衣一袭，异典从来未有。

令甲唱名至三声，犹伏地不起，鸿胪官掖之出班。（《瓯北集·胪传纪恩》诗注）

康熙丁丑七月十三日，上御太和殿传胪。（《居易录》）

按：《翁文恭日记》：咸丰季年传胪，值驾驻圆明园，即在正大光明殿举行。同治初年传胪，在国恤期内，状元头不簪花，不饮酒，进呈前十本，发下后在南书房令军机阅看。传胪时，读卷大臣排列在品级山之上。

御太和殿传胪后，至西苑悦心殿更衣视事。（清乾隆己丑《悦心殿》诗注）

按：悦心殿在北海永安寺西。临幸时，理事引见恒于此。又，乾隆御殿视朝后，或坛祭毕，或圆明园返跸，常至承光殿更衣、传膳。殿俗名团殿，在团城内。殿前有金代古栝，殿南石亭有元代玉瓮。具载《国朝宫史续编》。

上御太和殿，武进士传胪。（《翁文恭日记》）

按：上，清同治帝也。

又按：乾隆时，马瑔中武探花，后被劾罢官，改名全，又中武状元。见《履园丛话》。

遇圜丘祈谷、常雩等大祀，前一日皇帝于太和殿内视祝版。（《钦定日下旧闻考》）

按：时祭之文有常式。遇特祭，则史官因事虔撰，舍人盥而录诸版。阁臣恭书御名。祭之日，奉常官娴奏，读者读焉。书用清文，读用国语。祝版之制，以木为之。天坛，青纸、青缘、朱书；地坛，黄纸、黄缘、黑书；太庙、社稷坛，均白纸、黄缘、黑书；太常寺派祝版官，先其裱饰，于祀前二日昧爽送内阁，授中书，安奉洁室，书祝辞毕，仍授祝版官缘边。内阁典籍预设黄案于政事堂正中，中书奉版陈于案，南向，大学士诣案前立，北面，展祝文，敬书御名毕，覆以销金青缎袱，仍尊藏洁室。翌日，陈于内阁。俟太常寺官祗请。见《国朝宫史续编》。

又按：僧行峰《侍香纪略》谓：世祖郊祀天坛，皇太后、皇后皆同往。而懋勤殿旧档所藏雍正关于佛学之谕旨，斥为梦呓，未知何据。清代初入关，诸事草创，一切礼制至康熙时始渐修定。顺治时有此举，曷足为异。且行峰亦何必故造此语也。

**视版之日，太常寺设黄案于太和殿内正中御座之南，设香亭于殿内左楹之东，设奉祝版亭、奉玉帛香亭于殿内右楹之西。（中和殿不设香帛亭，余仪同。）太常寺赞礼、读祝各官具玉帛于筐，贮香于盘，祗俟太和门外。太常寺卿率属赞事殿内。至时，诣乾清门启奏。皇帝御龙袍衮服，乘舆出宫，前引后扈如常仪。至太和殿北阶降舆，升太和殿内，近中间东楅扇西向立。记注官四人立殿右门外，东面。太常寺官自内阁奉祝版入太和中门，玉、帛、香随入，前列提炉二，赞礼郎十人，导引升中阶，至丹陛上止。司祝各官奉祝版，并玉、帛、香进殿中门，以次陈于黄案，三叩，退。太常寺卿就案前立，启祝版袱，退。赞礼郎进前跪，铺拜褥，退。皇帝诣案前立，次第恭阅毕，行一叩三拜礼，兴，复位立。太常寺卿韜祝版，赞礼赞撤拜褥，司祝各官进至案前，三叩，兴。恭奉祝版、玉、帛、香，依次设亭内，三叩，退。司香官就香亭奉香合，立于亭东，司拜褥官铺拜褥于香亭前，退，立香亭之右。太常寺卿二人，恭导皇帝至香亭前立。司香官跪进香。皇帝上香，行一跪三拜礼，兴，复位。司拜褥官撤拜褥，司香官奉香合，置亭内，退。銮仪卫率校尉舁亭，香亭在前，祝版亭、玉帛香亭以次由中道出，前引如仪。请祝版架、祝版案，官各就案前奉祝版架、案，由殿西楅扇出。太常寺卿跪奏"礼成"。皇帝乘舆还宫。（《国朝宫史续编》）

　　皇帝视学之次日，御太和殿。衍圣公等行礼毕，赐坐，赐茶，并赐燕于礼部。（《皇朝掌故汇编》）

　　祭祀斋戒进铜人，改设太和殿。（《养吉斋丛录》）

　　按：斋戒进设铜人，初在武英殿。

　　又按：季夏，太和殿阶祭中霤神。

　　康熙三十六年七月以太和殿成，告天地宗庙社稷。（《蒋氏东华录》）

　　按：此康熙朝以殿灾修造也。三十四年动工，三十六年落成。其第一次修建则在康熙八年。

　　又按：《云贵通志》：太和殿告成，加乡试额三名。《养吉斋丛录》：太和殿额，康熙间励文恪杜讷书。

　　重建太和殿，自乙亥（康熙三十四年）二月二十五日。鸠工李少司空贞、孟元振言：有老工师梁九者，董将作，年七十余矣。自前代及本朝初年，大内兴造，梁皆董其事。一日手制木殿一区，以寸准尺，以尺准丈，不逾数尺许，而四阿重室规模悉具。（《居易录》）

　　按：录并载：明季京师冯巧者，董造宫殿，自万历至崇祯末，老矣。九往执役门下数载，终不得其传，而服事左右不懈益恭。一日，九独侍巧，顾曰："子可教矣。"于是尽传其奥。巧死，九遂隶籍冬官，代执营造之事。

所有先朝朱笔，恭请至太和殿东夹室，永远尊藏。（清嘉庆十二年谕旨）

按：谕旨并载：宪皇帝朱笔，由红本处请至乾清门外舁往。纯皇帝朱笔，即由实录馆舁往。

立春日，礼部官属及顺天府府尹、府丞进春山宝座，交掌仪司，奉藏太和殿东暖阁。（《养吉斋丛录》）

按：春座先陈乾清宫西暖阁，经御览后交贮太和殿东暖阁。随将旧岁所进舁出。详《国朝宫史》。

王相国掞密奏建储事，待罪宫门，闻命趋入，免冠谢。上坐乾清宫，手招令前，耳语良久。后五年，公复疏前事，获罪。次年元旦，诸大臣表贺，未列掞名，上发表，命列名以进。翌日，赐宴太和殿，再召见东暖阁，赐坐，命起原官，视事如故。（《啸亭杂录》）

按：上，清康熙帝也。

又按：宫藏清圣祖谕旨：避暑山庄内千林岛英阿才熟，还涩些，赐大学士王掞吃着看。

嗣后，丹墀南仍派礼部司员四人，仪仗后仍派御史四人，并著添派侍卫四人，分列昭德、贞度内阶下左右，专司朝仪。遇有越班行走者，立即指拿奏办。（清道光七年谕旨）

按：是年元旦朝贺，太和门阶下有失仪者。

乾隆二十八年，太和殿御案桌套、表案桌套由内务府画样呈览。奉旨，著照三等活绣交织造处，照依画样绣得，由衣库成造，即由衣库收贮。凡遇升殿，据礼部知会，由库预备。（《钦定总管内务府现行则例·广储司》卷）

按：文华殿御案桌套同。

又按：御案桌套等，向由礼部收贮，至乾隆二十八年始改归衣库。

太和殿御座设褥，春冬用黑貂，夏秋用黄龙绮。（《大清会典》）

按：中和殿、保和殿、文华殿、乾清宫同。

太和殿设明黄妆缎面、红片金里坐褥一个，貂皮面、黄妆缎里坐褥一个。随侍明黄妆缎坐褥六个，貂皮坐褥二个，狼皮大坐褥六个、小坐褥四个，羽缎坐褥三个，衣素大坐褥五个、小坐褥二个，葛布大坐褥五个、小坐褥四个，拜垫六分，大小红白毡托七十七块。坐褥、拜垫、毡托由毡库领取。（《钦定总管内务府现行则例·武备院》卷）

按：中和殿、保和殿、文华殿、乾清宫同。

糊饰太和殿牕牖，用朝鲜贡纸，岁一糊饰。傅缝用黄绫，二年一糊饰。工部备办。（《大清会典》）

按：中和殿、保和殿、文华殿同。

皇帝御太和殿及庆典筵燕，先一日，銮仪卫司椶荐官铺椶荐于殿陛。（《大清会典》）

按：会典并载：宫殿铺设椶荐，由内务府太常寺移咨工部，各按尺寸，用江南解送细椶成造。

三大殿所挂门帘、雨褡并毛毯等项，有应行粘补成造者，呈明移咨工部，粘补成造。（《钦定总管内务府现行则例·营造司》卷）

同治十一年三月十三日巳初至未申间，太和殿、东西华门、神武门、太和门鸱吻中，同时出烟，浓墨而直喷，观者甚众。（《翁文恭日记》）

按：太和殿今为古物陈列所陈列物品。

【续】顺治二年春正月朔，上诣堂子行礼。还，入宫拜神毕，出御皇极殿旧址，张御幄。诸王、贝勒、文武群臣及外藩蒙古王、使臣等，上表称贺。（《清世祖实录》）

按：皇极殿旧址，明皇极殿殿址也。其时尚未改称太和殿。

顺治二年五月，兴太和殿工。三年十月，工成，连廊共十一间。（《清世祖实录》）

康熙八年正月，修理太和殿兴工。十一月，工成。上御太和殿受贺，颁告成临御之诏。（《清圣祖实录》）

按：实录并载：告成临御之诏略曰："太和殿建造年久，颇有损漏，遂同乾清宫一并重修，今俱告成，于康熙八年十一月二十四日进御宫殿。"又载：是年三月，四川巡抚张德地疏报采取楠木八十株。得旨，修造宫殿，所用楠木不敷，酌量以松木凑用，著停止采取。

康熙二十一年九月，以兴修太和殿，命刑部郎中洪尼喀往江南、江西，吏部郎中昆笃伦往浙江、福建，工部郎中龚爱往广东、广西，工部郎中图鼐往湖广，户部郎中齐穑往四川，采办楠木。（《清圣祖实录》）

按：实录并载：康熙十八年十二月初三日，太和殿灾。上召大学士等至懋勤殿，谕曰："殿廷告灾，乃上天致警，然其所关，止属朕躬临御之所。但得海宇清晏，置斯民于衽席之上，则朕所居，较诸前代茅茨土阶，尚或过矣，岂至以露处为虑哉。"又载：以太和殿灾，颁诏天下，用示修省。

又按：康熙十八年，太和殿灾，有诏修省罪己。次年修葺殿工，征各省林木砖瓦。时袁启旭客临清，作《官砖使者行》云："秋槐月落银河晓，清渊土黑飞枯草。劫灰劚尽林泉空，官窑万垛青烟袤。朱花钤印体制精，陶模范埴觚棱好。监窑使者上都来，小队牙旌挤不开。群驹各有飞腾势，走卒直皆鹰犬材。官司络绎供道左，宝顶朱缨上头坐。绮席烟飞鞣褐尘，银瓶香喷葡萄火。玉河秋水流涓涓，舳舻运转如丝连。官家厮养披丹锦，民舍蓬蒿半土缠。燕山去年火轮怪，蓬莱摧塌铜龙坏。灾异偏兴宵旰余，花砖影落烟痕在。圣王从古重茅茨，恭俭垂裳世所知。寄言持节承恩者，好忆深宫避殿时。"见《十朝诗乘》。

又按：琉璃砖瓦，大小凡十样，康熙年间定价，大者不过银二钱左右，小者不过银一钱。又琉璃瓦吻之制造，雍正年间，议定第二样用银一百八十一两三钱三分二厘，铅六百五十两，余依次递减，至第九样，只用银八两五钱八分六厘，铅六十五两。又，乾隆二十四年，定天青色五样正吻，每只加用宝色玻璃料一百两。详见《工部物材事例》。

又按：元大都宫城之瓦，皆以青琉璃瓦、绿琉璃瓦、白磁瓦修葺。见《辍耕录》。

又按：殿工大木产于川广，极大者亦甚难得，殿柱间有三合、四合、六合者。明建皇极（明曰皇极，清顺治二年改曰太和）一殿，费至六百万金，其两厂见贮木料，尚不在数内。见《多尔衮摄政日记》。

康熙二十五年，陛疏陈建造太和殿采运四川楠木艰困情形，九卿议，仍令斫运。上曰："四川山路险阻，人民稀少，且屡经兵火，困苦已极，采运楠木，必致甚累小民。今塞外松木材大，可用者甚多。若取充殿材，即数百年亦可支用，何必楠木。著停止采运。"（《耆献类征·卿贰王陛国史馆本传》）

康熙三十四年二月，以太和殿兴工，遣官告祭天地、太庙、社稷。三十六年七月，殿成，遣官告祭如前礼。（《清圣祖实录》）

按：实录并载：翌日，上御太和殿，王以下文武各官，以平定朔漠，并太和殿告成，上表行庆贺礼。颁诏天下。

顺治二年十二月，更定朝仪。每元旦庆贺，皇上先御武英殿，内大臣等行礼毕，皇上御太和殿，众官跪迎及升座。诸王、贝勒、贝子、公等奉表于阶上行礼，次两翼满洲、蒙古、汉军各官，次汉文武大臣，次朝鲜国进贡使臣，次外国诸王、使臣，次吐鲁番回回哈密卫人及董苏固尔地方喇嘛等行礼。朝毕，摄政王坐上侧榻上，诸王坐殿内两旁。上还宫，摄政王退，诸王大臣退。（《清世祖实录》）

顺治九年八月，定常朝仪注，凡朝期，上御太和殿，朝见者行礼。（《清世祖实录》）

世祖亲政，朝仪未定。公言，深居高拱，不如访询臣邻，批答详明，不若亲承颜色。稽之故实，有朔望之朝，有三、六、九之朝，有早晚之朝，有内朝、外朝，今纵不能如旧例，当一月三朝，以副励精图治之意。自是始定月逢五视朝之制。（《憺园集》）

按：世祖，顺治帝也。公，魏裔介也。

升殿之仪，乐先作，殿后户辟。驾将入殿后户，御前侍卫左右交互于殿门之内，内侍二人执二红灯盘旋而舞。少顷，各肃然就列，乐亦顿阕，上已端拱座上矣。陛下鞭声起，三鸣鞭而赞作，此定制也。御前有刀，名小神锋，长二尺余，每驾出，侍卫一人负之而行，此与神枪皆置御座之旁，顷刻不能少离。（《天咫偶闻》）

按：《钦定日下旧闻考》：乾隆十七年，御制《暮春太和殿视朝》诗注：唐诗有"户外昭容紫袖垂"之句。明制司礼监预朝会，本朝一革陋制。惟用外廷诸臣执事，朝仪肃清，诚善制也。

御太和殿时，旧制，大学士俱在殿外檐下侍立，即于殿外赐茶。乾隆二年，命侍立仍照旧制，赐茶时，各携坐褥，坐于殿内。（《榆巢杂识》）

乾隆三十四年十二月，谕："所有太和殿筵宴，大学士、尚书俱著各依班次列坐殿内，著为令。"（《清高宗实录》）

乾隆五十四年四月，定升殿时增改纠仪御史例，谕令："嗣后，著于都察院堂官内轮值往二人，在头层品级山两旁，站立督率。再于每品正、从东西，不拘满、汉科道，各派一员，专司弹压。科道员数较多，每次止用三十二员，尽为宽裕，于朕未升殿以前，著在品级山两旁向上按排分立。届时留心稽核，如行礼人员有越班不齐者，既可随时指示，而于错误不遵者，亦无难指名纠劾，更足以昭体制而肃朝仪。"（《清高宗实录》）

每逢太和殿、保和殿筵宴，向例所有喜起舞、庆隆舞及承应差务人员,预备乐章技艺人等,均于预日由各该处司员率领到殿。该管堂官监视,依次演习。嗣后,并将应入宴王公、贝勒、贝子、公、大臣等,亦预日传齐,同时到殿,由管宴王大臣按照宴图指示坐次。(清嘉庆二十四年四月管宴王大臣折)

按:《内务府奏销档》:向例,入宴人员及执事备差人等,俱由左翼门、右翼门出入。

外藩使臣朝见毕,例赐宴于礼部。(《十朝诗乘》)

按:诗乘并载:康熙时,朝鲜、安南、琉球、荷兰、西洋、土鲁番、暹罗、喇嘛、阿罗斯、喀尔凯,皆遣使入贡。徐健庵(乾学)时贰春宫,陪宴日,携客禹之鼎橐笔入,叠小方纸粗写概略,退而图之,衣冠剑履,毛发神采毕肖,取汲冢周书之义,命名曰王会图。又载:穆宗大婚,越南贡象,此为最后一次。

又按:《大清会典》载:朝鲜、安南、琉球遇有嗣位者,先遣使请命于朝。钦命正副使奉敕往封。《洪北江诗话》载:本朝册封使至安南、琉球等国,海船中例载漆棺,以备不虞,上必钉银牌十数枚,镌曰"天使某人之柩"。盖预防危险时,天使即朝衣朝冠卧棺内,至船将覆,则棺外施钉,令其随流漂没。海船过而见之,或钩取上船,至内地则告于有司,以还其家。银牌即以犒水手。

又按:《清世祖章皇帝圣训》:顺治十三年八月,荷兰贡使归国,上赐其国王银币,仍降敕谕:著八年一次来朝。

又按:《两般秋雨盦随笔》:康熙中,安南国进贡,其表文中警句云:"外邦之丸泥尺土,不过中国飞埃。异域之勺水蹄涔,原属天家雨露。"

又按:《内务府奏销档》:乾隆五十六年,安南国恭进贡物:金如意一柄,银盆一对,银水壶一对,银灯树一对,银鹤一对,银莲合一对,银香炉一个,土绢、土布、土绐各二百匹,肉桂十斤,犀角五对,象牙二对。缅甸国恭进贡物:缅石佛像一尊、红黄檀香四十筒、大红呢三板、缅布八十匹、孔雀屏二十屏。又,琉球国恭进红铜三千斤、白刚锡一千斤。又载:会同四译馆,系朝贡外藩居住之所,乾隆四十五年颓塌,伤毙高丽从人。

又按:《宫中档》:内务府奏呈暹罗贡物清单,进皇上者,金刚钻七两、翠鸟皮六百张。进皇后者,金刚钻三两、翠鸟皮三百张。嘉庆四年六月，奉旨：金刚钻、翠鸟皮交造办处。

又按：《竹叶亭杂记》：安南国，嘉庆九年锡号越南，古交趾也。其随贡使来者，衣红短袄，束绿带，以蓝布缠头出两角。贡使则宽袍，纱帽上加以凿花铜片，若女子之翠围。

又按：《清宣宗实录》：道光二年，上谕："廓尔喀国王叩贺，贡物内驯象、番马，已查照旧案，免其备进。其暖轿、亮轿，亦著免其备办。"

顺治八年正月，上亲政，御太和殿，诸王、群臣上表行庆贺礼，颁诏大赦天下。（《清世祖实录》）

按：实录并载：顺治七年，上御太和殿，科尔沁郡王送英亲王阿济格福金（为满洲王妻），使臣等朝见。

顺治十八年正月初九日，上御太和殿，即皇帝位。（《清圣祖实录》）

按：上，康熙帝也。清代御太和殿登极，自帝始。

康熙六十一年十一月，上即皇帝位。是日黎明，上素服诣梓宫前，跪告受命毕，至东偏殿易礼服，诣永和宫皇太后前，行礼毕，御太和殿受朝贺。（《清世宗实录》）

按：上，雍正帝也。

雍正元年九月，上御太和殿视朝，不作乐。三年八月二十六日，上御太和殿，诸王大臣、官员行礼毕，侍宴大臣上殿进酒，始奏乐。（《清世宗实录》）

雍正十三年九月己亥，上即位于太和殿。（《清高宗纯皇帝圣训》）

按：上，乾隆帝也。

道光三十年正月己未，上即位于太和殿，分遣官祗告天地、太庙、社稷。是日黎明，大驾卤簿全设，百官齐集于朝。上素服诣梓宫前行礼，祗告受命于大行皇帝，更礼服，诣弘德殿皇贵太妃前行礼。出御中和殿，内大臣执事各官行朝贺礼。上御太和殿即皇帝位，升座，王、贝勒、贝子、公、文武百官行朝贺礼。礼成，上还倚庐。是日，登极礼成，颁诏天下。（《清文宗实录》）

按：正月己未，正月二十六日也。上，咸丰帝也。皇贵太妃，道光妃，后尊为康慈皇太后，史称道光后孝静皇后是也。

顺治三年正月朔，上诣堂子行礼。还宫拜神毕，诣皇太后宫行礼。御太和殿，诸王、贝勒、贝子、公、文武群臣及外藩蒙古诸王、吐鲁番

哈密卫各贡使，上表行庆贺礼，赐宴。(《清世祖实录》)

按：顺治朝，自是年起，凡元旦朝贺（遇避痘期，不御殿免朝贺）及朝觐、召见、策试、赐宴并诸庆贺，皆御此殿。详见实录。

康熙十年十一月初九日，以谒陵礼成，御太和殿受贺。十五日，御太和殿视朝，文武升转各官谢恩。(《清圣祖实录》)

按：实录并载：康熙帝此后视朝，有在太和门者。

乾隆三年正月朔，上初举元正朝贺，率王以下文武大臣，诣寿康宫庆贺皇太后礼成，御太和殿，作乐宣表如仪。(《清高宗实录》)

按：实录并载：是日，御太和殿，赐王、贝勒、贝子、公、文武大臣官员、蒙古外藩、朝鲜、琉球国使臣宴。

乾隆五十四年元旦，太和殿受朝，有越至甬道行礼者，命将都察院堂官交部严议。(《耆献类征·卿贰觉罗巴彦学国史馆本传》)

按：觉罗巴彦学，时为左副都御史。

道光三年正月朔，御太和殿受朝。五年四月十日，御太和殿视朝，王以下文武升转各官谢恩。(《清宣宗实录》)

按：实录并载：道光三年四月朔，御太和殿，赐王公以下、蒙古王以上及外藩使臣等宴。

咸丰三年正月朔，诣寿康宫前殿行礼，后殿皇贵太妃前行礼。御太和殿受朝，作乐宣表如仪。诣大高殿、寿皇殿行礼，御乾清宫赐近支亲藩等宴。(《清文宗实录》)

康熙元年三月，以伪永历于顺治十八年十二月初一日就擒，行告祭礼，御太和殿受贺，颁诏天下。(《清圣祖实录》)

康熙十三年正月，遣宁南靖寇大将军、多罗顺承郡王勒尔锦帅师之湖广，安西将军、都统赫叶帅师之四川。八月，遣安远靖寇大将军、多罗贝勒尚善等帅师之岳州，贝子准达等帅师之荆州。十月，遣定远平寇大将军、和硕安亲王岳乐帅师之广州。上俱御太和殿，赐之敕印。十五年二月，命大学士、学士捧敕印，授进剿陕西、平凉等处抚远大将军、都统、大学士图海。上御太和殿，卤簿全设，礼毕，赐茶。(《清圣祖实录》)

按：时吴三桂、耿精忠起兵。

又按：清乾隆三十四年正月，大学士公傅恒折：康熙五十七年，大将军出征之日，命内阁大臣于太和殿颁给敕印。

雍正七年四月，上御太和殿，以宁远大将军印并敕书一道，令正使兵部尚书查弼纳、副使内大臣公伦布赍赴西安，授川陕总督公岳钟琪。理藩院侍郎顾鲁兼内阁学士衔，随印前往，敕谕宁远大将军岳钟琪。（《清世宗实录》）

  按：实录所载敕文，系谕令岳钟琪速行歼剿噶尔丹策零。

雍正七年六月，上御太和殿，命大学士公马尔赛、蒋廷锡捧敕印，授靖边大将军公傅尔丹。大将军、副将军、参赞大臣及出征官员等行礼毕，上回宫。申时，上率大将军、副将军、参赞大臣及在京诸王、贝勒、贝子等，内大臣、大学士、都统、尚书等，诣堂子行礼，次鸣螺，随于兵部排设大纛前，行礼毕，遂御东长安门外所陈黄幄，大将军、副将军、参赞大臣等，皆佩弓矢跪辞。上亲解御用数珠，赐大将军公傅尔丹，大将军行跪抱礼，副将军、参赞大臣等，亦各以次行跪抱礼。上亲视大将军等上马启行，上回宫。是日，德胜门外列兵处赐宴，命王大臣与大将军、副将军递茶进觞，礼部、兵部堂官，与参赞大臣递茶进觞，侍卫与出征官员递茶进觞毕，大将军等望阙谢恩。（《清世宗实录》）

  按：实录所载敕文，系谕令傅尔丹速行歼剿噶尔丹策零。并谕：有应知会西路宁远大将军者，即行知会。

乾隆二十五年三月，上御太和殿受朝，凯旋将军兆惠、富德，率从征各官行庆贺礼，王公、百官俱行礼。（《清高宗实录》）

  按：时征回部凯旋。

顺治十年正月，万寿节，上御太和殿，诸王、贝勒、文武群臣庆贺。赐宴毕，召大学士陈名夏至，问天下治乱之理。四月，御太和殿，召见天下朝觐官员董天机等，谕以洁己爱民，救拯疾苦。（《清世祖章皇帝圣训》）

康熙五十二年三月十八日，万寿节，上率诸王、贝勒、贝子、公、内大臣、大学士、都统、尚书、精奇呢哈番、侍卫等，诣皇太后宫行礼毕，御殿，王以下文武各官及致仕给还原品官员行庆贺礼。八旗兵丁、直隶各省耆老、士庶齐集午门外、大清门内，叩祝万寿，上回宫。内大臣、侍卫、内阁、翰林院、礼部、都察院、詹事府等衙门侍直官员，诣乾清门行礼。（《清圣祖实录》）

  按：万寿节，康熙帝六旬万寿节也。实录并载：三月十七日，上奉皇太后自畅春园回宫，直隶各省官员、士庶夹道罗拜，欢迎御辇，耆老等跪献万年寿觞。上停辇慰劳，遍赐老人寿桃及食品。诸王、贝勒、贝子、公、宗室、觉罗人等，及文武大臣、官员、兵丁并于诵经处跪迎。上霁容俯视，皆赐以食品。又载：镶蓝旗蒙古副都统赖都母，年九十，率其子孙迎驾，上停辇，命赐寿桃慰谕之。又载：二十五日，宴直隶各省汉大臣、官员、士庶人等年九十以上者三十三人，八十以上者五百三十八人，七十以上者一千八百二十三人，六十五以上者一千八百四十六人，于畅春园正门前。是日，上升座，命扶掖八十岁以上老人，至御前亲视饮酒。二十七日，宴八旗满洲、蒙古、汉军大臣官员、护军兵丁、闲散人等，年九十以上者七人，八十以上者一百九十二人，七十以上者一千三百九十四人，六十五以上者一千十二人，于畅春园正门前。诸皇子出视颁赐食品，宗室子执爵授饮。上升座，命扶掖八十岁以上老人，至御前亲视饮酒。二十八日，八旗满洲、蒙古、汉军七十岁以上妇人，齐集畅春园皇太后宫门前，随召九十岁以上者入宫门内，八十岁以上者至丹墀下，七十岁以上者集宫门外，大臣妻年老者亦皆召至宫门内赐坐，皇太后、皇上亲视颁赐茶果、酒食等物，其余令诸皇子率宗室子以次颁给，又赐大臣妻衣锦、彩缎、素珠、银两。

乾隆五十五年八月十三日，皇上万寿大庆圣节，是日黎明，銮仪尉陈设法驾卤簿于太和殿前，陈步辇于太和门外，陈五辂于午门外，陈驯象于五辂之南，陈仗马于丹墀中道之左右，俱东西相向，恭俟皇上升殿。（《乾隆八旬万寿盛典册》）

按：外殿，升太和殿也。盛典册并载：乾隆御制《八月十三日避暑山庄行七旬庆典》诗注：今岁，以不能似庚寅率群臣于慈宁宫行礼，故不忍御殿受贺，只在山庄照常例举行。又载：乾隆五十五年，皇上八旬万寿。秋七月，避暑山庄举行庆典。八月十二日，进宫。十三日，御殿受贺。

乾隆五十五年八月十二日，上御礼舆还宫。骑驾卤簿全设，导迎乐作，并奏万寿衢歌，皇子、皇孙、皇曾孙、皇元孙、王以下文武大臣、官员、绅民、耆老，蒙古王、贝勒、贝子、公、额驸、台吉，回部王公、伯克，安南国王及陪臣，朝鲜、缅甸、南掌等国使臣、金川土司、台湾生番等，环跪称庆，赏赍老民、乐工、承应匠艺人等有差。诣大高殿、寿皇殿行礼。遣官告祭天地、太庙、社稷、奉先殿。御重华宫，张乐进宴。十三日，上八旬万寿庆节，遣官祭陵及显佑宫、东岳庙、城隍庙。上诣奉先殿行礼。御太和殿，王、贝勒、贝子、公、文武大臣官员，蒙古王、贝勒、贝子、公、额驸、台吉，安南国王及陪臣，朝鲜国、缅甸国、南掌国使臣，金川土司，台湾生番等行庆贺礼。作乐宣表如仪。礼成，上幸宁寿宫，赐王公、大臣、蒙古王、贝勒、贝子、公、额驸、台吉，外藩使臣等宴。御乾清宫，赐宗室诸王等宴，皇子、皇孙、皇曾孙、皇元孙，以次舞彩称祝如仪。（《清高宗实录》）

按：实录并略载：乾隆帝八旬万寿时，办理庆典大臣议定，各督抚等分扣养廉，备充经费。

本年朕三旬万寿，著毋庸举行告祭礼，所有升殿礼仪著停止。（清咸丰十年正月谕旨）

咸丰二年十月甲午，上御太和殿，宣制册立皇后，王以下文武大臣、官员行庆贺礼。命大学士裕诚为正使，礼部尚书奕湘为副使，持节赍册宝，册立钮祜禄氏为皇后。乙未，上以册立皇后，诣寿康宫皇贵太妃前行庆贺礼。御乾清宫，受皇后礼。御太和殿，王以下文武大臣、官员行庆贺礼。礼成，颁诏天下。（《清文宗实录》）

按：皇贵太妃，详前。考册封贵妃、妃、嫔，亦俱派正副使，其不同者，晋封贵妃，持节赍册宝，晋封妃，持节赍册印，晋封嫔，持节赍册。

太和殿，有大典则莅之。大婚遣使，正、副使由太和门外持节乘马而出，凤舆前乐设而不作，法驾卤簿前导，群臣彩服夹道。（《天咫偶闻》）

同治十一年二月，懿旨：兹选得翰林院侍讲崇绮之女阿鲁特氏，淑慎端庄，著立为皇后。员外郎凤秀之女富察氏，著封为慧妃。知府崇龄之女赫舍哩氏，著封为瑜嫔。前任副都统赛尚阿之女阿鲁特氏，著封为珣嫔。又懿旨：钦天监奏选择大婚、纳采、大征吉期各折，皇帝大婚典礼，著于本年九月十五日举行，七月二十六日纳采，八月十七日大征。三月懿旨：著于本年九月十四日册封皇后，礼成后，即日册封慧妃，其瑜嫔、珣嫔册封日期，著钦天监于十月内择吉举行。七月懿旨：皇帝大婚典礼，著于本年九月十四日寅时，皇帝升太和殿，遣使行册立礼。本日申时，皇帝诣慈宁宫行礼毕，升太和殿，遣使行奉迎礼。皇后凤舆即于皇帝升殿遣使还宫后，由乾清宫启行。十五日子时，皇后升凤舆进宫后，丑时行合卺礼。十七日巳时，皇后诣慈宁宫行朝见礼。十八日辰时，皇帝诣慈宁宫行庆贺礼毕，仍于辰时升太和殿行庆贺礼。十九日卯时，皇帝升太和殿筵宴。其慈宁宫筵宴时刻，著由内传旨届时举行。七月二十六日，遣礼部尚书灵桂为正使，总管内务府大臣春佑为副使，持节诣皇后邸，行纳采礼，并筵宴如例。八月十七日，遣礼部尚书灵桂为正使，总管内务府大臣桂清为副使，持节诣皇后邸，行大征礼。九月十三日，以大婚册立皇后，前期遣官祭天地、太庙后殿、奉先殿。以册封慧妃，前期遣官告祭太庙后殿、奉先殿。九月十四日寅刻，上礼服御太和殿，阅视皇后册宝，遣惇亲王奕誴为正使，贝勒奕劻为副使，持节奉册宝，诣皇后邸，册封阿鲁特氏为皇后。遣大学士文祥为正使，礼部尚书灵桂为副使，持节赍册印，封富察氏为慧妃。申刻，慈安皇太后、慈禧皇太后御慈宁宫升座，上礼服诣慈宁门行礼，礼成，御太和殿受贺。遣惇亲王奕誴为正使，贝子载容为副使，持节诣皇后邸，行奉迎礼，作乐宣制如仪。九月十五日子刻，皇后由邸第升凤舆，銮仪卫陈仪仗车辂，鼓乐前导，由大清中门行御道，至乾清宫降舆。上具礼服候于坤宁宫。丑刻，行合卺礼。奉慈安皇太后、慈禧皇太后幸漱芳斋侍午膳。朝鲜国王李熙，遣使奉表赍贡，庆贺大婚，赏赉筵宴如例。九月十六日，上率皇后诣寿皇殿行礼，诣钟粹宫慈安皇太后前行礼，长春宫慈禧皇太后前行礼。上御乾清宫，皇后率慧妃以下行礼。奉慈安皇太后、慈禧皇太后幸漱芳斋侍午膳。九月十七日，慈安皇太后、慈禧皇太后御慈宁宫升座，皇后行朝见礼，盥馈醴飨如仪。九月十八日，慈安皇太后、慈禧皇太后御慈宁宫升座，上率王以下文武大臣诣慈宁门行庆贺礼，众官于午门外行礼。御太和殿受贺，王以下文武大臣、官员、蒙古王、贝勒、贝子暨朝鲜使臣等行礼，礼成，颁诏天下。慈安皇太后、慈禧皇太后御慈宁宫，皇后率慧妃以下行礼。上御乾清宫，皇后率慧妃以下行礼。皇后御内殿，慧妃以下公主、福晋、命妇行礼。九月十九日，上率皇后暨慧妃以下，诣慈宁宫，奉迎慈安皇太后、慈禧皇太后升座，行进酒礼。慈安皇太后、慈禧皇太后，赐上暨皇后、慧妃以下宴。上御太和殿，赐皇后亲属暨王以下文武大臣、蒙古王、贝勒、贝子、朝鲜使臣等宴。九月二十四日，上率皇后奉迎慈安皇太后、慈禧皇太后幸坤宁宫进福胙。诣钟粹宫慈安皇太后前行礼，长春宫慈禧皇太后前行礼。上御养心殿，皇后率慧妃以下行礼。奉慈安皇太后、慈禧皇太后幸漱芳斋侍午膳。十月初四日，钦奉慈安皇太后、慈禧皇太后懿旨，皇后之母家，著抬入镶黄旗满洲。十月十四日，遣大学士文祥为正使，礼部尚书万青藜为副使，持节赍册封赫舍哩氏为瑜嫔。大学士单懋谦为正使，协办大学士、刑部尚书全庆为副使，持节赍册封阿鲁特氏为珣嫔。(《清穆宗实录》)

按：实录并载：同治九年闰十月，谕军机大臣等，内务府奏准江南织造呈称：大婚（同治帝大婚）应用妆奁缎匹，估需料工银十二万两，绣缎等项估需料工银八万六千两。著曾国藩、张之万严饬藩运两司，如数拨解该织造，以便克期织办。又，十一月，谕军机大臣等，工部奏称，大婚礼（同治帝大婚礼）应用架彩等项所需彩绸，除前次奏派八千匹外，拟添派十万匹，内大红四万匹，黄色一万五千匹，绿色一万五千匹，桃红二万匹，玉色一万匹。请饬杭州织造赶办四万匹，江宁织造赶办三万匹，苏州织造赶办三万匹等语。此项彩绸，经工部及内务府核计，实用必不可少之数，著迅速赶办，限于来年四月内一律办齐。

又按：《十朝诗乘》载：壬申大婚庆典（同治十一年，同治帝大婚庆典），彭刚直（玉麟）适展觐京师，躬睹其盛，纪诗十章（诗从略），诗注谓：大征、纳采之礼，颁赐后父母文马、金银器用、缎匹外，兼有甲胄、弓矢。妆奁极盛，内有西洋大镜一方，入宫门时去架乃进，倾城士女观者填塞。前一日册立大典，上御太和殿，大小臣工行礼，跪听宣读册文宝文。册宝有金有玉，厥制非一。奉迎时以册宝前导，凤舆正中置龙如意，上有朱笔御书龙字，命福晋陈之。捧舆校尉咸绛红绣服，仪仗、旌旗、宫扇遍绣鸾凤，前后宫灯三百对，照耀如昼。吉日，帝、后俱服龙凤同和袍，宫中执事、命妇咸戴大红罩袖。是日子刻，凤舆入乾清宫，礼部堂官率司员捧册宝，安奉交泰殿左右案上。后降舆，左右手各携平果一，随侍女官接之。福晋、命妇捧宝瓶以授，内装百宝，又以马鞍跨坤宁门限上，其下置平果二，盖从俗取吉祥平安之意。青庐设坤宁宫东暖阁，合卺用结发侍卫夫妇二人念交祝歌。次日，行捧柴礼，帝、后同祀天地喜神毕，诣灶君前行礼。回宫进团圆膳，膳后复同诣寿皇殿列圣列后圣容前行礼，预设五色彩殿于此。又载：故事，选后皆后、妃并选，而两妃皆先期入宫。穆宗（同治帝）选后时，圣母（慈禧太后）属意凤秀女，母后（慈安太后）谓崇绮女端庄，决于帝，帝以母后意定之，由是为圣母所不喜，禁不得辄至中宫。帝疾革，后趋侍，犹斥其蛊惑。迨帝崩，不立嗣，别立德宗（光绪帝），以嗣显庙（咸丰帝）。后益悲愤，曰：然则大行皇帝犹殇也？遇丽妃（咸丰帝妃）深劝之，是夕后崩。又载：景庙（光绪帝）之立，固圣母意也。初穆宗弥留，以手敕授李文正（鸿藻），中及嗣统事，以不合慈恉湮之，文正不能争。南皮（张之洞）疏语谓："既无委裘植腹之男，又无慰情胜无之女"，为当时传诵。盖小臣中怀欲陈之者，不仅一吴柳堂（可读）也。翁文恭（同龢）和潘文勤（祖荫）诗云："玉几惊承被冕旒，千艰万厄一时休。微躯甘作兰亭殉，清血徒凭杜宇流。馈奠已更犹似梦，上书无术敢言愁。麻鞋风雪桥山路，早有神光烛帝邱。"言外亦有无穷之痛。

又按：《闻尘偶记》：孝哲毅皇后（同治后）性好书，尝节省宫中用费，以万六千金购《古今图书集成》一部，此书乃宝名斋所售。

又按：《十朝诗乘》：光绪己丑（十五年）正月大婚，李越缦（慈铭）侍御于乾清门，观迎皇后凤轝，有诗纪之云："九阊曙色启铜龙，夹道珠灯拱法宫。彩仗千官迎日下，琼函百辇出云中。光华共识天颜喜，朴俭先昭内治风。添得层城王母笑，蓬莱绮映早霞红。"注称，帘幕、衾褥俱用绛色，从俗也。

又按：《枝巢清宫词》注：大婚典礼，后家礼物单内，先进金如意二柄。

大婚礼成，皇上御太和殿，赐后父及其族宴，王公、百官均与宴。（《礼部则例》）

按：《光绪大婚典礼红档》载：礼部奏：查咸丰十年奏准太和殿筵宴，殿内设桌一百一张，为王公、一二品大臣、台吉、塔布囊伯克并前引大臣及起居注官等列坐。殿檐下设桌二张，为都察院左都御史、左副都御史、理藩院尚书、侍郎列坐。丹陛上设桌四十张，为一二品世职暨侍卫等列坐。丹墀左右共设桌四十张，为三品京堂以下文、武各官列坐，并设外国来使桌二张，于两班之末。共设桌一百八十五张，用羊七十五只，酒七十五瓶，在案。本年正月二十七日，皇上大婚礼成，于二月初五日御太和殿赐宴，所有桌张、羊、酒数目及王公、百官列坐次序，拟请遵照咸丰年成案备办安设。至后父等桌张，拟于殿内添设桌一张，为后父列坐，在王公之次。丹陛上添桌二张，丹墀内添桌一张，为后父族属列坐。仍按翼序品计，应添桌四张，羊二只，酒二瓶。

乾隆十五年十一月，上御太和殿，恭送列圣御容，供奉盛京。并诣皇史宬，恭送五朝实录，尊藏盛京。（《清高宗实录》）

乾隆五十九年，今皇上正位东宫，典礼隆重，一切皆公与礼臣斟酌

定议。六十年冬，上以御宇周甲，将行内禅礼，而隆仪盛事，古所罕见，公亦敬谨定仪注，斟酌尽善。比至嘉庆元年正月元旦，公仰承景命，于太和殿上捧册授宝，及初四日再举千叟宴，公进觞上寿。(《耆献类征·王昶阿公桂行状》)

同治十一年十月初九日，上御太和殿，王以下文武大臣、官员暨朝鲜国使臣，行庆贺礼。是日，颁发朝鲜国崇上慈安端裕皇太后、慈禧端佑皇太后徽号诏书，赏该国王缎匹如例。(《清穆宗实录》)

按：行庆贺礼，行庆贺崇上两宫徽号礼也。

顺治十五年三月，礼部奏言，自元年以来，殿试中式举人，俱在天安门外，臣等伏思临轩策士，大典攸关，应于太和殿前丹墀考试。报可。十六年九月，上御太和殿传胪，赐会试中式贡士陆元文等进士及第出身有差。(《清世祖实录》)

按：《清圣祖实录》：顺治十八年四月（康熙帝已践位），策试天下贡士于太和殿前。康熙九年十月，策试天下武举于太和殿前。越一日，上御太和殿传胪，赐殿试武举、武进士及第出身有差。

次日，大传胪，皇帝御太和殿，殿中设御案，殿外设宫乐，太和门内设太常乐，自丹墀至太和门东西立仗，皇帝升殿，鸣鞭乐作，王大臣位丹墀上，百官立仗内。行朝贺礼既毕，百官由仗后退，大学士由殿东壁捧榜至御座前呈览，出置殿中门外黄案上，新进士行礼毕，止乐。鼎甲出班，依品级跪，殿上满音宣诏，宣毕，乐作，谢恩。礼节尚书捧榜降陛，用曲柄黄龙伞罩之，正郎跪丹墀下接榜。新进士随出太和中门，乃鸣鞭退殿。(《晚清会试廷试故事记》)

按：次日，小传胪之次日也。记并载：是日，状元授职修撰，榜眼、探花授职编修，勒石题名于太学，碑首仍以会元名称榜。榜及殿试卷，俱藏之内阁。次日，午门谢恩，至发领表里，则在午门外。

又按：《光绪丙戌（光绪十二年）科会试同年全录》载：四月二十五日，御殿传胪。礼部先期札钦天监择吉时，送部缮写礼节具奏。得旨，通行各衙门，示知贡士。于是日五鼓，开通东长安门，开正阳门，知会王以下文、武各官，朝服齐集。部派司官四员，会同鸿胪等官带领贡士，派笔帖式十员引榜，余均与朝贺事宜同。又载：传胪前日，内阁学士奉榜诣乾清门，请皇帝之宝，钤讫，仍送入。又载：传胪礼节，诸贡士穿公服，戴三枝九叶顶，在丹墀内于各官之次两翼序立。

又按：《谏书稀庵笔记》：王寿彭传胪时，予正仕京曹。俗例，同乡有应殿试者，京官必携荷包、忠孝带，以备前十名引见佩用。是日辰初，读卷大臣鱼贯进内，至辰刻，大臣手捧黄纸自内出，立于乾清门丹陛上，高呼曰："王寿彭"，王惊喜变色，同乡官代应曰："在此"。乃为之整衣，佩荷包、忠孝带，扶上丹陛，肃立大臣之后。俟前十名依次传齐，乃带领引见。引见毕，同乡官偕至山左会馆，已见报喜人，以"状元及第"横匾，及"一门三级浪，平地一声雷"黄纸对联张贴已毕。会馆值年官即筹备款项，先以五十元交新状元往拜新（前）科状元，索取历科账簿，簿上一切事宜帖式，均详载之，乃为之照写请帖，邀请各位老师及历科鼎甲之在京者。翌日，至会馆款宴，例召梨园演戏。我山东则否，以会馆正厅供至圣先师故也。翌日辰初，皇上御太和殿，先闻静鞭三响如爆竹，黄伞随驾至殿，鸿胪唱唤一甲三人升殿，行三跪九叩礼，新进士在午门外行礼，圣驾还。銮仪卫以黄亭舁黄榜，由太和门、午门、端门正中出，鼓乐前导，黄仪仗俱备，出东长安门正中门，悬黄榜于北黄墙上。顺天府尹于黄榜之左搭彩棚，设红案，陈酒果，手敬三鼎甲各一杯，皆立饮，为之披红簪花。旁有骅骝绣鞍，请三鼎甲上马，一马数役护之。前有红仪仗鼓乐，导至国子监行释菜释褐礼。旋到明伦堂，两大司成正坐受三叩礼。大司成身不敢动，动则状元不吉，左右手动则榜、探不吉，此例相传久矣。自国子监出，三鼎甲联马而行，沿途观者如堵，妇女则门垂湘帘或登楼倚槛而观，此俗所谓状元游街也。

又按：潘曾沂《小浮山人年谱》：乾隆五十八年癸丑，父亲（潘文恭世恩）会试中式进士，殿试第一甲第一名，授职修撰。大母黄太夫人在籍，循例游城。（游城即撒谷也。文恭元配谢夫人，于乾隆五十七年卒，故母夫人代之。见《茶香室三钞》。）

又按：《十朝诗乘》：吴俗，新状元归第，必以鼓乐导迎状元夫人。陆文端润庠大魁时亦然。

又按：《恩福堂笔记》：国朝状元官至大学士者，顺治朝：傅聊城以渐、吕武进宫、徐长洲元文，乾隆朝：于金坛敏中、梁会稽国治、王韩城杰，嘉庆朝：戴大庚衢亨，道光朝：潘芝轩世恩，共得八人。道光复又有翁叔平同龢、陆凤石润庠二人。方诸宋人石扬修诗所云："皇朝四十三龙首，身到黄扉止四人。"（四人谓：吕蒙正、王曾、李迪、宋庠也。见《西清诗话》。则清代状元宰相可称极盛。）

又按：《竹叶亭杂记》：嘉庆壬戌（嘉庆七年），殿撰吴棣华先生廷琛，闻读诏声以为赞礼也，乃行礼，读声不已，乃起，跪叩首无算。副都御史劾其失仪，乃议处鸿胪官教演不善者。

又按：《碑传补》：吴郁生《陆文端公润庠行状》：同治甲戌（同治十三年），公成进士，殿试一甲第一名，授翰林院修撰。即日召见，赐御用冠服，异数也。

又按：《洪北江诗话》：宋苏子容诗："把麻人众引声长。"苏子由诗亦云："明日白麻传好语，曼声微绕殿中央。"盖唐、宋时宣麻制，皆曼延其声，如歌咏之状。今殿试胪传日，鸿胪寺官立殿下唱第，引声亦甚长，唱一甲三人，二甲第一人，三甲第一人，必移时始毕，盖古法也。又，一甲三人唱名至三次，亦寓慎重之意。又，俗谓状元独占鳌头，语非尽无稽。胪传毕，赞礼官引东班状元，西班榜眼、探花二人，前趋至殿陛下，迎殿试榜。抵陛，则状元稍前进立中陛石上，石正中镌升龙及巨鳌，盖警跸出入所由，即古所谓螭头矣。俗语所本以此。榜亭出，一甲三人随之由午门正中而出，盖亲王、宰相亦无此异数。大学士稽文恭公尝笑语余曰："某为宰相十年，不及一日之新进"云。

又按：《得树楼杂钞》：南宋进士及第后，唱名罢，俱赐袍笏。谢恩，入幕，赐御馔，进谢恩诗。出赐席帽，于阙门外上马，迎入期集所，又名状元局。官给钱物、供张、皂隶，于此聚同年，待宾客，刊题名小录，赐闻喜宴，进谢宴诗，如此者一月。然后状元率榜下士，诣阙门谢恩，谓之门谢。

今日殿试人数众多，天气炎热，著工部尚书哈达哈多备茶冰，俾士子普沾，以解烦渴，并加意照看。（清乾隆十年四月谕旨）

按：其时，殿试尚在太和殿。乾隆五十四年，始改在保和殿举行。

又按：《清高宗纯皇帝圣训》：乾隆四十六年四月，上谕内阁：向来殿试新进士，有至次早始行交卷者。嗣后，殿试交卷，至迟亦以日入为度，不得仍准给烛，其不能完卷者，仍准列入三甲末。

丙辰，殿试后选庶吉士，例满、汉中堂入殿东立，每进士十名一班，鱼贯入殿，面上跪，以序读姓名、籍贯，当上意者，上点之，出班西边立。余名在三甲，吾师启奏曰：此会试第二名，文章极好。上悦，遂中选。（《渊源谱》）

按：丙辰，康熙十五年也。吾师，杜立德也。时殿试后选庶吉士，尚在太和殿。谱并载：丙辰，钦授庶吉士，吾师（徐元文）为翰林院掌院，教习庶吉士。余北面请业焉。每五日入院，登堂背书，日读《易经》一页，古文一篇，唐诗二首，此定例也。

又按：《郎潜纪闻》载：每科胪唱后，新进士齐赴国子监（国子监即太学也。曾文正国藩赋有《太学石鼓歌》，歌云："韩公不鸣坡老谢[韩愈、苏轼皆赋有《石鼓歌》]，世间神物霾寒灰。我来北雍抚石鼓，坐卧其下三徘徊。周宣秉旄奠八柱，歧阳大东征风雷。四山置罘匦天布，群后冠带如云来。东征北伐荡膻秽，方召啴啴何雄哉。铭功镌石告无极，欲镇后土康八垓。自从七国战龙虎，荒荒王迹沦蒿莱。嬴颠刘蹶六代沸，把酒但劝长星杯。陈仓流落一千载，霜饕日剥空黄埃。国子先生老好事，欲比邻鼎珍琼瑰。东都国相守右辅，始舁沣沼剜苍苔。五季蜩螗颇星散，司马刺史初重恢。是时十鼓嗟失一，抛弃不辨何山隈。博搜民间得异白，秦关复赎连城回。宣和天子向儒雅，太清书画千云堆。诏移此石归汴水，图稿观听何轰豗。行填字钩发光怪，照耀艮岳金碧开。岂知六龙卒北狩，法物曾不禳凶灾。高车大牛辇万货，填坑咽谷惊三才。是鼓仓黄亦北徙，重器自此蟠燕台。道园诗翁主太学，兴举百废扶倾颓。中门两楹与位置，华榱大栋增山巍。承以砖坛护以槛，清阴四幕连疏槐。迩来春秋阅五百，光气夜夜腾斗魁。圣清文明迈巢燧，搜扶书契穷根垓。从臣技能半史籀，别作新鼓相追陪。小儒昏钝无所识，得从械朴备条枚。细思物理穷显晦，芒芒人事不可推。作歌聊继二公后，不羞驽骞随龙媒。"）释奠礼竣，大司成置酒堂东偏，各献酬三爵。又载：顺治戊戌（顺治十五年），状元孙承恩，常熟人也。先是承恩弟旸，丁酉北闱以事遣戍。胪传前一夕，章皇帝阅承恩卷，玉音称赏。拆卷见其籍贯疑与孙旸一家，遣王熙疾驰出禁门，至承恩寓面询。学士故与承恩善，因语之故，且曰："今日升天沉渊，决于一言，回奏当云何？"承恩良久慨然曰："祸福有命，不可以欺。"学士叹息，既上马，复回顾云："得毋悔乎？"承恩曰："虽死无悔。"学士疾驰去。章皇帝秉烛以待，既得奏，尤喜其不欺，遂定为一甲第一。又载：康熙庚辰（康熙三十九年），殿试榜将发，上谕内阁曰："大臣子弟皆置三甲。"癸未（康熙四十二年），海宁陈氏匏庐宗伯邦彦、文勤相国世倌同入翰林。时文简公元龙，最承宠眷。胪唱日，上临朝，举手谓文简曰："大喜，汝家又添二翰林矣。"乾隆三十四年，己丑科殿试，钦定前十本常熟季学锦卷，列一甲第三，以引见不到，降三甲末。道光朝，潘文恭公（世恩）久居揆席，而满、汉四相国，其三人入词林时，皆文恭教习门生，一鹤舫相国穆彰阿，一献山相国觉罗宝兴，一海帆相国卓文端（秉恬）也。公有诗纪其盛云："翰苑由来重馆师，卅年往事试寻思。即今黄阁三元老，可忆槐厅执卷时。"又载：本朝耆臣生加太傅者五人，重宴琼林者八人，状元作宰相者八人，惟潘文恭公世恩兼之。又大拜不阶协办，枢廷不始学习，皆异数也。重宴琼林，已不多见。而重赐及第，则惟公一人。公以乾隆癸丑（乾隆五十八年）大魁天下，至咸丰三年甲子一周，公已甲跻台辅。而是科公子星斋、侍郎曾莹适奉命典春官试。公孙少农祖荫以前一年及第，闱后，公与小门生称新同年，朱轮黄发，领袖恩荣，奉觞少子，即新贵之座师，撰杖重孙，乃清班之前辈。

又按：《洪北江诗话》：乾隆庚戌（乾隆五十五年），一甲三人皆江南，吴县石韫玉、青阳王宗城与亮吉是也。是科，特旨命无锡嵇文恭璜赴礼部恩荣宴。会后同年与同乡后进三人，接坐礼部堂上。

咸丰二年四月乙巳，上御太和殿传胪，赐一甲章鋆、杨泗孙、潘祖荫三人进士及第，二甲彭瑞毓等一百八人进士出身，三甲何桂芳等一百二十八人同进士出身。（《清文宗实录》）

咸丰九年四月二十五日，朝服入内，候御太和殿朝贺。胪唱毕，迎鼎甲孙家鼐、孙念祖、李文田于东安门外，簪花进爵。立饮讫，回署，宴于府大堂，旋释朝服，更补褂，送状元归第如仪。（《还读我书室老人董恂手订年谱》）

按：董恂，时为顺天府府尹。年谱并载：国朝以旗籍鼎甲魁天下，授修撰，自同治四年乙丑科崇绮始。

又按：《清文宗实录》：咸丰十年四月戊子，上御勤政殿，阅定十卷甲第。壬辰，上御正大光明殿传胪。

光绪二十九年五月戊寅，策试天下贡士于保和殿。壬午，上御太和殿传胪。（《清德宗实录》）

嘉庆二十四年秋，武殿试传胪，上御太和殿，胪唱时，一甲一名武进士徐开业、一甲三名梅万清，均未到班。奉谕：徐开业革去一甲一名并头等侍卫，梅万清革去一甲三名并二等侍卫，仍留武进士，再罚停明年殿试一科。（《郎潜纪闻》）

按：《十朝诗乘》：查氏有靖安侍卫，由武科成进士，应甲申（康熙四十三年）殿试。上特敕初白（慎行）、声山（昇）并赐坐西班观射，尤为异数。是科，靖安以第一人及第，初白《送靖安叔归碣石》绝句云："画鼓朱旗晓日开，广场千步净无埃。紫光阁（阁在西苑）下通名姓，曾与天潢校射来。文武家声荷主知，右班特许缀蛾眉。一门盛事传希有，亲见穿杨入彀时。"

又按：《国朝宫史》：紫光阁武试仪，每科会试中式武举，于太和殿策试之明日，皇帝亲临紫光阁阅马、步射。又次日，阅弓、刀、石技勇。先期，兵部奏日，既得旨，巡捕三营率员弁治马道于阁之西。按定例，步箭，设马箭靶三，步箭靶一。每把设鼓一。丹陛西阶下设蓝旗一，东阶下设步射木志十。至日黎明，武备院张黄幕于紫光阁丹陛上，设宝座、御案于幕内，设低桌于御案之右。懋勤殿太监陈列朱笔、煖砚于案。銮仪卫张黄盖于幕东偏。兵部派放马官四人，率中式武举每十人为一班，列马道南。扬旗官率参将一人立西阶下。监鼓官四人，分率营员，各依鼓为位。会试监射大臣四人，殿试读卷大臣四人，兵部尚书、侍郎，各以次立东阶下。记注翰林四人，立西阶下。咸补服。届时，兵部侍郎一人赴乾清门具奏。皇帝乘舆出宫，领侍卫大臣、御前侍卫等暨豹尾班侍卫，引扈至丹陛上，降舆升座。侍卫等于幕东西侍立，豹尾侍卫于阶下左右排列。红本处官二人捧兵部所进汉字名册，陈于御案。（以清字册安于低桌上东面，跪展清册，按名照验。）兵部尚书进至中阶下，跪奏：第一班第一人某马射，随立原处。扬旗官督参将扬旗，放马官督武举上马，箭中某靶，司鼓官督营官报鼓。每一班进，兵部尚书跪奏如前。马射毕，陈步靶于甬道上，侍卫率武举至中阶下，仍以十人为班，各射步箭一。每一人射中者，报鼓如前。御笔皆亲加记识。既毕射，红本官起，受御案所陈册并清字册，缄藏之。皇帝乘舆还宫，引扈如来仪。众皆退。翌日黎明，武备院移丹陛上黄幕稍南，兵部官捧武举绿头名签，引至阁前稍东祗候。随率营员陈刀、石于陛前。（刀一百二十斤，石三百斤，为头号，在中。刀一百斤，石二百五十斤，为二号，在左。刀八十斤，石二百斤，为三号，在右。）兵部官三人，执弓各一。（头号十二力，次十力，次八力。）武备院官六人，执出号弓（自十三力至十八力）各一，立东阶下。余仪俱如前。驾至，升座。侍卫率武举每十人至前，兵部、武备院官，各依所用弓力授弓，以次进至中阶下。开弓毕，兵部官引舞刀，复以次掇石，既毕，退。皇帝以册授兵部尚书、侍郎等。祇受，退至丹陛下稍东，恭按朱笔圈定十八人，排次名签（原册缴红本处）。捧由东阶升至御前跪呈。侍卫率武举至中阶下列跪，各奏名籍。皇帝亲定一甲三人，二甲五人，三甲前列十人。以名签授尚书。尚书祇受，退至阶下，皇帝乘舆还宫。兵部尚书、侍郎等，以御定名签，注甲第名次于上，封授读卷大臣，至内阁填写金榜，俟次日升殿传胪。

又按：《癸巳存稿》：武殿试始于明崇祯四年，本朝因之。康熙三十二年四月壬辰，谕：武乡、会试，旧例以八十步为则，后改五十步中二箭为合式。殿试射的亦改为五十步。嘉庆十二年，以武乡试、会试内场非真能自作，徒为弊薮，命大臣会议裁内场文论，但默写圣谕、广训及武经。

又按：《曾文正公日记》：道光丁未（道光二十七年）科，奉派为武会试总裁，又派读卷，不过阅其默写武经，其弓矢技勇，皆皇上亲阅。又，紫光阁看马、步箭，景运门看弓、刀、石，皆御试也。今年有状元、榜眼而无探花，是皇上慎重科名之意。

道光二年十月朔，试中式武举程三光等五十五名于太和殿前。（《清宣宗实录》）

按：道光三十年十月朔，亦于太和殿前试中式武举。见《清文宗实录》。时咸丰帝嗣统，尚未改元。

咸丰三年十月，上御太和殿传胪，赐中式武举一甲温长涌、王虎臣、许梦魁三人武进士及第，二甲蔡若珍等五人武进士出身，三甲强寅等十八人同武进士出身。（《清文宗实录》）

同治元年十月庚辰，试中式武举于太和殿前。癸未，上御养心殿引见中式武举，亲定甲乙。（《清穆宗实录》）

大朝筵宴，内务府设朱漆反坫于丹陛之中。坫方可八尺，上陈碧玉洗一，径可二尺，厚可二寸，中镌御制玉盂联句，于文襄公敏中书。玉勺二，长二尺，交陈洗上。玉壶二，高亦二尺。碧玉盏八，径九寸者二，径七寸者六。此高庙所制，陈之殿廷，极堂皇伟丽之观。（《天咫偶闻》）

按：高庙，乾隆帝也。偶闻并载：此在庚寅（光绪十六年）躬与其盛，目所亲睹者。

故事，礼部每岁于冬季演庆隆舞，即所谓莽式也。略如古者之陈百

戏，多象关外旧俗。新年大宴，则于太和殿前奏之。(《十朝诗乘》)

按：诗乘并载：吴元朗《礼部观乐歌序》谓：丙寅冬至前一日，礼部莽式。尚书、左右侍郎南向坐，有公卿服紫貂者二人东向坐。堂下金鼓杂作，少焉陈百戏于庭。执红编竹器，状如小箕，而左右向者数人，骑而披甲载兵，手旌旄弓矢之属者八人；戴赤色假面、披黑羊裘横刀而前者五六人。进、退、止，齐如战阵，俄而骑者胜，横刀者败，执馘献丑如受俘然。既退，复有彩色戎衣持一险竿而趋者一人，随而腾身跳踔往来，如飞者数人，询之堂吏曰：此高丽筋斗法。又有二童子各首戴瓷盆，口衔一小竹枝上下俯仰，以竹叩盆，铿然可听。凡所为悦心骇目者，不可胜纪。顷之，本部梨园子弟上堂奏技，仿佛类元人院本，曲终，二人揎袖起舞，动摇顿挫，皆按节拍，与堂右一人歌呜呜之声相应，视之则服紫貂而东向者也。其诗云："黄花十月罢冬狩，天门万乘争飞扬。朱鞲侧目海青倦，鹰人夜闭天鹅房。大庖充盈从臣醉，紫驼出釜烧黄羊。由兹三冬例修宴，玉阶奔走仪曹郎。数人执旄导且立，中权后劲参颜行。三声觱篥拟鼓动，松山千骑骄腾骧。飙如陷阵蔽原野，欢如获丑献庙廊。虎臣稽首柜卣赐，绿沉赤葆交旗枪。须臾参差手伎入，高丽筋斗各斗强。锦靴绛袜往来便，翻身如电摇朱光。花罂头戴口衔竹，翻覆不坠声铿锵。清商别部更前奏，曲终为乐歌泱泱。公卿揎袖起且舞，银貂垂手纷低昂。回旋顿挫巧伸缩，睥睨惊座须眉张。"写来声容并茂，是举示子孙以创业所自，用意至深，同光后犹沿袭不废。

觉罗伊图，顺治二年，充明史副总裁，三年，因翻译明《洪武宝训》告成，赏马匹银两，四年，授云骑尉，赐宴太和殿。(《耆献类征·觉罗伊图国史馆本传》)

按：本传并载：顺治十六年六月，海寇郑成功陷镇江，伊图时任兵部尚书，被给事中杨雍建劾奏，诏特宥其罪云云。考郑成功，据《得树楼杂钞》：郑芝龙，字飞黄，初为海贼，娶倭妇生子，小名森。唐王称帝于闽，芝龙有力焉，遂专时柄，引其子见王，王奇之，赐国姓，改森名曰成功，封忠孝伯。大清兵南下，芝龙降，而成功不顺命，与其弟袭某乘舟入海，收兵南澳，泊舟鼓浪屿，攻取厦门、金门二岛踞之。二岛皆属同安县。己丑(顺治六年)七月，永明王遣使至岛，封成功为广平公，军势益盛，海寇皆属焉。已而率舟师下漳州及海澄诸县，大扰福州、兴化诸郡，蔓延广东、浙江间。永明王复进成功为延平郡王，成功遂大举入寇，破瓜州、镇江，直抵江宁城下，为我军所败，乃退还两岛，议取台湾。时辛丑（顺治十八年）正月也。初芝龙与群盗踞其中，后为荷兰即红毛番所并。有红夷甲螺何斌者，逃至厦门，见成功，盛言台湾富强，为四省要害，且言可取状。成功大喜，束甲遂行，三日泊彭湖，次鹿耳门。鹿耳门者，其地向来水浅沙胶，海道纡折，才可容刀。成功至，水暴涨丈余，大小战舰衔尾而进，遂登陆，克赤嵌城，进围为王城。先纵火烧其夹板船，而使人告城中曰："此地乃先人故物，今我所欲得者地耳，余悉归尔。"荷兰乃降。成功既得台湾，制律法，兴学校，改台湾为安平镇，赤嵌城为承天府。县二：曰天兴，曰万年。明年五月，成功卒，自起兵至此凡十七年。

乾隆丙子《太和殿雪中视朝》诗："报晓鸡人报雪霏，翠云裘御启彤扉。祥烟低幂金猊鼎，瑞叶纷飘赤羽旗。三白早占后稷稿，千官都点谢庄衣。明廷端拱承天贶，益励兢兢谨敕几。"（《国朝宫史》）

按：《雪桥诗话》：郝兰皋户部谓：《周礼》：鸡人夜呼旦，以嘂百官。今京师夜漏二十余刻后，逻卒一人先唱，众人属和，其声抑扬宛转，有音无字，须臾遍传远近，以警群官，盖即鸡人呼旦之意。东坡《说鸡鸣歌》云："今来黄州，闻黄人二三月皆群聚讴歌，其词固不可分，而其音亦不中律吕，但宛转其声，往反高下如鸡唱尔，与庙堂中所闻鸡人传漏微有似。"引《汉官仪》：宫中不畜鸡，汝南出长鸣鸡，卫士候朱雀门外，专传鸡鸣，应劭曰：今鸡鸣歌也。又引《晋太康地道记》：后汉固始、鲖阳、公安、细阳四县卫士习此曲，于阙下歌之。今鸡鸣歌是也。然则宋黄州，不出汝南境界，东坡所闻，即鸡鸣遗声。读《太康记》：鸡鸣歌经泰始罢后，汝南传唱遗韵犹存。颜师古不知而妄破其说，故东坡为之置办。今京师闻此声，通谓之哈号，盖亦不知即鸡鸣歌矣。其说甚核，曩在春明，每遇坐班迎送，常闻此声。

勘估得：太和殿金龙柱六根，内钻金柱四根，各高三丈八尺。后金柱二根，各高二丈七尺五寸。俱围圆一丈二寸。錾去旧有地仗详勘柱木，亦间有些微朽裂之处，饬令该监督如式妥协修补。今拟成做钻生漆一道，漆灰七道，夏布二道，糙漆垫光漆沥粉，照旧式画江山万代升转云龙，使漆戳扫红黄金罩漆，工料银二千四百八两八钱三分六厘。（清乾隆四十年七月总管内务府刘浩折）

太和、中和、保和、文华、体仁、集义、主敬各殿，昭德、贞度、

中左、中右、后左、后右各门，每年一次用高丽纸糊饰。(《内务府奏销档》)

按：档并载：乾隆三十六年改二年一次。又载，三大殿等处窗户，例由工部糊饰。

太和殿镈钟一分十三圆，除旧镀饰一次外，再行镀饰四次，计共用金叶一百五十二两八钱七分二厘。(《内务府奏销档》)

按：档并载：旋奉旨将该殿编钟十六圆，加镀金一次。

乾隆五十四年正月，谕旨："太和殿系朕临御朝正之所，该管大臣官员理宜修饰严整，以肃观瞻。且朕每年御殿不过数次，殿后门槛平时无人出入，油饰何至碰损，该值年大臣及该管官员，并不随时查看，豫行修理，实非寻常玩忽可比，著分别革职议处。"(《清高宗实录》)

本日，朕御太和殿，殿内安设火盆过多，后面三槽隔扇俱开，又遇风吹，火星满地，经御前大臣、侍卫等纷纷踩灭，竟为开销地步，徒费无益，此皆内务府大臣漫不经心所致。嗣后，每遇保和殿筵宴，太和殿受贺筵宴及御太和殿，俱在地平二层两角安设炭火二盆，盆内炭火用灰掩盖。两边隔扇俱不准开，仅开中隔扇，每遇看祝版，中和殿、太和殿毋庸安设火盆，两边隔扇亦不准开。永著为例。(清嘉庆二十四年十月谕旨)

查得：太和殿后檐东次间隔扇，东边第一扇，有扭落屈戌情事，当经进殿查看，失去镇压地毯铜砖二块。偷窃贼犯，已由景运门值班大臣奏交刑部讯办。(清光绪二十年八月总管内务府折)

光绪三十一年七月，拿获拆卸太和殿窗棂、潜入殿内跳舞人犯，送交刑部审讯。(《内务府奏销折》)

中左门

【初】国初定制，设议政王大臣数员，皆以满臣充之。凡军国重务、不由阁臣票发者，皆交议政大臣。每朝期坐中左门外会议，如坐朝仪。(《啸亭杂录》)

按：议政大臣，乾隆时裁撤。

又按：明崇祯十一年，策试考选于中左门。又亲鞫臣工于中左门。见《明史本纪》。

御门听政日，内阁部院官率以昧爽齐集午门，次至中左门，稍憩乃

入,候于乾清门。(《居易录》)

殿试受卷、弥封等官,于中左门下收卷弥封。(《内务府档》)

光绪十二年,庶常散馆,中左门点名散卷。(《翁文恭日记》)

余官左都御史,一日五鼓启事,候于中左门。(《香祖笔记》)

按:余,王士禛自称也。

明珠每日奏事毕,出中左门。满汉部院诸臣及腹心,拱立以侍。(郭琇劾明珠、余国柱疏)

佟襄毅伯,乾隆中任领侍卫内大臣,典宿禁御数十年,驭下严肃。每早朝,公黎明正襟坐中左门,入直侍卫按簿呼唱,朝服佩刀率以入。迟者,令自负襆被出,以辱之。(《啸亭杂录》)

【续】顺治三年十月,中左门工成,连廊五间。(《清世祖实录》)

康熙十八年八月,以询问言事得失,召满汉九卿、詹事、科道等官,集中左门。上先召吏部侍郎至内殿,谕令出至中左门,向各官先宣口谕,随读上谕讫,各官至御榻前,上面询言事得失。(《清圣祖实录》)

过万寿节后,即令该使臣等回京。伊等到京后,著留京王大臣,在中左门之东值房收拾三间传见。王大臣等应照行在军机大臣传见之礼,按次正坐,使臣进见时,亦不必起立,止须预备杌凳,令其旁坐。所有该国贡物,业经装好按设,自可毋庸移动。其发去应赏该国王物件,即于是日陈设午门外,王大臣等当面传旨赏给。(《军机处档·乾隆五十八年八月廷寄》)

按:该使臣等,指英贡使马戛尔尼等。

同治二年三月二十四日,翻译进士覆试中左门,点名给卷。(《还读我书室老人董恂手订年谱》)

中右门

【续】顺治三年十月,中右门工成,连廊五间。(《清世祖实录》)

内库

【初】太和殿后东西两庑,内库在焉。

铜器库在中和殿西第二连房,凡五楹。康熙三十四年设。(《内务府册》)

按:中和殿西第二连房,即太和殿后西庑也。

中和殿

【初】太和殿后正中南向者，为中和殿。深广各五楹，方檐圆顶，金扉琐窗，各二十有四。殿正中设宝座，南北陛各三出，东西陛各一出。中和殿即明之中极殿。清顺治二年始改中极曰中和。康熙二十九年修，乾隆三十年重修。

太和殿后为中和殿，规制较小，方檐圆顶，建造殊异。内顶雕刻彩绘极精美。（《旧都文物略》）

按：《养吉斋丛录》：中和殿额为康熙间励文恪杜讷书。

又按：《阅微草堂笔记》：灯市口东有二郎神庙，面西，晓日出时，有金光射室中。或曰是庙基址与中和殿东西相值，殿上火珠（宫殿金顶）映日回光耳。

凡遇三大节，皇帝先于中和殿升座，然后出御太和殿。（《钦定日下旧闻考》）

按：中和殿明曰中极殿。据《悫书》：崇祯辛巳御中极殿，召对毕赐宴坐。内珰布席，与宴者十三人，各一席，酌用金莲花杯。杯高大如瓶，圆可四寸，下有三小蒂承之，旁有荷柄。席各三十余器，席前各二花瓶，中插莲花。光禄署官八人行酒。自国初赐宴亲王外无有也。

岁仲春吉亥，皇帝躬耕于帝耤。前期一日，遣官祇告奉先殿。是日，顺天府尹设二案于太和殿东檐下，以龙亭三、采亭四陈设耕具。皇帝躬耕耒耜及鞭，皆饰以黄布，嘉种以稻。从耕之王公九卿，布种以麦、谷、菽、黍，各贮青箱，由长安左门入，至午门外亭止。府属官恭奉入左门，至太和殿东檐，次第陈于案。皇帝御中和殿，阅祭先农祝版。礼毕，御保和殿。户部官举案入中和殿，陈于殿中央，鞭耒案在前，种箱案在后。户部、礼部尚书、侍郎率属立中和殿丹陛之南，重行，北上，均西面。礼部尚书一人至保和殿请驾。皇帝御中和殿，阅耕具毕，奏礼成，乘舆还宫。户部官昇案出，至太和殿东檐，顺天府撤案，奉耕具出午门，仍陈各亭内，銮仪校昇送耤田耕所。（《大清会典》）

按：《日下尊闻录》：帝耤正中陈上至耕位，王公以下皆从。鸿胪寺引至观耕台南，户部尚书进黄耒，顺天府尹进鞭，上右秉耒、左执鞭，耆老二人牵黄犊上，农夫二人扶犁，礼部、太常寺、銮仪卫导行。耕耤礼：从耕者，朱耒各六，驾以黝牛，和声署史扬彩旗者五十人，司乐官引署史鸣金鼓、歌禾辞者四十人。顺天府丞奉青箱以从，户部侍郎播种。上四推四返，毕，歌，止。上御观耕台，由中阶升座，记注官由西阶升，从耕三王、九卿以次受鞭耒。三王五推五返，九卿九推九返，毕，释鞭耒，入侍班位立。顺天府尹丞率所属官、耆老、农夫台前北面行礼，毕，赉耆老、农夫布各四匹。乾隆九年，总管内务府奏折：皇上行耕耤礼，牵牛耆老穿青屯绢面、月白杭绸里、有扇肩夹袍。王公九卿，牵牛之耆老穿青布面、蓝布里、有扇肩夹袍。执彩旗唱禾词者，穿画金钱五色缎面，贯钱袄。《庸闲斋笔记》：道光壬辰岁，在京师诣先农坛，恭观皇上耕耤之所。坛地辽阔，约有数里，龙鳞凤隰，陇亩纵横。居中为太岁庙，庙前为祈谷坛，后为贮耤仓。殿宇规制宏丽，树皆松柏，卧者立者，虬枝蟠结，黛色参天，大抵是数百年物。当陇亩前起耕耤台，台以板为之，地则藉之以椶荐。台前搭山棚，棚皆以五彩绸绫结成，光灿夺目。皇帝躬耕之处，地约一亩许，两旁分十二畦，乃三王、九卿扶犁之所。时正值王公方演御耕牛，牛色正黄，身被黄缎，龙鞯，以黄丝绳笼，其头顶竖金牌，上嵌红宝石，一执鞭之农官随行。耕时两旁立校尉，执五色春旗者二十四人，歌禾词者二十四人，依牛行，上下三推毕，春旗即退。三王、九卿之牛皆以黑缎、红缎为鞯。襄事者皆风蓑雨笠。

乾隆乙巳春日，奉旨恭随播种。（清嘉庆帝《春日斋居》诗"播种承新命，南郊习礼回"句注）

按：时嘉庆为皇子。

黎明入至中和殿，陈设农具讫，撤包袱，东西两案在祝版案北。辰初，上至，由东阶绕至后，进后隔扇，西向立。维时太常寺官捧祝版，由太和殿来供案上。太常寺堂去包袱，上敬阅，一跪三叩起，仍西向立。祝版出，上正中立，目遣送祝版。后随阅农具，东西两案皆到，御前大臣引，仍由后隔扇出，余等出右翼门。（《翁文恭日记》）

按：清光绪时事。

凡亲诣之祭，前二日太常寺奏请皇上于祀前一日阅祝版。方泽、太庙、社稷祝版御中和殿阅视，钦天监以定例日出时刻送太常寺具奏。如奉旨改，于日出前数刻。祝版案上设羊角灯二，由掌仪司官率殿中首领内监燃烛预备，太常寺执事官届期执镫以俟。（《国朝宫史续编》）

按：太和殿阅视圜丘祈谷、常雩祝版同。又，亲祭历代帝王庙、先师孔子、朝日、夕月，亦在中和殿视祝版。

中和殿恭遇加上皇太后徽号，皇帝于殿内视阅奏书。（《国朝宫史》）

玉牒告成，恭进于中和殿。（《宸垣识略》）

恭进玉牒之礼：礼部、鸿胪寺官按玉牒卷数豫设案于中和殿，工部官设采亭于玉牒馆。至日，质明，王公集太和门外，文武各官集午门外，咸朝服，东西序立。总裁、王公、大学士、尚书暨提调、纂修官朝服，集玉牒馆，恭奉玉牒正本副本，陈于采亭。总裁王公暨各官行三跪九叩礼，毕，銮仪校舁行。前列御仗、黄盖，作导迎乐。总裁以下乘马从，由大清门入至天安门外，各官下马，至午门外，诸王公下马。齐集之百官跪迎，至太和门外，齐集之王公跪迎，皆候过，兴。至太和殿阶下，亭止。纂修官恭奉玉牒，由中阶升入太和殿中门。总裁以下官由东阶升入殿左门，至中和门，陈玉牒于各案。总裁率提调、纂修官于丹陛东行三跪九叩礼，毕，总裁诣案前，恭展玉牒。礼部堂官奏请，皇帝礼服乘舆出宫，至保和殿后降舆，至中和殿诣案左，西向立。礼部尚书奏阅玉牒，皇帝诣中案，北向，阅毕，奏礼成，皇帝还宫。总裁率提调、纂修官恭奉玉牒，交内监进。移采亭于乾清门外，俟大内交出，仍陈于采亭内。銮仪校舁行，前列御仗、黄盖，由太和门、协和门、东华门中门出，作导迎乐，恭送至皇史宬尊藏。齐集之王公于太和门外，文武各官于协和门外，跪送如初迎仪。（《大清会典》）

按：会典并载：纂修玉牒，每十年由宗人府题请，以宗令、宗正充总裁官。按每年黄册所记，汇入于牒。以帝系为统，以长幼为序，修成一次，于皇史宬、宗人府、盛京各藏一部。尊藏玉牒匮，广四尺，深三尺九寸。箱大三尺一寸，深尺有九寸。高视卷帙以为度。每届纂修之年，各依成式增高六寸。杉木质、黄髹者匮二、箱四，朱髹者匮二、箱六，均绘金云龙文，工部制备。

又按：皇史宬，明代藏实录之所，清仍其制。嘉庆朝将旧贮玉牒移寿皇殿之东西室。见《嘉庆重修皇史宬记》。

上遽升公为都察院左副都御史，令学士麻勒吉宣公至中和殿，谕以此番擢用，出朕之意，非有他人荐举。（《魏贞庵裔介年谱》）

按：上，清顺治帝也。

柏乡魏文毅公裔介尝侍直中和殿，泛论史鉴。世祖偶称唐太宗英

主，文毅曰：晚年无魏征苦谏，遂穷兵高丽，贻后悔矣。世祖颔之。（《清稗类钞》）

世祖御极之初，命公卿大臣子弟入卫。时商邱宋文康公长子荦，年甫十四，仪观俊伟，冠侍从冠，蟒衣裤，褶带刀，侍左右。上爱重之，恒赐食中和殿。（《清稗类钞》）

中和殿大学士，顺治、康熙时多用之。（《养吉斋丛录》）

按：顺治辛丑《搢绅录》，中和殿大学士三人。《澹余笔记》：顺治朝冯铨、金之俊师弟同拜中和殿大学士。

会典载：殿试后三日，御中和殿（旧制小传胪在中和殿，后改于保和殿试，则是日在乾清宫听宣）。读卷官至丹墀行礼后入殿，读卷官居首者执卷，至御前跪读，毕，御前大臣接卷，置御案，其余各官以次进读。如奉旨免读，即捧卷同跪御前，候钦定御批第一甲第一、二、三名，毕，余卷发内阁领收，读卷官随至内阁，将二甲第一名以下拆卷，填写黄榜。（《清代殿试考略》）

宿卫中和殿，侍卫什长三人，侍卫亲军三十人。（《大清会典》）

按：中和殿今为古物陈列所，陈列物品。

【续】顺治二年五月，兴中和殿工，三年十月，殿成，连廊共五间。（《清世祖实录》）

顺治四年正月，上御中和殿，赐杜棱郡王楮鲁木宴。八年八月，御中和殿，平西王吴三桂陛见，赐宴。（《清世祖实录》）

按：顺治朝此后赐宴，时在此殿，详见实录。

范文肃文程勤恪在公，时负恙，犹力疾入直。世祖召至位育宫商榷政事，出赐茶于中和殿。谕曰："朕倚卿共致太平，卿夙夜尽瘁，得毋已劳，继自今自审劳倦，即稍偃息，勿复勉强趋直，致感疢疾，卿体安，朕斯倚毗有赖。"（《耆献类征·张宸范公文程传》）

按：位育宫，顺治初暂改保和殿为之。详保和殿首条。

顺治十四年，拜左都御史，尝召至中和殿面谕曰："朕擢卿非有人荐达。"裔介稽首谢。（《耆献类征·宰辅魏裔介传》）

顺治十五年，公改中和殿大学士。（《张文贞公集》）

按：公，鄂貌图也。《居易录》载：公，太宗时满洲科目解元，幼而贫，尝爇马（粪）通读书，尤好诗，满洲文学之开，实自公始。

康熙十九年三月，宗人府、内阁、礼部等官，恭进玉牒，上御中和

殿受之，总裁纂修官员行礼。（《清圣祖实录》）

按：《乾隆重修会典本》：凡纂修玉牒，每十年由府（宗人府）题请，以宗令、宗正充总裁官，按每年黄册、红册所纪，汇入于牒，以帝系为统，以长幼为序，存者朱书，殁者墨书，误同名，改卑者及幼者。每修成一次，于皇史宬、本府（宗人府）、盛京各尊藏一部。

又按：《钦定宗人府则例》：宗室、觉罗私生子女，分别给带，宗室之子给以红带，觉罗之子给紫带，交旗编入佐领安置，犯案照旗人治罪，免其照旗人销档。

雍正三年十月，宗人府进呈玉牒，上御中和殿阅毕，复御太和殿，纂修、王大臣、官员行礼，送皇史宬尊藏。赐总裁官、副总裁、纂修各官银币有差。（《清世宗实录》）

雍正时，举行耤田典礼，上躬耕耤田。（《榆巢杂识》）

按：举行耤田典礼，皇帝在中和殿阅耕具。清代列帝率皆亲临耕耤。杂识并载：上于观耕台座位前，令农夫等向上行礼，接受牛只、耒耜等项，并赐耆老三十四名，上农夫十名，下农夫十名，每名布四匹。

又按：《天咫偶闻》：先农坛，居永定门内之西，周围六里，缭以周垣。三月上亥，上率王公、九卿躬耕。顺治十七年，定用燔柴礼。

又按：《还我读书室老人董恂手订年谱》：咸丰十年三月二十三日，祭先农坛，亲临耕耤，臣祥河（张祥河）、臣醇（其时尚未改名恂）进鞭，臣昶熙（毛昶熙）捧谷种青箱。

又按：《清世宗实录》：先农坛旧制，围墙内有地一千七百亩，以二百亩给坛户种植，五谷、蔬菜，以供祭祀，余一千五百亩，每年交租银三百两，以备修理。

道光三十年正月二十六日，上素服诣梓宫前行礼，更礼服，诣弘德殿皇贵太妃前行礼，出御中和殿，内大臣执事各官行朝贺礼，乃御太和殿即皇帝位。（《清文宗实录》）

按：上，咸丰帝文宗也。皇贵太妃，即康慈，后尊为孝静成皇后。

中和殿后东西庑

【初】中和殿后东西两庑，与太和殿后东西两庑，丹楹相接。

世宗虑本章或有泄漏，改命折奏，皆可封达上前。于几暇亲加披览，或秉烛至丙夜。所批动辄万言，洞彻窾要，万里之外有如觌面。后

付刻者只十之三四，其未发者，收藏保和殿东西庑中，若山积焉。（《啸亭杂录》）

按：保和殿东西庑，即中和殿后之东西庑也。

【续】见乡先达汪稼门尚书所藏文端公鄂尔泰在云贵总督任所奏议全部，有奉朱批奏章未曾发刊者六大册，皆为保和殿东西庑所有之副本也。（《敬孚类稿》）

按：汪稼门，名志伊。保和殿东西庑，即中和殿后东西庑。类稿并载：鄂文端于同时督抚中最为世宗（雍正帝）所赏识，时有密谕商议。同时督抚以下诸人，性情心术才具短长，及人品之优劣，文端具奏，均知无不言，言无不尽。而世宗之用人、行政，宽猛兼施，明见万里，具于所批此一百二十余篇奏章中，然在当时实未可以发刊。观鄂公此百二十余篇奏折中，已美不胜数。统计所批诸臣奏章，至有二百二十三人之多，宜乎保和殿东西两庑积如山岳。而十三年中亲御丹毫，畴咨庶政，其中关系当时要务，实足以裨他时国史所采者，正不知其几千万矣。

又按：雍正曾有"将外任之大臣官员奏折，经朕手批酌量可以颁发者，检出付之剞劂，计算不过十分之二三"之谕。考雍正朱批谕旨，经世宗、高宗先后发刊成书者，多至百数十帙。经本院文献馆于清宫各档箱中，发见折面批明不录者，亦有八千余件，其中所批，并非深秘、绝不可示人。观雍正建元时所颁"朕亲批密旨，著缴进，不得钞写存留"之谕，意在深秘，恐留存大内者，尚不关重要，其认为绝不可示人者，或如乾隆时高宗处置留中密奏办法，亲自销毁。（乾隆六年三月，上谕："数年以来，凡密奏留中之件，皆朕亲自缄封，并有览阅之后，默记于中，即焚其稿者。"）即刊行之朱批谕旨，据《清高宗实录》所载乾隆四十四年二月谕旨，已故大学士黄廷桂奏疏刊本，交军机大臣校核，有皇考朱批者，计一百七十余折，较之朱批刊行者，字句多不符合云云，亦疑刊行时曾加改削。

保和殿

【初】中和殿后正中南向者，为保和殿，九楹，重檐，垂脊。殿正中设宝座，前陛各三出，与太和殿丹陛相属。殿后陛三成三出，北向，殿左右各一门，左曰后左，右曰后右，与中左、中右两门相对。门各三楹，南向，前后出陛。自太和殿至保和殿两庑丹楹相接，四隅各有崇楼，中路甬道相属。保和殿即明之建极殿。清顺治二年始改建极曰保和。康熙二十九年修，乾隆三十年重修。后左、后右两门袭明旧。

保和殿赐燕之礼：岁除日，燕外藩蒙古王公于保和殿。前期内务府庀馔请旨，命进酒大臣。是日，武备院张黄幕于殿南正中，所司设反坫于幕下，陈尊、罍、卮、爵如仪。尚膳设御筵于宝座前，殿内设外藩王公暨内大臣并与燕文武大臣席，丹陛上设台吉暨侍卫席，均按翼，东西向。乐部设宫悬于殿左右檐下，设丹陛大乐于中和殿北左右，均北面。届时行燕礼。正月十四日、十五日燕外藩蒙古，或于保和殿，或于行幸驻跸地，仪同。（《大清会典》）

按：《啸亭续录》：年终，诸藩王、贝勒更番入朝。除夕，宴于保和殿。

又按：朱彝尊《除日保和殿侍宴》诗："珮结绯鱼后，樽开白兽先。呈能勾乐队，密坐润铲烟。紫路频除夕，青镫异往年。谁当颂椒会，犹侍圣人前。"又，《十五日保和殿侍宴》诗："露草诗歌雅，云天易象需。不图大铺乐，独许小臣俱。注碗茶膏滑，堆盘菜甲殊。岁除曾几日，四度饫尧厨。"《钦定总管内务府现行则例·掌仪司》卷：乾隆三十五年，奏准，除夕保和殿筵宴，每饽饽桌一张，用酒八两。嘉庆二十四年，谕旨：嗣后每遇保和殿筵宴，在地平二层两角安设炭火二盆。

又按：每年冬节，殿设铜火盆四，由瓷库送交及收存。见《钦定总管内务府现行则例》。保和殿额，康熙间励文恪杜讷书。见《养吉斋丛录》。

除夕保和殿筵宴入座者，年班外藩及王公一二品大臣，而讲官以本年起居注进书作前后序者二人，预宴席于殿之西北隅。是日，派蒙古王公递酒，上将进殿后门，出席前排列。上升座，赐坐，行一叩礼。宴毕，仍出席如前。俟上出殿后门乃退。筵内果品羊腊等皆得携归。（《养吉斋丛录》）

外藩蒙古岁除及正月十五日赐宴，奏请命进酒大臣、内管领备宴九十席，宴于保和殿。届时，鸿胪寺、理藩院引蒙古王公、台吉入，领侍卫大臣序王公班次，八旗一二品武职亦预焉。（《啸亭杂录》）

按：例用饽饽桌九十张，酒四十瓶，兽肉五斤。如遇风雪，即将桌张颁赐。

嘉庆二年十二月三十日，设年终宴于保和殿。臣等两人共一桌，少顷，皇帝出，御殿，候太上皇帝升殿御榻。皇帝别设小榻，西向，侍坐。乐作，进爵，文武官亦皆陪食。又馈臣等酪茶一巡。礼部尚书德明引臣等进御座前跪，太上皇帝手举御桌上酒盏，使近侍赐臣等。宴罢退归，又赐臣等及书状官榴、柑各一桶。又自内务府颁送宴桌二坐。此则朝宴所受之桌云。又自光禄寺输送岁馔桌于臣等及书状官。三年十二月三十日，设年终宴于保和殿。礼部知会晓诣保和殿坐东陛上。平明，皇帝出御殿内，举乐，设戏，进馔，献爵，赐臣等馔，二人共桌。礼部尚书德明引臣等进御榻前跪，皇帝手赐御桌上酒，臣等受领。少顷，皇帝入内。（《朝鲜正宗实录》）

顺治癸巳，元旦大宴毕，复宴内三院辅臣、学士及部、院、卿、寺堂上官，国子监祭酒、六科都给事中，各掌道御史于保和殿。（《养吉斋丛录》）

按：《郎潜纪闻》：康熙朝严绳孙侍宴保和殿，和圣制《升平嘉宴》诗，称旨，特命撤御前金盘枣脯以赐。

康熙辛未，枯枯脑儿台吉渣什把兔鲁等入见。十一月至京，二十七日赐宴保和殿，并赐貂帽、貂裘等物。（《居易续录》）

咸丰二年，上御保和殿，筵宴朝正外藩及朝鲜正副使臣。土司等随文武大臣依次就坐。诸乐并作，上进酒，并召外藩王公至御座前赐酒。成礼。（《潘氏东华续录》）

上御保和殿，宴蒙古王公、讲官班在后槅扇，其宴席在殿西北隅。（《翁文恭日记》）

按：上，清同治帝也。

同治八年正月十五日，趋诣保和殿侍宴藩王。（《曾文正国藩年谱》）

光绪七年正月十五日辰正，上御保和殿，宴朝正外藩蒙古。王一人奉酒，历阶而上。上进酒，臣等一叩，饮毕一叩，赐奉酒者酒，彼跪饮叩，余不叩。上召蒙古王公至座前赐酒，群臣不叩。高丽使臣由东边上，亦赐酒毕。赐群臣酒，亦如赐茶之礼，皆坐。乐作，先琵琶，数人入殿而坐，次高足人舞于廷中，次侍卫入殿喜起舞，次廷中乐如人欸哽者，次如长歈，次似西方之乐。乐数阕，有狮子舞于除下。上起，群臣三叩头即起立，随众出，而器声起矣。阖门未毕，盘盏击撞，虽较去年为好，然究不整齐也。（《翁文恭日记》）

按：殿廷宴毕，执事人争取酒果，俗名抢宴。

光绪二十年，保和殿上元节宴各部尚书。羊灯八，列宝座侧。升殿时天尚未明也。（《翁文恭日记》）

按：光绪二十四年，帝称疾，至二十七年，始复御保和殿筵宴蒙古王公暨文武大臣。

康熙二年，湖广提督、总兵官董学礼疏请川湖会师进剿。上特出禁旅，命议政王公大臣廷推大将，以镶黄旗都统慕礼襄为靖西将军，公为左副将军，正黄旗都统、大学士图海为右副将军。上御保和殿宴饯，手赐法酒者三，赐御弓矢、靴韈龙衮宝刀、天厩良马，将护骁骑万人发京师。（《带经堂全集·柯尔昆神道碑铭》）

公主下嫁，择吉纳采，授额驸爵，额驸诣皇太后、皇帝、皇后宫门前行礼，恭进纳采礼于午门外。是日于保和殿设燕，集三品以上大臣，燕额驸、额驸之父及族人在官者。王公有特召者亦与。礼仪均如岁除筵宴之制。（《大清会典》）

按：是日，皇帝御殿筵宴毕，还宫。额驸父等至乾清门西阶下行礼退。详《国朝宫史》。

和静固伦公主下嫁进宫，御保和殿赐宴。（清乾隆庚寅《西直门外》诗"釐降因之返禁城"句注）

顺治十四年，殿工未竣，于保和殿开讲，定春秋二仲举行。（《养吉斋丛录》）

按：殿工，文华殿工也。开讲，开经筵也。据《熊学士文集》顺治孝陵碑文：择满汉词臣淹博者八人，充日讲官。经筵例设于文华殿，亟令起造，后竟于保和殿开讲，不及待其成也。

康熙十年二月，肇举经筵大典于保和殿。（《郎潜纪闻》）

恭进实录、圣训，前期一日，礼部、鸿胪寺设实录案、圣训案于保和殿正中，设表案于殿门外稍东，皆南向，设表亭、香亭、龙亭于实录馆内。至日质明，銮仪卫陈法驾卤簿于太和殿阶下，乐部设乐悬于东西檐，如常仪。王公集太和门外金水桥北，文武百官集桥南，监修、总裁、提调、纂修各官集实录馆，咸朝服举案。侍卫于保和殿外，内监于乾清门外恭俟，咸采服。届期，监修官恭奉表文，陈于表亭。纂修官恭奉实录、圣训陈于龙亭，各官行三跪九叩礼。校尉昇行，张黄盖，列龙旗御仗，作导迎乐。鸿胪官前引，监修以下从，以次入协和门中门，至金水桥南，王公百官跪迎，候过，兴。香亭、龙亭由中道入太和门中门，表亭由道左入太和门左门，监修以下官从，至太和殿阶下，亭止。监修以下官行一跪三叩礼。纂修官恭奉实录、圣训，鸿胪卿二人前引，由中阶升入太和殿中门，监修官恭奉表文，由左升阶入殿左门，至保和殿各陈于案。监修以下官于丹陛东行三跪九叩礼。所司设皇帝拜位。至时，引王公入太和门左右门，至丹陛上，文武各官入昭德门、贞度门，至丹墀内，均按翼序立。礼部堂官奏请皇帝御殿，恭受实录、圣训。皇帝礼服乘舆出宫，礼部堂官二人导驾，后扈大臣、侍卫扈从，至保和殿后，降舆入，诣实录、圣训案前，北向，行三跪九叩礼。兴，立案左。侍卫入殿，恭举实录案、圣训案、表案，由保和殿后中门出，恭送至乾清门，交内监送入大内。礼部尚书奏礼成，皇帝御中和殿，执事各官行三跪九叩礼，驾兴，前引后扈。午门鸣钟鼓，皇帝御太和殿，作乐，鸣鞭，均如常仪。监修、总裁、纂修、提调各官入，百官班内序立。鸣赞赞排班，班齐。赞进，众进。赞跪，王公以下各官咸跪。宣表官一人进至殿中门外，西面跪，代致辞，鸿胪卿宣制答致辞，毕，赞叩兴，王公百官行三跪九叩礼，毕，皇帝还宫，各官皆退。翼日，监修以下官诣乾清门，恭进副本，择吉恭送实录、圣训于皇史宬尊藏。工部官豫设香亭、龙亭于馆内正中，监修、总裁、纂修、提调官咸朝服，恭奉实录、圣训，陈于龙亭，行三跪九叩礼。銮仪校舁行。龙旗、御仗、黄盖前导，作导迎乐，恭送皇史宬，藏于金匮。是日，纂修官恭送副本，交内阁收贮。（《大清会典》）

按：会典并载：实录、圣训进，皇帝拜受，时设亭于实录馆，香亭、龙亭而外，尚有表亭。尊藏实录金匮高四尺五寸，广四尺一寸五分，纵二尺二寸，楠木质，裹以铜，涂金，琢云龙文，内贮格四，工部制备。

又按：《康熙御制文集》：康熙二十四年，谕大学士明珠："《太祖实录》，先以小本兼满汉字迅速缮写送进，朕将恭览焉。若待白鹿纸誊真大本实录同进，则为时太迟矣。"

咸丰六年，谕：皇考《宣宗成皇帝实录》、《圣训》告成，前期一日，总裁等官恭捧全书，送至保和殿陈设。后值日、护军统领会同总管内务府大臣，谨阖殿门，多派官员于殿门外，周历照看，尚不足以昭慎重。是日，著于御前侍卫、乾清门侍卫、大门侍卫、不值班各员内派出

二十员，于殿外前后轮流坐更，小心照看，不准在彼然点烟火，以专责成。（《潘氏东华续录》）

每于年终，会同宗人府、吏部在保和殿填写宗室、满、蒙、汉军以及各省汉世职、外藩世职黄册。每届十年奏明，请至满本堂修辑。告成后，中堂率满本堂侍读、中书等恭送交泰殿尊藏。（《满本堂事宜册》）

顺治乙丑，御试词臣于保和殿。（《穆堂初稿》）

按：初稿并载：越日覆试乾清宫。

康熙二十四年正月，御试翰詹诸臣于保和殿。时修撰蔡升元纳卷后，召对移时。抵暮，命侍卫执灯伴送至阁门。（《钦定词林典故》）

按：康熙十二年，试科道官于保和殿，不称职者罢。

康熙甲戌四月十三日御保和殿，亲选庶吉士汪倓等三十九人。（《居易录》）

按：《清康熙御制文集》：康熙五十一年，谕大学士温达等：今岁考取进士额数无多，只一百六十一人，拣拔庶吉士者，不过四五十人，其余挨次选授知县。

又按：《匠门集》：康熙五十四年会试，长洲李锦举第一，其弟文锐同榜，中式殿试后，天子亲选庶吉士，兄弟皆得与。

乾隆元年恩科，特命大臣保举典试之人。三月十七日，保和殿考定等第，引见养心殿记名，以试差用。（《春及堂诗集》）

按：《钱南园遗集》：甲午考试，差蒙赐食。《道光御制文集》：今岁考差，有洗马陈玉铭，于官廷考试，竟胆敢怀挟诗文，现经败露，岂能不按律治罪，稍从末减耶？

乾隆元年，试博学鸿词。上谕：天气渐寒，著于保和殿内考试。九月二十六、二十八二日御试，保和殿赐宴。（《钦定词林典故》）

按：《籜石斋诗集》：世宗诏天下，举博学宏词之士。乾隆元年，重申前诏，中外所荐士，云集京师。九月，御试于保和殿。

殿试，乾隆五十四年始试于保和殿。（《养吉斋丛录》）

按：此后遂为成例。

又按：保和殿考试，所有预备茶水等事，由太监等经管。见乾隆五十四年谕旨。陶文毅澍《壬戌保和殿策试》诗，有"内府新茶次第分"之句。见《陶文毅全集》。

乾隆五十五年庚戌科，四月二十一日殿试，所有钦点读卷大臣于二十日密拟策问，进呈御览，恭请皇上钦定后，读卷大臣捧至内阁，密行刊刻。护军统领带领护军校等在内阁门外严密稽查。是日，鸿胪寺官设黄案于保和殿内东旁，又设黄案于保和殿外丹陛上正中，光禄寺安排试桌于保和殿内臣部。（臣部，礼部也。下同。）同銮仪卫汉堂官督率员役粘贴贡士名次于桌上。二十一日黎明，内阁官朝服捧题，设于保和殿内东旁黄案，上臣部、鸿胪寺官皆朝服，引贡士由午门两旁排立，读卷执事各官皆朝服，于丹陛下两旁稍前排立，内阁大学士就案捧题，由保和殿中门出，至檐下授臣部堂官。臣部堂官跪受兴，由中路至丹陛上跪，设于黄案上，行三叩头礼，退。赞礼官于黄案旁立，读卷执事各官听赞，在丹陛下排班，行三跪九叩头礼，毕，诸贡士亦听赞排班，行三跪九叩礼。毕，即于排立处向上立臣部司官散题，诸贡士跪受题，毕，行三叩头礼，兴。鸿胪寺官引贡士，各赴试桌对策。交卷以日入为度。受卷弥封等官于中左门下，收卷弥封毕，用箱盛贮，送午门内朝房，交收掌官。收掌官受卷，送读卷大臣公阅。二十二、二十三等日，读卷大臣阅卷毕，拟定前列十卷，于二十四日黎明进呈钦定。后吏部、礼部司官预传前十卷贡士，由阅卷大臣带领引见，恭候皇上钦定甲第名次。读卷大臣将原卷捧至红本房，前三卷填写一甲第几名，后七卷填写二甲第几名，交内阁列入金榜。（《内务府档》乾隆五十五年四月二十日，内务府掌仪司为殿试应备事物及礼节知会）

按：清乾隆辛巳四月二十五日《御殿传胪纪事》诗注：去岁以磨勘需日，定于五月五日殿试，初十日传胪。兹念多士守候时久，命速行磨勘。于四月二十一日殿试，二十五日传胪。又新定引见之例，先进其文，朕就其文定甲乙，后乃定，按名引见。

又按：《翁文恭日记》：四月二十日寅正三刻，诣西苑门，宣下派福锟、徐桐、麟书、翁同龢、嵩申、徐郙、廖寿恒、汪鸣銮为殿试读卷官。至万善殿、南书房拟策问目八条，进呈。时令内监口陈，并请封发。须臾，下朱笔圈四道，随拟策题。徐、廖、汪三君书之。午初进上，用奏折封筒，遂饭。饭罢，发下，缄封。余等赍折匣同赴内阁大堂，监试御史先集，屏人自书题纸。徐、廖、汪及余各书一纸。酉正，刻字匠始齐，护军统领入，封前后门。戌初，发刻。子正一刻刻成，排钉三刻，校正一刻，丑初一刻刷起，寅正刷毕。凡三百七十张，竟夜未合眼。二十一日寅正一刻开门，捧题官先行，余等朝服同行。入中左门至保和殿，以题纸陈殿中东案，待王大臣到。卯初点名，三刻毕，福公入请题纸，授礼部堂官，礼部堂官跪接，置廷中案上。鸿胪赞三跪九叩，余等行礼后，赞，士子行三跪九叩礼。礼部官散题纸，士子跪接，三叩兴，余等乃退。乾隆癸丑《还宫阅卷》诗注：向例，殿试前一日，由读卷官拟题八条，请旨，示定四条，然后撰拟策问。今年第四条保泰持盈，非读卷官原拟，乃予特命发问者。《随园诗话》：己未殿试，予傲诸同年云："霓裳三百都输我，此处曾来第二回"。盖试鸿博曾在保和殿也。《礼堂诗评》本朝补殿试，得一甲一名者，汪东山一人耳。《山左诗钞》案语：邓钟岳少以博洽闻，性谦退，大魁后，同年百七十余人，无一不浃洽款曲。《啸亭续录》：刘少保凤诰，己酉探花。殿试日，天已昏黑，公文尚未就，众监试大臣欲逐之出，常宗伯青曰："此生书法极秀劲，可给烛，使终篇。"榜发，擢高第。《凌霄一士随笔》：徐树铭廷试时，咸丰帝尚在潜邸，奉派监场。树铭试卷已缮完，尚未交，亟欲如厕，见其旁有一少年，即请之曰："劳驾代为关照。"少年翻阅其卷，甚赏其工，因默记其名。未几，道光帝崩，咸丰即位，树铭不次超迁，盖向之少年即咸丰也。

每科朝考新进士，翰林引入殿内，左右列试。（《钦定日下旧闻考》）

按：殿内，保和殿内也。某科朝考疏题，乾隆亲书封交，曾将稽古之稽，误书积字。详乾隆文集《笔误识过》篇。

雍正二年甲辰殿试后，在保和殿考四书文一篇，诗一首，命大将军年羹尧阅卷。（《茶余客话》）

乾隆以后，散馆则在保和殿。（《养吉斋丛录》）

按：《钱南园遗集》：壬辰散馆，蒙赐食。《啸亭杂录》：钱文敏公维城，乾隆乙丑状元，选为清书翰林。公性敏，以国书易学，不甚留心，至散馆日，曳白。纯庙大怒曰："钱维城以国语为不足学耶？乃敢抗违定制，将置于法。"傅文忠公代请曰："钱某汉文优长，尚可宽贷。"上召至阶下立，命题考之。公倚础石挥毫，未逾刻辄就。上异其才，命南书房供奉，洊升至户部侍郎，宠渥甚笃。《郎潜纪闻》：翁学士方纲，散馆时上（高宗）以翻译陶潜《桃花源记》命题。是日午刻，学士已脱稿，适闻驾出，上步自西阶，至其跪所，取卷阅之，问姓名至再。谕曰："牙拉赛音汉语甚好也。"次日，御定一等一名。《粟香四笔》：壬戌散馆，严缁生太史辰所作，通篇颂扬，已拟第一。奉旨罪其赋体，专事揄扬，降置十名。《粟香二笔》：道光癸巳，季文敏芝昌散馆第一。方阅卷，大臣定卷时，上忽将文敏名签遣太监持问阅卷者："第一是此人否？"并于名上书一魁字。

嗣后，凡遇考试庶吉士散馆等事，如在宫内之期考试，即著值宿之总管内务府大臣监试。（清嘉庆十四年谕旨）

光绪二十四年，诏开经济特科。视博学鸿词例，令大臣保举赴京候考。二十七年，再宣诏旨。二十八年，保和殿集试两场，一论一策。（《国朝事略》）

按：《特科纪事》：光绪癸卯年闰五月十五日，翰林院传单，以明日廷试经济特科，诸人仿殿试之例，奏派收掌、受卷、弥封等官。奉朱笔圈出李士钤、吕佩芬为收掌官。明日午后，即须入内将事云。十六日晨起，检点行李、什物，午初，饭毕，偕李嗣香同年入东华门，西行，入一小门，过传心殿前，又入一门，至文华殿，绕殿廊而北，至主敬殿，则监试御史四人已先在焉。监试居殿陛之东，余等居其西，殿内空诸所有，但就殿陛之上布席、设坐。已而，有人来支板为床，去地一尺，又取小几，以为食案而已。长昼无事，就榻卧息。及觉，则光禄寺已备晚餐而至，六盘六簋，虽非甚美，聊可充饥。饭毕，因与嗣香出外散步，至中左门，则应试者尚未尽场。受卷官二人，弥封官四人，均集中左门，与之立谈片刻，遂返，行至文华殿前，适遇阅卷大臣八人同在庭中，将欲晚膳。余咸揖之，略谈辞归。亥初，礼吏来言，试卷弥封已毕，请余等二人至中左门验收。余与嗣香衣冠而往。弥封官将试卷排列案上，余等一一点数，由礼吏收入卷箱，共一百八十六卷。卷凡五十开，闻满卷者五六人，悉纳入卷箱，加锁取匙而行。礼吏二人舁箱随之，还至主敬殿，置卷箱于卧侧。十七日，卯初即起。礼吏来舁卷箱，至文华殿中，余等与监试三人随之而往。已而，阅卷八人咸集殿上，乃于殿陛之东列几案。凡八分，前后两行，皆西向，以次序坐。余等乃启卷箱，取卷分为八行，依次递加，周而复始。加至卷尽而止。首二座各分卷廿四，余皆廿三。分卷既毕，命礼吏依序送往阅卷者案上。余等遂退。酉正，阅卷皆毕，礼吏来请收卷。余等乃与监试偕往。阅卷者各将其卷用纸封固，识以画押举畀。余等纳入卷箱，加锁舁还，于是遂散。今晨分卷，以制科大典，咸服补珠，及晚收卷，则免褂矣。十八日卯正，移卷箱上殿，分送诸大臣覆阅，遂退。比闻名第既定，复上殿监视。礼吏用黄纸包封试卷，分作六束，又用油纸裹之，加以夹板。既毕，礼部司员至，将试卷六封及折片一盒，一一点交清讫，余等乃辞诸大臣而出。《湘绮日记》：经济特科头场录取者，凡百二十七人。覆试汰去百人，仅取一等九人，二等十八人。

又按：光绪三十一年，游学毕业廷试，亦在保和殿举行。

康熙壬午六月初九日，召集内阁九卿及翰詹科道、各部郎中、四品以上官于保和殿，传上谕，略云：政事之暇，颇好书射。历年以来所积临摹字幅，赐卿等观之。（《带经堂全集》）

按：《康熙御制文集》：朕万几余暇，留心经史，时取古人墨迹临摹。云云。

康熙四十一年五月，于保和殿颁赐御书。（《香祖笔记》）

正月元日，礼部官捧进贺太上皇帝表文，礼部堂官奏请，皇上具礼服于保和殿暖阁祗俟。（《国朝宫史续编》）

按：此系乾隆为太上皇时仪节。

又按：每岁立春所进皇后春山宝座，贮保和殿东暖阁。

保和殿今为古物陈列所陈列物品。

【续】顺治二年五月，兴位育宫工。三年十二月，宫成，上御太和殿，诸王及文武群臣行庆贺礼，赐宴，即日移居位育宫。五年四月，平西王吴三桂赴汉中戍守，濒行，上御位育宫赐宴，并赐蟒袍一袭、凉帽一顶、金黄带一围、玲珑撒袋一副、弓矢全鞍马一匹。八年八月，上大婚，先遣两亲王奏请皇太后至位育宫，皇太后乘辇出宫，设仪仗，作乐，至协和门，皇太后仪仗停候，皇太后辇由中道入，上出宫，步迎至太和门内，皇太后由太和殿入宫。九年八月，定亲王以下，官员以上，凡钦命婚娶者，或于中和殿，或于位育宫，具朝服行礼，不鸣赞。遇有赏赉，便服行礼。十三年五月，乾清、坤宁等宫成。七月，上移居乾清宫，诏曰："朕自即位以来，思物力之艰难，罔敢过用，轸民生之疾苦，不忍重劳。暂改保和殿为位育宫，已经十载。揆之典制，建宫终不容已，乃于顺治十年秋卜吉鸠工。今乾清宫、坤宁宫告成，祗告天地、宗庙、社稷。于顺治十三年七月初六日，临御新宫。"（《清世祖实录》）

按：实录并载：位育宫连廊共九间，左右配殿连廊各七间。

又按：《养吉斋余录》载：世祖建孚斋于宫中，为读书游息之地，尝命徐立斋先生元文进《孚斋说》一篇云云。孚斋建在何处，待考。

顺治十四年八月，礼部疏："经筵开讲日，内院满汉大学士，满汉尚书，都、通、大满汉堂官各一员俱穿鲜明衣服，诣保和殿丹墀侍班。皇上御殿升座后，讲官进讲，礼毕，皇上还宫。众官出至协和门领恩宴，太和门谢恩"云云。得旨：是。经筵著于九月初七日举行。(《清世祖实录》)

按：御殿升座，御保和殿升座也。此后顺治帝岁春秋仲举行经筵，即在保和殿。亦见实录。

康熙八年正月，谕工部："奉太皇太后旨，皇帝现居清宁宫，即保和殿也。以殿为宫，于心不安，可将乾清宫、交泰殿修理，皇帝移居彼处，朕谨遵懿旨移居，尔部即选择吉日修理。"同月，以修理太和殿兴工，上从清宁宫移居武英殿。十一月，太和殿、乾清宫告成，由武英殿移居乾清宫。诏曰："朕御极以来，以保和殿为清宁宫居住，今春，奉太皇太后旨，不宜以殿为宫，宜于乾清宫居住，朕恪遵慈命，爰饬所司重加修理。又因太和殿建造年久，颇有损漏，遂命一并鸠工重修。今俱告成，祗告天地、宗庙、社稷，于康熙八年十一月二十四日进御宫殿。"(《清圣祖实录》)

按：保和殿，顺、康朝两易其名，顺治二年迄十三年，改殿曰位育宫，康熙践阼迄康熙八年，复以殿为清宁宫。皆以暂行居住而改称者也。

圣祖皇帝初亲政，以三藩及河务、漕运三大事夙夜厪念，爰亲书大略，悬之宫柱上。(《郎潜纪闻》)

按：圣祖皇帝，康熙帝也。帝于康熙六年亲政。三藩，云南吴三桂、广东尚可喜、福建耿继茂也。宫柱，或即指保和殿暂行改称清宁宫之宫柱。时帝尚未由清宁宫移居乾清宫。

又按：三藩，康熙时议撤，徐元文参赞之。见《龚定盦全集》。顺治中，吴三桂王云南，尚可喜王广东，耿仲明之子继茂王福建。天下财赋半耗于三藩。三桂专制滇中十余年，康熙十二年，撤藩命下，三桂以中朝诸将无足当己者，遂于十一月二十一日发兵反，耿精忠附之，蒙古察哈尔应之，已而平凉王辅臣应之，尚之信亦应之，甚至安南莫氏亦应之，最费剪除。十七年八月，三桂死。庚申(十九年)，滇南始平。见《雪桥诗话》。

又按：河务，康熙时遣侍卫拉锡察视河源。乾隆中年，鄂侍郎阿弥达以河南青龙冈决口，亦衔命赴青海穷探河源。既抵星宿海，见其西南有阿勒坦郭勒，水色黄，潆回三百里，穿入星宿海，更合流至贵德堡，始名黄河。阿勒坦郭勒之西，有石壁，高数丈许，黄赤色，上为天池，池泉喷洒百道，皆金色，入于阿勒坦郭勒，乃河之真源。具图说归报。见《十朝诗乘》。

又按：漕运，朔土不宜稻，故天庾之供，必仰给于东南诸行省。元时由海运，明改河运，国朝仍之，道、咸后始复海运。考运河为程二千七百里有奇，中为站三十有二，为闸七十有二，而天妃闸为黄、淮交汇，形势最险。靳文襄（辅）凿新河塞天妃口，开草坝以避黄河浊流，自是清江浦一带乃无淤患。见《十朝诗乘》。

又按：《小方壶斋舆地丛钞》载：缅甸考云，康熙六十一年，诏暹罗国贡使，言其地米甚饶裕，银二三钱买稻米一石，朕谕令分运米三十万石至闽、广、浙江，于地方甚有裨益，不必收税。

康熙十三年正月，上御保和殿，各省朝觐，布政使徐国相、按察使陈秉直等朝见，召至御前面谕，各陈地方利弊。（《清圣祖实录》）

按：实录并载：康熙二十五年二月，上御保和殿。直隶各省朝觐官员行礼。

康熙三十六年，青海纳木扎勒从其叔祖达什巴图尔入觐，赐宴保和殿，召升陛饮，以御用冠报及银币赐之。三十七年，诏封多罗贝勒。（《耆献类征·外藩纳木扎勒传》）

按：纳木扎勒达什巴图尔，《清圣祖实录》作那木扎尔扎什巴图尔。

康熙四十一年，厄鲁特阿喇布坦来归，率户七百余，屯茂岱察罕廋尔，遣洪科尔额尔奇木驰奏，赐御用冠服。未几，入觐京师，召见保和殿。谕曰："厄鲁特归降来朝，未有率人如尔之众者，尔既倾心来归，甚属可嘉，朕所用避风石数珠，最利风疾，以赐尔。"诏封多罗郡王，赐貂裘、鞍马、银币。（《耆献类征·外藩阿喇布坦传》）

乾隆五十五年十月，班禅额尔德尼随驾至京师。初三日，命于保和殿再赐筵宴一次。（《乾隆八旬万寿庆典册》）

按：乾隆五十五年，乾隆帝八旬万寿之年也。

嘉庆元年十二月，太上皇帝同皇帝御保和殿，筵宴朝正外藩。（《清高宗实录》）

按：《内务府奏销档》：除夕保和殿筵宴，向例，预备饽饽桌九十张。系殿内安设前引大臣、一二品大臣、蒙古王、贝勒、贝子、公、台吉、起居注官桌五十五张，殿外两旁安设侍卫、蒙古台吉、外国使臣、年班回子桌三十一张，殿内安设后护大臣、豹尾枪侍卫桌二张，殿外安设礼部堂官、内务府大臣桌二张。（后护大臣、豹尾枪侍卫、礼部堂官、内务府大臣，各有执事，不入宴）。

道光五年十二月，上御保和殿筵宴，朝正外藩。（《清宣宗实录》）

按：咸、同、光三朝，亦照例举行。分见清文宗、穆宗、德宗实录。

咸丰三年正月初五日，上御保和殿，赐王以下官员、蒙古王、贝勒、贝子、公、台吉，及外藩使臣等宴。（《清文宗实录》）

按：同治朝时，于正月十五日，御保和殿，赐文武大臣、蒙古王以下暨琉球、朝鲜使臣等宴。见《清穆宗实录》。

光绪二十八年正月初十日，御保和殿，赐外藩王公等宴。（《清德宗实录》）

按：实录并载：同年正月十六日，御保和殿，赐蒙古王、贝勒、贝子、公、文武官员等宴。

光绪二十九年十二月，紫光阁筵宴蒙古王公，奉旨改于三十年正月十二日在保和殿举行，依例赏给缎、绸、貂皮等物。（《内务府奏销档》）

乾隆十二年三月，上以和敬公主下嫁，御保和殿筵宴。（《清高宗实录》）

按：实录并载：乾隆十六年正月，上临和敬公主第。又载：乾隆十五年十一月，上以和婉和硕公主受纳征礼，御保和殿筵宴。二十五年三月，上以和嘉公主初定礼，御保和殿，赐王公、大臣等宴。

凡贡士中礼部试，乃殿试，先殿试，旬日为复试。殿试后五日，或六日、七日为朝考，三试皆高列，乃授翰林院官。（《龚定盦全集》）

按：殿试、复试、朝考、大考、考差，皆在保和殿，监试皆以王公。见《天咫偶闻》。

又按：光绪丙戌（光绪十二年）科会试同年全录：殿试礼节，四月二十一日殿试，钦点读卷大臣密拟策问，进呈御览，恭请钦定后，读卷大臣捧至内阁密行刊刻，护军校等在阁门外严密稽查。是日，鸿胪寺官设黄案于保和殿内东旁，又设黄案于保和殿外丹陛上正中。光禄寺排试桌，于保和殿内西旁。礼部同銮仪卫汉堂官，率员役粘贴贡士名次于桌上。二十一日黎明，内阁官朝服，捧题设于保和殿内东旁黄案上。诸贡士单名次，于昭德门外，双名次，于贞度门外。礼部堂官二员，分东西点名给卷。銮仪卫校尉代执笔、砚、考具。礼部及鸿胪寺官皆朝服，带领贡士由中左、右门鱼贯入，序立于丹陛东西之末。读卷执事各官皆朝服，序立于丹陛东。内阁大学士一人，进殿左门至案前，奉策题由保和殿中门阈左出檐下，授礼部堂官，礼部堂官跪受，兴，由中路至丹陛跪设于案，行三叩礼，退。鸿胪寺官，引读卷执事各官，就丹陛拜位北面立，听赞，行三跪九叩礼，兴，退。次分引贡士就丹陛东西拜位，重行北面序立，听赞，行三跪九叩礼，礼毕，仍北面立。礼部官举题案至丹陛下，诸贡士跪，礼部司官散题，诸贡士跪受毕，行三叩礼，兴，鸿胪寺官引贡士各赴试案前对策。交卷以日入为度。诸贡士对策毕，受卷弥封，送读卷大臣公阅。二十二、二十三等日，读卷大臣阅毕，拟定前列十卷，于二十四日黎明进呈钦定后，吏部、礼部司官员，预传前十卷贡士，由读卷大臣带领引见，恭候钦定甲第名次。读卷大臣将前三卷填写一甲第几名，后七卷填写二甲第几名，交内阁列金榜。二十五日，升殿传胪，如十人内有引见不到者，即行参奏。

又按：《晚清会试廷试故事记》：殿试日，由中左、中右两门分点，单东，双西。钦派监场王大臣，皆朝服。读卷大臣亦同在殿外，行朝贺礼。鸿胪以满音宣赞，礼毕，读卷大臣八人退宿于文华殿。多士跪丹墀上，领题纸，策问四道，卷有副本，书策首四语。点入时，随卷各给表里票一，卷长一尺四寸，白宣七层，凡八开，每开十二行，红阑格，行二十二字，抬头顶格加二字，共二十四字。书七开半为满卷，约二千字，每行均须落脚，首尾抬写，亦皆有定式。起草用比格，正式端楷。试日，辰刻大雨，丹墀上水深数寸，王大臣朝衣皆沾湿，多士则跪于中和殿后檐下。先是有御史言：上科争夺题纸，殊不敬，故是科独谨肃。

又按：《十朝诗乘》：樊云门方伯（增祥）丁丑（光绪三年）通籍，预馆选，作《春明杂事》诗（多首），云："集英门外缀行齐，内使传呼散御题。引向丹墀三拜起，两行分就殿东西。""御厨不托镂成花，殿上人人得拜嘉。写到江都第三策，中官传赐雨前茶。""黄纸丝阑界画匀，舍人填出榜花新。书成五凤楼前挂，三百人皆赐出身。"纪殿试也。试日，策题用黄纸誊刊，与试者拜领，人各一纸。赐食，赐茶，皆是日事。甲第既定，揭以黄榜，由进士或五贡出身之中书四人分写，张于午门外。又云："赐衣擎出午门边，几费江淮月进钱。莫怪后生材地薄，官罗都不似从前。"谓新进士例邀赐绢，俗称表里，绢薄如绨，久成具文。又云："朝天午夜入皇城，内里传筹未六更。见说两宫梳洗慢，玉阶鹄立候天明。""玉座前头列近臣，绿笺名字御前陈。后边隐隐遮宫扇，知有垂帘女圣人。"纪引见也。凡引见，皆用绿头笺书衔名进呈，见讫发还。又云："君恩特敕入槐厅，双鹄花前谢圣明。五色天书侵晓降，玉堂前辈与宣名。"谓述旨也。翰林官初入玉署，于堂墀列跪，学士捧旨口述之。

又按：《抱经堂文集》：康熙六十年辛丑科，诏进士未入馆选者，咸一律命儒臣教习三年。

又按：《洪北江诗话》：殿试卷，例以前十本进呈，惟乾隆二十五年庚辰，秦蕙田等以十本外尚有佳卷，特旨许以十二本进呈。至六十年乙卯恩科，大学士伯和珅读卷，止取八本呈御览。

又按：《十朝诗乘》：以武臣掌文衡者，昔惟兆文襄（惠），时值西陲班师，特命预殿试读卷，文襄自陈不习汉文。上（乾隆帝）曰："圈多者即佳卷也。"又道光六年丙戌，托相国（津）预读卷，亦不娴汉文，属同事代定之，且以语监试，初不自讳。又载：内阁所藏国初进士廷试卷，有称睿忠亲王多尔衮为王父摄政王者。

又按：《惜抱轩集》：武进孙文介公，万历二十三年殿试对策卷，公官礼部时，自取出以藏于家。嘉庆四年，余于公从七世孙渊如（星衍）观察处得观之。卷内每行作三十二字，凡乡、会试卷皆有横直朱丝行，殿试卷但有直行而已。推立法之意，盖以备士对策，文有长短，则字从而疏密，无不可者，今时相习，书殿试所对，率行二十二字，失立法之本意矣。观公此卷，足以知近时所失也。

又按：《春在堂全集》：余自幼不习小楷书，而故事殿廷考试，尤以字体为重。道光三十年，余成进士，保和殿复试，获在第一，人皆疑焉，后知由湘乡相公（曾国藩），时相公以礼部侍郎充阅卷官，得余文极赏之。且因诗首之"花落春仍在"，谓与小宋"将飞更作回风舞，已落犹存半面妆"无异。他日所至，未可量也。

又按：《天咫偶闻》：乾隆甲寅（乾隆五十九年）复试日，日未午，忽监试者命众跪，则上出也。询："有完卷者否？"时无一完者，惟一人以完卷未誊真对。命取其草呈，御笔为改诗一韵，其人竟以此获首列。又复试题例，命会元、解元誊写，其原题仍恭缴。乡试，解元或不到，则旗魁代之，皆跪而书。午间例赐松饼四枚、奶茶一瓯。殿试，例设高几，余则矮几也。又载：进士朝考，始于雍正元年。翰林大考，始于雍正十一年。

又按：《茶余客话》：庄滋圃（有恭）状元《朝考春蚕作茧》诗："经纶犹有待，吐属已非凡。"此状元宰相语也。后果协揆。

又按：《光绪丙戌科会试同年全录》：嘉庆六年，奉上谕："本月十四日复试新进士，本令在乾清宫考试，惟念本科中试人数较多，天气渐热，恐不免拥挤，著在保和殿复试。"此后即著为定例。

又按：《晚清会试廷试故事记》：会试后复试，在保和殿，由中左门入，殿廷惟设矮几，不能伏书（各带小桌，布面铁质，可以折叠），试四书文、试帖各一（以书法试帖为重，不以文第高下）。用白纸数寸书题，贴廷柱上。丹墀南光禄寺设有饼饵，殿试、朝考同谓之红绫饼。又，朝考试论一首，疏一首，试帖一首，卷用白折，凡七开，论、疏各两开，亦有满卷者，重书法，试帖亦紧要。一等不用翰林者极少。引见由礼部司员带领，每班十人，礼部堂官递绿头签，引见毕，降旨某某以翰林院庶吉士用，某某以六部主事用，某某以内阁中书用，某某以知县即用，某某著归本班。

又按：《崇文勤自撰惕盦年谱》：道光三十年庚戌正月，宣宗成皇帝（道光帝）龙驭上宾，穿孝三月，带发入场（会试场）。复试在保和殿，因上在苫庐，未园居也。

又按：《龚定盦全集》：本朝宰辅必由翰林院官、京朝官，由进士者例得考差。考差入选，则乘轺车衡天下之文章，考差有阅卷大臣。

又按：《十朝诗乘》：故事，大学士多用编检出身者，彭文敬（蕴章）起家郎署，获跻协揆，其谢章有云："登揆席而未经词馆，计本朝不过数人；由部曹而浡涉纶扉，在微臣甫逾廿载。"一时传诵。又载：故事，新庶常名纸，字大如碗，唐人诗所谓"风流名字写红笺"者近之。又载：康熙时以特赐入翰林者，王文简（士祯）最著，然厥例实多。长洲周元钦，由郎中改侍读。安福康五瑞，由给事中改侍读。南宫杜镇、蔚州魏学诚，均由中书改编修。娄县陈聂恒，由主事改检讨。而文恪（高士奇）由詹事府录事授侍讲，为特优。其由外使者，武进赵申季，以知县改编修。泰州陈厚耀，以教授改编修。其特赐举人、进士入翰林者，则有何岯瞻（焯）。沈白潊（受宏）贺诗云："江东平叔旧知名，汪蒋同时擢俊英。五色日中无座主，九重天上是门生。"汪蒋谓汪紫沧、蒋扬孙，同时赐进士入翰林者也。上眷遇词臣特厚，尝念翰林官贫，特给雇马钱，月三金。徐大临与焉，因书春帖云："夸张宠荷君恩处，内府犹分雇马钱。"又，桐城张文瑞（英）官翰林，从幸南苑，上曰："翰林以备顾问，勿令勤于资装。"嗣后，帐幙、饮食、马匹、器具，悉给自内府。一日大风雨，上虑其油幕未具，亟命中使传谕，移宿五店皇庄。文端《纪事》句云："霁颜不觉堂帘远，轸念恒如父子亲。"盖实录也。长洲沈东田读学（朝初），与其兄（旭初）同在翰苑。康熙己卯夏日，雨中引见澹宁居，水积阶除，特令勿跪。嗣后，百官雨天引见，一律免跪，著为例。东田《纪恩》诗云："玉山殿角拂虹霓，雨后趋朝水积蹊。遇主优容宽礼数，赐臣起立重提携。甘泉云影开青嶂，太液波光照绿绨。最是殊恩成定例，不教委佩浣香泥。"

又按：《鹰青山人集》：今上（乾隆帝）御极之九年，驾幸翰林院。简三十八人侍宴赋诗，非甲科虽公孤不得列，特命塞尔赫以宗臣与焉。

又按：《十朝诗乘》：嘉庆甲子（嘉庆九年）驾幸翰林院。御座设后堂，南向，于敬一门外置剧台，辟东西夹道为左右两翼。盖老隶有及见高宗（乾隆帝）临幸者，传述旧制如是，相距阅六十年矣。是日，仁宗诣文庙，释奠后，莅院，至清秘堂少坐，诸臣各归坐次，随奏请升座入宴，掌院诣御座前进酒毕，蒙赐酒复位。顷之，又召至御案前赐酒。剧演十八学士登瀛州故事。以东方朔为翰林前辈。列宴者，现任翰、詹及曾任编检诸臣，凡百七十余人，待命仪（永璇）、成（永瑆）、庆（永璘）诸王与宴。兵部尚书长龄曾任掌院，太常卿赵秉冲、主事黄钺直南斋，得与焉。龚文恭（守正）《礼成恭纪》云："一曲青平奏舜弦，笙歌队里进华笺。柏梁特许联吟遍，又喜簪毫到御前。"盖御用唐张说《东壁图书府》五律首末二句为韵，余字由诸臣依次分赋，分韵不及者，别有柏梁体。亦依乾隆故事也。院有"集贤""清秘"赐额，而圆明园翰林院直庐署曰集贤院。又载：郎苏门入词馆，后假归，挈眷附粮艘入都，作俳体三首自嘲云："自中前年丁丑科，庶常馆里两年过。半欧半赵书原好，非宋非唐赋若何。要作骆驼留种少，但求老虎压班多。三钱卷子三钱笔，四宝青云帐乱拖。""几人雅雅复鱼鱼，能赋能诗又善书。那怕朝珠无翡翠，只愁帽顶有砗磲。先生体统元来老，吉士头衔到底虚。试问衙门各前辈，此中风味近何如。""粮船一搭到长安，告示封条亦可观。有屋三间开宅子，无车无脚走京官。功名老大腾身易，煤米全家度日难。怪底门公频报道，今朝又到几知单。"述冷曹贫况可笑。都人相沿呼翰林为"疥骆驼"，谓其高视阔步，又服敝貂，状亦似之。庶吉士，散馆用知县者，例压诸班，目为"老虎班"，贫士觊乞外，至有故为疵累以求劣等者，而最恶得主事，以其积资淹滞也。后改定选例，庶常、主事自请改外者，亦得压班，遂有"豹班"之目。京师官邸皆粘告示，禁骚扰作践，门以内，张衔条于壁，谓之封条，盖沿明制。

又按：明殿试甲第，御笔亲书。据《静志居诗话》：定陵（明神宗）笔精墨妙，尝睹先文恪公暨唐文恪公殿试卷，御书"第一甲第一名"六字，皆瘦硬通神。

庚午，主顺天乡试，迁内阁学士。甲戌，充读卷官，音吐闳朗，上倾听不倦。及馆选日，上御保和殿，故事，惟大学士侍殿上，余皆立阶下，特命公与同直学士三人入侍，咨询人才，后遂以为例。（《耆献类征·钱大昕王公掞传》）

按：庚午、甲戌，康熙二十九、三十三年也。

同治二年四月丁酉，策试天下贡士黄体芳等二百人于保和殿。庚子，上御养心殿，召读卷官入，亲阅定进呈十卷甲第。辛丑，赐一甲翁曾源、龚承钧、张之洞三人进士及第，二甲周兰等七十八人进士出身，三甲景善等一百十九人同进士出身。（《清穆宗实录》）

按：保和殿殿试，始自乾隆五十四年，嗣后各朝踵而行之。实录并载：同治元年十二月，上谕："自明年癸亥科起，新进士引见分别录用后，教习庶吉士，务当课以实学，治经、治史、治事，及濂洛关闽等书，随时赴馆与庶吉士次第讲求，其有余力及于诗、古文、词者听之。除课期照旧举行外，其课题及散馆改诗赋为论策。论用经、史、性理等书，策用时事。皆准直据所见，畅所欲言。"

光绪三十年五月己亥，策试天下贡士谭延闿等二百七十四人于保和殿。壬寅，上御勤政殿，召读卷官入，亲阅定进呈十卷甲第。癸卯，上御太和殿，授一甲三人：刘春霖为翰林院修撰，朱汝珍、商衍鎏为编修，赐进士及第。二甲张启后等一百二十人，赐进士出身。三甲张鸿等一百五十人，赐同进士出身。（《清德宗实录》）

按：此为清代科举末次殿试。其颁布废科举之谕旨，则在光绪三十一年八月。

乾隆间，考试翰詹，以《四极四和赋》命题，众官皆不知所出，监试大臣以闻，上问齐召南知否？齐亦对以不知。上曰：齐召南尚不知，无怪他人不知矣。改命《竹泉春雨赋》。以"有斐君子终不可谖兮"为韵，盖赵承旨曾有此画也。齐知之，其赋特工，遂岿然举首。（《蓬窗附录》）

按：附录并载：案"四极四和"，语出《周髀》。

又按：《榆巢杂识》：满洲外班翰林，另题考试翻译，由乾隆八年始。

又按：《皇朝掌故汇编》：乾隆五十年，谕："满洲由科目出身为翰林者，本应认真读书，通达事理，为国家有用之才，方各称其实。向来满洲之习举业者，其文义本属浅陋，及幸登科目，列名翰苑，问以文学，则曰：身系满洲，岂汉人可比。及至问以清语骑射，又曰：我系词林，岂同武夫战卒。两处躲避，进退失据，而落于无用之流，朕所深恶。（中略。）此次考试翰詹，朕严加甄别，满员出缺甚多，除简擢数人外，余竟无员可补，与其滥竽充数，毋宁核实酌裁。所有既出之侍读、侍讲学士二缺，侍读、侍讲二缺，已另降旨裁汰。嗣后，满洲人员益当自知愧勉，读书敦行，砥砺成材，以备国家器使。如果能蒸蒸日上，一变从前积习，人材蔚兴，彼时朕自当再补还旧额也。"

嘉庆戊寅，大考翰詹，文肃以先生与考，奏辞阅卷。仁庙检原卷览之，谕文肃曰："汝家西宾写作俱佳，必在前列，宜汝之先以远嫌辞免也。"阅卷者因是竞觅先生卷，误以书法近似者当之，而先生反乙置焉。（《林文忠文稿》）

按：嘉庆戊寅，嘉庆二十三年也。文肃，卢文肃也，名荫溥。先生，郭兰石尚先也，曾馆卢文肃家。

同治五年四月，保和殿考试翰詹，徐桐、翁同龢均著无庸与考。（《清穆宗实录》）

按：徐、翁，时充弘德殿师傅。

甲午三月二十六日，考试翰詹，盖自光绪纪元以来，久未举行也。（《左庵琐语》）

按：甲午，光绪二十年也。琐语并载：案大考功令綦严，自少詹以下均须与考，有告假者仍补考。故相传有"翰林怕大考"之说，或嘲以诗云："金顶朝珠褂子貂，神仙终日乐逍遥。忽闻大考魂俱掉，任是神仙也不饶。"旧制，大考例，三等降秩夺俸，四等降谪。

光绪二十年甲午三月乙未，谕内阁："考试翰詹，自光绪元年后未举行，著于本月二十六日在保和殿考试。"四月甲寅，谕："此次考试翰詹各员，经阅卷大臣校阅进呈，朕复加披览，亲定等第。一等六员，二等七十七员，三等一百二十三员，四等二员。其考列一等之编修文廷式，以侍读升用。"（《清德宗实录》）

按：《翁文恭日记》：光绪二十三年三月二十八日，至朝房，始知奉派覆看大考卷，比到南斋，发下卷二百零八本，有顷，礼邸（世铎）、孙毓汶传旨细看，除第一及另束五本毋动外，余皆可动。奏事太监文德兴传旨如前。

又按：《光宣盦载》：廷式及第，妃欲骤贵之。上为之大考翰詹，复朱书文廷式一等交阅卷房，廷式遂第一。（妃，珍妃、瑾妃也。二妃幼时随父任居广州，从文廷式受学。见《碑传补·胡思敬撰文廷式传》。）

康熙十二年八月，试汉军、汉人科道官于保和殿。（《清圣祖实录》）

乾隆癸未岁，杭州杭大宗以翰林保举御史，例试保和殿。（《龚定盦全集》）

按：乾隆癸未岁，乾隆二十八年也。杭大宗，名世骏。全集并载：大宗保和殿廷对，以用人宜泯满汉之见为言，几遭不测。又载：部院官，例许保送御史。保送后，乃考试，考试有阅卷大臣。

嘉庆戊辰，庶常散馆，崇同年绶改三等侍卫，以庶常改武职，未之前闻。同时步军统领文公宁，为广侍郎兴所讦，降编修。（《竹叶亭杂记》）

按：嘉庆戊辰，嘉庆十三年也。乾隆以后，散馆在保和殿。杂记并载：当时都中有一联云："翰林充侍卫，提督作编修。"

咸丰二年四月，以本年乡试考试，应开列试差人员于保和殿。（《清文宗实录》）

按：同治九年四月，考试乡试试差人员亦在保和殿。见《清穆宗实录》。

戊戌新政，经济特科其一也。制视词科，以政变而罢。辛丑，复有诏举行，于是，九卿以上及督抚学政，复各举所知。癸卯夏，召试于保和殿。（《十朝诗乘》）

按：戊戌、辛丑、癸卯，光绪二十四、二十七、二十九年也。

光绪二十九年闰五月，覆试经济特科梁士诒一百二十七人于保和殿。六月，考试各省优生于保和殿。（《清德宗实录》）

同治五年十二月，恭纂《文宗显皇帝实录》、《圣训》告成。监修总裁大学士贾桢等奉表恭进，上诣保和殿行礼，御太和殿作乐宣表。派出奉书之贝子及宗人府官，由保和殿恭奉实录、圣训至乾清宫安设，上诣香案前行礼。诣绥履殿慈安皇太后前行礼，平安室慈禧皇太后前行礼。（《清穆宗实录》）

按：实录并载：同治元年十一月，颁赏王大臣暨内廷翰林、各省将军、都统、督抚《宣宗成皇帝圣训》各一部。

光绪五年十一月二十四日，恭进实录，陈保和殿。翌日，同上进书表，陈保和殿。皇上御太和殿受贺如仪。臣恂奉旨赏加三级，谢恩。前后蒙赏鞍马全副、大蟒纱一匹、大彩缎六匹、红绸里七匹、银百两。（《还读我书室老人董恂手订年谱》）

保和殿大学士不常置，惟张廷玉、傅恒拜焉。（《啸亭杂录》）

大内所存内外王公世爵皇册，有应增注者，各该衙门于年终奏请咨明内阁。是日，学士同该衙门堂官赴保和殿，内监请出皇册，中书增注毕，仍交内监收存。（《光绪续修会典事例》）

康熙十一年，工部尚书吴达礼造报修理保和殿等处，需用原估更改添用颜料数目。（《工部宫殿工程黄册》）

按：康熙四十八年十一月，谕旨，有"建极殿后阶石高厚数丈，方整一块"之语。考明建极殿，即清保和殿，世称保和殿后阶石，遗自明代，或即本此。

又按：清乾隆三十八年十二月，总管内务府大臣英廉等折：今据呈报保和殿后檐御路石一块，长一丈一尺。上躔御路石一块，长一丈五尺。中躔御路石一块，长二丈。此三块中心不动，照呈准式样，两边就花纹线路随式别做整齐，除拆换下旧石，记明尺寸，交宁寿宫工程处抵用外，共估需工料银一千六百八十三两三钱五分七厘。请由广储司支领，应用。

嘉庆二十五年，上谕："副都统康修，将跟役带至保和殿阶下，始向索朝珠，是该跟役擅入禁门，伊不得诿为不知，其咎最重。康修著革去副都统。"（《清仁宗实录》）

按：此系嘉庆二十四年除夕，保和殿筵宴时事。

诸宫门扩军守之，王大臣过，则呼伊里，满语起敬也。宫墙、海墙，皆曰墙子，分段巡逻，曰下朱车。光绪末年，忽有妄男子白昼酣眠

保和殿御座上，殿扉严镝，亦不知从何入，后乃以疯人了之。(《枝巢清宫词》注)

后左门

【初】康熙二十三年，驾在塞外，偶违和，还宫，未御门接见群臣者十日矣，内阁九卿等每日诣后左门起居。(《居易续录》)

本朝京官三品以上升迁命下，宣旨后，即赴后左门启奏谢恩，仍于鸿胪寺报名，候大朝日于太和殿谢恩。(《香祖笔记》)

后左门左翼室亦曰平台，今上曾召见内阁，于内赐诗。又，后左门平台自康熙初为内阁直房，今内阁仍移午门之内。内三院、九卿五鼓奏事，皆候于平台。驾出，御乾清门，乃入。(《居易续录》)

按：今上，清康熙帝也。康熙帝召见内阁于平台，是沿明遗制。据《芜史》：建极殿居中，向后高踞三鹰白玉石栏干之上者，云台门也。两旁向后者，东曰后左门，西曰后右门，即云台左右门，亦名曰平台。凡召对内阁等官，或于平台。又据《雕丘杂录》：明庄烈帝平台召对，赐诸臣茶，复命光禄寺官四员捧出御盒果饼，颁赐诸臣。

又按：平台后丹陛即保和殿后丹陛也，白玉石为之，殊伟大，雕刻尤精，相传是明代遗物。

【续】京师地震，上召公入内殿，公伏地涕泣，请屏左右，语移时，施公迎于后左门，见公泪流颊未干也。(《憺园集》)

按：上，康熙帝也。公，魏象枢也。施公，名维翰。

康熙四十二年七月，上传谕，次日临裕亲王丧。诸王大臣齐集后左门叩首，再四劝阻，上谕："此朕效法祖宗，并非太过。"(《清圣祖仁皇帝圣训》)

王以下至文职三品、武职二品以上大员仆从人等，在后左门左停止。(《军机处藏紫禁城各门图》注)

后右门

【续】后右门外西房，系乐部收贮镈钟、特磬等项物象之库。(清道光七年二月总管内务府折)

王以下至文职三品、武职二品以上大员仆从人等，在后右门右停止。(《军机处藏紫禁城各门图》注)

三 述外朝（二）：午门左 东华门内

东华门

【初】东华门,紫禁城之东门也。门外有下马石牌。

康熙丁巳七月十四日,驾幸古北口外。寅刻,百官跪送于东华门。(《居易续录》)

乾隆三十六年,命朝臣一二品以上,年及六十,许乘肩舆入东华门。先是,百官出入皆由长安门,惟内阁由东华门,然亦必易马后始入也。(《养吉斋丛录》)

按:清乾隆朝,刘统勋入朝,至东华门外,舆微侧,启帷则已瞑。帝闻,遣尚书福隆安赍药驰视,已无及。赠太傅,祀贤良祠,谥文正。帝临其丧,见其俭素,为之恸。回跸至乾清门,流涕谓诸臣曰:"朕失股肱"。既而曰:"如统勋乃不愧真宰相。"

某日,移世祖殡宫于景山寿皇殿。先一日,陈卤簿队、象辇。明日,微雪。黎明,百官排班,自东华门至景山,鱼贯跪道左。(《青珊杂记》)

按:杂记并载:予是时始见卤簿之全:开道二红棍,有黑漆描金,如竹筒,上广而下锐者,凡十余对。又二红棍如前筒而剖其半,又十余对。其后则有若枪者,若戟者,若戈若矛者,蛇其首者,若锥者,如瓜者,如手执锥者,皆镀金朱杆。有若节者,幢者,幡者,旌者,旗者,麾者,锦绮辉耀,每色各数十对,每易一仗,即间二红棍。诸仗俱直立持,不横仆。惟篦伞最多,扇有圆者,方者,兜者,如鸟翅者,每式具五色。伞亦具五色,每色五顶,俱刺绣五幨。惟黄罗曲柄者止二顶。队中有散马,辔而不鞍八十余匹。有鞯马数十匹,刻金鞍,辔镫黄鞦鞃,鞍首龙衔一珠,如拇指大,鞍尾珠三,如食指大,背各负数枕,备焚化。枕顶亦刻金为龙,衔珠如鞍首,共百余。驼数十匹,繁缨垂貂,极华丽,皆负绫绮锦绣及帐房什器,亦备焚。腰弓插矢者数十人,牵猎犬御马者数十人。御箭皆鸦翎粘金,御撒袋俱黄绮,针缝处密密贯明珠,计一袋珠可当民间妇女首饰，真大观也，近灵舆，各执赤金壶、金瓶、金唾壶、金盘、金碗、金盥盆、金交床、椅、几等物，皆大行所曾御者，亦备焚。灵舆黄幔软金幨，紫貂大坐褥。其后即梓宫，用朱红锦袱盖。诸王大臣乘马执绋，梓宫前有青布衣童子二三十人，或曰大臣子弟，育于太后所，故衣尚青。梓宫后为贞妃柩，上用紫花缎袱盖。贞妃者，从先帝死，故号贞妃。或曰："即端敬皇后之妹也。"其后皇太后黑缎素服，素幔步辇，送殡举哀。后素车五，青幔车六七，不知中宫谁人。各官随至景山，梓宫启东墙入。命妇在寿皇殿内，百官在殿门外，擗踊奠楮，焚前所载诸物，谓"大丢纸"。礼毕即散。又载：东华门晨启，诸命妇入哭，俱细白布袍、白帕、首垂二白带，长竟身。手执一细竹杖，抵暮方散。此俱从龙贵人、一二品大臣妻也。

又按：清代皇帝移殡，"大丢纸"如民间俗例，焚生前所用之物。此外，中元节焚法船，亦沿民俗。据《凌霄汉阁主随笔》：中元节如有佛事，则法船为必要之品，慈航普渡之意也。法船制法精粗不一。如清宣统元年七月十五为孝钦焚者，可云全国最大之法船矣。长十八丈，宽二丈，上有楼殿亭榭，陈设悉备，侍从、篙工数十人，高与人等，皆衣真衣。此外殿陛阴森，神佛巍坐，旁立鬼判，状极狰狞。中竖十丈高桅，悬一黄缎巨帆，上书"普渡中元"。又有无数红莲围绕船边，与真者绝肖，费赀巨万。是夕，在东华门外沙滩焚化，烈焰冲天，光照数里，男女老幼拥众围观。

嘉庆八年，孝淑皇后神牌由静安庄入东华门，仪仗全设。皇次子绵宁于门内跪迎，随行至诚肃门，诣神牌前行一跪三叩礼，恭捧神牌入奉先殿。（《国朝宫史续编》）

嘉庆二十五年八月，睿庙梓宫自热河回京。初，奉安于乾清宫，继乃择日奉移于观德殿。是日出东华门，进景山东门，上哭泣步送。京中自王公大臣官员以下，皆俯伏甬道之左哭送。白袍列跪者不下千万人。余亦在班中，遥见上步行甫半，忽趋至甬道边，扶一跪伏者之手，大哭失声。跪伏者亦抢地大哭。众远察之，则松公也。（《归田琐记》）

按：睿庙，清嘉庆帝也。上，道光帝也。松公名筠，嘉庆间官武英殿大学士，因事降，跪伏时仅系一骁骑校。翼日，即拜副都御史之命，后以尚书退休。

又按：《道光御制诗集》：九月初二日，诣东华门外，恭送皇考《仁宗睿皇帝实录》、《圣训》前往盛京，纪以诗。

道光三十年，谕内阁：据王大臣等奏，大行皇帝梓宫奉移圆明园正大光明殿，请朕步送至东华门外，即乘舆出神武门，先至圆明园祗候等语。朕仰受皇考顾复深恩，昊天罔极。自揣年力正富，谨当恭随灵驾，亲送至圆明园。（《潘氏东华续录》）

按：大行皇帝梓宫，道光帝梓宫也。梓宫启行时，咸丰帝前导，由景运门出。梓宫升大升举，出东华门，帝步行送至地安门外，跪俟梓宫过，由间道先行。

大行皇帝梓宫回宫，上跪迎于东华门外道旁。（《翁文恭日记》）

按：大行皇帝，咸丰帝也。上，同治帝也。

光绪六年九月二十二日，上诣东华门彩棚。圣容、实录、圣训棚内行礼，玉牒不行礼。（《翁文恭日记》）

按：日记并载：是日，乾清宫请同治圣容，至东华门彩棚，实录、圣训先由馆请至，玉牒亦由宗人府请入。礼毕，彩亭等出朝阳门。

英煦斋协揆以道光三年充册封佟雅皇后持节使，其夫人萨克达氏，先奉谕旨径诣后宫，行家庭礼。届期，偕协揆夫人同入东华门。（《郎潜纪闻》）

按：英煦斋名和。

又按：《昭代名人尺牍续集·小传姚莹》曰：英和少有异才，和珅欲婿之，不可，颇衔之。癸丑殿试，恐为所中，乃变异书体，得免。

《明史》开局内东华门外。（《池北偶谈》）

按：《经义斋集》：世祖时，有诏开局纂修《明史》，而发凡起例尚未之讲。康熙四年八月，谕旨："纂修《明史》，其官民之家如有开载明季时事之书，亦著送来。虽有忌讳之语，亦不治罪。"《康熙御制文集》：康熙三十一年，谕大学士伊桑阿、张玉书等："明代实录及记载事迹诸书，皆当搜罗藏弆。异日《明史》告成之后，新史与旧书俾得并观，以备天下之公论焉。"同年，谕修《明史》诸臣："作史之道，务在秉公持平，不应胶执私见，为一偏之论。"四十五年，谕大学士马齐等："翻译之事大有关系，向年纂修实录，校对朝鲜表文，满汉文意总不相符。朕两年苦心寻绎，始得将文义完美。作史之事，殊为重大，一字不可轻易增减。所以朕于《明史》不敢自任者亦此故也。"

咸丰六年，喀尔喀萨克等台吉于东华门外瞻觐。（《潘氏东华续录》）

林清之变，太监张泰由城堞蛇行，伏于东华门马道上，为奕灏所擒，始知有内监通贼状。(《啸亭杂录》)

按：时在嘉庆十八年。据嘉庆谕旨，林清之变，内监六人引贼入东西华门。

太监刘得才引祝现等入东华门，有卖煤者与争道，贼脱衣露刃，为看门官兵觉察，骤掩门。贼喧然出，陈爽等十数人阑入，屈五等皆遁。傍午，忽传上自燕郊回銮。贝勒绵志持钥立东华门楼上，伫望景运门皆洞开，久之杳然。盖即福昌之党所为也。(《潘氏东华续录》)

按：祝现、陈爽、屈五皆林清党羽巨魁。福昌姓曹，与林清约在城中内应者。

乾隆二十四年，东华门内迤北建琉璃门三座。(《大清会典》)

嗣后，蒙古呈进汤羊等项之台吉到京，由理藩院派笔帖式、领催带进东华门。指令于三座门外石桥以南，排列听候交纳。(清嘉庆十年大学士尚书等会议折)

乾隆二十八年三月，奏准：酌定将太监等应领米石，于紫禁城东华门外面所有空闲围房内，选拔七十余间，设立仓廒，存收备放。奉旨：赐名恩丰仓。(《钦定总管内务府现行则例》)

东华门门楼安设阅兵所用棉甲。北面角楼安设阅兵所用棉甲，并锭钉盔甲。(《钦定总管内务府现行则例·武备院》卷)

按：各该件均三处织造解送。清乾隆二十三年奏准安设，隔一年抖晾一次。本书西华门门楼条同。

潘奕隽晨入东华门，口占："丹甍碧瓦自层层，歇马东华日正升。最是天街新霁好，绿阴浓处涌觚棱"。(《三松堂集》)

陶凫乡东华门口号："早听鸡声喔喔催，东华锁钥五更开。在旁赢得门军笑，最老人偏最早来。"(《红豆树馆诗集》)

按：时陶年已八十余。陶尝与张诗舲、祥河同入直东华，曾赋有"入直东华并马时"之句。

【续】巡抚命下，公入谢，赐宴瀛台。旧例，止予鞍马、甲胄而已，公独拜命骑入东华门，赐白金五百两，表里各十匹以行。(《耆献类征·朱彝尊杨公雍建神道碑铭》)

按：碑铭并载：公先于天安门听宣读赦书，后接御前发下红本，二狱囚当决，吏钤纸尾进，请钞发。公曰："昨颁赦而今日行刑，是诏令不信于天下也。红本当封还。"同官皆变色，争言不可。公曰："六科以封驳为职，古制也。吾封之，咎吾任之。"乃有旨，三法司再议。二囚得不死，用是直声益振朝野。

　　大行皇太后梓宫前，仪仗全设，自东华门出朝阳门。王以下、奉恩将军以上，外藩王以下，台吉、塔布囊以上，于协和门外齐集。内大臣、侍卫于东华门外齐集。左翼民公、侯、伯以下，有顶戴官员以上，于灯市口齐集。右翼民公、侯、伯以下，有顶戴官员以上，于红庙大路齐集。候梓宫至，举哀跪迎，随行哭送。汉文武官员，于殡宫墙外齐集，候梓宫至，举哀跪迎。公主、王妃以下，八旗二品以上官员之妻，先至殡宫二门外两翼立，梓宫至，举哀跪迎。奉安梓宫，设帷幔毕，皇子奠酒，王等公主、王妃以下，随班行礼举哀。（《清圣祖实录》）

　　按：大行皇太后，顺治后，孝惠章皇后也。

　　雍正十三年九月己亥，上即位于太和殿。癸卯，上谕曰："礼部奏梓宫出东华门时，朕乘舆由别路先至雍和宫迎迓等语，朕在哀痛迫切之际，岂可乘舆由别路先行，当步行随梓宫后，送至雍和宫。"（《清高宗纯皇帝圣训》）

　　按：上，乾隆帝也。时尚未改元。梓宫，雍正帝梓宫也。

　　高宗与孝贤后奉太后南巡，归至济南，后疾作，舟行至德州，遂兼程返。命启东华门，宫眷缟素迎梓宫入，成丧。（《枝巢清宫词》注）

　　按：梓宫，孝贤后梓宫也。

　　又按：《清高宗实录》：上巡幸御舟，名安福舻，大小合宜，日常理庶务，见臣工，至为便适。

　　又按：《军机处和图利档》：乾隆四十九年，巡幸回銮时，诚嫔于夜间在船边杆塘上乘凉，失足落水，捞获装殓，由水路前赴通州，送至静安庄。

　　乾隆四十八年二月，命于国子监度地，增建辟雍。四十九年十月，新建辟雍成。前两月谕：于来岁仲春释奠日，亲临讲学。届期，皇上具礼服，乘舆出宫，午门鸣钟，不斋戒。王以下文武各官，于东华门外分翼排立，候驾过跪送。法驾卤簿前导，不作乐，驾出东华门。临雍次日，衍圣公率五经博士、各氏后裔、国子监祭酒，率六堂及各官学师生，于午门外奉表谢恩。（《乾隆八旬万寿盛典册》）

　　按：《清高宗实录》：乾隆三十四年，重修太学文庙御制碑文云：

"国学始于元太祖置宣圣庙于燕京,由元及明代有损益修葺,至本朝而崇奉规模为大备。"

道光三年冬,上册封佟雅皇后,和为持节使,王大臣例贺于外,王妃、命妇例贺于内。妻室萨克达氏以旧日跌伤腰骨,故每岁蚕坛常引疾,至是仍不能行六肃礼,先期奉谕旨,径诣后宫行家庭礼。届期,和偕妻入东华门。(《恩福堂笔记》)

按:和,英煦斋名也。笔记并载:程春海编修,举唐权文公与县君同朝兴庆宫情事,取其诗句。属为《朝天比翼图》。

咸丰六年十二月,喀尔喀扎萨克头等台吉棍布扎布,于东华门外瞻觐。(《清文宗实录》)

咸丰八年九月甲申,以恭送孝贤纯皇后、孝仪纯皇后,仁宗睿皇帝孝淑睿皇后、孝和睿皇后,宣宗成皇帝孝穆成皇后、孝慎成皇后、孝全成皇后册宝,仁宗睿皇帝圣容,宣宗成皇帝实录、圣训,尊藏盛京。上诣太庙,行礼毕,诣东华门外彩棚前行礼。(《清文宗实录》)

按:孝贤、孝仪,乾隆后也。仁宗,嘉庆帝也。孝淑、孝和,嘉庆后也。宣宗,道光帝也。孝穆、孝慎、孝全,道光后也。

乾隆二十三年六月,军机大臣会同刑部奏:东华门进班护军参领、护军校、护军等,于疯颠僧人拔刀入内,未能拦阻,分别定拟。(《清高宗纯皇帝圣训》)

嘉庆十九年十二月,谕:"上年逆匪突入禁城,东华门官兵捍御尚为出力,西华门则漫无捍御。"(《清仁宗实录》)

按:逆匪,指林清等。

同治初,汉军机中惟沈文定桂芬最持大体,居家俭素,尝自雇驴车进内,及东华门,门者呵止,公下车而进,众乃大惊。(《天咫偶闻》)

同治九年六月,尚书万青藜、郑敦谨车辆赶入东华门外栅栏以内,罚俸一个月。(《清穆宗实录》)

按:东华门外北池子路西,有武备院署,《宸垣识略》曾载及之。据《养吉斋丛录》:顺治初置鞍楼,十一年,改兵仗局,十八年,改武备院。又据《钦定总管内务府现行则例》:武备院掌陈设武备,修造器械,及赏赐支放等事。

又按:东华门外有光禄寺署,《啸亭续录》曾载及之。据《京师坊巷志稿》:光禄寺在东安里门,仍明旧。《查浦诗钞》:"长连墙接短连墙，紫禁沧洲列两厢。催取旧时花酿酒，七层吹过竹风香。"长连、短连，两街名。紫禁沧洲额，在光禄寺署中，明黎维敬所题。

又按：光禄寺动用钱粮黄册、皇帝大婚筵宴桌张，皇帝、皇后、妃嫔丧仪念经致祭等项，光禄寺动用钱粮造册具报。又据《茶余客话》："李穆堂绂过目辄能记"：七十任光禄寺卿，履任之日，查阅册籍；复至实录馆，诸公问今日何事？穆堂历举筵宴器物、制度无遗。

又按：东华门外北池子，有吉祥所，有俄罗斯文馆，《京师坊巷志稿》并载及之。《吉祥所志稿》载：明代宫眷薨逝，殡于此。俄罗斯文馆，志稿所载馆址与《顺天府志》同。考此馆之设立，据《内阁大库康熙朝满文俄罗斯学记事档》：康熙四十七年筹设。初名俄罗斯馆，后改称俄罗斯文馆，教习为俄人，管学为内阁大学士。先借东直门内迤北俄商宿所为临时馆址，旋移于马市西北大佛寺。又据《光绪朝会典事例》：俄罗斯馆，选八旗官学生二十四人肄业，五年考试一次，一等授八品官。

文华殿各处

【初】东华门内、协和门东为文华殿。深广五楹，南向。殿前曰文华门。门三楹，崇阶九级，丹陛与露台相值。台左右各二陛，陛各十一级。其东配殿曰本仁，西配殿曰集义，后殿曰主敬，各五楹。文华殿清沿明制。康熙二十二年，同本仁、集义、主敬三殿建。

文华门

【初】大驾巡幸，留京王大臣日诣文华门办事，恭请合符轮流直宿。卯刻四人同入。非直班者，申初散出，直宿班者，在内守合符，俟次晨交替合符而后出。（《养吉斋丛录》）

按：清代门禁之制凡四，首合符，次宿卫，次传筹，次门钥。雍正年间定。

康熙四十一年三月初八日，东宫会讲持敬殿。讲毕，赐茶文华殿门。（《香祖笔记》）

按：东宫，皇太子胤礽也。笔记又载：康熙四十一年九月初九日，次年三月二十八日，两次举行东宫会讲，均与此同。持敬殿之名，详本编主敬殿条。

【续】乾隆四十一年，粘修文华门、文华殿、主敬殿等处地面砖块、阶条、踏跺、垂带等石，并丹陛各座台帮。（《内务府奏销档》）

按：清乾隆二十六年编入《萝图荟萃》之《京城全图》：文华门之南，红本库之西，有纸库。

文华殿

【初】明文华殿与武英殿东西遥对。李闯乱后，殿被毁。清康熙二十二年，重建文华殿与东西后殿，各五楹。其时武英见存，一切规模，殆依明制为之。（《清文渊阁实测图说》）

按：《经义斋集》：世祖章皇帝谕工部："作速起造文华殿，以便讲求古制。"寻以度支缺乏，奏请停罢。《直庐集·文华殿赋》：启丹枫之左翼，睇紫禁之东隅，地界图书之府，星临角亢之墟。前曰文华，后曰主敬。

又按：明文华殿初为常御之便殿，后用为经筵之所。见《水南翰记》。明天顺、成化两朝，皇太子未践祚以前，先摄事于文华殿。又，成化七年，召见阁臣于文华殿。见《明史本纪》。明文华殿西北曰省愆居，其底用木为通透之基，高三尺余，下不令墙壁至地，四围亦不与别处接，凡遇灾眚，驾居此，以示修省。见《芜史》。明景泰中，选小内侍七人，俾中允倪谦、吕原于文华殿东庑教之。见《双槐岁钞》。宋代殿之东西曰朵殿。今制，太和殿居中，文华殿在东，武英殿在西。见《虎坊杂识》。

经筵之礼，以大学士、尚书、左都御史、侍郎、学士、詹事（皆由翰林出身者）充经筵讲官，满汉各八人。岁春秋仲月，由部疏请，得旨，翰林院列讲官名具奏。以满汉各二人分讲书经，掌院学士暨直讲官拟篇目、撰讲章，奏请钦定。至日黎明，遣大学士一人祗告皇师、帝师、王师、先圣先师于传心殿，鸿胪官设御案于文华殿御座前，南向。设讲案于御案之南，北向。翰林院官奉讲章及进讲副本，左书、右经，各陈于案，退。记注官四人立西阶下，东面。满讲官暨侍班之大学士，吏部、户部、礼部尚书、侍郎，通政使、副使，詹事、少詹事，立丹墀左，西向。汉讲官暨侍班之兵部、刑部、工部尚书、侍郎，左都御史、左副都御史，大理卿、少卿，立丹墀右，东面。纠仪给事中、御史各二人，鸿胪寺鸣赞二人，立侍班官稍后，东西面，均南上。如衍圣公入觐，恭遇经筵，立于东班之首。至时，礼部堂官诣乾清门，奏请御经筵。皇帝御常服，乘舆出宫，导引扈卫如常仪。由后左门出左翼门，至文华殿丹陛，上降舆入，升座。记注官升西阶入，立殿内右楹之西，鸣赞升立东西檐下。赞排班讲官暨侍班官，咸就拜位，北面立。赞，跪、叩、兴，行二跪六叩礼，毕。鸿胪卿东西各一人，引讲官暨侍班官分行，升自东西阶。满讲官由殿左门之右、汉讲官由殿右门之左入，立于东西楹之南。东侍班官由左门之左，西侍班官由右门之右入，立于讲官后。纠仪官随入，立东西隅，均东西面，北上。鸿胪卿退立于殿檐下，鸣赞赞进讲，满汉直讲官四人出至讲案前，东班西上，西班东上，行一跪三叩礼，复位立。满讲官一人出，就案左，北面，展讲章，进讲四书毕，复位。汉讲官一人出，趋进案左，进讲如之。皇帝阐发书义，宣示臣工。讲官暨侍班官跪聆毕，兴。又满讲官一人趋过案右，汉讲官一人出就案右，先后进讲经义毕，皇帝阐发经义，各官跪聆亦如之。鸿胪卿引出殿，至丹墀各就拜位立。鸣赞赞如初，行二跪六叩礼，毕。内监设坐毡于殿内，东西各二行，鸿胪卿引讲官、侍班官按品胪序，仍升东西阶入殿内，赐坐，赐茶，仪与常朝同。礼部尚书奏礼成，驾兴，至丹陛升舆还宫。是日，赐燕于太和门东廊。讲官暨记注、侍班、纠仪各官咸与燕。毕，诣内金水桥南丹墀东，行一跪三叩礼，各退。（《大清会典》）

按：文华殿为举行经筵之地，清承明制也。明经筵进讲在文华殿前殿。见《榖城山房笔尘》。明文华殿经筵，有大汉将军二十人导驾。见《钦定日下旧闻考》。明经筵始开，相传每讲毕，命中官布钱于地，令讲官拾之，以为恩典。见《立斋闲录》。明文华殿陈有金鹤一双，口衔香，香黑色，如细烛状，外国所贡也。凡进讲衣冠带履俱薰香。赐宴最精，腆例得带从官、堂吏及家僮辈携囊椟以收馂余。见《水南翰记》。

凡进讲，先书次经。书与经各先清次汉。每讲官一巡毕，即发御论一通，则以清、汉语分讲。（清乾隆癸巳《春仲经筵》诗注）

按：乾隆甲寅《春仲经筵》诗注：每遇经筵，先期简派满汉讲官二员，是日以次进讲。朕亦将四书题御论用汉文读之，继将经题御论用清文读之。盖满洲读书人久习汉文，于清文转多生疏，渐致忘本，是深可虑。讲筵并用清、汉文，职是之由。又，乙卯《春仲经筵》诗附识：综计六十年中，御讲筵者四十九次，得谕凡九十八篇，向无手录之本。乙巳秋，山庄几暇，因将戊午至癸卯以前之论汇书一通，厘为五册。其丙午近十年以来之论，则每岁经筵后于养心殿续书之，自为一册，附装焉。因命将此六册陈之文华殿，以志数典。

经筵礼成，燕进讲暨侍班各官于协和门。前期，付光禄寺庀馔。至日，门旁西向设席。讲官、大学士、尚书、侍郎、左都御史、左副都御史、通政使、副使、大理寺卿、少卿、詹事、少詹事、起居注日讲官、鸿胪寺卿、纠仪科道、鸿胪寺鸣赞各官序坐，以北为上。燕毕，诣太和门前金水桥南谢恩退。（《皇朝掌故汇编》）

按：参看本编协和门第二分条。

康熙丁巳二月十二日，上御经筵。巳刻，出景运门，至文华殿。满汉大学士、九卿、翰林、詹事等衙门官及起居注、科道等官立班阶之东西。上至殿门下辇，升御座。群臣东西分班。鸿胪引赞，行二跪六叩头礼毕，仍分立东西趋入。……讲毕，各官仍分东西趋出，至阶下。鸿胪引赞，行二跪六叩头礼，仍分班立。候驾出回宫，赐宴太和门。宴毕，谢恩而退。（《居易续录》）

按：康熙二十五年二月己酉，文华殿成。壬子，告祭至圣先师于传心殿。癸丑，御经筵，讲官同侍班各官行礼。嘉庆十五年，谕旨：著改于丹陛上分左右行礼。

前年，皇上命东宫出阁，讲学文华殿。（《湛园未定稿》）

按：皇上，清康熙帝也。东宫，皇太子胤礽也。东宫讲学于文华殿，沿明制也。据明《天顺日录》：东宫讲读在文华殿云。

又按：胤礽出阁读书，命汤斌辅教。见《望溪先生集》及《汤文正斌年谱》。

命皇子等及皇次孙于是日亦从至文华殿听讲。（清乾隆庚戌《春仲经筵》诗注）

嘉庆二十五年仲春经筵，奉旨：予同惇亲王、瑞亲王诣传心殿分献，文华殿听讲。（清道光《仲秋三日诣传心殿致祭御文华殿经筵诗》注）

今日举行经筵典礼。礼部据向例，以天雨奏请改期，经筵大典业经祭告，自应举行，但执事诸臣例应在丹墀内行礼，未免衣冠沾湿，著衣雨服列班。驾到，即入殿进讲。讲毕即奏礼成。其阶下行礼、殿内赐茶诸仪俱停止。（清乾隆七年谕旨）

衍圣公孔昭焕以新修太学，亲临释奠，来京陪祀，并命侍筵观礼。（清乾隆三十四年《春仲经筵》诗注）

经筵讲官满汉各八员，进讲侍班服领袖袍，以别于众，此旧例也。（清乾隆四十一年《春仲经筵》诗注）

按：同、光时，经筵日讲，起居注官三满人，二汉人。皇上衣为何色，则五人不得参差，否则立干处分。而内监等又不先日宣言，故必多携以进，便随时更换也。见《清稗类钞》。

是日，宝座前设黄案一，恭、庆亲王先在东旁侍立，本衙门堂官二人带领第一起使臣一员，随同参赞、翻译员由文华中门走甬道，进文华殿中门，使臣一鞠躬，向前数步，一鞠躬，至龙柱间，向上正立，一鞠躬。使臣致词，翻译译文。各毕，使臣向前至纳陛中阶下捧书恭候。恭、庆亲王由左阶下接受国书，由中阶上。至案前，将国书陈于案上，使臣一鞠躬，皇上答以首肯，示收到国书之意。使臣退回龙柱间原立处。恭、庆亲王在案左跪听，皇上以国语传谕慰问。恭庆亲王由左阶下至使臣站立处，用汉语传宣。使臣听毕，一鞠躬，皇上答以首肯。本衙门堂官带领使臣退后数步，一鞠躬，退至殿左门，一鞠躬，即由左门带出。下殿左阶，出文华门。第二起以次均如前仪。（《清军机处档·光绪二十年十月十五日各国使臣呈递国书礼节单》）

按：时为慈禧六旬万寿，各国使臣递国书致贺。

光绪二十一年，上见各国使臣于文华殿，新年赍书致贺也。入中门，出左门，公使八人，翻译等共四十人。二刻毕。二十三年四月初十日，奥国驻使齐幹带总兵官等九人觐见，于文华殿递国书，午初入，一切如仪，惟带兵丁十名，直至传心殿东门。告以此非体制，从来所无，麾令出，伊坚执不允。翻译者语不清，亦甚狡猾，往复良久，始准其帐房内等候。散后备照会，申明后勿复尔。又发许电令，将齐失礼告奥外部。同年，英使窦纳乐偕翻译等共七人进见，上御文华殿见之。递国书极小，英后照像高三寸，四面皆钻石嵌，其后年七十九，而如四五十许人。二十四年，法使毕威递国书。午初来，午正上御文华殿，向例纳陛下致颂词。国书交戈什爱班置御案，宣答词，戈什爱班下传于翻译。近来俄使进见，令上纳陛递国书，此次特命上纳陛致颂词，翻译一人亦上，随递国书于案。上亲宣答词，不令庆亲王传宣。上亦佩宝星，盖异数也。（《翁文恭日记》）

按：日记并载：光绪十七年，召见各国使臣是在紫光阁。使臣入殿，凡七鞠躬，答以两次首肯。二十年，慈禧万寿，始在文华殿觐见递贺书。

又按：见各国使臣，自光绪二十年迄二十四年俱在文华殿。庚子乱后，则在乾清宫、皇极殿、养性殿等处。

旧时廷试，读卷诸臣各觅公所分住。地非锁院，人得自由三五日，始行呈进。乾隆二十五年始定会集文华殿，衡校刻期竣事之例。（《养吉斋丛录》）

按：清代文华殿阅卷，乾隆二十五年，来保奏准，至读卷官在文华殿两廊及传心殿前后房住宿，是当时廷议所定。见《中书典故汇纪》。光绪癸卯，廷试经济特科，亦在文华殿阅卷。见《特科纪事》。

又按：明代殿试进士，文华殿读卷毕，内阁填写黄榜，各官散出。官坊以下与执事者，是日赴兵科，观唐人阎立本画《十八学士图》。见《日下旧闻》。明张居正《太岳集》、杨士聪《玉堂荟记》载：兵科所藏唐阎立本《十八学士图》，今已久佚。见《钦定日下旧闻考》。明代中式举人殿试，内阁大学士、学士等官详定试卷。次日同赴文华殿，内阁官将第一甲三卷以次进读，俟御笔批定，出将二甲、三甲姓名填写黄榜。又次日早，同赴华盖殿（后改中极殿，清曰中和殿）。内阁官进至御座前，以次拆卷，将姓名、籍贯面奏司礼监官，授制敕房填榜毕，开写传胪帖子。内阁官一员捧榜出，至奉天殿（后改皇极殿，清曰太和殿），授礼部尚书，制敕房官将帖子授鸿胪寺官传胪。见《明会典》。明代召试庶吉士文艺多在文华殿。见《翰林记》。明崇祯十三年，策试诸贡士于皇极殿。传胪前一日传宣。召对于文华殿者四十人。见《鸿一亭笔记》。

明《永乐大典》二万二千九百三十七卷，一万一千九十本，目录九百本。当时贮于文楼，复重录一部，亦藏大内。国朝移于翰林院，今移贮于文华殿。（《养吉斋丛录》）

臣衙门逐日应进实录，向存内阁大库。前于光绪二十五年，因阁内渗漏，奏请兴修，当将实录、圣训移至文华殿东庑尊放。昨臣衙门侍读绍昌随同尚书世续、专使大臣那桐等恭奉国书用宝。据该侍读禀称：就近至文华殿看视，锁钥、封条均无脱落痕迹。臣等核其情节，其为无所遗失，已可概见。将来补缮皇史宬所失卷数，尽可奉为底本。（大学士

李鸿章等奏报皇史宬尊藏实录圣训遗失折）

按：时清光绪二十七年拳匪乱后，皇史宬洋兵撤退，查出遗失实录、圣训并虎纽银印一箱，箱内贮印三十四颗，系清代命将出师凯旋所缴者。

文华殿曾为古物陈列所，陈列盛京旧宫、热河行宫所藏书画。

【续】丙寅闰四月，钦点皇太子讲官、文华殿侍讲。八月，皇太子会讲，赐宴文华门外，颁赏给表里。（《朴斋闲笔》）

按：丙寅，康熙二十五年也。皇太子，胤礽也。

又按：《池北偶谈》载：康熙二十五年，东宫出阁讲书，乃召江宁巡抚都御史汤公斌，以礼部尚书兼詹事。时詹事为郭公棻，少詹事为灵公琦、归公允肃，三公皆仍其旧。未几，郭迁阁学，即以汤公为正。东宫初出阁，钦定讲官五人，汤、郭二公外，则满洲正詹尹泰，少詹舒淑，左春坊中允阎世绳，左春坊赞善黄与坚也。出阁在丙寅闰四月。《通志堂集》载：康熙十五年，皇上册立东宫，特设詹事府左右春坊、司经局等官，以资辅导。《曝书杂记》载：汤文正家书言："二十四日，东宫出阁讲四书一章。二十五日，即赴皇太子宫，同郭快老进讲。上定东宫回讲之例，讲书事事从实，非比前代具文。皇太子自六岁学书，至今八载，未尝间断一日。字画端楷，在欧虞之间，每张俱经上朱笔圈点，改正后判日。每月一册，每年一匣。今出阁之后，每早上亲背书，背书罢，上御门听政，皇太子即出讲书，讲书毕，即至上前，问所讲大义，其讲即用上日讲原本，不烦更作。自古来帝王教太子之勤，未有如今日者也。"懋勤殿清圣祖谕旨载：驻跸瀚海，水草之外，百无一有，独有石子，最可玩耍，形象不一，五色俱全，闲来著水拣选，佳者带去交与皇太子，各处亦送些看看（顾太监问行交送）。

又按：《茶香室续钞》：明黄佐翰林记载：东宫出阁讲学，每日讲读仪云：一、每日早朝退后，皇太子出阁升座。侍班侍讲读官入侍。叩头礼毕，分班向东西立，内侍展书，先读四书，则东班侍读官向前伴读十数遍，退复原班。次读经或读史，则西班侍读官向前伴读亦如之。一、每日巳时，皇太子升座毕，侍班内侍展书，先讲早所读四书，则东班侍讲官进讲一遍，退复原班。次讲早所读经史，则西班侍讲官进讲亦然，讲毕，内侍收书讫。侍书官向前侍习写字，写毕，各官叩头而退。一、午膳后，从容游戏，或习骑射。一、每日晚读本日所授书各数遍。一、凡读书三日后一温，温书日免授新书。一、凡写字，春夏春月，每日写一百字，冬月每日写五十字。一、凡遇朔望节假及大雨、雪、隆冬、盛暑，暂停讲读。按此日课之法，不疏不密，不知何人所定，颇可法也。

雍正三年八月二十五日，上御文华殿，行经筵礼。讲毕，赐大学士、九卿、詹事及讲官等宴。（《清世宗实录》）

乾隆三十四年正月谕，朕于二月初六日举行经筵，衍圣公孔昭焕现在来京，著令其随班观礼。（《清高宗实录》）

皇上岁御经筵。乾隆五十五年，圣寿八旬，躬亲讲学如初。是年，特命皇子及皇次孙从至文华殿听讲。（《乾隆八旬万寿盛典册》）

庄侍郎存与为讲官日，上御文华殿，同官者将俟上起，讲仪毕矣，公忽奏讲章有舛误，臣意不为尔也。奉书进讲，琅琅尽其旨，同官大惊，上为稍留，颔之。（《郎潜纪闻》）

按：上，乾隆帝也。纪闻并载：公典浙江试，巡抚遗以二品冠，公以冠顶值千金，驰使千余里返之。

丁丑二十七日黎明，赴文华殿演经筵礼。二十八日五鼓，诣文华殿陈设御案，上御论讲章。是日黎明，上御亮轿至文华殿。经筵讲官及听讲之六部、九卿，俱在两阶旁跪迎。升御座，各官在丹墀上行礼毕，分左右入殿内听讲。满直讲官先就讲案用清语宣讲四书讲章，汉讲官继用汉语宣读，毕，上用清语宣讲四书御论，诸臣跪听，满大学士跪赞，诸臣起立。满直讲官乃就讲案用清语宣读《易经》讲章，汉讲官继用汉语宣讲，毕，上用汉语宣讲《易经》御论，诸臣跪听，听毕，汉大学士跪赞。鸿胪寺奏经筵礼成。诸臣出殿外行礼毕，上入，御文渊阁，直阁事及校理检阅等官俱在月池旁侍班，上赐讲官及听讲诸臣茶，皆跪饮毕。上还宫。诸臣赴文华殿东庑与宴，奏乐八章毕，恭缴御论讲章于奏事处。（《京师日记》）

按：丁丑，嘉庆二十二年也。帝循例岁御经筵。

又按：《郎潜纪闻》：顺治十二年冬，召日讲官五人进讲。王文靖熙讲《尚书·尧典》，称旨。奉谕，嗣后讲官不必立讲，遂侍坐。讲官之设坐，自文靖始。

又按：《复初斋诗集·晋观稿》：二月六日（乾隆五十一年）侍经筵，敬歌以纪："文华旭景曈曈光，帝车来临耀斗芒。传心殿接上丁祀，日惟庚辰吉用刚。春祺布气宜以润，知仁天语聆煌煌。始和政令德在养,三事六府咨周详。昔者孔庭七十士,性与天道兼文章。折衷一贯学而识,二千载后逢圣皇。安焉利焉辨等级,颜与端木真品彰。是由心源汇洙泗,万古典册赅琳琅。讲毕赐茶御书阁,华茵霡遍天露浆。重瞳周视四库富,躬行不独函轴藏。特命殿前增雅乐,霱云庆霄瑞绕廊。三十八人拜稽首(东班大学士阿桂、伍弥泰,协办大学士和珅,礼部尚书德保,吏部侍郎苏凌阿、玉鼎柱,署吏部侍郎李绶,户部侍郎诺穆亲、汪承霈,礼部侍郎达椿、德明,内阁学士札拉翰,通政司使梦吉,参议何曰佩,詹事府詹事德昌、翁方纲,西班大学士嵇璜、梁国治,协办大学士刘墉,户部尚书曹文埴,礼部尚书彭元瑞,兵部尚书王杰,刑部尚书喀宁阿、胡季堂,工部尚书金简,吏部侍郎董诰,礼部侍郎陆费墀,兵部侍郎玛兴阿、金士松,工部侍郎德成,都察院副都御史哈福纳、张若淳,大理寺卿富炎泰,少卿刘权之,日讲起居注官陆伯焜、德昌、季学锦、瑭五珠),西向就席分班行。天厨赐醴重职掌,司仪以次来传觞(光禄寺官行酒)。和声乐署肄习久,闻歌抑戒吹笙簧。敬慎威仪训辰告,有觉德行顺四方。长言引唱最堪绎,由言无斁神悠扬。信哉一字考燕礼,郑笺郑注讵相当。谁知卫武箴诵语,节奏如此谐宫商。臣溯廿年叨讲幄,随班步自阶西厢。十年前初忝阁职,序立获依桥石傍。编摩光近圣人侧,寅春锡宴濡露瀼(壬寅二月二日,赐宴文渊阁)。昨岁陪观辟雍礼,今晨绿涨还方塘。一勺之甘皆道味,况饫宝训开珠囊。讲衔阁衔并卿列,三处敬事同趋跄。鲁论虞典又周雅,六经至洽弥馨香。得门而入已优渥,何况日日瞻宫墙。书绅敷言锡时极,矢音敕命几惟康。年年来近曝书日,丁丁画漏宫壶长。"

嘉庆十五年二月,上谕:"向例,临御经筵升殿及宣讲后,讲官同侍班各官,均于文华殿丹墀内行二跪六叩礼,嗣后,著改于丹陛上分左右行礼。"(《清仁宗睿皇帝圣训》)

按:清道光二十三年二月,谕旨:"向例,经筵毕,各官在太和门外行礼,嗣后,著改于文华殿内行礼。"

道光五年二月、八月举行仲春、仲秋经筵。遣官告祭奉先殿、传心殿。上御文华殿经筵礼成。上幸文渊阁赐讲官及听讲诸臣茶,复赐宴于本仁殿。(《清宣宗实录》)

按:咸丰二年八月,举行仲秋经筵,所有典礼暨幸阁赐茶、赐宴均与此同。见《清文宗实录》。

文宗始于文华殿见外宾。觐日，命尚茶正备茶。（《枝巢清宫词》注）

按：文宗，咸丰帝也。原词云："宫槐晓色上宫鸦，内里传呼到尚茶。知有外臣来入觐，官家今日御文华。"

光绪二十年十月初五日，谕旨："著总管内务府将文华殿修理整齐，以备十五日各国使臣觐。"（《内务府奏销档》）

按：档并载：成做文华殿内铺设黄绒地毯、地平红毡，主敬殿内铺设黄绒地毯，并各殿安挂四镶云缎袷帘、纱帘、毡帘、外檐雨搭、随宝座靠背坐褥、引枕、云缎椅垫、机套、东所铺垫。又，安挂文华门内檐彩绸，文华殿架彩绸，本仁殿、集义殿以及琉璃门座、井亭等处彩绸。

王公百官于朝贺后，分班诣监国摄政王前致贺，监国摄政王在文华殿受礼，王立受或答揖。（清光绪三十四年十一月内阁各部院衙门奏准监国摄政王礼节折）

乾隆二十五年五月，大学士、九卿议廷试读卷，自应取文义醇茂者，拔置上第，若策对全无根据，即书法可观，亦不得入选。至读卷官各觅公所散住，诚非设立关防之意，查向来读卷俱在内阁，本年经大学士来保奏明，在文华殿阅卷，应请即于文华殿两廊、传心殿之前后房间，与派出监察之王大臣、科道、收掌等官，一同住宿。再每科试策，不过二百余卷，旧例，读卷十四人，未免过多，嗣后，将应行开列人员，请简八员，足资办理。再，阅卷请定限二日，拟定十卷进呈。从之。（《清高宗实录》）

辛亥，阅游学廷试卷，宿文华殿西厢。（《沧趣楼诗集》）

按：辛亥，宣统三年也。诗集并载：赋此题七律一首，首二句云："廿八年前掌卷人，白头来坐殿中茵。"

又按：《茶香室续钞》：明沈德符《野获编》云：文华殿，其地最为亲切，非如武英殿为杂流窟穴。其中书房入直者，称天子近臣，从事翰墨。如宣德年间沈度以正拜翰林学士，沈粲已官右春坊右庶子，尚结衔文华殿书办。正德、嘉靖间，周惠畴以儒士入，官至工部尚书，谈相亦以儒士入，官至工部左侍郎，俱称文华殿书办。至制敕、诰敕两房，今为阁臣掾属，然其衔自云文渊阁书办，或云内阁书办，专随辅臣出入，一切条旨答揭，俱得预闻。揆地亦间寄以耳目，与玉堂称寮寀，非文华诸人所敢望，又何论武英诸君。自此遂讳称书办，改署其衔为办事。又云：书办为筦文书者通称。今两房人忽自尊其衔曰掌房事，其次则曰办事，至效劳者亦称供事，以自别于书办。两殿官亦因而效颦焉。而书办之名，遂专属于大小曹署之掌案胥吏矣。按此知书办之称，在明代甚重，即今日军机、章京及内阁中书等官也。万历以后属之胥吏，至今日而州县之吏，亦袭此称矣。

本仁殿　集义殿　主敬殿

【初】乾隆三十九年，大学士等议奏：经筵礼成后，请将宴桌设文华殿东西配殿内，俟礼成后，应行与宴人员按班祗领。从之。（《王氏东华续录》）

按：《清文渊阁实测图说》：文华门内御道如砥，经月台至文华殿。殿东西五楹，与武英殿同制。左右配殿东曰本仁，西曰集义，俱五间。前设走廊。民国四年，改窗于廊外。文华殿后复有御道，北通主敬殿，殿制略如文华，而进深稍浅。今御道上覆廊屋，联前后二殿，若工字形，与《春明梦余录》所载文华殿若合符节。主敬殿山墙两侧翼以铁阑，其后复有砖墙，区隔南北，均民国后所增。

经筵礼毕，设宴于东配殿。预宴者携归果饵以为荣。（《香案集》注）

按：东配殿，本仁殿也。

又按：清嘉庆元年二月，御文华殿经筵毕，赐宴于本仁殿。见《王氏东华续录》。

向年经筵毕，赐讲官等宴，无乐侑席。兹自本年为始，特命于经筵宴内歌，抑戒用古乐宫商角徵羽音律，颁乐部永远奉行。（清乾隆丙午《春仲经筵》诗注）

按：是年奏定派大臣管宴。

主敬殿凡三楹，为列圣御经筵之所。正中有一联云："逊修学懋敦时敏，庄敬功深裕日强。"御坐后倚丹屏，屏正中镌诗一章，两旁镌一联云："讵求饰其貌，还因尊所闻。"皆纯庙御笔也。又有直幅六、横幅二，各题七律一首，皆成庙御经筵时之御笔也。（《特科纪事》）

按：纯庙，乾隆帝也。成庙，道光帝也。纪事并载：光绪癸卯年，奉派廷试经济特科，收掌官寝息主敬殿三日两夜，早晚两餐均由光禄寺供之，茶水有人预备，临行但赏钱四千而已。

又按：主敬殿，王士禛《香祖笔记》作持敬殿者凡三见。王系康熙朝文学侍从之臣，所称当无误谬。但乾、嘉两朝宫史皆未有主敬殿初名持敬殿之说，识以存疑，以待考证。参看文华门东宫会讲条。

传心殿　大庖井

【初】本仁殿折而东为传心殿，五楹。殿前东西角门二，北向。五楹为治牲所，南向，三楹为景行门。院东有大庖井，上覆以亭殿，后有祝版房、神厨各三楹，再后为直房三间。传心殿，清康熙二十四年建。

传心殿

【初】康熙二十五年，设孔子位于传心殿，于经筵前一日祭告。（《养吉斋丛录》）

按：康熙二十四年，规建传心殿，位文华殿东。正中礼皇师伏羲、神农、轩辕，帝师尧、舜，王师禹、汤、文、武，南向。东周公，西孔子。祭器视帝王庙，岁御经筵前期，遣大学士祗告，祭传心殿自此始。太子春秋会，讲亦先祭告。月朔望遣太常卿供酒果、上香。雍正四年，定本日行祗告礼。自是以为常。乾隆六年，亲祭传心殿。六十年归政，再行之。历嘉庆、道光、咸丰，俱亲诣祗告。后不复行。

又按：嘉庆亲祭传心殿，道光时为皇子，奉命分案上香。见《道光养正书屋全集》定本。

每岁春秋仲月，皇帝御经筵，先遣官祗告传心殿（殿阶下正中行礼）。恭遇皇帝亲诣行礼，日出前三刻，太常卿诣乾清门奏请行礼，皇帝衮服乘舆出宫，入文华门，降舆。赞引太常卿二人自殿垣西门恭导，由景行门入传心殿中门，行礼。礼成，恭导出景行门，诣文华殿御经筵。礼成，升舆还宫。（《大清会典》）

按：清嘉庆帝有丙辰《传心殿瞻礼》诗。

又按：《潘文恭世恩自订年谱》：嘉庆十四年二月初四日，经筵直讲派传心殿行礼。

传心殿后直房，每日令校理二员轮直，辰入申出。遇有查取书籍，

即令当直校理经管登记。(《钦定续纂词林典故》)

按：校理，文渊阁校理也。

大臣诣传心殿会议八旗官学事。(《翁文恭日记》)

按：时清光绪九年。嗣后，此殿常为大臣休憩暨外使候觐之所。

光绪二十一年，日斯巴尼亚使臣葛络幹递国书入觐。先集传心殿，总署皆在。客至，陪款自中门入，至殿内鞠躬，再递国书，致颂词，恭亲王传答词，再至传心殿少坐，送至东院门，遂散。二十四年，各国使臣诣文华殿贺新年，时先在传心殿齐集，人数凡七十六人，不特无坐处，且无立足地。(《翁文恭日记》)

【续】实录馆借用传心殿后房八间，并东夹道房十间，作为满、汉校对书籍之所。(清道光元年十月曹振镛等折)

大庖井

【初】顺治八年定制，每岁十月祭司井之神，于大内大庖井之前，南向。(《郎潜纪闻》)

按：明代宫中孟夏祀灶，孟冬祀井，在文华殿。见《日下旧闻》。

传心殿前左侧泉味独甘，甲于别井，今作亭覆其上。(《钦定日下旧闻考》)

按：《玉堂丛话》：黄谏尝作京师泉品，谓玉泉第一，文华殿之东，大庖井第二。

文渊阁及阁后等处

【初】文华殿后为文渊阁。阁制三层，上下各六楹。层阶累折而上，上覆绿色瓦。前甃方池，跨石梁一，引玉河水注之。阁后垒石为山。垣门一，北向。门外直阁诸臣直房数楹，循阁西北为上驷院，西向，其南为御马厩，阁北南向者为箭亭。文渊阁即明圣济殿（明祀先医之所）旧址，清乾隆三十九年建。

文渊阁

【初】旧文渊阁在内阁旁，当文华殿之前，明时已毁于火。(《钦定日下旧闻考》)

按：明文渊阁在午门内文华殿南，砖城，凡十间，皆覆以黄瓦。阁中置范铜饰金孔子并四配像一龛。见《可斋笔记》。明之藏书，四方上于朝者贮文渊阁。见《曝书亭集》。明藏阁二百余年图籍，消沉于闯贼之一炬。见《有学集》。

又按：清康熙初年，曹贞吉为内阁典籍。明文渊阁书散失殆尽，贞吉检阅，见宋椠《欧阳修居士集》八部无一完者。见《古夫于亭杂录》。

文渊阁向仅沿袭虚名，今拟于文华殿后建阁。（清乾隆《乙未经筵诗》注）

殿后度地建文渊阁，为贮《四库全书》之所，今始落成。（清乾隆丙申《经筵诗》注）

文渊阁官制，乾隆三十九年，谕令仿宋时三馆秘阁。（《钦定日下旧闻考》）

文渊阁置领阁事二员，直阁事六员，校理十六员，检阅官八员，派内务府大臣一员，充提举阁事，司启闭。（《养吉斋丛录》）

乾隆三十九年，敕建文渊阁于文华殿之后，藏《钦定四库全书》凡三万六千册，每岁御经筵毕，赐讲官茶于此，阁制仿浙江鄞县范氏天一阁。（《会典事例》）

按：清乾隆《经筵罢因至宁寿宫》诗注：经筵毕，命讲官及听讲之部院诸大臣随至文渊阁赐茶，俾观阁中规制。

又按：清乾隆时，遍访藏书，辑为《四库全书》，于大内建文渊阁，复于圆明园建文源阁，热河建文津阁，盛京建文溯阁，各贮全书一部。又以江浙人文渊薮，缮写三分，在江浙分建三阁而贮焉。镇江金山曰文淙阁，扬州曰文汇阁，杭州曰文澜阁，而以文渊阁所藏为最精。范氏天一阁，据《定香亭笔谈》，阁不甚大，地颇卑湿，而书籍却干燥无虫蚀。

四库所集，多人间未见之书。朕勤加采访，非徒广金匮石室之藏，将以嘉惠艺林，启牖后学，公天下之好也，惟是镌刊流传，仅什之一，而钞录储藏者，外间仍无由窥睹，岂朕右文本意乎？翰林原许读中秘书，即大臣官员中有嗜古勤学者，并许告之所司，赴阁观览，第不得携取出外，致有损失。（清乾隆三十九年谕旨）

按：阁，文渊阁也。

又按：《四库全书》副本藏翰林院署，有欲窥秘籍者，赴署请阅，其愿献署抄录者亦听。详《钦定续纂词林典故》。

《四库全书》共计七万九千三十卷，分装三万六千册，纳为六千七百五十函，再益以《四库全书总目》、《四库全书考证》及《图书集成》诸书。视范氏所藏，几轶出一倍以上。故阁之外观虽如天一阁，采用重檐，而内部结构复利用腰檐，地位增为上中下三层。至于各书之排列，下层中央三间置总目、考证及图书集成，左右梢间置四库经部，而以史部度之中层，子部、集部度之上层。书厨之数，除中层外，其余各室胥于左右壁，各列书厨二具，中央复置方橱一。阁下层内部，于次间左右，利用书架为间壁，使中央三间形如广厅。厅中央设宝座，即昔日经筵赐茶处。座后自东至西装槅扇，尽明次三间。自槅扇后，经左右旁门，绕至东西梢间。东梢间于南窗下置榻，西梢间于西壁南端辟小门，自北至尽间。经楼梯可达中层，其余书架配列，与前后窗位置二室一律。又尽间，除前述小门外，南北均设槅扇，与前后廊相通。中层仅有东西梢间及走廊，其中央三间，洞然空朗，即广厅上部也。走廊位于后部通柱与金柱之间，其北侧装板壁，列书架，南侧则沿金柱施栏楯，下临广厅，俱东西梢间。因书架位置以槅扇与栏干合用，手法略异。东梢间之南设榻一，如下层西间，此处未铺楼板，仅沿前金柱装栏干。按此层位于腰檐内，而北侧无窗，其南窗自下层走廊上部，所采光线又极微弱，致室内较下层尤暗。上层平面，在南北两面各辟走道。道之外侧全部开窗，道以内者依柱之位置分为五间。各间平面，配置与书架排列如出一曰。惟明间正中施落地罩，前后各置御榻，为他室所无耳。外部色绿，以寒色为主，为此阁特征。案：清代宫殿，柱与门牖俱髹朱漆，此阁则改柱为沉绿色，槅扇、槛窗为褐黑色，而额枋苏画及椽橼、楣子、栏干等使用白色之处甚多，尤为常例所无。（《清文渊阁实测图说》）

按：阁三重，贮《四库全书》、《图书集成》。下层中三楹，两旁《图书集成》十二架，左右三楹，经部二十架，中层史部三十三架，上层中子部二十二架，两旁集部二十八架。

今《四库全书》每部三万六千册，又《荟要》每部一万二千册，自癸巳年起，至今壬寅，将及十年间，《荟要》两部及全书第一部共六万册，均已蒇事，装潢贮阁。（清高宗《御制文渊阁赐宴》诗注）

按：清高宗题《武英殿聚珍版十韵》序：校辑《永乐大典》之散简零编，并搜访天下遗籍，不下万余种，汇为《四库全书》。

又按：《钦定续纂词林典故》：乾隆四十七年，《四库全书》第一部告成。

乾隆壬寅，谕：文渊阁新藏《四库全书》，自四月四日始，每册用御宝二。前曰"文渊阁宝"，后曰"乾隆御览之宝"。(《郎潜纪闻》)

按：《四库全书》每部以香楠木两片上下夹之，约以绸带，外用香楠木匣贮之，书面皆用绢，经用黄，经解用绿，史用赤，子用蓝，集用灰色，所约带及匣上镌书名悉从其色。

命儒臣纂校《四库全书》，几暇亲为厘订，特建文渊阁为珍贮之所。(《钦定日下旧闻考》)

按：乾隆中特开《四库全书》馆，延置群儒，特授邵晋涵、余集、周永年编修，戴震庶吉士，监修《四库全书》，时人谓之四布衣。见《啸亭杂录》。乾隆帝曾自文华殿步行至文渊阁。见《三松堂集·文渊阁侍班恭纪》诗注。

建文渊阁于文华殿后，以贮《四库全书》，巨目鸿纲，皆由钦定，每乙夜，亲观厘订鱼鲁，典学之勤，实为自古帝王所未有。(《纪文达公集》)

按：集中诗有"七秩犹动搜壁府"之句。七秩，时乾隆帝七十岁也。

又按：校雠《四库全书》失察人员，均予以处分。纂修尚书纪昀，罚令重缮应行赔写之书；提调陆费墀革职，罚令出资装潢文汇、文淙、文澜三阁书函。又，蔡葛山相公新曾领书局，尝语人曰："吾校四库书，坐讹字夺俸者数矣，然校书时得于《永乐大典》中见世无传本之书，亦殊幸事。"

校阅文渊阁书籍，在文华殿、内阁等处阅看。天气炎热，阅书诸人家中早饭于辰正进，申初出，仍给与清茶暑汤。(清乾隆五十二年谕旨)

按：其时文渊阁《四库全书》发见讹舛处，谕令臣工复加校阅。

又按：《聚星札记》：《钦定四库全书总目》有《圣贤图赞》，明人以为李龙眠笔，提要辨其妄，并言诸贤多执书卷，非古简策之制，盖皆不读书人所为也。

经筵向无赐茶例，雍正年间，皇考命增此典向，即于文华殿赐茶。筑文渊阁成，遂移于此。(清乾隆丙午《经筵毕，文渊阁赐茶》诗注)

按：嘉庆帝于丙辰岁《赋经筵后，文渊阁赐茶》诗有"层阁敷茵例赐茶"之句。

自文渊阁既建以后，经筵讲毕，御文渊阁，讲官、起居注官进至阁内赐坐，赐茶。（《养吉斋丛录》）

按：丛录并载：乾隆间尝于阁内并赐直阁事校理、检阅诸臣茶。

乾隆四十七年二月初二日，上御经筵礼成，幸文渊阁，赐宴。豫期，诸司供备。设御筵于宝座前，布总裁、总阅、领阁事、提举阁事宴席于阁内，总纂直阁事等宴席于阁外廊次，纂修、校理、总校、分校、提调、检阅等官宴席于丹墀内。张演剧行台于庭中。上临宴座时，命诸皇子率侍卫等行诸臣酒。所有入坐、进茶、进酒、进果馔，均如常宴仪。宴毕，上还宫，诸臣跪送。命诸皇子分颁恩赏总裁等九人、总纂及各官等七十七人如意、文绮、杂佩、笔墨、砚、笺有差。（《国朝宫史续编》）

按：乾隆此举，以是年《四库全书》告成，特赐总裁等官宴以宠之。详《钦定续纂词林典故》。是日赐宴，誊录等不得与宴者，颁赐宴席果品食物。详《钦定日下旧闻考》。

书成庋阁，上尝赐宴赋诗。嗣此，入直词臣日给官餐。（《守意龛诗集·癸卯侍直文渊阁》诗注）

按：书，《四库全书》也。上，乾隆帝也。

文渊阁东内室南床上，面西设宝座，三面仙楼。东仙楼南床上，面西设宝座，上层楼明间中设方式书桶一，南北向各设宝座一，阁内上下均贮《四库全书》。（《国朝宫史续编》）

文渊阁东，恭立皇上御制《文渊阁记》碑亭。阁内设宝座。（《钦定日下旧闻考》）

按：皇上御制，乾隆御制也。

文渊阁补种树株，由南花园办理。（《钦定总管内务府现行则例·奉宸苑》卷）

【续】《茶余客话》谓：文渊阁，遍质之先辈、博雅诸公，皆无以答。余意今之内阁大库，仿佛近之。当时杨廷和在阁，升庵挟父势屡至阁翻书，攘取甚多。又，典籍刘伟、中书胡熙、主事李继先奉命查对，而继先即盗易宋刻精本。观此情形，必非内廷深严邃密之地。沈景倩谓制度狭隘，窗牖昏暗，白昼列炬。当时云："则与今日大库形势宛然。"且紫禁殿阁，绮窗藻井，罘罳玲珑，惟皇史宬为明季藏本之地。则石室砖檐，穴壁为窗，盖以本章要区，防火为宜。今大库之穴壁为窗，砖檐暗室，较史宬尤为晦闷，则为当日藏书之所，正与史宬制度相合。按，光绪戊戌、己亥间，内阁大库因雨而墙倾，夙昔以幽暗无人过问，至是始见其中尚有藏书，如邵康节《蠢子数》，堆庋充栋。又有《大舆图》一张，无处张挂，其大可知。以此阮氏之言盖信。若今之文渊阁，乃乾隆中仿四明天一阁所建，非其旧地矣。(《郎潜纪闻》)

按：光绪戊戌、己亥，光绪二十四、二十五年也。

文渊阁，乾隆间建置以前，清代无此。至明代文渊阁，乾隆年敕撰《历代职官表》卷四云：明文渊阁，本在南京。成祖迁都后，设官虽沿旧名，实无其地。即以午门内大学士直庐，谓之文渊阁。其实终明之世，未尝建阁也。又，沈叔埏《文渊阁表记》云：洪武时，阁在奉天门之东。成祖北迁，营阁于左顺门东南，仍位于宫城巽隅，遵旧制也。其时藏书以外，兼为内阁治事之所。易世以后，故迹堙没，虽不能质言其地，然要在文华殿以南。且明为砖城十间，至嘉靖中叶，东半五间装为小楼。视清之六间重檐迥不相侔。则高宗之营此阁，仅能谓为名义上复兴而已。(《养和室随笔》)

文渊阁各员直庐十五间，在传心殿后。其应行文移，则借用总管内务府大臣堂印。(《榆巢杂识》)

文渊阁、武英殿、御书处、御药房、咸安宫、御船处、乐部、清字经馆等八处，系钦派王大臣管理。(清嘉庆七年四月总管内务府大臣等折)

乾隆三十八年三月二十八日，谕旨："前经降旨，令各该督抚等访求遗书，汇登册府。近允廷臣所议，以翰林院旧藏《永乐大典》，详加别择校勘，其世不经见之书，多至三四百种，将择其醇备者，付梓流传。余亦录存汇辑，与各省所采及武英殿所有官刻诸书，统按经史子集编定目录，命为《四库全书》"。四十一年六月初三日，谕旨："方今搜罗遗籍，汇为《四库全书》。每辑录奏进，朕亲披阅厘定，特于文华殿后，建文渊阁，以弆之"。(《国朝宫史续编》)

按：《永乐大典》，据《得树楼杂钞·永乐大典》，明成祖时，命解缙等萃秘阁书分部类载，以便检考。书成，赐名《文献大成》。寻以未备，再命姚广孝等增修。供事者凡三千余人，成书二万二千九百三十七卷，一万一千九十本，目录九百本。贮之文楼。世庙朝，三殿灾，命左右趣登文楼出之，得不毁。明年，重录一部贮他所。此段载朱国桢《涌幢小品》中。今此书故无恙，所贮之地，在皇城北，名皇史宬。余初预纂《佩文韵府》后，入武英殿，曾与同事商之，拟奏请将此书翻阅增补，有沮之者，谓卷帙繁浩，恐致污损，遂不果。又据《榆巢杂识》，《永乐大典》存于世者，止一部，贮翰林院敬一亭中。书长二尺，阔一尺，宣纸，朱直格，字法端整。余官翰林时，曾启镭视之。每本纸尾，载写书人衔名。闻每页中垫纸及前后复页，修四库书时，皆裁去，归内廷矣。又据《存素堂诗文集·校永乐大典》记，今翰林院所贮《永乐大典》仅一万册。相传为李自成所摧残，检每册后署衔则曰：重录总校官侍郎高拱、学士某，分校编修某，书写儒士某，其为嘉靖本无疑。不知原书今归何所，竟无人知之，是可怪也。又据《敬孚类稿》，《永乐大典》乃明成祖命姚广孝、解缙、王景等督率一时博洽淹雅之儒，殚力编摩。书成，凡二万二千九百余卷，共一万一千九十五本，藏之秘阁。其书体例，按洪武正韵排比成帙，以多为尚，非有剪裁厘正之功。明世宗酷嗜之，旒厦乙览，必有数十帙在案头。一日，大内火灾，世宗夜三四传旨移出，始得无恙。后命重录一部，以备不虞。吾乡张文和公《澄怀园语》云："此书原贮皇史宬，雍正年间，移置翰林院。予掌院时，因得寓目。书乃写本，字画端楷，装饰工致，纸墨皆发古香。"而礼亲王《啸亭杂录》述李穆堂（绂）侍郎之说，皇史宬所藏之本，较翰林院多一千多册，不知李公所见与张公孰先孰后。乾隆间，诏修《四库全书》，凡古书秘本世无存者，赖此书多有所得，乃得著录《文渊阁目》。然亦未详翰林院所贮之本为永乐时原本，为嘉靖时副本也。江阴缪筱珊编修荃荪云："往在京师翰林院亲见其书，每册高二尺，广一尺二寸。书大小字，均照寻常之书字各大一两倍。粗黄布连脑包过。如今洋人书本，按其官衔，乃明嘉靖间世宗所命重写之本。今皇史宬绝无其书。"则永乐原写本，久不可问矣。又云：翰林院所存者，咸丰末为英人窃购，今存者不过九百多本。

又按：清乾隆四十六年，谕旨：四库馆办理《永乐大典》散片，全数完竣。

乾隆三十八年，公擢侍读，时开四库全书馆，命为总纂官，搜罗逸书，与内廷一体宴赉。丙申，充文渊阁直阁事。壬寅，授兵部右侍郎，仍兼直阁事。改任不开缺，异数也。公绾书局，笔削考核，一手删定，为全书总目。裒然巨观，弆之七阁。真本朝大手笔也。（《朱文正文集·

纪文达昀墓志铭》）

按：七阁，文渊、文源、文津、文溯、文淙、文汇、文澜七阁也。

又按：《汉学师承记》载：公（纪文达昀）于书无所不通，尤深汉易，力辟图书之谬。《四库全书提要》、《简明目录》，皆出公手。大而经史子集以及医卜词曲之类，其评论抉奥阐幽，词明理正，识力在王仲宝、阮孝绪之上，可谓通儒矣。《昭代名人尺牍小传》载：昀在词垣，奏请将《永乐大典》内人间罕睹之书，钞录流布。既而诏求天下逸书，开四库馆，命昀与陆锡熊为总纂，撮其大凡，撰为提要。未著录者，则为存目以识之。《听松庐文钞》载：文达一生精力，具见于《四库全书提要》。

乾隆四十一年丙申十月，充文渊阁校理，又充武英殿缮写四库书分校官。四十二年丁酉冬，辞武英殿分校覆校事，仍在四库全书馆，专办金石、篆隶、音韵诸书。（《翁氏家事略记》）

按：略记并载：自癸巳（乾隆三十八年）春入院修书。时于翰林院署开四库全书馆，以内府所藏书发出到院，及各省所进民间藏书，又院中旧贮《永乐大典》，合三处书籍，分员校勘。每日清晨入院，院设大厨供给桌饭。以是日所校阅某书，应考某处，在宝善亭与同修程鱼门晋芳、姚姬传鼐、任幼植大椿诸人对案，详举所知，各开应考证之书目，是午，携至琉璃厂书肆访查之。是时，江浙书贾亦皆踊跃遍征善本，足资考订者，悉聚于五柳居、文粹堂诸坊舍。每日检有应用者，辄载满车以归家中。请陆镇堂司其事，凡有足资考订者，价不甚昂，即留买之。力不能留者，或急写其需查数条，或暂借留数日，或又雇人抄写，以是日有所得。校勘之次，考订金石，架收拓本，亦日渐增。自朱竹君筠、钱辛楣大昕、张瘦同埙、陈竹厂以纲、孔㧑约广森，后又继以桂未谷馥、黄秋盫易、赵晋斋魏、陈无轩焯、丁小雅杰、沈匏尊心醇辈，时相过从讨论。如此前后约将十年。

又按：《清秘述闻》：乾隆辛丑（乾隆四十六年），式善散馆授职检讨，充四库书馆提调官。凡夫史氏之掌记，秘府之典章，获浏览焉。

又按：《复初堂文集》：乾隆癸巳（乾隆三十八年），特命吏部主事程晋芳，与修《四库全书》。

又按：《天咫偶闻》载：朱竹君（筠）先生请开四库馆，刘文正（统勋）力持不可，于文襄（敏中）力争行之。又载：怡亲王（允祥）

府藏书之所，曰乐善堂，大楼九楹，积书皆满。绛云楼未火以前，其宋元精本，大半为毛子晋、钱遵王所得。毛、钱两家散出，半归徐健庵、季沧苇。徐、季之书，由何义门介绍，归于怡府。乾隆中，四库馆开，天下藏书家皆进呈，惟怡府之书未进。其中，为世所罕见者甚多，如《施注苏诗》全本有二，此处可知。至载垣以狂悖诛，其书始散落人间。（《左庵琐语》云：怡贤亲王府所造套板五色纸，一时宝贵。十年前犹存数十筒，尽归琉璃厂松竹斋纸肆，今已无存，后有仿之者，不逮其精工远甚。）

又按：《篷窗随录·舒赫德乾隆四十一年议创置阁职疏》：查《四库全书》各种，其由《永乐大典》采掇裒辑者，俱有稿本。若系旧本流传，更有原书足资检览。应请俟全书告竣后，各藏其副于翰林院署。择邃密高燥之地，立架分储，依旧书目次四部编排，标签安庋，置簿详记。派本院办事翰林诚干之员数人，公司其籍等语。所称阁职者，文渊阁职也。又《篷窗附录》：乾隆三十八年，奉旨开四库全书馆。翰林院为办理处，武英殿为缮写处。自殿版馆书外，诏征天下遗书，共一万三千七百二十五种（据《宸垣识略》：内重复者，三千七百五十二种）。旧存明代《永乐大典》残缺几半，命词臣分类纂出整书八十五种，散片（据《宸垣识略》：古书残缺者曰散片）二百八十四种。分存书、存目二项，纂辑提要，以赅一书大旨，按期轮进。书之佳者，皆蒙御制题词，以冠简端。其四部条目，与前代稍异。经部十类：曰易、曰书、曰诗、曰礼、曰春秋、曰乐、曰孝经、曰四书、曰总经解、曰小学。易类，别卜筮入子部术数。礼类，别历代仪注入史部故事。乐类，别宫调丝竹谱。小学类，别八法俱入子部艺术。史部十五类：曰正史、曰编年、曰诏令、曰奏议、曰别史、曰杂史、曰传记、曰史钞、曰载记、曰时令、曰地理、曰职官、曰政书、曰目录、曰史评。杂史类，别琐碎记录入子部小说杂家。子部十四类：曰儒家、曰兵家、曰法家、曰农家、曰医家、曰天文算法、曰术数、曰艺术、曰谱录、曰杂家、曰类书、曰小说、曰释家、曰道家。集部五类：曰楚词、曰别集、曰总集、曰诗文评、曰词曲。其编录叙次，遵奉谕旨：经首《易注》，史首《史记》，子首《老子》，集依时代，而圣祖、世宗皇上御制集，冠于本朝集首。书成，缮写七分，仿浙江范氏天一阁式，建阁藏庋。大内曰文渊，圆明园曰文源，热河曰文津，盛京曰文溯。并于扬州大观堂之文汇阁，江口金山寺之文淙阁，杭州圣因寺之文澜阁，亦名庋一分，俾江浙士子，得以就近钞录传观。又，择其精者为荟要，计全书三之一，缮写二分，一藏大内（御花园摛藻堂），一藏圆明园。凡编录，十三年告竣。四库共存书三千四百六十种，许七万五千八百五十四卷。辑简明目录，以便稽览。底本仍存翰林院。

又按：《宣统政纪》：宣统二年八月，东三省总督锡良等奏：拟盛京大内文溯阁前隙地建设博览馆，敬将殿阁恭储器物，分别移置其中，厘定规章，纵人观览。与东西各国设有皇室博览馆用意正同。得旨：所有尊藏器物，准其陈列齐整，敬谨瞻仰，毋庸另设博览馆名目。

又按：《复初斋诗集·秘阁集》：《永乐大典余纸歌并序》：乾隆癸巳（乾隆三十八年）春，诏开四库全书馆。命翰林诸臣取院中所贮嘉靖重录《永乐大典》分种编辑，每卷尾有余纸，以赐诸臣。谨装册赋诗纪焉："澄心堂纸欧阳诗，此纸年数倍过之（欧集有《澄心堂纸》诗，计其时距南唐后主才百年耳。此纸自明嘉靖时重录《永乐大典》，计至今二百六十七年矣）。况闻郁冈比韵海，不徒博物赐陟厘。中天帝文四库启，秘馆特遣儒臣披。尾曰侍郎臣拱上，院体细楷沙画锥。幅余茧素灿如雪，诏给臣等供其私。归来作笺效古样，试墨但愧无好词。院斋去春宿旬月，篇目二万重寻恩。借编崇文秘书录，因想解缙刘季麓。历城周髯要我咏，六十卷第钞已疲。莫生界画索小字，灯前絮语又及期。笑人装潢熟纸匠，万番惟案徒手胝。勿言文董但一艺，赝语想象无由追。"（相传《永乐大典》有文、董手书，觅之不得。考此书重录于嘉靖四十一年，至隆庆初年而竣。文待诏卒于嘉靖三十八年，董宗伯生于嘉靖三十四年，是时才八九岁，俱无写是书之理，盖讹传也。）

乾隆四十四年二月四日，上御经筵，方纲以校理侍文渊阁。（《复初斋诗集·秘阁集》）

按：集并载《侍文渊阁》歌："中天书库照万方，群玉册府开文昌。今之文渊古秘阁，帝作之记文津详。勒碑阁东仰宸翰，复书于阁于中央。汇流澄鉴榜四字，倚天照水金煌煌。又题先天生一义，成之地六阴含阳。五奇六耦象结构，最西一架其梯枨。前临方池后叠石，石回轩砌池暎廊。文华后檐主敬对，以次而北圈红墙。昔闻迤东五楹制，东西内署分两房。金元上溯宋三馆，书目辑到孙与张。何幸重开际熙代，集成图史垂縑缃。圣人有作道统备，声金振玉谟洋洋。诏裒四库极万种，天禄特启诸琳琅。四方购献卷各万，散篇大典搜遗亡。武英缮录兼校刻，文渊规式爰科量。先是浙中范氏阁，献书图绘来帝傍。帝曰麟台有故事，领阁直阁咨官常。提举校理及检阅，翰林詹事局与坊。遴选俾充典司职，全书荟要齐轴装。五年奏最褒锡屡，二月讲幄春昼长。是日御讲易论语，先劳无倦益道光。墀下讲官拜稽首，桥边绿树仁风翔。天光下临步升阁，万卷一气生晶芒。云团九光日五色，精神万古会一堂。传心东殿俨晤对，羲农轩尧舜禹汤。诸子诸史总别集，纯乎至理非文章。帝以躬行为论说，即以实践为收藏。不须辟蠹用芸叶，自有至治为馨香。臣等校雠日何补，周阿趋步徒仿徨。源于孰讨津孰逮，渊乎大海谁为梁。圣学高深极广大，游其下者胥以匡。目营非可寸尺度，面立更恐行习忘。昔者胡俨顾清赋，仅侈台榭夸芬芳。元秘书志事无纪，宋崇文目卷既荒。礼仪职官与经籍，由乎百世等百王。每来阁前辄惕息，况承謦欬瞻丹黄。作君作师本合一，中规中矩惭趋跄。不独一十六载忆，香案西侧陪班行。"

又按：《内务府奏销档》：乾隆四十五年，文渊阁内里仙楼上下书格，共计一百九座。添安樟木素券口牙子二千二百四十块。漏风屉子下衬平长高松木托枨三千三百六十根。又，仙楼上东西二稍间门旁，撤去书格四座。书格背后续添槛窗，里面嵌扇花心十六扇，贴落槛墙板四槽。

《四库全书》第一部缮录告成，乾隆四十六年正月廿一日，奉贮于文渊阁。（《复初斋诗集·枝轩集》）

按：集并载：时方纲以校理与观陈设，作歌纪之。歌曰："四库四部编摩新，十年秘帙承丝纶。特开高阁仿天一，文渊文源溯与津。仲春上日御经筵，赐茗阁下优儒臣。文华主敬相次比，方池汇鉴渊写神。岂岂阁影矗云汉，万楗枊比罗青旻。去冬缮书初报藏，雪晴春仲前一旬。铜乌风定下照水，金鸱日丽无纤尘。帝卷栏回静如镜，签排帛拭光流银。琅函镂目贮之楗，册以楗计参差匀。三万六千括象数，二十八舍环星辰（凡三万六千册，六千一百余函，每架四层，为函四十有八）。内以经部外子史，经纬表里齐衡钧。芸香宝气近帝座，四壁彝训敷言申（书楗四壁皆御题《四库全书》诗）。羲文字画即河洛，范畴锡福于下民。线装黄袱珍重捧，字字伦叙纲纪陈。鱼鲁常教忆扫叶，典谟岂止思书绅。臣自去冬忝再入，屈指癸岁交庚辛。阁旁小松昔新植，已复茂绿承温仁。冉冉红云傍檐宿，喧喧好鸟来喧晨。但给扫除亦荣幸，何况登阁绸书人。徘徊直房过亭午，红桥柳拂波粼粼。"

又按：《复斋初集·秘阁直庐集》载：《文渊阁假山十二韵》："奎阁澄渊镜，崇规积石嵌，自然仁知合，不是斧斤劖。高下层青抱，回环众皱巉。道山崇磊砢，玉圃秘崭岩。画水坡如映，金峦翠不芟。近天承雨露，得地荫松杉。北苑同能事，南垣创大凡（华亭张涟，字南垣，以北苑诸家画法创意作假山。今禁苑山石多本其法）。玲珑排扣砌，结构对琅函。信有仙人奕，来窥石室岩（阁西一峰上有仙奕石几）。五丁非变幻，二酉并森严。星宿方探海，蓬瀛不借帆。坐来忘暑序，真个称水衙。"

《四库全书》告成，恭贮于文渊阁。定以三、六、九月曝书，命校理诸臣，分日入直。（《复斋初集·秘阁直庐集》）

按：集中并载：《文渊阁曝书恭纪十六韵》："芸阁初藏岁，秋光最爽晨。计厨旬日阅，分直两班轮。丽日乾坤照，需云雨露新。琅函端有耀，壁府本无尘。跪近薇垣座，欣瞻玉字陈。朱丝凝点漆，素茧滑流银。自古刊藤竹，惟贞净粉筠。生香蕊珠秘，聚蠹羽鳞珍。蜡茇矾菱法，青黄皂白均。料治非一日，晒晾必更巡。金籯崇文掌，都官秘府亲。较量梅雨夏，未若菊华辰（《四库全书》告成，初定以五、六月仿宋秘书省仲夏曝书之制，后改定三、六、九月）。至道秋阳暴，中天瑞景申。分光窗蔼蔼，吹皱水粼粼。翠气来松石，祥云集凤麟。归来谈典故，渺尔筑亭人。"又载：《曝书登文渊阁》七言律一首："直到蓬莱最上层（最上一层，御座中央）。日华云气缦舺棱。群书宿海躔珠斗，帝座文昌界玉绳。下际周阿环镜汇，高悬宝墨倍冰竞。绸函却傲龙山顾，梦寐程编读未能。"

乾隆四十四年二月，谕："现充文渊阁检阅之内阁中书八员，于朕御文渊阁时，应行站班，俱著赏戴朝珠。"（《清高宗实录》）

国藩，为文渊阁直阁校理，每岁二月，侍从宣宗皇帝入阁，得观《四库全书》。其富过于前代所藏甚远，而存目之书数十万卷，尚不在此列。（《曾文正公文集·圣哲画像记》）

按：宣宗皇帝，道光帝也。

上驷院

【初】上驷院初名御马监，顺治十八年置阿敦衙门，康熙十六年改今名。旧署在东华门内三座门之西，今改建于左翼门外，西向，堂左右为司房、东西耳房。其所掌御马厩。今移于新署内之南，计厩五间，所属之十八厩，分设禁城门外。(《内务府册》)

按：清康熙帝有《内厩阅马》诗。见《康熙御制诗集》。

又按：康熙朝皇太子胤礽曾禁锢上驷院侧毡帷。详咸安宫乾隆八年条下按语。

上驷院管院大臣特简无定员，掌群马之政。内厩设于皇城，外厩设于南苑。内厩御马、副马、川马各一厩，均无定数；仗马一厩，七十匹；公马五厩，各二百匹；附橐驼十匹；驾车马二厩，厩各马五十，骡五十匹。外厩、御马、内马（备御马之选及充皇子乘骑）凡六厩，内桐马一群，腾马四，牝马三十有六，余无定数；安河公马一厩，二百匹。(《大清会典》)

上驷院卿员、侍卫、郎中、员外郎，主事职掌：厩牧马驼，支给草豆等事。(《钦定总管内务府现行则例》)

按：则例并载：上驷院所属骡马厩应用草豆、草束，由庄头送纳。上驷院额设十一群马匹，每年自九月起分拨各庄喂养。乾隆十七年，悉行裁汰。上驷院马圈十六处，骡子圈二处，每日给灯油一斤。凡遇巡幸，所有上驷院随往马匹所需草豆，俱按口分、日期，均派附近居住庄头等沿途交纳。又载：上驷院马匹，每年四月内进南苑放青，十月内归圈。

上驷院侍卫每旗七人，司辔、司鞍侍卫无定员，隶上驷院。(《大清会典》)

乾隆二十六年，呈准：嗣后，本院凡遇皇上行幸，所有驮载、支竿驼只，并备驮鞍驼只，需用牵驼人役，即由本院行取备马西伯披甲人等内拣选应役。(《钦定总管内务府现行则例·上驷院》卷)

本院设有拿车披甲人，道光十八年，奉旨：嗣后恭谒东西陵及巡幸各处，将请御黄车之太监裁撤，均著拿车披甲人请御。(《钦定总管内务府现行则例》)

按：该则例《掌关防管理内管领事务处》卷：御用车定制：圆顶黄

车、红轮、辕黄、哆啰呢顶、帏安玻璃窗衣，素靠背坐褥，珐琅鞦辔，皮毡鞍。皇后则用黄轮、辕铰金银饰件，鞦辔，无靠背，余同。

随侍备班马匹，每日于内养马内选派四匹，在本院预备。（《钦定总管内务府现行则例》）

按：随从皇后、妃、嫔往圆明园暨进宫太监等所骑马匹，交上驷院预备。

蒙古等每年进贡马匹，由理藩院奏明，交送本院，知会试马大臣、侍卫等骑试。索伦等每年进贡马匹，试马大臣、侍卫等骑试。又，每年各处进贡马驼送本院，交左司分派各群厩餧养。（《钦定总管内务府现行则例》）

阿哥上学及娶福晋、公主下嫁及生子弥月礼，所需赏用马匹，俱据掌仪司奏准咨明照给。（《钦定总管内务府现行则例》）

康熙二十二年，谕部院大臣：卿等朝夕勤劳，出入奏对，朕心时切嘉念。今将内厩马匹及滇中新到马匹，择其驯良易于控御者颁赐卿等。（《清康熙御制文集》）

康熙四十四年，蒙赐上驷院良马一匹。（《澄怀主人张廷玉自订年谱》）

按：《啸亭杂录》：仁庙眷念旧辅，召见志契（熊赐履子），欲赐科目，问："汝何所慕？"志契童呆，遽曰："我欲策蹇驴行都市中。"因命归。乾隆甲子授翰林院孔目，命上驷院赐驴一头，以遂其志。

又按：康熙时，范承谟蒙赐上厩良马鞍辔。见《画壁遗稿自序》。

蒙古典属佛尔卿额，顺义王俺答裔。祖拉锡被掳至，隶上驷院牧马。仁庙于内苑阅马，见其竟日无怠容，曰："此金日䃅俦也"，擢侍卫。（《啸亭续录》）

乾隆时，来文端相国凤有伯乐之称。尝路见负煤老骥，谓是良马，以重价购之，用以充贡。上试之，果千里马也。会降酋阿睦尔撒纳来朝，酋善骑射，上临涿阳万树园，欲试其技，辄以无马辞。侍臣取上驷马示之，无当意者。文端命人牵所贡之老骥使之乘，甫振辔即坠，如是者三。阿酋大惭。盖良马均通人性，不肯以身为异国人用耳。后阿酋叛于西陲，重烦征讨。上嘉此马之前知，特给三品俸料。（《庸闲斋笔记》）

按：来文端名保。

余前为上驷院卿总司御马图。每画马进呈，皆蒙恩赐。（《震庵诗

钞》）

按：阿震庵有《自题御马画样本》诗。

光绪十七年，载滢等奉命分赴上驷院、内务府堂上看视。所有护军内，平素守卫谨慎者，逐一验看拉弓，考问清语。（《朱氏东华续录》）

定制：选上三旗士卒之明正骨法者，每旗十人隶上驷院，名蒙古医士。禁廷执事人有跌损者，咸令其医治，限以日期报愈，逾期则惩治焉。（《啸亭续录》）

按：续录并载：齐息园侍郎坠马伤首，脑涔涔然，蒙古医士以牛脬蒙其首，其创立愈。

又按：上驷院并有治癞医生、兽医等。

【续】先是拘执废皇太子允礽时，沿途皆直郡王允禔看守。至是抵京，设毡帷居允礽于上驷院旁。上特命皇四子胤禛同允禔看守。（《清圣祖实录》）

按：胤禛，雍正帝名也。时康熙四十七年。

乾隆三十四年二月，谕："嗣后，皇子等乘马，俱著用金黄辔。皇孙等，未经朕赏用金黄辔者，俱著一体用紫辔。皇曾孙、元孙等，亦皆著一体用紫色。其鞍座各按辔色。绵德、绵恩俱系长孙，著加恩仍赏用金黄辔，永远为例。著交上驷院内务府总管衙门，存案遵行。"（《清高宗实录》）

乾隆五十四年三月，将上驷院所属之十八圈所有马匹，一日全行传齐，由东华门牵进至上驷院，预备查点。查毕，俱由神武门放出，以杜其来回顶充。（《内务府奏销档》）

上驷有马名安俊黄者，松文清为伊犁将军时所献，仁宗乘之为良。辛未秋，幸滦河，亲射获白鹿，乃赐今名。（《雪桥诗话》）

按：松文清，名筠。仁宗，嘉庆帝也。辛未，嘉庆十六年也。诗话并载：布鲁特例至伊犁进马，每年夏秋，将军赴察哈尔厄鲁特查孳生牲畜，其马群扣限取孳，照三年一均齐之例办理。马之善走者，前肩及脊或有小痂，破则出血，土人谓之伤气。凡育此者多健马，故古以为良马之征，非汗如血也。又载：穆宗（同治帝）赏赐荣全所进马名曰铁龙驹。

道光二十二年十月，谕内阁："恩桂等奏，上驷院马匹较多，拟请裁撤等语。著照所议办理。所有择出之马一百六匹，著分赏御前行走、御前侍卫、乾清门侍卫、批本奏事等官及奏蒙古事侍卫、上虞备用处侍卫共一百二十五人，每人各赏马一匹。尚不敷马九十匹，著上驷院如数拨补。"（《清宣宗实录》）

上驷院，光绪二十七年，收到喀尔喀等处蒙古王公、台吉、喇嘛等进到驽马二百七十五匹。每匹照例折赏小卷红绸一件、纺丝二匹，由理藩院照数颁赏。（清光绪二十八年九月总管内务府折）

御马厩

【初】上乘御马一厩，设厩长一员，厩副二名，厩丁二十名，草夫三十六名。（《钦定总管内务府现行则例·上驷院》卷）

上乘御马为一厩，在院署之旁。（《钦定日下旧闻考》）

按：旧闻考并载：院署之旁又有皇子良马一厩，对子马一厩。

又按：御马厩旧地在东华门内，三座门西。亦见旧闻考。

凡管试御马之大臣、侍卫俱系特派，专管骑试、挑选上乘御马，并选收进贡马匹。（《钦定总管内务府现行则例·上驷院》卷）

本院额设司鞍、司辔并司鞍长共三十员名。凡遇皇上出入及随围进哨，预备御马差务。（《钦定总管内务府现行则例·上驷院》卷）

按：该卷并载，本院司鞍长系扈从皇上出入，预备马匹。

所有御马内赏过名号者，加恩增半分口分，黑豆改换豇豆。（清嘉庆十六年谕旨）

【续】乾隆时，御闲畜十骏，曰万吉骦、曰阚虎骝、曰师子玉、曰霹雳骧、曰雪点雕、曰自在骁、曰奔霄骢、曰赤花鹰、曰英骥子、曰籋云駃。盖喀尔喀、翁牛特和拖辉、科尔沁诸部所进，西洋人郎世宁绘之为《十骏图》。（《十朝诗乘》）

按：本院数年前，曾于宫殿箱箧中，发现郎世宁、艾启蒙所画《骏马图》各五巨幅。郎画神采如生，艾则瞠乎其后矣。

又按：郎世宁曾为乾隆帝写真。据《乾隆八旬万寿盛典册》宸章题画云："写真世宁擅，绘我少年时。入室幡然者，不知此是谁。"

箭亭

【初】箭亭广五楹，周以檐廊，中设宝座。宝座东卧碣一，恭刊乾隆七年上谕。（《钦定日下旧闻考》）

按：据清史馆修史者称，顺治四年七月，建射殿于左翼门外云云。似箭亭初名射殿。

我朝服饰列祖所定，太宗尝戒后世，衣冠仪制永遵勿替。高宗重申训谕，刻石大内之箭亭，垂之久远。（《养吉斋丛录》）

按：《啸亭杂录》：高宗虽厌满人之袭汉俗，然遇宿儒耆学，亦优容之。国太仆柱校射禁廷，褒衣大冠，侍卫有望而笑者。上曰："汝莫姗笑，彼儒士能持弓，不忘旧俗，殊可嘉也。"

武进士殿试阅技勇，在景运门外箭亭。诸臣侍班者，领侍卫内大臣二人得赐坐左右，善扑营十人立起居注官之后，备搬移刀石之事。（《养吉斋丛录》）

按：《梧门诗话》：费俊捷武闱，李安溪拟费为第一，旋以弓马改第八，费《上安溪》诗有"犹闻李供奉，曾荐郭汾阳"之句。

又按：善扑营，据《啸亭续录》：选八旗勇士之精练者，为角觚之戏，名善扑营。凡大燕飨皆呈其技，或与外藩部之角觚者，争较优劣。胜者赐缯茶以旌之。

遇武会试，御箭亭考试新进士马步、射弓、刀石。批本处四人分为两班，在御座前更换点册。册点毕，即到案上交内奏事进呈。（《批本处现行事宜》）

咸丰元年，上御箭亭阅十五善射，翼日如之。（《潘氏东华续录》）

按：十五善射，据《啸亭杂录》：八旗兵丁内，每旗各选善射者十五人，赏六品顶戴蓝翎。凡皇上御射，皆侍侧，命射，则随射之。名十五善射。

乾隆二十二年十月，奏准：嗣后阿哥等位娶福晋时，筵宴大臣、侍卫等，即在箭亭内两旁设坐，临时交该处预备行台演戏，停止搭盖席棚。（《钦定总管内务府现行则例·掌仪司》卷）

按：该卷并载阿哥娶福晋分例，用车一辆并茶饭房所用桌柜木器，俱由营造司照掌仪司来文办理。

乾隆乙酉，上元日箭亭侍宴。（《箨石斋诗集》）

【续】嘉庆十九年十月，上御箭亭，阅中式武举技勇。御乾清宫，引见中式武举，亲定甲乙。御太和殿传胪，赐中式武举等出身。（《清仁宗实录》）

按：道光朝，踵例举行。详《清宣宗实录》。

道光二年闰三月丙申，谕内阁："此次八旗军政卓异各员，朕于本月二十六日至二十八日，在箭亭阅射步箭。"（《清宣宗实录》）

道光三十年十月，御箭亭，阅中式武举技勇。（《清文宗实录》）

按：时咸丰帝嗣统，尚未改元。

咸丰元年正月，上御箭亭，阅十五善射。五月，御箭亭，阅大员子弟步射。（《清文宗实录》）

按：实录并载：以怡亲王载垣、克勤郡王庆惠兼十五善射大臣。

同治十三年十月癸酉，上御箭亭，阅中式武举技勇。（《清穆宗实录》）

乾隆三十年正月，上御箭亭，赐朝正外藩等宴。召科尔沁和硕亲王、固伦额驸色布腾巴勒珠尔等至御座前，赐酒成礼。（《清高宗实录》）

本年十二月十六日，绵懿娶福晋，行成婚礼筵宴。照绵德、绵恩减定之例，备羊三十五只，饽饽桌四十张，酒宴四十席，烧酒、黄酒四十瓶。此筵宴，大臣、侍卫、官员在箭亭内，命妇在阿哥住所，俱结花彩。王福晋等，停其齐集。除值班内大臣、侍卫外，其余内大臣、侍卫、二品以上文武大臣官员齐集。福晋亲族无职人等，停止齐集。其同旗之大臣、侍卫、官员等，归于福晋亲族之列齐集，俱礼服。至午时，鸿胪寺官引福晋亲族及同旗大臣、侍卫官员等，于亭东向西序立。引别旗文武大臣、侍卫、官员等，于亭西向东序立。各行一叩头礼，坐。尚茶，赐茶，各行一叩头礼。饮毕，复行一叩头礼，坐。伶工承应，献酬交错，乐阕，酒止。鸿胪寺官引各大臣、侍卫官员出，更蟒袍补服。司宴撤饽饽桌，设酒宴。陈设毕，鸿胪寺官复引福晋亲族及同旗大臣、侍卫、官员等，于亭东向西序立。引别旗文武大臣、侍卫、官员等，于亭西向东序立。各行一叩头礼，坐。献酒，赐酒，各行一叩头礼。饮毕，复行一叩头礼，坐。伶工承应，献酬交错，乐阕，酒止。鸿胪寺官引各官谢宴，行三跪九叩头礼。其执盏，派内务府官二十员。执壶，派拜唐阿二十名。抬桌张，派护军六十名。福晋前，派总管内务府大臣妻一人，内管领妻十人。执壶盏、抬桌张，派果上头目妇人及果上妇人二十四人。其筵宴，俱照筵宴大臣、侍卫、官员之仪。迎娶福晋之预日，铺送嫁妆人等照例备饽饽桌十张，羊十只，烧酒、黄酒五瓶。女眷处酌量预备饭桌。迎娶福晋，派年命相合之命妇二人，于生辰无忌之总管内务府大臣妻，及内管领妻内酌量指派。总管内务府大臣一员随往。轿用红缎围，两旁用红毡二十条，灯笼八个，火把十枝。抬轿执红毡、灯笼、火把所用校尉，俱穿驾衣。头班、末班令太监抬轿，派步军管理街道。导引随从，派内务府官二十员、护军四十名，送福晋女眷处，并次日所来之女眷处，酌量预备饭桌。合卺用羊五只，此羊即于宴内羊只取用。做酒做粘饭，于内管领妻室内派结发夫妇。合卺所剩羊酒，给与看守人等食用。第九日，福晋回门，仍用轿。令校尉穿驾衣抬轿，头班、末班令太监抬轿。随从内管领妻二人，果上妇人六人。导引派内务府官十员，护军三十名，总管内务府大臣一员随往。其茶饭房人，庖丁承应人，与茶膳房照例办给。（《内务府奏销档》）

按：本年，乾隆四十八年也。绵懃，乾隆帝孙。阿哥住所，撷芳殿也。档并载：绵懃成婚后，福晋每日食物分例：羊肉二斤，猪肉十五斤，乳牛八头，陈粳米八合，老米四合，红小豆四合，白面六斤，淮曲一钱，绿豆粉一两，芝麻四合，澄沙四合，白糖十二两，香油一斤，鸡蛋六个，面筋六两，豆腐十二两，豆腐皮二张，粉锅渣二斤，豆瓣三两，绿豆菜三两，木耳五钱，水粉二两，蘑菇一两，甜酱五两，醋四两，白盐三两，酱茄一两，清酱五两，酱瓜一两，酱荁蓝一两，大料五分，姜五钱，花椒五分，鲜菜四斤。每月黄茶二百包，碱二斤。每九十日，六安茶一袋。每九十日，芽茶二斤。随嫁女子，每人每日白米七合五勺，猪肉一斤，鲜菜十二两，黑盐三钱。

撷芳殿等处

【初】循文华殿而东北，跨石梁三，前有三座门，门内为会典馆。正北有殿宇三所，覆以绿瓦，其中曰撷芳殿，其前曰直房，东为太医院，为御药库，稍西夹道内为御茶膳房，为蒙古朝房。撷芳殿即明端敬殿与端本宫旧址。

撷芳殿

【初】明端敬殿与端本宫今改建三所，为皇子所居。（《钦定日下旧闻考》）

按：《悫书》：端本宫在东华门内，即端敬殿之东。前庭甚广，长数十丈，左为东华门，右为文华门，光宗皇帝青宫时所居也。天启末，懿安张皇后移居于此，名慈庆宫。其外为徽音门，壬午八月移入仁寿殿，因改为端本宫，以待东宫大婚。皇太子原居大内钟粹宫，山书慈庆宫，光宗青宫时所居，张差梃击处也。

文华殿东桥北，殿宇三所，是为撷芳殿。凡大内俱用黄琉璃瓦，惟此用绿，为皇子所居。中所为皇上潜邸，其前为王公大臣轮班直宿直房。(《国朝宫史续编》)

按：皇上潜邸，清嘉庆帝潜邸也。帝诞生于圆明园，见道光《恭制昌陵圣德神功碑》。帝生于乾隆庚辰，圆明园内"天地一家春"，见《嘉庆御制诗集》。

乾隆三年，皇太子金棺告引，上幸撷芳殿赐奠。(《王氏东华续录》)

按：皇太子，乾隆孝贤皇后所生。乾隆即位后，意欲立为嫡嗣，亲书其名，缄封置乾清宫正大光明匾上。早年无禄，赠为端慧皇太子。详乾隆《慎建储贰论》。

乾隆十九年正月，奏准：阿哥移居撷芳殿后，每日食用等项，仍由该处预备。迁移之日，总管内务府大臣、内务府官及随从阿哥之谙达、侍卫等，各具蟒袍补服。总管内务府人臣率同内务府官奉迎，于内管领内派结发夫妇，预日在撷芳殿住宿伺侯。阿哥到时，出迎导入。预备膳桌、饽饽桌各十张，赏给护送并看守人等。二月，奏准：阿哥移居后，于三所内照例祭祀。四月，奏准：阿哥移居三所安神，照钦天监选择吉期祭祀，次日还愿，还愿之次日祈福。二十三年十二月，奏准：阿哥三所做祭酒，往静明园取泉水。(《钦定总管内务府现行则例·掌仪司》卷)

按：该卷并载：道光二十八年，四阿哥移居三所仪注，除结发内管领夫妇伺候，并赏饭桌、饽饽桌之处俱毋庸预备外，余俱照例办理。(四阿哥，文宗也。)

诸皇子于幼龄就傅，俱蒙赐居此宫。每至成大婚礼时，即移居三所。(清嘉庆《毓庆宫联句》注)

按：此宫，毓庆宫也。

乾隆二十二年十月，奏准：嗣后，阿哥等位娶福晋时，筵宴女眷，即在三所内两厢房内设座，临时交该处预备行台演戏，停止搭盖席棚。(《钦定总管内务府现行则例·掌仪司》卷)

乾隆六十年，仁宗受封皇太子，自撷芳殿移居毓庆宫。(《大清会

典》）

　　按：仁宗，嘉庆帝也。乾隆四十年移居撷芳殿中所。见嘉庆《毓庆宫联句》注。

　　又按：据清史馆修史者称，道光帝生于撷芳殿。

　　三座门北，殿宇三所，俗呼阿哥所，或称所儿。嘉庆间，宣宗及诸皇子居此。道光间，隐志贝子薨逝，所中久无居者，至二十八年文宗始移居焉。（《养吉斋丛录》）

　　按：清道光《养正书屋全集》定本：九月十九日，闻三弟移居撷芳殿之喜，以诗奉贺。

　　又按：《竹窗笔记》：上尝因御膳房恭备食品，宣谕曰："朕居阿哥所时，自奉极约，每晚只买烧饼五个，朕与孝穆皇后各食二个，余其一给大阿哥食之。盛饭不过用三桃碗耳，安用此盛设为耶？"三桃碗者，盖当时粗瓷器名也。（上，清道光帝也。）

　　撷芳殿亦称南三所，今为本院文献馆。

　　【续】康熙四十七年九月，上谕大学士等：允礽宫人所居撷芳殿，其地阴暗不洁，居者辄多病亡。允礽时往来其间，致中邪魅，不自知觉。（《清圣祖实录》）

　　按：允礽，康熙帝第二子，废皇太子也。理密亲王也。

　　乾隆三年十月，上幸撷芳殿，于皇太子金棺前赐奠。（《清高宗实录》）

　　按：皇太子，乾隆帝第二子，端慧皇太子也，名永琏。实录并载：皇上素服七日，临皇太子金棺处，释缨纬。又载：发引日，上幸殿赐奠。

　　乾隆十九年，三阿哥移居撷芳殿。经奏请，或于住所立神致祭，或仍在坤宁宫致祭。奉旨：著在撷芳殿致祭。（《内务府奏销档》）

　　按：三阿哥，乾隆帝第三子，名永璋。

　　查看得：东三所宫门一座，计三间；前大殿三座，各计三间；中大殿三座，各计五间；后大殿三座，各计五间；后照殿三座，各计七间；配殿十八座，各计三间；顺山房六座，各计二间；值房三十八座，共计七十七间；茶膳房十二座，共计六十间；净房十五座，计十八间；井亭三座；门罩二座；琉璃门三座。以上殿宇、房间、亭座共一百十座，共计二百九十二间，影壁三座，琉璃影壁一座，板墙凑长三十六丈六尺，

大墙、院墙凑长二百四十八丈四尺，随墙门口四十二座等项工程，盖造迄今，已二十年矣。（《内务府奏销档》）

按：东三所，即撷芳殿，因乾隆十一年将殿改建三所房间，故曰东三所。所云二十年者，自乾隆十一年至三十一年也。

查撷芳殿改建三所房间，系乾隆十一年三月内兴工，次年工竣，迄今二十年未加粘修。殿宇、头停、配殿天沟俱有渗漏，板墙糟朽，山花坍损，油饰爆裂。又因阿哥等于二十六年移出之后，其外围茶饭值房等项房屋，俱改为各处值房。今遵旨修理，给阿哥等居住。所有应用炉灶、炕铺、装修隔断等，应照旧式修理应用，是以共估需工料银三千九百余两。（内务府乾隆三十一年五月撷芳殿修理估需工料银数折片）

朕从前为皇子时，所居之处，如东华门内之撷芳殿之中所，宫内之东头所、二所，现在仍准皇子等在彼居住。（清嘉庆十四年十一月上谕）

按：宫内之东头所、二所，即乾东五所之头所、二所。上谕并载：东五所，为年少皇子、皇孙等公共所居。

又按：《钦定总管内务府现行则例》：乾隆四十年，奉旨：十五阿哥（即嘉庆帝）家务事，著派迈拉逊管理。嗣后，阿哥娶福晋后，即奏请派内务府大臣管理。

乾隆四十四年十月，上幸皇十五子所。（《清高宗实录》）

按：皇十五子，即嘉庆帝。据嘉庆《毓庆宫联句》注，乾隆四十年，移居撷芳殿中所。乾隆六十年，谕旨：俟朕至长至斋戒后，皇太子移居毓庆宫云云。是皇十五子所，即指撷芳殿中所。实录并载：同月，幸皇八子永璇第、皇次孙绵恩第。又载：乾隆二十年正月，临故恂郡王允禵（乾隆帝叔）第，奠酒。二十三年五月，临慎郡王允禧（乾隆帝叔）园，视疾。二十六年四月，幸庄亲王允禄（乾隆帝叔）第。二十九年十二月，幸皇四子永珹第，进膳。

道光五年，大阿哥移居三所，经钦天监择吉，奉朱笔圈出十月十七日卯时。（《内务府奏销档》）

按：大阿哥，名奕纬，道光帝第一子，即隐志贝勒。

道光二十八年四月，上奉皇太后幸皇四子奕詝、皇六子奕䜣所。十月，上幸皇四子所进膳。（《清宣宗实录》）

按：皇四子名奕詝，即咸丰帝，于道光二十八年移居撷芳殿阿哥所。见《养吉斋丛录》。

内廷阿哥等，遇有派出差使，宗人府转行钞送阿哥所，知会王等遵照。若遇昏夜有紧要文移，而令东华门该班护军知会谙达接递转呈。（《钦定宗人府则例》）

光绪三十三年十一月，军机处考试汉章京，试场在东华门内三所宪政编查馆内。点名时，军机大臣在院内设公案列坐，覆试仍在宪政编查馆内。（《枢曹追忆》）

按：东华门内三所，即指撷芳殿。

青宫在乾清门外东南方，俗名阿哥所，又曰三所，瓦皆绿色。宣统建元，以皇帝本生父醇亲王监国摄政。经张之洞等定议，以阿哥所为休息之所。（《皇室见闻录》）

按：摄政王，名载沣。

光绪三十四年十一月，谕："昨据内阁会议奏准，东华门内三所，为监国摄政王随时起居休息之所。三所工程，著内务府大臣迅即修理。"（《宣统政纪》）

会典馆

【初】文华殿东桥北三座门内，今为续修大清会典馆。（《国朝宫史续编》）

按：会典馆址旧为养鹰狗处。据《内务府册》载：鹰房十二，狗房十九。据《沧洲近诗》：康熙朝李牟山入直，见午门内调鹰。又据《啸亭续录》：鹰狗处向在东华门内长街，设总统二人，以侍卫兼之。豢养鹰狗备搜猕之用。其牧人皆以世家子弟充之，许其蟒袍、纬帽。壬戌，迁于东安门内长房。（壬戌，嘉庆壬戌年也。）

又按：清代会典初纂于康熙二十三年，续修于雍正四年，重修于乾隆十三年，又续修于嘉庆六年、光绪十二年。前后纂修凡五次。此条所称续修，当是嘉庆六年续修也。

光绪十六年正月初八日，会典馆开馆，诣馆行礼，拈香九叩，提调、总纂皆来。（《翁文恭日记》）

【续】公故湛深经术，娴习掌故。容台典礼，公所议，必斟酌古今，折衷圣籍，期于正人心，明典制，以翊赞休明之运，虽违俗，侃侃弗顾也。五礼自朝廷达于乡，遂载在会典，卷帙繁重，学士、大夫莫能遍观熟讲。民间吉凶婚姻，各以其俗，尚未遵一，爰是取臣工士民所当循用者为通礼，颁诸郡邑。公长礼部，为删正繁曲，一断以国朝制度。命充《大清会典》总裁官，会典与通典相表里，公因得一手编辑。每会典进呈，附以通礼，悉禀皇上睿裁改正。凡十年而告成。（《耆献类征·汪由敦王公安国墓志铭》）

按：皇上，乾隆帝也。《湖海诗传》载：文肃（王安国）晚年充会典馆总裁，所撰欲上比周官。

乾隆十八年，署户郎右侍郎，充会典馆副总裁。（《耆献类征·卿贰裘曰修国史馆本传》）

按：《类征·洪亮吉书裘文达（曰修）事》载：一日，值岁小除，门下客诣好春轩饯岁。忽司阍者至公侧耳语，公大笑曰："户部堂官，岁尽分饭食银两，亦不可告人耶？"即命挈一囊至，泻出之，皆贮库大锭两五十。公数坐中客若干，令各怀其一。曰："诸君年事大窘，聊以分润耳。"

续修《大清会典》开馆应用房屋，查得，东华门内三座门迤北有房一所，共计一百八间，向系恭备各项开馆之用，第因年久失修，房屋破损，并有倾圮坍塌者，必须赶紧兴修，方足以备开馆之用。（清光绪十二年十月总管内务府折）

按：此折奉旨依议。折后并附拟定会典馆房间单：总裁堂三间，科房、厨房共八间，提调堂七间，满总纂房七间，书库、科房、茶房共九间，汉总纂房二间，科房、厨房、茶房共二十间，汉纂修房五间，汉誊录房七间，茶房一间，纸库、科房、界画处、装订处共十九间，收掌房、科房共十二间，纸班房、皂班房、茶房共七间。以上共房一百八间。

本馆奏开画图处，于光绪十六年四月二十七日开办。（《会典馆收各项书籍图册档》）

按：本馆，会典馆也。

曩偕右衡同直会典馆，尚无海棠，后设政务处，于晦若侍郎所植。癸卯，同考试差借榻花下。（《观所尚斋诗存》注）

按：右衡，秦树声也。于晦若，于式枚也。癸卯，光绪二十九年也。

又按：郭春榆曾炘有《旧政务处海棠花下追怀寿州长沙二老》诗。政务处，光绪庚子次年（光绪二十七年）设立。见《匏庐诗存》。

太医院

【初】太医院凡侍直，自院使至医士，以所业专科分班侍直。给事宫中者，曰宫直，给争外廷者，曰六直。宫直于各宫外班房侍直，六直于东药房侍直，各以其次更代。（《大清会典》）

按：《钦定总管内务府现行则例》：凡给小阿哥、格格种喜花之医官，每人赏给金花一对、银十两、宫用大红缎一匹。冬季出差之医官，例给五丝缎面短襟羊皮袍、五丝缎面狼皮短褂各一件，狐皮帽一顶。则例并载：内庭阿哥、格格种喜花送神，用纸扎冠袍、带履、香亭、船、伞、轿马、宝幡、黄钱、阡张、元宝、香烛、纸花。清康熙十七年，谕旨：皇太子出痘痊愈，应遣官致祭圜丘、方泽、太庙、社稷，行告谢礼。医官宜行议叙，以示加恩。

又按：康熙朝范承谟蒙遣御医就舍诊视，赐秘府之方，颁上方之药。详《画壁遗稿自序》。乾隆元年，帝怜望溪先生老病，命太医时往诊视。详《望溪先生方苞年谱》。刘纶患牙龈肿胀，乾隆帝叠命太医院堂官多方诊治。详《绳庵内集》。北京达官嗜淡巴菰者十而八九，乾隆嗜此尤酷，至于寝馈不离，后无故患咳。太医曰："是病在肺，构厉者淡巴菰也。"诏内侍不复进。病良已，遂痛恶之，戒臣僚弗食，著为训。见《南亭笔记》。嘉庆朝，商太医供奉大内数十年，不泄禁中事。有询之者，惟曰"圣躬万安"而已。见《啸亭续录》。

朕闻为祝万寿来者老人甚多，倘有一二有恙者，即令太医院看治。（宫藏清圣祖谕旨）

御药库

【初】御药库，顺治十年设药库，东华门内南三所之左，东向，堂西有药王殿，前后三重，共房三十有六楹。（《内务府册》）

御茶膳房

【初】茶膳房在中和殿东围房内。乾隆十三年，以箭亭东外库改为御茶膳房，门东向，门内迤北，东西黄琉璃瓦房八楹，西南黄琉璃瓦房十有二楹，又南北瓦房九楹。（《内务府册》）

【续】谕膳房：凡粥饭及肴馔等类，食毕有余者，切不可抛弃沟渠，

或与服役下人食之，人不可食者，则哺猫犬，再不可用，则晒干以饲禽鸟。（清雍正二年六月谕旨）

按：《枝巢清宫词》注：正月二十五日，宫中亦作填仓节。《乐善堂集》（乾隆帝在潜邸时所著）《填仓日作》中有云："共传此日填仓节，不吃糜饭惟嚼饼。青青早韭列盘香，细细茆芹入齿冷。"词注又载：宫中以苹果为常供，喜其名也。盘以九为数，皆取果之全红者。果在树未变红时，以墨书平安吉庆诸字，果熟拭墨，皆成红地绿字。九皇殿与三官常年不撤。

乾隆三十三年，奏准：每岁膳房奏明交出分赏王公大臣狍鹿等物，俱按照交出数目，量其多寡，均匀分散。更于此内通融，赏给坐更太监及画工人等。（《内务府奏销档》）

按：狍鹿等物，包括獐、黄羊、鸡、鱼、饼、面、干果、果粉、蘑菇、木耳、石耳、茶菇、笋、南小菜在内。

每年，由膳房奏明交出狍鹿等物，分赏王公、大臣、满汉军机、章京、画工人等。（清光绪二十九年十二月总管内务府折）

按：画工人等，共得一分：野鸡二只，奶饼一斤。折内并首载：荣寿固伦公主（恭王奕䜣女也。孝钦抚为己女，所得年例、宫分绸缎貂皮等物品，数与贵妃同），黄羊一只、细鳞鱼一尾、香菇一匣、野鸡四只、百合粉一斤、柿霜一匣、藏冰糖一斤、藏核桃一斤。

宣宗在位，游幸绝稀，尤勤俭。宫中嫔侍，非庆典不得食肉。故事，御膳例备四簋，以其二赐枢臣，其二赐嫔侍，至是罢嫔传之赐。（《软尘私札》）

按：宣宗，道光帝也。札并载：某公主下嫁治奁，宣宗限以二千金。

御茶膳房，光绪二十七年，收到科尔沁等处蒙古王公旗下四等台吉等进汤羊五百只，并补进光绪二十六年分汤羊五百只，每只照例折赏毛青布四匹，由理藩院照数颁赏。（清光绪二十八年九月总管内务府折）

光绪二十九年，菜库办买供奉内庭及膳房等处应用菜蔬，向广储司银库领银三万八千八百三十九两六钱九分八厘。（《内务府奏销档》）

光绪二十九年，供献筵宴用及日常用鸡蛋，共六十七万四十个。御膳房及各处用共白老米六千六百六十石一斗一升五合，黄老米七百六十八石二斗三合一勺。（《内务府奏销档》）

光绪二十九年，御膳房内管领，成做饽饽桌张及各处用蜂蜜一万七千五百四十五斤七两五钱。（《内务府奏销档》）

按：折并载：是年，奉先殿、寿皇殿及各处做供献，用蜂蜜三百五十一斤十三两。又载：蜂蜜系都虞习所属乌拉牲丁及三旗银两庄头处所属蜜户交纳。

光绪二十九年，御膳房及各处用黑盐三万五千二百八十八斤十四两五钱五分，白盐一万四千九百十七斤十二两六钱。（《内务府奏销档》）

按：档并载，是年，坤宁宫、寿皇殿及各处做供献，用黑盐五百七十一斤三两、白盐二千四十一斤。

内廷节令元宵、粽子，以及膳房每日膳品，并寿皇殿等处供品，需用糯米，每年三百四十石。（清光绪三十一年十月总管内务府折）

按：折并载：内务府衙门所属官三仓，每日承应上用膳品，并各处供献需用白麦，光绪三十年，共用白麦一万石。

御茶膳房东护军统领属下章京，带领护军校在此查禁。（《军机处藏紫禁城各门图》注）

御茶膳房银器库内金盘等件，查有成色分两不符，系承应掌崇淇窃出抵换。（清同治九年五月总管内务府折）

按：折并载：承应掌崇淇派管银器库，先后偷窃金器盘碟十八件，撤金抵换。又载：查崇淇所窃金器，系在景运门外膳房库内收存。

蒙古朝房

【初】三所夹道，旧设有蒙古朝房。年班入觐之王公、台吉等随带役人，均于夹道内停立。（《国朝宫史续编》）

国史馆等处

【初】循文华殿而东南，北向者为内阁大库、户部内库、銮仪卫内銮驾库。循库左转而北，为国史馆，南向。

国史馆旧在午门内，后移置于此。

国史馆

【初】桥之东，倚城隅南向为国史馆。（《国朝宫史续编》）

国史馆在东华门内，南向。馆旁列书库，即前此恭修实录及会典处也。先在熙和门西南，后因实录馆地较宽广，复移置今处云。(《大清会典》)

按：据《清三朝国史馆题稿档》：康熙二十九年，王熙等题，今纂修三朝（太祖、太宗、世祖）国史，应俟礼部将开馆日期选择，到日于起居注衙门迤北、前修圣训群房处开馆。其时，国史馆在熙和门西南无疑。又据康熙时，毛奇龄《雪中入直史馆》诗末二句"谁赐锦貂还左掖，独骑赢马上东华"。似以后馆即移东华门内。

又按：国史馆书库，据《瓜圃述异》，国史馆在东华门内，东倚禁城，草木颇盛，中建书库，数百年老屋也。传有巨蟒穴于内，长十余丈，尝见昂首城上，而尾尚见于库外。

康熙四十五年，谕修国史诸臣："为开国功臣作传，当因其事迹先后以定次第，若视功绩分次第，或有本人功绩少而子孙功绩多者，反置子孙于前列，可乎？"(《清康熙御制文集》)

乾隆庚辰，特命开国史馆于东华门内，简儒臣之通掌故者司之。将旧传（康雍时所修者）尽行删薙，惟遵照实录档册所载，详录其人生平功罪，案而不断，以待千古公论。(《啸亭杂录》)

按：《蒋氏东华录》：乾隆三十一年十月，重开国史馆于东华门内稍北。

又按：嘉庆时，陶澍《初入国史馆》诗中四句云："东华之门内东傍，玉河流水交红墙。是为列朝史所藏，石渠天禄储琳琅。"见《陶文毅公全集》。

我朝列圣相承，均经国史馆恭修本纪，敬谨贮藏。伏念皇考高宗纯皇帝圣德神功，登三咸五，业于四年春特命纂修实录，现已进呈。至三十年自应恭修本纪，以垂史册，著国史馆总裁派提调等督率誊录，就近赴实录馆，将业经进呈之书，照副本钞写恪遵编纂，随时进呈，务于实录告成后，陆续办竣。其钞写实录副本，即藏贮国史馆，以资考据。至国史馆尊藏五朝本纪，尚未装潢成帙，亦著该馆将原本分函装修谨贮。(清嘉庆八年谕旨)

按：五朝本纪，太祖、太宗、世祖、圣祖、世宗本纪也。其宗室、蒙古王公暨内外臣工表传，俱由国史馆奉旨纂撰。见《国朝宫史续编》。

又按：嘉庆帝为皇子时，曾校国史馆书。见嘉庆《味余书室全集》

定本。

国史馆，民国成立后改为清史馆，今空闲。

【续】东华门内北边国史馆，黄琉璃瓦房九间，修理约估银三百五十八两。（清乾隆三十一年五月总管内务府大臣三和英廉四格折）

按：折并载：国史馆书库及各项房间，嘉庆十六年、咸丰元年各修理一次。

国朝故事，官制有国史院，领以大学士。后罢内三院，仍设馆于禁城内，置总裁、纂修、协修诸官，以词臣兼之。其书体例，如古正史，通列朝为一书。自设官以迄宣统辛亥，二百六十有七年。惟十朝本纪草稿完具。列传一类，除内外官二品以上，及特旨宣付臣僚奏请立传外，未尝博采。表、志二类，亦仅具梗概，盖未有成书也。（《观堂集林》）

乾隆三十年十月，重开国史馆于东华门内稍北。（《蒋氏东华录》）

按：康熙朝始设立国史馆，乾隆十四年五朝本纪成，停馆。三十年，重修《国史列传》，馆复开。从前馆中档案送藏内阁，至是由馆贮存。

又按：据内阁档案，乾隆初年，内阁奏报修书各馆情形单，除国史馆及明史馆、实录馆、玉牒馆、文颖馆、三礼馆、一统志馆外，复有所谓八旗志书馆、八旗满洲氏族通谱馆、纲目馆、增修时宪算书馆、朱批谕旨馆、八旗上谕馆、医书馆、律例馆、各部则例馆，足征修书设馆，乾隆朝最盛。

公曾奉敕，分撰国史贤良传十五篇。（《耆献类征·邵齐熊陶公正靖神道碑文》）

按：碑文并载：世庙（雍正帝）升遐，急需翰林谙掌故者，众推公及江右万承苍。一切典礼，皆二公手定。

乾隆三十八年，于敏中充国史馆、三通馆正总裁。（《耆献类征·宰辅于敏中国史馆本传》）

何子贞太史在国史馆，每日手钞十页，录《东华录》所不载而事有关系者。（《曾文正日记》）

按：何子贞，名绍基。《东洲草堂文钞》载："绍基昔直史馆，恭录《高宗实录》，得四十册，欲以继《东华录》之后也。丙午（道光二十六年）充提调，因馆中照例进书，皆一二品大臣传，无三品以下传。虽经高宗屡次严旨申谕，史馆乃因循至今。因创修条例，欲遍搜官书及前人文集，补办国初以来三品以下名臣各传。商之总裁穆师相（彰阿），坚不见允，余即日辞提调矣。"《敬孚类稿》载：何子贞太史在国史馆所录，仅乾隆一朝。每年一册，凡六十册，自署曰《高宗政要》，是闻诸太史孙维朴口述者。

寿阳祁鹤皋中允贯串乙部，括史例，通国书。时史馆奉旨，创立蒙古王公表传，嵇文恭璜属公任其事。悉发大库红本分检之，有涉外藩事迹者，择要详译作底册，按部落条析之，人立一传，必以见诸实录、红本者为确。复据《皇舆图》、《西北垂疆域》为纲领。据理藩院世谱，订王公等派系。凡八阅寒暑而成，计书百二十卷。（《雪桥诗话》）

王葵园先生在史馆成《东华录》二百卷、《东华续录》四百十九卷。十朝谟烈，灿然大备。（《敬强文集》）

按：王葵园，名先谦。

道光元年，在内阁充国史馆校对官，时馆方重修《一统志》。（《龚定盦自珍年谱》）

按：《龚定盦全集·上国史馆总裁、提调、总纂书》载：本馆现在续修《大清一统志》，自乾隆中叶书成后，今日重修。《天咫偶闻》载：康熙间昆山徐尚书乾学主《一统志》。吏上节妇名多至十余卷，门下士请核减，公正色曰："国朝风教迈前古，宜备载其盛，矜后世也。"《还读我书室老人董恂手订年谱》载：《大清一统志》成于乾隆中叶，有御制序冠其端。恂旧于保阳得一部，计四百二十四卷。顷内廷以园毁于火，购之不获，谨以进呈。

又按：国史馆，宣统元年即在此开实录馆，修《德宗实录》。民国初，实录馆移出，国史馆改曰清史馆。《清史馆纂修经过记》载：清史馆，民国三年开馆，馆长为赵尔巽。聘总纂、纂修、协修，先后百数十人。

又按：《观所尚斋诗存》载：史馆舫斋，旧为会典馆提调所居，后临御沟一曲，故名舫斋。并赋有"宫墙每对日西斜"之句。又载：癸亥（民国十二年），史馆重葺舫斋，赵馆长用朱椒堂（为弼）《舫斋》诗韵成三律。

道光六年二月，简授国史馆清文总校。四月，钦派阅看清书庶吉士散馆试卷。（《升勤直公寅年谱》）

国史馆东库房，系尊藏列圣本纪重地，亟宜修葺。请旨，饬下工

部，归入奏修太和殿陛级等工案内，一并办理。奉旨依议。（清光绪十五年八月紫禁城内值年总管内务府大臣嵩申崇光折）

内阁大库

【初】大库在内阁后门外之东，文华殿之南。库坐南向北，共二十间，开门四，每间深四丈，重之以楼。北面有牕，牕中用铁柱，柱内有罘罳，外有铁板牕，牕开而不阖，惟上御文华殿经筵及出东华门，则以绳系之，过即开。西二门共库十间，可通往来。楼上楼下，皆贮红本、典籍，关防亦贮其中。东二门内库各五间，一为满本堂，存贮实录、史书、录疏、起居注及前代帝王功臣画像等物；一为存贮书籍及三节表文、表匣及外藩表文之所。（《中书典故汇纪》）

内阁大库藏历代册籍，并封贮存案之件。汉票签之内外纪，则具载百余年诏令、陈奏事宜。九卿、翰林、部员有终身不得窥见一字者。故中书品秩虽卑，实可练习政体。（《茶余客话》）

堂之东为红本库，又东为尊藏实录库，以备轮日进呈御览。又，书籍表章库皆在其内。（《国朝宫史续编》）

按：堂，内阁堂也。

列朝朱笔向俱在红本处存贮，届当纂办实录时，敬谨取出，俟纂办完毕，仍奉归原处尊藏。（清嘉庆十二年谕旨）

内阁大库穴壁为窗，砖檐、暗室，较史宬尤为晦暗。（《茶余客话》）

按：史宬，皇史宬也。毛奇龄谓，皇史宬规制仿石室金匮。客话并载，内阁副本，每届年终派汉本堂中书查对，送贮皇史宬内。章、疏积若崇山。《中书典故汇纪》则详载：皇史宬在东华门外之南，仿古石室之制，梁柱门窗，皆用石与铁，向南，门三，东西窗各一，中有石台，座上陈设金匮，即五朝实录也。旁有大厨，尊藏玉牒。大将军印亦贮焉。石室前有两厢，贮雍正以后部通副本。

起居注衙门，朝廷有大政令，依旧式书之，缮定清册，送内阁藏之大库。（《养吉斋丛录》）

旧制：每科殿试，内阁填榜后，原卷即存内阁大库，严加扃鐍。然累年积阁，虫鼠挹损，重以吏役盗窃，多已零落不完。宣统元年，因库屋渗漏，发帑重修。库存档案、书籍，点派侍读中书等十人入库检理，移归学部，此试卷亦随以往。（《清代殿试考略》）

【续】大库，在内阁后门外之东，文华殿之南。其北面有围墙一带，开门二。其西为典籍厅，请送关防及查取红本出入之门。其东为满本堂，请送实录出入之门。库坐南向北，共二十间，开门四，每间深四丈，重之以楼。北面有窗，窗中用铁柱，柱内存罙恩，外有铁板窗，窗开而不阖。西二门，共库十间，可通往来，楼上楼下，皆贮红本，典籍厅关防亦贮其中。东二门内，库各五间，一为存贮实录、史书、录疏、起居注及前代帝王、功臣画像等物，一为存贮书籍及三节表文、表匣及外藩表文之所。近因西二库红本已贮满，乾隆十三年以后，红本亦贮于此。（《中书典故汇纪》）

按：王正功在内阁，自中书转典籍，先后二十年。汇纪所记内阁大库情形，皆当时身所亲历者。

又按：《水曹清暇录》：内阁另有十库，以天干次目之。所藏历代帝王及先贤遗像，闻尚完好。至辛字库，多宋元板书，大率明文渊阁所遗。断简残编，惜多错乱。遇有检阅，则派汉中书涉手，其橐钥皆满中书掌焉。又有奇书一部，凡人八字，皆预算定，判断载明，证之多不爽，惜人无由见之。

又按：《查浦辑闻》载：明节慎库内图书，俱宋宣和物。金人入汴，归于燕，元仍之。徐中山下燕，封府库图籍。甲申之变，李贼遁后，都入清宫。孙北海身入大内，见封识犹中山也，诸物则散佚，无一存者。向分赐诸臣书画，北海得大观殿法帖，宋高宗所赐喻樗者，多钟王秘迹。又载：李贼焚六科廊，而先朝之疏抄尽矣。

宣统元年，内阁大库因须整理，见库中积书甚多，大率皆元时，由宋都宫中运至北京者。自明以来，递有增益，皆置架中，六七百年无人阅视，尘封蠹蚀，观之厌人。或请于主者逐架清理，计得书十余万册，然多重复，如州县志书及朱批谕旨，即有一百三十余部。其余官书亦多，清厘既毕，即以箱盛之，送交学部，将来置之图书馆。其黄册、红册，仍留内阁，历科殿试策，亦送学部。刘君言，最得意者，积书中忽得宋时宗谱，一为《仙源类谱》，计有百五十余卷，今存十余册，并记近支者；一为《宗藩庆系录》，约一百七十余卷，今存二十余册，则记宗室也。二书皆书官名、人名，惟《仙源类谱》具生卒年月，并公主嫁何人及改嫁，均详列。又《睿亲王致史忠正书稿》仅存一半。别有《致唐通马科二书》，则向来所未闻也。（《雅言录》）

按：《宣统政纪》：宣统元年二月，派协办大学士鹿传霖查勘修理实录、红本大库工程。

内阁典籍厅大库，为大楼六间。其中书籍居十之三，案卷居十之七。其书多明文渊阁之遗。其案卷则有列朝之朱谕、敕谕，内外臣工之黄本、题本、奏本，外藩属国之表章，历科殿试之大卷，其他三百年间档册文移往往而在，而元明遗物，亦间出其中。盖今之内阁，自明永乐至于国朝雍正，历两朝十有五帝，实为万几百度从出之地。雍、乾以后，政务移于军机处，而内阁尚受其成事。凡政府所奉之朱谕，臣工所缴之敕书、批折，胥奉储于此。盖兼宋时宫中之龙图、天章诸阁，省中之制敕库、班簿房而一之。然三百年来，除舍人、省吏循例编目外，学士、大夫罕有窥其美富者。宣统元年，大库屋坏，有事缮完，乃暂移于文华殿之两庑。地隘不足容，其露积库垣内者尚半，外廷始稍稍知之。时南皮张文襄公，方以大学士、军机大臣管学部事，奏请以阁中所藏四朝书籍，设学部京师图书馆。其案卷，则阁议概以旧档无用，奏请焚毁，已得谕旨矣。适上虞罗叔言参事，以学部属官赴内阁参与交割事，见库垣中文籍山积，皆奏准焚毁之物。偶抽一束观之，则管制府于贞督漕时奏折，又取观他束，则文成公阿桂征金川时所奏。皆当时岁终缴进之本，排比月日，具有次第。乃亟请于文襄，罢焚毁之举，而以其物归学部，藏诸国子监之南学。其历科殿试卷，则藏诸学部大堂之后楼。（《观堂集林》）

按：张文襄，名之洞。罗叔言，名振玉。集林并载：辛亥（宣统三年）、壬子（民国元年）以后，学部后楼及南学之藏，又移于午门楼上所谓历史博物馆者。越十年，馆中资费绌，无以给升斗，乃斥其所藏四分之三，以售诸故纸商。其数以麻袋计者九千，以斤计者，十有五万，得银币四千元，时辛酉（民国十年）冬日也。壬戌（民国十一年）二月，参事（罗振玉）以事至京师，于市肆见洪文襄（承畴）揭帖及高丽国王贡物表，识为大库物，因踪迹之，得诸某纸铺，则库藏具在。将毁之以造俗所谓还魂纸者，已载数车赴西山矣，亟三倍其直偿之，称贷京津间，得银万三千元，遂以易之。于是，此九千袋十五万斤之文书，卒归于参事，参事将筑库书楼以储之。

又按：《味莼簃随笔》：宣统二年，清理内阁书库，以所藏善本书，无论完缺，悉送学部图书馆。库门锁闭已久，一朝启钥，希见之品，层见叠出,除书籍外,列朝红本,盈三巨屋,均移庋文华殿。御纂七经,当时恭进稿本,亦尚有存者。《书经传说汇纂》中并有数卷,署编修胡中藻名。中藻以文字狱,罹大辟,著述久遭禁锢,此仅存之稿,殆亦毁灭未尽者。康熙己未,乾隆丙辰,两次博学鸿词卷,则悉数在焉。诸君纷攫取,数日而尽。又清代历科殿试卷,虽已不全,亦存二千余卷,任意取携,遂致散出。又明时内阁书库藏书至富,以翰林院典籍掌之,清代率沿明旧,而内阁典籍,另设专员,其职掌,则但司庶务,不再掌书(乾隆后制)。

又按:《内阁档案·北厅清查光绪年红本档》:光绪二十五年三月二十五日,堂谕:"其远年新旧各本及新旧记事档簿,仍著原派各员等将实在残缺,暨雨淋虫蚀者,一并运出焚化。"

岳斗南观察兴阿为内阁侍读时,在大库亲见雍正中年大将军与内阁公文封筒,面书"右仰内阁",字大三寸许,加朱直。(《郡斋笔乘》)

按:年大将军,名羹尧。

銮仪卫内銮驾库

【初】内驾库在东华门内,北向,大门一楹,随门房六楹,更房一间,东黄瓦大库五楹,南黄瓦大库二座十楹,库前石碣有"古今通集库"五字。大堂三楹,小堂三楹,库三楹,办事房及小库班房、档房计三十三楹。内贮全分新大驾卤簿大礼轿一、法驾步舆一、亮轿一、各样轿十四。法驾、骑驾、銮驾共三百七十余件。(《銮仪卫册》)

按:旧大驾卤簿贮东长安门外外驾库。

又按:古今通集库石碣,明代遗物也。据《春明梦余录》:明文渊阁藏书数百万卷,皆宋金元三朝所蓄。嘉靖中,阁灾,书移通集库,是石碣后库址当为通集库遗址。

【续】銮驾内库,南库十间,系恭存皇太后仪驾、皇上法驾。光绪二十三年,由户部筹给银两修理。(《内务府奏销档》)

四 述外朝（三）：午门右 西华门内

西华门

【初】西华门,紫禁城之西门也。门外有下马石牌。

乾隆十六年十一月,王公、宗戚、京外文武各衙门大臣、官员,辇下绅士、耆老,自高梁桥至西华门,豫设彩棚、乐剧,恭祝圣寿。是月癸未,皇太后銮舆自畅春园回宫,皇帝御龙袍衮服,乘马前导。王公、大臣咸蟒袍、补服,满汉命妇咸采服,各于祝釐彩棚前夹道跪迎,皇太后颁赐赏赉各有差。(《国朝宫史》)

按:畅春园,康熙朝就前明戚畹武清侯李伟别墅改建,地在南海淀大河庄之北。康熙有《畅春园记》,备言奉侍慈舆之乐。乾隆帝祗奉慈宁问安承豫,亦每于此园停憩。园中一树一石,皆青浦叶洮布置。又,康熙时园种将军福尔丹所进青颗黍,康熙谕称为难得之宝。乾隆十一年,奏准:园并西厂二处种稻田一顷六亩。

又按:《乐善园册》:西直门外高梁桥之北,宫门五楹,为倚虹堂。《钦定日下旧闻考》:乾隆十六年,圣母皇太后六旬万寿,自长河至高梁桥易辇入宫,因建倚虹堂。皇上临幸御园,每于此侍膳办事。

乾隆十六年十一月二十五日,为弘历母钮祜禄氏六旬寿诞。自西华门至西直门外之高梁桥十余里中,分地张灯,剪彩为花,铺锦为屋,丹碧相映,不可名状。每数十步间一戏台,北调南腔,舞衫歌扇,后部未歇,前部又迎。游者如置身琼楼玉宇中,听霓裳曲观羽衣舞也。其景物之点缀,有以色绢为山岳状,锡箔为波涛纹者,甚至一蟠桃大数间屋,此皆粗略不足道。至如广东所构之翡翠亭,高三丈余,广可二丈,悉以孔雀尾作屋瓦,一亭不啻万眼。湖北所制之黄鹤楼,形制悉仿武昌,惟稍小耳。最奇者重檐三屋,墙壁皆用玻璃砖砌成,日光照之,辉煌夺目。浙江所结之镜湖亭,以径可二丈之大圆镜,嵌诸藻井之上,四旁则以小圆镜数万,鳞砌成墙,人入其中,身可化千百亿,为当时所罕觏。(《清外史》)

按：弘历，清乾隆帝名也。

又按：《清宫词》注：西直门外万寿寺，乾隆中为孝圣皇后万寿祝釐之所，因明代旧寺而重新之。大殿后叠石为三神山，寺有松七株，最有名。光绪庚寅后楼火，并松亦燔焉。城外西关为万寿街，俗称苏州街，两行列肆，全似苏州，以孝圣南巡喜苏州风景，故仿之。

乾隆五十五年，八旬万寿。庚申，上自圆明园进宫，乘礼舆，大驾卤簿豫陈于西华门内以至隆宗门祗候。骑驾卤簿前导，于常用导迎乐外，恭集圣制诗句，为《万寿衢歌》三百章，随路分班合奏。(《国朝宫史续编》)

按：《万寿衢歌乐章》，彭元瑞撰进。彭序：乾隆五十五年秋八月，皇上八旬万万寿，亿兆臣民，四裔君长，吁行庆典。上自圆明园进宫，大驾卤簿全设，胪欢祝嘏者阗郭溢阙，鼗鼓轩舞。

自西华门至南海淀石路一带，铺面、牌坊、寺门、楼房一律修整，以肃观瞻。(《军机处档·嘉庆十三年大学士庆桂等奏请修整銮辂出入各地折》)

按：时筹备嘉庆五旬万寿庆典，连修饰圆明园，共用银二万四千九百余两。

今早往西苑用膳办事，所有年班藩部、暹罗贡使，向于西华门外迎谒。今岁并有台湾生番头目，俯伏道旁瞻觐，随入西苑赐食，并令与观冰嬉。(《清乾隆戊申嘉平廿一日，于西苑接觐年班各部并台湾生番，示以冰嬉诗》注)

按：乾隆壬辰《瀛台雪景》诗注：每冬太液冰坚，令八旗与内府三旗简习冰嬉之技，分棚掷采毬，互逞趫捷，并设旌门，悬的演射，娴步伐止齐之节，皆轮番阅视，按等行赏，以为常例。《丁酉观护军冰技行赏》诗注：走队时，按八旗旗色，各负小旌，与弓矢相间。《甲寅腊日观冰嬉因咏冰床》诗注：国俗有冰嬉之典，树旗门，整编伍，士皆缇衣，齿履鹄立，分棚掷鞠，健步争先。《丁巳腊八日纪事》诗注：冰嬉为国制所重，以各鞋荐铁如刀，驰骤冰上，来往如飞。

是日，廓尔喀及内外札萨克等并暹罗国贡使，俱迎觐于西华门外。(清道光帝十二月十八日《雪中观冰嬉》诗注)

恭异小升舆，上步引，痛哭出永康左门（先一日卸门框）。上大升舆，上西向跪，奉安毕，请杠。上步引，且哭且立，俟出西华门，于门

外甬路旁，北向跪送。(《翁文恭日记》)

按：时清光绪七年三月二十日，慈安灵榇出宫。

上奉皇太后还宫，百官蟒袍补褂，于西华门栅栏外路旁跪接。(《翁文恭日记》)

按：时清光绪十四年。

光绪十九年，慈禧皇太后七旬万寿，还宫日，由颐和园东宫门外彩殿乘辇，至西华门内咸安门外彩殿降辇，乘轿还宫。皇帝于是日由东华门外率王公百官跪送，扶金辇至牌楼乘驹，道引至石路乘轿，先行在西华门内跪迎。(《朱氏东华续录》)

按：光绪十四年，修清漪园，改名颐和园，殿宇一切亦加葺治，以备慈禧游憩。十七年，工成。

又按：慈禧颐和园故事，据《清宫词》注：孝钦在颐和园，每日必登佛香阁游览，载漪之福晋亲为扶舆。又孝钦后于颐和园率后妃乘小艇，照像用渔家服。

庚子七月二十一日，天未明，太后青衣徒步，泣而出。帝及后皆单袷从。至西华门外，乘骡车，妃及宫人皆委之以去。(《庚子国变记》)

按：太后，慈禧太后也。帝，光绪帝也。后，光绪后也。

又按：《清宫词》注：联军入京之日，孝钦皇后晨起，闻警尚未盥漱，以绿绸袱首就道。德宗终日饥饿，行抵贯石，仅食冷粥一盂。以簸箕为枕，卧土坑。翌日，抵怀来，知县吴永迎入署中。孝钦居官署内室，始取其衾具梳洗焉。又，庚子九月，两宫由蒲津渡河，入潼关，陕境妇孺跪迎道左，咸捧果物上献。孝钦后于舆中手取一二，亲以银牌赐之。

西华门内雪池，康熙中赐蔡升元，饬内府司员水雪施工，克期告竣。令同直陈广陵元龙送归新第。见蔡《纪恩》诗。荣遇无与伦比。(《藤阴杂记》)

西华门门楼安设阅兵所用棉甲，北面角楼，安设阅兵所用棉甲，并锭钉盔甲。(《钦定总管内务府现行则例·武备院卷》)

【续】乾隆十六年五月，上谕：今岁恭逢圣母皇太后万寿，安舆所经，凡道路一应预备，俱著取支内务府。自西直门至西华门一带途次，著直省督抚等即于此间公同分段预备，计每段不过数丈许。(《清高宗纯皇帝圣训》)

按：安舆所经道路，西直门至万寿山一路，初准督抚等预备，后著取支内务府。自西直门至西华门一带，原准在京王公大臣分办，旋改由督抚等分办。

辛未十一月，恭祝慈宁万寿，臣工分办，自西直门至西华门内，亭台夹道，百戏具陈，三座门外之黄鹤楼，宏丽称最。又万寿日，慈圣自圆明园还宫，上乘马前导，不设关防，群臣跪道旁者，咸得瞻仰。（《蠢涛诗钞》注）

按：辛未，乾隆十六年也。

又按：《崇庆皇太后六旬万寿庆典册》载：乾隆十五年十二月十六日，内阁奉上谕："明岁恭逢圣母皇太后万寿之年，朕于新正恭奉銮舆巡幸江南、浙江，省方观民，入疆考绩，式遵祖烈，庆典斯行。"并载：乾隆十四年十月，上谕略云："朕巡行所至，悉奉圣母皇太后游赏。江南名胜甲天下，朕亲掖安舆，眺览山川之佳秀，民物之丰美，良足以娱畅慈怀。"

又按：《清仁宗实录》：嘉庆四年二月，谕军机大臣等："朕忆乾隆四十九年，扈从皇考南巡，于杭州圣因寺行宫，同军机大臣召见。"

又按：康熙帝六巡江浙，恭侍銮舆，群黎夹道欢迎，交颂天家孝德。见《清圣祖实录》。

乾隆四十六年十二月，上幸瀛台。回部库尔勒三品阿奇木伯克、密尔萨图拉等三十二人，于西华门外瞻觐，赐冠服有差。（《清高宗实录》）

乾隆五十五年八月十二日，皇上进宫，乘礼舆，舁以十六人，陈大驾卤簿，自西华门内至隆宗门。祇迎，导以骑驾卤簿，作乐。（《乾隆八旬万寿盛典册》）

按：乾隆八旬万寿，在八月十三日，先一日进宫。盛典册并载：皇上进宫日，侍卫三十员，奉引庆辇，恭捧万年如意一柄。次日，悉以如意颁赐。又载：皇上进宫，卤簿用导迎乐外，兼设万寿衢歌。

朕出入西华门时，在馆总裁各馆，毋庸照清字经馆之例，排班站立。（清嘉庆四年三月谕旨）

按：在馆总裁各官，在实录馆总裁各官也。谕旨并载：清字经馆（其时已改作实录馆），朕在藩邸时，曾至其地。

本年夏间，因彭元瑞在禁城内坠马跌伤。朱珪辄将彭元瑞所乘之轿，唤入西华门舁出。旋经御史劾奏，是以将朱珪交部议处。（清嘉庆

五年九月谕旨）

嘉庆十八年十二月二十二日至二十四日，西华门内设坛讽经。遵旨，照依赏过呼图克图扎萨克喇嘛等之例给赏。（《内务府奏销档》）

按：西华门外北长街，有福佑寺。《京师坊巷志稿》仅称，康熙帝冲龄时，避痘此寺。《癸巳存稿》记载较详，记云：伏读《圣祖仁皇帝御制文集》，康熙六十年谕："今王大臣等，为朕御极六十年，奏请庆贺行礼。钦惟世祖章皇帝，因朕幼年时未经出痘，令保姆护视于紫禁城外。父母膝下未得一日承欢，此朕六十年抱歉之处。"孝陵告祭文云："伏念臣昔在冲龄时，防出痘，遂依保姆于禁外。父母膝下未承一日之欢，此臣六十年来深疢负歉者也。故正月初七日、二月十一日，因念忌辰之前，庆贺皆不敢受。圣制文如右。"今西华门外福佑寺坊，书"泽流九有"，传为雨神庙，实梵宇也。后殿供奉神牌，书"圣祖仁皇大成功德佛"九字，背面书圣制五律一首。其寺，本为当日保姆护御之邸，见《恩福堂笔记》。当由内府记载，与圣制禁外文合。又读《钦定日下旧闻考》：福佑寺，在西华门北街东。谨案：前殿为"慧灯朗照"。正殿中奉神牌，东案陈设御制文集，西设宝座。额为"慈容俨在"，而不记其所由，赖《恩福堂笔记》知之。又附载：康熙时，俄国遣人至中国学痘医（清入关重视种痘，曾置种痘章京，掌理旗人痘疹，及内城人民痘疹迁移之政令）。《清圣祖仁皇帝圣训》载：康熙二十一年，上谕理藩院："京城痘疹盛行，今年朝贺元旦，蒙古王、贝勒、贝子、公、台吉、塔布囊等已出痘者，令其来朝，其未出痘者可俱停止。各属护卫随从人等，亦如之。速行宣示。"《养吉斋余录》载：方恪敏观承，尝携其子入见，乾隆帝解佩囊以赐，又命御医为其子种痘。故恪敏诗云："造膝几人能抱子，眷怀昨岁诏迎医。"

又按：西华门外，西苑门迤南，有南花园。据《宸垣识略》：园在明时为灰池，种植瓜蔬，于炕洞内烘养新菜，以备春盘荐生之用。立春日，进鲜萝卜，名曰咬春。清代改为南花园（园隶奉宸苑，承应宫中供献陈设）。

又按：西华门外，有奉宸苑署。《宸垣识略》载：署在西苑门之旁。《钦定总管内务府现行则例》载：奉宸苑掌景山、瀛台等处亭台、池沼、林麓、苑囿等事。《养吉斋丛录》载：奉宸苑初为上林苑，康熙二十四年始行设立。

又按：西华门外西安门内，有大光明殿。据《金鳌退食笔记》：殿在西安门内万寿宫遗址之西，中祀上帝，相传明世宗与陶真人讲内丹于此，清仍设内监守之。顺治十八年正月，帝升遐。顾命大臣索尼、鳌拜、遏必隆、苏克萨哈辅政，共来焚香盟心于此，各衙门亦次第设誓。又据《十朝诗乘》：雍正初，大光明殿成，敕有司选羽流之有道法者，焚修其中。苏州元妙观道士惠虚中远谟、吴山长生房道士施鲁瞻远恩，皆与选，俱授龙虎山提点，居十年乃辞归。二人皆能诗，鲁瞻《大光明殿步虚诗》："巍巍金阙耸瑶天，羽盖朱轮满大千。惭愧野人樗散甚，侍香亲到至尊前。""诵彻琅函玉笈文，月华如水夜初分。琉璃世界通明殿，香气蒸成五色云。""五铢衣覆九华宸，上界颁来十赉文。何处飞翔双白鹤，夜深还拜玉晨君。""洞阙玲珑网户开，金虬导我玉京回。道人报国无他愿，但祝风调雨顺来。"又，江南道士沈默夫清正，亦召入大光明殿，面承咨问，赐金扇笔墨。又据《清文宗实录》：咸丰五年六月，帝诣大光明殿拈香。

又按：西华门外，曾发见唐故濮阳卞氏墓志铭。据《所识小编》：康熙二十年，西安门内有内监治宅掘地，误发古墓，中有瓦垆一、瓦罂一、墓石二，方广各一尺二寸。一刻"卞氏墓志"四字，环列十二辰相，皆兽首人身。一刻志铭，题曰："大唐故濮阳卞氏墓志铭"。

又按：西华门外，有西十库。据《金鳌退食笔记》：西什库，在西安门内，南向，旧设掌库太监一员，贴库数员，金书数十员。清入关后三十余年，十库封锢不开，尘土堆积，库后古木丛茂，居人鲜少，众鸟翔集，作巢以数万计。康熙帝尝游幸至此，命内务府清查立档案焉。《康熙万寿图记》：进西安门路左，西十库口内，有上三旗三十家包衣人，自天王殿旧址建寺，唪经庆祝万寿。奉敕，赐名慈云。寺前夹道新植松柏百余株。

又按：西华门外西安门内，有刘銮塑，俗名讹琉璃塑。其地为元都胜境。见《京师坊巷志稿》。京师设像奇古者，曰刘銮塑。见《析津日记》。又有果园厂、经厂、玉熙宫、雪池。果园厂在棂星门之西。明永乐年，制漆器，以金、银、锡、木为胎。有剔红、填漆二种，皆称厂制，世甚珍重之。其遗址，清内务府人役所居。经厂，即大藏经厂。在玉熙宫遗址之西，贮经书典籍及释藏诸经。清仍旧制。玉熙宫在西安里门街北，金鳌玉蛛桥之西。康熙三十年五月，于此设席殿，停仁孝皇后梓宫，集百官举哀。后改为内厩，豢养御马。俱见《金鳌退食笔记》。雪池，在西华门。见《藤阴杂记》。《康熙万寿盛典》：过石桥进雪池红门。夹道耀廊数十楹，半道左右，鼓亭各一。

武英殿各处

【初】西华门内，熙和门西为武英殿，殿门制与文华门同，前跨石梁三，周以石槛。殿广五楹，丹墀东西陛九级。其东配殿曰凝道，西配殿曰焕章，后殿曰敬思。殿之东北为恒寿斋，西北为浴德堂。

武英殿，清袭明旧，同治八年灾，同年修。

武英门

【续】曾文正《腊八日夜直》诗："翻从官宿得闲时，仙掖深深昼掩帷。静向古人书易入，寒偏今日酒堪持。浓馔说献宫中佛，晴雪看分禁里墀。日暮武英门外望，井阑冰合柳枯垂。"（《曾文正公诗集》）

武英殿

【初】顺治元年五月，多尔衮进朝阳门，乘辇入武英殿升座。（《蒋氏东华录》）

按：据清史馆修史者称，多尔衮入居武英殿，诸臣降者，仍以明官治事武英等语。是顺治车驾未到以前，多尔衮办事之所，当即在武英殿。修史者又称：康熙八年修乾清宫，移御武英殿云云，是清代皇帝亦曾有临御武英殿者。

又按：李自成僭帝号，御极于武英殿。见《旧都文物略》。明代凡斋居及召见大臣，初在武英殿，后移文华殿。崇祯五年，皇后千秋，命妇赴武英殿朝贺行礼。见《春明梦余录》。崇祯十一年，卢象昇入援，召对于武英殿。见《明史本纪》。

武英殿前后二重，皆贮书籍。（《国朝宫史》）

康熙间，特开书局于武英殿，实为词臣纂辑之地。乾隆以后，书馆盛开，武英殿专司刊校，未尝废置。刊行经史子集，谓之殿版。向以亲王领殿事，而设总裁、提调、总纂、纂修、协修等官，其下则为校录之士，收掌之员，若剞劂装钉，工匠尤伙。道光二十年后，以经费支绌，

刊书甚少，仅存其名而已。（《养吉斋丛录》）

按：明代武英殿有待诏，择能画者居之，文华殿有直殿中书，择能书者居之，如宋之书画学。清则以武英为刊书之所，而以文华为经筵之地。

康熙六十一年，充武英殿修书总裁。（《望溪先生全集》）

按：时先生尚未授实官，以白衣充任。据先生年谱，在书局凡三十年，承修各书，皆颁列学官。

又按：康熙五十四年，吴廷桢之子士端，以诸生奉特旨，入武英殿行走，预修《韵府拾遗》、《子史精华》。见《切问斋集·吴士端墓志铭》。

康熙癸未，武英殿置局，纂修《佩文韵府》。（《白田草堂存稿》）

圣祖皇帝南巡，士人多献诗御览，上独奇山抡作，拔第一，复乡举名，俾入直武英殿。（《诗钞小传》）

按：山抡，吴廷桢也。康熙时，陈鹏年有《初伏直武英殿》诗，其小序则云：奉命直武英殿，日在凉堂广厦之间，带星而入，昏黑而返。其诗句则云："秘府观图书，西清集群彦。每分象管笔，拂试龙香砚。月榭可按襟，风帘坐展卷。四海如弟兄，岂必同乡县。"

康熙年间，编纂《古今图书集成》，刻铜字为活版，排用葳工，贮之武英殿。历年既久，铜字或被窃致少，司事者惧干咎，适值乾隆初年，京师钱贵，遂请毁铜字供钱，从之。（清高宗《御题武英殿聚珍版十韵》诗注）

按：《古今图书集成》，据《雍正御制文集》：康熙创其端，雍正竟其绪。

特创聚珍版，武英殿司之。（《国朝宫史续编》）

按：续编并载：乾隆三十九年，高宗纯皇帝创制聚珍版，排印群书。

又按：清高宗《御题武英殿聚珍版十韵·序》略云："剞劂流传，付雕非易，董武英殿事金简，以活字法为请，遂锓木刻单字二十五万余，名曰聚珍版。"又云："昔沈括《笔谈》记宋庆历中，有毕昇为活版，以胶泥烧成。而陆深《金台纪闻》则云：毗陵人初用铅字，视版印尤巧便。斯皆活版之权舆。顾埏泥体粗，熔铅质软，俱不及锓木之工致。共刻单字计二十五万余，虽数百十种之书，悉可取给。"

各省所进遗书，奉旨令翰林院钤盖印信，并奏派总纂、纂修诸臣校正，然后移送武英殿发缮。办毕，仍应遵旨发还藏书之家，不许丝毫损失。（《葆淳阁集》）

按：原送底本，乾隆时颇多遗失。详见集中。

乾隆十六年，上谕：吴鼎、梁锡玙所著经学各书，著派翰林二十员、中书二十员，在武英殿各缮写一部进呈。原书给还本人。所有纸笔饭食，皆给之于官。著梁诗正、刘统勋董理其事。（《纪恩录》）

今阅进到各家书目，其最多者如浙江之鲍士恭、范懋柱、汪启淑，两淮之马裕四家，为数至六七百种，皆其累世弆藏，子孙克守其业，甚可嘉尚。因思内府所有《古今图书集成》，为书城巨观，人间罕觏，此等世守陈编之家，宜俾尊藏勿失，以永留贻。鲍士恭、范懋柱、汪启淑、马裕四家著赏《古今图书集成》各一部，以为好古之劝。又进书一百种以上之江苏周厚堉、蒋曾莹，浙江吴玉墀、孙仰曾、汪汝瑮及朝绅中黄登贤、纪昀、励守谦、汪如藻等，亦俱藏书旧家，并著每人赏给内府初印之《佩文韵府》各一部，俾亦珍为世宝，以示嘉奖。以上应赏之书，其外省各家，著该督抚、盐政派员赴武英殿领回分给。其在京各员，即令其亲赴武英殿祗领。（清乾隆三十九年谕旨）

按：乾隆采集天下遗书，杭郡鲍士恭所献最精，内《唐阙史》一书，乾隆曾有题咏。

初年，命翰林诸臣写袖珍文选，并敕武英殿校缮袖珍四书、五经、《日知荟说》诸书共数十种，携之属车，以便省览。（清乾隆题《袖珍诗》注）

武英殿刊经史、三通及聚珍版，流传海内，嘉惠士林。（清乾隆庚戌《八征耄耋之宝联句》注）

武英殿官刻十三经，勘雠精核，久已颁发黉序，嘉惠艺林。（清乾隆五十九年谕旨）

此书（《九家注杜诗》）旧藏武英殿，仅为库贮陈编，无有知其为宋椠者。兹以校勘《四库全书》，向武英殿移取书籍，始鉴及之。而前此，竟未列入天禄琳琅。（清乾隆乙未《题郭知达集九家注杜诗》注）

乾隆四十年，献金川俘馘于庙社，命藏得胜灵纛九杆于紫光阁、武英殿。上御午门楼受俘。（《蒋氏东华录》）

同治八年，派估武英殿工程。（《潘文勤祖荫年谱》）

按：清同治八年，武英殿灾，延烧三十余间。重修时派文勤估工程。

武英殿不戒于火，书籍版片焚毁殆尽。（《越缦堂日记》）

按：清同治八年时事。

又按：《述德堂笔记》：修书匠役，例给肉斤，自同治间，殿不戒于火，久无修书事，而此例不废，实饱私囊。

美、日兵官护禁城，严禁中外人出入。十九夜，武英殿之灾，救护甚力，幸未延烧。（清光绪二十七年四月奕劻、李鸿章致西安军机处电）

武英殿之东，御河环绕，石桥一座，雕刻极精，为诸桥冠，俗呼为断虹桥。石栏干雕刻亦极精，一石猴左手舞瓢，右手持裙，尤精绝。桥北地广数亩，有古槐十八，排列成荫，颇饶幽致。（《旧都文物略》）

按：武英殿今为古物陈列所，陈列清盛京旧宫、热河行宫玉、铜、瓷、书画、文玩各珍品。

【续】**顺治元年五月二日，王入京师。明文武百官率军民老幼，焚香跪迎朝阳门外。设故明卤簿，请乘辇。王曰："予法周公辅成王，不当乘辇。"诸臣以周公负扆摄政，固请。王曰："予来定天下，不可不从众意。"乃乘辇入武英殿。下令安辑百姓，饬将士皆乘城，毋入民舍。有卒屠民家犬，射伤犬主，斩以徇。民皆安堵如故。为崇祯帝发丧三日，具帝礼葬。归顺诸臣，俱以明原官任事。**（《耆献类征·和硕睿亲王多尔衮传》）

按：王，为睿亲王，为摄政王。当时称为台星可汗九王。见《后鉴录》。王进朝阳门，令将故明卤簿向宫门陈设，王仪仗前列，奏乐，拜天，复望阙行礼。乘辇入武英殿，升座，故明众官俱拜伏呼万岁。见《清世祖实录》。

又按：顺治二年六月二十九日，大学士刚林等持冠带品级，跪呈王览。闰六月初六日，王谕仪从帖，缓其帽顶等威，作速颁行。初七日，王谕，新冠服一品用东珠，系极珍贵之物，止许用三分重者，如重过三分者，当禁止。见《多尔衮摄政日记》。康熙四十九年，上谕礼部："今日祈谷坛，见正卿噶世图帽顶上嵌东珠二颗，御史亦俱嵌东珠，应严加查禁。"又谕："一品官员，帽顶应嵌东珠。大学士、尚书等俱系大臣，职任亦大，帽顶亦应嵌东珠。此外官员加级，则帽顶嵌红宝石可也。"见《清圣祖仁皇帝圣训》。

顺治元年九月初四日，礼部启言："圣驾至京，文武百官迎接礼仪，应行豫定。驾由永定门入大清门，升武英殿。文武百官由大清门进，至承天门外，金水桥南，文武分班。驾至，跪迎，俯伏候驾过，百官各散。凡一应执事人员，仍伺候。次日黎明，文武百官，于武英殿朝毕，上表，请即帝位。候旨俞允，本部随择日具仪注进呈。"摄政和硕睿亲王是之。（《清世祖实录》）

按：承天门，清初袭明旧。顺治八年，始改曰天安门。实录并载：是年（顺治元年）九月十九日，上自正阳门入宫。十月朔，即帝位。

顺治元年九月二十七日，鸿胪寺上进历仪注略云："十月初二日，钦天监进历。设历案于武英殿正中，上御武英殿，升座。钦天监官将历跪置于案，奏钦天监进顺治二年御览月令等历，奏毕，司礼监官捧上御览。"（《清世祖实录》）

顺治二年正月，上御武英殿，赐诸王群臣宴。二月，以流寇李自成败遁，三秦平定，御武英殿，诸王、贝勒、文武大小群臣，行朝贺礼。三月，遣朝鲜国王次子李㴭归国，御武英殿，㴭陛辞，赐宴，并赐貂裘、绸缎、鞍马等物。七月，上太祖武皇帝、孝慈武皇后、太宗文皇帝玉册、玉宝于太庙。设册宝案于武英殿。设贮册宝彩亭于武英殿门外。皇上出武英殿，遍阅册宝、祭文，行跪叩礼。十月，赐摄政王多尔衮、辅政王济尔哈朗、和硕肃亲王豪格马各一匹。王等跪受，入武英殿叩首谢恩。十二月，更定朝仪，每元旦庆贺，皇上先御武英殿。内大臣、两旗护军统领、护军参领、侍卫等，内三院、都察院大臣及礼部执事各官，行礼毕，皇上御太和殿，受诸王以下朝贺。（《清世祖实录》）

康熙八年正月，上移居武英殿。（《清圣祖实录》）

按：是年正月，因修理太和殿，康熙帝由清宁宫（保和殿之暂时改称）移居武英殿。十一月，由殿移居乾清宫。

康熙十七年二月，皇后崩之三日，奉移梓宫于武英殿，上亲临举哀。诸王以下文武各官等，每日早晚两集殿门外举哀。（《清圣祖实录》）

按：皇后，康熙后，孝昭皇后也。是年三月，梓宫移往巩华城，与仁孝皇后（康熙后，先孝昭而崩者）同安于享殿内。

康熙十九年，始以武英殿内左右廊房，共六十三楹，为修书处，掌刊印、装潢书籍之事。乾隆三十八年，奉旨创制活字版，锡名聚珍。置局西华门外北长街路东，排印各书事亦隶焉。额设监造一员、副监造一员、主事一员、六品库掌一员、笔帖式四员、库掌三员、委署库掌六员，钦命王大臣总理之。其专司缮录校阅等事，则有提调二员、纂修十二员，均以翰詹官员充，而特简大臣为总裁，以综其成。（《内务府册》）

康熙间，存斋公和素官内阁侍读学士，兼武英殿翻书房总管。（《鸿雪因缘图记》）

按：图记并载：公随侍圣祖仁皇帝巡幸江浙，和诗称旨，锡赉骈蕃。一日扈从圣驾，驻跸虎邱，召入千顷云（轩名）赐馔，并当面御书纪游诗以赐。诗曰："试剑仍存石，生公尚有台。爱观山后景，错落野田间。"《熙朝雅颂集》载《八旗通志》载：《琴谱合璧》十八卷，和素撰，取明扬抡《太古遗音》，译以国书。使明人旧笈，转赖此帙以永传。

康熙五十二年十月，上谕大学士等曰："翰林官员内，多有不识字义、不能作诗文者，此皆教习不勤之故。比年以来，武英殿行走之人，乡会试中式者甚多，盖以在武英殿行走，每日不释卷耳。此后凡修书处，著并派庶吉士。"（《清圣祖仁皇帝圣训》）

乾隆元年，命公在武英殿修书处行走。（《耆献类征·卿贰张照国史馆本传》）

按：公，张照也。本传并载：乾隆六年，上以朝会乐章句读，与乐音不相比合，敕庄亲王同照查明《律吕正义》源委。又，坛庙乐章恐不合律，并查奏。寻各疏言：《律吕正义》一书，编摩未备，请重修《律吕正义》后编，与前书并垂万世。坛庙、朝廷乐章，应遵圣训，将新旧所定，并宋朱子《六经图》及明朱载堉《乐书》式，考定宫商字谱，备载于篇，使律吕克谐，寻考易晓，此民间俗乐，亦宜一体厘正，下部议行。

乾隆二年五月，命以五朝圣训交武英殿刊刻，颁赏。（《养吉斋余录》）

按：五朝圣训，清太祖、太宗、世祖、圣祖、世宗圣训也。

乾隆四年，命武英殿重刊十三经、廿一史。苞疏言：库贮书籍并无监版经史。而见今监版，更剥蚀无凭校对，请敕内府及内阁藏书处，遍查旧本。谕在京诸王大臣及有列于朝者，如家藏有明泰昌以前旧本，奏明交馆。并敕江南、浙江、江西、湖广、福建五省督抚，购送旧版经史，彼此互证。再孔颖达、贾公彦等所引十三经及传注，并周秦间诸子多讹误，请详校，开列呈览酌改。又，前侍讲学士何焯曾博访宋版，校正前后《汉书》、《三国志》遗讹，应就其家索原书，照式改注别本，其

原本仍行给还。从之。(《耆献类征·卿贰方苞国史馆本传》)

按：全祖望《方灵皋先生苞神道碑铭》载："公以白衣直禁廷，共豫校雠，令与诸王子游。自和硕诚亲王（胤祉）下，皆呼之曰先生。"

乾隆四年，公充武英殿校勘经史官。(《耆献类征·杭世骏齐公召南墓志铭》)

按：墓志铭并载：九年，公丁艰，前承办《礼记》、《汉书》考证。十年，谕旨仍令在籍编辑，陆续交武英殿经进。又载：上（乾隆帝）于宁古塔得古镜，以来历未详，问朝臣，莫有对者。公具悉原委，并其款识以对。上大悦，谕左右曰："是真不愧博学鸿词矣。"

乾隆二十三年，命钱大昕充武英殿纂修官，又充功臣馆纂修官。(《钱辛楣先生大昕年谱》)

按：《蠹涛诗钞·春明纪事》诗云："词臣供奉职非虚，金匮书还金殿储。进御缥缃千万帙，签题黄绢殿中书。"注，武英殿藏书，皆由纂修官书签。

徐以坤以国子监博士充武英殿总校。迭蒙尚方哈密瓜、石榴果珍品之颁。(《沈埴为文集》)

武英殿原贮《渊鉴类函》等书一百七十二种，共计板十四万八千一百四十四块。又，奉旨，交铲字迹另刊应用杂项板二万七千三百五十七块，并无缺少。(清乾隆三十四年六月总管内务府折)

乾隆三十八年，命公办武英殿监刻各事宜。(《耆献类征·金简国史馆本传》)

按：本传并载：乾隆四十四年，上以四库馆总裁金简无阅书之责（馆另有总阅专官），专司考核，督催诸事。

查例，载：武英殿总裁、提调、翰林等官，每二员食肉菜一桌，每桌价银二钱五分七厘五毫。每员食粳米一仓升，每升价银二分一厘。每员食茶叶二钱，每茶叶一斤价银一钱三分。每员跟役一名，每名食细老米一仓升，每升价银一分一厘二毫五丝。所用银两，系向广储司银库支领。今查对《四库全书》各官，蒙旨赏与饭食，应遵照武英殿修书处之例，核计人数办理。(清乾隆三十八年二月总管内务府大臣福隆安折)

乾隆三十九年六月初八日，武英殿修书处咨：通行书交纳纸张工价，请领十三经竹纸书十七套，十四两四钱九分一厘八毫一丝五忽，二十三史（有《旧唐书》）竹纸书七十七套，六十五两五钱八分九厘六毫

二丝。(《癸巳存稿》)

乾隆四十五年，武英殿遗失《四库全书》底本三十余种。经总裁王杰奏参。上以墀专提调，前后数年，事出一手，命解任审讯。嗣查明，实因书卷浩繁，收发不清所致，别无情弊。得旨开复。(《耆献类征·陆费墀国史馆本传》)

乾隆五十一年五月，上谕军机大臣等："著将直省文庙乐谱，并乡饮酒礼乐章，交武英殿聚珍板处刷印，颁发天下。"(《清高宗纯皇帝圣训》)

乾隆五十三年十月，谕："其四库馆应办各书，现在该馆已撤，即交武英殿办理。"同月，又谕："编辑《四库全书》，原以嘉惠士林，俾资博览。但文渊、文源、文津三阁储藏，俱系禁御重地。现在排函列架，珍萃琳琅，自不便任人出入翻阅。且各书底本，原俱存贮翰林院，以备查核。嗣后，词馆诸臣及士子等，有愿睹中秘书者，俱可赴翰林院，白之所司，将底本捡出抄阅。院署非禁地可比，既便于披阅，于体制亦昭慎重。"(《清高宗实录》)

嘉庆十九年五月，上谕："武英殿御书处书籍、版片，积年刊刻不易，若任其残缺漫漶，殊为可惜。著管理武英殿御书处王大臣，将现存各项书版逐一查点，其颁行有用之书，如版片间有缺坏，应即补刻齐全。"(《清仁宗睿皇帝圣训》)

武英殿书籍，其存而不发卖者，向贮于殿之后敬思殿。甲戌夏清查，将完好者移贮前殿，其残缺者变价，符咒等书，悉付之丙（丁）。于是敬思殿空为储板片之所。谢峻生云："查书时，窗台上有黄袱包贮一物，拂尘展视，得书十二本，盖兵书也。无名目，书中画图，按图解说，如白虹贯日、恶风震雷之类。天见何象，则何如应。画有断尸横陈、将军缺首等像，图皆着色画，见之可怖，《解》俱称朱子曰，恐系秘本，不敢细读，因进御览。奉旨，仍谨藏于殿中。"(《竹叶亭杂记》)

按：甲戌，嘉庆十九年也。谢峻生，名松。

又按：武英殿之东配殿，曰凝道；西配殿，曰焕章；后殿，曰敬思。据乾隆二十六年编入《萝图荟萃》之《京城全图》，其时尚无此三殿名。

武英殿有露房，即殿之东稍间，盖旧贮西洋药物及花露之所。甲戌夏，查检此房，瓶贮甚伙，皆丁香、豆蔻、肉桂油等类。油已成膏，匙匕已取之不动。又有狗宝、鳖宝、蜘蛛宝、狮子宝、蛇牙、蛇睛等物。其蜘蛛宝，黑如药丸，巨若小胡桃，其蛛当不细矣。又有曰海力雅葛者，形如药膏。曰噶中得者，制成小花果，如普洱小茶糕。监造列单，交造办处进呈。上分赐诸臣，余交造办处。旧传，西洋堂归武英殿管，故所存多西洋之药。此次交造办处，而露房遂空。旧档册悉焚，于是露房之称始改矣。（《竹叶亭杂记》）

光绪三十二年四月，复充武英殿总纂。颁赏太乙紫金锭、万应锭、灵应痧药、金衣祛暑丸、六合定中丸、香薷丸。（《吴絅斋士鉴自订年谱》）

道光五年十月，武英殿库贮书籍被匠役等先后伙窃售卖。（《清宣宗实录》）

按：《内务府奏销档》：道光五年，武英殿匠役伙窃殿库《佩文韵府》四部，《康熙字典》、《周礼》、四书各一部，共卖得京钱二百二十千分用。

同治八年六月二十日夜间，西华门内武英殿不戒于火，延烧至三十余间。西配殿及附近各处无恙。（《清穆宗实录》）

按：《还读我书室老人董恂手订年谱》：同治八年六月二十一日，武英殿火，率子莲入内救护。（时董恂官户部尚书。）

武英殿活字板处，在西华门外北长街路东。（《宸垣识略》）

按：西华门外活字板处，据《内务府册》，乾隆三十八年设置。识略于此条下并有附记，兹录如下：按，活字板向系铜制（乾隆时，易铜以木，名曰：聚珍），为印《图书集成》而设。康熙中《钦定古今图书集成》总一万卷，凡三十二典，曰乾象典、岁功典、历法典、庶征典、坤舆典、职方典、山川典、边裔典、皇极典、宫闱典、官常典、家范典、交谊典、氏族典、人事典、闺媛典、艺术典、神灵典、禽虫典、草木典、经籍典、学行典、文学典、宗学典、选举典、铨衡典、食货典、礼仪典、乐律典、戎政典、祥刑典、考工典，每典复分门类，共为部六千一百有九，计书五百二十函，又目录二函。

又按：《古今图书集成》一书，雍正六年刷印铜板六十四部。孟心史森曰："是书原名汇编，为陈梦雷承命纂辑，由诚亲王允祉代进。钦定改名《古今图书集成》。考汇编纂辑大略，据陈梦雷《松鹤山房集·上诚亲王汇编启》：谨于康熙四十年十月为始，领银雇人缮写。蒙我王爷殿下颁发协一堂所藏鸿篇，合之雷家经、史、子、集，约计一万五千余卷。至四月，书将告成，分为汇编者六，为志三十有二，为部六千有零。凡在六合之内，巨细毕举。其在十三经、二十一史者，只字不遗。其在稗史、子集者，十亦只删一二。以百篇为一卷，可得三千六百余卷。若以古人卷帙记之，可得万余卷。"（启上下文从略。）

又按：《十朝诗乘》：《古今图书集成》，设馆于康熙丙申（康熙五十五年），历二十载告成。书分六大部，为典凡三十六，备员纂修者如其数，人专一典，时谓之集成馆。黄莘田（任）《题集成馆纂修图》："藏珠府接大罗天，握椠怀铅各并肩。不比兰亭修禊事，群贤毕集永和年。""雅雅鱼鱼俨受经，五云深处子云亭。缥缃亦有麒麟阁，一一丹青是汗青。""文章谁不羡西昆，一代闲平典籍尊。遗老白头爱渔猎，得司獭祭是君恩。""清夜西园宴集图，园中人尽食天厨。他年收入宣和谱，可有萧梁跋尾无。"是亦石渠故实也。

又按：清乾隆二十六年编入《萝图荟萃》之《京城全图》，武英殿之南，有刷印作、磁□库，武英殿之东，有貂房。

今查得：武英殿前库存贮正项书，共一百七十六种，后库存贮正项书，共五百十种，与册载相符。至所报余书共五十六种，内有十三经、二十一史等书二十四种，原系远年抄没之项。此外又有《朱批谕旨》底本，并各种书籍图板四十九种，或全或缺。又有不全《古今图书集成》一部，内每典缺欠不一，共少六百八十一本。查此书于雍正六年刷印六十四部之后，并未重印。此一部或系当时初刷样本，历年久远，遂致不全。又有成部余书十种，计二百八十五部，如《执中成宪》等类，均系殿中刊刷之书，查明档册所不载，盖系从前初办时该处官役人等就板私行刷印，遗留存库。（清乾隆四十一年四月总管内务府折）

按：折并载：奏准将残缺之书交崇文门变价。（《上谕底本》、《古今图书集成》不在此列。）

凝道殿　焕章殿

【初】武英殿东庑曰凝道殿，西庑曰焕章殿，左右廊房六十三楹。凡钦定刊布诸书，俱于此校刊装潢。（《国朝宫史续编》）

左右廊房凡六十三间，皆贮书籍。（《光绪顺天府志》）

恒寿斋　浴德堂

【初】殿东北为恒寿斋，今为缮校《四库全书》诸臣直房。西北为浴德堂，即旧所称修书处也。浴堂在后，西为井亭。（《钦定日下旧闻考》）

按：《望溪先生方苞年谱》：雍正上宾，先生时领武英殿修书处事，请于亲王，就直房持服。未再期，先生不出焉。

武英殿殿宇前后二重，皆贮书版。北为浴德堂，即修书处。（《虎坊杂识》）

按：浴德堂，《国朝宫史》及《国朝宫史续编》俱称词臣校书直次。

康熙十九年，奉旨设立修书处。（《钦定总管内务府现行则例·武英殿修书处》卷）

按：该卷并载：武英殿修书处有兼摄内务府司官、正监造、员外郎、副监造、内管领委署主事、库掌、笔帖式、柏唐阿、司匠、领催等。又有书匠、刷印匠、裱匠、画匠、木匠，共计旗匠一百四名、招募匠四名。

康熙三十四年，奏准：修书翰林等照南书房翰林饭食例，每员每日肉菜半桌、稻米一仓升、茶叶一钱，跟役老米一仓升。乾隆三年，校对书籍翰林设提调二员、纂修十二员、协修十二员、供事八名。（《钦定总管内务府现行则例·武英殿修书处》卷）

按：《履园丛话》：陈鹏年知江宁府，被劾落职，圣祖赦其罪，命入武英殿修书。

修书处自五月朔，始逐日赐尚方冰，供以巨盘。（《沧洲近诗》注）

按：沧洲诗云："御厨每络绎，珍味来大官。犹蒙老中使，日赐水晶盘。会食笑堂馔，相将劝加餐。"又云："稽首拜凌人，堆冰作清供。盛朝特优异，赐出同侍从。"（陈沧洲，名鹏年，诗系康熙朝初伏直武英殿时所作。）

康熙四十年，奉旨：背式骨著交武英殿收什。据饭房交来獐狍背式骨，照数收什干净，拣选好者分别等第，于次年正月初间进呈。所用牙匠，向广储司行取。（《钦定总管内务府现行则例·武英殿修书处》卷）

按：据该则例《御茶膳房》卷：盛京岁贡獐抱背式骨，交武英殿。

武英殿修书处监造官员，专司刊刻、装潢书籍等事。（《钦定总管内

务府现行则例·武英殿修书处》卷）

按：该卷并载，凡刊刻御笔，每个寸字工价钱一分，万字锦边宽一寸，长八寸，合一工，值银一钱五分四厘。凡书刻宋字、刻软字，每百字工价银八分，刻欧字，每百字工价银一钱四分，枣木版加倍。凡刻画图，每见方寸合一工，值银一钱五分四厘。凡书写宋字，每百字工价银二分，软字三分，欧字四分。凡画图，每见方寸二寸合一工，值银一钱五分四厘。

春正月六日，上遣官至寓所，取臣所辑中晚唐诗，恭进五部，复命武英殿监造缮写进览。（《云川阁集》）

按：上，清康熙帝也。臣，杜诏自称也。此杜紫纶自记康熙五十一年春遭遇事，其时尚未点庶常。

武英殿监造等亦著赍送果品。（清康熙五十七年谕旨）

按：送驾幸所。

乾隆三十九年奏明，凡聚珍馆摆印各书，刷印连四纸书五部、竹纸书十五部，以备陈设。又刷印竹纸书三百部，发交江南、江西、浙江、广东、福建五省通行。（《钦定总管内务府现行则例·武英殿修书处》卷）

【续】方望溪尝在浴德堂订三礼及四书文。（《雪桥诗话》）

按：方望溪，名苞。三礼馆之开馆，据《清高宗实录》载：乾隆元年七月，命大学士鄂尔泰、张廷玉、宋朱，兵部尚书甘汝来，为三礼馆总裁，礼部尚书杨名时，礼部左侍郎徐元梦，内阁学士方苞、王兰生，为副总裁。又据三礼馆收到书目档，系标明乾隆元年十一月立，是三礼馆开馆即在乾隆元年。

又按：《榆巢杂识》：乾隆三年，安徽学政保举敬敷书院肄业之廪生陶敬信等，经部议，准作正贡札监肄业。得旨依议，仍著送部引见。陶进《周礼正义》一书，上嘉其注解明顺，赐缎二匹，令在三礼馆纂修上行走。

高宗几余，究及音律，钦定《诗经乐谱全书》，宫商工尺，分注朱墨，以御制《补笙诗》录于《小雅》之首。玉阆峰学士直内廷，尝于浴德堂恭录《诗经乐谱全书》。（《十朝诗乘》）

按：高宗，乾隆帝也。玉阆峰，名保。

李蒻圃《春明纪事》诗："玉阶行绕殿西厢，校勘分司浴德堂。密

室砥平规茧瓮，铭盘犹袭御香香。"注：殿直每集浴德堂，后有浴室，规圆若瓮而牖其顶，传为先皇斋祓处。(《蠡涛诗钞》)

方略馆等处

【初】武英殿之北为方略馆，再折而北东向者，为回子学、缅子学。

方略馆

【初】方略馆在武英殿垣后。(《钦定日下旧闻考》)

按：清代开馆编纂方略，自康熙二十一年谕纂《平定三逆方略》始。而馆址之定，则在乾隆十四年，纂修《平定金川方略》时也。

方略馆在隆宗门外、咸安宫之左。凡本处档案皆藏库中。总裁无定员，以军机大臣领之。每次军功告蒇及遇有政事之大者，皆奏奉谕旨，纪其始末，纂辑成书，或曰方略，或曰纪略，随时奏请钦定。亦有他书奉旨交辑者。(《重修枢垣纪略》)

按：本处，军机处也。纪略并载，彭蕴章有《方略馆谒留侯祠》诗。

又按：方略馆所纂方略，至乾隆时始体例明备。详《圣武记》。同治七年，恭亲王奕訢奉命充方略馆总裁，纂辑剿平粤匪方略、捻匪方略。详恭亲王《敬记》诗注。

各馆纂修，专任一书，独方略馆以枢臣总领，于事无所不当问，馆书无不汇集。(《切问斋集》)

按：方略纂成，在武英殿锓版。见《归朴龛丛稿·平定回疆颂序》。

馆为军机章京纂辑方略及值宿之所。(光绪《顺天府志·方略馆》注)

按：《潘氏东华续录》：方略馆直宿章京佩带请印金牌。《翁文恭日记》：军机大臣候朝、或饭或卧憩，俱在方略馆。《枢垣纪略》：军机处满汉章京散直后，在城中则退食于方略馆。

【续】方略馆在隆宗门外之南，咸安宫之左。本处大库在焉。(《枢曹追忆》)

按：本处，军机处也。追忆并载：军机章京直班者，退食于方略馆之宿舍。宿舍三间，中一间为饭厅，东西屋为二人之卧室。官厨例饭，几难下箸。又载：直夜班之暇，在大库调阅旧档。尝阅光绪二十六年旧档。十二月，奉谕：令剔除五月至七月矫擅之谕旨，而召集团民，及令五台山寺僧普济堵截洋兵许多奇异谕旨，依然在卷，并未剔除也。

康熙二十一年八月，御史戴玉缙奏：比年以来，凡系用兵诏命密旨，征剿机密，并应编辑成书，以垂不朽。（《王氏东华录》）

按：是年十月，即有谕旨纂《平定三逆方略》，此为清代编纂方略之始。其纂修地方，据内阁档案康熙二十二年七月礼部手本文开："准内阁典籍厅手本内开，编辑《平定三逆方略》，行文各部院衙门移取，事件查明，陆续移送"云云。起初似即由内阁纂修。自雍正朝设立军机处，乾隆十四年纂《平定金川方略》，乃于隆宗门外，咸安宫左，设方略馆，总裁由军机大臣兼领，军机章京皆兼纂修。所有军机处档案，汇贮馆库，省移取之烦。嘉庆二十四年，馆曾大加修理。

又按：《清圣祖实录》：康熙二十五年十一月，上谕大学士等："尔等所进《平定三逆方略》，舛错颇多，是非得失，天下自有公论。大抵记事，欲得其实而已。"

蒋渔村雍植，乾隆帝南巡召试，赐举人。后选庶常，授职总办《平定准噶尔方略》。馆中用车载档册致其家，早起坐书室，夜烧膏以继，肌分孔决，终始一贯。（《雪桥诗话》）

同治七年十一月，谕内阁："粤捻各逆，次第荡平，著照礼部所请，编纂方略，即派军机大臣恭亲王文祥、宝鋆、沈桂芬、李鸿藻充方略馆总裁，督饬提调、总纂等详慎分编。"（《清穆宗实录》）

同治十一年八月，谕内阁："恭亲王等奏，纂辑《剿平粤匪方略》四百二十卷，《剿平捻匪方略》三百二十卷告成。"（《清穆宗实录》）

按：谕内并载：剿捕粤匪，始于道光二十年，至同治四年，克复江宁省城。嗣后，搜捕余孽，又历年余，始完全肃清。剿捕捻匪，始于咸丰元年，至同治七年，在直隶地方并力歼除。

乾隆二十六年六月，谕曰："刘统勋、何国宗所办《皇舆西域图志》，著交与军机处方略馆办理。"（《清高宗实录》）

同治二年九月，方略馆小库书籍被窃去三十余本，经东华门盘获追回。（《内务府奏销档》）

回子学　缅子学

【初】回、缅官学在内务府衙门门南。(《内务府册》)

按：乾隆五十五年，谕旨：回子学系总管内务府所属，即著总管内务府管理。

乾隆二十一年，奏准：内务府邻近房六间，作为回学学房。学生钱粮，照咸安宫官学学生例。饭食即交咸安宫饭房兼办，笔墨纸张俱由官给。管理学务，派专管回学大臣。(《钦定总管内务府现行则例·咸安宫官学》卷)

缅子馆乾隆三十二年立，在西华门内、右翼门外，造办处南门外迤东路北。(《钦定日下旧闻考》)

乾隆三十三年，大学士果毅公阿里衮由云南省拣选送京通晓缅子文、译字话之人。先马孟等四名，奏准交回子学内，充当缅子教习，令其翻写缅文事件，赏给钱粮饭食，并赏给官房四间居住。(《钦定总管内务府现行则例·咸安宫官学》卷)

按：回、缅官学而外，尚有所称俄罗斯馆者。据清军机处存档内俄罗斯馆档：康熙五十四年，俄罗斯达喇嘛跟随中国使臣图理琛来京居住。雍正五年，尚书图理琛等议奏，现在住京俄罗斯喇嘛仅有一人，再请咨送喇嘛三名，并学艺俄罗斯孩童四名，会俄罗斯拉提诺文字人二名，均住该馆，并照以前来京俄罗斯喇嘛给予廪饩。俟学有成效，再行酌量回国。又据《皇朝文献通考》：雍正五年，遣理藩院司官一员，照料修京城俄罗斯馆来京读书及教习等官，给养赡，愿回者听。又有所称琉球官学者，据《养吉斋丛录》：康熙二十三年设琉球官学。

回、缅官学总管二人，以内务府司员充。回子教习二人，以内务府回子佐领下回子充。缅子教习二人，以缅甸国人充。缅子教习五年期满，则归其国。先期云贵总督选该国夷人至京更替。(《养吉斋丛录》)

内务府公署等处

【初】武英殿北正中，为内务府公署，而果房、冰窖、造办处亦在焉。

内务府公署即明仁智殿旧址。

内务府公署

【初】明仁智殿应在武英殿后，旧基已废，今之内务府官廨等处，是其旧址。（《钦定日下旧闻考》）

按：明仁智殿在武英殿后，俗所谓白虎殿是也。凡大行皇帝梓宫停于此。见《芜史》。明成祖崩于榆木川，舆及郊，皇太子迎入仁智殿，加殓纳梓宫。见《明史本纪》。

又按：明仁智殿以处画士。见《四友斋丛说》。明孝宗尝至仁智殿观钟钦礼作画。见《芜史》。

国初设立内务府。顺治十一年裁，置十三衙门。十八年裁十三衙门，仍置内务府。（《钦定总管内务府现行则例》）

按：清雍正三年，谕旨："嗣后，总管内务府、武备院等处一应具奏之事，俱著兼汉文。再各处行文写稿，亦著兼汉文。"

又按：《雍正御制文集》：赐内务府御书职思综理匾额。

内务府在西华门内、右翼门之西，循墙第四门，东向，前后凡五重，其廨舍之数，共四十有三间。（《内务府册》）

内务府总管无定员，于满洲文武大臣或王公内简用，掌内府一切事务。奉宸苑、武备院、上驷院并隶焉。所属广储、会计、掌仪、都虞、慎刑、营造、庆丰七司。广储司管理六库（银、缎、衣、茶、皮、瓷器）织造。会计司掌理内府帑项，管理三旗纳银庄。掌仪司掌内府典礼、司俎、尚膳、尚茶。都虞司掌府属武职升补及内府护军供应、畋渔，并掌管御舟、鹰房、鹘房、狗房。慎刑司掌内府刑罚。营造司掌理造作薪炭、官房租库、刊刻御书处监造、武英殿修书处监造。庆丰司掌牧馆、厩牛羊及口外牧场孳生蕃息。（《大清会典》）

按：广储司旧署在西华门内白虎殿东配房，雍正八年移于尚衣监北、筒子路西，后屡有迁移，今置于酒醋房之南墙。门内前后三重，廨舍十有七间。其余六司，俱在西华门外。见《钦定日下旧闻考》。

又按：清代定制：内府人员充本府差使，不许任部院，惟科目出身者，始许与缙绅伍。故国朝百余年来，罕有勋绩可称，惟金恪恭简自内府司员，进登六卿。见《啸亭续录》。

内务府广储司（初名御用监，康熙十六年奏改），凡供奉皇太后、皇帝、皇后御用冠服，妃嫔暨皇子、公主朝冠、朝服，皆依礼部定式，

四　述外朝（三）：午门右西华门内

敬谨成造。岁进皇太后宫金珠表里，皇后、妃嫔宫表里，均按数供奉。随时应用器物，皆准宫殿监督领侍文恭进。恭遇车驾时巡，赍金钱、皮币及应用器物，以从其出纳。山西岁贡潞绸，由工部。江南、浙江贡茶，由户部、光禄寺。蒙古王公、台吉、外国君长、番部喇嘛朝贡方物，由礼部、理藩院。均移送至府，付各库验收。捕牲乌拉贡珠、索伦乌亮海贡貂，会户、工二部，区别等次，盛京、宁古塔、瓜尔察贡貂，由府区别等次，均具奏贮库。山海关外屯卫贡狼、狐、水獭等皮，盛京贡布棉、盐靛，张家口贡红花，三旗游牧处供羊皮、玉草（即得勒苏草），均送库验收。其支发库物见有者，不得逾六日，移取户、工二部者，不得逾十日，均准各处文移发给，其于司官内奏简。江南江宁、苏州二府，浙江杭州府织造，司分织龙衣、采币、缎、纱、绸、绢、布、棉甲及采买金丝、织绒之属，岁由府拟定式样及应用之数，奏行织造。上用者陆运，宫用者水运，各依限输库验收，以数咨户部奏销。江西九江府景德镇差官制造瓷器，输库收贮，岁终由府奏销。凡供用宫中祭神、奉先殿制帛，并需用金银币布及香纸之属，由银库、缎库、茶库。封开御宝，需用炉、灯、爵、盆，由银库、瓷器库。年节张灯、躬祀坛庙、堂子、驾前及各门擎执引灯，由皮库、瓷器库。各宫殿、寺庙供花，御宴前所用采花，由茶库。均准移文恭进。赏赉王公大臣、侍卫，每岁冬至前，应赐朝冠、朝服、端罩；阅校大臣、侍卫、内府三旗所属官兵骑射，奉旨赏鞍马、银币，均由府具奏颁赐。视学幸鲁礼成，赐衍圣公朝冠、朝服。恭纂实录告成，赏监修、总裁、纂修官表里。来朝之蒙古王公、台吉，进贡之朝鲜、安南、琉球、西洋、暹罗、缅甸、苏禄、南掌诸国王，西藏番部喇嘛及其使臣，赏貂皮、表里、瓷器。直省举报寿民、寿妇年逾百岁者，奉旨加赏银币，均准礼部、理藩院移文备给。（《大清会典》）

按：会典并载：宫殿各门镀金银钥，檐端门面所用涂金银铜钉，诸槅扇施用龙叶、金铺，以及罘罳门镶帘钩之属，工部随时成造。各宫殿门窗所悬之毡帘、竹帘，每岁冬夏委官更易。遇有修造，工部会同内务府、都察院确勘，分别疏请修理。

又按：大内旧藏古钱、清钱，相传分存乾清宫、内务府。据钱维城《鸣春小草·恭和御制命儒臣排次回部钱文及所有古铜钱，因题以句元韵诗》注，回人以腾格输赋，每一腾格，直白金一两，上命仍其旧制，惟于阳面加铸"乾隆通宝"四字，其古钱自五铢起，至元宁止。回藏钱文，据《圣武记》：自乾隆平新疆、西藏后，命于天山南北路各城设局，鼓铸普尔钱文（回部旧红铜普尔钱一，当中国内地铜钱之五，以五十普尔为一腾格，形椭，首锐，中无方孔），曰"乾隆通宝"，皆镌地名，用国书、回文。又命驻藏大臣监造大小银钱，面文"乾隆宝藏"，汉字，背用唐古特字，并于边廓铸造年分，如廓尔哈之式。又乾隆戊申，命奔新疆呈样钱，文仍叠。庚辰，命儒臣排次回部钱文诗韵诗注。伊犁及各回城钱文，阴面各镌本处地名，左国书，右回书，阳面则铸"乾隆通宝"，汉书。

　　内务府掌仪司（初名礼仪监，康熙十六年奏改），列圣、列后大事，皇太子、皇贵妃、妃嫔之事，皆由司豫行知会礼部，检稽案卷，工部、营造司备物材、器皿，兵部备守卫，光禄寺备供用，其一切应行典礼，皆会同礼部具题请旨，按例遵行。所需白布，取于户部。梓宫大事应用币帛，取诸内库。金棺之事，取诸户部。其制造定式及应用事宜，自初丧以及除服，内务府实司之。凡陈设初丧几筵，奉安梓宫于殿中，南向，覆以帏帐。前设宝榻，藉以锦茵。榻前设香案，陈银香鼎、烛檠、花瓶。案前设香几，陈设山炉、香合、箸案。左右设灯几，陈羊角灯。帏帐左右，设白绫幔障数架，以别内外。幔前列几四，陈册于左，宝于右。次设金莲花瓶，左右各一。地皆藉以毡席。每奠，暂移香案、香几、灯几于旁，奠毕复设如初，皆内监司其事。（金棺前不设香几、灯几、册宝、金莲、花瓶，余皆同。）建织金九龙绮丹旐于宫门外之左，旐悬以竿，承以座，竿及座皆髹以黄。日以工部、内务府广储司、营造司司官各一人守之。每下旐，日暮，广储司官恭奉内务府总管一人，率至宫门，授宫殿监督、领侍等率首领内监一人接受，奉入，设几筵左侧。次日黎明，宫殿监督、领侍等率首领内监奉出，至宫门外授内务府总管、广储司官接受，升悬。至暮，仍送进如前。列后丹旐，用织金九凤绮，建于宫门外之右，暮则陈于几筵右侧，余皆同。金棺以下，皆织金丹旐，竿座各如金棺杠舆之色，由司官送至宫门，授内监奉进，余如前。凡奠献，朝夕奠设肴馔筵一，计盘十有五，羹饭碗各一，馔筵下设承案一，左右设几二，陈熟牲。午奠设果实、饼饵筵一，余并同。午奠以正午，朝夕奠随月令之气候以为制。凡祭日，内监陈冠服于几筵，工部张黄幕于宫门外之右，东向，管领设反坫于黄幕正中，广储司官陈尊罍，掌仪司、光禄寺陈牲二十九及设饼饵饵，于反坫，两旁前侧，酒尊四十。礼部、内务府、光禄寺堂官立幕下，皆东向，内务府总管率内管领所属人员，由左右门豫进。随筵七十九席，列于几筵殿下、丹陛两旁，各加牲醴。次率尚茶、尚膳正内管领等豫进，承案稍前设饼饵馔筵于几筵殿内，皆北向。积楮帛于燎位，设奉安冠服床于前。届时启宫门，进茶，进馔，奠献如仪，读文祭酒，举哀行礼毕，乃撤馔，以次出。内管领举奠几至燎位，立于右，俟陈冠服于床，乃进奠几于床前正中，南向，祭酒，行礼，酹酒毕，各退。内务府总管同宫殿监督、领侍内监等，视燎毕，率内管领所属，由左右门入，撤馔筵及两旁随筵，出。（《大清会典》）

按：内务府广储、掌仪两司职掌，足资内廷掌故，参考特多，故具录之。其广储司所载可与本书缎、银、皮、瓷、衣、茶六库参看。

内务府铁牌铸设所属院司公署。（《国朝宫史续编》）

按：铁牌勒清顺治禁止内官犯法、干政、窃权、纳贿、嘱托、交结、越分、擅奏外事、上言官吏贤否之谕旨。

又按：铁牌之制，高四尺五寸，广一尺九寸，厚一寸。见《钦定日下旧闻考》。

内廷岁需薪炭，各设厂，委官豫期给价，以时储备，递年盈缩，由内务府经理，工部稽其出入。（《大清会典》）

道光十八年二月，本府奏准：嗣后琉球、暹罗、越南、缅甸、南掌、廓尔喀等国进到贡物，俟该部院具奏后，定期交本府，在堂上眼同接收。（《钦定总管内务府现行则例》）

宪政筹备处附设内务府。（清宣统二年总管内务府折）

【续】内务府凡三院、七司，掌内务府财用出入，及祭祀、宴飨、膳馐、衣服、赐予、刑罚、工作、教习诸事。（《内务府册》）

按：三院，奉宸苑、上驷院、武备院也。七司，广储、会计、掌仪、都虞、慎刑、营造、庆丰等七司也。定制：三院、七司以内府大臣统之。又三院、七司，惟上驷院、广储司同内务府公署在紫禁城内。详《钦定日下旧闻考》。

总管内务府大臣，清语称包衣昂邦，即包衣大。张文贞玉书云："包衣大之职，前代所未有。自乘舆、服御，以及日用饮食之节、出入起居，罔不综理。盖如《周礼》职内职岁、掌舍、掌次、笾人、幂人诸

事，总于天宫之属者，皆得领之，任繁贵重，与外朝迥异。"(《养吉斋丛录》)

内务府掌仪司，掌大内之祭祀，紫禁城内之庙祀，凡宫中朝贺、筵宴、嘉礼大事咸掌之。设陵寝及赞礼官属，辨内监之叙，设太监六十四人，以与敬事房接，兼管景山及果园。会计司，掌京外皇庄之入，以供内祭之粢盛，内府之粮饩，掌管三仓之物，凡选宫女、太监，选乳母、保姥，皆掌之。营造司，掌宫禁之修缮，其属有木、铁、房、器、薪、炭之六库，铁、漆、炮之三作。凡匠役辨其在官在民者。入官匠作，则令司设太监领之，门吏长夫给其饩。(《石渠余纪》)

凡帑藏之在京师者，曰内务府银库，曰户部银库。内府银库，国初沿明制，隶于御用监。顺治十六年，改为广储司，兼领缎库、皮库、衣库。康熙间，增茶库、瓷库，是为六库。(《石渠余纪》)

按：余纪并载：户部银库，各省岁输田赋、盐课、关税、杂赋皆纳焉。兼设颜料库、锻匹库，是为三库，属于户部。又载：太祖肇基东土，丙辰建元，铸天命通宝钱，分满、汉文二品。天聪纪元，铸钱如旧制。世祖奄有天下，置宝泉局于户部、宝源局于工部，铸顺治通宝钱，颁行各省，开炉鼓铸。自后列圣改元，沿为故事。

又按：《骆文忠秉章年谱》载：道光二十年，公以监察御史奉旨稽查户部银库，不收陋规，不受请托，库官、库丁多方设法勿能动。查库御史之名闻于上，特授詹事府右春坊右庶子。《清宣宗实录》载：户部银库，道光二十三年盘查，查出舞弊亏短银数，达九百余万两。《妙香室丛话》载：初白翁（查慎行）云，北京户部节慎库，金（下疑脱银字）元宝各一，盖镇库之物，以梯登其上，其边尚高于人，上刻永乐九年。《制钱通考》载：国朝制钱，自开铸以来，已历二百余年，于户、工二局（户部宝泉局、工部宝源局）之外，复令各省镇置炉，或开或停，咸有定制。从前顺治、康熙钱，背文俱纪以郡名。雍正以后迄于道光，则各纪以局名。

查臣衙门广储司银库所有出入金两、银两、钱文数目，向系按月具奏，上年经臣等奏请于年终汇总奏销一次，即毋庸按月具奏，奉旨仍著每月具奏，年终再行汇奏一次。臣等查广储司银库，自光绪二十年正月起至十二月止，一年共收过放过金两、银两、钱文数目，另缮清单，恭呈御览。清单内载：一年进金两数目，由内讨领得足金四百两，粤海关监督交到四季分足金二千两,以上共进足金二千四百两。一年进银两、钱文数目:闽浙总督交到银二万两。两广总督交到银二万五千两。四川总督交到参价银二万二千四百七十九两二钱。湖广总督交到银一万四百九十两八钱。两江总督交到银二万两。江苏巡抚交到银七万四千两。安徽巡抚交到银三万九千两。江西巡抚交到银一万四千两。湖南巡抚交到银一万两。陕西巡抚交到银一万两。广东巡抚交到银七万两。署浙江巡抚交到银七万九百六十八两六分五厘。粤海关监督交到银十四万四千三百七十二两一钱二分。山东盐运使交到银二万一千二百五十两。凤阳关监督交到银四千两。山西布政使交到银一万二千两。河南布政使交到银一万两。福州将军交到银六万三千五百两。长芦盐运使交到银七万二千七百三十四两七钱三分。奉、锦、山海关道交到银一万两。九江关监督交到银十一万两。河东盐法道交到银二万两。杀虎口监督交到银四千一百七十二两四钱四分一厘。张家口监督交到盈余银五千九百七十两七钱八厘。左翼监督交到银二千七百五十六两五钱三分四厘。右翼监督交到银九百十两五钱七分五厘。天津关道交到银一万二千三百八十两八钱一分。崇文门交到银二千两。都虞司交到银四千二百七十六两一钱六分。掌仪司交到银六千三百两八分九厘。会计司交到锦州钱粮银二万四百三十一两八钱四分三厘。钱粮衙门交到钱粮银一千五百七十九两六钱八厘。庆丰司交到银一百十三两六钱。营造司交到银二两。银库由户部领归还部垫银八万七千五百两。以上共进银一百万二千六百八十九两三钱二分三厘。户部交到恭进内庭传用大制钱四千五百七十五串文。银库以银易钱十三万四千七百五串四百文。由户部领卯钱二万四千串文。以上共进钱十六万三千二百八十串四百文。一年用金两数目:掌仪司为年例四季坤宁宫敬神用足金二十四两。粤海关监督交到四季分足金二千两,随即交进。十一月二十日交进皇太后宫分用足金二十两。以上共用足金二千四十四两。一年用银两、钱文数目:此一年交御茶膳房银一万八千两。三海司房放给大西天等处香供银三百五十两五钱六分八厘。颐和园智慧海香供银三十五两四钱七分二厘。正月初九日交内用银九百两。宫内三海及外围各等处总管首领太监等津贴口分银五千六百二十两二钱八分,钱十万七千八百九十五串四百四十文。春秋二季交进小花园银一千二百两。春夏秋冬四季交进南花园银八千两。二月十八日交进驻跸颐和园银二千两(系遵光绪十七年懿旨)。四月初一日、九月初四日交自鸣钟讨领银一万五千两。五月初三日年例照案交进银三千两。六月二十日交万寿银一万两。十月初一日交万寿银一万两。十一月二十七日交赏内殿宫内等处太监褂价银九百六两四钱。十二月二十日交内庭传用大制钱四千五十串文。交三海司房二十年一年纸笔银二十两。五月十九日，婉贵妃金棺前穿孝总管首领太监等饭食钱二百二十六串八百文。参领处领银一万二千九百三十七两二钱。銮仪卫领钱九千七十三两。圆明园三旗护军营领银七百九十八两。内翻书房领银九十四两。三旗枪营领银九千九百八两。三旗护军营领银六千二十八两九钱五分。侍卫处领银二万二千二百二十三两，钱二十八串二百文。响导处领银六十四两。内火药库领银五百四十两。昇平署领银六千五百四十九两九钱六分，钱三千一百二十三串五百文。管辖番役处领银二千六百三十两，钱一百二十八串文。步军统领衙门领银四千七百六十五两四钱四分。太医院领银九百六十五两六钱。广储司领银五百六十二两，钱五百八十六串二百五十文。都虞司领银九千三百五十两。庆丰司领银一万四千七百十六两。慎刑司领银一千七百三十八两四钱。茶库领银八千八百两。缎库领银一万三千九百八十两。皮库领银三千二百八十两，钱四千六百串义。磁库领银一万二千五百两，钱四千六百串文。衣库领银二万九千一百八十两三钱七分，钱二千八百三十二串文。奉宸苑领银四千一百四十七两三钱二分一厘，钱三十三串九百六十六文。南苑领银四千两。咸安宫领银一千八百四十六两七钱四分三厘。景山官学领银十四两八钱三分八厘，钱二十七串八百三十一文。上谕事件处领银十二两九钱二分五厘，钱十九串三百八十五文。宁寿宫领银三万三千七百九十七两六钱，钱一千四百九十八串九百六十文。造办处领银六万九千七百二十六两三钱一分七厘，钱五百六十串四百七十一文。掌仪司领银九万八千二百九十九两二钱五厘，钱一千九十六串文。关防衙门领银十九万九千四百七十四两四钱八分六厘，钱一万八千八百七十九串二百五十文。御药房领银一万九千一百八十八两八钱五厘，钱四百串文。军机处领银四千五百两。会计司领银一千四百八十三两。武英殿领银五千八百十三两三钱二分三厘，钱二十四串九百八十二文。乐部领银三千一百五十二两。精捷营领银六千六百两。热河领银二千六百三十六两一钱五分五厘。上虞备用处领银二百两。健锐营领银三千两。银库领银三万四千八百五十一两九分，钱二十一串四百二十文。圆明园领银六千九百八十四两五钱，钱五千六百串文。颐和园领银九千七百九十二两五钱。御茶膳房领银三万五千两。豹房领银一万四千六百四十两。上驷院领银三万三千五百两。中正殿领银三千两。光禄寺领银一千两。雍和宫领银二千七百三十两。内务府新设激桶处领银一千二百七十四两二钱三分。高丽佐领领银二百三十四两。回子佐领领银三百七十两。内务府值班公所领银二百二十两。派出官员领办颐年殿差务银九千两。守护醇贤亲王园寝领银二千七百七十五两三钱五分。武备院领银二万一百十一两一钱二分八厘。管理三大殿事务官员领银一百七十两。内殿修理他坦领银二千四百两。内奏事处修理他坦领银二千六百两。文渊阁领银四百二十两。派出官员领补种天坛树株银一百五十两。御史衙门领银一千两。堂上领银二万六千五百七两七钱七分。营造司领银三十三万九千三百九十二两二钱五分，钱三千串文。密云副都统领银六百五十三两六钱。顺天府领银三千六百两。打牲乌拉等衙门领银六百七十两。盘山总管领银一百二十三两四钱。总理海军衙门领银五百六两。以上共用银一百二十五万七千二百九十三两五钱一分六厘，钱十五万九千二百三十二串四百五十五文。（清光绪二十一年二月总管内务府折）

　　按：御史衙门，稽察内务府御史衙门也。据《内务府册》：稽察内务府御史衙门，雍正四年设，在景山西门路北，房四十有六楹。以都察院满监察御史二员稽核其事。

　　又按：据《内务府奏销档》载：同治七年六月，总管内务府奏：坤宁宫四季祭神年例，应进皇太后、帝、后宫分，及工部各处制造金物所用黄金，向由乌鲁木齐及陕甘等处每年解交课金供用，不敷支发时，向内讨领成色金条熔化，按成抵放，殊非常策，而陕甘复以军务未竣，不能解交课金。请饬粤海关妥筹别款，在粤办买足金，每季解交足金一千两。俟乌鲁木齐等处照旧解到，即行奏停。奉旨依仪。又载：十二年正月，总管内务府奏：查各省关应解内务府添拨银两，系臣衙门通年经费专款，即使全数解清，尚多不敷发放，近年以来，迭经由部库借拨银两，虽稍资接济，仍复时形竭蹶，况两淮欠解银两，本系内务府经费专款，今既将此项银两指拨修理行宫，是臣衙门即少此二万两进款，若再将不敷银一万四千三百三十余两，仍由各省关应解臣衙门本年经费内动支，则臣衙门库款愈形支绌。请旨饬下户部将不敷款之数目筹措照拨，由臣衙门支领。奉旨依议。又载：十二年三月，户部折称：国家定制，既设户部筹备军国之度支，复设内务府办理内廷之供应，原以示内府外库各有职掌，不相牵混之意。臣与内务府大臣宜量入为出，以无负简任之重。四月，内务府折称：正月至今四个月，除将每月月例钱粮及随围要款酌量发放外，其恭备内廷御茶膳房各司、各库、关防衙门一切领款，丝毫并未给发，现在各处承差之员，均无力垫办，纷纷请领。核计新陈所欠放款，共需银一百五十余万两。应进内廷银两，尚不在此数内。十月，内务府奏称：修理养心殿及东西配殿等工，约需银二十余万两，请旨饬下户部筹拨。又载：光绪四年三月，内务府折称：臣衙门应用经费，自咸丰七年起至同治十三年止，因差繁款绌，节次请拨部款应用，除承办典礼要差不计外，计历时十八年，共用部款九百十八万有奇。光绪三十年，谕旨：嗣后，宫内一切用款工程，尽著内务府例定经费量入为出，不准再拨户部款项各云云。是咸、同、光三朝内务府支用浩繁，户部无法应讨，其情形于此可见一斑。

又按：据清光绪四年总管内务府折载：臣衙门一切用款，除遇宫内应修工程及特传添办物件系属特用之款，其余均系遵照历年例章循办。例章应用各项，多系供用坛庙、坤宁宫、奉先殿、寿皇殿并各陵寝，及各庙宇陈设供物一切价值，次则宫闱应用之件，再次则守卫宫禁各等处侍卫官员人等值班饭食，兵丁口分，本衙门各司各库办公用项，奖赏外藩使臣银物一切价值，并乐部、上驷院、武备院、奉宸苑、军机处、礼部、都察院、步军统领衙门、顺天府及各旗营并热河、密云等处支领各款。（余略。）折后附单开列光绪三年分内务府一年发放款项，总数计一百十五万五千五百八两四钱六分四厘，钱六万三千八百十五串一百三十四文。又《内务府档》：广储司银库光绪二十五年收入清册载：正月收江海关洋税银二万五千两，扬州关参价银四千两。二月收粤海关冬季银二万七千八百九十两，张家口银五千九百八十四两六钱七分八厘，江苏省银五千两，右翼银六百十六两五钱，荆关平余银四百九十两八钱，江关常税银二万两，浙海关洋税银一万两。三月收九江关常税银二万六千六百八十两七钱六分，镇江关洋税银一万两。四月收两浙盐课银二万两，芜湖关洋税银二万两，两淮盐课盐厘银一万两。五月收粤海关春季银七万五千两，广东盐课银二万两，福建省银一万两，河南省银一万两，闽海关常税银一万两，两浙盐课盐厘参价银三万两，闽海关常税银十万两，河东盐引银一万两，归化城参价银二千两，浙江茶果银一万一千八百二两八钱三分，陕西省银五千两。七月收江海关洋税银五万两，安徽省银五千两，广东盐课银一万两，福建茶税银二万两。八月收闽海关洋税银二万五千两，四川银一万两，九江关常税银四万六千两，福建茶税银二万两，粤海关夏季银三万一千八百五十两。九月收两浙盐课盐厘银一万两，浙海关银二千五百两，天津关盈余银一万二千三百八十两八钱一分，陕西省银五千两，九江关常税银二万三千两，江西省银一万两，山西省银五千两，山海关常税银一万两，湖南省银一万两，十月收安徽省银五千两，江苏省银五千两，两浙银三万两，两淮盐课盐厘银一万两，镇江关洋税银一万两，江海关银二万五千两，芜湖关洋税二万两，广东盐课银一万两，凤阳关参价银四千两，福建茶税银一万两，江西省银一万两，闽海关常税银一万两。十一月收太平关常税银十万两，长芦库平银七万四千七百四两九钱七分，九江关银四万一千六百二十三两，江浙川三省银各一万两，河东新加盐引一万两，广东盐课银一万两，夔关赣关参价银六千四百余两。十二月收粤海关秋季银七万五千两，山东湖北两省银各一万两，庆丰司银一百余两，右翼银五十余两，闽海关洋税银二万五千两、参价银六千两，芜湖关参价银四千两，临清关参价银三千两，锦州银二万七千余两，掌仪司、崇文门、左翼等银约四万两，广东省银二万两，粤海关常税银一万两，户部拨银二十万两。以上总共一年收入银一百六十二万二千二百有奇各云云。虽系光绪三年收入数目，东鳞西爪，不能作确实之统计，然并本条光绪二十一年折文及按语上节所载观之，亦可知内务府经费及收支之大概矣。

　　我朝定制，内府钱粮，俱在正供之外，内无关于部库，外无涉于地丁。宫中府中，界限分明。是以同治以前，外廷从无议及内府经费之事者。迨变生意外，时异事迁，海禁开则常关闭，盐法乱则商户逃，内府之财源从此绝矣。故不能不筹款增益，拨及各省银六十万两，粤海关银三十万两，并内府杂款约计百一十余万两，至内府用款，一年需用银一百二十三万两，每年约亏银二十万两。（清光绪八年八月总管内务府折）

　　按：据清光绪二十九年十一月总管内务府折载：臣衙门广储司银库，每年经户部奏请指拨经费银六十万两，并指拨各省关另筹银五十万两，限于六月前解到一半，十二月初间扫数解清，不准稍有滞欠。又同年十二月总管内务府折载：广储司近年来经户部指拨及常例银进款，约一百四十余万两各云云。合本条光绪八年八月折文观之，可略知内务府经费来源之变动。

安南国恭进乾隆二十七年、三十年两贡，共金四十二锭，重四百十八两；银一百三十八锭，重一千三百八十二两；沉香一百二十斤；速香二百九十六斤。并谢恩仪物，共金十二锭，重一百十五两；银二十锭，重一百九十九两六钱；沉香六十斤；速香一百二十斤。奉旨交该处。（《内务府奏销档》）

乾隆三十一年八月十七日，由军机处抄出叶尔羌贡金四十两，和阗贡金六十两，余粮变价金三十两，沙尔胡尔贡金二十六两，钳珠特贡金十两五钱，喀什噶尔贡金十两，奉旨全交该处。（《内务府奏销档》）

按：档并载：乾隆三十七年，户部交到云南巡抚解到金厂抽获金课九十两九钱一分六厘。奏明由广储司收贮备用。

乾隆四十五年十二月十九日，全德奏交苏州织造任内应赔罚料银并关税短少银共二万八千七百七十二两零，自乾隆四十六年十一月起至五十二年二月四次，造办处库收讫。又，乾隆五十一年九月十七日，伊龄阿奏交自行议罪银三万两，自乾隆五十一年十一月、十二月二次，广储司库收讫。又，长芦盐政西宁任内，奏交偿借商人帑本银十五万两，一分起息，分为十五年完交，自乾隆四十二年起至五十年共八限，广储司库收过本利银共十九万三千七百两。（《军机处密记档》）

按：此为内务府收入之项。由军机处查催交内务府者，并前三条后二条观之，可略知内务府库内金银之由来。

乾隆十三年五月十八日，内庭主位进宫之际，和硕庄亲王、和硕和亲王适至神武门外，猝遇关防已至北上门内，王等均系内廷行走之人，闻知关防将至，并未远避，辄自于御道上弛马经过，甚属不合，应各罚王俸，按季自行交纳广储司银库。（清乾隆十三年五月总管内务府折）

按：和硕庄亲王，名允禄，康熙帝子。和硕和亲王，名弘昼，雍正帝子。所称罚俸，系罚俸二年。

乾隆三十六年七月，总管内务府奏：淮关监督解到积存饭食并罚赔银一万二千三百七十九两七钱三分五厘，仍请照例交广储司。（《内务府奏销档》）

按：档并载：籍没及议罚银两（议罚银两，如某盐商以候选员外郎，越分穿貂褂，罚银免杖之类），俱交内务府广储司。

咸丰三年四月，奏请将广储司银库大金钟三口熔化，以济要需。经

工部金匠磨验，约计金有二五成，如按此熔化，则三口三万三千余两重量，可得足金八千余两。（《内务府奏销档》）

按：后经金匠细加磨验，约金三成，银五成，铜二成，熔化不易，改制条块，以便拨用。亦见该档。

又按：内务府银库与盐业银行于民国十三年会订册宝、金钟及各项金器押款合同载："借额八十万元，并附列押款清单，计：昭圣皇太后之宝等十件，昭圣皇太后金册等十二件，金宝箱四件，金印池四件，无射、姑洗等十六件，共重一万九千零三十九两。"（金塔、金盘等从略。）又，内务府招商标卖玉器、瓷器、古铜器估价单，瓷器计一百十六号，价最高者定瓷果洗子一千五百六十九元，最低者绿地五彩藤萝乌果盘五元。玉器计二百八十六号，价最高者碧玉有盖瓶二百五十一元，最低者青玉水盛五元。古铜器计一百零一号，价最高者仿古铜双耳瓶一千七百五十三元，最低者古铜双环小瓶五元。又，内务府银库与盐业银行押款瓷器、玉器等物清单，开列青玉象、万窑膏花白地瓷果洗等六百五十六件。（两单均无年可考，疑皆是民国十三年。）见《故宫已佚古物目录》。

顺治九年，擢索尼内大臣兼议政大臣，总管内务府事。（《耆献类征·卿贰索尼国史馆本传》）

按：本传并载：有求古琴于索尼者，索尼于库内取出漆琴与之，谭泰遂胪状劾，索尼削爵罢废。

世祖尝诏停陕西织造绒羯妆蟒，却江西造进龙碗。又以督催织造官役骚扰，递罢之。（《十朝诗乘》）

按：世祖，顺治帝也。据《清世祖实录》，顺治八年，谕："江西烧造龙碗，以后永行停止。"诗乘并载：吴梅村《闻撤织造志喜》诗云："春日柔桑士女歌，东南杼轴待如何。千金织绮花成市，万岁回文月满梭。恩诏只令怜赤子，贡船从此罢黄河。尚方玉帛年来盛，早见西川濯锦多。"长沙赵灵伯尚书开心，亦和梅村韵云："茧卜郊原听蹋歌，诏随春布意如何。承筐飞复波臣贡，恤纬无忧织女梭。新涣丝纶昭日月，好持节俭挽山河。从今曳地宫衣少，四野机声轧轧多"。

又按：《石渠余纪》：雍正五年，谕旨："前织造衙门所进御用绣线蟒袍至九件之多，灯帏加以彩绣，即切加戒谕。近端节进绣扇，此皆糜贡于无益之地，朕所不取。"《清高宗实录》：乾隆时有贡献珠绣蟒袍、珠绣黄褥、象牙织簟，俱却而不见用。《乾隆八旬万寿盛典册·题知过堂》诗注：去冬，山东巡抚国泰呈进雕漆楔槛屏扇等物，于慎修思永殿后旧有之云香清胜室接楹装用。《清仁宗睿皇帝圣训》：嘉庆四年正月，上谕："如意、玉、铜、瓷、书画、挂屏等物，嗣后，内外大臣概不许呈进。"又，十九年二月，上谕："向来，云南土贡例进铜炉，浙江岁进嘉炉、湖镜，两淮岁进火盆。历年所积，宫内存贮者甚多，嗣后，均毋庸进呈。"

康熙二十四年五月，总管内务府大臣会同户部奏准："嗣后，各省解到部库官用缎、三线布、黄茶、散茶、白矾、沉香、榜纸、铜、锡等项，如内务府需用，将所用数目由内务府移咨户部，即照数给发。"（清光绪二十九年十二月总管内务府折）

乾隆四十六年十月，经工部奏准："内庭需用煤炭、木柴两项，改归内务府营造司专办。所需银两在广储司支领，历年遵办在案。现据柴炭总司司员等呈称：光绪二十八年，内庭各等处共用红萝炭八十一万余斤，白炭五千二百余斤，黑炭五百六十一万余斤，煤五百二十六万余斤，木柴一千五百四万余斤。"（清光绪二十九年十二月总管内务府折）

按：《内务府奏销档》：乾隆二十九年十二月初一日起，至三十年十一月三十日，宫内、圆明园等处，共用过红螺炭六万四千四百五斤二两，黑炭五十六万六千二百二十八斤八两，煤三十六万七千四百三十三斤八两，木柴三十六万二百四十八斤，白蜡二千七百三十二斤九两一钱，回残白蜡九百三十斤十三两五钱，黄蜡三千三十一斤八两，羊油蜡二万二百八十二斤五两。

乾隆四十七年正月，内务府总管奏称："拆修昆明湖水操船，俟工竣后，即移知健锐管操演。"又称："现今建造昆明湖喜龙大船，先经由内赏出银三万两，除领用过二万一千七百余两，尚存八千余两。"（《内务府奏销档》）

供坛庙及内廷需要之绸缎，在光绪初年三织造未经复旧之时，暂由四川省采办。（《内务府奏销档》）

粤海关监督联捷于十八年准内务府札开：奉旨传办硬木福寿云龙花样几案、桌椅，共计六百四十件，大小穿衣镜四对，于十九年秋间办齐，运京交进。共计价银九万九百五十九两六钱八分，随办木箱、装包、船价、保险、运脚等银六千一百八十四两八钱八分，统共合银九万七千一百四十四两五钱六分，请在洋税项下作正开销。当经户部议驳，系属奉旨著该监督呈进之件，令其自行筹款办理，不得作正开销。该监督因无力筹措，拟分作十年摊还，即于十九年先认还一年，银九千七百十四两四钱五分六厘，其余归后任监督按年代摊，奉部核准。（清光绪二十八年十月总管内务府折）

今日总管等所奏易贵人之事，似此贵人入陵尚可。陵内关系风水之地，如曾奉御皇考之贵人尚可，若随常加封者则不可。或在外围周方左右，或在苏妈里姑之左右，另建园寝。（清雍正六年四月谕旨）

按：《清宣宗实录》：国家定制，登极后，即应选择万年吉地。

又按：《十朝诗乘》：历朝在位，即预卜山陵，先事营建，谓之万年吉地。道光中，改定吉地，征精于堪舆者，那文毅（彦成）、禧文庄（思）以端木子彝（国瑚）所著《地理原文注》进览，曹文正（振镛）亦力荐之。时子彝以名孝廉，教谕湖州，被召北上。有《应召》诗云："儒官行且老，读易白苹洲。帝有万年虑，臣无一日谋。诏书行驿马，祖道出江鸥。期及长安日，黄山禁树秋。""旌召虞人贱，轮征处士虚。才疏违世用，力薄诣公车。帝重苍生问，臣轻黄石书。何时塞明诏，归守卜山庐。"既相度陵地，叙劳，官中书。旋成癸巳进士，就原官。闭户雠书，绝不为人卜地。著《易指》成，即乞归。

又按：《东陵于役日记》略载：民国十七年，乾隆裕陵被盗，损失殉葬宝物最巨。又《守陵密记》载：裕陵殉葬书画，文徵明《春秋荣杖》一册，柯九思《九成宫》一册，赵孟𫖯《秋郊饮马图》一册、《道德经》一册，钱选《柯山图》一册，邓文远《章草真迹》一册，董其昌一册，马远一册，御临董其昌各家书法册页二册，御笔雕漆对挂屏一幅，御制《石鼓文序》一册，御制诗一册，孝贤皇后挽诗二册，又御笔十全老人之宝说玉册十片，砚十方，御制《鸡雏图》桌屏一作，御制《缂丝心经》一册，圣制《抑斋记》，碧玉册、玉板八块，圣容二轴。

又按：与乾隆裕陵同年被盗者，为孝钦普陀峪定东陵。据查勘者传述，尤为惨酷，笔不忍书。兹又据三十五年四月二十二日《世界日报》略载：三十四年十二月清三陵被盗。一、同治惠陵，棺两口。一同治，一陪妃，尸体俱面貌如生。金棺前供桌上同治翠印一，金表一。棺内外珠宝、玉翠、金属等品，用麻袋装出，再用香炉量分，金子约二十余斤。一、康熙景陵，棺六口。尸体俱面貌如生。棺内外珠宝、玉翠、金饰，用麻袋装出。内有九龙杯、白玉马、翠印、翠狮子、金塔等，亦用炉量分，金子约三十余斤。一、咸丰定陵，棺二口，尸体俱面貌如生，供桌上翠印一。棺内外珠宝等装量瓜分同上，金子较少。同年某月日该报并载：日本投降后，康熙景陵大库所存古物，盗取一空。去年九月，又将康熙景妃陵、顺治西宫孝东陵、顺治母后昭西陵、同治惠陵盗扒，其中金饰、珠宝不可胜计。今年一月三日，续将景陵盗开，除康熙棺内珍物不计外，尚有包金木箱八个，满储珍品。一月二十日，又将定妃、双妃陵等全部扒开。

又按：据三十五年五月二十九日《华北日报》略载：惠陵盗犯供词略称：三十四年十一月间，奉司令命，征集民夫挖掘惠陵。用炸药把石门炸开。第一层有四个架子，分列两旁，一边系皇帝翠印一颗、皇后翠印一颗，一边书籍及印刷版之类。第二、三层没有东西。第四层有棺两个，用斧锤等将棺劈开，由皇棺内取出半斤重金墨匣一方，重四两金八卦一个，美国赠品四边镶白珠可走半年之金表一个，朝珠白缂各两串，二十四颗的白珠子两串，翠搬指一个，金火盆一个，翠烟袋一支。在后棺内取出凤冠一顶，白玉镯、金镯各一对，翡翠、珍珠、玛瑙及木质朝珠各一串，重三两金九连环一件，凤凰簪子一件，玛瑙搬指、金镶白珠戒指、翠牌各一个，长翠簪一件，其他零星物品无法统计。

雍和宫装颜佛像并成做背光供器龛案宝塔，约估应用飞金，核需赤金二百六十两，请向广储司支领，派员监看捶造应用。（清乾隆九年四月总管内务府折）

本年恭逢皇太后八旬万寿，加上徽号，工部遵旨敬谨成造玉册、玉宝，所有盛册宝箱并银镀金什件等项，恭照上次敬谨备办，照例核需头等赤金九两一钱五分四厘四毫，八成色金二百三十两，行文内务府取用。（《内务府奏销档》）

按：本年，乾隆三十六年也。

从前遵旨办造文庙祭器，前后一百九十件，即于该库成造。今养心殿奉旨交办造坛庙铜祭器、登、铏、簠、簋、爵、豆、尊等器，共二千一百六十八件，为数甚多，该库难以造办，经奏请即在雍和宫办造铜器处办造。（《内务府奏销档》）

按：时在乾隆十三年。

昭陵关防处陈设所用磁壶，破坏一只，应饬交九江关监督唐英，照依式样敬谨烧造磁壶一对，赍送前来，以便给发应用。（清乾隆十三年

五月总管内务府折）

　　按：折内声明，磁库内无此式磁壶。

　　乾隆十七年七月内，经奏准将乾隆十二年八月内原领内府滋生本银十万两，开设庆瑞、庆盛二当，作为成本，按八厘起息，每年岁底派员清查。（《内务府奏销档》）

　　按：据该档载：乾隆三十四年十二月，总管内务府折：查得阿哥等滋生银两，开设庆瑞、庆盛二当云云。此折所称内府滋生本银，当即指阿哥等滋生本银。

　　嘉庆十六年十月，奉旨："嗣后，内务府人员中试翻译举人，仍在内务府补用。其中试翻译进士，一体签掣分部行走。"（《钦定总管内务府现行则例》）

　　按：《清仁宗实录》：嘉庆十五年九月，谕内阁："向来乡、会试文闱，各有例设汉字书籍，以备考官检查之用。其翻译考试，亦应仿照办理。著礼部酌议应用何书，奏明交武英殿备办。每届试期，照例咨取应用。"

　　宣宗中年，尤崇节俭。尝有御用黑狐端罩，衬缎稍阔，令内侍将出四周添皮。内府呈册需银千两，乃谕勿添。（《郎潜纪闻》）

　　按：宣宗，道光帝也。

　　又按：《鲒埼亭文集》：仁和赵大司空殿最，乾隆四年，以祀太庙庆成灯不当上意，左迁。故事：内务府有营造，率赍经费于工部，而府员冒滥支销，以为习惯，工部莫敢谁何也。会重筑郊坛驰道，公庀材数工，核减府员所估之什九而集，内务府诸郎群集而谋，所以去之，故有是谴。

　　又按：清嘉庆四年四月，谕旨："朕自嘉庆元年至三年，凡御用衣服，和珅自称系伊备办。御用膳品，福长安自称系伊备办。自伊二人治罪之后，即令御膳房查核尚膳分例，则称俱系笼统开销办理。今又由内务府查出上服物料价值，无非动项置办，但和珅不准开销钱粮耳，是伊二人虚博进奉之名，而所用仍系官项。"

　　旧制，设昇平署，掌演习雅乐，隶内务府。咸丰时，复置南府，选内监之颖秀者，命乐工教之。两部皆不时进御。维时海宇多故，圣怀不乐，稍近声色。圆明园总管文丰承旨，采江浙佳丽以进，列居别苑，并承宸眷。而菊部之秀，则越伶蒋檀青为冠，每内廷奏技，恩赉过诸伶。

未几，宫车蒙尘，淀园灰烬，檀青犹应召赴滦阳。(《十朝诗乘》)

按：诗乘并载：蒋伶檀青言宫中旧事云："咸丰九年三月某夕，镂月开云台（圆明园台名）牡丹盛开，夜凉月出，上敕诸美人侍宴。宝炬千百，珠翠如云。召演《长生殿》数折。上顾诸美人嗟赏，传赐伽楠牟尼碧玉带钩各一，文锦两袭，内官引就花阴拜谢，舞衣犹未卸也。"又载：圆明园之地，初为世宗（雍正帝也）邸园。康熙五十五年，高宗（乾隆帝）以皇孙侍圣祖（康熙帝）宴，赏牡丹于镂月开云，三圣一堂，洵天家盛事。高宗南巡，规南中湖山园墅之胜，增景四十。每夏初幸园，冬初还宫，率以为常。文宗（咸丰帝）继统，伤于祸乱。九年冬，郊宿斋宫，夜分痛哭，侍臣凄恻。大考翰詹，以"宣室前席"命题，忧心焦思，乃稍自抑制。寄于文酒，以宫中行止有节，尤喜园居，冬至入宫，初正即出。英人求通商不得，又以烧烟肇衅，乘中原多故，潜募群盗，称西洋马队，长驱直入。十年六月，跸驻淀园，闻敌骑犯通州，仓猝出狩。西兵至圆明园宫门，管园大臣文丰说止之，兵已去。文丰问守卫禁兵，一无在者，知终不保，遂投福海死，奸人乘机纵火，入宫劫掠，敌兵从之。各园皆火，三昼夜不熄。又载：王壬秋《圆明园词》述雍乾盛况云："圆明拜赐本潜龙，旋将邸第作郊宫。十八篱门随曲涧，七楹正殿倚乔松。斋宫四十皆依水，山石参差尽亚风。甘泉避暑因留跸，长扬扈从已韬弓。纯皇缵业当全盛，江海无波待游幸。行所流连赏四园，画师写仿开双镜。谁造江南风景佳，移天缩地在君怀。当时只拟成灵囿，小费何曾惜露台。"（自注谓：世宗以畅春先朝旧幸，让而弗居。雍正三年，乃改赐园，设朝房，以避暑听政。乾隆六十年中，迭有增饰，于西湖苏堤、麹院，及海宁安澜园、江宁瞻园、钱塘小有天、吴县师子林，俱全写其制，当康、雍兴修，斥内府余财，不仰给于部帑。乾隆时，承世宗清厘之后，府库充实，又营作诸臣，无敢浮冒，故工作计日而举。）又载：诗注且述孝贞后（咸丰后）以上纵酒，脱簪泣谏，事尤可传。又述兵祸云："当时仓猝动铃驼，守宫上直余嫔娥。芦茄短吹随秋月，豆粥长饥望热河。上东门外胡雏过，正有王公班道左。敌兵未爇雍门荻，牧童已见骊山火。应怜蓬岛一孤臣，欲持高洁比灵均。丞相避兵生取节，徒人拒寇苑当门。"是日引见，班集，始闻出狩。"孤臣"臣谓文丰也。

风闻内务府有太监演戏，将库存进贡缎匹裁做戏衣，每演一戏，赏

费几千金。（清同治三年五月御史贾铎折）

内务府乐部和声署及蒙古音律处，被洋兵占踞，现经退出，查看文卷册档，均行遗失。房间毁拆无存，拟分别择要修葺。（清光绪二十七年六月总管内务府大臣世续折）

按：《癸巳存稿》载：初制，教坊司有奉銮，其属左右韶舞司乐共四人，协同官十人，俳长无定员。雍正时改和声署，礼部、内务府、太常、鸿胪皆领之。今太常协律郎五人，司乐二十三人，有神乐观提举，神乐署署正、署丞官。太常乐员本最多，乾隆七年汰之，始命王大臣总领乐部，王一人，尚书一人，侍郎二人，皆兼官也。其神乐署隶太常，和声署隶礼部及内务府，缅乐亦隶之。什榜处（清高宗御制《什榜》诗注：什榜，蒙古乐。《清会典·乐部乐器》注：番部合乐，蒙古筋吹乐"火不思"。《皇朝礼器图》宴飨番部合乐九色第七为"火不思"。考火不思，直颈琵琶也，宋时已有此名。）蒙古乐舞，则隶侍卫处。其中和乐处太监八十二人，则隶内务府掌仪司。

上年各国联军入城，内务府所属各衙署多被洋兵居住。撤退后，房间损失情形轻重不一。现拟将紧要处所稍加修葺，藉资办公，下部知之。（清光绪二十七年七月总管内务府大臣世续等折）

每年除夕、元旦、十四日、十五日，预备皇上、皇后、内庭主位、阿哥、公主、福晋前拉拉桌、饽饽桌，及赐内聘格格等拉拉桌、饽饽桌。并每年除夕赐宫内女子、妈妈里、嬷嬷等鱼肉。俱预期具奏，咨行各该处预备。（《钦定总管内务府现行则例》）

同治十三年十一月十五日，内务府为帝天花，呈进供品，红喜字酥九盒，红太史饼九盒，红鼓盖九盒，苹果九盒，百合九盒，春橘九盒，炉猪九盒，金炉肉九盒，熏肘九盒。（《内务府奏销档》）

光绪二十六年六月十一日，军机大臣口传："奉旨传知内务府，将恭制金牌一面、铁牌一面，交顺天府，一并送往邯郸县。"（《内务府奏销档》）

按：铁牌，求雨时请用。此次因求雨有应，特加制金牌送去。

果房

【初】圈禁太监赵进禄在果房值房内放火。（《国朝宫史续编》）

【续】乾隆五十五年五月，谕军机大臣曰："永琅等奏：本月十一日寅刻,西华门内清茶房、外果房失火,延烧房屋,所贮乐器、经卷,多被焚毁。"又谕:"此项经卷,虽未全行焚毁,但一经搬损,必致残缺失次。所有大般若、二般若等经,曾经各刷十分,颁发盛京、前后藏供奉,如现在经馆内所存板片卷页不全,尚可从容缓办。至未经颁发各经,最关紧要。其中有已经刊刻完竣,刷印成部,而板片卷页多被焚烧者;有板片虽经烧毁,而刷印卷页尚存者;有刷印卷页烧毁,而板片尚存者;有板片未经刊刻完竣即被烧毁者,均须详细检查,以便补辑完善。至中和乐器四分,编钟及架上凤头等件,俱用金铸造,焚烧后虽经融化,其金质自在,著永琅等严饬宫役逐细检出,毋致偷匿。并著金简等照旧赶造,先行预备乾清宫、重华宫二分应用。其编磬一项,乾清宫、重华宫二分,系玉琢成,如略被熏灼,尚堪备用,固属甚善。若玉质已坏,自应速为赶办。朕思从前中和乐磬,原系灵璧石者,现者贮广储司银库。著金简等查明,一面先将石磬抵用,一面照原制玉磬尺寸样式开单呈览,即发交叶尔羌办事大臣挑选玉料进京。至鼓衣架围,俱系绣活,亦著金简等飞咨苏州织造赶办,不必过于工细,务须毋误届期应用。其寿康宫、交泰殿二分,不妨略缓,以次制备。"又谕:"编钟镀金,既被熏灼,自应另为修整。但宁寿宫编钟,经朕特用真金铸造。则乾清宫一分,亦当一律改铸金钟。著金简等按照旧式制办,无误应用。"又谕:"清茶房、外果房等处,既有闲房可以拨给,自应酌量归并抵用,原无庸急于建盖。但禁城重地,观瞻所系,亦不可稍留空隙。明春当就烧毁空地,酌减建盖房屋,不必仍前高大,只须整齐划一,以昭整肃。其周围一带墙垣残缺不齐,亦应即将卑矮之处增高抹饰。"(《清高宗实录》)

按:外果房失火,延烧房屋计八十五间。经馆,清字经馆也。

又按:西华门内迤北果房,据乾隆二十六年编入《萝图荟萃》之《京城全图》,在广储司南。

又按:清乾隆二十六年七月,谕旨:"现在乐器需用特磬,按十二律大小为差。江南灵璧县素产磬石,著令如式采集石料。"

西华门内回禄果房,并延烧银库值房等项房间,今在旧有房基分位找筑地脚,补盖小式房屋,拨给果房以及银库值房,收贮册档办事应用,共计盖房五十五间。(清乾隆五十五年十一月总管内务府和珅金简等折)

乾隆五十七年，大学士和珅奏准：各省呈进方物，分别停止核减。鲜果一类，直隶总督例进鲜桃二次六千个，苹果二次六千个，沙果三千个，香果三千个，西瓜二次六百个，均减半进。闽浙总督例进台湾瓜十二圆，青果二桶，密罗柑四桶，红黄柚四桶，红柑二次十六桶，文旦二桶，芦柑二次六桶，大密柑八桶，中密柑八桶，均照旧进。两广总督例进甜橙八捅，香橙十二桶，均照旧进。山东巡抚例进临桃三千个，不必进。山西巡抚例进榆次西瓜五百圆，照旧进。浙江巡抚例进衢橘五桶，瓯柑五桶，均照旧进。福建巡抚例进大密柑九桶，中密柑九桶，红柑二次二十桶，芦柑二次七桶，台湾瓜十二圆，红黄柚六桶，密罗柑六桶，青果四桶，文旦三桶，均照旧进。广东巡抚例进甜橙八捅，香橙十二桶，均照旧进。（《内务府奏销档》）

果房置办果品支领银两，遵照向章，咨授御史衙门查核。（清光绪六年四月总管内务府折）

按：置办果品，置办供用宫用果品也。御史衙门，指稽察内务府御史衙门也。

果房采买供献奉先殿、寿皇殿及各项供品，并恭备皇太后、皇上茶房四季果品，领八成银三万三千一百二十两。又，收藏苹果，领八成银六千四百两。又办买玉笋，领八成银四万两。（清光绪三十二年五月总管内务府折）

按：此系光绪三十一年果房全年领款数目。

冰窖

【初】紫禁城内旧时冰窖五所，其四所各藏冰五千块，其一所藏九千二百二十六块。（《养吉斋丛录》）

按：《大清会典》：纳冰于紫禁城内冰窖，工部备办。

紫禁城内设冰窖五座。初有一窖，系通州冰，后一律用御河冰。（《钦定总管内务府现行则例》）

造办处

【初】康熙三十年，以慈宁宫之茶饭房一百五十有一楹为造办处。四十八年，复增白虎殿后房百楹。（《内务府册》）

初，在养心殿造办活计。康熙三十年十月，奉旨移出，在慈宁宫茶

膳房做造办处。(《钦定总管内务府现行则例·造办处》卷)

按:《钦定日下旧闻考》则称:旧制,养心殿有造办处,雍正年间始移今处,遂为定制云云,与内务府所记年代显有歧异。据康熙五十年江西巡抚郎廷极折载,奉养心殿传谕,将西洋人傅圣泽送京,交与养心殿。《郎潜纪闻》载:世宗亲临养心殿铸印。或者养心殿造办处完全移出,是在雍正季年。

又按:圆明园亦有造办处。见《钦定总管内务府现行则例·圆明园》卷。

内务府造办处掌成造诸器用之物。(《内务府册》)

造办处官员专司内庭交发造办等事。(《钦定总管内务府现行则例》)

造办处有炮枪处、油木作、玻璃厂、盔头作、灯裁处、铸炉处、舆图房、金玉作、匣裱作、做钟处。又,炮枪处随同昇平署钉安铁料活计,并擦抹上用、官用枪炮。盔头作应广育宫敬神、七夕鹊桥、昇平署排演铁旗阵、修理切末、万寿圣节大戏等项差务。鞍甲作抖晾上用盔甲。铜鋄作预备宫内并圆明园各殿座,及陆续传用钩头钉等项活计。油木作安设西峰秀色、七夕围屏等项活计。灯裁作应各殿座大座灯、寿康宫各等处灯只差务。匣裱作做合牌以及宫内、圆明园听候过门贴落、字画,成件各式活计样子。(《钦定总管内务府现行则例》)

按:舆图房,据《国朝宫史续编》:掌版图之属,凡内外臣工绘进呈览后,藏贮其中。乾隆二十六年,奉敕编《萝图荟萃》。又据《养一斋文集·内府舆图缩摹本跋》:国朝内府舆图,金匮钱氏缩为小本(内府舆图曾颁赐大臣,故得摹缩)。

又按:玻璃厂铜鋄作,据《钦定总管内务府现行则例·造办处》卷,玻璃厂每年八月开窑,五月止窑,熬炼玻璃,用山东博山县玻璃匠二名。铜鋄作造办处成造鋄金活计,上用者,每见方一尺鋄罩,各用头等赤金五钱四分,其赏用者,各处取用者,依次递减。

乾隆二十三年奏准,将本处三十余作,择其作厂相类者归并五处,每作派库掌、催长、委署催总,令其专视活计,领办钱粮,使伊等互相稽察酌定。将匣作、裱作、画作、广木作,此四作归并一作;木作、漆作、雕銮作、镟作、刻字作,此五作归并一作;灯作、裁作、花儿作、绦儿作、穿珠作、皮作、绣作,此七作归并一作;镀金作、玉作、累丝作、錾花作、镶嵌作、牙作、砚作,此七作归并一作;铜作、鋄作、杂活作、风枪作、眼镜作，此五作归并一作。以上共二十八作，归并五作。其余如意馆、做钟处、玻璃厂、铸炉处、炮枪处、舆图房、弓作、鞍甲作、珐琅作、画院处等十作，仍各为一作，分管承办。现定各作成造各项活计，所用金、银、铜、铁、钢、锡、铅、金银叶、绸、缎、绫、绢、绒、线、丝、弦、布匹、毡毯、皮张、席片、各色木植纸张、颜料、玉石、玛瑙、象牙、鳅角、玳瑁、蜜蜡、宝砂、硼砂、锦带、丝线带、黄白蜡、檀降香、糯米面、稻壳、煤炭、木柴、潮脑等项，一切材料，均向本处钱粮库、广储司六库、营造司、武备院、织染局、稻田厂、工部、户部、药房、掌关防内管领处并三处织造衙门行取应用。（《钦定总管内务府现行则例》）

　　按：如意馆未迁移时，据《啸亭续录》：如意馆在启祥宫南，馆设数楹，凡绘工文史及雕琢玉器、裱褙贴轴之匠，皆在焉。纯庙万几之暇，尝临幸观绘士作画。

　　又按：画院处，清史称画院，盛于康乾两朝，以唐岱、郎世宁、张宗苍、金廷标、丁观鹏为最。宗苍所作，尤有士气。道光以后无闻焉。《国朝画院录》：康熙时，满洲参领唐岱，号静岩，工山水，尝召入内廷论画法，因御赐画状元。《存斋偶编》：喻兰工丹青，仁庙考画，录取第二，御赐七品顶戴，号为西清画史，并赐兰竹笔十枝，砚一方。《郎潜纪闻》：王翚尝绘《南巡图》进呈，天子嘉赏，议官之，翚不乐仕进，遽归。乾隆时，仁和关侍郎槐，官中书时，以善画供奉内廷。《京师偶记》：《康熙南巡图》兼集众长，笔墨精到，为希世之宝。凡八九易稿，而后进御，其副本留广平邸中。又甲戌冬，皇上命绘《耕织图》刊印，以赐大臣，使知稼穑艰难，耕作劳苦，每幅有御题诗句（皇上，康熙帝也）。《啸亭杂录》：纯庙赏鉴书画最精，尝获宋刻《后汉书》及《九家注杜诗》，命画院写御容于其上。《见闻随笔》：苏州元和黄谷原均，嘉庆初年织造，考画得主簿，选入内廷供奉，日日见驾亲临画院，观诸画史作画，辰入申出，每日得赐羊糕半斤。

　　又按：珐琅作，乾隆御用彩画玻璃质鼻烟壶，相传是该作用珐琅彩、瓷彩画法制。

　　又按：《钦定总管内务府现行则例·广储司》卷：铜作专司打造、铸做各样铜锡器皿，拔丝胎、钑錾花、烧古及乐器等事。绣作专司刺绣上用朝衣、礼服、袍褂、迎手、靠背、坐褥、伞韂，内庭所用袍褂，官用甲面、补子等项，及实纳上用毡、官用毡、弓插、凉棚、帐房、角云等项。花作专司成造各色绫、绸、纸、绢、通草、米家供花、宴花、瓶花等项，及络丝、练绒、合线、作弦及鹰鹘脚绊等事。

如意馆、铸炉处、盔头作、铜錽作、匣裱作、油木作等六处，设有各行南匠共四十名。（《钦定总管内务府现行则例》）

按：《京师偶记》：朝廷需用裱匠，吴郡特送四人，初到即发出细腰葫芦一枚，令裱其里。一人沉思良久，乃去其蒂，入碗锋其中，令三人互摇之，使极光洁，然后用白棉纸水浸一宿，调匀灌入，即倾去，俟干复灌，如是数次，然后进御，破之则彻里有纸而无补缀之痕（康熙时事）。

造办处工匠，向令苏州织造及粤海关监督等挑选送京。（清乾隆二十八年谕旨）

按：咸丰节俭，新御杭纱套裤，偶烧破一窟窿，以弃之可惜，命补缀之。后尚衣以此补好者进，询知由内务府发交苏织造承办，一窟窿费银数百两。由是不复以意旨谕近臣，恐增烦费也。详《南亭笔记》。

养心殿太监等，遇有一应零星活计，辄传唤造办处各项匠役整理。（清乾隆四十年谕旨）

造办处官员进内接洽活计，出入走内右门。（清嘉庆四年谕旨）

嗣后，昇平署应用乐器、弦索，不交苏州制办，由造办处照制。（清道光七年谕旨）

造办处年例进天地香亭、洋漆戏台。（《钦定总管内务府现行则例》）

造办处奏，年例糊饰宫内殿窗。奉旨：不常临之处，酌量删减。（《国朝宫史续编》）

按：旨，嘉庆旨也。宫中糊饰殿窗而外，每岁立夏后，窗内上纱棂，外挂竹帘，冬则用毡帘，其修造物料银，则由工部比较上年数目，开单据。嘉庆间，工部进呈单，计大内用帘二千七百二十架。

光绪十九年，造办处筹备慈禧万寿，修理大内匾对万余件，报销银九万九千余两。（《翁文恭日记》）

按：《南亭笔记》：阎在军机日，见内务府承办皮箱百口，每口开银六十两，召见时，力请节用。太后怪之，阎即引皮箱一事为证，谓外间购买，每口至多不过六两，今已十倍矣，则内府浮冒之弊，可想而知。太后摇头曰："恐无此便宜也。"阎言之不已。太后曰："既如此，尔试代我购买百口，并予以半月之限。"阎出持银至骡马市，则皮箱店均已关闭。询之，俱曰："顷有老公吩咐，半月内不准开张交易，如违，必将货物打成齑粉。"阎无奈，只得函令天津当道派人选觅，克日解京，已而寂然。及限，太后询之，阎惟崩角而已。迨回寓，始知其亲随某，已得内务府银一千两，将信搁起，人则逃遁无踪。（阎，名敬铭，太后，慈禧也。）

慈禧太后垂帘时代，造办处花炮局向江西招工，来京督造南式花盒，又在交民巷德商祁罗富订购外洋花炮，每年灯节，在中海冰上然放。是日，王大臣、蒙古王公皆有蒙恩赐宴及赏看烟火，入座观剧者。（《帝京岁时纪胜》笺补稿本）

奉谕：现派军机章京在造办处查办各处交收钱粮，著传与广储司银库。嗣后，凡收盐政、织造、关钞等处并自行议罪解交银两，务必按月将有无收过日期，报明军机处，以备查奏。（《军机处档密记档·乾隆五十二年内务府广储司银库移付军机办事处文》）

按：密记档记各大员自行议罪认交银两，由军机处查催，交内务府广储司库收。

仪亲王、成亲王、庆郡王永璘，著各赏银一万两。定亲王绵恩，著赏银八千两。荣郡王绵忆，著赏银六千两。均由造办处给发祇领，俾从容备进贡物。（清嘉庆十三年谕旨）

按：时嘉庆五旬万寿。

嘉庆十八年，奉旨：清漪园、静明园、静宜园所办工程，著领用造办处银两。（《钦定总管内务府现行则例·静宜园》卷）

按：该卷并载，乾隆十一年奉旨，香山行宫命名静宜园。

又按：该则例《清漪园》卷，乾隆十五年奉旨，瓮山命名万寿山，十六年万寿山新建行宫，奉旨命名清漪园。

各国所进金叶表文，自乾隆十八年起至五十一年止，暹罗国共七次，安南国共六次。所有金叶表文，俱交造办处，业经熔化。（《藩属表章票拟式样册》）

按：册并载，乾隆五十二年迄五十七年，暹罗、缅甸金叶表，俱交礼部转交造办处。又注，嗣后交部处金叶表，随时记载年月数目，以备考察。

向来安南国贮表金饰镝匣、金锁钥俱交造办处，今此次该国进贮表

金饰镝匣二个、金锁钥二副,俟命下之日仍交造办处。(《藩属表章票拟式样册》)

按:时道光十三年。

光绪间,枢府与总署于造办处会议事件。(《翁文恭日记》)

造办处八品首领一,侍监。太监四,专司带领造办处外匠造办一切物件。(《国朝宫史续编》)

【续】造办处房屋二百二十八间,经年久远,虽于乾隆二十七年略为粘修过一次,并未大修,迄今又逾十载。此次大修,估需银六千六百五两四分七厘。请向广储司支领。(清乾隆三十七年六月总管内务府三和刘浩四格折)

按:修理造办处西南黄琉璃瓦房三间,见乾隆三十一年五月总管内务府折。修理造办处黄色琉璃瓦钱粮库十间,见乾隆三十一年十一月总管内务府折。

宫中有舆图房,藏疆吏所进山川、疆野各图,旁及边荒要塞,凡万余种。(《十朝诗乘》)

按:宫中舆图房,隶造办处。诗乘并载:康乾时,两次命儒臣将所进舆图萃辑成册,题曰《萝图荟萃》。仁宗(嘉庆帝)复命翰林官续加考定,编入宫史。法梧门(式善)预焉,有诗云:"吾尝纂宫史,日侍舆图房。舆图十万卷,堆满三间堂。拓地九州外,点笔铢黍旁。辨说非一家,沿革甄综详。"又载:《皇舆考》之作,亦在康熙朝。杜让九孔目《缮写皇舆进呈样式恭纪》二律云:"圣学考皇舆,词臣会石渠,纵横年表式,废置历朝余。直祖三通说,分删百部书。欲成不朽业,辩论岂容疏。""编摩诚不易,立格选工书。凤尾端波折,蝇头别鲁鱼。当筵推二妙,握椠费三余。束手看真赝,争来上直庐。"注云:"陈、叶二先生持议互有异同。"陈、叶,亦共事者。二妙,谓庶常彭莱洲、杨玉符,小楷最精。圣祖留意写官,尝召对录事孙宗宪、举人吴士恒及登春,问平日习何家书法。宗宪、士恒以钟王对,登春以泛习诸家对。并询及籍贯、履历。

国初,巴勒布三罕于雍正九年各奏金叶文,递哈达。译出词旨甚恭顺,命以玻璃、瓷器赏之。(《龚定盦全集》)

按:金叶文,金叶表文也,呈览后发交造办处。哈达,即薄绢,有红黄二色,大者长丈余,小者数尺,蒙古珍为贡品。

养心殿造办处所制珐琅物件，均系上用、赏用之项。内外臣工蒙皇上施恩赏赐外，诸人不可滥用。近闻市有出卖珐琅黄色器具，如烟壶、翎管等件，恐系造办处匠役人等偷出售卖。因令管番役官员稽查。（清雍正十二年十月总管内务府海望折）

按：折内并叙明，查系广客贩卖，广东长寿庵制造，请分别严饬禁止。

又按：乾隆三十年十一月二十七日夜，造办处库贮玉器等物被窃。详见《内务府奏销档》。

乾隆十三年四月，上谕内阁："向来妃嫔薨逝后，将册宝均交广储司收贮。嗣后，将皇贵妃以上应交宝册照常收贮外，贵妃以下应交册宝，俟交出后，内务府大臣奏交造办处。"（《清高宗纯皇帝圣训》）

按：咸丰四年三月，谕旨："嗣后，册封皇贵妃、贵妃及妃应制金册、金宝，册封嫔应制金册，改用银质镀金。"

妃园寝应用银器，不必交工部成造，著交内务府成造。（清乾隆二十二年谕旨）

养心殿造办处奏准修理金玉辇，并五辂等项活计，需用头等镀金叶二百九十八两三钱三分七厘，头等锓金叶三十六两四钱五分六厘。（清乾隆三十四年九月内务府折）

按：道光三十七年七月，谕旨："成造卤薄需用金件，改用黄铜。"

造办处奏准，成造楞严经板上欢门，嵌用东珠四百五十五颗，请向总管太监等将东珠匣钥匙四把请出，开匣拣选，以备恭呈御览。（清乾隆三十七年三月总管内务府三和折）

此次应造乐器特磬二面，编磬十六面，由旧磬内选出。镈钟二圆，系夹钟南吕二律宫度，已交铸炉处制造。（清乾隆四十一年十二月总管内务府英廉折）

按：铸炉处，隶造办处。

又按：《郎潜纪闻》：咸丰三年四月，军饷方亟，库藏空虚。命大臣监视熔化内府金钟，凡黄钟二，太簇一，皆乾隆五十五年所铸镈钟也。

乾隆五十六年，安南国所贡象牙，缅甸国所进佛像、檀香孔雀屏，奉旨交造办处。（《内务府奏销档》）

乾隆五十七年，安南国进俘获贡物，万象象牙三对，交造办处。（《内务府奏销档》）

乾隆五十九年，奉旨将圆明园器皿库积存铜方鼎一对，象鼻铜炉一对，铜钵盂二个，大铜炉二个，铜小钟一对，铜海灯二件，呈览后交铸炉处。(《内务府奏销档》)

按：档并载：库存残旧无用之器皿，交崇文门变价。又载：圆明园银库，乾隆五十九年，查明存银七十余万，制钱三千余串。

嘉庆四年正月，奉旨：金刚钻、翠鸟皮交造办处。(《宫中档》)

按：金刚钻、翠鸟皮，均系暹罗贡物。金刚钻十两，翠鸟皮共九十张。

又按：嘉庆二十一年，暹罗国贡金刚钻、翠鸟皮外，并有象牙，亦奉旨交造办处。见《内务府奏销档》。

道光四年十二月，造办处玻璃库失火，毁房八间。(《内务府奏销档》)

道光十四年，缅甸国进例贡方物，奉旨：长寿佛交圆明园，象牙上留二只，交造办处二只。黄呢上留一版，交敬事房一版，红呢上留一版，交敬事房二版，绿呢、洋毯交敬事房。洋布、印花洋布、洋布手帕、红宝石手镯、蓝宝石手镯、化油、花水、洒金缅盒、木缅盒、黄缅盒、红缅盒、大缅盒、小缅盒上留，金箔、银箔、沉香、檀香、孔雀屏交外库，玉石交造办处。(《内务府奏销档》)

按：档并载：玉石二块，一重七十九斤，一重六十三斤。又，驯象四只。

光绪八年二月，总管内务府折："禁城内，宝匣、铜练等项活计，专归造办处成做。修安之费，为数甚巨，请钦派大臣勘估。"又，该府同年六月折："经大臣逐细查勘，估计得补安禁城内各处镀金铜宝匣十个，木宝匣二十一个，并铜练等项，需工料银一万有奇。"又，同年同月折："修安宝匣等项，请饬粤海关监督捐办金叶。奉旨：依议。"又，同年八月折："采办修安宝匣等工铜斤，请饬户部照市价放给实银。奉旨：依议。"(《内务府奏销档》)

按：宝匣，屋顶镇压物也。本院近年查见造办处贮有一宝匣，铜质，方约六寸，高约四寸，匣内藏五金元宝五件，五色缎五小方，五色线五小绺，五谷五十袋，草药十包，合龙经一卷。

光绪十四年十二月，懋勤殿传造办处恭办钟粹宫、体顺堂大婚典礼时应用安挂贴落、活计。(《光绪大婚典礼红档》)

咸安宫等处

【初】武英殿西为咸安宫，门三楹，正殿五楹，左右殿各三楹，为尚衣监，为三通馆，为实录馆、文颖馆。又西为器皿库，为咸安宫官学，为蒙古官学。

咸安宫，清康熙二十一年建。

咸安宫门

【初】林清之变，咸安宫门下屯兵。（《啸亭杂录》）

慈禧皇太后七旬万寿，还宫日，至西华门内、咸安门外彩殿降辇，乘轿还宫。（《朱氏东华续录》）

咸安宫

【初】乾隆八年，谕旨：辛亥革职礼部尚书、咸安宫效力行走赵国麟，年老有病，加恩准其回籍。（《王氏东华续录》）

按：咸安宫为康熙时废太子胤礽禁锢之所。据清史馆修史者称，理密亲王胤礽，圣祖第二子。康熙十四年，圣祖以太皇太后、皇太后命，立为皇太子。太子方幼，圣祖亲教之读书，六岁就傅，令大学士张英、李光地为之师，又命大学士熊赐履授以性理诸书，又召江宁巡抚汤斌，以礼部尚书领詹事。四十七年九月，谕诸臣，谓观胤礽行事与人大不同，类狂易之疾，似有鬼物凭之者。及还宫，设毡帷上驷院侧，令胤礽居焉，更命皇四子（雍正）与胤禔同守之，寻以废太子诏宣示天下。十月还宫，召胤礽入见，使居咸安宫。四十八年三月，复立胤礽为皇太子。五十一年十月，复废，禁锢咸安宫。（参看乾清宫条：康熙六十一年十一月甲午，奉安大行皇帝于乾清宫；宁寿全宫条：康熙三十五年北征，敕谕皇太子两条，并两条下按语。）

又按：《旧都文物略》：民国三年，于咸安宫旧址建宝蕴楼。

【续】废太子允礽幽禁咸安宫。（《清圣祖实录》）

按：时康熙四十七年九月。实录并载：康熙御制废斥太子告祭天地、太庙、社稷文末有："臣虽有众子，远不及臣。如大清历数绵长，延臣寿命，臣当益加勤勉，谨保始终。如我国家无福，即殃及臣躬，以全臣令名"数语。又载：同年十月，内侍传谕曰："朕适召废皇太子，亦既见之矣。自此以后，不复再提往事，废皇子现今安养咸安官中。朕念之，复可召见。"

在咸安宫墙前西空地盖造板房二十五间，以便该班贮放器具。(《钦定总管内务府现行则例》)

按：时在雍正五年。该班，指防范火烛班。火班兵丁例由内务府发给腰牌。则例并载：乾隆元年，防范火烛人员，俱移于寿康宫西墙外。

乾隆十三年九月，上谕内阁，略谓：四译馆所存外裔番字诸书，宜加核正，汇为全书。所有西天及西洋各书，于咸安宫就近查办。其暹罗、百夷、缅甸、八百回回、高昌等书，著交与该国附近省分之督抚，令其采集补正。此外如海外诸夷，并苗疆等处有各成书体者，一并访录，亦照西番体例，将字音与字义用汉字注于本字之下，缮写进呈，交馆勘校。(《清高宗纯皇帝圣训》)

尚衣监

【初】武英殿西为尚衣监。(《国朝宫史》)

武英殿西为咸安宫。门三楹，东西配殿各三楹，为恭制御服之所。(《国朝宫史续编》)

按：尚衣监设在配殿内。

尚衣监器制御服于此。(《会典事例》)

贼由西华门入尚衣监屠杀。(《啸亭杂录》)

按：清嘉庆时林清之变。

【续】尚衣监，在武英殿之西，内殿宇二层，今为清字经馆。(《宸垣识略》)

按：识略附载汪师韩《龙书》篇："龙书稽木皇，鸟迹溯苍帝。披图穗薤垂，瞻穹璎珞系。孳乳生篆文，捷约趋楷隶。历汉百三章，尽削重复字。流传变若云，俗书逞姿媚。樊然别形声，犹来求所自。吾闻造字初，史皇特少穟。体殊左右行，梵长佉卢次。偏缠莲叶奇，屈略驴唇异。代有大鸿胪，耳根证真谛。军容录本言，国语传后魏。号令杂物名，大小辽金例。辽近奚室韦，神册初定制，铎衮及信宁，赞成切罔替。铭勋兼突厥，是俣葘赑屃，金行叶鲁业，御撰成次第。娄室绍谷神，后先推国器。笑彼嵬理书，粗具八分致。有无班弥怛，新字奉敕制。四十一母字,语韵韵关备。仿佛婆罗门,二七贯一切。同时畏兀儿,并用体横施。三朝史纷纶,附解无三四。泊明火翰林,犹命译书契。皇朝文命敷,纠缦光华被。垂训肇龙兴(太祖肇造清书),承基缵圣世。自两文成来(达海、额尔德尼俱谥文成)。词臣所专肄。经大义微言,史编年纪事。各各穷干支,往往破疑贰。综博定清文,暸如宝鉴对(清文鉴分三十六部,二百八十类)。纲领三十余,毛目二百类。蚁磨运左旋,龙宾呼十二。弩磲昉形模,点圈循位置,四声赅仄平,万物括开闭。约之宗谐声,衍之蕴六义。"(下略。)长元按:"乌思藏梵呗,从天竺译来,即唐古忒字也。元初用唐古忒字(史名畏吾儿,即高昌国)。后师其意制为蒙古。本朝国书以二合三合成音,与蒙古同。今经馆先以蒙古译唐古忒,复以清文译蒙古,其源流可见。"此诗叙述颇明,故录于清字经馆之后。

又按:《雪桥诗话》:严冬友直经咒馆,更正翻译《名义》、《蒙古源流》诸书。(冬友名长明,经咒馆,疑即是三通馆。)

三通馆

【初】武英殿西、咸安宫东夹道内,东有三通馆。(《钦定日下旧闻考》)

朕阅三通馆进呈所纂《嘉礼考》,内于辽、金、元各代冠服之制叙次,殊未明晰,仍交馆臣悉心确核。(清乾隆三十一年谕旨)

按:嘉庆帝为皇子时,曾校三通馆书。见嘉庆《味余书室全集》定本。

又按:孙星衍以第二人及第,授编修,充三通馆校理。见《履园丛话》。

【续】乾隆三十二年二月,大学士等议奏:"通考馆旧派总裁三员,今新开三通馆,请简派正副总裁各三员。通考馆向在宣武门内,地处西偏,往来未便,现在三书并纂,册籍繁多,纂修等应与总裁面同商订,请将午门内迤西旧给国史馆房屋给与藏书编纂。"得旨允行。命大学士傅恒、尹继善、刘统勋充三通馆正总裁,吏部尚书协办大学士陈宏谋、兵部尚书陆宗楷、刑部尚书舒赫德充副总裁。(《清高宗实录》)

按:三通,通考、通典、通志也。

乾隆三十七年,充三通馆纂修官。(《钱辛楣大昕年谱》)

按：年谱原案语："乾隆三十二年，敕撰《续通典》、《通志》及《皇朝通典》、《通志》。其时《续文献通考》已成，公手定《通志》。"

实录馆

【初】咸安宫后殿为实录馆。（《国朝宫史续编》）

按：清代实录之修，始于《太祖实录》，而馆址之定，则在嘉庆四年修《高宗实录》时也。馆兼编圣训外，并编辑他书。实录例不发刊，告成后，沿明制焚稿本于蕉园。

现在恭纂《高宗纯皇帝实录》，宜择洁净处所。清字经馆颇为整齐静肃，所有翻译经典现已竣事，著将该处作为实录馆，并将清字经馆后屋四十余间一并加入。（清嘉庆四年谕旨）

按：清字经馆，清乾隆时设立，在尚衣监后，殿宇二层，旧为皇子居住之所。

又按：《啸亭续录》：乾隆壬辰，上以大藏佛经有天竺番字、汉文、蒙古诸翻译，然禅悟深邃。汉经中咒偈，惟代以翻切，并未得其秘旨。清文句意明畅，反可得其三昧。故设清字经馆于西华门内，命章嘉国师综其事，达天、莲筏诸僧助之。考取满誊录纂修若干员，翻译经卷先后十余年，大藏告蒇，四体经字始备。《都门汇纂》：乌思藏梵呗，从天竺译来，即唐古忒字也。元初，用唐古忒字，后师其意，制为蒙古。本朝国书，以二合三合成音，与蒙古同。今经馆先以蒙古译唐古忒，复以清文译蒙古。

嘉庆己未秋，开实录馆，大兴朱文正公领其事，曼云以新庶常获纂修之选，前后所仅见。（《归田琐记》）

按：朱文正名珪。曼云，梁耷中也，

恭修实录，开馆日燕监修、总裁各官，或于礼部，或于馆内。前期由部奏请，命主席大臣付光禄寺庀馔。监修、总裁官、主席大臣均专席，在部则堂官陪燕，纂修、提调、收掌、誊录、翻译各官共席，均左右相向。燕毕谢恩如仪。（《皇朝掌故汇编》）

实录馆书成，蒙赐筵宴，赏银币。（《寸心知室诗存》）

按：诗存注：筵设礼部，堂宴备光禄寺，币自内府，银自户部，皆旧章也。

又按：咸丰六年，以实录告成，赐鞍马、银币，赐宴于礼部。见

《彭文敬蕴章年谱》。馆中誊录，亦如各馆，雇用书手代写，并不亲到，书成邀议叙而已。馆定例：发交缮写之件，不许携出禁城，每日辰入酉出，又严禁不许炊爨，书手率就近西华门外赁破庙数间，藉资食宿。详《存悔斋集·实录馆复奏折》。

【续】列圣嗣服之初，每诏儒臣修先皇帝实录，其选任精，责成专，程限严，议叙优，故成书完且速。今日得详我列祖列宗之圣德神功，及三百年来之事迹者，惟实录而已。(《观堂集林》)

按：清代实录，经纂修诸臣将一朝诏令、奏议酌录编次，以叙述体为之。圣训则仅在顺治朝开馆纂修，以后各朝，即就实录中采取皇帝之德、功、言，编辑成书，实录馆兼办。实录不发刻，圣训则书成即付梓。

又按：《赵遂翁昀自订年谱》：故事，实录开馆，先奏章程数十条，取历届旧例，参以时事，斟酌变通，请旨准行遵办。至办书首重书法体例，事有因创大小之不齐，即书有同异详略之各别，必须考订明确，画一办理，方不至错杂无章，博稽参考。以近代而论，《仁宗实录》所载，间与高庙不同，当时载笔，必自有说。然垂三十年，老成凋谢，间有曾与馆务者，又未深悉其所以然，难于讲明切究。惟有汇成一本，分门别类，取历朝记载一一注明，详细析衷，归于一是，凡两阅月始成，自此乃有条不紊矣。(时赵昀充宣宗实录总纂官。)

高宗纯皇帝御极，命充世宗宪皇帝实录总裁官。(《耆献类征·任兰枝国史馆本传》)

按：本传并载：乾隆二年，命兰枝偕鄂尔泰、张廷玉、三泰恭点泰陵神主(雍正帝神主)谕曰："点主大礼攸关，必取其人品望素优，老成端悫，俾之敬谨将事，方克称尊奉之隆仪。卿等皆国家大臣，夙荷皇考恩遇，倚任有年，名望夙著，故藉卿等襄巨典，其体朕哀慕恫忱，斋庄俨恪，静虑凝神，以对越皇考在天之灵，庶得仰邀皇考歆鉴。"

嘉庆六年二月十四日，本馆奏请续纂《国朝宫史》。奉旨依议。(《内阁档案·宫史处行移档》)

按：本馆，实录馆也。宫史由实录馆兼修。

嘉庆十二年三月，《高宗纯皇帝实录》告成。上以庆桂在馆八年，始终其事，赏用紫缰。(《耆献类征·宰辅庆桂国史馆本传》)

现在纂辑《筹办夷务始末》，将来须缮正本。(《实录馆奏折档》)

按：此系道光朝纂辑《筹办夷务始末》。咸、同两朝纂辑此书时，亦由实录馆兼办。

道光元年腊月，实录馆纂修有磁器之赐。二年八月八日，馆臣又有水果四盒之赐。（《竹叶亭杂记》）

按：《鸿雪因缘图记》：道光元年，岁次辛巳，开馆恭修《仁宗睿皇帝实录》。麟庆以詹事府中允充纂修官，寻委兼摄提调。又奏充汉书总纂修官。小春下浣，风雪连朝，上念馆臣冲寒傺直，颁赐绫锦，人各二匹。越月，又赐磁器八件。比除夕，特赏麟庆福元膏一瓶，果脯一盒，鹿一尾，赭鲈、野鸡各一对。

道光二年四月，命已革翰林院侍讲戚人镜，在实录馆效力行走。（《清宣宗实录》）

道光三十年三月，总管内务府奏：此次恭修大行皇帝实录，前经请将东华门内三星门迤北、东西二所房间查勘修理。兹勘估得实录馆东所计房八十九间，内添盖五间，新盖二十一间，拨正十三间，揭瓦三十六间，夹陇十四间。西所计房二十七间，内添盖七间，拆盖五间，拨正五间，揭瓦十间。共计房一百十六间，需工料银一万二千一百二十九两二钱六分九厘。（《内务府奏销档》）

按：大行皇帝，道光帝也。时咸丰帝已践位，尚未改元。

道光三十年十月，上谕："现值天气严寒，实录馆人员朝夕恭纂书籍，著加恩于例支柴炭外，十一月、十二月、正月，每月赏银五十两，在广储司支领。"（《清文宗显皇帝圣训》）

故事：凡恭上列圣、列后册宝，必赍运盛京太庙尊藏。实录、玉牒修竟亦如之。其赍送也，除道千七百里具警跸如仪，餐宿皆建芦殿。随扈官校数千人，例发帑金十四万，下各州县具供张，而有司或阴以应领之帑贿上官，而自敛于民，数目倍蓰，上官为所饵，弗能禁也。（《郎潜纪闻》）

按：纪闻并略载：咸丰三年，宣宗（道光帝）升祔礼成。有诏："以明年三月恭迁册宝入陪都。"南皮张太常鏴以大差困民，且实录将告成，盍展期并为一次，恐专疏掣肘，乃以稿委门下士御史李鹤年。未两旬，特旨改期秋八月与实录同送。后显庙（咸丰帝）实录亦援前案。

国史馆恭修列圣本纪，敬谨尊藏。纂修实录，则特命开馆，实录副本即藏史馆，以资考证。（《清穆宗实录》）

四　述外朝（三）：午门右西华门内

同治六年二月十七日，以实录告成，筵宴礼部大堂，赏赍鞍马、银币有差。（《还读我书室老人董恂手订年谱》）

按：年谱并载：三月初十日，先是实录馆于月前奏派恭填庙讳御名，圈出贾桢、周祖培、宝鋆、董恂、灵桂、伊精阿、察杭阿，至是敏谨粘签，皆黄纸朱书，三跪九叩礼毕，监视包封。

索绰络文靖公曾纂修成庙实录，光绪丁丑十月，修《穆宗实录》，以全书过半入告，实则全书稿本成。（《雪桥诗话》）

按：索绰络文靖公，即宝文靖公，名鋆。成庙，道光帝也。光绪丁丑，光绪三年也。穆宗，同治帝也。诗话并载：馆事方暇，同馆诸人以诗唱和，刘博泉恩溥编次成帙。文靖取乐天记事之官一时清选之义，署曰《清选和声集》。

《德宗实录》之纂修，宣统元年开馆。（《观堂集林》）

按：德宗，光绪帝也。集林并载：辛亥之变，《德宗实录》属稿才十之一二。壬子继续纂修，辛酉告成。凡五百九十七卷，其正本藏于皇史宬，副本之储乾清宫者，期于甲子年缮竣。

又按：《匏庐诗存》注：历朝本纪例归史馆恭纂，逊政后，史馆已撤，《德宗本纪》亟待成书，乃由实录馆纂修，分任纂成。

又按：清代每朝实录告成，例备大红绫面正本二分，藏奉天大内、北京皇史宬。小红绫面正本二分，藏乾清宫、内阁实录库。又小黄绫面副本一，藏内阁实录库。当实录馆缮具时，除藏奉天大内实录向不缮蒙文，《德宗实录》仅缮汉文外，其他则汉文而外，另缮满、蒙文各一部。至各朝实录卷数：太祖十，太宗六十五，世祖一百四十四，圣祖三百，世宗一百五十九，高宗一千五百，仁宗三百七十四，宣宗四百七十六，文宗三百五十六，穆宗三百七十四，德宗五百九十七。汉、满、蒙文同。

文颖馆

【初】嘉庆十一年，谕：御史叶绍楏奏请续编《皇清文颖》，著俟恭纂实录告葳后，即在实录馆地方开馆编纂。（《王氏东华续录》）

按：旧皇清文颖馆在翰林院清秘堂西斋房。见《钦定日下旧闻考》。

又按：《皇清文颖》第四次续编，嘉庆十一年也。其第一次在康熙四十八年，第二次在雍正十二年，第三次在乾隆九年。

尚衣监后，殿宇二层，嘉庆间设文颖馆。（《养吉斋丛录》）

余于嘉庆十五六年间，在京师文颖馆总阅《全唐文》。时《永乐大典》多移在馆。（《汉晋洛阳宫城图·跋》）

按：余，阮文达元自称也。跋中并载：馆中供事钞得《东汉东都城图》一纸，《西晋洛阳京城图》一纸，《后魏洛阳宫城图》一纸，《金墉城图》一纸。余阅而喜之，亦不能究其从何处钞出，遂令照钞数纸。知此图非后人所能造，必唐以前旧书中之遗迹也。有此图，则读汉、晋、魏书者皆了然，于南北朝后城宫殿观，不必推测矣。恐日久图失，刻之于板云云。据缪荃孙《元河南志跋》尾则谓，此图摹从此志。

又按：嘉庆十八年林清之变，逆党阑入禁城，陶樑方在馆纂修《皇清文颖》。其仆骆昇闻警，匿樑于书橱，自当户立。贼刃之仆。越日事定，樑出，救之苏。仁宗回銮，闻之，召樑何状，曰："义仆也"。赐之金。

【续】乾隆六年，梁诗正充皇清文颖馆总裁官。（《道古堂文集》）

乾隆三十年，方恪敏呈进《棉花图》册，高宗每图题句。仁宗敬依原韵作诗十六章。嘉庆十三年交文颖馆，臣辑为一书，命名《授衣广训》。（《雪桥诗话》）

按：方恪敏，名观承。高宗，乾隆帝也。仁宗，嘉庆帝也。

嘉庆十六年闰三月，召试迎銮士子，赏一等举人龙汝言等内阁中书，生监李堂栋等举人，二等郭安钰等缎匹。命交文颖馆誊录。（《清仁宗实录》）

按：其时，嘉庆帝肇举西巡，幸山西五台山。实录并载：五台县清凉山，为文殊演教之区，圣祖亲临瞻礼。高宗屡次巡幸。康乾年间，节经敕命词臣纂修《清凉山志》。兹谕令文颖馆续行纂修，馆臣复请将此次驻跸清凉，其间谒陵、阅武、吁俊诸大典，纂为《西巡盛典》。

嘉庆十七年十二月，命文颖馆纂辑《治河方略》。（《清仁宗实录》）

本月十九日，文颖馆不戒于火。（清嘉庆二十四年十月谕旨）

嘉庆二十四年十月，奉旨："文颖馆房间现经火毁，著紫禁城内值年之总管内务府大臣，派员率苏拉人等将渣土运净，毋庸重建房舍，归并咸安宫管理。"（《内务府奏销档》）

李蒓圃《春明纪事》诗云："锦册纷纶献玉墀，瓷青宣德界乌丝。盈廷恭纪编文颖，突过元和圣德诗。"（《蠹涛诗钞》）

按：诗注：朝有庆典，公卿及两院臣工各进恭纪诗册，今编载文颖。

器皿库

【初】器皿库在西华门内武英殿之西。（《古今地理述》）

咸安宫官学

【初】咸安宫官学在寿康宫长庚门内，雍正七年设。乾隆十六年，改建寿安宫，移置西华门内旧尚衣监。二十五年，复移于器皿库之西，东向，共房二十有七楹。（《内务府册》）

咸安宫官学，雍正六年特设，以教育内府三旗子弟及景山官学中之俊秀者。（《钦定日下旧闻考》）

按：景山官学，据《钦定总管内务府现行则例·景山官学》卷：康熙二十四年，北上门两旁官房三十间，设立满汉官学。

雍正六年，奉旨：咸安宫见在空闲，著设立官学。于内府佐领下幼童及官学生内选其俊秀者为学生。七年，咸安宫内修理读书房三所，每所分给学生三十名，选举贡九人，每所三人，专司教习之事；乌喇人及旧满洲人九名，教授清话、步射、骑射，并派满、汉翰林二员，总理稽察教习功课，但往来行走，不必常住馆内。学生饭食笔墨、纸张，俱由官给。教习夏季各给硬纱袍褂、绒缨帽，秋季各给官用缎袍褂。三年一次，各给官用缎、羊皮袍褂、骚鼠帽。（《钦定总管内务府现行则例·咸安宫官学》卷）

乾隆二年，派尚书正詹稽察咸安宫官学翻译。（《钦定总管内务府现行则例·咸安宫官学》卷）

咸安宫官学，于八旗及内府三旗贡、监生员及官学生内选其秀者，每旗不过十名，每五年奏请钦命大臣考试。考列优等者引见，以笔帖式、库使录用。其教习，满教习简选八旗之善于书射者充补，汉教习于进士、举人考选充补，均三年期满引见，咨送吏部。（《大清会典》）

按：会典所载选取教习、学生，与则例《咸安宫官学》卷所载初办时制度略有出入，殆后来改定。

咸安宫官学在内西华门，为八旗官员子弟读书处。总裁稽课西配殿。（《养吉斋丛录》）

按：法时帆祭酒式善、奇丽川中丞丰额，未第时，俱肄业咸安宫官学。详《存素堂诗初集录存》诗注。

又按：潘祖荫于咸丰时曾充咸安宫总裁。见《潘文勤祖荫年谱》。

校试咸安宫教习。（《绳庵外集》）

同治年间编纂方略，借学舍开馆修书。（光绪《顺天府志》）

按：学舍，咸安宫学舍也。

咸安宫官学体制，在八旗景山官学之上。学内修整至圣殿五间。（清光绪八年管理尚书志和折）

【续】雍正七年己酉春，特命公为咸安宫教习总裁。公曰："是吾职也。"其教八旗子弟，或依经办学，或随方占对，一时俊髦，皆闻言冰释，奉教惟谨。用是乡、会登选，科不乏人。（《耆献类征·赵国麟甘庄恪汝神道碑》）

按：《啸亭杂录》：甘庄恪汝来任涞水令时，有御前侍卫某放御鹰踩躏田苗，公即命锁至庭，大杖数十。大吏闻之，惊曰："某令疯耶？"因共劾之。圣祖笑曰："不畏强梁，真民父母也。"因擢其官，后迁至吏部尚书。后暴薨于署，同事者为相公讷亲，因亲送其丧。讷先入，见老妪缝纫于庭，讷误以为奴婢，因呼曰："传语夫人，相公暴薨于署也。"妇愕然曰："汝为谁？"讷备告其故。老妇泫然大泣，始知即夫人也。讷因问："有余赀否？"夫人曰："有。"启囊出银八金。曰："此志书馆月课俸也。俸本十六金，相公俭，计日以用，此所余半月费也。"讷因感泣，代以布衾殓之。归奏于上（乾隆帝）。上亦为感动，命内务府代理其丧，入祀贤良祠。

乾隆八年，公以内阁学士主咸安宫学。（《鹰青山人集》）

按：公，塞尔赫也。集并载："宪庙（雍正帝）知其所居隘，诏赐第一区，公固辞不受。"

喜塔腊文端公总管咸安宫官学，时约赫瞻士、法渊若相助为理。（《雪桥诗话》）

按：喜塔腊文端公，即乾隆御制《相马》诗中所称之来保。赫瞻士，名赫奕。法渊若，名海。诗话并载：公年跻大耋，神明不衰。每询以康熙年年，娓娓可听，而于巡幸行围诸典尤悉。盖其在御前最久也。

吴省兰曾充咸安宫教习，和珅时系官学生。（清嘉庆四年五月谕旨）

按：吴省兰，和珅党也。

道光五年十一月，以大学士托津署管理咸安宫蒙古、唐古特托忒官学事。（《清宣宗实录》）

蒙古官学

【初】乾隆十二年，咸安宫官学内，设立蒙古学房，派出稽察教习功课之太仆少卿一员，理藩院员外郎一员，助教一员，挑选蒙古教习二员，蒙古学生二十四名，学生饭食、笔墨、纸张，照咸安宫官学例，俱由官给。（《钦定总管内务府现行则例·咸安宫官学》卷）

蒙古学房，教授蒙古经书及阿里嘎里字韵，并书写乌术克蒙古翻译等学业。（《钦定总管内务府现行则例·咸安宫官学》卷）

蒙古学房总管并管理，俱派尚书。（《钦定总管内务府现行则例·咸安宫官学》卷）

外瓷器库等处

【初】武英殿之南，为外瓷器库，稍西，为南薰殿，殿西庐舍为御书处。

南薰殿袭明旧。

外瓷器库

【初】瓷器库在西华门内武英殿之南。（《古今地理述》）

南薰殿

【初】南薰殿在西华门内武英殿前，与咸安宫相值，盖紫禁城西南隅云。（清嘉庆帝《南薰殿奉藏图像联句》注）

南薰殿正殿五间，正中三间，各设朱红漆木阁一，分五层，安奉历代帝像，每一轴造楠木色小匣，用黄云缎夹套包裹装入，按阁层次，分别安奉。东一间，安奉后像，均照前式。至帝后册页、手卷，亦按次归木阁安奉。西一间，置木柜一，贮明时帝后册宝。（《国朝宫史续编》）

按：明代南薰殿，凡遇徽号册封诸大典，阁臣率中书篆写金宝、金册，御用监必杀鹿一只，蒸炰作羹，此旧典也。见《芜史》。

乾隆十四年，诏内府所藏历代帝后暨先圣先贤图像，藏储于此殿，

前卧碑一，恭录高宗纯皇帝圣制《南薰殿奉藏图像记》，并圣制诗。（《大清会典》）

按：明崇祯三年，命武英殿中书画历代明君贤臣图，置文华、武英两殿。见《崇祯遗录》。

列代帝后图像，前明贮于内库，乾隆十四年命重加装潢，移藏于南薰殿。自太昊、伏羲而下，为轴者六十有八，为册者七，为卷者三。先圣先贤图册五，详定位置，次第甲乙，岁以盛夏曝而庋之，扃钥惟谨。又，明诸帝玉册，向贮工部外库，今附藏殿之西室。（《宸垣识略》）

南薰殿旧藏古帝王圣贤图像，附以内务府广储司茶库所贮历代功臣各像。凡册卷轴一百二十有一，为像大小五百八十有三。乾隆戊辰岁，高庙诏重行装池，楗以香楠，殺以文缎。帝后像黄表朱里，臣工像朱表青里。（《南薰殿图像考》）

按：胡敬撰《图像考》，内官助为展轴，量度尺寸。

恭阅南薰殿收藏列朝图像。（《清嘉庆御制诗集》）

按：道光帝亦曾诣南薰殿观图像。见道光九年曹振镛等奏请颁刻御制诗折。

又按：法时帆式善直南薰殿，曾手模图像，携至少摩山室，朱野云、王春波两画师具纸争写其题，王春波模古圣贤像，有"我方直南薰，奉诏绢素披。上溯羲轩世，下讫元明时。圣君与贤臣，真像罗在兹。画手不署名，揣度略可知。唐宋所临摹，汉晋相留贻。下亦祇侯官，承旨金碧施。我时两目眩，神荡心交驰。泚笔模一二，以识遭逢奇"等句。见《存素堂诗初集录存》。

仁皇帝南巡至松，高不骞以布衣召试，称旨，扈从入都，赐第西华门，供奉内廷，偕翰詹诸臣纂书南薰殿。（《唐堂集》）

按：集中并载：累朝秘书多贮皇史宬，人莫得至。命高乘厩马入宬检书，御衣、御书、御砚、内府珍味，赐赉与诸臣班。阅九年，授翰林院待诏，兼三朝国史馆收掌官，纂书如故。

圣驾出口后，邸中住南薰殿。日夜随侍，酷暑逼仄，视在西苑，苦乃倍之。（《义门先生集·与友人书》）

按：圣驾，康熙御驾也。所云邸中者，疑即《沈彤义门先生行状》中所称皇八子。盖义门奉命侍读，只皇八子一人。皇八子名胤禩。

林清之变，贼匿南薰殿。（《啸亭杂录》）

【续】乾隆十二年十月，上谕内阁："朕阅内务府库所藏历代帝后图像，盖沿袭前明以来之旧，扃镐收藏。又明时帝后册宝，向贮工部库中，岁久亦不免遗失残毁，朕意欲并藏之南薰殿中，概令补缀完好，应重装者，即付装潢。"（《清高宗纯皇帝圣训》）

按：《清世祖实录》：顺治元年七月，以故明诸帝后遗像同历代帝后像藏通集库。（即古今通集库，库在东华门内，明代曾贮宋、金、元三朝所蓄书数百万卷。）

又按：《内务府奏销档》载：乾隆九年三月，总管内务府庄亲王等折：二月二十二日，查得由保和殿交出历代功臣像二十七轴。再库内旧存历代君王功臣像十七册；伏羲像一轴；尧帝像一轴；禹帝像一轴；汤王像一轴；武王像一轴；梁武帝小像一轴；唐高祖像一轴，太宗像一轴、小像六轴，庄宗像一轴，河间王李孝恭像一轴，李克用像一轴；宋宣祖大小像二轴、后像一轴；太祖大像二轴、小像一轴，检点小像一轴，太宗小像一轴，真宗大小像二轴、后像一轴，仁宗大像一轴、后像一轴，英宗大小像二轴、后像一轴，神宗大小像二轴、后像一轴，哲宗大像一轴、后像一轴，徽宗大小像二轴、后像一轴，钦宗大小像二轴、后像一轴，高宗大像一轴、后像一轴，孝宗大像一轴、后像一轴，光宗大像一轴、后像一轴，宁宗大像一轴、后像一轴，理宗大小像二轴，度宗大像一轴；明太祖大小像二轴，成祖大小像二轴，仁宗大小像二轴，宣宗大小像五轴，英宗大小像二轴，宪宗大小像二轴，孝宗大小像二轴，武宗大小像二轴，兴献王大小像二轴，世宗大小像二轴、好道图一册、身中造化升降图一卷，穆宗大小像二轴，神宗小像一轴，光宗大小像二轴，熹宗大小像二轴。宋册页：宣祖像、后像，太祖像，太宗像，真宗像、后像，仁宗像、后像，英宗像、后像，神宗像、后像，哲宗像、后像，徽宗像、后像，钦宗像、后像，高宗像、后像，孝宗像、后像，光宗像、后像，宁宗像、后像，理宗像，度宗像。元册页：太祖像，太宗像，睿宗像，世祖像、后像，成宗像，武宗像、后像，仁宗像、后像，英宗像、后像，晋王像，明宗像、后像，文宗像，宁宗像、后像，庚申像，平王像、后像，燕帖古思像。明册页：太祖像、后像，太宗像、后像，仁宗像、后像，宣宗像、后像，英宗像、后像，宪宗像、后像，穆宗像、后像，武宗像、后像，世宗像、后像，神宗像、后像，孝宗像、后像，光庙四圣像、后像，熹宗像，历代帝王像一册。又载：咸丰元年，呈览南薰殿历代帝王、后、功臣像一百轴，十八册，三卷。（考道光二年南薰殿像册呈览时，由钦天监择日用彩亭呈进。）清单：历代帝后圣贤、伏羲像、尧帝像、夏禹王像、商汤王像、周武王像、梁武帝像、唐高祖像各一轴，唐太宗像三轴，后唐庄宗像一轴，宋宣祖像二轴，宋太祖像二轴，宋太宗像一轴，宋真宗像二轴，宋仁宗像一轴，宋英宗像、神宗像各二轴，宋哲宗像一轴，宋徽宗像、钦宗像各二轴，宋高宗像、孝宗像、光宗像、宁宗像各一轴，宋理宗像二轴，宋度宗像一轴，宋朝帝像一册，元朝帝像一册，明太祖像十二轴，明成祖像、仁宗像各一轴，明宣宗像三轴，明宣宗行乐图一卷，明英宗像、宪宗像、孝宗像、武宗像、世宗像、穆宗像、神宗像各一轴，明光宗像、熹宗像、兴献王像各二轴，圣君贤臣像、历代帝王像各一册，出警入跸图二卷，宋宣祖后像、真宗后像、仁宗后像、英宗后像、神宗后像、哲宗后像、徽宗后像、钦宗后像、高宗后像、光宗后像、宁宗后像、各一轴，宋朝后像、元朝后妃太子像、元朝后像各一册，明朝帝后像二册，明太祖后像一轴，明太宗御笔二册，至圣先贤像、历代圣贤像、孔子世家像、历代圣贤名人像各一册；历代功臣：汉张良像、韩信像、周亚夫像、班超像、岑彭像、祭遵像、寇恂像、诸葛亮像、张飞像、秦王猛像，唐狄仁杰像、薛仁贵像、郭子仪像、李克弼像、李晟像、尉迟敬德像、李孝恭像、李克用像，宋岳飞像、范仲淹像，姚广孝像各一轴；历代武臣像、唐名臣像、唐宋名臣像各一册。

予于戊辰年奉藏历代帝后像于南薰殿，并弆胜朝列帝玉册之贮于工部者于殿之西室。（清乾隆《序书明代玉册事》）

按：戊辰，乾隆十三年也。书事文内并载：观明代十三帝玉册，仅有册而无宝，盖其册多用条玉，四条凑一板，以绳穿之。经流贼之变，宝失而册存。

又按：《观堂集林》：有明一代学术，至为简陋。其中叶以后，诸帝尤不悦学，故明代内府殆无收藏可言。至珍异玩好，则甲申三月闯贼入都，早已收括殆尽。至其年十月世祖入京，宫庭空虚垂六阅月，其间闯贼劫掠之所遗，又经内监之隐匿，宵小之攘窃，殆无孑遗。故顺治初年，故宫遗物，阗溢都市。吴梅村《读史偶述》云："宣炉厂盒内香烧，禁府图书洞府箫。故国满前君莫问，凄凉酒盏斗成窑。"又《送王圆照》："内府图书不计钱，汉家珠玉散云烟。而今零落无收处，故国兴亡已十年。"当时布棚冷摊情形如此。

南薰殿藏历代帝王名臣像，外间尝有摹出者。余曾见唐李供奉、杜工部，宋欧阳文忠、苏文忠等像。（《榆巢杂识》）

南薰殿及茶库所藏字画尤多可观。历代帝王像有盘古、有汤武。唐宋以下则较全，间亦有皇后像。此外如徽、钦二帝及李、杜小像等若干帧。徽、钦画蒙尘面目，李白面白而发稀，杜甫面黑而胖。（《春明梦余录》）

嘉庆七年，式善以纂修宫史，得敬观南薰殿暨内库所藏历代帝王及诸名臣像。（《八旗文经·法式善南薰殿古像记》）

按：记中并载：像之作于何代，无款识可辨。以缣素笔墨度之，盖唐时所存者至少，宋南渡以后略备，然其纸墨剥落亦多矣。惟宋、明帝后暨唐、宋功臣像称完善。意当时奉诏敕为之者，观其冠裳制度，可以见古今沿革损益。

乙酉春，圣祖南巡时，上《巡观河省耕诗》四十首。圣祖览毕，指其名顾侍臣曰："此老学也。"旋赐金，命偕御试所取人一例入都。友鹿分得南薰殿纂修，方与路程。（《让斋文稿》）

按：乙酉，康熙四十三年也。友鹿，宫友鹿也，名鸿历。

又按：《癸巳存稿》：康熙中巡幸德州，传旨："朕生平不好酒，亦能饮一斤，只是不用。最可恶的是用烟，诸臣在围场中终日侍朕，曾用烟否？每见诸臣私在巡抚帐房中吃烟，真可厌恶。况烟为最耗气之物，不惟朕不用，列圣俱不用也。"济宁道蒋陈锡《恭纪》云："碧碗冰浆潋滟开，肆筵先已戒深杯。瑶池宴罢云屏敞，不许人间烟火来。"

范西屏选雍正癸丑庶常，即充南薰殿朱批上谕校阅官。（《十朝诗乘》）

按：雍正癸丑，雍正十一年也。范西屏，名崇律。诗乘并载：范纪《荣遇》诗云："路绕南薰已近天，雍熙门（乾隆元年改曰熙和门）右武英前。朱文捧出珊瑚架，黄袱擎来玳瑁筵。冰设铜盘闻滴水，炉燃兽炭袅香烟。回头金雀恩光迥，寸草心犹向日边。"腹联谓夏至设冰，冬至设火也。

《骈字类编》书板久不存，人家有藏者，亦居为奇货。嘉庆甲戌夏，武英殿奏请清查板片书籍。同年，谢峻生编修为提调官，查至南薰殿，见炉坑内有物贮焉，命启之，板片堆积，审之则《骈字类编》也。核校

短二千页，因奏请刻板千补之。板两面刻字，故只用千板。今此书发卖，士子俱得见之矣。（《竹叶亭杂记》）

按：嘉庆甲戌，嘉庆十九年也。谢峻生，名崧。

南薰殿西南应拆换布筒瓦头停房十间，应补宽黄琉璃瓦及夹陇捉节房五间，并砌墙垣，粘修天沟，添换木植等顶，共约估银一千四百九十七两九钱二分二厘。（清乾隆三十一年五月总管内务府三和英廉四格折）

御书处

【初】御书处在西华门内南，共房四十三楹。康熙二十九年立，初名文书馆，后改今名。恭刻御制诗文法帖之属。（《内务府册》）

御书处监造官员专司钩摹御笔、镌刻、拓印、制墨及朱锭等事。（《钦定总管内务府现行则例》）

按：则例并载，道光二十三年奏明裁撤，归并武英殿管理。

世祖御笔"正大光明"殿匾，圣祖摹勒上石，迹藏御书处。（《国朝宫史续编》）

按：乾清宫顺治御笔"正大光明"墨刻匾，康熙、乾隆均有跋。乾隆跋语略云：世祖御笔，圣祖恭摹上石，兹法宫重建，敬谨摹拓，恭揭楹端。

从前内府摹刻《兰亭八柱帖》流传名迹，颁示臣工，久为艺苑楷模。兹复得端石摹刻兰亭及图画诗跋各种，命内廷翰林等详校，并将内府旧拓本逐一比对。此拓系明永乐时周王有燉所摹，至神宗益王翊钤及其子常渷又行补刻者，但历年久远，石刻缺略不全。著内廷翰林等，详查内府所藏旧拓兰亭图跋，交御书处补行摹刻，以臻完善。其图画著贾全摹补。（清乾隆四十五年谕旨）

按：刻成后，名曰《御定补刻明代端石兰亭图贴》。谕旨中所称《兰亭八柱帖》，其墨迹贮宫中，今尚存。

又按：御书处供奉，能书能画，《沧洲近诗·次韵答御书处供奉涂履吉》云："自赏青山摩诘画，偶欹乌帽达夫吟。"又云："奎章远迈钟王法，一样写笺倩一临。"《题沈恪庭画山水歌》云："南薰殿西御书处，恪庭先生癸巳作。"

御书处苏拉某，导李五匿御刻石拓间。（《啸亭杂录》）

按：清嘉庆时，林清之变，李五为林清党羽巨魁。

御书处房后迤南，西华门内西南角楼下，原排列列圣御笔及臣工所书石刻，共计大小三千九百二十六块，兹就御书处空闲房内收存。然为数过多，房间尚不敷用，复在武英殿空闲库房内分存。其中石质齐整、文义完全者一千六百九十六块，石质缺欠、文义不全者二千零十八块，石质残缺、查无名目者二百十二块。（清光绪七年奕详等奏查明御书处列朝御笔及臣工所书石刻折）

【续】乾隆七年，公兼御书处行走。（《道古堂文集》）

按：公，梁诗正也。

乾隆年间，取金、元以来古墨碎者重造成挺，即曰清乾隆年长春园精造。得之者尤以为宝贵。（《雪桥诗话》）

按：御书处，司制墨。

御书处成做玉器、磬石、法帖石等项活计，使用宝砂，由广储司给发。（清乾隆三十二年六月总管内务府折）

按：折并载明，广储司宝砂，由工部领取。

乾隆四十四年四月，奉旨："盛京库贮旧墨一百零四块，内有破裂者，交御书处照样毁作，好的不必动。"（《内务府奏销档》）

按：交御书处之盛京旧墨，系用安徽巡抚闵鹗元所进八十块墨换回者。详见《内务府奏销档》。

嘉庆四年，命珪管理武英殿御书处事务。（《耆献类征·宰辅朱珪国史馆本传》）

按：本传并载：是年，召见公于永恩殿（殿在景山），赐大行皇帝（乾隆帝）遗服四团龙褂四开禊袍，第一区于西华门外。

道光三年四月，御书处弗戒于火。（《清宣宗实录》）

按：《内务府奏销档》载明：拆毁房十间。

御书处东为干肉库。（《军机处藏紫禁城各门图》注）

五 述内廷(一)：乾清门迄顺贞门

乾清门前各处

【初】乾清门在保和殿北，正中，南向。门广五楹，中三陛三出，各九级。周以石阑，列金狮二，门之东为内左门，西为内右门，皆南向。其前，东出者为景运门，西出者为隆宗门，门各五楹，东西向。内左门之东、内右门之西周庐各十二，东为外奏事处、散秩大臣值班处、文武大臣待漏之所及侍卫直宿房。西为军机处，总管内务府大臣办事处及侍卫直宿房，皆南向。其南相对周庐各五，东为宗室王公奏事待漏之所，西为军机章京直舍，皆北向。其南井亭各一。

乾清门、景运门、隆宗门清沿明制，顺治十二年重建。乾清门左右各直庐十二。又，景运、隆宗二门南各直庐五，俱乾隆十二年建。

乾清门

【初】皇帝御门听政，则于门下陈设御座黼扆。（《国朝宫史》）

按：清代御乾清门听政，康熙朝最勤。雍、乾、嘉、道、咸五朝踵行勿替，咸丰以后遂无闻焉。

御门听政之礼：先期内阁得旨，传知各部院官。至日黎明咸集，俟侍卫传旨宣入，乃鱼贯以进。皇帝升座，记注官由西阶升，翰林科道至西阶下，咸就位立。部院奏事官由东阶升，尚书一人奉疏折旋而西，余入就位，西面跪。奉疏者至正中，北面，近诣黄案前跪，恭设表案，兴，少退，趋至左楹，转入班跪奏某事毕，兴，少退，循东阶左降。其次各班依序进奏如前仪。吏部引见各部院属官毕，退。内阁侍读学士二人升东阶，诣案前跪奉奏疏，退，降阶，翰林、科道暨侍卫皆退。大学士、学士升自东阶，以次跪御榻之左，西向北上。记注官立御榻之右，满内阁学士一人奉折本至黄案前，北面跪奏。每奏一事，皇帝降旨，大学士、学士承旨讫，兴，由东阶降，记注官由西阶降，皇帝还宫，皆退。（《大清会典》）

按：清乾隆《戊戌御门》诗注：内阁学士奏折本，率系背诵，凡记忆未熟及清语生疏者，往往遗忘讹舛，视为杂事。又，每奏一折本毕，降旨悉以清语。汉大学士中曾习清书者亦能领会。

又按：《居易录》：御门听政，冬春辰初三刻，夏秋辰正三刻。

御门日，内奏事传旨派某人读本，如派出之阁学系在内廷行走者，该员至本房请本，如不兼内廷者，批本官将折本交出，由阁学祇领，每折本下，即交内阁听本人将所折本写二单，次日随本交进，另匣收存本房。俟有旨于某日御门理事，即将所折本若干件并二单交内阁，另缮次序清单，于御门前二日交进。御门前一日，随交事时进呈，晚膳后随当日本交下，存本房。御门后，阁学读毕，交内阁，遵旨改签。（《批本处现行事宜》）

按：本房，批本处也。

又按：《内阁满本堂事宜册》：御门日，侍读学士恭请本匣。

御门侍班仪：讲官升阶，去御座丈许，东向，立御榻下。向南设金猊炉二，内侍先爇香其中，上升座，香烟从金猊口中出。讲官末一人立处，正与金猊相值。（《钦定词林典故》）

按：每年冬节，乾清门例设铜火盆二。

谨稽向例，凡御门日，奏事处不接递封口奏章。乾隆三十四年，高宗纯皇帝特颁圣谕，谓章奏不得壅于上闻，设果有纠弹建白，岂御门听政之日，转不得奉旨施行，于政体亦属未协。嗣后，著奏事处一体接收。又若读本生疏，及进本阁部诸臣入班迟延，以及行走班次错误者，乾隆、嘉庆年中，叠奉圣谕、谕旨，训饬綦严。（《国朝宫史续编》）

按：《皇朝掌故汇编》：道光二十六年御门时，吏部堂官全行误班，谕都察院严加议处。

我朝每月御门听政，若有故，则于期年后，礼臣奏请举行，此定例也。（清道光《御门听政述志示在廷诸臣》诗注）

顺治中，徐立齐相国元文，请令各省藩、臬得面陈章奏，亲加咨访，以观其才，世祖从之。至日御乾清门，科道官侍班，通政司引藩、臬官以次面奏。（《清稗类钞》）

按：御门听政，旧说自康熙六年七月亲政日始。据类钞云云，世祖时已有御门之举，或者御门典礼至康熙朝始完备耳。

康熙时，九卿、科道或在乾清门召对，或在懋勤殿召对。（《养吉斋

丛录》）

　　按：清康熙帝有《宫门听政示阁部诸臣》诗。

　　康熙二十二年三月，上御乾清门，斌侍直部院。诸臣奏事毕，上命斌录平日诗文进览。（《潜庵先生遗稿》）

　　按：斌，汤潜庵先生名也。先生年谱载：公在乾清门，亲王见公，问从官曰："谁也？"从官以公对。亲王曰："闻汤庶子者，落落劲抗，是其人乎？"

　　公为吏科给事中时，直声大著。一日，上御门，有所咨访，特指公名命对，公从容敷奏，众皆属目。嗣是连次御门，辄垂问阮应商在否。（《切问斋集·给谏阮应商传》）

　　按：上，清康熙帝也。

　　康熙二十六年，上御乾清门，命靳辅、于成龙各陈治河之策，卒允九卿议，停筑重堤。（《郎潜纪闻》）

　　按：康熙四十二年，传尚书等赴乾清门，问山东今年水灾情形。见《香祖笔记》。

　　康熙二十七年五月朔，皇上御乾清门。奉使内大臣索额图、佟国维、马喇等，率同兵部督捕理事官张鹏翮、兵科给事中陈治安出使俄罗斯国。上以出使绝域，经由漠北，宜加护卫，方合古者卿行旅从之谊。命选精骑万余人扈行，私从仆马亦复逾万，旌旆亘三十余里。命皇长子骑送二十里。（《出塞纪略》）

　　按：此行未至俄境而还。

　　又按：嘉庆朝与俄罗斯国文书往还，惟令理藩院行文其玛玉尔衙门，如有司咨牒之状。详《啸亭续录》。

　　康熙三十二年，谕大学士等：朕每日听政，必于辰刻中御门，闻部院奏事大臣每日于黎明时齐集午门外，久候方始入奏，迄奏毕，复各归署理事，无乃过劳。朕观大臣内有年及六旬者，亦有六旬以上者，此后于家中各进糜粥，按时来奏，亦不迟误。大臣节劳养体，亦可多为朕效力数年，可传旨令知之。近日政务简少，每日启奏大臣中，有年迈者甚属劳苦，自后年六旬以外大臣，令其量力间二三日一来启奏。至折本内遇要紧事，朕有旨传进，尔等方来请旨；若无朕旨，尔等将折本汇齐，亦间二三日一来启奏。（《蒋氏东华录》）

　　康熙间，讲官至乾清门，候诸臣奏事毕，内侍传入。南向设御座，

北向设讲官席。讲官入，侍从咸退。讲官再拜，北向立，敷陈经义，时有咨询，既退，赐茶于乾清门右。（《讲筵应制集》）

上在宫中亲为东宫讲授四书五经，每日御门之前，必令将前一日所授书背诵，覆讲一过，务精熟贯通乃已。（《居易续录》）

按：上，清康熙帝也。

上曰："昔年批本，皆在乾清门。诸学士手自批写，折尔肯所书尤速。诸臣一二张未完，而折尔肯已书成五页，草书更速，其时皆称折尔肯'文坛飞将'。"上又曰："查昇、熊赐履作字亦速。"（《清康熙四十六年十月起居注稿本残卷》）

康熙壬午五月十五日，朝退，御乾清门，赐满汉大学士、尚书、侍郎御书扇各一。（《居易续录》）

按：康熙三十一年，曾御乾清门，出示《五音六律八风图》。

乾清门侍宴，赐苹果。（《尊闻堂集钞》）

按：集钞《恭纪》诗有"御案前头饫大官"之句，时在康熙年间。

雍正元年，调安庆教授王懋竑来京，乾清门引见，奉旨授翰林院编修，著在三阿哥处行走。（《白田草堂存稿》）

雍正三年御门听政，始派翰林编修四人侍班。（《郎潜纪闻》）

御门听政，大学士等旁跪无毡垫。乾隆五年冬，乾清门听政始设毡垫。（《养吉斋丛录》）

按：御门听政，御座黼扆前设本案，左设大学士、尚书等跪奏毡垫。

乾隆辛未六月九日，御门听政后，率诸王大臣等泛舟观荷。（《清乾隆御制诗集》）

按：乾隆癸未《太液池泛舟》诗注：蓬岛飞龙，液池舟名，尚前明物，时加修饰，供御用。戊子《太液池泛舟即景》诗注：液池中有瀛海飞龙船，层楼飞甍，势甚宏丽，盖明时旧制，历年修葺，壮观而已。以艰于举动，每系岸不用。

又按：顺治丙申端阳节，世祖在西苑泛龙舟，召群臣四品以上暨诸词臣宴游。至于南苑大搜，必召大僚、禁近观兵赐宴，岁岁举行。若直讲幄者，出扈豫游，入陪曲宴，习以为常。见《澹余笔记》。康熙二十一年六月，时奉两宫避暑瀛台，特命于桥畔悬设罾网以待，廷臣于御门启奏毕，各就水次，举网得鱼，大小多寡，携归邸舍。详《筠廊二笔》。

张宫詹鹏翀受今上知最深。侍直乾清门，方宣召，而张已归。上以诗责之云："传宣学士为吟诗，勤政临轩未退时。试问羔羊三首内，几曾此际许委蛇。"命依韵和呈，聊当自讼。张奉旨呈诗。上喜，赐以克食。（《随园诗话》）

按：上，清乾隆帝也。

余今年七十有一，而大学士英廉七十五岁，嵇璜亦七十一岁，协办大学士、尚书永贵七十六，蔡新七十五，合之得三百六十八岁。本日御门，阁臣领旨耆年者四人。（清乾隆《辛丑御门》诗注）

按：乾隆《戊戌御门》诗注：大学士高晋入觐在京，已命回两江总督任。渠以备位纶扉，从未得瞻御门大典，恳请于是日随班与观仪节，再行起程，从之。

兹以十月朔日颁朔，用是诹吉于九月初三吉日御门理事，召皇子、皇孙、王公大臣等，将癸巳年所定密缄嗣位皇子之名，公同阅看，立皇十五子嘉亲王颙琰为皇太子，用昭付托定制。孟冬朔，颁发时宪书，其以明年丙辰为嗣皇帝嘉庆元年，俟朕长至斋戒后，皇太子即移居毓庆宫，以定储位。（清乾隆六十年谕旨）

乾隆万寿圣节，适驾驻避暑山庄。在京王公大臣于乾清门、庶官于午门行礼。（《国朝宫史续编》）

皇子婚礼于指婚，命下内务府饬备仪物，礼部转行该旗，知会福晋本家，内务府诹吉具奏，并请简襄理大臣（用夫妻结发者）。届吉，偕福晋父咸彩服，诣乾清门候旨、谢恩、行礼，礼部堂官率属吉服司仪。（《国朝宫史续编》）

按：续编并载：皇子指婚后，诹吉至福晋父家行定礼。成婚日，銮仪卫备舆仗，兵部步军统领除道，护军统领按时启门，皇子福晋行九日归宁礼，亦定期除道，均不用仪卫。皇孙婚仪较简。至公主下嫁，则有仪仗陈设导引。归宁时，亦例得陈设仪仗。惟公主名位有差等，仪仗不同，筵宴次数亦异。又，皇子福晋行初定礼，金项环一衔，珊瑚东珠各七，金珥六衔，东珠各一，金钗六衔，珍珠各五者三，珍珠各一者三，金臂约二，金钮一百，银钮二百，币百端，棉三百斤，貂皮一百四十，狐皮二百五十，海龙皮七，染貂皮三。初定日，设筵宴于福晋父母家，用羊四九，饽饽桌五十张，酒宴五十席，酒五十瓶。成婚日，设筵宴于箭亭并长房内，用羊五九，内合卺用者五，饽饽桌五十张，酒筵六十席，酒六十瓶。公主下嫁，行初定至成婚礼，皇帝前宴席六十，乳酒、黄酒共七十瓶，羊七九，皇太后宴席三十，乳酒、黄酒共四十瓶，羊二九，并于皇太后、皇帝、皇后、皇贵妃、贵妃、妃、嫔各宫设常宴桌各一张。《大清会典》：皇子成婚前一日，福晋母率诸妇至皇子所居，宫中设床帐，陈妆奁。成婚日，届吉时，于皇子宫设锦褥二，东西向，设酒馔案于前，置两爵、两卺于案，请皇子西面，福晋东面，相向行两拜礼，各就坐。执事者执金瓶，女官以卺爵酌酒，合和以进，皇子与福晋皆饮，乃进馔酒。馔三行，皇子与福晋皆起，仍行两拜礼，撤馔案。次日，皇子偕福晋朝见皇太后、皇帝、皇后。女官二人引皇子居左，稍前，行三跪九叩礼；福晋居右，稍后，行六肃三跪九叩礼。公主下嫁前一日，内府女官率执事妇女至额驸府第，设床帐，陈妆奁。下嫁日，钦命皇子福晋或近支王福晋、贝勒夫人送至公主府第。届吉时，女使设锦褥二于室，东西向，设酒馔案于前，置两爵、两卺于案，请公主东面、额驸西面，相向行两拜礼，皆就座，女官一人，执金瓶一人，以卺爵酌酒，合和以进。公主与额驸皆饮酒进馔。酒馔三行，公主与额驸皆起，仍行两拜礼撤馔案。次日，额驸偕公主见舅姑，行两拜礼。舅姑立，受一拜，答一拜。择吉，公主偕额驸进宫，于皇太后、皇帝、皇后前行礼。公主行礼于宫中，额驸行礼于宫门外。《钦定总管内务府现行则例》：阿哥娶日，往岳丈家与岳丈、岳母行礼。迎娶福晋，派年命相合之命妇、生辰无忌之内务府大臣妻一人，内管领妻十人，内务府大臣一员，用红缎、帏轿、红毡二十条，灯笼八个，火把十只。所用校尉俱穿驾衣，导引随从。派内务府官二十员、护军参领一员、护军校四员、护军三十六名，成婚礼筵宴，于紫禁城内宽敞处搭设席棚，拴挂绸彩、天花，凡女眷，俱于阿哥住处备戏筵宴。阿哥若在宫内居住，另议筵宴处所。九日回门，令校尉穿驾衣，抬轿随从，派内管领妻二人，果上妇人六名。公主下嫁，妆奁衣服、首饰、金银、缎匹、马驼、帐房、女子人口、庄头、器皿、箱柜等物，名目繁多，例有定数。其下嫁前一日，派出年命相合内管领之妻并果上妇人，铺设妆奁衣衾等物，下嫁之日，于阿哥、王、贝勒、贝子等福晋年命相合、不忌者，奏派送嫁导引随从。派内务府官二员、内管领二员、护军参领二员、护军校二员、护军十八名、红毡二十条、灯笼八个、火把十只。抬轿、执举火把、灯笼校尉俱穿驾衣。九日回门，用结发夫妇内管领二对，八旗结发夫妇官二对、并派导引随从各员。公主与额驸父母相见，彼此站立请安，对公主送给什物，额驸父母站立，向公主说磕头，不必屈膝。道光二年，谕旨：向来俗例，有开箱之礼，福晋应进朕与皇后衣服各九套，著不必预备呈道，以示黜华崇俭之意。

又按：高宗第三女和敬公主下嫁时，曾敕廷臣拟花烛词。钱陈群《香树斋诗集》有《奉敕恭拟和敬公主花烛词》。公主下嫁，聘礼用马鞍、宴酒、羊、茶，陪嫁有女若干名、人若干户。详《国朝宫史续编》。公主下嫁，搭棚结彩，并分例用车辆及箱柜木器，由营造司照掌仪司来文办理。见《钦定总管内务府现行则例》。公主下嫁后，例给俸一千两，生子及岁，给予伊父驸马品级。详乾隆四十年、五十四年谕旨。道光六年十一月，钦定：皇子降生，自满月起，每月赏银十两。自入学之月起，每月赏银五十两。自成婚之月起，每月赏银五百两。公主降生，自满月起，每月赏银十两。至六岁，自是年正月起，每月赏银四十两。皇孙自成婚之月起，每月赏银二百两。皇曾孙自成婚之月起，每月赏银一百两。见《钦定总管内务府现行则例》。道光帝为皇子时，八月初十日，三十初度，蒙恩赐冠服、朝珠、表里陈设等物，又赏饭一席。见道光《养正书屋全集》定本。遇有庆节，臣工呈递如意。庆诞皇子、皇长孙，诸王公大臣各呈递如意，赏收后，并赏回如意。见《钦定总管内务府现行则例》。

凡进斋戒牌、铜人，恭遇皇帝亲诣行礼，于斋期前一日具奏。届期黎明，太常寺卿率属，服补服，奉戒斋牌、铜人至乾清门，恭设于中门左楹。（《大清会典》）

按：斋戒进铜人，初设武英殿，继改设太和殿，后改设乾清门。详《养吉斋丛录》。

顺治戊戌春三月，阅卷事毕，由贡院入左掖门回奏。时上在乾清宫，谓内侍曰："今日诸试官放榜，是喜事。"命御补服，上乘步辇至乾清门，总裁官及同考官朝见毕，命各官升阶，赐坐，视御座相去不及丈许。大学士傅以渐、学士李霨等将阅卷诸事奏对毕，复命赐茶。（《宝纶堂稿》）

徐元文，顺治甲午举乡试，己亥进士第一人。传胪毕，世祖召见乾清门，谕以特简之意。还，启太皇太后曰："今岁得一佳状元。"赐冠带、蟒服、裘靴，视旧典有加。明日，公率诸进士谢恩，世祖为御殿，百官陪列，鸿胪读表，前此未有也。除官翰林院修撰，数被宣召，尝从幸南苑，赐乘御马，命学士折公纳库为执鞚，公辞，以馆师不敢，乃改使侍卫。又常晚对便殿，夜分赐馔，世祖问从者："得无饥乎？"即使侍卫赐之食。（《张文贞公集》）

十二月二十二日，衙门封印，奉旨召翰林科道各官，齐集乾清门，引见各省学使，内廷诸臣铨部，亦一体列名。臣等与南书房启奏："愿在内廷效力，不愿赴外任。"随蒙钦允，传旨：吏部、掌院知道。午前，上御乾清门，选取十三人。（《康熙乙酉日记》）

按：臣等，查慎行等也。

自康熙己卯顺天乡闱，乾清门覆试举人后，直省考试官，自侍郎以下，概行开列恭候钦点。（《香祖笔记》）

康熙丁丑七月二十五日，甲戌科庶吉士汪倓散馆，试于乾清门。（《居易录》）

康熙三十九年五月，御乾清门，选庚辰科进士张成遇等四十三人为庶吉士。（《居易录》）

康熙中，孟夏久旱，上虔诚祈祷，由乾清门步祷至天坛，诸王大臣皆雨缨素服从。（《啸亭续录》）

按：清代祈雨，常雩未得雨，旱甚，然后大雩。据乾隆《斋居即事》诗注：雩祭，望雨甚，时或撤大驾，不御辇。又据《啸亭续录》：大雩，皇帝躬祷昊天上帝于圜丘，不设卤簿，不除道，不作乐，不设配位，不奠玉，不饮福受胙，用舞童十六人，衣玄衣，为八列，各执羽，歌纯庙《御制云汉诗》八章。

又按：《南斋日记》：慈圣慈禧因连日未得雨，诚祈益笃。闻今日邯郸铁牌可到京，奉之西安门内大光明殿，将来得雨，铸金牌报之。金牌不能存寺中，则存直隶藩库，由藩库更铸铁牌存寺也。闻平时金牌用黄金二百四十两，此次慈圣命增七十两，则须金三百十两。今年金价昂，每金易银三十七两，则一牌之金，实直银万余两也。《郎潜纪闻》：光绪四年，晋、豫旱灾，旧例祈雨疏文，由翰林院撰拟，此次特命南书房恭进。《清宫词》注：宫中祷雨之文，谓之木郎词，凡三十余句，以三四五七言为句，类汉郊祀乐章。孝钦皇后曾以示军机大臣。

旧例，皇上出宫，枢臣皆在乾清门西站班。（《爇直纪略》）

按：光绪季年，此班始停。

旧时圣驾由园回宫，满阁学一员请宝先行，既至，汉阁学一人接宝，转交管宝之太监接收，其地则在乾清门。（《养吉斋丛录》）

按：《中书典故汇纪》：封宝日洗宝。大学士先期启奏，届期，学士典籍至乾清门通知内监请宝出。乾清门西一间正中，设洗宝黄案，上设坐宝黄案。先洗皇帝尊亲之宝，次洗制诰之宝，又次洗敕命之宝。洗宝用银盆。《国朝宫史续编》：宝洗毕，交泰殿首领仍捧入，恭贮于匣。其封宝之仪与开宝同。

咸丰十一年七月十九日，闻十七日文宗显皇帝龙驭升遐，即赴内阁举哀。三十日在乾清门外齐集行礼。（《彭文敬蕴章年谱》）

按：文宗崩于热河，故当时行此典礼。

梓宫奉移，由乾清门、景运门登大升舆出东华门，由北池子、三座门入景山东门，奉安于观德殿。（《翁文恭日记》）

按：梓宫，清同治帝梓宫也。

豹尾班侍卫，于三旗侍卫内选功臣后裔六十人，日以二十人直后左门。乘舆出入，以十八人执豹尾枪，十人佩刀，侍于乾清门阶下左右。驾出，豹尾班侍卫殿于后，以领侍卫内大臣一人、侍卫班领二人领之。驾还宫，随至乾清门，退归直。（《大清会典》）

宿卫乾清门，为内班散秩大臣一人、侍卫亲军十人。（《大清会典》）

康熙时，一老侍卫直乾清门数十年，清寒甚。圣祖见而怜之，因授为荆州将军。（《春冰室野乘》）

按：清乾隆二十七年，命乾清门侍卫明仁带御医视胡宝瑔疾。四十七年，命乾清门侍卫鄂弥达探河源。又，某年，闽督伍拉纳以贪酷罪槛解入京。时和珅擅柄，故缓其行，以解上怒。高宗计日不至，立命乾清门侍卫召入，于丰泽园廷讯，置诸法。

鄂伦岱罪恶多端，元旦日清晨在乾清门院内掀衣便溺。（清雍正三年谕旨）

癸酉之变事定后，上入宫，即下罪己诏。众王公大臣集乾清门跪听，立开内外诸城门，特赐将士食，命御前侍卫等视食毕，然后复命。（《啸亭杂录》）

按：癸酉之变，清嘉庆时林清作乱也。上，嘉庆帝也。罪己诏略云：十八年九月十五日，天理教逆匪七十余众犯禁门，入大内戕害，兵役进宫，四贼立即捆缚。有执旗上墙三贼，欲入养心门，朕之皇次子亲执鸟枪，连毙二贼，贝勒绵志续击，一贼始行退下。大内平定，皇次子之力也。隆宗门外诸王大臣，督率鸟枪兵，竭二日一夜之力，剿拿搜捕净尽矣。（皇次子，道光帝也。）

各部院衙门引见人员进乾清门时，自应执事人员随入，其余不准擅入。昨日引见人员进内时，有镶红旗蓝翎长明海随众同入乾清门，殊属不晓事体，有干法禁，应即并失察人员分别惩处。（清道光七年谕旨）

两宫西狩，东华门扃钥不开。日兵首先越墙而入，抵乾清门，门亦扃镳，时闻哭声，盖贵妃等闻变，出避不及，闭门以待死也。日兵闻之，退不攻门。事定之后，乃日致薪米蔬菜等品。（《西巡大事记》）

按：时庚子拳匪作乱，慈禧与光绪帝西狩。记中并载：联军初入京师，除俄、德两军外，尚恪遵将令，并由各统兵官带兵至宫巡阅一周，加以封锁。

又按：《清宫词》注：联军入京，宫内先朝主位尚有祺皇贵太妃诸人，禁门以内，不敢惊扰。每日照例进膳，主位等手制棉衣，令太监赍至行在，进呈孝钦皇后。

每年元旦定例，乾清门内后檐下，陈设丹陛乐。（《钦定总管内务府现行则例》）

乾清门内外所设铜铁缸，共用木盖二百二十二个，铁屉二百二十二个，及宫内太监筹作更毡棚，俱于每年十月内安设，至次年二月内撤出收存。（《钦定总管内务府现行则例》）

按：此系内务府营造司例办事件。

又按：据《国朝宫史》，宫殿庭院设有贮水大铜铁缸座，平时俱满贮清水，每岁小雪节，安设缸盖，盖中设铁屉贮火融冰，至开年惊蛰节撤去。

乾清门八品首领二，侍监。太监十二，专司御门听政宝座黼扆，晨昏启闭，稽察大小臣工出入，登记上书房翰林入直、侍卫直宿名单及洒扫、坐更等事。（《国朝宫史续编》）

按：明代宫人有罪，罚提铃，每夜自乾清门至日精门、月华门，仍还乾清宫前方止，高唱"天下太平"，声缓而长，与铃声相应。见《天启宫词》注。

【续】顺治十二年四月，乾清门上梁安吻，文武官员迎吻于正阳门。十三年五月，门成。（《清世祖实录》）

按：实录于顺治元年七月兴乾清宫工项下所载：乾清宫门一座，五间，长八丈二尺，宽连廊四丈三尺，山柱高三丈一尺，云云。系指兴修而言，此则指重建而言。又，清乾隆五十年五月，和珅、金简等折载：拆做乾清门西南转角围房天沟。

又按：《内务府奏销档》载：道光二十七年，修墁乾清门内外地面，工料银一万七千四百二十六两六钱四分五厘。

又按：《天咫偶闻》：各朝房旧在午门外者，今皆移入景运、隆宗二门外，盖国初御门之典在太和门，后改御乾清门，因亦移入。

康熙二十五年三月，礼部题皇上御门听政大典攸关，嗣后令满、汉科道官各一员待班，纠参一切失仪官员，从之。（《清圣祖实录》）

按：《枝巢清宫词》注载：旧制，帝日御乾清门听政，自巡幸园居，此制渐废。故胡中藻诗："右宰相皆无病痛，朝门常是不闻开。"《天咫偶闻》载：御门五日为期，凡题本大除授皆于此降旨。咸丰中，因圣躬违和，此典久辍。及同治亲政，无请行之者。乾清门置木箱二，闻其中皆藏御门仪物，不开已五十年矣。

康熙三十一年正月，上御乾清门，召大学士、九卿等至御座前。谕曰："算数精密，即河道闸口流水亦可算昼夜所流分数。其法：先量闸口阔狭，计一秒所流几何，积至一昼夜，则所流多寡可以数计矣。"又，命取测日晷表，以御笔画示曰："此正午日影所至之处。"遂置乾清门正中，令诸臣候视，至午，日影与御笔画处恰合，毫发不爽。（《清圣祖仁皇帝圣训》）

按：圣训并载：上讲音律，谓隔八相生之论："声音高下，循环相生，改还本音，必须隔八，此一定之理也。"随命乐人取笛和瑟次第审音，至第八声，还本音。上曰："此非隔八相生之义耶？以理推之，固应如是。"

康熙三十二年十一月，大学士等奏请，每日奏章交送内阁。皇上隔三四日御门一次，听理引见人员，与绿头牌启奏诸事。上曰："朕听政三十余年，已成常规，不日日御门理事，即觉不安，若隔三四日，恐渐致倦怠，不能始终如一矣。此乾清门乃在朕宫中，亦有何劳。朕仍照常每日听政。"（《清圣祖实录》）

嗣后，会议大政，保举大员，皆随亲王大臣在乾清门预议。（《耆献类征·杭世骏张公伯行传》）

按：《郎潜纪闻》：张清恪（伯行）熟谙水性，尝面奏河务。圣祖偶诘问，公袖出地图讲画。少司寇牛钮斥其妄。上曰："毕竟是他留心，即书本亦是他看过，尔等谁留心者？"

二十四日壬寅辰时，上御乾清门听政。部院各衙门官员面奏毕，大学士席哈纳、张玉书、陈廷敬、李光地，礼部尚书兼于学士里行赫寿，学士蔡州元、三格、舒备、王之枢、杨瑄、宋大业，以折本请旨。浙江巡抚王然题称："杭州、嘉兴等处，今岁少雨无收，请截留漕粮五万石，以备驻防兵粮。如奉命赈济，查常平仓积谷无多，请照山东例，于常平仓开例捐纳。"上曰："浙省被灾州县亦照江南，著总漕桑格亲身会同该抚于被灾各州县截留漕粮，赈济饥民。尔等可与户部会议具奏，何必捐纳？其折奏交尔衙门存贮。"（《清康熙四十六年十月起居注稿本列卷》）

康熙四十六年十一月，上命江南、浙江两省在京官员齐集乾清门外，召大学士张玉书等入，谕以"今岁南巡江浙，见两省农田全资灌溉，著该部速行文两省督抚，将其州县河渠宜建闸蓄水之处，通行确察，明晰具奏。以朕度之，建闸之费不过四五十万两，且南方地亩，见有定数，而户口渐增，偶遇岁歉，艰食可虞，若发帑建闸，使贫民得资佣工，度日糊口，亦善策也。"（《清圣祖仁皇帝圣训》）

雍正元年四月，上始御乾清门听政。（《清世宗实录》）

雍正元年，上御乾清门听政，大学士等题覆衍圣公孔毓圻因进封孔子五世王爵谢恩一疏。上命蒋廷锡、李凤翥近前，谕曰："校阅本章，乃内阁职掌。本内'重道'二字误写，尔等并未看出，勿诏。此等本章无甚紧要，朕不详览，嗣后当慎之。"（《耆献类征·卿贰李凤翥国史馆本传》）

雍正四年冬十一月，先生转浙江道监察御史，入台未浃旬，以劾田文镜下狱。当是时，上御门办事，科道许直前奏事，于是先生露章言三事。世宗霁颜问："云何？"对曰"一、钱法。"上曰："钱法大难，朕方筹画。"已又对其一，劾河南巡抚田文镜贪黩不法状。上顾谕曰："彼号能臣，朕方假任，尔无惑浮言。"还其奏。先生伏地不起，争益力，遂见罪。（《篷窗随录》）

按：先生，谢济世也。

乾隆元年三月，上谕内阁："嗣后，御门听政，若遇逢五日朝期，各官咸补服奏事，不必用朝服，永著为令。"（《清高宗纯皇帝圣训》）

乾隆二年六月，上谕："朕今御门听政，复值澍雨再降，更为优渥，念诸臣衣服未免沾湿，大臣等著赏纱二匹。凡陪奏侍班引见执事官员及侍卫等，俱著赏纱一匹。"（《清高宗纯皇帝圣训》）

乾隆二年十一月，上谕内阁："朕御门听政之时，翰林院修撰、编检，与科道一同侍班。翰林班次在科道之上，科道悬带数珠，而翰林未有定制。朕思侍从之臣，理应划一。嗣后修撰、编检，亦著一体悬带数珠，以肃朝仪。"（《清高宗纯皇帝圣训》）

一日御门，文忠后至，踉跄而入，侍卫某笑曰："相公身肥，故尔喘吁。"上曰："岂惟身肥，心亦肥也。"文忠免冠叩首，神气不宁者数日。（《啸亭杂录》）

按：文忠，傅恒也。上，乾隆帝也。

丁丑正月初四日五鼓，诣乾清门，为翰林院具奏经筵题目。钦点四书、《易经》各一题，上亲制御论。午刻发下，即敬录知会直讲官。十七日，缮经筵御论讲章。二十日，赴翰林院署换写经筵讲章。廿三日，敬书经筵御论。（《京师日记》）

按：丁丑，嘉庆二十二年也。

咸丰三年九月，发逆北犯直境，讹传已到定州。上御乾清门，颁奉命大将军印，授惠亲王为大帅，京师戒严。（《崇文勤实自撰惕盦年谱》）

按：发逆，指洪杨。惠亲王，名绵愉。年谱并载：是日，吏部即撤下引见排单，令迟二日再预备。讵料各官竟有抽身出都者，自本年二月，部院各衙门纷纷告假，至是部曹几乎一空。又略载：粤逆窜陷安徽、金陵等处，军情紧急，户部库储告竭，春季不能放俸。副都御史文端奏：令富绅捐助。上命其指出何人。伊称穆鹤舫（彰阿）、卓海帆（秉恬）、耆介春（英）及（崇）实等，共十八家。穆、卓、耆共捐四万，（崇）实捐一万二千。又略载：咸丰四年，户部盘查大库，连祖宝止存四万余金。由部开捐铜局，以银折钱，支每月放款，部库赖此支持者数年。彼时都中之困，莫过于当千当五百之大钱，因奏请罢之。又载：咸丰元年广西发逆事起，上命（崇）实向阿督师往剿。

又按：《清文宗实录》：咸丰三年，降旨捐输，有能捐至百万或数十万者，即赏加五等封爵，其次赏加轻车都尉官，并准予以袭次。

又按：《十朝诗乘》：那拉庄敏公麒庆奉使鄂尔多斯致祭，归至察汗札达海，从者寻取石子，检获浙字"康熙通宝"一枚，感赋二绝云：

"爱石从人笑米颠，披沙何意选金钱。分明认取康熙字，想见仁皇驻跸年。""年来泉府来复更，贵十何曾出帝京。却忆昔时圜法好，不论胡越总该行。"盖本朝钱法之坏，自咸丰四年改用大钱始，驯致商贾把持，公私凌削。

皇子婚礼，指婚命下，福晋文彩服诣乾清门，候旨谢恩行礼。(《国朝宫史续编》)

按：《内务府奏销档》载：钦天监谨查得十二阿哥（乾隆帝子，名永璂）年十五岁，四月二十五日寅时，福晋年十三岁，七月二十二日未时，福晋大利日，系四月、十月。谨择得本年三月二十一日行初定礼吉，四月初十日行成婚礼吉。八月初三月行初定礼吉。十月十三日行成婚礼吉。又载：乾隆五十五年，绵偲（乾隆帝孙）娶福晋，遵照绵总娶福晋之例，给福晋嵌珊瑚东珠七颗金项圈一围，嵌东珠各二颗金耳坠三对，嵌珍珠各五颗大金簪三枝，嵌珍珠各一颗小金簪三枝，金镯三对，金钮一百个，银钮二百个，各色表里缎绸八十匹，棉花二百五十斤，做褂五等貂皮七十张，做袍索伦黄貂皮七十张，做被里沙狐皮一百六十张，做褥白狐皮九十张，镶女朝衣染海龙皮七张，做帽染貂皮三张。给福晋父有皮朝衣及帽、鞍马等。给福晋母镶女朝衣皮及皮袍，嵌东珠金耳坠，鞍马、金、银等。饭房用各重三十两银盘十六件，各重十两银碟十六件，重四十两银背壶二件，重四十两银折盂一件，重三十五两银葵花盆一件，重三十两银罐一件，各重五两银小碟十二件，重十两银马杓一把，各重一两六钱银匙六把。茶房用重六十两银背壶一件，各重四十两银茶桶二件，重二十两银壶一把，重十五两银碗一件，重十三两银碗一件，重十两银马杓一把。清茶房用各重十两银碟二件，各重二十两银莲子壶二把，重七两五钱银卤锛一件，各重二两银盅盖二件。又载：道光二年，大阿哥（道光帝第一子，名奕纬）指婚吉礼，钦天监谨择得四月十八日卯时吉。是日，钦派结发大臣穿蟒袍补褂，在乾清门外阶下东立西向，恭捧名牌宣读谕旨指婚，退后。大阿哥穿蟒袍补褂，在乾清门外阶上，向北行三跪九叩头礼谢恩。禄贤（福晋父）族中有职人等俱穿蟒袍补褂，在乾清门外阶下向北跪，随后行三跪九叩头礼谢恩。礼毕，总管太监引大阿哥至皇太后、皇上、皇后前行礼。礼毕，即于是日吉时，前往禄贤家，派总管太监一名，首领太监四名，太监十名，总管内务府大臣一员，率领司官十员，散秩大臣一员，侍卫十员，及谙达等，俱穿蟒袍补褂随往,至禄贤家二门外下马,禄贤合族男眷等在大门外左边跪接,女眷等跪在正房阶下右边跪接。大阿哥进内,向西行一跪三叩头礼,合眷人等俱随从行礼。毕,请大阿哥居北炕坐,令禄贤恭献奶茶,后献清茶。毕,请大阿哥出,仍由二门乘马,禄贤合眷人等均于原接处跪送。次日,禄贤族中有职人等俱穿蟒袍补褂在乾清门外恭谢天恩。

又按:《钦定宫中现行则例》:道光二年正月十二月,奉旨谕总管内务府大臣等:"嗣后,皇子、皇孙一经指婚,其福晋父家置备妆奁,不得以奢华相尚,一概务从俭约,从和满洲淳朴风俗。将来呈进妆奁清单,如有靡丽浮费之物,经朕看出,不惟将原物发还,并加议处。此旨著内务府大臣存记,俟经指婚之后,即将此旨交福晋之父家阅看,敬谨遵循,不得逾制。"

公主下嫁之礼,内务府豫行钦天监诹指婚吉日,并列大臣命妇中偕老者奏襄婚事。届时,赞事大臣偕额驸蟒袍补服,诣乾清门东阶下,额驸北面跪,赞事大臣西面立,称:"有旨,今以某公主择配某人。"额驸祗受命,行三跪九叩礼,兴,退。(《国朝宫史》)

按:宫史并载:初定诹日,额驸家备驼一、马八、羊八十有一、酒九十尊,诣午门前恭进。得旨,分纳所司。是日,皇帝御保和殿,筵宴额驸父、额驸暨奉命入宴之王大臣、侍卫等。侍宴如仪,皇帝还宫。理藩院、鸿胪寺堂官,引额驸父等至乾清门西阶下序列,行三跪九叩礼,退。是日,内监设中和韶乐及丹陛乐于慈宁宫,常次如仪,尚膳女官设皇太后筵于宝座前,南向;设皇后筵于东,西南向;又以次设皇贵妃、贵妃、妃、嫔席于东西少后,金向;额驸母及其族中诸妇,设席于嫔席之下少南,西位东面。进爵命妇、侍卫命妇设席于丹陛下,东位西面。午刻,皇后率皇贵妃等诣慈宁宫,皇太后升宝座筵宴,赐茶,进觞,遍爵作乐,升歌行酒。额驸母及诸妇行礼各如仪。既毕,皇太后还宫,皇后率皇贵妃等皆还内宫,内监引额驸母及诸妇诣皇后宫行六肃三跪三拜礼,退。下嫁前一日,额驸蟒袍补服率族人诣皇太后、皇帝、皇后宫门前,行三跪九叩礼,各如仪。内务府官率銮仪校以公主妆奁诣额驸邸第,内管领命妇二人偕女侍随往铺陈。至日黎明,额驸家备九九礼物,文马十有八,鞍辔具,胄甲十有八,马二十有一,驼六,羊八十有一,酒九十尊,诣午门恭纳。午刻,筵宴于保和殿、慈宁宫,如初定礼。是日，所司豫奏请王福晋，贝勒、贝子夫人中结发偕老者，钦命陪送。内务府大臣命妇二人，内管领命妇十人充导从，皆盛服，于宫外别室祗候，赞事命妇豫诣额驸邸别室祗候。自公主所出宫门至额驸邸，步军统领饬所部洒扫清道，銮仪卫备仪仗彩舆，内务府总管一人，官属四人，内管领二人，护军参将二人，护军校二人，蟒袍补服，偕护军二十人于所出宫门前祗候。吉时届，公主吉服诣皇太后、皇帝、皇后前行礼。若嫔妃出者并于所生妃嫔前行礼各如仪，毕，命妇翊升舆下帘，内校舁行出宫。仪仗前列灯八、炬十前导，陪送福晋夫人及随从命妇乘舆随行。内务府总管、内管领乘骑稍远导从，参领及护军乘骑扈行，诣额驸邸第合卺。翼日，公主、额驸凤兴朝服，公主诣皇太后、皇帝、皇后及所出妃嫔前行礼，额驸诣慈宁门外东阶下，乾清门外、内右门外行礼各如仪，毕，还邸第。

又按：《枝巢清宫词》注：公主下嫁，礼绝家人。乾隆晚年，谕皇孙女与翁姑讲家人礼，不得援公主例。至宣宗（道光帝）固伦公主下嫁奈曼王子，始定与翁姑见时相对请安礼。

又按：公主下嫁妆奁，除由内交出者外，照宫例办理。据《内务府奏销档》载：乾隆二十七年，查得和硕公主下嫁妆奁定例，陪给嵌东珠九颗朝帽顶一个，嵌松石、珊瑚垂珠软帽后金花一枝，嵌东珠两颗金佛一件，嵌东珠一颗、松石一块凉帽后金花一枝，嵌东珠七颗金项圈一围，嵌东珠九颗金箍一件，每须嵌小珠一粒金花二块，嵌东珠二颗耳坠三对，金手镯二对，金脚镯二对，珍珠数珠二串，催生石数珠二串，绿石数珠二串，珊瑚数珠二串，琥珀数珠二串，染貂帽四顶，凉帽四顶，貂皮风领二件，貂皮褂一件，海龙皮镶边女朝衣一套，貂皮朝衣一套，片金镶边朝衣一套，纱朝衣一套，貂皮褂狐臁皮袍一套，天马皮褂貂皮袍一套，貂皮褂、羊羔皮袍一套，棉缎褂、羊羔皮袍一套，缎纱棉袷单袍褂六套，绸靴袜各三十双，貂皮被褥一床，狐皮被褥一床，妆蟒缎、闪缎被褥八床，枕头十二个，幔子一架，帐子一架，盖帐一顶，三等赤金五十两，淡金五十两，银一万两，缎绸纱一千匹，毛青梭布二千匹，嵌松石、瑚珊重六十两，金茶桶一件，重四十两金折盂一件，各重三十四两金执壶一对，各重二十两金碗二件，重三十两金盘一件，重二十两金盘一件，各重三两金匙二把，各重八两金杯盘四副，金两镶象牙箸二双，重六十两镀金箍银茶桶一件，重四十两银茶桶一件，各重五十两银背壶一对，重三十两银折盂一件，各重二十三两银执壶一对，重十两银杓一把，重三十两银盘一件，各重二十两银盘二件，各重十六两银盘二件，各重十两银碟二件，各重五两银小碟二件，各重二十两银碗二件，各重十五两银碗二件，各重二两五钱银匙二把，重七十两银面盆一件，各重八两银杯盘十一副，银爵十只，重二百两银锅一口，玉杯六只，磁器二百件，包头一万个，绉纱包头三十个，手帕四十条，白细布手巾八十条，各样绒三十斤，丝线十八斤，棉线四十五斤，粉一百匣，胭脂二百匣，象牙梳十副，黄杨木梳七十五副，篦子二十张，抿子二十把，牙刷二十把，剔刷八把，镜二面，镜套二个，妆缎车褥一件，金黄布包袱一百四十个，金黄杭细包袱十五个，红毡四条，白毡八条，箱子四十个，皮箱六十个，彩漆匣四十个，黑漆矮桌十张，镜架、盆架、衣架各二个，车鞍二副，浴盆一个，鞍马十四，女子十人，八十户，庄头二名，骟马二十匹，其陪送额驸暨嬷嬷、嬷嬷妈，二等女子三名，三等女子四名，女子之夫户口人内委署管领者及其妻陪嫁户口男女人等、物品，亦各有定例。

又按：《内务府奏销档》：和硕公主定例，自下嫁日始，每日给猪肉十五斤，小猪半口，鹅一只，鸡三只，雏鸡一支，羊半支，鸡蛋四个，粳米三升，麦面三斤八两，红小豆三合，细面筋二块，锅沟一角，豆腐二斤，蘑菇一两，木耳五钱，王瓜六条，茄子六个，豆瓣子四两，豆腐皮五张，绿豆菜四两，水粉六两，杂菜六斤，香油三两五钱，白盐十三两，酱八两，醋四两，绿豆粉五两五钱，清酱八两，芝麻酱四两，芥末面二两，干闭瓮菜十两，腌王瓜二条，腌白菜十两，腌芥菜八两，腌韭菜四两，七十日六安茶一袋，牙菜二斤。每日用散茶三百包，甜樱桃、酸樱桃、杏、李、酸桃、沙果，每一日一筐，随时更换。苹果、热梨、秋梨、棠，每日四个，随时更换。葡萄一日一斤八两，每日用碱三斤十二两。每日用十两重羊油蜡一枝，五两重羊油蜡五枝，一两五钱重羊油蜡十二枝，柴四百斤，煤八十斤，炭五十斤。十一月初一日起至次年正月三十日止，冬季三个月每日用烤炭二十斤。陪嫁女子每日每人用猪肉八两，白米七合五勺。又载：再查和嘉公主下嫁时，按例应得银一万两外，又特恩赏给一万两开设当铺，滋生利息，以为每日需用之费。

又按：《枝巢清宫词》注：孝钦（慈禧太后）晚年，喜为人主婚。岁仲春，召近支宗室及外戚大臣家子女及岁者，集宫中为之指婚。女子被指定者，以金钗插其鬓，曰插定，令全福命妇往通两家，曰拴婚太太。

又按：《清宣宗实录》：道光二年正月壬子，谕内阁："今朕挑选秀女，应遵例，（乾隆帝每次挑选秀女，皆指配与康熙帝派衍近支宗室。嘉庆帝每次挑选秀女，皆指配与雍正帝派衍近支宗室。）按代指配与高宗纯皇帝派衍近支宗室。"

又按：《清德宗实录》：光绪二十七年，谕："准满汉通婚。"

顺治十五年四月，上御乾清门选庶吉士毕，并谕以毋负简升。（《清世祖章皇帝圣训》）

康熙十年二月，谕宗人府："凡觉罗中行辈最长、年七十以上者，具以名闻。"寻宗人府开列觉罗赵班等四人奏入，皆召见乾清门，分赐银两、缎匹及朝衣一袭。（《清圣祖实录》）

康熙十九年十二月，公特拜都察院左都御史，入谢乾清门。近侍传上语褒嘉，且道讲筵之劳，赐御书墨迹三。又传："朕久不作书，顷试笔得'鸢飞鱼跃'四大字，并以赐卿。"公顿首谢。二十八年五月，拜文华殿大学士，公闻命即诣乾清门辞，上不见。上又问："大学士掌翰林院古有之否？"阁臣曰："有之。"即命公兼翰林院事，寻充《政治典训》、《平定三逆方略》、《大清一统志》总裁官。（《有怀堂文集·徐公元文行状》）

甲子春，公奏事乾清门，晕跌于地，扶归。即日疏乞骸骨，上慰留。再请，许之，令驰驿还里，谕以三觐，乃行。始入，赐以御厨珍馔，令内臣视公食多少。再入，赐茶。再入，赐御笔"寒松堂"匾额。（《憺园集》）

按：甲子，康熙二十三年也。公，魏象枢也。

公尝被召至乾清门，讲《易》、《论语》，敷陈明晰，圣祖为倾听。（《耆献类征·卿贰徐潮国史贤良小传》）

雍正十三年八月丙申，礼部奏登极仪注。上谕曰："停止宣表，免赐茶。奏内称安舆于乾清门正中，现今皇考梓宫安奉乾清宫，朕不敢在乾清门正中乘舆，著安于稍左。"（《清高宗纯皇帝圣训》）

按：上，乾隆帝也。时尚未改元。

乾隆三十六年十一月，赐三班九老宴游香山。命于次日赴乾清门内，令画工艾启蒙绘图。（《清高宗实录》）

按：时皇太后八旬万寿。实录并载：当时三班九老职名：文职九老：显亲王衍潢、恒亲王弘晊、大学士刘统勋、协办大学士官保、吏部尚书托庸、刑部尚书杨廷璋、理藩院尚书素尔讷、刑部侍郎吴绍诗、工部侍郎三和。武职九老：都统四格、曹瑞，散秩大臣国多欢、甘都，副都统伊松阿、萨哈岱、李生辉、福僧阿、色端察。致仕九老：刑部尚书钱陈群、内大臣福禄、礼部尚书陈德华、兵部尚书彭启丰、礼部尚书邹一桂、左都御史吕炽、内阁学士陆宗楷、詹事陈浩、国子监司业王世芳。

又按：《十朝诗乘》：宴年老臣民，昉自康熙癸巳（康熙五十二年），迄壬寅（康熙六十一年）再举，始名千叟宴。乾隆以后，一再踵行，皆以礼遇耆耄。初无萝衮之限，其专宴老臣者，则乾隆辛巳（乾隆二十六年）、辛卯（乾隆三十六年）两宴香山，文、武及致仕者各为班，班各九人，称"香山九老"。又，道光癸未（道光三年），宴万寿山玉澜堂。与者凡十有五人，仪慎亲王永璇，年七十九，领班，次则御前大臣赛冲阿、大学士托津、曹振镛、戴均元，协办大学士江督孙玉庭，尚书黄钺、穆克登额、初彭龄、富俊，都御史松筠，都统哈迪尔、阿那保，致仕大学士伯麟，致仕都统穆克登布，宴以仲秋七日。是日，为仪王特设高坐，前此未有也。

又按：画工艾启蒙，据《军机处和图利档》，乾隆四十五年九月二十三日，奉旨："西洋人艾启蒙病故，著加恩赏银二百两。"（此系服从前西洋人王致诚病故赏银例。）

乾隆五十五年正月初十日，于乾清门颁赐恩诏于朝鲜、安南、琉球、暹罗四国，由四国正副使等诣门跪领。（《乾隆八旬万寿盛典册》）

按：恩诏，乾隆八旬万寿恩诏也。盛典册并载：是年正月初一日，御殿受贺礼成，特颁恩诏，诸臣民于天安门晓听宣读。

嘉庆五年八月，谕内阁："各王公及部旗大臣等于带领官员引见后，往往即在丹墀之下传宣谕旨，而引见官员亦在乾清门内拥挤听候，殊非体制。此后，每逢引见官员日，著御前大臣派出乾清门侍卫二三员于官员引见后，告知带领引见之大臣官员等，令其退出乾清门，再行传旨。即大臣中有在内廷行走者，亦应于宫门外宣谕旨后再行进内。"（《清仁宗实录》）

嘉庆二十一年十月，两江总督百公以疾闻，上命乾清门侍卫率尚医驰传问视。（《存悔斋集·百文敏龄墓志铭》）

按：百公，蒙恩世袭轻车都尉时，尚未有子，可设异枝。见《卧园诗话》。

又按：《清圣祖实录》：康熙四十一年正月，命乾清门近御侍卫往四川峨嵋山进香，回时乘便监视西安官兵骑射，并往华山进香。

木兰秋狝，乾清门侍卫领土尔扈特、都尔伯特、青海、乌梁海四队随围学习。（《雪桥诗话》）

按：诗话并载：嘉庆庚辰（二十五年），仁宗（嘉庆帝）上宾于避暑山庄。宣宗（道光帝）登极以后，遂不复举行秋狝。（《多岁堂诗集·避暑山庄纪事》诗注：热河避暑山庄，康熙年建，欀楹皆本色，无丹雘之施。）

咸丰三年，召对入乾清门，在板房静候。是日，上在乾清宫暖阁，乃斋戒之期，凡入者皆应挂斋戒牌。（《崇文勤实自撰惕盫年谱》）

按：年谱并载：召对时，即蒙详询家世，并问及与内庭主位有无亲戚。乃回奏曰："镯祉是奴才长亲，缘内庭婉嫔（即婉贵妃，咸丰妃也）乃锡子绶胞妹，不敢明言有亲也。"上笑谕曰："汝父所刻之书（《鸿雪因缘图记》），昨日在宫内已看见矣。"

同治元年十二月，谕内阁："同治二年元旦令节，著停止升殿。其王公大臣文三品、武二品以上各员，著在乾清门阶下行礼，文四品、武三品以下各员，著在午门外行礼。"（《清穆宗实录》）

同治八年三月，上谕："奉懿旨：皇帝大婚典礼，前据王大臣奏称，乾清门外一切工程浩大，业经谕令概行停止，宫内止令稍加修葺。"（《清穆宗毅皇帝圣训》）

七月二十日，皇太后召见军机大臣三次，会议城守，咸相顾愕眙，无敢出一语。次日凌晨，仓卒启行时，惟近支王公、御前大臣四五人候旨乾清门外，太后御蓝葛衫出宫，御镇国公载澜车。皇上御白绢单衣，御左翼总兵英年车。皇后、大阿哥御民车。瑾妃闻警迟，徒步出宫门，遇刚毅为赁一车，送之庄王府，王遣车送之，追及两宫于颐和园。两宫于园内少坐片刻，即启銮。随扈者自载澜、英年外，仅溥伦、那彦图、定昌、志钧，并宫监十余人及画苑缪女供奉而已。（《西巡大事记》）

按：七月二十日，光绪二十六年七月二十日也，时值拳匪之乱，各国联军入京。缪女名嘉蕙。大事记并载：是日晌午，太监于村民家觅鸡卵数十枚以进。申刻，抵贯市，民人李光裕具大车三辆以进，于是瑾妃以下始有车。二十二日，抵怀来，县令吴永具供馔。太后食之而喜曰："吾今日始得一饱耳。"又载：联军入城，瓦德西（联军统帅）擅居西苑仪鸾殿，十月间殿焚，瓦跳而免。宫中累代珍异，被洋兵捆载以去。又载：正阳门城门二扇，为洋人载归本国。端门楼所藏历代御用宝刀，亦被捆载以去。

又按：《庚子西狩丛谈》载：两宫西狩至怀来，太后（慈禧）布衣椎髻，皇上（光绪帝）身穿半旧元色细行湖绉棉袍，宽襟大袖，上无外褂，腰无束带，发长至逾寸。予（吴渔川永自称）叩见毕，太后问供应有无预备，谨奏曰："敬谨预备。"曰："好！"忽放声大哭。哭罢，自诉沿途苦况，谓："连日奔走，又不得饮食，既冷且饿，途中口渴，命太监取水，有井矣而无汲器，不得已，采秫秸杆与皇帝共嚼，略得浆汁，即以解渴。昨夜我与皇帝仅得一板凳，相与贴背共坐，仰望达旦。晓间寒气凛冽，森森入毛发，殊不可耐。尔试看我已完全成一乡姥姥，即皇上亦甚辛苦。今到此已两日不得食，腹馁殊甚。此间曾否备有食物？"予曰："有席为溃兵所掠。煮有小米绿豆粥三锅，预备随从尖点，亦为彼等掠食其二。今只余一锅，恐粗粝不敢上进。"曰："有小米粥甚好，可速进。"遂将小米粥送入，仓猝不得箸，即将随身小刀、牙筷呈进。顾余人不能遍及，太后命折秫秸梗为之。俄闻内争饮豆粥，唼喋有声，似得之甚甘者。太后想食鸡卵。予乃至市中，入一空肆，觅得五卵，自行吹火勺水，以空釜煮之，继更觅得粗碗一，佐以食盐一撮，捧交内监呈进。太后进三卵，皇上进二卵。太后想吸水烟，索纸吹，予忽忆身边尚藏有粗纸，勉强可用，乃就两厢窗板上搓卷得五枝，上供。不数分钟，太后已搴帘出廊下，手携小水烟袋自点自吸。见予在西厢廊间，复令就近与语，予即于院内泥泞中跪听，言："此行匆促，竟未携带衣服，颇感寒冷，能否设法预备？"予奏谓："臣妻已故，奁具箱箧均存寄京寓，署中无女眷，惟臣母尚有遗衣数袭，现在任所，恐粗陋不足用。"曰："能暖体即可。但皇帝衣亦单薄，格格们皆只随身一衣，能为多备几件尤佳。"予奏答："臣回署当检点呈进。"曰："尔可先回去料理。"予匆匆到署，即启箧检得先生母柯太夫人呢夹袄一件，预备进奉太后。又检得缺襟大袖江绸马挂、蓝绉夹衫长袍各一件，拟进奉皇上。两格格衣服，即以予自用绸绉线夹春纱长衫数件。凑置一包，驰赴宫内呈送。又取予姊夫缪石逸新续娶者镜奁一具进奉，梳、篦、脂粉悉具。于是太后始得栉沐妆饰。少间，复传起入见。则太后、皇上均已将予所进衣服更换，威仪稍整。两格格亦穿予长衫伫立门外闲看，不复如前狼狈矣。又载：太后一日为予述出宫情事："祸乱起时，人人都说拳匪是义民，又说京外人心都向着他们，满汉各军已与他们打通一气。后来接着攻使馆，攻教堂，烧正阳门，势头愈大，人数愈多。宫内宫外，满眼头包红巾，太监、卫兵同他们混在一起。就是载澜等一班人也学他们装束，短衣窄袖，腰束红布，汹汹呼跳，全改平日样子。载漪有一次居然同我抬杠，几把御案都掀翻过来。我多么委屈，一面稍稍迁就他们，一方又大段的制住他们，使他们对着我还有几分瞻顾。他们甚至说宫里有二毛子，须查验。如额上拍一下有十字纹，即是二毛子。宫监、妇女惶恐哭啼，求我作主。我不愿向拳匪讲人情，阻止又不对，万一不能阻止，那更不得下台。我教他尽管出去，果然拍出十字来，也是命数。如若胡乱枉屈人，神佛也有公道，难道就听凭教下徒弟们冤杀无辜不成？后来出来查验，模糊了事。他们得了面子，也就大家对付过去，我的面子也并还了。"又言："洋兵进城，宫里完全不知道，正在梳妆时，听枪弹飞过，一弹从窗格子进来，才要查问，见载澜跪在帘外颤声奏：'洋兵已进城，老佛爷还不快走'。遂同皇帝改装出走。"又载：宫庭体制，外观似严，内容并不十分衹肃。宫监对于皇上，殊不甚为意。每次宴见，皇上与太后同坐一炕，炕靠南窗下，太后在左，皇上在右，即向中间跪起，先相对数分钟均不发一言。太后徐徐开口曰："皇帝，你可问话？"乃始问："外间安静否？年岁丰熟否？"凡历数百次，只此两语，即一日数见亦如之。二语以外，更不加一字，其声极轻细。皇上问罢，太后滔滔不绝，大放厥词，尤好掂用四字两字名词，古文成语，脱口而出，然人情世故甚明澈，数语后即洞悉来意，故诸大臣颇畏惮之。太后如此聪强，德宗如此冀懦，宜其受制不能舒展也。或曰德宗养晦故尔。《乐斋漫笔》载：两宫（慈禧太后、光绪帝）仓促西幸，余（岑春煊自称）得信后亟率所部奔走访求，迎谒于南口途次，相对痛哭，敬叩起居，知两宫昨夜出都，至令尚未进膳，因外出觅食，而镇中人民逃亡殆尽，百方搜求，仅得民家所煮小米粥，以土碗盛进。太后见之复哭，竟不能食，命以奉帝，帝强啜两口，亦难下咽，遂行。是日，宿岔道。先是居民闻讯，已预谋逃窜。余鉴于南口之事，驰往再三晓谕，始不尽逃。肆中米麦皆具，惟无菜蔬，所赖以佐餐者，只鸡及鸡子耳。余于两宫上下驼轿时，均跪迎道左，见太后御蓝布衫，以红棉带约发。帝御旧葛纱袍，当盛暑流汗，胸背粘腻，蝇蚋群集，手自挥斥。从行宫监，皆徒步奔走，踵穿履破，血流沾洒。又载：是日起程，欲觅肩舆进御，竟不能得，乃以军中所携藤轿供太后乘坐。皇上仍御驼轿。余见皇上自携一包裹，不类衣服，询之随行太监，乃知上于前夜宿清真寺时，得草席一具，布地以灰布椅披包箕帚各一作枕，即寝卧具，上恐前途无此，故手挈以行云。余策马随乘舆左右，途中溃兵有持枪追逐太后舆前者，急拔刀斩于御前，众始肃然知畏，沿途遂安靖，是夕抵怀来。《清德宗实录》载：光绪二十六年十月，谕内阁云："本年夏间拳匪构乱，开衅友邦，朕奉慈驾西巡，京师震扰。"又云："七月二十一日之变，朕与皇太后经王大臣等数人扶掖而出，于枪林弹雨中仓皇西狩。"又云："乘舆出走，风鹤惊心。昌平、宣化间，朕侍皇太后素衣将敝，豆粥难求，困苦饥寒，不如甿庶。"又载：光绪二十八年十月，谕："撤溥儁大阿哥名号，并即出宫。"

又按：《内务府奏销档》：光绪二十八年七月，工部候补郎中姚赓韶，将向外人赎回二十六年七月宫苑散失之玉册、玉宝、陈设等件，报效恭进。

我朝遇大祀斋戒，所司进铜人于乾清门，盖踵明制也。（《榆巢杂识》）

按：杂识并戴：明太祖命铸铜人一，高只有五寸，手执牙简。大祀书"致斋三日"，中祀书"致斋二日"于简上。

顺天乡试及会试第一场四书题、诗题，均由钦命乡试顺天府尹、会试礼部堂官，于初八日黎明诣乾清门领出钦命题目，恭捧题匣，亲送贡院，交监临、知贡举转送内帘。启题匣之钥匙，于初六日宣旨后，考官诣乾清门祗领带进闱内，届期启用。（《钦定科场条例》）

刑部右侍郎觉和托，以争论旗务，竟与署镶红旗满洲副都统穆敦在乾清门任意喧闹，俱著革职，发往军前效力。（清雍正十三年二月谕旨）

南书房翰林与内廷行走者，皆出入乾清门。（《恩福堂笔记》）

监国摄政王于乾清门外升舆、降舆。（清光绪三十四年十一月内阁各部院衙门奏准监国摄政王礼节折）

乾清门以内各处路灯共九十三座，向糊红纱，因难经久，改用羊角灯片，而风日吹晒，片易鼓裂。道光元年，经内务府奏准，仍改用红纱

糊于屉上，用时安装，用完撤收盖于灯内，安设羊角灯套道风。（《内务府奏销档》）

内左门　内右门

【初】内左门、内右门两边板房，为王子、大人等设立。（清雍正五年谕旨）

按：谕旨并载，遇天气寒冷之日，著粘竿上人、拜唐阿等向热火处量取热火，安在房内，赏饭应用暖锅时，即行备用，务使大人等如意。

又按：两边板房，乾隆时改建直庐各十二。

朕阅内左门登载上书房阿哥等师傅入直名单，竟全行未到。（清乾隆五十四年谕旨）

按：门单每日夕进，某人某时入直，某时散直，或因事不至，皆一一注明。

入直内侍笼烛于景运门俟，云昨日上传翁某、孙某俱准由内左门出入，恐冰雪阶滑也。（《翁文恭日记》）

按：时光绪十九年，翁某，文恭公也。孙某，孙家鼐也。

八月初二日，据日国使臣葛络干函称"各国统兵各员及公使人等，定于初四日晨刻俱入大内，瞻仰宫廷，以资保护，请约一二大员先行进内通知宫内人等，万勿惊惶"等语。臣等系外廷人员，当约总管内务府大臣世续、文廉于初三日先行，公同进内，晓谕各处所直班人等。初四日辰刻，约同使臣等入大清门，进内左门，出神武门，仅作洋乐，尚无喧哗情事。（昆冈等奏报各国使臣入宫瞻仰情形折）

按：光绪二十六年拳匪乱后，各国联军入京时事。

内左门不常启。凡内宫及承应人等出入，俱由内右门。军机大臣、南书房翰林、内务府大臣官员出入亦得由之。如遇皇帝御养心殿，召对文职三品以上、武职二品大臣年逾六十者，准奏事官由此门引进。（《国朝宫史续编》）

按：军机大臣入对，据《樞直纪略》：自内右门进月华门，诣乾清宫西丹墀下板屋候起。板屋二间，其一间则召见外起之所也。宫中召见大臣，常例由乾清门出入。续编所云特准大臣年逾六十者进内右门，当是嘉庆时事。据《养吉斋丛录》：乾隆时特许大臣内右门出入，限于年逾七十者。

又按：每年十月初一日，批本处人员领赏银两，前一日随乾清门侍卫在内右门叩头。见《批本处现行事宜册》。

赐肩舆入东华门，扶掖入内右门，召见后，随遣人到寓视问，并赐鹿尾、野鸡等物。间日召见，款语流连。（《王文端杰年谱》）

按：鹿尾，据《莼乡赘笔》：今朝廷御膳，以鹿尾为珍品，常以之赐大臣。按之古书，不甚著。惟忆梁刘孝仪曰：邺中鹿尾乃酒肴之最。时魏使崔劼在坐，曰：生鱼、熊掌，孟子所称。鸡跖、猩唇，吕氏所尚。鹿尾有奇味，竟不载书籍，每用为怪。然则六朝已贵此味矣。

又按：嘉庆时林清之变，贼入内右门。

内右门八品首领二，侍监。太监十二，除启闭关防、洒扫、坐更外，兼查茶膳房人等众太监出入。每晚起更时，宫内等处报无事毕具单送敬事房。（《国朝宫史续编》）

按：续编并载：内左、近光左右、基化、端则、景和、隆福、永祥、增瑞、日精、月华、龙光、凤彩、苍震、遵义诸门，俱有太监专司启闭关防、洒扫、坐更等事。

【续】现在延信、岳钟琪将到，尔等将内左门外板房收拾出来，给外省大人两间，六部大人三间，延信、岳钟琪两间。此房俱著粘竿上人、拜唐阿等看守打扫。如大人等进内，看守之人即便出去，俟散后，仍著拜唐阿、粘竿上人看守打扫。（清雍正五年十月谕旨）

按：谕旨并载：内左门、内右门两边板房，原为王子、大人等设立。近来被粘竿上人及拜唐阿等作践坏了。

懋勤殿行走者，不论科甲与否，由大臣举荐入直，同造办处匠役出入内右门。所得赏赐较匠役有加，而与翰林迥别。（《恩福堂笔记》）

现有大事，内右门不时有诸王大臣出入，茶膳房女人不便照常行走。尔等传旨内务府总管，将茶膳房女人暂行停止。掌仪司现有内监传唤入内，帮同抬水送饭。（清康熙六十一年十一月谕旨）

按：时康熙帝上宾，尚未改元，故仍用康熙年号。

内右门外板房，除侍卫等两间，再收拾几间给王子们住。（清雍正五年十月谕旨）

雍正十三年八月，上奉大行皇帝黄舆进宫途次，传谕："进宫时，若乘轿由乾清门入，心切不忍，可从内右门入。"（《清高宗纯皇帝圣训》）

按：上，乾隆帝也。大行皇帝，雍正帝也。

朕在养心殿召见满汉大臣，向例，俱由乾清门行走，惟御前内廷军机大臣等由内右门行走。第念满、汉大臣中有年迈七旬者，虽神明不衰，而筋力亦宜体恤，日后逢朕在养心殿召见时，俱令其由内右门出入。（清乾隆二十六年十月谕旨）

嘉庆五年，杰以病乞休。奉旨慰留，并许扶杖入内右门。（《耆献类征·宰辅王杰国史馆本传》）

大臣赐紫禁城骑马者，皆代以二人肩舆，止于景运门外。摄政王坐四人肩舆，止于内右门外。（《枢曹追忆》）

乾隆四十七年，内右门外直房失火。（《清高宗实录》）

按：内右门外直房，指侍卫直房。

景运门　隆宗门

【初】顺治十二年设日讲官，十七年诏翰林各官直宿景运门，备顾问。（《养吉斋丛录》）

世祖章皇帝特命于景运门内盖造直房，令翰林官分班直宿，以备顾问。（《经义斋集》）

大学士罢相辞朝，于出国门时原品休致者，赴宫门具折奏辞。革职者赴景运门行三跪九叩礼，守门者为之启奏。（《中书典故汇纪》）

按：清乾隆五十七年，谕旨："昨恭阅祝版回宫，见有谢恩人员在景运门碰头，甚属非是。嗣后，郊祀斋戒期内，所有谢恩人员俱不准叩头。"

又按：乾隆二十四年，高宗由景运门步行祭方泽。

去岁，以南巡启跸在即，于景运门外设灯火度元宵。（清乾隆丙戌《上元灯》词"乙酉灯筵景运前"句注）

按：乾隆十六年，第一次南巡，江南地方官科派绅富承办，人心惶惶，苏绅在籍刑部员外蒋楫，独力捐办御跸临幸大路，计费白金三十余万两，亲自督工。见《履园丛话》。海宁陈氏有安澜园，高宗南巡时，驻跸园中，流连最久。见《清宫词》注。

又按：嘉庆未南巡，吴熊光谏诤之力。据《清稗类钞》：嘉庆辛未，仁宗返自关东，驻跸夷齐庙，吴熊光与戴文端、董文恭同召见。上曰："此行有言，道路崎岖，风景略无可观者，今则道路甚平，风景绝佳，人言可尽信哉?"吴越次对曰:"此非读书人语也。皇上此行,欲面稽太祖、太宗创业艰难之迹,以为万世子孙法,岂宜问道路风景耶?"有顷,上目吴曰:"朕少扈跸,过苏州风景诚无匹矣。"吴曰:"皇上前所见,剪彩为花,一望之顷耳。苏州城外惟虎丘称名胜,实则一坟墓之大者。城中街皆临河,河道隘,粪船垄集,午后辄臭不可耐,何足言风景。"上曰:"如若言,皇考何为六度至苏耶?"吴叩头曰:"臣前侍皇上谒太上皇帝,蒙谕曰:'朕临天下六十年,尚无失德,惟六度南巡,劳民伤财,实为作无益害有益,将来皇帝如南巡,而汝不阻止,汝系朕特简之大臣,必无以对朕。'仁圣之所悔,言犹在耳,皇上宜谨佩勿谖。"

禁城内值班大臣等,于辰刻至景运门内九卿朝房,面行交替,接班后,仍著在景运门内外班房会集,毋许远离。至申酉之间,始准各自散归值宿处所。(清嘉庆十九年谕旨)

按:《瓶庐诗稿·题王椒畦画册》(光绪十四年除夕于景运门外朝房得此):"灯火黄尘九陌闉,峭风薄冷逼残年。消寒韵事犹堪记,尚负朝房买画钱。"

皇太后亲临寿庄公主府第赐奠,无起站内右门、景运门班。(《翁文恭日记》)

按:皇太后,慈禧也。寿庄公主,道光帝第九女也。无起,军机无起也。光绪帝依咸丰故事,亦亲奠寿庄。日记并载:慈禧太后之母薨逝,发银三千两治丧。五日不召见,遣内侍日夕奠,并派员穿孝,却无亲临之礼。

顺治十三年,册封皇贵妃,前期一日遣官祇告太庙。时世祖章皇帝驾幸南苑,于行宫正殿阅册宝,命正副使持节,至隆宗门转交内监,奉节及册宝入宫。皇贵妃受册宝行礼,均如仪。内监传告礼成,以节授正副使,正副使持节复命。翼日,以册封礼成,颁诏天下。(《会典事例》)

按:册封皇贵妃,册封董鄂氏为贵妃也。清代册封妃嫔,无颁诏,此系特例。死后追封皇后,加谥孝献,用种种殊礼。具载孟心史森《清世祖董鄂妃生死特殊典礼》篇。篇中并辨明董小宛说之非。参看承乾宫第二条。

敬备黄舆,恭请大行皇帝还宫。上前导以行,至隆宗门跪接,亲扶黄舆而入,安奉大行皇帝于乾清宫,至申时大殓。(《澄怀主人张廷玉自订年谱》)

按：大行皇帝，清雍正帝也。上，乾隆帝也。

嗣后，朕赴西苑用膳办事，年在六十以上者，俟朕进宫时在隆宗门内站班。（清嘉庆十四年谕旨）

按：嘉庆帝传膳地方，十年十一月临莅四公主赐第传膳，十二月诣瀛台看冰鞋传膳，十一年十月诣阐福寺拈香传膳。俱详《国朝宫史续编》。

又按：《清宫词》咏光绪时传缮云："宫奴左右引黄幡，轨道平铺瀛秀园。日午御餐传北海，飙轮直过福华门。"原注：光绪间于西苑安设铁轨，自中海瀛秀园门外经福华门，直达北海。上用轮车，罩以黄帏，其次红帏，赏宗亲外戚坐，又其次蓝帏，赏王大臣坐，每车以内监四人贯绳曳之。

命科道官一人，轮日至隆宗门内纠察，俟军机退直，方退。嘉庆二十五年裁稽查军机处御史。（《养吉斋丛录》）

自王以下，文职三品、武职二品以上大员，并内廷行走各官所带之人，准其至景运门、隆宗门外，在台阶下二十步外停立。（清乾隆四十七年大学士尚书等会奏折）

景运、隆宗二禁门，非奏事待旨及宣召，虽王公大臣，不许私入。（《啸亭杂录》）

按：清乾隆十一年，谕旨：嗣后凡官物出门，俱向敬事房、景运门给票照验。

林清之变，景运、隆宗两门被攻，缚贼于隆宗门侧。（《啸亭杂录》）

按：明隆宗门之南，有东向房一连，名协恭堂，司礼太监看文书之所。见《芜史》。

又按：清同治践祚，载垣、端华革拿时，侍卫数人褫二人冠带，拥出隆宗门。见《清稗类钞》。

嘉庆二十五年，庆亲王薨。五月十五日，管府事阿克当阿代郡王绵慜，呈出铜路灯三十六对，此项皆亲王所不应有之物，而和珅有之，且铜路灯较大内所陈尤为精致，今分设于景运、隆宗两门外云。（《归田琐记》）

按：和珅宅籍没后，赐庆亲王居住。庆亲王名永璘。

禁门以内，除朝房及各门外，无灯，夜趋朝，皆阶行而入，惟亲王有灯，引至隆宗、景运二门，军机大臣以角灯入内右门。（《清稗类钞》）

【续】顺治十七年六月，上命造直房景运门内。熙与诸翰林分班直宿。(《耆献类征·宰辅王熙国史馆本传》)

顺治十七年八月十九日，皇贵妃董鄂氏薨。传谕亲王以下、满汉四品官员以上并公主、王妃以下命妇等，俱于景运门内外齐集哭临，辍朝五日。追封皇贵妃为孝献庄和至德宣仁温惠端敬皇后，赐之册宝。上为服丧十二日。(《清世祖实录》)

按：实录并载：端敬皇后梓宫，于是月二十七日移景山观德殿。又，九月初三日神牌点主，遣官致祭。

康熙六十一年十二月初三日，恭移大行皇帝梓宫安奉寿皇殿。灵驾由景运门出，升大舆，上西向跪哭，随行。(《清世宗实录》)

按：大行皇帝，康熙帝也。上，雍正帝也。

乾隆二十二年五月，上谕内阁："现在天时亢旸，雨泽未霈。朕于北郊行礼时，不乘辇，不设卤簿，由景运门前往致祭。"(《清高宗纯皇帝圣训》)

嘉庆十四年九月二十八日，遵旨于西直门内道旁恭迎圣驾，即随至景运门恭进万寿颂册。(《翁氏家事略记》)

按：时嘉庆帝五旬万寿。

大臣赐紫禁城骑马者，皆代以二人肩舆，止于景运门外。(《枢曹追忆》)

嗣后，禁城内值班王并内大臣、文大臣、武大臣、前锋护军统领，俱著恪遵定制。各于辰刻至景运门内九卿朝房面行交替，接班后，仍著在景运门内外班房会集，毋许远离。至申酉之间，始准各自散归值宿处所。(清嘉庆十九年正月谕旨)

按：《清世宗实录》：雍正三年十月，前锋统领、护军统领等奏言："景运门等处一应记载奉旨事件，及行文各部八旗等事，现系笔帖式行走之护军办理。"

梓宫到清河，叩接举哀，步行随至尹各庄。驾至德胜门，百官随同叩接梓宫于关厢外。驰赴东华门，进景运门行礼。(《还读我书室老人董恂手订年谱》)

按：梓宫，咸丰帝梓宫也。年谱并载：咸丰帝梓宫奉安观德殿（在景山）时，汉大臣跪于沙滩，入景山东门，候奉安毕，行礼。

惇勤亲王立朝，人多惮之。尝值雨，所属于景运门内张伞，持公牍

请画诺，王扬手击落其伞。盖景运门、隆宗门内，例不应持伞也。(《左庵琐语》)

按：惇勤亲王，名奕誴。道光帝第五子也。

同治五年三月，谢授兵部尚书恩，入内候驾，自太庙回，于景运门内西向叩首。(《还读我书室老人董恂手订年谱》)

本馆奏准，由大内恭请朱批奏折，业经内务府派拨苏拉一百名，于本日进内抬运，由景运门出入。(《实录馆行移档》)

团匪设幕府于景运门内外，凡谄附李阉与端、刚者，争往充幕僚。(《金鉴琐记》)

按：团匪，义和拳匪也。李阉，太监李莲英也。端、刚者，载漪、刚毅也。

光绪三十一年九月，值班护军拿获偷窃昇平署库内行头贼犯。由景运门前锋统领奏交刑部讯办。(《昇平署日记档》)

上亲安奉大行皇帝于黄舆，前导以行，哭不停声。至隆宗门，跪接黄舆，亲扶而入，安奉大行皇帝于乾清宫。(《清世宗实录》)

按：上，雍正帝也。大行皇帝，康熙帝也。康熙帝崩于畅春园。

嘉庆九年，王杰年已八旬，加恩准其乘坐肩舆至隆宗门外，扶杖进内。(《耆献类征·宰辅王杰国史馆本传》)

按：《啸亭杂录》：杰致仕归日，上赐以诗，有"清风两袖返韩城"之句。命皇次子亲为祖饯以荣之。

嘉庆二十年，懿修八十生辰，特赉如意、文绮、笔墨等件，命户部右侍郎成格赍往。懿修敬诣隆宗门叩谢。遵上出御经筵，解御佩荷囊赐之。(《耆献类征·王懿修国史馆本传》)

咸丰六年十二月，科尔沁贝勒贡葛喇布坦等二人、土默特扎萨克贝勒那逊鄂勒哲依、扎噜特扎萨克贝勒诺尔布林沁、扎赉特头等台吉阿拉他鄂绰尔、翁牛特头等台吉德木楚克苏陇，于隆宗门内瞻觐。(《清文宗实录》)

文宗显皇帝于木兰上宾。奉文隆宗门内斋集举哀。(《还读我书室老人董恂手订年谱》)

按：文宗，清咸丰帝也。

又按：《湘绮楼集外文》载：文宗(咸丰帝)大行后，军机拟旨上孝贞(慈安)览发，用汉玉"同道堂"小印为记。此印是文宗晏朝，孝贞责侍妃时解以赐孝贞者。又载：孝贞于大临日，见素与亲善之醇王（奕𫍯）福晋（慈禧妹），泣诉肃顺等欺挟事，曰："欺我至此，我家独无人在乎？"福晋曰："七爷（醇王）在此。"孝贞喜曰："可令明晨入见。"及明，醇王入直庐。肃顺讶问："何为？"对以召见。肃顺哂曰："焉有此？"斥令退。王退立外阶，俄官监来窥直房，旋去。而军机至晏，竟不叫起。叫起者，召见分班，一见为一起。军机则皆同入，为头起。此日不召头起，先召醇王。官监来窥者三，终不见醇王至。三至，乃自语曰："七爷何不来？"王在外闻之，即应曰："待久矣。"遂引王入。肃顺在内坐，不能阻。王即对孝贞诉如前。王言此非恭王（奕䜣）不办。即令往召恭王。醇王驰还京。三日与恭王俱至。恭王，军机前辈也。至则递牌入谒梓宫。因进见，对以非还京不可。孝贞曰："奈外国何？"王奏："外国无异议，如有难，惟奴才是问。"即令王传旨回銮，令肃顺护梓宫继发。即至京，发诏罢顾命八臣，俱拿问。怡（载垣）、郑（端华）二王犹在直房，恭王出诏示之，皆相顾无语。王问："遵旨否？"载垣曰："焉有不遵。"王即拱之出，则已备车送宗人府。于是遣醇王迎提肃顺，即芦殿旁执诣刑部，斩于市。怡、郑二王赐死。

乾隆四十七年，隆宗门内直房失火。（《清高宗实录》）

外奏事处

【初】在京部院各衙门陈奏事件，及各省督抚等赍奏，差弁赴宫门具折，设有奏事官员接递，转交奏事太监进呈。（清乾隆三十九年谕旨）

按：《啸亭杂录》：自明太祖立通政司，凡内外章奏，皆于司挂号始入，故权相多以私人主之。上言者，非壅则泄。宪庙命诸臣有紧密事改用折奏，专设奏事人员，以通喉舌，无不立达御前。通政司惟掌文书而已。

内务府衙门一切事件，虽系家务，亦著由奏事官员转交。（清乾隆三十九年谕旨）

遴选六部、内务府之能书写者为奏事官，十年一更易，统属于御前大臣。又命御前侍卫一员总统其事，外廷章奏无不直达御座。（《啸亭续录》）

按：清嘉庆十年，军机奏准，择内务府笔帖式通晓清汉文理、熟悉禁城各地方道路门径者二人，在外奏事处当差。

嗣后，奏事官接收奏章，宫内办事之日，著于寅刻在内左门外九卿值班房接收。每日接递之际，著奏事官先接寻常折奏，再接封奏，务当逐件详慎检明。其联衔封奏及寻常折奏，均著各衙门出具印片，交该递折官员等随折交奏事官，以凭核对。至单衔递奏封章者，自亲王以至御史，均著亲身呈递，倘奏事官无故吹求，有将奏折应接不接者，即著呈递之人回明，御前大臣参办。（清道光十三年谕旨）

【续】宗人府每日递王公朝单，放命匣内进呈。如遇皇上在宫内，朝单由外奏事处递。（《批本处现行事宜》）

同治四年五月，谕内阁："嗣后，各部院衙门例不应奏事之员，遇有条陈事件，仍著按照旧例呈明该堂官代奏，不许擅自呈递。并著奏事处查照，向来于不应奏各员自行递折，毋庸接收。"（《清穆宗实录》）

军机处

【初】国初设内三院外，其军国政事，皆交议政诸王大臣，半皆贵胄世爵，不谙世务。宪庙设立军机大臣，择阁臣及六部卿贰熟谙政体者兼摄其事，并拣部曹、内阁侍读、中书舍人等为僚属，名曰军机章京。（《啸亭续录》）

按：清康熙帝有《夜至三鼓待议政大臣奏事》诗。

军机处，盖古者知制诰之职。其制无公署大小，无专官直庐，始设于乾清门外西偏，继迁于门内，与南书房邻，复于隆宗门西，供夜直者食宿。其大臣，惟尚书、侍郎被宠眷尤异者，始得入，然必重以宰辅。先是雍正七年，青海军事兴，始设军机房，领以亲王大臣，予银印，印藏内奏事太监处，有事请而用之。后六年，上即位，改名总理处。乾隆三年，王大臣请罢之，诏复名军机处。（《军机处题名记》）

按：《啸亭杂录》：自雍正中，设立军机后，皆尚书、侍郎摄其职。乾隆间，大臣初入直军机处，帝以日所制诗用丹笔作草，或口授，令移录，谓之诗片。久无误，乃使撰拟谕旨。于敏中在军机时，帝口诵所制诗文，于起草无一字误。后梁国治入军机，帝命梁掌诗本，专委于以政事。一日，于、梁同被召，帝诵所制诗。于目梁，梁不省。及出，于待梁誊录，久之不至，问之茫然。于默坐斗室，刻余录出，所差惟一二字耳。《郎潜纪闻》：以翰林入军机者，董文恪公教增其一也。军机处银印印文及印之贮存处，可参看懋勤殿军机处银印条。

军机处，本内阁之分局，国初承前明旧制，机务出纳，悉关内阁，其军事付议政王大臣议奏。康熙中，谕旨或命南书房翰林撰拟。是时，南书房最为亲切地，如唐翰林学士掌内制。雍正年间用兵西北，以内阁在太和门外，僚直者多，虑漏泄事机，始设军需房于隆宗门内，选内阁内中书之谨密者入直缮写，后名军机处。地近宫廷，便于宣召。为军机大臣者，皆亲臣、重臣，于是承旨出政，皆在于此矣。直房初仅板屋数间，乾隆初年始建瓦屋。余直军机时，直舍即在军机大臣直房之西，仅屋一间半，又逼近隆宗门之墙，故窄且暗，后迁于对面北向之屋，凡五间，与满洲司员同直。（《檐曝杂记》）

按：余，赵翼自称也。

又按：《啸亭续录》：机密事件皆命军机大臣封缄严密，由驿传递，名曰廷寄。

军机处在隆宗门内之北，军机大臣入直于此。军机章京直房在隆宗门内之南，满汉两班分左右居之。每日寅时，军机大臣及章京等以次入直。辰刻，军机大臣始入见，或不待辰刻而先召见，每日或一次或数次，军机章京皆随入，祗候于南书房，军机大臣至上前，豫敷席于地，赐坐。承旨毕，乃出，授军机章京书之。述旨毕，内奏事太监传旨令散，遂以次退直。军机大臣出入均由内右门，至南书房祗候召见。乾隆年间，军机章京随军机大臣后，亦入内右门。嘉庆年间，章京等始专入乾清门，仍均在南书房祗候办理。军机处设自雍正年间，银印藏大内，印钥以领班之军机大臣佩之。有应用之官文书，直日章京亲到内奏事房向内监请印，向军机大臣请印钥启用，用毕，即行送进。凡请印钥，必以金牌为质。金牌以金为之，广约五分，厚约一分，修约两寸，上镌军机处三字，直军机佩之。封印后，领班章京佩之。若随扈出京，则于出京之前一日将印请出，交领班之军机大臣管带，回銮之日即行送进。（《重修枢垣纪略》）

按：《池上草堂笔记》：乾隆末，戴衢亨、吴熊光尚为军机章京，两人适同直。夜半，忽有某省急递折至，上已披衣阅竟，宣召军机大臣甚急。内监奏军机大臣尚未到，只有该夜班之军机章京两人，已在直房祗候。上询两人姓名，即行召入，以折示之，并口授机宜，令即拟旨进呈。两人出，运笔如飞，立具草以进，晓畅周浃，悉如上意。朱谕特赏给二人三品顶戴，在军机大臣上学习行走。《啸亭杂录》：巴延三制府初任军机司员，无他能，人鄙之。尝直宿夜，有西域用兵飞报至，大臣俱散出。纯庙问直宿者，以巴对，上呼至窗下，立降机宜，凡数百语。巴小臣，初觐龙颜，战栗应命，出宫后一字不能记忆。有侍臣鄂罗哩，人素聪黠，颇解上意，遂代起草。上阅之，称嘉者再。问其名，默识之。数日，语傅文忠恒曰："汝军机处有若等良材，奚不早登荐牍？"立放潼商道。不数岁，至两广总督，毫无建树，以贪黩罢。

又按：许庚身为内阁中书时，尝代同官夜直。一夕票二百签，署名背牍，文宗阅本，识之，以询侍郎许乃普。乃普为其诸父行也，遂命充军机章京。故事：大臣子弟不得入直，是命盖异数云。是时，肃顺方怙权势，数侵军机事，高坐直庐，有所撰拟，辄趣章京往属草，庚身以非制，不许，使者十数至，卒弗应。肃顺惭且怒，欲中以危法，未得间。穆宗缵业，特赐金以旌其风节，命随大臣入直。

军机处大臣与其职者，例应萃止其中。（清乾隆五十八年钱澧疏）

按：和珅在军机时，各不相能。入直不在一处。钱疏中有：近日惟阿桂每日入止军机处，和珅或止内右门内直庐，或止隆宗门外近造办处直庐，王杰、董诰则止于南书房，福隆安则止于造办处。每日召对，联行而入，退即各还所处云云。据《钱南园遗集》姚鼐序：此疏上，有诏饬责，谓君言当，使直军机处。和珅益嗛君，而高宗知君贤，不可谮，则军机劳苦事多以委君。君家贫，衣袭薄，尝夜入暮出，积劳感疾以殒。又，《啸亭杂录》略云：王文端杰入军机时，和相珅势力熏赫，公不与交际，议政外默然独坐，距和相位甚远，和相就与言，亦漫应之。一日，和相执公手笑曰："何柔荑乃尔。"公正色曰："杰手虽好，不会要钱耳。"和相艴然退。

又按：《清稗类钞》：旧例：军机大臣与入觐督抚不私觌，不留饮，惟于朝房公众地延接数次，以其为人所共知共见之地也。曹文正在枢密时，守此例独严。（曹文正名振镛。）《左文襄宗棠年谱》：光绪十年，召公入见，仍入直军机。谕曰："左宗棠卓著勋绩，年逾七旬，著加恩，无庸常川入直，遇有紧要事件，豫备传问。"

自王、贝勒、贝子、公、文武满汉大臣，俱不准至军机处同军机大臣谈说事体，违者重处不赦。自令日起，每日著都察院科道一人，轮流进内，在隆宗门内北首内务府官员值房监视，军机大臣散后，方准退直。再此后有通谕王公大臣之事，俱在乾清门外阶下传述，不准在军机

处传旨。（清嘉庆五年谕旨）

按：谕旨所颁军机处禁令，可谓严密之至，但至道光朝已宽弛矣，甚有内监在直庐求售物品者。据彭咏莪《归朴龛丛稿·观西洋奇品》说："道光朝，余在军机直庐，有一内监持西洋铜盒求售者，以钥旋转其机，盒自开，有翠鸟长一寸跃出，鼓翅伸颈，嘤嘤作鸟声，回翔久之，鸟自入，盒亦随闭。"

命满汉御史二员每日轮流立军机处阶上，有阑入者，即时纠劾。（《啸亭杂录》）

按：军机为枢密重地，自和珅专擅，所属禀事皆丛集军机处阶下待之。日久，皆直入堂中回稿，政每易泄，故嘉庆帝有是命，并见杂录。

凡京外王、大臣有奉特旨到军机处恭听谕旨、恭请朱笔及阅看各处折奏者，方得在军机处帘内拱立，事毕即出。其余部院内外大小官员不得擅入。其帘前、窗外、阶下，均不许闲人窥视。满汉章京之直房亦如之。凡恭遇颁赏御书处所进新刊御制诗文集、武英殿所进新刊御纂钦定各书并其他珍币，有旨令军机大臣拟赏者，各按数多寡开列皇子、皇孙、王公大臣等名单，呈进请旨。朝鲜、琉球、越南、暹罗、缅甸、南掌等各外国朝贡应拟赏者，皆隶汉章京承办。该国各使臣等能诗者，恭进诗章，复加赏该国王及献诗使臣，皆临时派汉章京二人承办。军机大臣及章京每日晨直饮食，皆由膳房承应。（《重修枢垣纪略》）

按：《㒰直纪略》：枢臣每日皆有堂餐茶烛，悉由内务府支给。五日一给果饵，暑给冰瓜，冬给薪炭。岁时令节，枢臣皆叨赏食物，立春赏春饼、菜鲜，新年赏年糕，上元赏元宵，四月八日赏绿豆，立夏赏炒面，端午赏粽子，中秋赏月饼，重阳赏花糕，冬至赏馄饨，腊八赏腊八粥，其余花果饼饵肴蔬之属，无不随时颁赐。

大学士曹振镛、吏部尚书文孚、户郎尚书王鼎、兵部尚书玉麟，允宜别绘一图，亲为制赞，以遂诸臣不敢列入功臣之心。（清道光帝《军机大臣像赞序》）

按：曹等四人皆当时军机大臣。

隆宗门内军机处直庐，有世宗御书"一堂和气"匾额一方，文宗御书"红旗报捷"匾额一方。（《㒰直纪略》）

隆宗门内军机章京直房后，另有小门空院，恐供事等于此传递、透漏消息，奏请将此门封闭。（清道光三十年祁寯藻等折）

按：军机章京直房由内翻书房改建，亦称小军机处。民国十三四年时，曾为清室善后委员会办公处。

同治四年，军机章京直房失去太平天国金印。（内务府档军机处咨文）

光绪戊戌，举行新政，谕饬迅印冯桂芬《校邠庐抗议》千部，送军机处。（《清稗类钞》）

【续】国初承明制，丝纶出纳，掌于内阁。而赞画戎机，匡翊庙算，则议政王大臣主之。雍正时，西陲用兵，羽书旁午，虑中书未尽谨密，始别设军需房于隆宗门外，嗣定名为办理军机处。其初，即用议政处得力之员。至雍正九年，始拣用中书为章京。乾隆后，又考用部院司员，而中书入直者转少。自是，中外重要政事，皆具折直陈于上，上阅后，即时处断，由枢臣承旨行之。（《十朝诗乘》）

内而六部各卿寺及九门提督、内务府太监之敬事房，外而十五省，东北至奉天、吉林、黑龙江将军所属，西南至伊犁、叶尔羌将军、办事大臣所属，迄于四裔诸属国，有事无不综汇。且内阁、翰林院撰拟有弗发，又小军机处审定，故所任最为严密繁巨。（《军机处提名记》）

枢廷初设章京，直舍在隆宗门侧，仅屋一间有半。嗣与满章京同舍，则北向屋五间，与大臣舍相对，故有南屋、北屋之称。地虽清严，皆极湫隘。遇扈从秋狝，戎帐不设几案，率伏地起草，或叠奏事黄匣作几，而悬腕书之。夜无灯檠，以铁丝灯笼置灯盘其上，偶萦拂，辄蜡泪污衣。又，枢臣皆逐日入直，章京分班，以两日更替，园直则以四日。若扈从行围，则两班章京轮派。以本年秋围合次年春围为一班，留京者每日轮满、汉章京各二人，诣内阁听报。遇有行在军机处赍到文件，分别照行之。迨扈驾回京，则扈从者得辍直，或数日，或数十日，视道里之远近为衡，由留京章京连日趋直以代之。（《十朝诗乘》）

按：诗乘并载：管韫山侍御世铭，《夏日直留守班即事》杂诗云："九夏銮舆捹钵停，暂教纶阁合机庭。濡毫兼问廊餐地，凭借西头学士厅。"谓满、汉章京轮日赴阁听报。满章京于诰敕房祗候，汉章京则于蒙古学士堂。"随单公件束纵横，事迹虽详部寺门。各听所由将领去，只令官部自书名。"谓行在军机处交在京各衙门文件，每署为一束，由留守章京交发也。"相逢争说息肩期，留务虽闲亦恐迟。听澈六更兴办指，登车略后早朝时。"谓每日赴阁，视平时趋直稍晚。"膏泽应知帝念殿,朝朝籍记等书云。今年阳雨多时若,少有飞书附驿闻。"谓每日晴雨,皆列报于行在枢堂。"直房朵殿最西偏,岸帻深衣听自便。今日相公亲宿卫,近晡冠带候文渊。""机宜文字稿连蜷,断纸行斜半不全。随报卷还窥约略,仍同省树不轻传。"谓在阁不着公服,枢堂入内迎候乃服之。在直无事,则检阅残稿遣日也。又《枢直纪事》诗云:"缄縢黄匣付昆仑,中有军书要件存。令日莫音谁厪直,最先跋马候乌墩。"谓行围途次,当直者例以满汉各一人赍要件先候于尖营,以备承旨。尖营称为乌墩,厪随豹尾者称为跟莫,音皆国语也。章京承拟稿件,有赶于尖营呈进者,谓之赶乌墩。"下围传驾左门还,在直郎官总立班。不向长杨陪羽猎,何由亲切睹天颜。"谓军机章京帐房在幔城左,每驾由左门入,在直章京皆立班。"封章络绎费天题,夕对方终塞日西。诏草先成先进御,不需留待十行齐。"谓行在召见枢臣,恒在晚缮之后,凡撰拟诏旨在六七道以上者,辄命随成随进。"请驾悬知日未墩,昨宵披答取重论。幔城一片传呼急,恰有人先直早门。交抄发递纸如飞,针晷时时视带围。坐待行庐传合钥,珠车灯火照光归。"谓每日上直,必有一人最早者,目为早门。散直亦必有一人最晚者,候至宫门下钥珠车,则周庐夜直之禁兵也。"内庭章服例优崇,貂锦平时借紫同。马上羊羔齐着属,只披风帽是猩红。""赐果分鲜事叠稠,绮纨三品列卿俦。辛勤视草迟公退,克食羹餐辍夕羞。"谓章京得衣貂服及全红帽罩。遇颁赐,表里例视三品京堂。若晚值退迟,则有克食之赐。其诗盖厪从行围所作,故参及塞垣规制。《枢垣纪略》谓:凡辍直更替,谓之图塔密。厪次驻跸日期,谓之音德密。又载:韫山《枢直记事》诗有云:"朝衫重系牟尼串,雅步趋翔内右门。"谓章京依内廷例,得挂朝珠也。其诗备详枢直制度,如"面承密叙语从容,分写新纶选进恭。御笔亲增三五字,别传天语带朱封。""不择秋蛇与墨猪,但期疾速勿迟逾。缮完呈本催分寄,珍重临时与过朱。"凡谕旨书就待进者,谓之伏地扣。诏草字数长者,则截定段落,分书而合粘之,谓之点扣、接扣。其经御笔更改者,须另纸恭录,谓之过失。惟廷寄即以朱发。若一旨而传谕数人者,则照录各寄,是曰分寄。又云:"方寸琼函叠纸成,绿牌交出记分明。新来方面开何缺,封事先题进空名。"谓在直章京日行事件,必知会于章京之退直者,以资接洽。其知会,以素纸折叠封之。其引见记名各员,吏、兵二部以绿牌交至枢垣,则照录入存记册。遇放缺时,以其单进御，并拟旨书缺而空其名，以待御笔。"天书脱稿进尧阶，加紧邮程计日排。欲印紫泥先请钥，亟翻夹袋出金牌。"凡廷寄，皆钤用办理军机处印，其印钥由领袖大臣佩之。每请印钥以金牌。其金牌由直日章京佩之。每廷寄付驿飞递，由章京于封面标明，每日行三四百里至六百里加紧不等。"旧事分明记阿谁，独难颠末咏无遗。试翻随手当年簿，充拣封题若列眉。"谓章京日行事件，备记于簿，谓之随手。每检查旧档，必按其年月，于历年随手簿中索之。"破例思先契圣明，且教集议付廷评。何时部疏才呈阅，预写词头拟准行。"谓凡直省奏请迁除，当上意者，虽交部议，仍命存记。覆奏上时，若议驳，亦拟旨准行，外廷不及知也。又载：赵瓯北《扈从木兰途次》诗云："午正趣安营，幔城宫殿肃。斯须城外地，万帐一齐矗。纷错如犬牙，历乱若蚕簇。其间往来处，百折致回复。黄昏退直归，言寻毡庐宿。缪辕缠鞿绊，横斜卧车毂。偶然迷失道，一迷恐不复。"想见况瘁，若南巡行次，明窗净几，绣毯华裀，淀园直庐，为射圃舆七峰别墅，擅亭台水木之胜，段芳山枢部《直庐》诗所云"名园霁景佳，诗怀惬清赏"者，则相望有霄壤之判矣。又载：瓯北《木兰秋狝应制》诗两句云："上驷别群棚烙字，头鹅验获箭书名。"亦扈从纪实之作。

又按：《枢曹追忆》详载《军机掌故丛稿》，录数则如下：一、光绪三十三年十月，军机处咨行各衙门挑取汉章京（据《天咫偶闻》，军机章京考试，始自嘉庆元年）。令各保送司员八人听候考试。十一月，军机处举行考试，试场在东华门内三所（撷芳殿）宪政编查馆内。点名时军机大臣张文襄（之洞）、鹿文端（传霖）、世文端（续）、袁项城（世凯），在院内设公案列坐。试题为："君子以辨上下定民志义"。限两小时缴卷。卷为毛边红格纸。缴卷时，各大员对考员皆加以注视。第三日覆试，仍在宪政编查馆。题为："敏事慎言论"。卷为白折两开，以写满一开为完卷，限一小时缴卷。大臣皆亲临视。缴卷时，视钟表亲注时刻。十一月十五日，由军机处带领在西苑勤政殿引见。先在殿左院内排班，八人一班。军机大臣在玻璃窗内手持名单，挨次相看。引见时，由东进，至阶前跪，以次报姓名、籍贯、年岁毕，起立，向右行。是日，见上御玄狐褂，手持绿头牌，御前大臣貂裘侍立者，由门旁斜列至阶下，左右各数十人，肃静无哗。一、领班章京，清语谓之达拉密。帮领班章京，清语谓之帮达拉密，简称为帮达。章京在请语属吏也。雍乾间，有时称为军机习员。大臣（除阁臣外）上亲王之信函，亦自称章京。一、章京直庐，在隆宗门内之南，对面为军机大堂，房五间，北向，西二间为汉屋，东三间为满屋，中一间为苏拉、纸匠、听差之所，室颇狭隘。达拉密及帮达所用为方桌，余则以长方小桌排列窗下。桌面皆粘贴蓝布，垢腻殆遍，燃白油蜡烛四五支，烟雾弥漫，坐用方机凳。一、外省封奏，或一折，或数折，必用夹板夹之。每一夹板，必附安折一封。初到之章京，大抵学批安折，在"皇上圣躬万安"之左，用朱笔恭楷大书"朕安"二字。约方四五分。瞿文慎《儤直纪略》载：旧例，各省所递安折、贺折，皆枢臣恭代朱批。太后安折批：安。皇上安折批：朕安。万寿大节批：览。初入枢廷，尚循此例，亲于堂上恭书，后皆由章京代笔矣。一、每日外折最先发下，盛以高约一尺之长方紫檀木匣，有暗锁，堂上启开后，将以奉批各折及安折，发交章京办理。其未奉朱批者，由堂上拟批，或令检查旧案呈阅。拟批交下，用宽约寸余之白折纸一条，恭楷缮写，夹于未批之折内，盛以黄匣。呈堂阅后，由南书房太监呈递，照批后，随即发下交办。京内各衙门奏折，由太监传旨后，各衙门均将原折带回。太监将其所抄内折事由簿注"照依"（依议），或"知"（知道了）字样，送到本处。读某事一折"依"，某事一折"知"，本处将预录事由，随听随注。注讫，交供事缮写，编入内奏事档。一、起草用不甚光亮之竹纸，叠作折式，堂上亦用此纸。有单扣有双扣，宽约二寸半，长约六寸。每面书四行，起稿者不具名，由值班章京呈堂阅看，或改或不改，亦不画稿。各堂编阅，随即带回缮写。写讫，置黄匣内呈堂，叫起时带上。呈堂阅稿时，虽亲王亦必起立接阅。一、预料本日有临时缮写之谕旨，如简派差缺之类，或堂上临召见时吩咐今日有缮写之件，章京二人即携带笔墨、纸张，随同进内，止于养心殿外东边板房内。堂上下来，至板房内口传旨意，或放缺朱圈之名单，此时须赶紧一面起草，一面缮写，因各堂都在立侯，时加催促，求速不求工也。写讫，各堂阅后，交内监递上钤章，谓之述旨。板房内有靠窗长方小桌一张，写字时局促殊甚。一、事无巨细，悉以本日办理完结，不得稽积。其有尚待查核者，或由大臣密记，存放一短柜中，或交章京存记。每日堂上诸该班章京所交派者，大抵不外检查旧案，或预备例行谕旨及各项存记名单，其特列谕旨或电旨，则多诸达拉密或帮达面授机宜办理。一、每日各事大致完毕，即小字细书本日之事，封送下班各人，报之知会。一、某前辈戏作《军机时文》二股云："辰初入如意之门，流水桥边。换去衣包于厨子，解渴则清茶一碗。清闲则画烛三条，两班公鹄立枢堂，犹得于八荒无事之时，捧银毫而共商起笔。未正发归心之箭，斜阳窗外，频催抄折于先生，封皮则两边齐飞，垂手则双行并写。八章京蚁旋直庐，相与循四日该班之例，交金牌而齐约看花。"又某前辈戏咏《阔军机》、《穷军机》二诗。《阔军机》云："玉表金钟到卯初，烹茶洗脸费工夫。薰香侍女披貂褂，傅粉家奴取数珠。马走如龙车如水，主人似虎仆似狐。昂然直入军机处，笑问中堂到也无？"《穷军机》云："约略时光到卯初，劈柴升火费工夫。老妻被面披貂褂，丑婢墙头取数珠。马走如牛车如碾，主人似鼠仆似猪。蓦然溜进军机处，悄问中堂到也无？"一、章京夜间进内，例得用灯笼。满屋诸公多用之，汉屋则用者绝少。

又按：《皇朝掌故汇编》：嘉庆四年，定军机章京额缺，谕曰："军机处为机密要地，向来行走章京未定额数，俱由军机大臣挑补，并不带领引见。嗣后，满汉章京，定为十六缺。由内阁、六部、理藩院堂官于司员、中书、笔帖式等官内，择其人品端方、年力富强、字画端楷者，交军机大臣带领引见，候朕简用。其记名人员，遇有缺出，按次陆续充补。此次应挑之满汉章京，即照新例办理"。

军机处有廷寄谕旨，凡机事虑漏泄不便发钞者，则军机大臣面承后，撰拟进呈。发出，即封入纸函，用办理军机处银印钤之，交兵部加封，发驿驰递，其迟速皆由军机司员判明于函外。（《军机处述》）

军机拟旨，向来皆大臣之任。傅文忠公始属之司员，至令成例。（《天咫偶闻》）

按：傅文忠，名恒。

高宗听政惟勤，晨兴必以卯刻，虽冬月亦然。当西陲用兵，军报夜至，亦必亲览，趣召枢臣指授机宜，动千百言，枢僚撰拟进呈，或需一二时，上犹披衣待之。故章京退直后，必留一人直宿，曰夜班。又虑诘朝事繁，每日轮一人早入相助，曰早班。（《檐曝杂记》）

按：《浪迹丛谈》：嘉庆初元，纯庙（乾隆帝）以训政犹勤，丙夜即起视事。召军机大臣皆未到，旋召章京，惟公（吴熊光）与戴衢亨二人已上直，入对称旨。少顷，和珅入，上曰："军机事繁，吴熊光甚明干，可在军机大臣上行走。"和珅谓："吴某官才五品，与体制来符。"上即命加吴三品衔。和又奏曰："吴某家贫，大臣例应乘轿，恐力不办。"上命赏户部饭银千两。

又按：《十朝诗乘》载：瓯北（赵翼）《军机夜直》二律云："鳞鳞鸳瓦露华生，夜直深严听漏声。地接星河双阙回，职供文字一官清。蛮笺书剪三更烛，神索风传万里兵。所愧才非船下水，班联虚忝侍承明。""清切方知圣主劳，手批军报夜濡毫。锦囊有策兵机密，金匮无书庙算高。乐府伫听朱鹭鼓，尚方早赐紫貂袍。书生眊笔惭何补，不比沙场斫贼刀。"即西陲用兵时作。又载：纪文达昀《平定回部凯歌》绝句云："喧喧箫鼓凯歌音，半卷红旗入凤林。曾是轩辕亲教战，霜天晓角尚龙吟。""妖星堕地响如雷，风卷阴云万里开。边月高高天似水，捷书一夜过轮台。""秋雁连天西海头，六军回马唱凉州。擒王破阵须臾事，谁赋金闺上翠楼。""故垒茫茫大夏城，芦笳吹作入关声。回头博望浮槎地，曾是西来第一程。""铙歌一路响寒云，猎猎风声入马群。行到来时曾战地，降蕃犹识上将军。""满耳秋风入短箫，黄榆叶落草萧萧。西蕃已破无征战，只向高原试射雕。""赤土山前雪打围，桃花叱拨绣弓衣。风雪也禀天朝令，满碛平沙静不飞。""勒石燕然莫更论，且看走马定坚昆。垂杨绿到其摩寺，宁止春风度玉门。""多少降羌逐马蹄，芙蓉阙下贡文犀。萧关候吏如相问，家在条支更向西。""鹫翎长箭虎纹鞋，歌舞还朝拜玉阶。今日方知神武略，书生何用议珠厓。"当时推为名作。回人绳伎称绝，树数丈木竿，其颠系长缒，下属于地，回人手横一木，取两端轻重相等，则步缒而上，且跷一足唱歌，良久始下。隶于武备院，以供宸赏。后有坠缒者，乃不复设。王凤霓诗云："内官传唤高缅伎，步上天风听蹑歌。"想见其盛。

初授军机大臣，同列具折奏请，某新入，许看折奏否，候旨遵行。乾隆年间，如副将侯富德，东省人，以军功得入军机，而不许看折奏。似此者不一。若雍正年间，每日先见鄂文端、张文和二公议事，再同见军机大臣。散直后，文和在私邸与章京一人拟谕旨。次日，呈进发抄。（《恩福堂笔记》）

按：鄂文端，名尔泰。张文和，名廷玉。

又按：《龚定盦全集》：雍正壬子（雍正十年）始为军机大臣者，张文和公、鄂文端公。文和携中书四人，文端携中书两人。诣乾清门帮同存记及缮写事，为军机章京之始。

河间哈公元生，雍正十年十月，以贵州提臣授军机大臣。(《通斋诗话》)

按：《耆献类征·袁枚记鄂文端尔泰逸事》载：河间哈元生，从公征苗，乌蒙之役，出奇制胜。一日黎明，元生率兵挑贼，贼尽出，官兵不动，待贼将近，忽炮发声，元生舞双刀冲阵，山后奇兵突至，贼败走，追之，尽俘其众。元生手掷一贼于空中，高数丈，以刀挥之，作数段坠。群贼大骇，以为神勇。世宗（雍正帝）召见赐宴，以元生回部人不汉食，命光禄寺别具特羊之餐。元生至公（鄂尔泰）家供扫除之役，若隶子弟然。

军机大臣同进见，自傅文忠公始。上每日晚膳后，阅内阁本章毕，有所商榷，独召文忠进见，时谓之晚面。(《军机处述》)

按：傅文忠，名恒。

乾隆朝，钱南园澧以御史直军机。疏言枢臣入直者各有分止处，非协恭之谊，上然之。即命稽查，竟日危坐其间。(《十朝诗乘》)

副宪受知于嵇公曾筠，得荐举由中翰入军机。复扈从幸热河，恭和御制诗，传旨嘉赏。(《寄心盦诗话》)

按：副宪，名申甫。诗话并载：公诗五言如："雨声先到树，山色半归云。"雅近自然。

国朝祖制，禁亲贵预政。有之，自嘉庆四年成哲亲王入直枢廷始，旋以定制未符罢。咸丰时，怡、郑二王秉政，以跋扈诛。同、光两朝，恭忠亲王久领枢府，醇贤亲王亦奉命参决大事。厥后，礼邸、庆邸相继秉政。迄于末叶。宗藩之居枢要、领部曹者，几为恒例，更无举祖训抗言者矣。(《十朝诗乘》)

按：成哲亲王，名永瑆。怡王，名载垣。郑王，名端华。恭忠亲王，名奕䜣。醇贤亲王，名奕譞。礼邸，名世铎。庆邸，名奕劻。诗乘并载：姚子寿诗云："梁邸从容侍宴游，参差花萼倚高楼。月斜汉帝兰林艳，霜冷淮南桂树幽。井上桃生根易蠹，道旁瓜覆蔓难收。东阿莫赋芝田馆，乐府新声唱未休。"

自雍正朝设军机处，为庶政总枢。穆得君最专，柄政尤久。直省督抚每先咨意旨，乃具疏章。海氛起，穆揣知圣意忧天下财匮，闻有兴发，辄不怡，令秘不上闻。迄咸丰初，盗不可讳，出柙之势已成。(《十朝诗乘》)

按：穆，穆彰阿也。诗乘并载：王壬秋《独行谣》云："洪杨窃名号，倡和连浔梧。琛也起州县，奏草先中枢。彰云上厌事，调发烦军输。文宗（咸丰帝）既龙飞，其变乃具疏。"（下略。）又载：程春海侍郎以道光十二年典粤试。粤中名彦公宴于云泉山馆，酒酣，春海喟然曰："后此二十余年，乱将自两粤起。再十年，且遍及天下。"后果验。摘录如下：一、湘乡（曾国藩）受文宗特达之知，从戎墨绖，转战东南。朝士犹有觭龁之者。其授军柄洎督两江，肃顺实左右之。为之介者，王壬秋闿运、高碧湄心夔也。王、高皆出入肃顺邸。一、彭刚直（玉麟）攻克彭泽，夺回小姑山要隘，自纪诗云："书生亲率战船来，江上旌旗耀日开。十万貔貅齐奏凯，彭郎夺得小姑回。"一、沈文肃（葆桢）配林夫人，侯官文忠公（林则徐）女也。从文肃守广信，粤寇骤至，文肃适以事下乡，夫人刺血为书，致常山镇将饶总兵乞援。饶固文忠部将，得书驰援，围得解。一、赵忠节景贤，湖州人，在籍治团，叙功擢福建粮道，仍留浙办防。咸丰庚申，寇围湖州，固守获全。逾年，杭州再陷，郡城孤立，食尽援绝，死守不懈。城既陷，酋且多方胁降，终不屈，骂贼遇害。一、八旗将才继起，与征赭之役者，推多忠勇隆阿。从曾（国藩）、胡（林翼）剿寇，积功官荆州将军，以攻蓥屋中炮卒。一、吴明经家桢《金陵杂咏》有云："棘闱先设女科场，女状元称傅善祥。堪惜扬州朱九妹（朱九妹被掳至金陵，居女馆中，谋以鸩酒杀贼，事泄遇害），含冤六月竟飞霜。"一、贼中使人饰夷妆，称东西洋陪臣，各贡夷女。因虚设东西洋行省。一、石达开于诸酋中稍有才识，文正（曾国藩）尝寓书招降，不从，赋诗五首以答，录其二云："曾采芹香入泮宫，更探桂蕊趁秋风。少年落拓云中鹤，陈迹飘零雪里鸿。声价敢云空冀北，文章今已遍江东。儒林异代应知我，只合名山一席终。""扬鞭慷慨莅中原，不为仇仇不为恩。只觉苍天方愦愦，莫凭赤手拯元元。三年揽辔悲羸马，万众梯山似病猿。我志未酬人亦苦，东南处处有啼痕。"一、文正（曾国藩）在军中，温书、围棋外，间著吟咏。其《感怀述事》有云："山县寒儒守一经，出山姓氏各芳馨。要今天下销兵气，争说湘中聚德星。旧雨三年精化碧，孤灯五夜眼长青。书生自有平成量，地脉何曾独效灵。"盖自湘军倡兴，多用儒将，如罗忠节（泽南）、李忠武（续宾）、江忠烈（忠源）辈，类起自寒素，出建旌旄，先后裹尸马革，不能无阮笛嵇琴之痛。又相传文宗（咸丰帝）末命，能平寇者不吝封侯之赏，至是朝议谓析爵为二：文正封侯，忠襄（国荃）封伯，祁文端（寯藻）实主之，部曲颇不平。文正命公子惠敏（纪泽）检青海、金川酬庸旧典，谓是役封爵特多于前，实出异数，群疑始释。一、曾文正既复石城，见秦淮萧瑟，命以废舟二，召工改造，编竹为篷，饰以画栏，任载游客。龚蔗轩诗云："杨柳新栽绿作阴，相公曾此画船临。闲情不是耽丝竹，一片苍生同乐心。"相传李云亭宗义为江藩，涂朗轩宗瀛为江宁守，皆以理学自负。一日进谒，白文正曰："日来河下真热闹，公有所闻乎？"文正徐答曰："信热闹耶。不热闹大不好，热闹大好。君等第遣人弹压，勿致兹事可矣。"李、涂皆默然而退。盖文正意在复流亡也。一、庚申之役，苏、常连陷，独上海一隅获全。朝命以薛觐堂抚苏，兼摄江督，驻上海。复起庞文恪为团练大臣，至沪共策恢复。时寇氛遍江浙，上海为饷源所在，疆帅委蛇其间，一旅不发。觐堂精鉴别，日以书画、碑刻自娱。治团诸君，有为红裙之饮者。一、彭刚直性廉退，功成乞休，迭授大司马、少司马，皆力辞，而独以长江巡阅自任。听至轻舠微服，遇游勇会匪不法扰民，立斩以徇。

又按：清同治三年官文，曾国藩等红旗奏捷克收江宁省城折："嘉庆川楚之役，蹂躏仅及四省，沦陷不过十余城。康熙三藩之役，蹂躏尚止十二省，沦陷亦至三百余城。今粤匪之变，蹂躏竟及十六省，沦陷至六百余城之多。"（粤乱起迄十五年，据金陵十有二年。）

光绪甲申，越南事起。恭亲王以下，咸出军机，有旨宣战。明年，谅山既克，和议底成，遂设海军衙门。（《天咫偶闻》）

按：光绪甲申，光绪十年也。

今年四月，定国是之诏既下，君以学士徐公致靖荐被征，适大病，不能行，至七月乃扶病入觐。奏对称旨，皇上超擢四品卿衔军机章京，与杨锐、林旭、刘光第同参预新政，时号为军机四卿。（《梁任公文稿》）

按：今年，光绪二十四年，戊戌政变之年也。君，谭嗣同也。《文稿·谭嗣同传》并略载：皇上欲大用康先生有为，而上畏西后，不敢行其志。数月以来，皇上有所询问，则令总理衙门（总理衙门，总理各国事务衙门之简称也。咸丰季年设立，衙址即东堂子胡同，故大学士赛尚阿之地。总以亲王，副以卿贰章京，皆以六部司员充之，不分满汉。至光绪二十七年，因《辛丑条约》改为外务部）传旨，先生有所陈奏，则著之所进呈书之中而已。自四卿入军机，然后皇上与康先生之意始能稍通，锐意欲行大改革矣。七月二十七日，皇上欲开懋勤殿，设顾问官，命君拟旨。先遣内侍持历朝圣训授君，传上言谓："康熙、乾隆、咸丰三朝有开懋勤殿故事，令查出，引入上谕中，盖将以二十八日亲往颐和园请命西后云。"至二十八日，京朝人人咸知懋勤殿之事，以为今日谕旨将下，而卒不下。二十九日，皇上召见杨锐，遂赐衣带诏，有："朕位几不保，命康与四卿及同志速设法筹救"之语。君密奏荐袁世凯，请结以恩遇，冀缓急或可救助。八月初一日，上召见袁世凯，特赏侍郎。初二日，复召见。初三日夕，君径造袁所寓之法华寺，商救护皇上之策，袁词色慷慨。至初五日，袁复召见，闻亦奉有密诏云。初六日，变忽作，旋闻垂帘之谕。初十日，君被逮。系狱时，题一诗于狱壁曰："望门投宿思张俭，忍死须臾待杜根。我自横刀向天笑，去留肝胆两昆仑。"盖念南海也。以八月十三日斩于市。（政变之作，由谭复生［嗣同］之召外兵。复生与袁慰庭［世凯］有旧。慰庭新自臬使擢侍郎，意必感激。其言于慰庭者，谓："上有密诏，孤危不自保，命其率所部入围颐和园，效鬻拳兵谏。"慰庭佯诺之，以诏示荣文忠［禄］。文忠即日诣园告密。次日，训政诏遂下，而促骑四发矣。见《十朝诗乘》。）又《杨锐传》略载：杨锐与谭、刘、林同参预新政。拜命之日，皇上亲以黄匣缄一朱谕授四人，命竭力赞襄新政，无得瞻顾。凡有奏折，皆经四卿阅视。凡有上谕，皆经四卿属草。于是军机大臣嫉妒之，势不两立。《杨深秀传》略载：御史文悌者，满洲人也。以满人居内城，知宫中事最悉，颇愤西后（慈禧）之专横，适同侍祠，竟夕语杨君宫中隐事，皆西后淫乐之事也。文又曰："吾奉命查宗人府囚，见溥贝勒（溥贝勒名载溥，道光帝之孙。其妻为慈禧弟桂祥之女，隆裕之妹，见隆裕不礼德宗，亦效尤。溥与争，桂妻谮诸慈禧，慈禧欲致之死。恭王奕訢苦求，乃褫爵夺府，杖禁宗人府狱，详《德宗遗事录》）仅一袴蔽体，上身无衣。时方正月祁寒，拥炉战栗。西后虐待皇孙如此，盖为上示戒，故上见后辄颤。"

又按：《虞渊集·戊戌纪事八十韵》："皇帝廿四年，戊戌秋八月。其旬有三日，国乃有大罚。我时官西曹，滥膺折狱职。日抱城旦书，上取司寇谳。是日天向午，旅进缀班列。济济白云亭，冠盖正寒窣。突来高车客，并肩趋上谒。密语人不闻，掉头即揖别。众僚先屏退，行迟独居末。似传中旨至，满堂气惨慄。处分要异常，举动何仓卒。私心妄惴惴，口语互藉藉。或言事虑囚，或言行伏阙。事在三日前，圣主下天綍。归政东朝廷，新进官悉夺。东海大鳗鱼（指康有为），早惊金钩脱。深宫含盛怒，钩党穷诛灭。罪甚八司马，一一付缧绁。众论方快心，有识甘卷舌。外间喧噪声，禁旅杂街卒。传呼丞相来，肩舆两飘忽。入门坐堂皇，须张面懔铁。趣召主者至，连缚六人出，敕旨星火催，决不待时毕。狱吏走且僵，伍伯整巾袜。须臾各就缚，衣冠尚崒嵂。峨峨四新参，入朝三旬劣。辄思大厦扶，竟触天柱折。其一职监察（杨深秀），抗疏气郁勃。同官侧目久，飞语相诋讦。更有粤布衣（康广仁），未膺簪与绂。壮志不一伸，连坐太突兀。我时迫近前，木立若朽质。故人乃面之，颜怩心忉怛，传诏官人来，天宪口为述。尔等悉逆党，左右皆曰杀。跪听宣语毕，臣当伏斧锧。林君年最少，含笑口微哄。谭子气未降，余怒冲冠发。二杨默无言，俯仰但蹙额。刘子木讷人，忽发大声诘。何时定爰书，何人为告密。朝无来俊臣，安得反是实。抗辩语未终，群吏竞牵捽。但闻官人言，汝事不得活。相将赴西市，生死此决绝。扬扬如平常，目送肠内热。步骑夹道拥，阛阓车填咽。丞相亲莅刑，事与往昔别。并有覆巢惧，妻孥不敢诀。引领就白刃，夏侯色可匹。携手入黄泉，夕阳照碧血。今日身横死，前朝语造膝。幸赖乔公贤，为收无家骨。吏人讫事返，流涕向我说。役卒呈数纸，云是狱中笔。"（下略。）又，《戊戌岁暮感事诗》第三首注：八月初六日，孝钦后御殿，袖出称疾诏旨，逼令德宗（光绪帝）手书宣示归政之意。第四首注：归政后，近御太监杖毙甚多。又，太医院每日诊视圣躬，并诏各部院每午派员领脉案公阅。又《虞渊九首》第五首注：德宗时，两宫失和，以致戊戌之变。当时朝野讹言，有谓孝钦幽德宗于瀛台时进鸩者。

又按：《十朝诗乘》载：王小航诗注谓，戊戌政变后，东朝宣言圣躬不豫，造脉案示中外官署及交民巷使馆，外使荐西医入诊，拒之。荣文忠密告刘忠诚（坤一），忠诚电奏谓"君臣之分已定，中外之口难防"，事得寝。然徐荫轩（桐）、崇文山（绮）辈谋之甚力，尝草拟《中外大臣吁请废立疏》，密呈于慈圣。慈圣使就商于荣文忠，以文忠方握兵柄也。徐、崇至，述中旨，出疏稿示之。文忠阅未竟，遽投诸炉，以铜筋拨之，焰腾起。徐大怒曰："中旨交阅，何得乃尔。"文忠曰："此非太后意也，有罪我自任之。"二人怏怏去。次日入对，痛哭曰："各国皆称皇上英主，非臣等口舌可争。废立策行，则太后数十年人望为列邦尊仰者，一旦尽失，万一冒险轻举，致召事变，臣等万死不足惜，如太后何？"言毕，碰头大哭，慈圣怵而止。又载：国朝自康熙后不立储宫。光绪初元，懿旨于异日继统承祧者，固已权衡至当。至是，东朝再训政。忽别议为穆宗立嗣，盖预为废立地也。近支中惟端王福晋出入椒掖，承眷特隆。吴絧斋（士鉴）宫词所谓："佛香高阁盘旋上，亲挽筍舆有福金"者，即咏其事。溥儁得立，实由此。又载：拳祸肇端，由于废立，端庶人既谪戍，溥儁名位如故。廷臣亦无敢议及，虑伤慈圣心。其终废者，则张文襄（之洞）言之也。《抱冰堂弟子记》云："文襄密电枢廷，劝其面奏，趁回銮前，以慈断发之，藉全国体。其时尚驻跸大梁。"吴渔川永《西狩丛谈》谓：尝将文襄命于奏对时陈及，慈圣沉吟良久，曰："尔且秘之，俟到汴，即有区处。"王小航诗注则谓："梁文忠应诏赴行在，密语荣文忠（禄）、王文勤（文韶）谓：此事外人必干涉，不如自决之。"

又按：《德宗遗事录》：自溥儁入宫，宫中诸人心目中皆以儁为宗主，视上如赘旒。而儁性骄肆，谓上为疯为傻，昌言无忌。上佯若不闻。及西巡所至，太后尤故纵之。因上性刚烈，可以挫辱致死，而上知其意，始终以痴呆应之。

公再入军机。二十六年，拳匪肇乱，首祸诸臣，深中邪说，公疏论其失。七月，尚书徐公用仪等将及难，诸臣并欲陷公，几遭不测。两宫西狩，公携军机印钥追奔三日，及于怀来，上闻公至，立命入对，相向泣，谕曰："此后国家系汝是赖"。（《王祭酒文集》）。

按：公，王文勤文韶也。二十六年，光绪庚子年也。

又按：《虞渊集·庚子暮秋感事》诗注：袁京卿（昶）、许侍郎（景澄），徐用仪、立山两尚书均以谏阻忤执政，先后伏法。又注：大内亦设坛敬礼。七月二十一日，联军入城，两宫冒雨出狩。

又按：《匏庐诗存》注：拳匪之乱，项城（袁世凯）在山东抵拒最力，乱党尤忌之，累次矫诏趣入卫，袁以守土为词，未堕其计。李文忠（鸿章）之入都议款也，屡请回銮不报。联军酋帅有劝其北京自立政府者，文忠但一笑而已。

又按：《十朝诗乘》载：庚子四月，有禁逐拳民之旨，以朱古微侍郎（祖谋）疏请也。侍郎时官侍讲学士。其疏谓："中国自强，固系兵事，然联络邦交，执言一国可也。激犯众怒，构衅寰球，不可也。一方受敌，合国力御之，可也。八方受敌，分国力应之，不能也。且军火何自购，饷源何自筹，势则彼众我寡，理则彼直我屈。纵将其官商兵卒数千人一时歼尽，其能使彼众不报复耶？其能使我沿边沿海数万里不放一骑一舰阑入耶？逞忿一时，而无以善其后，是直以宗社为孤注，恐不止震惊宫阙，危及乘舆已也。"疏上，因有是旨。次日，刚子良协揆（毅）、赵展如尚书（舒翘），自涿州回京，拳民随至，纵火市廛，延烧城阙，遂不可收拾。然慈圣犹召集廷议，亲贵皆袒拳主战。古微班次在后，言拳民、董军皆不可恃。兵事宜用袁世凯，议和则急召李鸿章。太后不识古微，问："高声瞋目者何人？"命移前具对，古微言之益力。卒定议抚拳，遂有戕害德使之事。复疏请："约期停战，护送各使出都"。有诏命枢臣传询方策，古微援笔立对，请依战时公法。荣文忠持以复奏，良久，乃退曰："幸无事，可归矣。"又载：义和团者，初起自山东，自云有异术，枪炮不入。愚民多惑之，实教匪余孽也。又载：当纵拳毁教诏下，刘忠诚（坤一）知拳祸已成，密咨于李文忠（鸿章）。文忠复云："此乱命也，粤不奉诏。"忠诚谋与权宜订约，两不相犯，张文襄（之洞）初颇持重，至是亦赞其议。又载：庚子变，傅彩云（赛金花）适寓凤城。联军统帅瓦德西夙闻其名，香骢亲访，宝扇迎归。德军挟愤而来，得稍戢淫威者，彩云力也。或谓瓦挈彩云居仪鸾殿，实卫言也。

又按：《德宗遗事录》：一日，皇上引太后召集大学士、军机大臣、外务大臣、六部、九卿、大师兄、众师兄，开御前会议于前殿，或红顶珠褂，或短衣红包头，济济盈廷。凡红包头者慷慨陈词，诸红顶附和之。事录并载两宫出狩故事：一、太后之将奔也，皇上求之曰："无须出走，外人皆友邦，其兵来讨拳匪，对我国家非有恶意。臣请自往东交民巷向各国使臣面谈，可无事矣。"太后不许，上还宫着朝服，欲自赴使馆。小阉奔告太后，太后自来，命褫去朝服，仅留一洋布衫，严禁出户，旋即牵连出狩矣。一、太后至洋河，秋水正狂，舆马不敢轻过，停于河岸。寻土人之识水性、稔知深浅处者作引导，命多人助抬太后之舆先过，许以到下站厚赏。文武官校及内侍等，全班随太后舆过河，仅剩皇上一舆，支杵留于此岸，舆夫之外，尚有一个臣，则肃亲王善耆也。肃王心以为诸人送过太后，必分班渡回助抬乘舆。久之，遥望彼岸，全班拥护远去无影矣。一、保定行宫，太后寝殿铺陈华美，供给周备。李莲英室次之。皇上寝殿极冷落，宫监及内务府诸人趋奉太后事毕，各散去饮博，或休息。李莲英侍太后已睡，潜至皇上寝官，小阁无一在者，上一人对灯兀坐。莲英跪安毕，问曰："主子为何这时还不睡？"上曰："你看这屋里，教我怎么睡。"莲英环视之，时正隆冬，宫中除硬胎之坐褥椅、靠枕外无他物。莲英跪抱皇上之腿痛哭曰："奴才们罪该万死也。"莲英出，旋抱衾枕至曰："今夜已深，不能再传他们。这是他们为奴才所设被褥，请主子将就用之，奴才罪上加罪，已无法也。"

又按：《十朝诗乘》：京师陷，两宫将出走，慈圣召珍妃至，谓："国难至此，势无苟全。"迫令投井。妃曰："婢子从太后耳。"牵后衣跪泣。慈圣怒，命内监推之入井，上饮泣不能顾也。金钱孙兆藩赋《宫井曲》，追述宫史兼及朝事，有云："是时长信方虚位，妙选良家循故事。苹涧咨诹季女贤，椒涂郑重君王意。霞帔云轿拜早朝，双芙蓉压百花娇。绿签当御丹毫染，共识春风属二乔。史臣虚颂宣仁后，调护官家复何有。但冀门楣重外家，几曾钟鼓求嘉耦。手书特下定中宫，以侄从姑礼数隆。仙近瑶池班自贵，娇藏金屋语旋空。"言选后时，上意属妃，而慈意属孝定也。又云："普天同愾金轮圣，嘉礼初成诏归政。廿年再撤白纱帏，此事朝家未为盛。排云楼阁瞰昆明，却借军兴助水衡。乍可武皇劳习战，竭来文母祝长生。贤妃心忧危机伏，灶白新来语还恧。昭训何言忤独孤，樊姬岂敢言孙叔。螟蠃由来衅易寻，中宫督过复相侵。佩玦朝正嫌位迫，盟钗夜半嫉恩深。小印亲钤婕妤赵，慈宁怒却宣华表。罗织焚椒一卷成，录中罪状知多少。鞭鸾笞凤肯相宽，座上君王掩面看。兰定当锄珠泪咽，菱因屡折玉容残。强言甘受泥中辱，名花摧折罡风酷。点额何须獭髓医，断肠谁乞鸾胶续。纨扇悲凉感不禁，况教同调累婴砧。共看永巷三更月，依旧君王万古心。"历言妃获罪之由，及瑾妃同贬也。又云："从此龙颜常不怿，欲还阿柄嗟无策。易得苏张辩士才，难收产禄诸军籍。徙木威轻令不行，投梭谤急事谁明。若为扶得潜龙起，至竟空期画虎成。碧鸾顷刻重回驭，霜晨不许神州曙。紫气争迎西母来，青阳暗逐东皇去。表吁临轩作奏工，内传刑赏出宫中。太液池西显阳殿，寂寥真不减楼东。"述戊戌政变也。又云："骄王迁怒违言始，欲册王孙作天子。主邕三朝策定无，叩关云国兵来矣。丁甲神奇戊己屯，并成大错铸蒙尘。从亡已分偕良娣，临发犹能杀太真。拜诏但言赐卿死，阿武相残何至此？自合缥囊扑杀休，初无复壁求生耻。未悲此变起仓惶,但恨他生事渺茫。妾心早办井波定,妾身甘化井泥香。"言庚子变乱及宫井之痛也。回銮后,有诏复妃位号,以礼殡殓。故诗中有云:"经年播越复收京,歌舞斑衣饰太平。彤陛九朝严礼法,黄台一摘噤歌声。太息北宫仍闭置,楚歌楚舞同挥泪。九龙殿侧夕阳中,念奴指点伤心地。跰躄庭院立多时,落尽桐花断茜丝。倩影犹疑鉴环佩,血痕那肯作胭脂。万一微波通缱绻,高唐梦亦君王愿。枉费东朝锡隧文,难偿南内闻铃怨。"或谓妃尝降神养心殿,待两宫同赴玉京结案。故诗中有云:"帝江尤惧鬼谋验,黯黯重泉求故剑。身到虞渊判共沉,心知炎井难重焰。正阳病亦向秋屏,先后升天一日间。若使真冷迟旦暮,倘能返照满河山。遗诏同颁事悾惚,里巷相传语尤痛。攀得龙髯证异闻,折残鹅翼猜妖梦。碧落还应见玉妃,桥山风雨黯同归。斧声前夕多疑信,史笔他年孰是非。"斧声句,则当日别有谣传也。末云:"守祧重赖旁枝续,委裘负扆深相属。邵陵兄弟中外军,会稽父子东西录。殿前钟簴忽苍凉,禅诏无端出未央。姑妇残棋分胜负,祖孙绣褓论兴亡。沧波留取灵鹅翼,昭阳非复寒鸦色。随例铜钚作太妃,断肠玉树悲亡国。"则谓后来逊政,事由孝定。为妃惜,不仅为妃惜也。

军机处旧悬"一堂和气"额,世宗宪皇帝墨宝也。圆明园军机处所悬,则钩刻者。嘉庆年间,庆丹年相国奏缴墨宝,禁中军机处亦钩摹刻本。(《思福堂笔记》)

按:庆丹年,名桂。笔记又载:睿庙(嘉庆帝)赐庆相国桂七十寿诗,有"名重三朝三相国"句。盖尹文慎公泰在雍正年间入相,尹文端公继善在乾隆年间入相。御书联语,以张延赏比之,父子祖孙三代宰相,溯李唐至嘉庆年间亦只再见,可为搢绅佳话。

乾隆十年二月,上幸内右门直庐,视大学士鄂尔泰疾。(《清高宗实录》)

按:内右门直庐,军机处直庐也。实录并载:鄂尔泰逝后,上亲临奠,并谕配享太庙。

乾隆中,张桐城相国廷玉予告归里,刘文正统勋奉敕作送行诗。公在机廷,忽自握管为之,中一联云:"住怜梦里云山绕,去惜天边雨露多。"遂缮进呈,纯皇帝大赏之。(《洪北江诗话》)

永相公贵少时值军机时,与阿文成齐名,时称二桂公。(《啸亭杂录》)

按：阿文成，名桂。杂录并载：会籍某大臣家，获公（永贵）尺牍，言万里远行，皆自招罪戾，毫无讪妄之意。并言"此地他物皆备，惟缺查糕，望便赐数两"诸语。高宗曰："引罪自咎，古大臣风也。"命驿赐御厨查糕数斤以旌之。《国史馆本传》载：乾隆四十二年四月，恭逢孝圣宪皇后山陵礼成，命永贵暂署大学士，敬襄典主大典。七月，命在阿奇谙达处行走。

嘉庆二十五年，大庾戴公以吏部尚书直军机，拜文渊阁大学士。国家设军机大臣，汉宰相非兼是官，兼是官而位尚书以下，皆不为真相。惟公与兄子文端公相继皆以是入相，天下以为荣。（《梅伯言文集·大庾戴公均元墓碑》）

按：文端公，名衢亨。《包安吴文集》载：嘉庆二十五年七月，大庾戴公均元，偕满相托文定津扈滦阳围，甫驻跸，圣躬骤有疾不豫，实出仓卒，从官多皇遽失措，公与文定替内臣检御箧十数事，最后近侍于身间出小金盒，锁固无钥，文定拧金锁发盒，得宝书，公即偕文定奉今上即大位。率文武随瑞邸（嘉庆帝第四子，名绵忻）成礼乃发丧，中外晏然。

枚登朝虽晚，犹及见公。乾隆十七年，病起引见。大学士传公引至军机处背履历，公亦在坐。（《耆献类征·袁枚来公保传》）

按：传并载：王师征伊犁，舒赫德误军机，上（乾隆帝）封刀遣内使斩之。公闻，排宫门入，历言人才可惜。上怒解曰："旨去已三日矣，奈何。"公曰："但求皇上赐赦旨，臣能追之。"出唤其子某曰："汝即上马，往宣圣旨。如救不及舒某，不必归来见我。"其子素骁勇且孝，一昼夜行八百里，竟收回成命而归。

和自中第后，每次引见，必蒙纯庙垂问数言。授侍讲日，命恭和圣制《观麦》七古一首。阿文成公携至军机处，公上坐，令余坐，亲视挥毫。（《恩福堂笔记》）

按：和，英和自称也。纯庙，乾隆帝也。阿文成，名桂。笔记又载：嘉庆四年春，和初蒙睿庙召对，谕曰："汝家事朕皆深悉，惟当日和珅如何欲与汝缔婚，汝父何言以谢，其直陈无隐。"对曰："臣父亡后，大学士公阿桂向臣言，当日和珅倩内务府大臣金简为和珅之女作伐，臣父婉辞，阿桂谂知其事。"

又按：《嘉谷堂集》：阿文成公桂进止温恭，起居有常处。每朝，先五鼓起，入禁廷，坐直房待旦不假寐，诸曹史屏息，室内外如无人。召阁部直事官询上折记阁本与岁时应举掌故，及一日所折狱备顾问，始入内朝。有覆奏稿，必亲阅无误字乃进御。或上莘经直房，侍者下户慊，公从室内起立，垂手，候卤簿过，始复坐。《履园丛话》：公身裁短小，弱不胜衣。

昨日蒙召见，命阅御制《望两省衍说》。臣随赴军机处，众官公同捧读。（清嘉庆某年松筠阻东巡折）

按：御制，嘉庆帝制也。

仁宗鉴公纯实，授意军机大臣寄谕公，密疏官吏之贤否而举劾之。（《石洲文集》）

按：仁宗，嘉庆帝也。公，莫晋也。时莫提督山西学政。

蒋攸铦在军机日，宣宗欲观会试题名录，公即默写以进，二百数十人，其差者只一县名耳。（《雪桥诗话》）

董相国文恭公入直军机三十余年，见人从无疾声厉色。（《竹叶亭杂记》）

按：董文恭，名诰。

左文襄入军机，锐意欲有为。曾闻一章京云，公虽欲有为，而成例具在，丝毫难于展布。陈奏发行，急于星火，无暇推敲，且有明日拜章，而今日甫定稿，了无更正之暇，有所建白，亦多中辍，所以文襄入直未几，即力疏求去。（《天咫偶闻》）

按：左文襄，名宗棠。

军机章京，职掌章奏，拟撰诏旨。封疆大吏，每投稿绋，藉为声援。公居此二十年，积资为领班，而与外吏无私交。有某制府与公同年，尝授以所制笺，曰枢府有密谋，幸以此告，盖其笺旁行书，他人骤读之莫审也。公严拒之，不与通。（《王舟瑶文集》）

按：公，沈源深也。

辛丑，君补江南道监察御史。故事：言官不得直枢密。君通达勤慎，方为领班，王大臣深倚重，奏请开御史缺，仍留直枢垣。特旨以四品京堂候补。（《王舟瑶文集》）

按：辛丑，光绪二十七年也。君，王彦威也。文集并载：君儤直枢垣，遇诏旨章奏之有关系者，手自甄录，积巨册百余。其涉于外交者又数十册，编纂为《外交始末记》四十余卷。

松文清居枢辅之尊，值主家有丧，犹着白袍立门外执鼓。迄特诏抬

旗，乃免。（《十朝诗集》）

按：松文清，名筠，隶包衣籍。包衣者，其先世坐罪，发功臣为奴，遂世承奴籍，虽贵不得脱。诗乘又载：青侍郎麟隶包衣籍，官翰林日，有新庶常谒其旗主，遇侍郎后至，跪拜讫，主挥令侧坐。庶常骇然。主曰："依制不当坐，今犹以君故，宽假之也。"

乾隆二十四年三月，上谕内阁："军机处行走、章京、笔帖式，皆系终日内廷供职，著加恩赏挂朝珠。嗣后，凡不应挂朝珠官员挑在军机处行走，亦照此例。"又三十七年，上谕内阁："批本奏事军机处章京及内廷行走之员，均著一体穿用貂褂。"（《清高宗纯皇帝圣训》）

军机大臣穿绿牙缝靴，自嘉庆二十一年特旨赏托津、卢荫溥始。并谕："嗣后，军机大臣俱准穿用。"（《郎潜纪闻》）

全红帽罩，惟三品以上入内廷者准服，四五品官虽内直不用也。高庙时，军机章京带领引见，值天雨，冠缨尽湿，上问其故，金坛于文襄公以体制对，上曰："遇雨暂用何妨。"自是，行走军机处者，冠罩无不全红矣。（《郎潜纪闻》）

按：高庙，乾隆帝也。于文襄，名敏中。

又按：《榆巢杂识》载：红雨衣，诸王以外，一二品大臣及御前行走之御前侍卫准穿。乾隆八年特旨定。《清高宗实录》：乾隆三十五年五月，礼器馆总裁奏："恭查御用雨衣、雨帽，用明黄色。一品大臣以上及御前行走侍卫、各省巡抚，用大红色。"

又按：《在园杂志》载：舍利孙轻暖华美，貂裘之外，无出其右，侍卫制为朝衣，诸王制为坐褥。定例：四品以上始服，近亦僭越矣。《榆巢杂识》载：元狐止准官一二品以上者制为帽，或制为端罩。非蒙上赐不敢服。《军机处和图利档》载：貂尾帽系二品朝冠，除近卫人员照例戴用外，其余不得滥行戴用。

军机处经费，岁入为部拨经费、外省解款、直辖事项收款。岁出为本署经费、直辖事项支款、各项杂款。（《军机处档·光绪三十四年军机处经费岁入岁出总表》）

按：表中所列部拨经费，系度支部饭银六千两、内务府参赏银四千五百两、崇文门饭食四百二十两。外省解款，系各省津贴银七千七百八十两。直辖事项收款，系度支部支领方略馆桌饭银二百零八两四钱三分。岁入颇为特别，因附录之。

军机处，始于雍正七年，至宣统三年七月改内阁制，而一百八十年军机处之名，遂以销灭。（《枢曹追忆》）

按：《军机处故事补遗》：嘉庆四年，御史何元烺奏请酌改军机处名目一折，内称："军机处承办一切事务，与兵部之专司戎事者不同。现在军机久经告藏，似应更改名目，以见偃武之隆。"奉旨："军机处名目，自雍正年创设以来，沿用已久。一切承旨书谕及办理文件，皆关系机要，此与前代所称平章军国重事相仿，并非专指运筹决胜而言。目今三省邪匪，久已肃清，大功告藏，薄海内外，共庆升平，不必改易军机二字始为偃武。"何元烺折掷还。

乾清门内南庑各处

【初】乾清门内北向两庑，左为上书房，右为南书房、宫殿监办事处。

上书房，清雍正初建，嘉庆七年重修，其名自康熙三十二年始，未经特建以前，其地在南薰殿西长房、兆祥所等处。南书房在顺治时已有此称，至康熙朝始制定设立。

上书房

【初】上书房在乾清宫左，五楹，面北向，近在禁御，以便上稽察也。（《啸亭续录》）

按：西苑、圆明园两处亦有上书房。见《钦定总管内务府现行则例》。

又按：清乾隆帝有《御乾清宫闻诸皇子诵读声》诗。

上书房设于雍正朝，凡诸皇子暨近支王公及岁读书，必特简翰林官使授读。（《郎潜纪闻》）

按：《竹窗笔纪》：余出就外傅，正直上书房盛时，今离讲幄十六年矣。一切定章尚能缕记：一、授读师傅与读书者，每日均卯刻至书房，彼此相揖，师傅亦如之。一、伯哩谙达三员，分三班，每早先在书房等候，俟读书者至，即教拉弓，各屋依次，教毕退出。次蒙古谙达教蒙古话，又次满洲谙达教清文及翻译。满洲、蒙古谙达人数值班与伯哩谙达同。三项谙达见皇子长跪请安，称奴才。见外府读书王、贝勒等单腿请安，称谙达。蒙古立教，满洲坐教。一、皇子未分藩者，每日未正二刻下书房，分藩后与外府读书之王、贝勒等均一体。午初下书房。每年对印至开印，初伏至处暑，均午初下书房，除夕日辰正下书房，万寿日及前一日均无书房。元旦、端午、中秋及本人生日均无书房。若奉派拈香等差，差竣仍至书房。早饭辰初二刻、晚饭午正，均送至书房下屋。如届时功课未完，或罚书罚字，俟师傅准去吃饭方去。随侍内谙达、太监等，无敢催促者。下书房亦然。师傅在书房惟吃晚饭。一、某屋念书及某人在某间下屋，均由上指定。一、总师傅每月至书房二三次，或至各屋稽察功课，或与他师傅闲谈数刻散出。一、皇子未封爵分藩以前，见外府王、贝勒等，虽长辈亦不请安，惟拉手为礼，封爵后见长辈始请安。皇子彼此相见亦各拉手。一、师傅准戴便帽、吃烟，读书者不准，惟天热时准摘帽脱褂。夏令朝散后准换纱衫，不准解带。一、随皇子之达哈拉拉谙达五员，哈哈珠色八名，每日先进乾清门预备，东路在御药房廊上等候迎接，西路在乾清门以东檐下等候，朝散后散直。遇有外差，五员谙达俱随从。一、每日读书之屋，灯烛及师傅早茶，均系哈哈珠色向各该处太监要来预备。师傅午茶系随侍太监送进。一、上书房规矩严肃，各等处太监无敢在窗外行走者。遇有差使，均由丹墀往返。一、皇子习射，从前圆明园读书时，即在前垂天贶河岸。城内仅住月余，且系冬令，即不习射。余昆仲移居阿哥所后，每日下书房，在所内习射，值班之伯哩谙达教习。检拾箭枝，系备弓备箭拜唐阿充当，每皇子位下九名。一、师傅教书各有规程，固不必勉强一律，然就余所见，上书房各屋章程亦无甚悬殊，大致每日清书不过四刻，其余均汉课。早餐后至午餐读生熟书，午餐后写字、念古文、念诗。年稍长，加看通鉴、作诗。作论日减去写字，间亦有学作赋者，惟不作时文。一、读书者每日至下屋歇息不过一二次，每次不过一刻，仍须师傅准去始去。读书之暇，或讲书或讨论掌故，不准常至下屋及出院闲走。各屋夏楚毕具，应罚书、罚字，惟师傅命是听。亦有罚下榻立读者，惟向无罚跪例。一、随侍内外人等，均在窗外或明间听差，闻唤始入。其有语言喧哗不守规矩者，哈哈珠色由达哈拉拉谙达禀知总谙达惩办，太监由内谙达惩办。一、上书房各屋炭盆及师傅饭食，系该处太监预备均有。行取师傅衣服包、雨具等件，亦系该太监取送。一、每年元旦令节，师傅送受业及同念书者文玩书贴之属，报以食物针黹。端阳节，师傅各送扇一柄，报亦同上，均不及珍异绮縠。师傅及受业者生辰，各以如意、食物为礼。《啸亭续录》：皇子六龄入学，遴选八旗武员弓马、清语娴熟者数人，更番入卫教授，名曰谙达，体制稍次于师傅。

又按：上书房有伴读，功课与皇子不同，其伴读另有伴读师傅。乾隆女和敬公主额驸，九岁时即命随诸皇子读书。

上书房，皇子、皇孙肄业处也。（《钦定日下旧闻考》）

按：清乾隆四十三年，谕旨：诸皇子六岁以上即就上书房读书，皇孙、皇曾孙亦然。《国朝宫史续编》：皇子届六龄入学，诣上书房东次西向室所奉至圣先师神位行礼。

乙卯冬，皇父申谕归政后，皇子、孙、曾、元辈仍在上书房读书。今元孙载锡已可冀得来孙，六世同堂为期亦不远耳。（清嘉庆丙辰《冬日至上书房》诗注）

诸皇子于皇太子前，在上书房俱如家人常礼。（《国朝宫史续编》）

未开宝前，外廷召见毕即散直，谓之半功课。（《寸心知室诗存》）

定制：总师傅以时稽察课程。（《国朝宫史续编》）

按：总师傅下授读师傅，有仅称入直上书房者。

上书房总师傅以贵臣为之，或一人，或二三人，无定制，有事则至，非日日入直也。又，总谙达亦以贵臣充。（《养吉斋丛录》）

按：丛录并载，岁终赐总师傅荷囊各二枚，囊贮银锞，其轻重以官阶为等差。

又按：《郎潜纪闻》：侍郎钱樾直上书房，适某皇子叱辱谙达麟宁过当，麟已拜参知侍郎，以皇子不应凌虐大臣，正词规劝。

诸皇子入学之日，与师傅备杌子四张，高桌四张，将书籍笔砚表里安设桌上。皇子行礼时，尔等力劝其受礼，如不肯受，皇子向座一揖，以师傅之礼相敬。如此则皇子知隆重师傅，师傅等得尽心教导，此古礼也。至桌张饭菜，尔等照例用心预备。（清雍正元年谕旨）

按：《啸亭续录》：汪瑟庵侍上书房，膳房大官馔颇简率也，人莫肯食，先生甘之如饴。

雍正初建上书房，命鄂文端、张文和二公充总师傅。二公入，诸皇子皆北面揖，二公立受之。定制：卯入申出，攻五经、史、汉、策问、诗赋之学，虽穷寒盛暑不辍。（《啸亭续录》）

按：鄂文端，鄂尔泰也。张文和，张廷玉也。

又按：《二希堂文集》：雍正元年，世远蒙恩特召入直内廷，随侍皇四子、皇五子读书，相晨夕者九载于兹矣。（世远，蔡世远。皇四子，乾隆帝。）

雍正元年，上遣内侍总管传谕曰：皇子见师傅，礼当拜。廷玉等固辞不敢当，遂行揖礼。是日，赐肴馔饼果各一筵，蟒缎文绮各九匹，并笔墨彩笺之属。（《澄怀主人张廷玉自订年谱》）

雍正元年，安庆府教授王懋竑朱笔著调来京，擢翰林院编修，上书房行走。（《淮海英灵集》）

按：懋竑夙以廉洁为李安溪、汤潜庵所称赏。

又按：《啸亭杂录》：上（世宗）以蔡嵩依附年羹尧，籍其家，得顾太史天成《咏星星草》诗稿，疑语涉讥讽，命蔡索全集进呈。见《恭挽圣祖》诗云：“已过虞舜巡方日，尚少唐尧在位年。”上泪下曰：“草莽之间，乃有此臣耶？”因召入，特赐编修，直上书房。

雍正初，胡晓沧先生直上书房，以经术辅导。（《葆璞堂文集·彭启丰叙》）

按：晓沧名煦。

雍正间，钱唐梁文庄公入直上书房，获侍高宗皇帝暨诚、和两亲王讲读。以旧学受知遇，回翔馆阁，平陟台衡。公晚年自言，尝为高宗作擘窠大字，适宪皇帝驾至，诸臣鹄立以俟，宪皇帝命竟其书，以墨渍袍袖，复令高宗曳之。（《郎潜纪闻》）

按：梁文庄名诗正。

又按：乾隆《乐善堂全集》定本庚戌年原序：余生九年始读书，十有四岁学属文，今年二十矣，其间朝夕从事者，四书、五经、《性理纲目》、《大学衍义》、《古文渊鉴》等书。

皇父亲至上书房，御书"立身以至诚为本，读书以明理为先"一联，赐挂书斋。（《稽古堂全集》）

按：时雍正七年，和亲王与乾隆帝同读书上书房。

上书房、南书房无以科道行走者。雍正朝鄞县邵学阯中丞，尝以给事中直上书房。（《清稗类钞》）

任启运以雍正癸丑通籍，年六十四矣，殿试之明日，以能通性理八人奉旨引见。世宗反覆下询，奏对详尽。蒙恩奖：人甚聪明，即授检讨、上书房行走。逾年抱疾，上廑圣怀，赐药、赐医院，使院员更迭前

往，以口传天语。越月，疾愈趋谢。特谕绕廊而进，再四慰安，务自保爱，并命侍臣扶掖以出，凭御座遥望之。（《清稗类钞》）

乾隆元年正月，奉旨著大学士鄂尔泰、张廷玉、朱轼，左都御史福敏，侍郎徐元梦、邵基，为皇子师傅，著钦天监择日开学。旋择得二十四日吉。是日清晨，皇长子、皇次子到学，总管太监传旨，皇子应行拜师之礼。诸臣固辞，遂长揖。赐赉文绮笔砚之属，与雍正元年同。少顷，召皇子及廷玉等六人进见，面谕曰："皇子年齿虽幼，然陶淑涵养之功，必自幼龄始，卿等可殚心教导之。倘不率教，不妨过于严厉。从来设教之道，严有益而宽多损，将来皇子长成自知之也。"（《郎潜纪闻》）

按：纪闻并载：李学士中简直上书房最久。诸皇子皆服其品学。乾隆乙酉秋，上偶以鸠唤雨命题，试内廷诸翰林学士诗。最先成中一联云："愆阳犹可挽，拙性本无他。"即小喻大，时皆称其得体。程学士昌期，乾隆间直上书房，其子春海，侍郎，道光十二年亦被命入上书房。父子相继入上斋，时人荣之。

又按：乾隆帝慎选师保，以盛司寇安争免锦州守，金文淳薙发死罪，特命入上书房。曰："盛安尚不畏朕，况诸皇子乎？"详《啸亭杂录》。

乾隆七年仲冬，御门后至上书房。（《钦定日下旧闻考》）

按：是日，乾隆帝有《示弘瞻辈》诗。

乾隆时，三文敬公保为上书房总师傅，集古今储贰事，曰《春华日览》，教授诸皇子。（《清稗类钞》）

乾隆乙丑岁，新奉命直上书房，侍皇子讲读，与王晨夕讨论，时王年十三四。（《缉斋文集》）

按：新，蔡新也。王，果亲王也。据《啸亭续录》：蔡葛山相公新，为上书房总师傅三十年，诸皇子皆敬惮之，予告归里，诸皇子赋诗送行。

又按：嘉庆为皇子时，有《送蔡葛山先生》诗。见嘉庆《味余书室全集》定本。

乾隆己亥五月，奉命典试福建。时皇帝在上书房作诗宠行。（《知足斋文集》）

按：皇帝，清嘉庆帝也。朱珪为帝师傅，帝极优礼之。故集中屡言，帝在上书房，时以诗见寄，或叠珪留别诗韵，或贺珪升调，或寄怀，或见忆，或赐和。

又按：《啸亭杂录》：朱文正珪入直上书房，日导今上（嘉庆帝）以古今嘉猷，侍讲幄十余年，无一时趋语。薨日，上亲往吊，门低甚，御车不能入。上步至灵前，哭之甚哀。《续录》：嘉庆丙子，上念朱文正辅导功，亲往其茔赐奠。嘉庆《味余书室全集》定本：予六岁入学习经书，十三学诗，十七属文。乾隆癸巳十月二十一日，自圆明园回书房，蒙恩赐御馔。

乾隆乙巳，御赐上书房师傅三翰林貂裘。（清嘉庆《味余书室全集》定本）

今日偶询问四阿哥之事，遣人至书房传旨，知四阿哥因祀神，竟未进内。祀神行礼，原在清晨，祀毕仍可照常进内，乃四阿哥借此为名，一日不进书房，殊属非是。（清乾隆三十五年谕旨）

乾隆四十年以前，书房中每遇年节馈岁等事，于师傅及诸昆弟等，偶有备物将意之处，不过如荷包、食物，此往彼来，互相酬答，从未有以陈设、玩器相持赠者。迨近年以来，不免踵事增华，沾染习俗，间有陈设之物，朕已深为憎厌，乃本日肃亲王永锡因三阿哥于本月十八日上学，备进玉器、陈设等物，令伊本府太监转交皇后饭房太监递进，实大不是。（清嘉庆五年谕旨）

嘉庆戊辰，湘潭周侍郎系英，以侍读学士奉命直南书房。保荐时，仁宗谕掌院曰："朕意中止一周系英，可将其名列入荐牍。"未几，上书房出缺，例由掌院拟正陪，而入侍南斋者不列，侍郎复膺特简，且命之曰："不但授读作诗文，须教阿哥为人，居心以忠厚为要。"因奏："书房例课八韵诗，臣愚以为宜令阿哥加读《资治通鉴》，以知古今治乱兴衰之故，悉民间之疾苦。"上是之。（《清稗类钞》）

金尚书甡，嘉庆壬戌状元，直上书房。质、庄亲王为其弟子，性直鲠，遇诸皇子嬉笑，即面折之。（《清稗类钞》）

予髫龄承命居此宫，时仪亲王已移至三所，计维时同居者，成亲王、庆郡王，相依数年之久，每日趋诣上书房，执经共课。（清嘉庆《毓庆宫联句》注）

按：此宫，毓庆宫也。仪亲王名永璇，成亲王名永瑆，嘉庆帝兄也。庆郡王名永璘，嘉庆帝弟也。

予与十七弟在上书房同室读书二十余年。（清嘉庆帝《庆郡王四十寿辰》诗注）

按：十七弟，庆郡王也。

去岁冬日曾至上书房，寒窗相对，昆弟言怀。兹于本月九日几务之暇，偶复临憩。惟期诸弟乐善为怀，毋忘夙怀也。（清道光帝《冬日至上书房有感》诗注）

按：道光《养正书屋诗文集》序：予自六岁入上书房，受诵经史。

又按：道光帝新正至上书房。《瞻礼至圣先师述志》诗注：朕在上书房三十余年，无日不与诗书相砥砺。

命上书房皇子及师傅观逆裔张格尔俘献图。（《寸心知室诗存》）

按：清道光年事。

又按：道光十五年，特召杜受田还京，直上书房，授文宗读，四迁内阁学士，命专心授读，毋庸到阁批本，寻充上书房总师傅。文宗自六岁入学，受田朝夕纳诲，必以正道，历十余年。至宣宗晚年，以文宗长且贤，欲付大业，犹未决。会校猎南苑，皇子皆从，恭亲王奕訢获禽最多，文宗未发一矢。问之，对曰："时方春，鸟兽孳育，不忍伤生，以干天和。"宣宗大悦，曰："此真帝者之言。"立储遂密定，受田辅导之力也。

嘉庆四年正月，太上皇帝崩，奉安梓宫于乾清宫。上以上书房为倚庐，席地寝苫。（《王氏东华续录》）。

按：道、咸两朝，亦俱以上书房为苫次之所。

又按：载沣摄政时，在上书房办公。清代摄政王有二，多尔衮与载沣也。一在定鼎之初，一在移鼎之际。固时会适然，然亦可谓巧值矣。

嘉庆十四年殿试后两月，给事中花杰诬劾戴文端公营私舞弊各款，并连及状元洪莹，谓与戴衢亨交结情密，故接引为一甲一名。仁宗特派满洲军机章京将洪由福园门带至上书房，命二阿哥监看，令其默写试策，核与原卷相符，上称为真才实学，并以洪横被诋诬，赏纱二件，以示奖异。（《郎潜纪闻》）

道光四年，河南学臣请以汤文正公斌从祀圣庙。议者以汤公康熙中在上书房获谴，乾隆间，曾经奉驳难之。府君执笔曰：后夔典乐，犹有朱均，吕望陈书，难匡管蔡。汪文端善而用之，遂奉谕旨。（《刘礼部集》附其子承宽所撰《先府君行述》）

按：府君，刘礼部逢禄也。汤公上书房获谴，以辅导皇太子胤礽获谴也。

上书房赐编修何士骥御绘山水。（《沈文忠公集》）

按：御绘，咸丰帝绘也。据集中《次彭咏莪相国恩赐御绘山水小幅恭纪诗韵》诗注：御书时赐大臣，御画鲜有赐者。

咸丰初亲政，躬行节俭，上书房坏其枢，左右请易门，咸丰不许，命修之。照例下工部招商承办，修讫，报销银五千两，咸丰大怒，将问有司罪。有司惧，谓系五十两之误，遂罚厂商，以寝其事。（《南亭笔记》）

书房烹茶，皆取玉泉山水。（《九思堂诗稿》）

按：上书房西茶房，旧称阿哥茶房。

上书房不设首领，属日精门首领兼辖。太监四，专司至圣先师前香烛、陈设、洒扫及坐更等事。（《国朝宫史续编》）

【续】明季诸臣常以皇子出阁读书为请。本朝家法，皇子、皇孙无不六岁就外傅者。成例，凡皇子初就学，见师傅皆长揖。徐文定于康熙二十二年以原任侍讲入直。法渊若于三十七年以检讨入直，曰教书，曰课读，尚无师傅之称。其居处为南薰殿西长房、兆祥所、咸福宫。乾隆初，诸师傅入直教授无专职。后始请旨派分，设至圣先师暨四配、四贤位，元旦行礼。（《雪桥诗话》）

按：徐文定，名元梦。法渊若，名海。诗话并载：乾隆四十四年，高宗于旧学三人，各系一诗。其闻之蔡先生（新）诗注谓：回忆就傅之时，先生教以古文作法，当以昌黎为宗，且言理足以载道，气盛可以达词，至今作文受其益。其龙翰福先生（福敏）诗注称：其方正严惮，且能多方诱迪。余幼时，日所授书，每易成诵，课常早毕。先生即谓余曰："今日之课虽毕，曷不兼治明日之课？比及明日复然。"吾弟和亲王（弘昼）资性稍钝，日课恒落后。先生则曰："弟在书斋，兄岂可不留以待之。"复令余加课，俟其课毕同散。彼时孩气未脱，尝不以为然，今思之则实有益于己。故余所读之书倍多，实善诱之力也。

又按：清嘉庆帝《味余书室全集》定本御制原序："予六岁入学，习经书，十三学诗，十七属文。若今体格例，初从学于东墅（谢墉）师傅。古体诗及古文，从石君（朱珪）师傅习焉。"

又按：《曝书杂记》：族父少宗伯公（钱箨石，名载）充上书房师傅时，寄家书云："诸位阿哥皆每日走三四里，然后至书房读书。下午读完书，又走三四里，然后回家。若冬天有走六七里者，皇子、皇孙皆大半如是。"

又按：《八旗文经》：张之洞叙皇子入学课程，于经史、文字之外，并肄骑射、火器。

又按：《天咫偶闻》，上书房阶下，为习射之所。上政事之暇，辄呼皇子、王子习射。诸师傅善射者亦与，中辄赐帛或赐翎枝，以为常课。

康熙十七年秋，上御瀛台，教皇子射。公不能挽强，上怒，以蜚语诘责。公奏辩，上震怒，命扑责，被重伤，命籍其父母，皆发黑龙江安置。然上意终怜公，其夜命医二人治其疮。翼日，复召诣皇子书堂。时大雨，裹疮至宫门，跪泥中，见御前侍卫，号泣求转奏："臣奉职无状，罪应死。臣父廉谨，当官数十年，籍产不及五金，望明主察之。且臣父母皆老病，臣年正壮，乞代父谪戍，尚能胜甲兵尽命力。"众皆掩耳走，有关保者最后至，斥公而入，尽以公言奏。上立赦公父母，则已槛车就道矣。及诸途，观者夹路，皆感泣。遂复公官，仍侍皇子。（《耆献类征·方遵记宰辅徐元梦事》）

按：李光地荐徐元梦与德勒格并有尊行。见《测海集》。元梦号蝶园，制诗枕，名流多题咏。见《亚谷丛书》。

康熙三十七年，授公检讨，上书房行走。（《耆献类征·卿贰法海国史馆本传》）

按：《望溪先生集·法公渊若（海）墓志铭》：康熙癸巳（康熙五十二年），诏修乐律、历算书，特开蒙养斋（斋在圆明园），命皇子董事。余（方苞自称）与徐公蝶园（元梦）承修乐律。间即同官及勋戚中志在君国，而气足以举之，学足以济之者，首推法公渊若。且曰："上为诸王择傅，吾对法某虽以侍皇子得过，而臣愚心窃设金某号怜此者。"己未夏，公复侍皇子，始见余，即曰："吾与子未面而倾心久矣。然子颇知并世有法某否。"时中贵人有气焰者朝夕传旨，非命事专及于余，不敢交一言，而公则视之蔑如，辞色间或几微假借。

世宗登极，以轼硕德重望，命侍高宗讲读禁中。（《耆献类征·宰辅朱轼国史馆贤良小传》）

按：朱轼，蒙以敬为主，以致知力行为工夫，以经史为德守，以日用云为实验。见《学案》。

雍正十一年，任启运年已六十四，计偕留都。会上问有精通性理之学者，司寇张照以启运名上，特诏廷试，以"太极似何物"对，进呈御览。蒙恩奖"人甚聪明"。适会榜发，获第春官，遂于胪唱前一日引见，奉上谕：任启运授翰林院检讨，在阿哥书房行走。（《耆献类征·任泰任公启运传》）

按：类征并载：《吴德旋任公启运传》："乾隆八年，总裁三礼馆命下，启运喜甚，因尽发中秘所储，平心参订，目营手写，漏常至二十刻不辍。"

又按：乾隆三十七年，谕旨："历代名臣，洎本朝士林凤望，向有诗文专集及近时沉潜经史，原本风雅，如顾栋高、陈祖范、任启运、沈德潜辈，亦各著有成编，并非剿说卮言可比，均应概行查明，在坊肆者或量为给价，家藏者，或官为装印。至有未经镌刊只系钞本存留者，不妨缮录副本，仍将原本给还，庶几副在石渠，用储乙览。"

上御极之初，江阴杨文定公领国子监事，荐公笃志经术，可佐教成均。既而直内廷，课皇子讲读，益以经术为后学宗。（《耆献类征·钱大昕秦公蕙田墓志铭》）

按：上，乾隆帝也。杨文定，名名时。荐公，荐秦蕙田也。墓志铭并载：公凤精三礼之学，撰《五礼通考》二百六十二卷。

公以礼部尚书入直上书房。（《耆献类征·彭元瑞曹文格秀先墓志铭》）

按：墓志铭并载：热河始置承德府，公时扈跸，请立庙学，得旨创建，命视成。复请得武英殿书九十二种存贮尊经阁。

乾隆元年，公至自滇，时年七十有七，以礼部尚书入教皇子，侍直南书房，兼国子监祭酒，而不领部事。上与诸王大臣议政之暇，时召公入见。（《望溪先生集》）

按：公，杨名时也。《国史馆本传》载：名时疏请储书太学，以供肄业，并刊版存太学，听诸生摹印讲诵。得旨：所请书籍，著将武英殿现有者各种发给二十部，余照所请行。

乾隆十三年五月，御试翰林詹事官于乾清宫。榜未发，上谕命公在阿哥书房行走。（《耆献类征·杭世骏齐公召南墓志铭》）

按：墓志铭并载：同年九月，礼部于西苑楼前侍班，伏观御射，发十九矢皆中的。上（乾隆帝）骑还圆明园，顾尚书蒋溥与公曰："不可无诗。"公于翌日，进诗四首，序一篇。上即俯和，命内监持稿示公，知遇之隆，罕有伦比。又载：二十六年蒙召对，慰问良久，内监扶起，与尚书沈德潜奉旨，仍赴书房与诸阿哥相见，以诗文质正。辰入未出，有扶掖者，不拘常仪。

乾隆二十二年，公奉旨在上书房行走，直讲席者十七年。直谅诚敬所陈说，必正义法语。众皇子、皇孙皆心重公。（《耆献类征·朱珪金公甡墓志铭》）

按：《类征·袁枚金公甡传》略载：公行走上书房，从无休沐之班。辑《承华法戒》一书，备青宫视览。乞休出都时，诸皇子赋诗赠行，问《承华法戒》书成否？

乾隆四十七年十一月，谕："大学士三宝、嵇璜，尚书刘墉著在上书房总师傅上行走。德保、曹秀先、周煌不胜总师傅之任，著回原衙门办事。"（《清高宗实录》）

按：《耆献类征·卿贰德保国史馆本传》载：乾隆四十六年，公充上书房总师傅。又载：四十七年，上谕："前经降旨，派皇子同总师傅等编辑《明臣奏议》一书。今阅书内体制乖舛，总师傅不能详加厘正，著交部严加议处。"

又按：《清高宗实录》：乾隆三十五年五月，谕略云："今八阿哥（名永璇）以己事入城，并未奏知，又不关白师傅，殊属非理。且皇子每出，例派散秩大臣、侍卫等护行，非惟体制宜然，亦所以致其防闲，使不得行止任情，趋于所便也。乃八阿哥仅带亲随及园门护军数人策骑同往，师傅漫无觉察。今已将八阿哥及师傅、谙达分别示儆，令录一通，实贴上书房。"

公直上书房四十年，其培养启迪于根本之地者深且久。诸皇子孙曾对公之容莫不肃然蔼然，敬信悦服。公亦知无不言，而纯朴和易，使人之意融。（《朱文正公文集》）

按：公，葛山相国蔡新也。《国史馆本传》载：公致仕回籍时，蒙高宗谕："沿途经过地方官在二十里以内者，照料护行。"并赐御书金筴、嵌玉如意诸珍，复御制诗章以宠其行。又《松心日录》载：公致仕家居，见巡检典史亦执礼甚恭，或问之，公曰："欲使乡民知位至宰相，亦必敬父母官，知父母官当敬，庶几常存不敢之心，而犯法者或鲜耳。"

两斋翰林，宴飨赏赉，视一品大臣。汪韩门以傅文忠荐，由谪籍起

直上斋，迭赐貂皮、笔墨、挂包、手巾、葛纱、蕉扇、香珠、药物、内缎、哈密瓜。（《十朝诗乘》）

按：汪韩门，名师韩。傅文忠，名恒。

乾隆五十四年，上书房集皇子、皇孙、皇曾孙、元孙四代于一堂，以师傅旷误，更易降责有差。阁学何肃、达椿均革职，各责四十板，仍在书房效力行走。（《枝巢清宫词》注）

桂文敏芳，有古大臣风。以嘉庆六年散馆，是年即擢侍讲，充日讲起居注官。仁宗召见曰："奇才也。"因见信任。十一年，以阁学直上书房。（《雪桥诗话》）

道光帝在潜邸日，汪公廷珍为上书房总师傅，尽忠辅导。登极后，献纳尤多。（《识小录》）

王文僖懿修官礼部侍郎，莲府大司马宗诚已为侍讲学士。睿皇帝幸翰林院，父子同席，赐宴和诗。《纯皇帝实录》成，尚书方以詹事为纂修，赐宴礼部。而文僖公适长春宫，为主席。比文僖以年引退，尚书即相继入直上斋。（《郎潜纪闻》）

按：睿皇帝，嘉庆帝也。纯皇帝，乾隆帝也。上斋，上书房也。

嘉庆时，以三阿哥入书房，肃王永锡送文玩、玉器，严谕切责，却所进物，并开去所兼一切差使。（《枝巢清宫词》注）

嘉庆十八年九月，巡幸木兰回跸，至白涧途次，时逆匪林清潜令伙党突入禁城，宣宗成皇帝方在上书房读书。宝兴散值，将出东华门，见贼势鸱张，官兵拦截，即入乾清门告警。贼众因得即时截获焉。（《耆献类征·宝兴国史馆本传》）

按：宣宗成皇帝，道光帝也，系嘉庆帝次子。宝兴于是年正月奉命直上书房。林清之变事定后，嘉庆帝谕旨云："禁掖列圣神御所在。斯时皇后正居宫内，皇次子奋力捍卫，可谓忠孝两全。"

嘉庆二十四年正月，谕内阁："四阿哥，前派果齐斯欢授读，不能循循善诱，以致四阿哥经书俱不能成诵，亦未能属对作诗。因降旨将果齐斯欢退出上书房，革去侍郎及一应差使，令往巴里坤换班。改派顾皋授读。一载以来，四阿哥经书俱能熟习。昨日在同乐园面令和诗，所作律诗，尚属稳妥。皆系顾皋认真教授，著加恩赏加一级，以示奖励。"（《清仁宗实录》）

按：四阿哥，嘉庆帝四子，名绵忻。

嘉庆二十五年六月戊申，谕内阁："绵悌年甫十龄，询以清语，俱略能奏对。所肄汉书，现读至《下论语》。察其资性，尚为聪颖。著加恩在上书房伴读。该衙门即于编检内遴选授读之员带领引见。七月初四日与绵悌同入上书房。"（《清仁宗实录》）

按：绵悌，庆亲王永璘之子。谕中并载：庆亲王第五女本日进内谢恩，甚属端庄。朕膝下现无公主，颇觉寂寞。著召于宫内，交皇后抚养，亦著于是日进内。将来遣嫁时，一切事宜，官为办理。《内务府档》载：绵慜之弟绵悌，在上书房伴读，由本府太监一名每日跟随进内。又载：绵慜之妹五格格，在宫内抚养，奏准由本府派老成跟随妈妈嘿二名，灯火妈妈嘿一名，水上妈妈嘿一名，遵旨于嘉庆二十五年七月，跟随五格格进内。

道光二十四年二月，谕："原任御前大臣一等公博启图之子景寿，著指为寿恩固伦公主之额驸，先赏给头品顶戴，在上书房读书。"（《清宣宗实录》）

道光二十六年九月，谕内阁："惠亲王绵愉年逾三十，前已加恩在内廷行走。著授为总谙达，无庸在上书房读书。"（《清宣宗实录》）

按：惠亲王绵愉，嘉庆帝第五子，道光帝弟也。

咸丰元年九月，命在上书房行走。向来上书房需员，命掌院学士选可者开列，候旨简用。奉特旨命入直，异数也。（《赵遂翁昀自订年谱》）

按：年谱并载：旧制，岁杪领赏福字，部院大臣均在乾清门外叩领，惟内廷臣工及大学士等先期圈出人数。至日，上御乾清宫西暖阁，亲洒宸翰。诸臣依次入，跪伏，俟书下，叩首祗领而出。余班上书房，乃在大学士前，遂朱圈次序也。

刘融斋编修，咸丰三年召对称旨，命直上书房。久之，上见其气体充溢，早暮无倦容，问所养，对以闭户读书。上喜焉，书"性静情逸"四大字赐之。（《敬孚类稿》）

按：刘融斋，名熙载。类稿并载：刘以翰林直内廷，徒步无车马。视学广东，一介不苟。

咸丰四年二月，命降调叶尔羌帮办大臣倭仁，以翰林院侍讲候补，在上书房行走。（《清文宗实录》）

咸丰五年三月，惠亲王、恭亲王奕訢等面奉谕旨："惇郡王奕誴著降为贝勒，革去一切差使，加恩仍著戴用红绒结顶，服用金黄蟒袍，在

内廷行走，上书房读书。"(《清文宗实录》)

按：惠亲王，嘉庆帝第五子，名绵愉。奕訢，道光帝第六子。奕誴，道光帝第五子。实录并载：咸丰六年正月，奕誴著加恩赏还惇郡王。

咸丰五年七月壬午，颁朱谕："恭亲王奕訢，于一切礼仪多有疏略之处，著勿庸在军机大臣上行走。宗人府宗令、正黄旗满洲都统，均著开缺。并勿庸恭理丧仪事务、管理三库事务。仍在内廷行走，上书房读书。"(《清文宗实录》)

按：丧仪，道光后康慈皇太后丧仪也。实录并载：咸丰二年八月，上奉皇贵太妃（即康慈皇太后，恭亲王奕訢母）幸恭亲王奕訢第，侍膳。又载：咸丰五年十月丁巳，谕内阁："道光三十年正月十四日，皇考宣宗成皇帝升遐。朕与顾命大臣敬启密缄，钦奉朱谕，皇六子奕訢封为亲王。"

咸丰七年，谕内阁："翰林院侍讲学士吴福年、侍讲李德仪，均著在上书房行走。吴福年著照料恭亲王奕訢读书。"四月，又谕内阁："李德仪，著照料恭亲王奕訢读书。"(《清文宗实录》)

嘉庆六年三月，谕内阁略云："大挑举人，从前朕蒙简派挑选后，即同成亲王在上书房住宿。令派出王大臣等，即著在紫禁城内住宿。"(《清仁宗实录》)

按：成亲王，名永瑆，乾隆帝第十一子，嘉庆帝兄也。

嘉庆十五年五月，考试进士出身二、三品以下京堂于上书房。(《清仁宗实录》)

同治十二年六月，考试应开列试差，二品以下京堂各官于上书房。(《清穆宗实录》)

按：光绪二十八年四月、二十九年五月，考试试差人员，亦均在上书房。见《清德宗实录》。

光绪二十三年八月，保送南斋。二十八日，御试于上书房。三十日，召见于乾清宫西暖阁。十月初六日，奉上谕，著在南书房行走。(《吴绂斋士鉴自订年谱》)

按：年谱并载：御试题为《万寿山赋》，《五色露》七排一首。又载：初八日，命在颐乐园听戏三日，赐颐和园乘船、排云殿观灯。十一日，儤直万善殿之西配殿，命在西苑门乘坐拖船。儤直时，叠拜新会橙、普洱茶、耿饼、灶糖、风羊、肃面之赐。又载：宫制：南书房、上书房行走人员，凡宴会、赏赐与王公及一品大臣同。有大事召对，班在军机大臣、大学士之下，尚书之上。乾清宫朝贺，与大学士、尚书在门以内。太和殿、慈宁宫、宁寿宫朝贺，则在侍郎以下，督抚以上。其礼数之优异如此。

大行皇帝黄舆进宫，上亲扶安奉于乾清宫。以乾清宫南廊读书处为倚庐。（《清高宗实录》）

按：大行皇帝，雍正帝也。上，乾隆帝也。乾清宫南廊读书处，即上书房。

乾隆四十一年，明发中英商讼案谕旨，令凡将军督抚一体遵照，并入衙交待，令各后任永远遵行。并录一份交上书房。（《养和室随笔》）

按：随笔并载：《东华录》载：乾隆四十一年，广东有倪鸿文赊欠英吉利商人货银万余两无还一案。粤抚拟以杖责，刑部奏驳，改拟杖流勒追。并明发谕旨："如该犯限满不完，即令该省督抚、司道及承办此案之府、州、县于养廉内照数摊出，交该夷商收领回国。"谕中并云："此等夷商估舶，冒越重洋，本因觅利而至，自应与之公平交易，方得中华大体。若遇内地奸民设局赊骗，致令货本两亏，尤当如法讯办。乃李质颖仅将该犯拟以薄惩，而欠项则听其自行清结，所谓有断无追，竟令外洋孤客负屈无申，岂封疆大臣惩恶绥远之道？幸而刑部奏驳，朕始得知其详，为之更正。若部臣依样葫芦照覆，其错谬当可问乎？中国抚御远人，全在秉公持正，令其威而生畏，方合政经。若平日视之为草芥，任听地棍欺凌，而有事鸣官，又复袒护人民，不为清理，彼即不能控诉，徒令蓄怒于心，归而传语岛夷，岂不轻视督抚，鄙而笑之？且朕此番处置，非止为此事，盖有深虑。汉、唐、宋、明之末季，多昧于柔远之经，当其弱而不振，则藐忽而虐侮之，及其强而有事，则又畏葸而调停之。姑息因循，卒至酿成大衅而不可救。宋之败、明之亡，皆坐此病，更不可不引为殷鉴也。方今国家全盛，诸属国震慑威棱，不敢稍生异志。然思患预防，不可不早杜其渐。英吉利夷商一事，该督抚皆以为钱财细故，轻心掉之，而不知其所关甚大。"

南书房

【初】奏事房转南而北向者，为南书房。（《国朝宫史》）

按：圆明园亦有南书房。见《钦定总管内务府现行则例·圆明园》卷。

大内南书房在乾清门内西廊下，内直翰林官居之。其出入皆奉旨，由某门侍卫某人导引伴送。（《分甘馀话》）

按：《清稗类钞》：京朝各官以僺直内廷为荣，然实不胜其苦。咫尺天颜，垂手侍立，久之则气血下注，十指欲肿。若派写进呈书籍，则终日伏案而坐，两脚不得屈伸。康熙朝王官詹图炳直南书房有年，尝奉命书《华严经》全部，出语人曰："伺候时立得手痛，钞录时写得脚痛。"此苦岂外廷所知。又载：帝至南书房，则供奉者出立门外，呼某人则入，不呼则候，帝去乃入也。每赐御书，如福寿、嘉祉、松鹤、松寿字，多南斋代笔。

本朝自仁庙建立南书房于乾清门右阶下，拣择词臣才品兼优者充之。……列圣遵依祖制，宠眷不衰，为木天储材之要地。（《啸亭续录》）

康熙朝遇特颁诏旨，由南书房翰林视草。（《养吉斋丛录》）

康熙十二年癸丑春，天子御讲筵，从容与学士言："朕愿得文学之臣，朝夕置左右，惟经史讲诵。是职给内庐以居之，不令与外事，其慎择醇谨通达者以闻。"时举英名，入对，上心识之。自是再四咨询，对者无异词。迄十六年丁巳冬，有内廷供奉之命，赐邸舍于瀛台之西。辰而入，终戌而退。乾清宫之西南隅曰南书房，上旧所御读书处也。命处其中，饮馔给于大官，执事使中涓笔墨、侧理、器具之属，皆取于御府。珍果、膳馐之撤自御馔者，日数至焉。（《笃素堂集钞》）

按：英，张英也。南书房膳食供自大官，笔札给自内府，《熙朝新语》亦具载之。

又按：《康熙御制文集》：张英供奉内廷，日侍左右。葬亲南还，特赐白金五百两，表里二十四，以资墓田之用。《愚山先生诗集·次韵张侍读英见赠诗》颈联云："赐第连中禁，分餐出御厨。"

康熙十六年，命侍讲学士张英、内阁中书衔高士奇供奉内廷。此南书房入直之始。（清嘉庆《皇朝词林典故·书成联句》注）

上自温泉还宫，张玉书诣乾清门问安，命至南书房赐膳。（《尊闻堂集钞》）。

按：上，清康熙帝也。

又按：京江相公张玉书手写诗稿《南书房赐膳》诗第三联云："珠

盘六膳晨餐渥，雪碗三浆旰食余。"

康熙十七年正月，召学士陈廷敬同户部郎中王士正见于懋勤殿，命各以所作诗进呈。温语良久，至诵廷敬《赐石榴子》诗："风霜历后含苞实，只有丹心老不迷。"蒙恩褒美，命至南书房，撤御膳以赐。内侍赍二题赋诗，夜漏下乃退。（《钦定词林典故》）

按：陈廷敬，康熙十七年奉命直南书房。丁母忧，遣官慰问，赐茶酒。王士正原名士禛，诗名重当时，浮沈郎署，张文端英值南书房，代为延誉，召试，改授翰林。

康熙戊午闰三月，臣士禛同翰林院掌院学士臣廷敬、侍读学士臣英、中书舍人臣士奇内直南书房。二十七日蒙恩赐手诏："朕召卿等编辑，适五台山新贡天花，鲜馨罕有，可称佳味，特赐卿等，使知名山风土也。"（《带经堂全集》）

按：士禛，王士禛也。廷敬，陈廷敬也。英，张英也。士奇，高士奇也。五台山所贡之天花，即《钦定总管内务府现行则例》所称五台山银盘天花，蘑菇也。据高士奇《扈从西巡日录》五台山有杉丛生，下视若荠，土人目为落叶松，又曰柴木，雨余产菌如斗，其色干黄，是为天花。其在阴岸，丛薄，落叶委积蒸湿，怒生白茎紫伞，是为地菜。宋朱弁有《谢崔致君饷天花》诗云"地菜方为九夏珍，天花忽从五台至。堆盘初见瑶草瘦，鸣齿稍觉琼枝脆。赤城菌子立万钉，今日因君不知贵。"

康熙戊午闰三月二十八日，中书舍人臣士奇赍御书至南书房，赐学士臣廷敬、侍读学士臣方蔼、侍读臣士禛。臣得"存诚"大字、唐人张继《枫桥》绝句，又得石刻"清慎勤格物"大字二幅。仍传谕云："前赐讲筵诸臣石刻，尔士禛未与，故特补书二幅。"（《带经堂全集》）

按：方蔼，叶方蔼也。其余人名详上。集中并有《蒙赐贡茶》、《樱桃》、《樱桃浆》各诗。

康熙二十三年元旦，南书房翰林宴归，上复遣内侍以肴果二席各赐于其家。（《钦定词林典故》）

按：朱彝尊曾有诗以纪其事。见《曝书亭集》。

康熙三十三年，著将翰林院、詹事府、国子监员，每日轮四员入直南书房，朕不时咨询，可以观其人之能否，以备擢用。（《蒋氏东华录》）

按：詹事府，据乾隆四十八年谕旨，詹事为东宫官属，我朝不事建储册立，祗以备员为翰林升转之资。

康熙某年五月，特谕翰詹衙门：自少詹至史官，日轮四员内直南书房，应制赋诗。（《居易续录》）

按：《菀青集·南书房应制赋》诗：青崖侍直时，命赋诗呈览。临轩披阅，天语褒嘉。

康熙甲戌一甲一名蔡启僔，二名孙在丰，三名徐乾学，于是年十二月召对弘德殿赋诗，命同直南书房。（《养吉斋丛录》）

按：徐乾学善饮啖，每早入朝，食实心馒头五十，黄雀五十，鸡子五十，酒十壶，可以竟日不饥。同朝张玉书古貌清癯，晨止食山药两片，清水一杯，亦竟日不饥。见《履园丛话》。

康熙己卯，南巡视河工回跸，有御制诗云："行遍江南水与山，柳舒花放鸟绵蛮。明朝又入邠徐路，凤阙龙楼计日还。"会士正以御史大夫被旨，与大司徒陈公廷敬、大宗伯张公英、大司空王公鸿绪入直南书房，因获恭睹，共叹为太平和吉之音云。（《香祖笔记》）

按：《南亭笔记》：康熙南巡时，銮辂所经，督抚派员除道左右为夹道，听官民往来。御道居中，禁人行走。某典史巡视某处，圣驾来临，有太监戴孔雀翎，彪彪然直驰御道，典史阻之，太监叱曰："敢阻咱老子耶？"典史拖下马，械至官棚，坐堂执法。旧例：刑太监不褫下体衣，如存妇人颜面也。典史不知，扯裤杖责。太监叩头乞哀，乃罢。督抚闻而让之。典史曰："卑职典守御道，只知有圣驾，不知所谓太监也。"督抚诣行在具奏，自请处分。帝问："典史何在？"奏曰："待罪宫门。"帝曰："其人有此胆量，不宜辱。"以典史召见，甚宠异之，以四品官用，旋擢是省巡抚。

康熙壬午，召户部郎中陈奕禧入南书房，命书大小字各三幅。赐御书御制《塞上》诗一幅。（《香祖笔记》）

康熙壬午，上召海宁举人查慎行、武进举人钱名世、长洲监生何焯、休宁监生汪灏于南书房，屡试诗及制举文。特赐焯、灏举人。又考试新差提督、各省学政、翰林侍读学士张廷枢等，郎中翁嵩年等十一人于南书房，称旨，赐御书一幅。（《香祖笔记》）

按：《啸亭续录》：查初白慎行晚年入翰林。尝随驾木兰，褒衣襜服，行山谷间，仁庙望而笑曰："行者必查某也。"《养吉斋丛录》：康熙时，南书房翰林查慎行五月朔日，蒙赐高丽米粽。《集虚斋文集》：何焯以李光地荐，赐举人，侍直南书房。《义门先生集·恭纪圣恩》诗序略云：焯蒙钦赐举人，一体会试。圣驾南巡，父何栋随父老炷香迎送，蒙询姓名，随至金山寺候旨。怜父年老，欲令先见会试题名录，而焯以蹇劣落选。复蒙与汪灏、蒋廷锡进士一体殿试，擢二甲第三。

康熙间，张来庵学士召试南书房，蒙赐砚并御制诗集。（《严太仆集》）

按：康熙五十五年，苏州织造李煦折奏：敬刊《御制诗三集》已经进呈样本，谨遵照发下南书房校对、粘签，细细修改完毕，先装潢五十部，敬呈御览。又新做罗纹纸一万张恭进。

康熙癸未，奉旨召臣揆叙等翰林院官六十七人，齐集南书房，钦赐砥石山绿砚，人人各一方。（《益戒堂自订诗集》）

按：次年，揆叙父明珠蒙康熙颁赐御制宝砚。揆叙亦蒙赐一枚。见《益戒堂诗后集》。

康熙癸未年，帝赐孙岳颁宗伯水精眼镜。虞山蒋文肃时以庶吉士供奉南斋，奏臣母曹氏年老眼昏，康熙亦赐之，当时以为殊宠。（《南亭笔记》）

黎明踏雪入朝，候上御门毕，乃至南书房。先时发下顺天乡试录及各省题名录，令臣等勘对。今日复旨讫，照例交与内阁收贮。（《康熙乙酉日记》）

按：臣等，查慎行等也。

先年承旨：密缮小折于皇上巡幸之时，亲诣南书房交与管理宫报首领，从内密达御前，俟宫报回日，臣亲诣领出。此时圣驾在外，南书房绝无人到，极为隐秘。今重奉密命，似宜照先行走，交与首领慎密收发，庶免他虞。（宫藏王鸿绪密缮小折）

按：密命，康熙谕王鸿绪有所闻见，照先密折奏闻也。据宫中档案，懋勤殿藏康熙密谕王鸿绪三封，并王鸿绪密奏小折三十封，折内系奉谕密报事件。

朕记得为字韵事问过熊赐履，他回奏折字交南书房收讫，今未知还存否。带信去察来。（宫藏清圣祖谕旨）

一匣薰鲜细鳞鱼，一匣鲜鹿肉条，交南书房送到大学士李光地处。京中南城水甚是不堪，李大学士肚腹不好，须得好水才好。尔等每日将玉泉山水交与他家人带去，非此水不可吃，照此传给李大学士知道。（宫藏清圣祖谕旨）

按：《望溪先生集·纪李相国光地逸事》：每内阁奏事毕，独留公南书房。暇则召入便殿语移时。

沈文恪公荃久直南书房，圣祖数召入内殿，赐坐，论古今书法。凡御制碑版及殿廷屏障，辄命公书之。公每侍圣祖书，下笔即指其弊，兼析其繇。（《郎潜纪闻》）

按：《望溪先生集·纪安溪李相国光地逸事》：癸巳夏四月，余出狱，供奉南书房。一日，上召编修沈宗敬至，命作大小行楷，日下晡，内侍李玉传谕安溪公曰："朕初学书，宗敬之父荃实侍。每下笔即指其病，兼析所由。至于今每作书，未尝不思荃之功也。"公因奏对曰："此即成汤改过，不吝之心也。"

又按：康熙朝，王原祁直南书房，常召入便殿，从容奏对，或于御前染翰，上凭几观之。不觉移晷。命鉴定内府名迹，充书画总裁。

康熙四十一年十一月十日，南书房编次御书，蒙御赐砥石山绿石大砚。（《京江相公张玉书手写诗稿》）

按：时张玉书与王鸿绪同任南书房编次御书之役，各蒙赐砚一方。王所得有倭漆研匣，匣中有御用墨四笏。见《香祖笔记》。

焯，癸未岁祗直南书房。时近臣适以碑文上请。我皇上不惜亲洒宸翰，以示与人为善之意。（《义门先生集》）

按：皇上，清康熙帝也。碑文，京师彰义门外普济堂之碑文也。

康熙四十三年，圣祖南巡。德清胡胐明先生渭撰《平成颂》，并所著《禹贡锥指》献诸行在。有诏嘉奖，召至南书房直庐，赐馔。御书"耆年笃学"四大字赐之。（《郎潜纪闻》）

按：康熙南巡，驻跸江天寺，时商邱宋荦巡抚江南，入见，请曰："臣家有西陂别墅，乞御书二字赐臣。"帝笑而书之。后复赐书"鱼麦堂"三字，并给以内禁苑葡萄一本。详《竹垞文钞》。

康熙四十四年，一日传待诏者八人入南书房，命写御制《金莲花赋》，各赋《纪恩》诗一首。紫纶独进一词，拔置第一。（《词林掌故》）

按：紫纶，杜诏也。据杜紫纶《云川阁集·陈廷敬旧序》略云：康熙四十年春，车驾南巡，无锡杜生诏以迎銮词进呈，天语称善。会驻跸苏州，召试多士，拔其尤者，得五十人，生与焉。回銮之日，驾幸惠山，又进《梁溪望幸词》，复召见御舟，特赐绫诗一幅。已而被召来京。一日，传生等八人入南书房，命写御制《金莲花赋》，各赋《纪恩》诗一首，生独进一词，拔置第一。旋命纂修《历代诗余》。告竣者三年，上有《词谱》之命，凡内直诸臣皆首荐生名。

又按：《雍正御制诗集》亦有《蒙康熙帝赐观金莲花》诗。花之产地，据《乾隆御制诗集·金莲花》诗注，是花产自五台，皇祖时移植避暑山庄而赐今名。《方舆纪要》：独石口，北金世宗纳凉处，产黄花，状若芙渠。又据《易简斋诗钞·金莲花》诗注：本出五台山，今热河处处有之。

康熙五十三年，谕南书房翰林：向来升殿所奏中和乐章，皆仍明朝所撰。已命大学士陈廷敬等改撰，著南书房翰林同大学士等详考定议，务使章法与声奏协和。（《词林掌故》）

按：《内阁大库档》：张照奏称：康熙年间考定中和韶乐，纂修《律吕正义》。时西洋知音乐者德理格曾预奔走。

又按：宫藏清圣祖谕旨：谕李煦、曹頫："朕集数十年功，将律历渊源御制书将近告成，但乏做器好竹，尔等传于苏州清客周姓的老人，他家会做乐器的人，并各样好竹子多选些进来。问他可有知律吕的人，一同送来。但他年老了，走不得，必打发要紧人来才好。"

奉旨侍直南书房，自后辰入戌出，以为常，御馔颁赐无虚日。（《澄怀主人张廷玉自订年谱》）

按：张廷玉于康熙四十三年奉旨直南书房。四十五年元旦，赐御筵肴果四十器，上酒一樽，遣膳宰颁至私寓，自后元日岁以为常。

康熙中，谕旨皆南书房词臣拟进。故高江村权势赫一时。仁庙与诸文士赏花钓鱼、剖晰经义，无异同堂师友。（《养吉斋丛录》）

按：高江村，高士奇也。仁庙，康熙帝也。据《啸亭杂录》：江村家贫，鬻字为活。纳兰太傅明珠爱其才，荐入内廷，遇事先意承旨。又据《藤阴杂记》：江村钱塘诸生，年十九，贫，至京师卖文自给。新正为人书帖子，自作联句，偶为圣祖御览，召见，授录事。年三十二，有"空对风雨叹二毛"之句，遂改中书，擢侍讲，不数年晋宫詹，放归，起用，殁谥文恪。

余自康熙丁巳叨尘侍从，日直大内南书房，寒暑无间，将十有三年，日惟探讨载籍，与笔砚为伍。（《天禄识余》）

按：余，高士奇自称也。

康熙帝在南书房召鳌拜进讲。鳌入，内侍以椅之折足者，令其坐，而以一内侍持其后。命赐茗，先以碗煮于水，令极热，持之炙手，砰然坠地，持椅之内侍乘其势而推之，乃仆于地。康熙帝呼曰："鳌拜大不敬。"健童悉起擒之，交部论如律。（《南亭笔记》）

按：据《啸亭杂录》：鳌入见，召羽林士卒立擒之。

又按：据《归田琐记》：布库之戏（布库，国语译语，谓之撩脚），选十余岁健童，徒手相搏，而专赌脚力，胜败以仆地为定。康熙初用此收鳌拜，故至今宫中年节宴必习演之。当康熙之元，上甫八龄，鳌拜正当国，恃其劳绩，肆行无忌。上早洞悉其奸，在内日选小内监，令之习布库以为戏。鳌拜或入奏事，并不之避。且以朝廷弱而好弄，心益恬然，无所顾忌。一日入内，忽为习布库者所擒，十数小儿立执鳌拜付外廷，遂伏诛。

厚耀以母老，乞就教职，除苏州府教授。未一年，召为中书科中书，直南书房。圣祖尝召厚耀于便殿，使观陈设仪器。又命至御座旁，随意于纸上作两点，厚耀点毕，上自用规尺画图，即得相去几何之法。（《文献征存录》）

按：厚耀，陈厚耀也。

又按：康熙朝，戴梓以道员授学士衔，直南书房。梓善天文算法，与洋人南怀仁诘论，怀仁为之屈。见《啸亭杂录》。顾陈垿，康熙间以举人荐入湛凝斋，纂修《六壬易课》、《律历渊源》、《中和乐府》诸书，外廷送算学三百余人候试，主者令君与试。圣祖亲策之，得七十二人，君为冠，内廷呼为算状元。见《敬亭集》。

澹远先生直南书房，其书法最受圣祖赞赏。长笺巨册，藏秘府者不可胜计。（《松泉文集》）

按：澹远先生，查声山昇也。《望溪先生集·查公声山墓志铭》：南书房为圣心所注者，莫如声山，而声山推挽后进，无嫉心，然终为争者困。时论皆曰：南书房争地也，未有共事其间而不生猜嫌、怀媢嫉者。

翰林院编修臣灏，方侍直南书房，闻母刘太夫人讣。天子暨东宫皆为之嗟悼，唁慰赒恤甚至。灏奔丧还休宁，随遣官敦促还朝，东宫赐灏楹帖一联，复书匾曰"慈教"，遣官赍赐太夫人柩前。（《南山集·恭纪睿赐慈教额序》）

按：灏，汪灏也。天子，康熙帝也。东宫，太子胤礽也。

苏州汪山樵明府献《圣祖南巡》诗，蒙召入南书房。一日圣祖坐内廷，取榻上册，顾诸臣曰："卿等试看此册是何人笔墨。"皆奏曰："似翰林陈邦彦。"上笑曰："非也，此是邦彦内弟汪俊所书，诗字俱佳。"（《随园诗话补遗》）

皇祖圣寿望七时，尝欲镌通用小宝，命南书房翰林拟进宝文，皆拟"延禧"、"永龄"诸吉祥语，无当圣意者，因指"戒之在得"四字，镌成大小宝，晚年御笔每押用之。此语闻之张照，尔时伊即在南书房里行也。（清乾隆庚子《元旦试笔》诗注）

张英、张廷玉、张廷瓒、张廷璐、张若霭、张若澄一门之内，祖父子孙先后相继入直南书房，自康熙至乾隆，经数十年之久，此他氏所未有也。（《养吉斋丛录》）

按：乾隆十一年十二月丁丑，以张廷玉年老，命其子庶吉士张若澄在南书房行走，俾资扶掖。

康熙癸巳，圣寿六十，廷臣庆贺。上问："翰林中有杨名时否？"遂特召入京，侍直南书房。乾隆元年二月，公至自滇，时年七十有七，以礼部尚书入教皇子，侍直南书房，兼国子监祭酒，而不领部事。上与诸王大臣议政之暇，时召入见。（《望溪先生全集·杨公名时墓志铭》）

康熙癸巳，苞出刑部，隶汉军，召入南书房，命撰碑文及论赋。嗣是每以御制诗文、御书宣示南书房诸臣。将命者入复，辄叩曰："苞见否？"间与大臣侍从论本朝文学及内阁九卿所荐士，必曰："视苞何如？"蒙养斋校对御制乐律、历算书，数问曰："苞承校否？"（《望溪先生全集·两朝圣恩恭纪》）

按：出刑部，隶汉军，望溪以戴名世《南山集》案牵连入刑部狱。时甫开释，隶籍汉军也。雍正元年，特恩赦许归籍。蒙养斋在圆明园。据集中《法渊若墓表》：康熙癸巳，诏修乐律、历算书，特开蒙养斋，命皇子诚亲王董其事。望溪与徐蝶园元梦承修乐律。

又按：集中《查君慎行墓志铭》：余脱刑部狱，圣祖仁皇帝召入南书房，中贵人气焰赫然者，朝夕至，必命事。专及于余，乃敢应唯敬对，外此不交一言。又凤畏风欺，尝着缁布小冠，诸内侍多窃笑。或曰：往时查翰林慎行性质颇类此，而冠饰亦同。《望溪先生年谱》：康熙五十二年，先生出狱，命以白衣入直南书房。雍正九年始授实官。乾隆元年命再入南书房。

提督杨恺，仪征武进士也。康熙间受知圣祖，召入南书房，与何义

门、蒋南沙诸前辈同校书史。(《随园诗话补遗》)

按：补遗并载：许登瀛赠杨一联云："天禄校书名进士，岳阳持节老将军。"

雍正四年，启丰殿试第一，命在南书房行走。(《彭芝庭启丰自订年谱》)

按：袁枚《彭芝庭尚书神道碑》：公会试第一，殿试亦第一，读卷大臣奏科名与乃祖同。世宗喜，即召入南书房(芝庭尚书祖，名定求)。

又按：《芝庭先生集》：旧直南书房，曾敕和《木桃》诗(乾隆时事)。

彭文勤之先德补堂宫赞廷训，尝拜圣庙御铭松花石砚之赐。及文勤直南书房，高宗复以松花石砚赐之，亦经圣庙御铭者，时谓之双砚合璧。(《郎潜纪闻》)

按：彭文勤，彭元瑞也。圣庙，清康熙帝也。

又按：顺治三年七月，以大内历代珍藏书画赐廷臣。谢表中有："此在诸臣末技，临摹为一节之长，未应大内深藏，委弃饾十年之蠹"四语。详《筠廊偶笔》。女史陈书画页十种，为钱陈群父母手泽。陈群请登石渠，以永其年。乾隆以石渠所藏陈群母各种画颇多，不忍更留此，因各题一绝，以赐陈群，俾其家什袭为传世之宝，并命金廷标仿写成册，录原题收入石渠。详乾隆丙戌《御题女史陈书画页十种》识后。

乾隆二年三月，奉旨：每日缮进书折，朕披阅后交南书房收存。其或召见讲论，朕所降旨，令本人于次日缮写呈览，亦交南书房收存。(《钦定词林典故》)

按：书折，翰詹科道经史奏议也。

圣制每有吟咏，辄以大学士并南书房翰林等，或命依韵迭和。(《钦定续纂词林典故》)

按：圣制，清乾隆制也。

乾隆初，上制镜铭，敕玉署及春坊诸曹书，于敏中书称旨，遂入直南书房。(《天涯闻见录》)

按：录并载：于侍直南书房月余，上每以不时幸。一日，同僚公暇戏谈蜂起，于微闻橐橐声，疾呼其侪曰："老头子来矣。"语未既，驾至，闻于语，厉声诘所自。于对曰："万寿无疆曰老，首出庶物曰头，父天母地曰子。"上乃色霁，深喜之，升擢不次，逾岁，官尚书。

臣诗正，新进小臣，甲寅入侍内廷，敬读《乐善堂文钞》，自庚戌以前凡十有四卷，年来复数倍于昔，爰于万几之暇，总汇全编，新定成集。臣以在籍，蒙特旨宣召侍直南书房，恭与校对。（清乾隆《乐善堂全集定本》梁诗正跋）

按：《清稗类钞》：乾隆丙辰，谕曰："向来翰林官丁忧，有在京修书之例。梁诗正著来京，在南书房行走。"诏以素服入直，照现任学士例给俸。兼直懋勤殿，与侍讲顾天成恭校御制《乐善堂全集》。赐第南城。

蕲园疏赐大学士、南书房翰林等。（《清乾隆御制诗集》）

蒋湘帆衡寓扬州，写十三经，马秋玉代为装潢，高东轩相国进呈，恩赐国子学士衔，人以为荣遇。今书俱在南书房，木匣装饰，排列架端，予在内廷犹见之。（《茶余客话》）

按：高东轩名斌。予，阮吾山司寇自称也。蒋衡手写十三经，年已五十六岁，阅十二年写竣。经初存南书房，后存懋勤殿。

尚书张照、汪由敦，大学士梁诗正、刘纶，皆在内廷经理笔墨。（清乾隆四十三年谕旨）

按：此系乾隆追溯往事。张、梁、刘皆曾直南书房。张在雍正年直南书房时，尝夕召入，议论古今得失，漏且四下，烛眉长，欲起自翦。雍正以失大臣体，止之。乾隆最爱照书法，集其所书宫廷春联字，为春朝吉语。

乾隆四十六年，谕：《四库全书》进呈，书内有萧云从画《离骚图》一册，盖踵李公麟《九歌图》意，而分章摘句，续为全图，博考前经，义存规鉴，颇合古人左图右书之意。但今书中所存各图，缺略不全，著南书房翰林重加订正。其应补者，酌定稿本，令门应兆补行绘画，以成完璧。书成，即录此旨，冠于简端。（《王氏东华续录》）

内府旧藏书画，于乾隆十年曾纂《石渠宝笈》成书，阅今又四十余年，藏弆日富，真赝错出，因命南书房翰林重加辨正，更为续编，以资博览。（清乾隆辛亥《养心殿晚坐》诗注）

董诰以世臣之子选入词垣，复由祝嘏写经，入直南书房。（清嘉庆帝《临故致仕大学士董诰第赐奠》诗注）

嘉庆二十三年，东巡谒陵，恭进歌诗二十章，特邀睿赏，选入南书房诗架图，以供几余丙览。（《陶文毅公全集》）

按：恭进，陶文毅澍恭进也。公时为吏科掌印。

是夏，南书房乏人，命择翰林学优者试之。钦取一等四人，即召入直。（《归朴龛丛稿》）

按：清嘉庆时事。

仁宗召黄钺入都，谕曰："朕在藩邸，即闻汝名。"乃以主事授赞善，使直南斋。（《清稗类钞》）

戴文节熙以书画供奉南斋。（《郎潜纪闻》）

按：纪闻并载：道光戊戌，文节被命视学广东。陛辞日，宣宗谕之曰："汝画笔清绝，然胸中只是吴越间山水，此行获睹匡庐、罗浮之胜，巉岩演迤，雄丽奥曲，别有一种奇致，于画理当益进。汝品学朕素知，公余游艺，兼可成全老画师也。"《沈文忠公集·题戴醇士侍郎熙画幅》诗注：君入南斋时，宣宗以御扇一柄，命书画秋声赋。内府藏君画幅甚多。《清稗类钞》：戴熙不善事内监，一日题画误一字，宣宗令内监持令改之。内监至，但令别书，而不告以故，戴遂别写一纸，而误字如故。上以为有意拂忤，遂撤差。《南斋日记》：嘉道间，南书房词臣颇多兼善绘事者。

泰兴吴和甫少宰存义直南书房时，文宗偶临幸，见其貌褂黯敝，笑询之。叩首对曰："臣自授编修穿此，已二十年矣。"上太息，次日即蒙黑貂之赐。（《郎潜纪闻》）

按：《渔矶漫钞》：宜兴任葵尊宏嘉为御史，疏定朝服等级，三品以上，乃得衣貂及舍利狲。一日冬夜入朝，寒甚，梅桐崖总宪铒时为大理少卿，以四品不得衣貂，王渔洋戏为口号赠之云："京堂铨翰两衙门，齐脱貂裘舍利狲。昨夜五更寒透骨，满朝谁不怨葵尊。"

咸丰朝，徐相国郙南斋供奉，上解带膝貂褂赐之，酬其笔墨之劳也。（《清稗类钞》）

按：带膝貂褂之赐，当时得之者以为殊荣，至光绪朝，则数见不鲜矣。

立春日，南斋翰林进春帖子词三章、五言一首、七言二首，用硬黄矮纸小楷细书，拜笔墨绢纸之赐。（《馎饳亭集》）

按：集中并载南书房翰林有时得拜牡丹之赐。

咸丰六年，派彭蕴章阅南书房翰林卷。（《彭文敬蕴章年谱》）

前奉慈安皇太后、慈禧皇太后懿旨，命南书房、上书房翰林等，将历代帝王政治及前史垂帘事迹，择其可为法戒者，据史直书，简明注释，汇册进呈。兹据侍郎张之万等汇纂成书，缮写进呈，法戒昭然，足资考镜。著赐名《治平宝鉴》。（清同治元年谕旨）

按：翁同龢常于帝前说《治平宝鉴》。

同治初，孝贞皇后、孝钦皇后垂帘听政，命南书房翰林录孙嘉淦《三习一弊疏》，进呈备览。光绪癸卯、甲辰间，命南书房翰林撰《书经图说》，排日呈览，书成颁行。（《清宫词》注）

光绪六年八月二十九日，传懿旨：著惇亲王、恭亲王、醇亲王、翁同龢、潘祖荫于初一日在南书房阅看折件。（《翁文恭日记》）

按：阅看折件，系阅看中俄伊犁交涉折件，并拟片进呈取进止，至俄约改定始止。又光绪间殿试，读卷官在南书房拟策题，写名单，朱判甲第，用午膳，派阅御史卷者，亦在南书房。俱详翁日记。

光绪十二年三月初二日，皇太后、皇上谒陵，巳刻行大飨礼、敷土礼。初五日，赏南书房酱莴苣一瓶、酱茄一瓶、彩蛋半桶。（《潘文勤祖荫年谱》）

大内南书房后院壁，有世祖皇帝习弹痕。（《郎潜纪闻》）

按：雍正末，弹痕尚存。匾额南书房三字，刘石庵墉书。

军机大臣入直，由内右门入，至南书房祗候。章京则由乾清门入，亦祗候于南书房。（《养吉斋丛录》）

军机处满汉章京只许在南书房办事，不许向别处行走。出入，随军机大臣走乾清门。如朕在某处召见军机大臣，军机章京不准跟随。再军机大臣取送事件，使令南书房太监。（清嘉庆四年谕旨）

按：取送事件，取送折匣也。详见《傥直纪略》。

南花园冬月进花，皆用黄布作绵套包裹，不使见风。菊花以绿竹作架，各悬小牌，书某种，如粉西施、水晶盘、太史黄、紫罗兰，按时异送各宫殿安放。花残，则随时易以新者。南书房亦如之。（《金鳌退食笔记》）

按：《清吟堂集》注：南书房每于芍药花时，当直内监清晨注水插瓶，换去昨日之花。

南书房不设首领，属月华门首领兼辖。太监四，专司应候内廷翰林出入及坐更等事。（《国朝宫史续编》）

【续】康熙十六年设南书房，即命张文端英入直，赐第西安门内。

词臣赐居内城，自公始。(《十朝诗乘》)

按：南书房未特设以前，已有南书房之称。《耆献类征·卿贰沈荃国史馆本传》载：康熙十年，授荃翰林院侍讲，入直南书房。(邵长蘅《青门集》称，荃以能书名海内，圣祖酷爱其书，殿庭屏幛及御座箴皆属荃书。)

南书房行走，自大学士至卿贰，皆称翰林。(《恩福堂笔记》)

按：笔记并载：每岁新正二日，命题联句。乾隆初年，诸臣咸集宫阙，依次联吟。先期将大学士、尚书、侍郎衔名缮写绿头签。南书房行走者，即写南书房翰林。共派二十八人，与宴者二十人，不与宴者八人。与宴者在重华宫东厢和诗，不与宴者在外和诗，亦即日交卷。嘉庆年间，添入内廷行走之亲、郡王缮写红头签请派。派出者在重华宫西厢和诗。军机大臣及内务府大臣非科甲出身者，与宴得赏而不和诗，所和乃御制复成二律也。联句诗七言排律七十二韵。宴后仍命南书房翰林一人书以勒石。拟联句诗序者，有锦绮蟒袍之赐。入重华宫和诗者，则有砚池、画帧、玉玩、茶杯等物之赐。

康熙间，命文学侍从之臣日进讲章，上亲临咨询，习以为常。凡讲章皆存南斋。(《恩福堂笔记》)

按：南斋，南书房也。此典曾于乾嘉年间奉命停止。

又按：《清文宗实录》：咸丰元年正月，谕内阁："朕几务余闲，将于翰、詹诸臣中轮流选派，亲命题目，各拟讲义，分日进呈。在朕既可以古为鉴，且以观诸臣器识学问，为量能授任之资。"

朱竹垞之直南斋，后于高江村。内直甫期年，以携仆充供事，录四方经进书，为掌院牛钮论劾降调，并夺赐第。(《十朝诗乘》)

按：朱竹垞，名彝尊。高江村，名士奇。诗乘并载：竹垞诗有云："诏许移家具，书难定客踪。谁怜春梦断，犹听隔城钟。"即是时作。

又按：《选巷丛谈》：高詹事(士奇)砚，仁和韩氏泰华无事为《福斋随笔》著录：砚昉瓦式，高六寸，阔三寸九分，上及两侧厚一寸二分，下厚四分强，玫瑰紫端石，背面及两侧有白筋。铭刻正面右边隆起处，二行，行三十三字。跋刻左边，低二字，二行，行三十一字。字径分许，分书，句画绝精，能于微密中见舒徐之致。背面稍下正中，模文学侍从之臣方印，径二寸七分半，阳文。此澹人先生入直内廷所用砚也。

一日，余见东海，问潜庵何以得罪。曰："汤潜老自坏其事。海关事，他既在苏州，知其害民而题罢。及内升见上，又以得好官管其事，亦通商利民。一日，在南书房，上问及海关，某力陈其弊。"（《榕村语录续集》）

按：余，李光地自称也。东海，徐乾学也。潜庵，汤斌也。上，康熙帝也。某，徐乾学自称也。续集另有详记徐构陷汤始末一则，钞录如下：上尝以汤与徐相比。叶子吉（方蔼）掌院时，上一日问汤斌与徐乾学两人那个学问好。叶虽与东海至亲，却不相能。叶对云："各有好处。"上曰："到底有优劣。"曰："不同。"上又问："何以不同？"曰："汤斌是正经学问。"上曰："徐乾学学问不正经么？"曰："也正经，汤斌是留心经书、讲道理的学问，徐乾学是博极群书、可备顾问的学问。"一日，又问两人文章如何。曰："不同。汤是学者之文章，徐是才子之文章。"后汤不久出为巡抚，而用健庵之意少歇。徐大恨叶子吉，遂大用功夫，而叶子吉出为刑部侍郎矣。子吉彼时即以掌院大拜，及遇此，痛哭而出，不久即死矣。汤之入也，上意甚重之。北门（明珠）、大冶（余国柱）知徐东海与之为难，上意方向东海之学问，因汤内召以挡徐。汤为大冶同年，又外不甚露锋棱，如魏环溪（象枢）二君欲借以用，徐怒出己上，遂必挤之下石，即发动海关事。值廷议，东海先语汤云："今日之事，苏州百万生灵悬于老公祖。主此议者，非老公祖而谁？"汤云："某已进来，何力之有？"徐曰："虽然老公祖皇上倚重，又新在地方上来，知此事之切者，莫如老公祖。合郡生灵，敬以相属。"及廷议，徐却不言。梁真定（清标）发论曰："汤老先生宜主此议。"汤遂云与民争利的事，岂有与地方有益的。但只得其人还好，若不得其人，四处巡拦，害民无穷。回奏大家含糊，也不入此一段言语。东海入南书房，即增饰此一段话入在皇上耳，谓汤言此事民甚苦。上召明公（明珠）云："汤某是道学，如何亦两口？彼进京时，予问以海关事，彼云无害。今日九卿议，如何又说害民，你问他。"汤被传问，在途大冶附耳云："有人害年兄。到阁可以伸说，得其人便无害语。"汤如其言以对，明公即云："我晓得了，是了。公请回。"时予正为内阁学士也。明公又将此语修饰回奏。上以为是，大怒东海，著人切责，云："都是汝苏州乡绅愿做买卖，恐添一关于己不便，上牟公家之利，下渔小民之利，死不肯设此，而又赖汤斌说害民，汤斌何尝有此语，他说得其人便无害，原是天下何事不是不得其人则为害。"徐健庵答:"臣绝不谎言,汤如何赖得。九卿实共闻之,不然可问梁清标。若此语臣造的,难道他在苏州出告示安慰百姓,上有钤的印也臣造的不成?"上问云:"告示何在。"健庵云:"臣家就有。"上云:"你明日就带告示来。"明日果将此告示送来。上大怒云:"原来假道学是如此。古人善则归君,过则归己。如今的道学便是过则归君,善则归己。"彼时满洲詹事府是尹泰,上即命尹泰传旨责问:"你是大臣,你说立海关不好,即部议不准。我依部议是常事。果然不好,何妨再三争,我未必就把汝问罪。古大臣不避斧钺,为民请命,何遽不言,卸过于我?而云汝爱民有心,救民无术,将谓我无心爱民邪?"汤彼时还可解说,汤讷于言,只磕头谢罪而已。此事由南书房转奏,北门、大冶皆不知。徐又向汤云:此告示是大冶拿进。北门、宛平(王熙)不相容,而他为之愤懑不平,涕泪交流,一日一遍去慰安潜庵。汤至死不知其由东海也。如今,人将此狱归之北门、大冶,又移之翁宝林(叔元)、王俨斋(鸿绪)。全无干翁、王,不过见皇上怒,廷叱之,参劾之,以助上威怒而已,非起祸之由也。汤既死,健庵又激郭华野(绣)为汤报仇,华野乃汤荐举门生也。

王文简士祯,诗名重于当时。张文端英值南书房,代为延誉,仁皇帝召入大内面试。(《啸亭杂录》)

按:仁皇帝,康熙帝也。杂录并载:渔洋诗思本迟滞,加以小臣乍睹天颜,竟不能成一字。文端代他作诗草,撮为墨丸置案侧,渔洋得以完卷。上阅之,笑曰:"人言王某诗为丰神妙语,何以整洁殊似卿笔。"文端谢曰:"王某诗人之笔,定当胜臣多许。"上因命文简改官词林。

又按:《听松庐诗话》:京师琉璃厂北巷,古海王村也。向为王渔洋司寇故宅,手植紫藤一株,旧本久枯。乾隆己丑,香亭先生寓此。次年抽蔓后花,因绘《古藤诗思图》。钱箨石侍郎题有:"画人只画裌衣寒,画花并画雕阑曲。"二语能写出紫藤风致。

又按:《茶余客话》:张公文端为谕德时,咏梅云:"嘉名他日传调鼎,记取蟠根在草茅。"王渔洋见之曰:"此宰相语也。"

又按:清康熙五十六年五月,苏州织造李煦折:奉朱批:"南方有恭下通及诗文者,尔访明回奏。"现在察访,俟一得其人,当即上闻。

康熙三十二年,新令翰詹诸官僎直南书房,乃明旨书三扇,宣至乾清宫阁内赐坐。出五台金莲花命赋,限以韵,立赋呈草,上叹赏不置。

退就南书房，出御制《金莲花》诗，赐读之。（《西河集·陆公菜神道碑铭》）

康熙时，南书房翰林查慎行五月朔日，蒙赐高丽米粽。（《养吉斋丛录》）

按：丛录并载：查《蒙赐高丽米粽》诗注，上谕云："此米出自高丽，太宗朝岁贡百石，为端午上供。"又载：朝鲜岁进糯米，供飨祀粢盛之用。

又按：《十朝诗乘》：康熙朝，查初白（慎行）尝扈从南海捕鱼，赋诗《纪恩》云："笠檐蓑袂平生梦，臣本烟波一钓徒。"翌日，内使传呼"烟波钓徒查翰林"。其从子声山（昇）同直（同直南书房），故以此别之。一时传播，以为荣遇。

康熙三十三年五月初九日至闰五月初三日止，轮直南书房者皆试以五言、七言律，悉加品藻，并颁赉御书，儒臣夸为荣遇。入直人数，不止四人，有多至八人、九人者。（《养吉斋丛录》）

王麓台原祁，康熙庚戌进士。圣祖知其善画，命供奉内廷，尝在南书房被命画山水。（《余金笔记》）

按：笔记并载：人乞麓台画者，踵相接，然应诏不遑。大抵宾客子弟代他笔者十之七八，其真迹不可多得也。《东江文集》载：王公原祁画，神与天游，意在笔墨之外，流传禁中，得经御览，深加叹赏。尝召至便殿观其濡染，益喜。每召诸大臣至内苑赐宴、赏花，公必与焉。

又按：王石谷翚绘进《南巡图》，圣祖嘉赏。《茶余客话》载：吴中评画者，谓石谷看尽古人名画，下笔俱有似处。尊古（黄尊古名鼎，与石谷俱是常熟人）看尽九州山水，下笔俱有生气。

桐城贡士方苞，坐戴名世《南山集》案论死。圣祖一日言："汪霦死，无能古文者。"公曰："惟戴名世案内方苞能。"已而苞明释，召入南书房。公之护惜善款，启迪圣聪，多此款也。（《耆献类征·彭绍升李公光地事状》）

每内阁奏事毕，独留公南书房，暇则召入便殿，语移时。（《望溪集外文补遗》）

按：康熙时事。公，李光地也。

公正揆席，俄奉命入直南书房。扈跸归，疾发，圣心垂注，遣侍卫看视，赐医药调理。公奏讲解退，温旨慰留，公求退益力，始蒙俞允，加太子太傅。适公子以烜除侍讲学士谢恩，即赐召见，垂询公病状甚悉。上赋诗宠行，车驾将亲临慰问，公具疏恳辞，始获遂请。濒行，复命内廷诸臣赓和御制诗，汇写成轴，倾朝俱送。累赐御用冠服、文绮、食物暨如意。又，特命给公全俸，以资颐养。（《澄怀园文集·徐公本墓志铭》）

已故励杜讷侍郎效力南书房二十余年，敬慎勤劳，有旨赐谥，并御书"文恪"二字赐其家。（《郎潜纪闻》）

张文敏以康熙五十四年入直南斋。（《雪桥诗话》）

按：张文敏，名照。诗话并载：文敏在内廷历资最久，随意挥霍。梁文庄（诗正）性俭啬，虽在内廷多年，于太监等鲜所交际，若辈喜张而憎梁。太监郑爱桂（乾隆八年谕旨作郑爱贵）者，每于高宗（乾隆帝）前称张之长，以形梁之短。上烛其情伪，议爱桂罪。

雍正癸卯，状元于振，榜眼戴瀚，探花杨炳，甫释褐，以应制诗称旨，命俱直南斋。（《十朝诗乘》）

按：雍正癸卯，雍正元年也。

传胪张廷珩特旨授检讨，与一甲三人同入南书房。（《茶余客话》）

世宗时，公充日讲起居注官，直南书房。（《惜抱轩集》）

按：公，钱陈群也。集并载：公归后五年，上（乾隆帝）南巡，赐在家食俸。复三年，皇太后慈寿七十，公入都庆祝，命加尚书衔，与九老之会，图形禁中。后又两值南巡，加命以刑部尚书致仕，晋太子太傅。至皇太后八十，公再入都，年八十六矣，犹健步。上见公益喜，赐骑马紫禁城，再与九老之会。公子汝诚为户部侍郎，特养于家，及是随公入朝。父子卿贰持杖扶携，出入宫苑禁闼之中，观者以为荣。其归也，又赐诗以宠其行。

公貌清羸，长不逾中人，而风骨珊然，如鹭飞鹤翔，凌风欲去。雍正三年，举于乡。五年，会试第一，殿试亦第一。大学士张文和公奏科名与而祖同，世宗喜，即召入南书房。（《耆献类征·袁枚彭公启丰神道碑》）

按：公，彭启丰也。张文和公，名廷玉。《彭芝庭启丰自订年谱》载：康熙四十四年乙酉七月，召对，询及乡试应裁去官卷否。谨对：官卷业经裁额，不为滥觞，若混入民卷，恐开徇情之端，有妨孤寒进路。仍宣照旧。

雍正十年，从刑部尚书署直隶总督刘於意之请，命其子翰林院编修刘复入南书房行走。内举不避亲，亦后来所无之事。(《养吉斋丛录》)

朱公可亭与余同直南书房。先帝登遐，诸王大臣属余草具仪法，及制语将颁，复遣余赴雍和宫对论。(《望溪集外文补遗》)

按：朱公可亭，名轼。余，方苞自称也。先帝，雍正帝也。时方议依古礼行三年之丧。

雍正十三年九月初三日午时，万岁爷太和殿升殿受贺毕，并养心殿受阿哥、太监礼毕，回南书房少坐。(《宫中乾隆元年至三年节次照常膳底档》)

按：万岁爷，乾隆帝也。时帝已践位，尚未改元。

上御极之四年，诏以廷试进士，当取通达治体。于是，庄公以第一甲第一人登第。读卷日，拆号得公名，天颜喜甚。引见，授翰林院修撰，入直南书房。(《潜研堂文集》)

按：上，乾隆帝也。庄公，名有恭。《松轩随笔》载：殿试日，庄公对策有云："不为立仗之马，而为朝阳之凤。"此二语当时传诵。

金汝白为太仆卿，常熟蒋公所荐，未及试。丙辰以第一人及第，授修撰，入直南书房。(《词科掌录》)

按：金汝白，名德瑛。蒋公，名涟。是荐金博学鸿词者。丙辰，乾隆元年也。《忠雅堂文集·金公德瑛行状》载：乾隆元年，廷对糊名后，敕大臣十四人，充读卷官。王公士晋得公卷，极称赏，佥以文非骈俪，有违官体，欲乙之。王起争，乃置第六进御，上拔置第一。

公祝皇太后万寿入都，高宗召见，赐坐。明日，召入南书房，命题韩滉《七才子图》。(《先正事略》)

按：公，沈德潜也。高宗，乾隆帝也。

公以文字受知两朝。入直南书房垂四十年。内廷排架，如《秘殿珠林》、《石渠宝笈》、《西清宝鉴》、《宁寿鉴古》、《天禄琳琅》诸书，皆与编纂。(《耆献类征·宰辅彭元瑞国史馆本传》)

按：两朝，乾、嘉两朝也。《湖海诗传》载：公撰乾清宫前鉴词，骈体绝佳。

朕意欲辑本朝宫史一编，内廷大学士鄂尔泰、张廷玉、徐本率南书房翰林等详慎编纂。书成，缮录三册，一贮乾清宫，一贮上书房，一贮南书房。(清乾隆七年十一月谕旨)

大考翰詹，高宗亲擢阮元第一，超授少詹事，命直南书房，修《石渠宝笈》。召对称旨，上谕枢臣曰："不意朕八旬外，又得一人。"晋詹事，充石经校勘官。(《先正事略》)

按：《浪迹丛谈》：芸台（阮元）师以今年丙午（道光二十六年）乡试，重宴鹿鸣，大吏奏入，得旨晋加太傅，食全俸。献贺一联云："异数超七阶，帝眷东山谢太傅。嘉宾伫三肆，天留南国鲁灵光。"

又按：《雷塘庵主弟子记》：嘉庆四年，命阮元兼署兵部左侍郎，随吏部尚书朱公珪在南书房恭掌御制诗文稿本。

为詹事时，入直南斋。奉旨厘定内府储藏书画。(《石渠随笔》)

按：为詹事时入直南斋，阮文达元为詹事时，入直南书房也。内府储藏书画，清内府所藏晋、梁、隋、唐、五代、宋、金、元、明、清书画也。随笔并载：钤用宝玺，曰：乾隆御览之宝（椭圆朱文）、乾隆鉴赏（正圆白文）、石渠宝笈（长方朱文）、宜子孙（方白文）、三希堂精鉴玺（长方朱文）、石渠定鉴（圆朱文）、宝笈重编（方白文）。凡列朝御笔及臣工书画，皆用此七玺。其藏乾清宫者，则用乾清宫精鉴玺。宁寿宫、养心殿、御书房皆如之。此玺并上为八玺。其在圆明园者，惟七玺而已。至于乾隆十年以前先入《石渠宝笈》之件，则无石渠宝鉴、宝笈重编二玺，而间有石渠继鉴者，乃已入前书而复加题证者也。又载：纸曰澄心堂纸，细腻光洁，较镜面宣德笺质地尤妙。旧纸有端本堂纸，如金粟笺而少薄，其帘纹可见，上有"端本堂"三篆字，蜡印元奎文阁，后改端本堂。太子读书处曰明仁殿，纸与端本堂纸略同，上有泥金隶书"明仁殿"三字。乾隆年，亦有仿明仁殿纸，亦用金字印，曰梅花玉版笺，极坚极光滑，上用泥金画冰纹，间以梅花。乾隆年仿梅花玉版笺，亦用长方隶字朱印，曰金粟笺，以色白而坚如有蜡者为最。其次则老黄色，亦坚致。若黄白不匀，质理松者，印不得墨气，其印字各种不一。金元人画，即有用金粟笺者，曰玉粟笺，极大者极难得。乾隆年间又仿造圆筒侧理纸，色如苦米，摩之留手，幅长有至丈余者。又载：签，御笔及列朝臣工手卷，皆用玉签，或白或碧，皆和阗新玉，外琢汉夔文，内而光平，刻隶字，如某人、某图、某书之类，与题签同。

撰《石渠宝笈续编》时，阮文达公直南斋，亲瞻美富，作《石渠随笔》，述之最详。今时隔百余年，或分颁朱邸，或恩赏近臣，且经庚申淀园之变，金题玉躞，亦竟有流落人间者。(《郎潜纪闻》)

按：撰《石渠宝笈续编》在乾隆季年。阮文达，名元。庚申淀园之变，咸丰十年圆明园之变也。《暝庵二识》载：咸丰庚申，驾幸热河，变起仓卒，宫御不周，从官宫人多道死。诏天下勤王，讫无至者。黄文琛《秋驾》诗云："秋驾昆仑疾景斜，盘空辇道莽风沙。檀车好马诸王宅，翠玉团龙上相家。剩有残燐怀愤血，寂无哀泪落高牙。玉河声断城西路，槐柳荒凉怨暮鸦。"《天咫偶闻》载：庚申之变，肃顺惑上为秋弥之举，又导上以土木音乐之玩。时度支存储无几，顺请尽运至承德以备用，皆从之。宝文靖鋆以死争，乃得中辍。又载：庚申之役，通大沽，建使馆，京师一变。

又按：《十朝诗乘》：淀园福海置龙舟，每届端午，大张水嬉，侍从近臣得与赐观，矜为异数。祁文端（寯藻）以嘉庆甲戌入翰林，癸未五月朔，赐近臣观竞渡于澄虚榭，获预其盛。迨五日赐宴，已先拜视学湖南之命。其《题励宗伯宗万〈竞渡图〉》有云："忆昔澄虚水阁凉，仙赉一叶开端阳。至尊亲御芙蓉榭，侍从齐排鹓鹭行。须臾彩凤传丹字，何止骊珠三十四。云霞骀荡曳波涛，弦管呕哑破空翠。羽扇香罗拜赐回，钧天广乐梦中催。诘朝独鼓湘江楫，同伴争夸碧玉杯。"自述荣遇也。又云："此图却出词臣手，点染新蒲兼细柳。江山人物清且妍，想见饕轩豹尾后。"盖图为江乡风景，乾隆时，宗伯扈从南巡，绘成呈进者。宣宗不好游幸，而淀园竞渡，道光初犹偶举之。庚申燹后，故苑灰沉，过福海者目想锦帆，欷歔斜照而已。

又按：《竹叶亭杂记》载：圆明园福海之东，有同乐园，每岁赐诸臣观剧于此。高庙（乾隆帝）时，每新岁，园中设有买卖街，凡古玩、估衣以及茶肆一切动用诸物悉备，外间所有者，无不有之，虽至携小筐卖瓜子者亦备焉。开店者俱以内监为之。其古玩等器，由崇文门监督先期于外城各肆中采择交入，言明价值，具于册，卖去者给值，存者归物。各大臣至园，许竞相购买之，各执事官退去后，日将晡，内官亦至其肆市物焉。其执事等官，俱得集于酒馆、饭肆哺啜，与在外等。馆肆中走堂者，俱挑取外城各肆中之声音响亮、口齿伶俐者充之。每俟驾过店门，则走堂者呼菜，店小二报账，掌柜者核算，众音杂遝，纷纷并起，以为新年游观之乐，至燕九日始辍。造办处笔帖式徐君善庆，每岁入直，言之最详。嘉庆四年，此例停止。又载：高宗曾携和孝固伦公主游同乐园之买卖街。

又按：《檐簏丛记》载：光绪庚子所失宫庙诸物馆阁图书，据鹿传霖折奏，翰林院失去书籍：《永乐大典》六百零七册，又经史载籍四万六千余册。据内务府折奏，宫内失去秘籍《长白龙兴纪念》四册、历圣图像四轴、《玉牒草稿》七十六册、《历圣翰墨真迹》三十一册、《穆宗实录》七十四册、今上（光绪帝）《起居注》四十五册、今上御翰八册、慈禧太后御笔、今上御容一帧、《丙夜乙览》百三十五册、历朝帝王后妃图像百十二轴。又，《宁寿鉴古》十八册、《皇华一览》四册、《发逆歼灭实录》四十八册，古籍若宋版《后汉书》、《六一居士大全集》、宋方宾《皇宋会编》、宋黄伦《尚书精义》、宋郑景炎《周礼开方图说》、宋张昭远《后唐列传》、宋邓洵武《神宗正史》、辽刘伸《边事丛载》、元仇远《唐百家诗选》、元彭孙元《名臣小史》、元金似孙《诸政典制》，明太祖书《御制诗》四百十篇、《明武宗二十一史小咏》、庄烈帝《钦定逆案全稿》、明谢丰《龙潜纪事》、明胡应麟《古隐书》、明魏棱《边防图览》、明吴应箕《十七朝圣藻集》、明许重熙《皇明大事表》、明李盘《蹶张新法》，皆人间未见之本。又据内务府奏：失去宝物清单，都二千余件，内有碧玉弹二十颗，四库藏书四万七千五百零六册，金时辰钟二具，李廷珪墨一盒，玉马一匹，真墨晶珠一串。

乾隆戊申，高庙语彭文勤曰："九卿中学问俊长，只汝等数人，皆须入直南斋。奉使外省几无人，究竟除内廷诸人外，文理佳者为谁？"公以赵佑对。故鹿泉先生连充戊申、己酉江西考官。而此两科中，文勤不命子弟归试。（《恩福堂笔记》）

按：乾隆戊申，乾隆五十三年也。高庙，乾隆帝也。彭文勤，名元瑞。

乾隆己丑，状元钱维城刑侍赠尚书，榜眼庄存与礼侍，探花王际华户书，皆同时。又皆曾在南书房。（《洪北江诗话》）

按：一甲三人同时皆至入座，在康熙朝癸巳，状元韩菼为礼书，榜眼王鸿绪为户书，探花徐秉义为吏侍。见《万青阁偶谈》。

钱公载工兰竹，供奉南斋邀宸赏。（《先正事略》）

向来大小臣工，凡赓和天章，其诗折、诗片皆存南斋。至嘉庆四年，奉旨统交翰林院收贮。从此名流华翰，宿学篇章，悉为人所剽窃更换，不复观兰亭真本矣。（《恩福堂笔记》）

嘉庆五年庚申四月初九日，内阁传旨："礼部侍郎曹城等二十一员，

于初十日卯时入内应御试，在南书房给札。"(《翁氏家事略记》)

嘉庆甲子岁，公年八十五矣。腊月二十二日，傔直南书房，适和在懋勤殿作书。公呼至，告以雍正至乾隆初南斋旧事，复理前作传语，且云昨已属瑛梦禅镌印记曰：洞门童子，以发息壤。今为期已迫，岂展限耶。既行，复还坐，纵谈良久。起曰：吾劳矣，毋忘。是月二十四日晨兴，饮啖如常，至未申间端坐而逝。(《正雅集》)

按：嘉庆甲子，嘉庆九年也。公，刘墉也。和，英和也。刘曾对英煦斋有"子他日为余作传"语。

九月十五日夜，子臣绵宁、绵恺俱在南书房住宿。(清嘉庆十八年九月十六日二阿哥三阿哥奏枪毙贼匪折)

按：时林清作乱。绵宁即道光帝。

潘文勤公立朝数十年，值南斋，每昧爽而入，或过乾清门未启，倚柱以待。(《左庵琐语》)

按：潘文勤公，名祖荫。

道光三十年十二月，上谕："前据礼部奏，江苏举人、安徽黟县训导朱骏声呈递《说文通训定声》一书，当交南书房翰林详加阅看进呈。"(《清文宗显皇帝圣训》)

按：清光绪三十四年，谕旨："前国子监祭酒王先谦所著书籍四种(《尚书孔传参正》、《汉书补注》、《荀子集解》、《日本源流考》)，当交南书房阅看，著加恩赏给内阁学士衔。"

咸丰戊午科场案，刑部主事罗鸿祀，以通房并易卷获中，上召罗至南书房更试。(《暝庵二识》)

按：咸丰戊午科场案，咸丰八年顺天乡试科场案也。二识并载：罗卷磨勘，勘出讹字至三百余，事流播，御史孟传金奏闻，上遣内侍至礼部取罗卷视之，大怒，因召试。文题：不亦说乎。诗题：鹦鹉前头不敢言。命端华、肃顺监试，陈孚恩阅卷。文谬劣，斥罗。复勘诸中卷，下刑部穷治。葰(柏葰)奴靳祥自杀，葰、罗及房官浦安皆论死，验实死、徙者复十余人，株连系狱数十人，葰实未与知，皆浦、靳为之。

光绪五年闰三月二十六日，赴乾清宫抖晾实录，二十九日始毕。二十七日，三品以上考试试差，正抖晾时，奉派赴南书房拟题。(《还读我书室老人董恂手订年谱》)

凡朝考卷，经阅卷大臣阅毕，皆由章京前往开拆弥封，缮单呈览。

宣统二年，拔贡朝考，优贡朝考，两次在南书房拆弥封。(《枢曹追忆》)

按：章京，军机章京也。

郭嵩焘直南书房，上召入问："左宗棠何如人？"曰："有才，肯任事。"上曰："何不利于人口？"对曰："性刚且疾恶。"上曰："向尝召之，奈何不至？"嵩焘曰："左宗棠非求官者，若皇上有意驱策之，当不敢辞难。"上颔之。(《暝庵杂识》)

按：上，咸丰帝也。杂识并载：咸丰庚申，左宗棠为某总督所构，将入都应会试以避之。总督密奏，请步军统领访擒送鄂，经郭嵩焘向上言左之为人，又经大理寺卿潘祖荫疏言："方今之势，天下不可一日无湖南，湖南不可一日无左宗棠。"上意益解，即有旨寄曾国藩，问左宗棠胜何任。国藩奏："宗棠刚明耐苦，可大用。"上乃授宗棠太常寺卿，督兵浙江。

又按：左宗棠之遭遇，上述如是。《暝庵杂识》亦载：曾国藩为礼部侍郎，以时事艰难极陈得失，上不悦，朱笔直其名右。明日，袖疏示诸大臣曰："曾国藩所言，朕为何如主耶？"祁寯藻叩头曰："主圣臣直。"如是再三，上意乃解。后二年，遂有督师之命，再三挫败，委任益专，亦可见显庙（咸丰帝）之善用人矣。

福山王文敏，甲午大考，由三等改一等，入直南书房。尚方贴落，其章幅稍大者，孝钦必降口敕曰："令王懿荣书。"醇贤亲王慄主，特旨命缮写供奉。(《雪桥诗话》)

按：甲午，光绪二十年也。孝钦，慈禧太后也。醇贤亲王，名奕譞。

光绪十五年，命百熙直南书房。二十年，以侍讲升用。是年，朝鲜东学党之乱，日本藉端与我开衅。百熙以备员禁近，亲见宵旰焦劳，屡陈兵事，并奏请停止本年十月皇太后六旬万寿点景。(《退恩轩诗集》)

按：百熙，张百熙也。光绪二十年中日开衅，即甲午之役。皇太后，慈禧皇太后也。据《天咫偶闻》：甲午之役，割台湾，弃高丽，京师一变。

明代宫中春帖，但录成语，其词近俚。乾嘉以来，内直诸臣每岁首进宜春帖子，则摘藻扬葩，略如宋贤名制，间亦关合时事。(《十朝诗乘》)

按：《吴絅斋士鉴年谱》：光绪二十四年正月立春日，进春帖子词五绝一章，七绝二章。内廷惟军机大臣及南书房得进春帖子，每岁皆如之。

谕内阁："列圣御极之初，均恭书匾额，悬挂文庙。兹朕寅绍丕基，敬循旧典。命南书房翰林恭书'中和位育'匾额，交造办处成造一分，敬悬京师太学文庙。其墨笔著俟衍圣公孔令贻到京时，由军机处交领，敬谨赍回，制造匾额，于阙里文庙恭悬，墨笔毋庸缴回，即于阙里收藏。所有各直省、府、州、县学，著武英殿摹勒颁发，一体悬挂。"（《宣统政记》）

御前大臣丹巴多尔济，因大学士朱珪召对之后，行至月华门步履蹇滞，辄唤南书房太监等用木凳舁出，大乖体制，请旨惩办。（清嘉庆十一年十一月领侍卫内大臣等折）

光绪十六年，修理南书房，内务府奏请由户部按照估需银两十成开放。（《内务府奏销档》）

宫殿监办事处（敬事房）

【初】南书房再东，为宫殿监办事处。圣祖仁皇帝御笔匾曰"敬事房"。（《国朝宫史续编》）

按：清乾隆七年，谕旨：宫殿监侍等御前暨寿康宫以至各宫外及花园二千余人。三十四年，谕旨：现令读清书之太监等在长房一带（神武门内），派内务府笔帖式课之。

又按：清代太监有礼部咨送者，有投充者，俱由内务府会计司、掌仪司官监视。掌仪司年老太监验净后，交与宫殿监督领侍等办理。其经挑入引见，则分别留拨，至挑补首领太监，须进宫三十年，具载《钦定总管内务府现行则例》。而明代则有奉诏以教官净身供奉内廷者。据《仁恕堂笔记》，黄溥《今古录》载：永乐末，诏取学官考满乏功绩者，审有子嗣愿自净身，许入宫中训女官，时有十余人，后独王振官至太监。王振之恶具载史册，而出身教官，尤为从古未闻之事。清代严防内监与宫女交接，谕旨屡申不许认亲戚之禁。明代则有称为对食者。据《钦定日下旧闻考》：明制直房内官与司房宫人俱有伉俪，谓之对食，又谓之菜户。若强作伉俪者，称白浪子。

设立敬事房，置总管、副总管，自康熙十六年五月始。太监等授官职，自康熙六十一年十二月始。敬事房大总管授四品，自雍正元年九月始。敬事房名为宫殿监,及有官之太监等加衔,自雍正四年六月始。太监等官职不分正从,自雍正八年六月始。食二两钱粮太监等恩加钱粮,自雍正元年正月始。(《国朝宫史续编》)

按:《清稗类钞》:顺治甲申,世祖定鼎,颁诏赐廷臣宴。有内监数辈,先行拜舞。奉谕:朝贺大典,内监不得沿明制入班行礼,从户科给事中郝杰请也。又,大小太监夏日皆服葛布箭衣,系白玉钩黑带。道光朝为太监特创一种白玉顶戴。光绪朝孝钦变更祖制,李莲英竟至二品顶戴矣。

内庭需用各项钱粮,例应向总管内务府各衙门领用者,俱由宫殿监用敬事房图记行文支领。如奉上传有立即需用之款,准各该处具支领人员职名赴领,领后随报明敬事房,于五日内补用图记,行文备案。(《国朝宫史续编》)

按:《郎潜纪闻》:康熙二十九年,大内发出前明宫中所用银两数目折子,令王大臣等察阅。诸臣等覆奏:查故明光禄寺每年送内所用各项钱粮二十四万余两,今每年止用三万余两。明每年用煤炭等一千二百八十万余斤,今止用八万余斤。各宫床帐、舆轮、花毯等项,明每年共用银二万八千二百余两,今俱不用。四十九年,谕大学士等曰:明季事迹,卿等所知,往往皆纸上陈言。万历以后所用太监,有在御前服役者,故朕知之颇详。明朝赏用至奢,兴作亦广,一日之资,可抵今一年之用。其宫中脂粉钱四十万两,供用银数百万两,至世祖皇帝登极,始悉除之。

初生称皇子,赐名后始按位次称皇几子。所生年月日时,系内庭某位某氏生,宫殿监敬谨登记,俟恭修玉牒载入。公主、皇孙、皇曾孙同遇。皇子周岁晬盘,例用玉陈设二事、玉扇坠二枚、金匙一件、银盒一圆、犀盅一捧、犀棒一双、弧一张、矢一枝、文房一份、晬盘一具、果筵一席,由宫殿监奏交内务府预备。公主、皇孙、皇孙女晬盘同。惟公主、皇孙女不设弧矢。(《国朝宫史续编》)

按:皇子生长子弥月,公主生子女洗三、弥月,俱有例定给用物品。据《钦定总管内务府现行则例·广储司》卷:凡内廷阿哥之福晋遇喜、长子弥月,用表里七十匹,内官用缎六匹、衣素缎六匹、宫绸六匹、杨缎六匹、彭缎六匹、小潞绸六匹、绫十匹、花纺丝十匹、杭细八匹、见方三幅红杭细兜单四个。公主遇喜、生子洗三,用重五钱金锞二锭、银锞八锭。九日上摇车，用重十两珐琅银麒麟一件、春绸袄三件、闪缎被褥一套、潞绸被褥一套、缎枕一个、潞绸挡头一个、布糠口袋二个、岂单一个。弥月，用染貂帽一顶、嵌珊瑚重八钱金串带一分、缎棉袍褂三套、春绸棉袄三件、妆缎袜缎靴各一双、银三百两、表里五十匹、内官用缎五匹、素缎五匹、衣素缎五匹、宫绸五匹、小潞绸五匹、绫十匹、花春绸十匹、花纺丝五匹、见方红杭细岂单四个。公主遇喜、生女洗三，用重三钱金锞二锭、银锞四锭。七日上摇车，用重十两珐琅银麒麟一件。弥月，用重三钱金结手巾二分、重九钱金镯一对、嵌珍珠重二钱耳坠一分、银二百两、表里四十匹、内官用缎四匹、素缎四匹、衣素缎四匹、宫绸四匹、小潞绸四匹、花纺丝十匹、绫十匹、见方红杭细岂单四个。

朕见新进太监不知规矩，扫地时挟持笤帚竟从宝座前昂然直走。尔等传与乾清宫等处首领太监等，嗣后凡有宝座之处，行走经过，必存一番恭敬之心，急趋数步方合礼节。至朕向尔等首领太监问话，遇下雨有泥水之处，只须躬身答应，不必跪奏。（清雍正元年谕旨）

雍正十三年，乾隆谕旨略云：宫殿监督领侍苏培盛，向日于朕弟兄前或半跪请安，或执手问询，甚至与总管内务府事务庄亲王并坐接谈，毫无礼节。又在九洲清晏公然与皇子等并坐而食，种种悖乱，皆朕躬所亲见。至如陈福、李英暨王常贵、张玉柱，向曾屡奉皇考训旨，传谕朕躬及和亲王等，设有严饬教训旨意，必皆正颜厉色，告诫周详，毫无瞻顾之私，甚合大体。及至寻常进见，则复敬谨小心，周旋尽礼。（《宫中现行则例》）

乾清门、内左门、内右门、月华门及传奏事处首领太监，只可当差接奏事件，不应与外廷官员交言，总管等实力体察，并严行传谕太监等，不许与王公大臣往来交好。（清乾隆十年谕旨）

八阿哥福晋母家差送食物，竟未到福晋前，太监王寿等私相分食，著将王寿等责罚。（清乾隆二十六年谕旨）

敬事房四品总管一、宫殿监督领侍五品总管二、宫殿监正侍六品副总管六，俱宫殿监专司遵奉谕旨，办理宫内一切事务及应行礼仪，承行总管内务府各衙门文移，收核外库钱粮，甄别调补宫内各项太监，查视各门启闭，巡查火烛关防等事。（《国朝宫史续编》）

按：宫内各项太监，有所谓按摩处太监者，司宫中剃头。据《国朝宫史续编》：按摩处太监六，专司随侍请发。又据康熙四十七年谕旨：著内务府访察外间剃头人，有善于按摩者，并所属佐领下管领下人丁，倘有略会剃头取耳者，一并查明，详细具奏。乾隆三十一年，谕旨：阿哥剃头，自有按摩处太监。

【续】敬事房者，康熙十六年设立。置总管、副总管，专司宫内一切事务，奉行谕旨及承行内务府各衙门一切文移，乃首领太监办事之所在。顺治时，名为乾清宫执事。（《钦定宫中现行则例·许宝蘅识语》）

宫规：一、凡皇子诞生未赐名者，皆称皇子，不按位次称呼。蒙赐名，始称皇几子。其赐名之例，由宗人府奏请，奉旨后，内务府知会宫殿监，宫殿监奏交内阁，拟嘉名，具折呈览，恭候钦定后，宫殿监知会内务府转行宗人府登记，俟恭修玉牒载入。一、凡皇太后、皇后、皇贵妃、贵妃、妃、嫔之父姓名、官位，宫殿监敬谨登记，遇恭修玉牒，由宗人府奏请，咨行内务府，转行宫殿监，宫殿监查明缮折奏闻后，交内务府转行宗人府载入玉牒。恭逢皇子、公主诞生，其年、月、日、时，系内廷某位某氏所生，宫殿监敬谨登记，遇恭修玉牒，载入，皇孙、皇孙女并同。一、内庭等位父母年老，奉特旨许入宫会亲者，或一年，或数月，许本生父母入宫，家下妇女不许随入，其余外戚，一概不许入宫。一、各宫首领，遇年节奉主命往外家，或以事故慰问前往者，不许传宣内外一切事情，宫殿监时加稽查。倘不加稽查，别行发觉者，将宫殿监与犯者一并从重治罪。一、凡已出宫女子，不许复进宫出入，妄传内外一切事情，亦不许差人至宫门与本主请安。一、凡各宫女子不许与太监认为亲戚。非奉主使令，不许拉相交语并嬉笑喧哗。各宫小太监，许于本宫内掖门出入，每夜起更时，各宫首领进本宫查看灯火毕，随出锁掖门，报知敬事房。一、凡宫殿监等处太监行路或遇各宫女子，皆让女子走过再行，不许搀杂争路。（《国朝宫史》）

按：皇子生，设乳母、侍母，承侍内官。至承侍之皇子即皇帝位，其乳母例邀封赠，其子嗣例邀世职产业之赐，侍母无封赠世职。见《国朝宫史续编》。康熙十六年七月二十五日，特封世祖章皇帝（顺治帝）之乳母为奉圣夫人，顶帽服饰，照公夫人例。见《大云山房杂记》。康熙三十八年七月，上乳母逝。从礼部议，封为保圣夫人。见《清圣祖实录》。照乾隆元年例：将皇帝三次乳母应封字样，照例撰拟另行封赠外，其子嗣等俱赏给骑都尉世职，承袭三次。仍酌量赏给房居住，并各赏银一千两，安置产业。其侍母等虽无封赠之例，亦照此各赏给房屋一所，银一千两。见嘉庆三年四月太上皇敕旨。王公等之首领太监，勿许与宫中太监交结往来。见嘉庆十八年十月谕旨。

又按：《枝巢清宫词》注：膳房太监，盖挂名而无执事者，遇朝官值宿，必以苏造肉一盂相馈，须酬以数金。

又按：《宫中差务杂录》：内廷各宫殿，俱派有太监坐更。宫中颁发一口号，为"富贵永祯祥，平安寿且昌，内和兼外顺，地久共天长，吉庆多如意，万年保大康"三十字，每夜择一字颁发。

又按：《庚子西狩丛谈》：每日宫门叫起必三五次，宫中内监，自李（连英）、崔（玉桂）以下，多半熟悉，故出入无阻阂。入山西境后，威仪日盛，地方承应，宫门上已不见有需索使费之事。予（吴渔川永自称）为规定数目，凡各项首领太监，如内奏事处、茶房、膳房、司房、大他坦及有职掌之小内侍，约十数金至数金不等。惟总管太监，分位较高，不便点缀，到处均由予一手代为开销，按份俵数，不使有一处空漏，亦不令额外取盈，至多不过一百余金，少或八九十金。因之各地办差人员，颇感便利，良由各监初次出京，甫脱饥寒之厄，当能安受约束也。又载：张公（荫桓）得罪之由，曾亲为予言之。自使英回国，以红披霞进德宗，以祖母绿进太后。论其价格，绿固远胜于红也，但通例，京外大员进奉，必经李（连英）手，即有呈皇上物品，亦须先由李呈明太后过目。因此，率另备较次者一分，为李经进之代价，当时不甚注意，于李一无馈赠，李衔怨至深。进呈时，李在太后面，冷语曰："难为他如此分别得明白，难道咱们这边不配用红的么？"盖通俗嫡庶，以红绿为区别。太后出身西宫，一言刺激，适中所忌，立命将两份贡物一律发还，而祸自此始矣。

凡大臣进宫奏事讲书时，先曾传过不许放女人行走。今朕亲见女人仍有潜进行走者，必系看守各门太监不行禁止。（清康熙十六年三月谕旨）

按：宫中档：康熙三十六年，圣祖亲征噶尔丹时寄宫内谕旨，谕："顾太监前进来的王瓜甚好，以后每报必须带来，萝葡、茄子也带来。朕已到白塔地方，特使刘猴儿请皇太后安去，并无别事。此人怪而胆大，岂可近使，甚是可恶。不必打发他回来，在敬事房锁了等，别叫他家走。"

康熙四十四年二月初三日，上谕："近来太监不守规矩，与各宫内女子认亲戚，拜为姊妹，往来结识，断乎不可。太监等在内廷当差，女子等在宫内答应，各有内外。嗣后，务当断绝交结。如仍不能断绝，总管与本宫首领即行置诸重典。"（《钦定宫中现行则例》）

按：《钦定宫中现行则例·许宝蘅识语》云："宫中现行则例不由外廷纂修，故无进书表文及修纂职名。旧传外臣不得窥阅此书。光绪初，荣文忠公禄奏事，引援书中谕旨，致被孝钦懿皇后诘责，由是出为西安将军。"

自今以后，凡王大臣及外国使臣进内，尔太监等俱要整肃规矩，不许斜倚跛立，互相私语。（清雍正元年十一月谕旨）

新进内监，查明不是旗人，年十五六岁以下者，著掌仪司、会计司、验净首领太监带来引见。若将旗人带来，一经查出，将原保人员、验净首领内监一并治罪。（清雍正二年谕旨）

如遇奉宣意旨之时，朝廷自有仪制，设有严饬之旨，自宜庄厉传宣，不可稍顾情面，而寻常以公事接见王公大臣等，礼貌必恭，言语必谨，不可稍涉骄纵，以失尊卑大体。（清雍正十三年十月谕旨）

按：时乾隆帝已践位，尚未改元。

设总管太监等自行见阿哥等，必当拜跪请安，阿哥等赐坐，必当席地而坐。即内宫之宫眷，虽答应之微，尔总管不可不跪拜也。阿哥之家眷，虽宫女之微，尔总管不可不跪拜也。（清雍正十三年一月谕旨）

尝有内监于朝房晤富文诚称弟兄，文诚上闻，立召内监杖之，且命文诚监视。（《十朝诗乘》）

按：道光时事。富文诚，名俊。

道光十年四月，奉旨：著吉林将四十岁以外，五十五岁以内，人忠厚，会说清语妇人等之内拣选二人，咨送内务府交进当差。（《内务府奏销档》）

按：吉林将军遵旨拣选送京后，由内务府交敬事房，预备当差。

道光十九年六月，谕军机大臣等："传谕乾清宫内殿、圆明园总管太监等知之，嗣后，无论官私大小事务，有应启知皇后者，除本宫、四阿哥、四公主事务外，其余俱著先行奏闻。皇后遇有交派事件，亦著具奏，候旨。"（《清宣宗实录》）

按：本宫，皇后宫也。四阿哥，即咸丰帝。谕中并载：如不遵者，一经破露，定将该总管太监交内务府大臣从重治罪。此旨著上书房、军机处、内务府敬事房各录一通。敬谨遵循，永为法守。

每岁十二月二十六日，张挂春联、门神。内廷等处，由门神库太监先期报知宫殿监，宫殿监传齐，营造司首领太监举进。先自乾清门、乾清宫以及各门各宫等处，验明左右，敬谨张挂。次年二月初三日，仍传营造司太监等收下，交门神库太监领回收贮。（《国朝宫史》）

按：宫史并载：十二月二十六日，张挂春联、门神，外朝三大殿等处，工部、内务府官员督同匠役人等张挂。

每岁立春日，宫殿监传知各宫殿首领太监等悬挂春屏、彩胜。次年二月初三日，撤下收贮本处。若遇新岁立春，则于十二月二十四日悬挂春屏、彩胜，其撤收之日与前同。（《国朝宫史》）

狐脊皮挂三十件，交与总管谢成，照旧年赏赐之例，拣当差勤慎之首领太监赏给。旧年赏过者不必赏。（清乾隆八年十二月谕旨）

敬事房所司官物钱粮，向无查核。嗣后俱著年终具奏，交养心殿存查。养心殿所司官物陈设，向亦无查核，亦著年终具奏，交敬事房存查。其乾清宫等处，凡有官物陈设之处，亦著年终开具四柱汇奏，交敬事房查存。（清乾隆二十一年六月谕旨）

光绪间，宫监刘连印为总管，其声势与李连英埒。有别墅在西山狮子窝，地当山口，长廊架空，画壁精绝，下瞰玉泉、昆明，如在足底，有"碧云天"三字题额。（《十朝诗乘》）

按：刘、李两监外，有小安者。据《湘绮楼集外文》略载：恭王（奕䜣）既被亲用，每日朝，辄立谈移晷，宫监进茗饮，两宫（慈安、慈禧）必曰：给六爷茶。一日召对颇久，王立御案前，举瓯将饮，忽悟此御茶也，仍还置故处，两宫哂焉，盖是日偶忘命茶。而孝钦（慈禧）御前监小安（安得海）方有宠，多所宣索，王戒以国方艰难，宫中不宜求取。小安不服，曰："所取为何？"王曰："如瓷器杯盘，照例每月供一份，计存者已不少，何以更索？"小安曰："往后不取矣。"明日进膳，则悉屏御瓷，尽用村店粗恶者。孝钦讯问，以六爷责言对。孝钦愠曰："乃约束及我日食耶！"于时御史蔡寿祺闻之，疏劾王贪恣，孝钦乃积前事发怒罪王，王痛哭谢罪，复职如初。后小安赴山东不法，被丁宝桢诛。